Visão do Paraíso

·

Sérgio Buarque de Holanda

Visão do Paraíso

*Os motivos edênicos no
descobrimento e colonização do Brasil*

•

5ª reimpressão

Companhia Das Letras

Copyright do texto © 2010 by Espólio de Sérgio Buarque de Holanda
Copyright do posfácio © 2010 by Laura de Mello e Souza
Copyright do posfácio © 2010 by Ronaldo Vainfas

*Grafia atualizada segundo o Acordo Ortográfico da
Língua Portuguesa de 1990, que entrou em vigor no Brasil em 2009.*

Capa:
Victor Burton sobre detalhe do mapa Terra Brasilis,
integrante do Atlas Miller. *Manuscrito sobre pergaminho, 1519. Atribuído
a Lopo Homem, Jorege e Pedro Reinel. Bibliothèque Nationale de France.*

Revisão técnica e cotejo de originais:
Lucia Garcia

Preparação:
Cecília Ramos

Índice remissivo:
Luciano Marchiori

Revisão:
*Valquíria Della Pozza
Márcia Moura*

Dados Internacionais de Catalogação na Publicação (CIP)
(Câmara Brasileira do Livro, SP, Brasil)

Holanda, Sérgio Buarque de, 1902-1982.
Visão do Paraíso : os motivos edênicos no descobrimento
e colonização do Brasil / Sérgio Buarque de Holanda — São
Paulo : Companhia das Letras, 2010.

Bibliografia.
ISBN 978-85-359-1667-6

1. América - Descobrimento e explorações 2. Brasil - História 3. Brasil - História - Descobrimento e explorações, até 1549 4. Descobrimentos geográficos portugueses 5. Lendas - América 6. Mitos geográficos 7. Paraíso I. Título.

10-03018   CDD-981

Índices para catálogo sistemático:
1. Brasil : Civilização 981
2. Brasil : História 981

2022

Todos os direitos desta edição reservados à
EDITORA SCHWARCZ S.A.
Rua Bandeira Paulista, 702, cj. 32
04532-002 — São Paulo — SP
Telefone: (11) 3707-3500
www.companhiadasletras.com.br
www.blogdacompanhia.com.br
facebook.com/companhiadasletras
instagram.com/companhiadasletras
twitter.com/cialetras

Sumário

•

Principais abreviaturas
7

Nota à primeira edição
9

Prefácio à segunda edição
11

1 · Experiência e fantasia
35

2. Terras incógnitas
53

3. Peças e pedras
79

4. O "outro Peru"
120

5. Um mito luso-brasileiro
172

6. As atenuações plausíveis
202

7. Paraíso perdido
226

8. Visão do Paraíso
274

9. Voltando a Matusalém
356

10. O mundo sem mal
370

11. *non ibi aestus*
406

12. América portuguesa e Índias de Castela
443

Notas
471

Fontes impressas
519

Anexo
535

Apêndices

Posfácio – Laura de Mello e Souza
543

Posfácio – Ronaldo Vainfas
551

Cronologia
561

Índice remissivo
565

Principais abreviaturas

ABN – Anais da Biblioteca Nacional do Rio de Janeiro.
AMP – Anais do Museu Paulista.
ACSP – Atas da Câmara da Vila de São Paulo.
DH – Documentos Históricos.
DI – Documentos Interessantes para a História e Costumes de São Paulo.
HAHR – Hispanic American Historical Review.
HCPB – História da Colonização Portuguesa do Brasil.
RGSP – Registro Geral da Câmara de São Paulo.
RIHB – Revista do Instituto Histórico e Geográfico Brasileiro.
RIHSP – Revista do Instituto Historico e Geographico de São Paulo.

Nota à primeira edição*

Em setembro de 1958 imprimira-se o presente estudo em tiragem limitada, fora de comércio e com o caráter de tese universitária. Depois de nova distribuição da matéria em capítulos, de correções e de ampliações do texto, esta segunda impressão, destinada a um público menos exíguo, constitui, de fato, a primeira edição de Visão do Paraíso.

Não posso deixar de exprimir aqui minha dívida de gratidão a José Olympio e a seus colaboradores pelo interesse amigo com que tomaram a seu cargo as duas impressões sucessivas.

São Paulo, julho de 1959.

---

* Sérgio Buarque de Holanda. *Visão do Paraíso. Os motivos edênicos no descobrimento e colonização do Brasil.* Rio de Janeiro: Livraria José Olympio Editora, 1959. 1ª edição. Coleção Documentos Brasileiros.

Prefácio à segunda edição*

•

RETOMANDO PARA NOVA EDIÇÃO este livro, que sai agora bastante aumentado, julguei que uma explicação preliminar ajudaria a desfazer enganos de interpretação surgidos desde que foi publicado pela primeira vez. A outra maneira de se evitarem tais enganos estaria em procurar redistribuir a matéria segundo critério aparentemente mais racional, de sorte, por exemplo, que o sétimo capítulo e o oitavo, que tratam sobretudo da formação dos motivos edênicos, precedessem aqueles onde se consideram os seus reflexos no descobrimento, conquista e exploração dos mundos novos.

Ora, além de importar em refazer-se praticamente toda a obra, o que estaria hoje acima de minha capacidade, semelhante solução teria o inconveniente de deixar relegado a um segundo plano aquilo que pretende ser o alvo dominante no presente estudo. Não se quis, com efeito, mostrar o processo de elaboração, ao longo dos séculos, de um mito venerando,

---

* Sérgio Buarque de Holanda. *Visão do Paraíso. Os motivos edênicos no descobrimento e colonização do Brasil*. São Paulo: Companhia Editora Nacional/Editora da Universidade de São Paulo, 1969. Brasiliana, volume 333. 2ª edição revista e ampliada a partir da qual foi realizado, na íntegra, o cotejo do texto que o leitor tem em mãos.

senão na medida em que, com o descobrimento da América, pareceu ele ganhar mais corpo até ir projetar-se no ritmo da história. Nem se teve em mira explorar todas as virtualidades dessa espécie de secularização de um tema sobrenatural, e que levaram certo autor a perguntar ultimamente se os motivos edênicos não poderiam dar margem a uma ampla teoria, onde toda a História encontraria sua explicação. A visão do Paraíso, escreve ainda o mesmo autor, foi principalmente responsável pela grande ênfase atribuída na época do Renascimento à natureza como norma dos padrões estéticos, dos padrões éticos e morais, do comportamento dos homens, de sua organização social e política.[1]

Sem querer pôr em tela de juízo os argumentos em que se funda a hipótese, devo salientar que este livro tem ambições menos especulativas e pretensões mais comedidas. O que nele se tencionou mostrar é até onde, em torno da imagem do Éden, tal como se achou difundida na era dos descobrimentos marítimos, se podem organizar num esquema altamente fecundo muitos dos fatores que presidiram a ocupação pelo europeu do Novo Mundo, mas em particular da América hispânica, e ainda assim enquanto abrangessem e de certa forma explicassem o nosso passado brasileiro. Em tais condições bem poderia servir estudo semelhante como introdução à abordagem de alguns fundamentos remotos da própria história do Brasil, e de outro – em que não se tocou nestas páginas –, como contribuição para a boa inteligência de aspectos de nossa formação nacional ainda atuantes nos dias de hoje.

Sabe-se que para os teólogos da Idade Média não representava o Paraíso Terreal apenas um mundo intangível, incorpóreo, perdido no começo dos tempos, nem simplesmente alguma fantasia vagamente piedosa, e sim uma realidade ainda presente em sítio recôndito, mas porventura acessível. Debuxado por numerosos cartógrafos, afincadamente buscado pelos viajantes e peregrinos, pareceu descortinar-se, enfim, aos primeiros contatos dos brancos com o novo continente. Mesmo quando não se mostrou ao alcance de olhos mortais, como pareceu mostrar-se a Cristóvão Colombo, o fato é que esteve continuamente na imaginação de navegadores, exploradores e povoadores do hemisfério ocidental. Denunciam-no as primeiras narrativas de viagem, os primeiros tratados descritivos, onde a todo instante se reitera aquela mesma tópica das visões do Paraíso que, inaugurada desde o IV século num poema latino atribuído, erradamente segundo muitos, a Lactâncio, e mais tarde desenvolvida por santo Isidoro de Sevilha, alcançara, sem sofrer mudança, notável longevidade.

Não admira se, em contraste com o antigo cenário familiar de paisagens decrépitas e homens afanosos, sempre a debater-se contra uma áspera pobreza, a primavera incessante das terras recém-descobertas devesse surgir aos seus primeiros visitantes como uma cópia do Éden. Enquanto no Velho Mundo a natureza avaramente regateava suas dádivas, repartindo-as por estações e só beneficiando os previdentes, os diligentes, os pacientes, no paraíso americano ela se entregava de imediato em sua plenitude, sem a dura necessidade – sinal de imperfeição – de ter de apelar para o trabalho dos homens. Como nos primeiros dias da Criação, tudo aqui era dom de Deus, não era obra do arador, do ceifador ou do moleiro.

Dessa espécie de ilusão original, que pode canonizar a cobiça e banir o labor continuado e monótono, haveriam de partilhar indiferentemente os povoadores de toda a nossa América hispânica, lusitanos, não menos do que castelhanos, embora a sedução do maravilhoso parecesse atenuar-se entre aqueles por uma aceitação mais sossegada, quase fatalista, da realidade plausível. Marcando tão vivamente os começos da expansão das nações ibéricas no continente, era inevitável, não obstante, que o mesmo tema paradisíaco chegasse a imprimir traços comuns e duradouros à colonização das várias regiões correspondentes à atual América Latina. E não vai exagero no dizer-se que ela também se terá projetado à sua maneira sobre a história daquelas partes do Novo Mundo povoadas inicialmente por anglo-saxões: sugere-o qualquer retrospecto da literatura recente, mas já numerosa, dedicada ao assunto.

Não cabe aqui, senão sucintamente, um tal retrospecto. Para começar lembrarei duas tentativas esboçadas com o fim de se investigarem alguns dos mitos nacionais dos EUA, onde se podem discernir variantes modernas do tema paradisíaco. Em uma, a de Henry Nash Smith,[2] professor em Berkeley, descreve-se entre as representações coletivas que mais claramente dominaram a história norte-americana no século passado, a imagem popular de uma sociedade agrária a dilatar-se sobre as terras virgens do Oeste para as converter finalmente em um cenário quase edênico. Nesse tema, o mito do "Jardim do Mundo" como o denomina Smith, efeixam-se várias metáforas expressivas das noções de fecundidade, maturação, crescimento, e a do ditoso mister rural, simbolizado numa figura de lavrador munido de sua arma suprema, que é o sacrossanto arado.

Na segunda tentativa, a de R. W. B. Lewis, de Princeton,[3] aborda-se outro mito que, embora sem alcançar a popularidade do anterior, foi deliberadamente forjado, no período de 1820 a 1860 mais ou menos, entre alguns pensadores e escritores, para definir a imagem ideal do homem americano, que é aqui apresentado como um indivíduo desatado da História, despojado de ancestralidade, estreme das manchas nefastas que lhe poderiam legar família e raça, e onde uma geração afeita à leitura da Bíblia via facilmente a encarnação do primeiro homem, de Adão antes do Pecado. Ou melhor, dado que a verdadeira história intelectual há de ser de preferência dialógica ou dramática, isto é, tratará menos das ideias dominantes do que dos conflitos e contrastes de ideias que prevaleceram em certa época e certo país, recorre a um sistema bipartidário imaginado por Emerson, e aponta então para o partido do futuro contra o partido do passado, ou ainda para o partido da esperança contra o da memória. Lewis distingue ainda um terceiro partido, o da ironia, que se caracterizaria tanto pelo senso, negado aos "esperançosos", das trágicas decepções a que se pode expor a inocência, quanto pela capacidade, inacessível, esta, aos "nostálgicos", de um agudo discernimento, que só o malogro e a dor podem propiciar.

Assim como o tema do Jardim do Mundo, expressão do ruralismo pioneiro, teve seu grande campo de ação, através dos Alleghanies e do vale do Mississipi, nos prados e serranias do Oeste até as beiradas do Pacífico, o motivo adâmico ficou confinado à costa atlântica em geral, e em particular à Nova Inglaterra. Tiveram vida breve ambos os mitos. Se o Jardim do Mundo se havia dissipado quando os apitos das primeiras locomotivas já se ouviam em seus velhos domínios, o Adão americano tinha morrido quando começavam a troar os canhões da guerra civil, de sorte que à glória edênica sucedia a luta fratricida, num duro apelo à realidade.

Se é certo, porém, que o mundo de hoje se mostra menos hospitaleiro do que o de há cem anos e mais ao motivo adâmico, tanto que, segundo o exegeta dessa mitologia, o que agora temos no lugar do Adão americano é o Laocoonte americano, não falta quem ainda se esforce por prolongar-lhe a vida. Um bom exemplo desse esforço está em um livro de Leslie A. Fiedler,[4] onde se procura associar, por exemplo, o momentâneo bom sucesso do macarthismo com todo o seu séquito inquisitorial, que punha na linha de fogo as universidades e o pensamento livre e progressista, a um tardio reconhecimento, exacerbado até aos extremos da estupidez, dos perigos a que se pode expor a ingenuidade da inocência adâmica diante da malícia comunista. O remédio que propugna o autor, quando advoga, em vez do mito tradicional, o de outro Adão mais maduro, Adão de após a queda, parece um eco daquele partido da ironia descoberto pelo professor Lewis e de seu mais veemente porta-voz, que foi Henry James Senior, quando registrou como o mais assinalado serviço que prestou Eva ao nosso primeiro pai, o de o arrastar para fora do Éden.

E ainda seria possível inscrever nesta resenha certa versão, sobretudo europeia, do motivo do Adão americano, versão não raro negativa e que pode assumir, neste caso, o papel de contrapartida irônica do mito. Onde mais nitidamente pôde ela exprimir-se foi no dito atribuído a Walter Rathenau,[5] de que "a América não tem alma" e nem a mereceu ter, por isto que não consentira até então, isto é, até 1920, em "mergulhar nos abismos do sofrimento e do pecado".

Mas esses modernos mitos, ou antes, essas variantes modernas de um mito arcaico, não podem interessar aqui senão de modo subsidiário. Em sua forma tradicional, a que alimentou a noção do Paraíso entre os teólogos da Idade Média e que na era dos grandes descobrimentos marítimos pareceu materializar-se muitas vezes neste ou naquele lugar do Novo Mundo, ela não tem ocupado menos a atenção de vários estudiosos norte-americanos, sobretudo nos últimos tempos. Resulta de seus trabalhos que aquela noção esteve tão presente na imaginação dos fundadores da América inglesa como o estivera na de muitos conquistadores ibéricos neste continente. Havia contudo uma diferença sensível entre os dois casos, se são boas as razões oferecidas em obra altamente sugestiva e apoiada em notável erudição que devotou recentemente ao assunto o dr. George H. Williams, professor de História Eclesiástica na Universidade de Harvard.[6]

Reportando-se expressamente ao presente livro que apresenta, a seu ver, a demanda do Paraíso entre descobridores ou conquistadores latinos, e acentuando o papel, nesse sentido, dos sacerdotes católicos que acompanhavam aqueles homens, nota o autor como vinham eles animados pela crença em um Éden que generosamente se oferecia, e estava "só à espera de ser ganho" (*merely waiting to be gained*), tanto que já Colombo anunciara ao seu soberano que o tinha achado quase com certeza. Em contraste com eles, os peregrinos puritanos, e depois os pioneiros do Oeste, vão buscar nas novas terras um abrigo para a Igreja verdadeira e perseguida, e uma "selva e deserto", na acepção dada a estas palavras pelas santas escrituras, que através de uma subjugação espiritual e moral, mais ainda do que pela conquista física, se há de converter no Éden ou Jardim do Senhor.

Assim, diversamente do que acontecera com o papista Cristóvão Colombo, o calvinista Cotton Mather, de Boston, vê na nova plantação de templos, que se vai fazendo na "selva e deserto" (*wilderness*: a palavra tem em inglês esse duplo significado), o equivalente de um horto fechado (*Cânticos*, 4, 12), de "um Paraíso, como se fora o jardim do Éden". Segundo o professor Williams, o fato de os sectários calvinistas, quando no primitivo deserto ou selva plantaram seu jardim, e de os católicos espanhóis e portugueses, quando se viram atraídos pelo Eldorado em seu paraíso terreno, serem homens que deixaram o Velho Mundo movidos por sentimentos profundamente diversos, haveria de os levar à formulação de padrões de vida tão apartados uns dos outros, que os efeitos destes marcam até hoje os comportamentos contrastantes de seus netos neste continente. Cuida que, mesmo em suas versões secularizadas, essas duas senhas, que são, respectivamente, a do motivo edênico na exploração da América do Sul e a do "deserto e selva" na colonização da América inglesa pelos puritanos, são singularmente aptas a abrir caminho para o entendimento de vários aspectos das civilizações latina e anglo-saxônica no Novo Mundo. Tais aspectos ficariam de todo vedados à nossa compreensão se nos valêssemos só dessas chaves mais toscas e desgastadas que poderia fornecer eventualmente a distinção entre católicos e reformados, de um modo geral.

A decisiva importância histórica de que se reveste a imagem do Paraíso Terrestre para bem se conhecer a cultura americana e, no caso, especialmente a dos EUA, é assunto de outra obra, a do professor Charles L. Sanford, já citada nestas páginas, e que se imprimiu quase simultaneamente com a do dr. Williams. Tamanho é, no seu entender, o valor do mito edênico, que chega a parecer-lhe "a mais poderosa e ampla força organizadora na cultura americana".

Fazendo um exame das diferentes modalidades assumidas pelo tema desde Santo Agostinho e o pseudo-Lactâncio, até o Renascimento e a Reforma, sem esquecer, de passagem, as doutrinas milenaristas ou quiliásticas, que deslocam o Paraíso para um futuro mais ou menos distante, detém-se no papel que ele poderia exercer na ocupação da América do Norte pelos anglo-saxões. A lembrança do Paraíso perdido, do "céu na terra", é constante entre os colonos puritanos, e para alguns dos seus porta-vozes, como Roger Williams, a plantação das novas colônias copia o ato da Criação: aqueles homens, ao fabricarem igrejas e ao alçarem cruzes, lançam com isso as sementes da posterioridade de um Adão novo no solo rico e virgem do Éden recobrado. O quadro não difere muito, aqui, do que encontramos em *Wilderness and Paradise*, embora se saiba agora também que já nos primeiros tempos há colonos que imaginam ver o Éden materialmente presente no meio da selva selvagem, sem esperarem a futura transformação: um há que, para escândalo dos notáveis de Plymouth, se apresenta com o despejo próprio de Adão e Eva antes do pecado. Bem mais para o sul da Nova Inglaterra, em lugares onde o clima e a devoção não têm os mesmos rigores, começa a ganhar trânsito fácil a ideia do horto de delícias que se oferece com todas as galas, sem pedir maior esforço da parte dos fiéis. Já a partir da Virgínia, onde John Smith encontrou Eva na tribo de Powhatan, parecem suceder-se sem pausa as deslumbradoras paisagens. Não nos devem enganar, é certo, muitas dessas descrições inflamadas, que podem encobrir os apetites demasiado profanos de algum especulador de terras ou engajador de braços. Aos últimos pode aplicar-se, com muito mais propriedade, e em sentido literal, o que escreveu meio figuradamente Capistrano de Abreu sobre o nosso Gandavo, a saber que seus livros são uma propaganda de imigração.[7] Contudo o simples fato de servir para enlear desprevenidos já não sugere uma persistente vitalidade dos motivos edênicos? O Éden do professor Sanford, que quer ser antes de tudo um mito dinâmico, não se detém entretanto nessas descrições mais ou menos devotas. Nessa concepção, o tema do Paraíso Terreal representou, em diferentes épocas, um modo de interpretar-se a história, um efeito da história e um fator da história. Se o descobrimento do Novo Mundo foi o sucesso que mais claramente serviu para despojá-lo do conteúdo puramente religioso, a verdade é que, secularizando-se, continuaria esse mito a marcar com força a vida americana. A regeneração moral passou a ser a missão coletiva que se impôs ao povo dos EUA, desde que seus antepassados identificaram a nova terra com o Éden restaurado. Embora optando conscientemente, na prática, por uma posição de meio-termo entre o primitivismo da "fronteira móvel" e os requintes da civilização europeia, tendessem a formar um conceito de natureza predominantemente silvático e rural, não deixaram os norte-americanos de associar ao progresso material a elevação moral. Isso lhes permitiu adaptarem-se sem maiores atritos ou artifícios a toda a complexidade da civilização industrial. Concluindo, observa o autor que, uma vez realizadas, na aparência, as implicações revolucionárias do sonho edênico, a imagem do Paraíso se tornou um símbolo narcisista do retraimento conservador. Assediados por novas aflições e ansiedades, passam os americanos a suspeitar que foram despojados do Paraíso.

Não entra no meu propósito discutir a validez das razões do professor Sanford e nem de especulações tais como as de outro autor,[8] que encontra na América anglo-saxônica não um, mas dois mitos edênicos, que se teriam sobreposto com frequência a ponto de se fundirem e de se unificarem – o de um paraíso perdido sem remissão, e o de um paraíso recuperado –, de sorte que, se importa distinguir aquela dualidade ou ambiguidade, não é menos necessário reconhecer esta unidade. Tais estudos servem, em todo caso, para mostrar o crescente interesse que o tema vem suscitando entre estudiosos norte-americanos. Esse interesse é atestado ainda pela publicação há pouco, em inglês, de obras como a do historiador Henri Baudet, professor de História Social e Econômica na Universidade de Groningen, que traduzida do original holandês, primeiramente impresso em 1959, trata das reações provocadas na mentalidade europeia, ao longo dos séculos, pelos contatos com populações das terras novamente achadas ou exploradas, e onde a imagem do Éden ocupa lugar eminente.[9] E também de livros como o do professor A. Bartlett Giamatti, de Princeton, sobre o Paraíso Terrestre na época do Renascimento,[10] o qual, embora estudando o mito num contexto diverso e estritamente relacionado com a história literária, não deixa de aludir, embora passageiramente, à ênfase que o descobrimento da América pôde dar à procura de uma condição de perdida bem-aventurança e inocência.[11] Esse interesse pode ser referido em parte, no caso dos EUA, à noção de que os valores dominantes na civilização americana são como uma *dádiva* da história, isto é, de que os primeiros colonos, os *Founding Fathers*, equiparam o país, desde o nascedouro, com uma teoria política completa e adequada a todas as suas necessidades futuras.[12]

Embora sem se reportar expressamente a essa interpretação, é de razões à primeira vista semelhantes que um estudioso de história das religiões deduz a preocupação recente, entre americanos, e não só os dos EUA, como os da América Latina, por aquele Paraíso Terreal que seus antepassados, atravessando o oceano, vieram achar neste Novo Mundo.[13] Tal interesse andaria associado, para Mircea Eliade, ao desejo, entre intelectuais deste hemisfério, de voltar atrás, de encontrar a *história primordial* dos seus países. Denotaria também uma vontade de começar de novo, uma nostálgica ambição de reviver a beatitude e exaltação criadora das origens, em suma como uma saudade do Éden. Tudo isso trairia o empenho de recobrarem os fundamentos religiosos dos países situados nesta banda do oceano. Mas o significado de tal fenômeno ainda lhe parece mais complexo. Seria possível igualmente discernir nele a aspiração de um renovamento de antigos valores e estruturas, a expectativa de uma radical *renovatio*, assim como é lícito interpretar a maioria das experiências recentes no campo das artes, distinguindo nelas não só o intento de ver destruídos todos os meios de expressão gastos pelo tempo e a usura, mas a esperança também de retornar *ab initio* a atividade artística.

Seja qual for o real valor da explicação aqui oferecida para o empenho moderno de autores americanos no sentido de uma recuperação da história primordial, é fora de dúvida que ela pode prestar-se a equívocos, quando acena vivamente para aquela ambição nostálgica de viver de novo as próprias origens. Estou longe de crer que as tentativas de captar, instalando-a no campo da história das mentalidades, tomada a palavra no sentido mais amplo (e não apenas no sentido de história das ideias conscientemente adotadas), uma representação ideal, "espontânea" ou refletida, que tão sedutora pareceu aos primeiros exploradores deste continente, devam equivaler à ambição de recuperar um passado perdido. Nem acho que mostrar a força de contágio que teve naqueles começos a imagem edênica, ou até procurar ver como tal imagem, embora fazendo-se mais rala ou tomando formas novas com o correr do tempo, signifique necessariamente renunciar a uma lúcida inteligência das coisas idas para soçobrar no impreciso ou no irracional. Ou, ainda menos, para ceder à magia ancestral do mito e querer ressuscitá-lo, como se dessa forma nos fosse ainda possível fazer milagres.

Esta espécie de taumaturgia não pertence, em verdade, ao ofício do historiador, assim como não lhe pertence o querer erigir altares para o culto do Passado, desse passado posto no singular, que é palavra santa, mas oca. Se houvesse necessidade de forçar algum símile, eu oporia aqui à figura do taumaturgo a do exorcista. Não sem pedantismo, mas com um bom grão de verdade, diria efetivamente que uma das missões do historiador, desde que se interesse nas coisas do seu tempo – mas em caso contrário ainda se pode chamar historiador? –, consiste em procurar afugentar do presente os demônios da história. Quer isto dizer, em outras palavras, que a lúcida inteligência das coisas idas ensina que não podemos voltar atrás e nem há como pretender ir buscar no passado o bom remédio para as misérias do momento que corre.

O resultado mais fecundo do exame que se tentou aqui de algumas pesquisas ultimamente realizadas acerca do quadro ideal que do Novo Mundo forjaram os europeus – ou melhor, castelhanos e portugueses de um lado, do outro anglo-saxões – na era dos grandes descobrimentos está em que, obedecendo geralmente a um paradigma comum fornecido pelos motivos edênicos, esse quadro admitia, no entanto, duas variantes consideráveis que, segundo todas as aparências, se projetariam no ulterior desenvolvimento dos povos deste hemisfério. Assim, se os primeiros colonos da América inglesa vinham movidos pelo afã de construir, vencendo o rigor do deserto e selva, uma comunidade abençoada, isenta das opressões religiosas e civis por eles padecidas em sua terra de origem, e onde enfim se realizaria o puro ideal evangélico, os da América Latina se deixavam atrair pela esperança de achar em suas conquistas um paraíso feito de riqueza mudanal e beatitude celeste, que a eles se ofereceria sem reclamar labor maior, mas sim como um dom gratuito. Não há, neste último caso, contradição necessária entre o gosto da pecúnia e a devoção cristã. Um e outra, em verdade, se irmanam frequentemente e se confundem: já Cristóvão Colombo exprimira isto ao dizer que com o ouro tudo se pode fazer neste mundo, e ainda se mandam almas ao Céu.

As duas variantes podiam admitir, por sua vez, gradações não menos significativas de intensidade, pelas consequências que delas resultassem. Já se viu aqui como ao sul da Nova Inglaterra tendiam a esbater-se, mesmo na América anglo-saxônica, as imagens que nesse particular pôde sugerir o fervor calvinista aos colonos da baía de Massachusetts. Outro tanto parece ocorrer no caso da colonização ibérica, onde a mitologia da conquista, que tão vivaz se manifestava nas Índias de Castela, passava a descolorir-se e definhar, uma vez introduzida na América portuguesa: o fenômeno que neste livro recebe o nome de "atenuação plausível". Dele se trata expressamente no capítulo VI, embora as possíveis razões históricas das atenuações também sejam desenvolvidas em outras partes desta obra.

Mostra-se nas suas páginas como os grandes mitos da conquista ibérica foram, com uma única exceção, de lavra castelhana, e como entre portugueses costumavam perder eles o viço originário, despindo-se de muitas das suas frondosidades irreais ou inverossímeis e fazendo-se relativamente acessíveis ou plausíveis para imaginações timoratas. Compreende-se, pelas mesmas razões, como o único mito que, por exceção, se sabe ter começado a ganhar crédito entre portugueses, e destes se passou para os castelhanos, o de Sumé, o são Tomé americano, notavelmente se enriqueceu e ganhou novas cores ao entrar no Paraguai e depois no Peru, conforme se procura mostrar no capítulo V.

Quando acima se mencionaram razões históricas que ocasionariam as atenuações plausíveis, não se quis associá-las a alguma suposta e imutável característica étnica, ou a um vago "espírito nacional" dos portugueses, que os definisse, em particular, contra os castelhanos. Entende-se, isto sim, que essas "atenuações" e, de modo mais amplo, toda a mitologia da conquista, se prendem sobretudo a contingências históricas onde, em última análise, vão deitar raízes, e que essas contingências podem variar não só no tempo, mas também no espaço. Mesmo assim, não caberia neste caso dar desenvolvimento exaustivo ao estudo de tais razões, o que resultaria em alongar muito além do tolerável as dimensões da obra.

Não pretende esta ser uma história "total": ainda que fazendo cair o acento sobre as ideias ou mitos, não fica excluída, entretanto uma consideração, ao menos implícita, de seu complemento ou suporte "material", daquilo em suma que, na linguagem marxista, se poderia chamar a infraestrutura. Mas até mesmo entre os teóricos marxistas vem sendo de há muito denunciado o tratamento primário e simplificador das relações entre base e superestrutura, que consiste em apresentá-las sob a forma de uma influência unilateral, eliminadas, assim, quaisquer possibilidades de ação recíproca. Ao lado da interação da base material e da estrutura ideológica, e como decorrência dela, não falta quem aponte para a circunstância de que, sendo as ideias fruto dos modos de produção ocorridos em determinada sociedade, bem podem deslocar-se para outras áreas onde não preexistam condições perfeitamente idênticas, e então lhes sucederá anteciparem nelas, e estimularem, os processos materiais de mudança social.[14] Ora, assim como essas ideias se movem no espaço, há de acontecer que também viajem no tempo, e porventura mais depressa do que os suportes, passando a reagir sobre condições diferentes que venham a encontrar ao longo do caminho.

O tema deste livro é a biografia de uma dessas ideias migratórias, tal como se desenvolveu a partir das origens religiosas ou míticas (capítulos VII e VIII), até vir implantar-se no espaço latino-americano, mormente no Brasil. Para isso foi de grande serventia o recurso à tópica, no sentido que adquiriu esse conceito, tomado à velha retórica, desde as modernas e fecundas pesquisas filológicas de E. R. Curtius,[15] onde, conservando-se como princípio heurístico, pôde transcender aos poucos o cunho sistemático e puramente normativo que outrora a distinguia, para fertilizar, por sua vez, os estudos propriamente históricos.

Entre os *topoi* inseparáveis das descrições medievais do Éden, oriundos em geral da elaboração que receberam de Lactâncio ou de quem fosse o autor do poema latino *Phoenix*, redigido em fins do século III ou começos do IV de nossa era, destaque-se, para citar um exemplo, o da perene primavera e invariável temperança do ar, que prevaleceria naquele horto sagrado. Sob a forma que duzentos anos depois de Lactâncio lhe dará santo Isidoro de Sevilha – a do *non ibi frigus non aestus* –, atravessa a imagem toda a Idade Média e chega a alcançar os tempos modernos. É de notar como até mesmo a ordem em que na versão do autor das *Etimologias* são dispostas as referências à temperatura, ou seja, o *non frigus* primeiro, depois o *non aestus*, mantém-se durante todo esse tempo com poucas exceções. Entre os inumeráveis textos que me foi dado consultar e utilizar a esse propósito, só encontrei a ordem contrária – "calor" antes de "frio" – em uma das múltiplas versões das peregrinações de são Brandão, contida num texto anglo-normando, no *Dittamondo* de Fazio degli Uberti, nos *Milagres* de Berceo, numa trova inacabada de d. João Manuel, e neto del-rei d. Duarte de Portugal e camareiro-mor de d. Manuel, o Venturoso, finalmente numa poesia de Ronsard, já em pleno século XVI. Entre os textos de navegantes ou cronistas que registraram o mesmo esquema em terras americanas o mais antigo é a relação que deu Cristóvão Colombo de sua primeira viagem, em que o descobridor, falando do clima ameno de Cuba, "ni frio ni caliente", segue à risca o padrão canônico. Muito mais tarde, ao fazer sua descrição do Paraíso segundo esse padrão, na *História de las Indias*, que principiou a escrever em 1527, e quase quarenta anos depois, às vésperas da morte, não tinha acabado de rever, frei Bartolomeu de Las Casas fala textualmente na boa e salubre vivenda dos homens naquele sítio sagrado, onde não deveria haver calor, nem os afligiria o frio. Em outro passo da mesma *História*, o bispo de Chiapas dá razão aos homens doutos que punham o paraíso dos deleites debaixo do trópico de Capricórnio, onde havia, com efeito, terra excelentíssima e mui povoada nas partes do Peru, abonando esse argumento com a própria experiência, pois que tendo passado nesta América o dito trópico, na parte austral, não achara ali excesso de calor, mas encontrara mar e terra bem temperados.

No Brasil, o velho *cliché* é retomado por Pero de Magalhães Gandavo, quando diz que nesta província de Santa Cruz de tal maneira se comediu a natureza na temperança dos ares, "que nunca se sente frio, nem quentura excessiva". É como uma ressonância daquela visão do paraíso que, em fins do século XV ou no começo do seguinte, vemos aparecer no texto do *Orto do esposo*, onde se lê, na mesma ordem em que aparecem as referências à temperatura em Isidoro de Sevilha, que "em elle nõ ha frio nem quentura". Outro tanto, apenas com maior prolixidade, dirá em uma das suas cartas José de Anchieta, que depois de sete anos de assistência no Brasil não conseguira desprender-se da chapa convencional. Parecem-lhe, com efeito, ao jesuíta, de tal maneira temperadas aqui as estações, que "não faltavam no tempo do inverno os calores do sol pra contrabalançar os rigores do frio, nem no estio para tornar mais agradáveis os sentimentos, as brandas aragens e os úmidos chuveiros". Ou como consta do texto original: "nec hyberno tempori soli calores and iniuriam frigoris propusandam, nec aestivos ad mulcendos sensus lenes auras et humentes imbres desint". E outro padre, exatamente o de maior importância para o estabelecimento da Companhia no Brasil, ou seja, Nóbrega, já pudera escrever em 1549, da Bahia, que ali o inverno "não é nem frio nem quente". E o verão, acrescentava, embora mais quente, bem se pode sofrer. Outro tanto, posto que mais brevemente, escreverá muito mais tarde, e os exemplos ainda poderiam multiplicar-se indefinidamente, o padre Fernão Cardim, quando em um dos seus tratados escreve que a terra do Brasil "geralmente não tem frios nem calmas".

Ainda que não se apresente de forma expressa, é esse ao lado de muitos outros clichês, que com frequência ainda maior aparecem nas crônicas e cartas do período colonial, o que dita as considerações sobre os bons ares do Brasil, na página antológica de Rui Pereira, contida em uma carta que em 1560 endereçou aos padres e irmãos de Portugal. Nela se lê: "se houvesse paraíso na terra eu diria que agora o havia no Brasil". E mais: "quanto ao de dentro e de fora, não pode viver senão no Brasil quem quiser viver no paraíso terreal. Ao menos eu sou desta opinião. E quem não quiser crer venha-o experimentar".

Os *topoi* de uma visão edênica referidos de modo direto ao Brasil, que ainda mais profusamente do que o do *non ibi aestus* se disseminam em escritos procedentes da nossa era colonial, e nem sempre na forma apenas metafórica ou condicionalizada como a dos casos que se acabam de citar, e que são, por exemplo, o da vida longeva dos que aqui nascem, ou o da ausência de pestilências e enfermidades, não se abordam neste prefácio, nem é mister fazê-lo, uma vez que são examinados detidamente nos capítulos IX e X da obra, e se intitulam, respectivamente, "Voltando a Matusalém" e "O mundo sem mal".

Só depois do século XVI e talvez por influência de autores espanhóis é que a sobriedade e o realismo que pareciam distinguir, ainda assim, os escritos portugueses vão dar lugar a efusões mais desvairadas, que bem se podem comparar aos delírios do *siglo de oro* castelhano. Entre 1645 e 1650, o licenciado Antonio León Pinelo, filho de marranos portugueses, nascido em Valladolid, preparava no Peru um copiosíssimo tratado onde, com luxuriante cabedal erudito, consegue fixar exatamente, e quase por exclusão – pois não impugna menos do que dezessete opiniões infundadas –, o sítio em que moraram os nossos primeiros pais antes da Queda. Ficava ele, fora de qualquer dúvida, bem no centro da América do Sul, que tem formato de coração, dentro de um círculo de nove graus de diâmetro, que são 160 léguas, e 460 de circunferência.

Não custa muito ao autor ajustar seu achado às indicações da Bíblia. As Escrituras dizem, com efeito, que ficava o Éden ao oriente da terra em que depois viveu Adão, e isso permitia hesitações, segundo as primeiras aparências. Pinelo não hesita porém: é claro que o texto sagrado queria dizer que estava em regiões que com respeito ao orbe habitável se achassem postas de maneira tal que na sua dialética se alongassem do Oriente, em outra parte do mundo, bem longe das terras conhecidas. Isso significava, e não podia significar coisa diversa, que ficavam na América. Em seguida tem modos de superar outra dificuldade, quando identifica os quatro rios do Paraíso com o Prata, que é o Fison, o Amazonas, que é o Gion, o Madalena, assimilado ao Tigre, e o Orenoco, ao Eufrates. Também a fruta que foi causa da perdição de Adão e Eva não era com certeza a maçã, que só medra naturalmente em outras latitudes, nem era a banana, por vários sugerida, e lhe parecia esta uma opinião grosseira, ou menos ainda a figueira índica. A fruta da árvore do bem e do mal só podia ser o maracujá, *granadilla* nas Índias de Castela, que pelo aroma e sabor já era capaz de acender o apetite de Eva, e cuja misteriosa flor ostenta claramente as insígnias da Paixão do Senhor.

Da obra de Pinelo, que só se imprimiu nos nossos dias, foi publicado em vida ao autor o "aparato", constante da portada e das tábuas ou índices, que saiu em 1656. Não o devia conhecer Simão de Vasconcelos quando redigia suas "Notícias curiosas e necessárias das coisas do Brasil", com que abre a *Crónica da Companhia de Jesus*. Imprimiu-se esta primeiramente em 1663 e nos sete últimos parágrafos vinha explanada a teoria de que estava na América o Paraíso, e mais precisamente no Brasil. Já se achavam prontos dez exemplares da obra quando veio ordem superior para se riscarem aqueles parágrafos. Foi a decisão que afinal prevaleceu, apesar dos pareceres de alguns doutores consultados por Vasconcelos, unânimes em sustentar que nada havia neles em contrário à Santa Fé Católica, de sorte que o texto definitivo da obra saiu expurgado das mesmas passagens. Aconteceu, porém, que num dos pareceres solicitados pelo autor, o do dr. Luís Nogueira, são anexados os ditos sete parágrafos, e deles há cópia em Roma, na Biblioteca Nacional Vittorio Emanuelle, cujo fundo é constituído da antiga livraria do Colégio Romano, e ali os pôde ler o padre Serafim Leite, e deles nos dar notícia.[16]

Não me foi possível, até o momento em que redijo estas linhas, conhecer as passagens em apreço: os microfilmes que fiz vir de Roma, baseado nos dados que a respeito publicou o benemérito historiador da Companhia no Brasil, e meu prezadíssimo amigo, não corresponderem à matéria, tendo havido certamente lapso na indicação do catálogo. No fecho do texto impresso das *Notícias*, isto é, nos §§ 103 e 104, segue-se, porém, à comparação entre "alguma parte deste Brasil e aquelle Paraíso da terra em que Deus nosso Senhor, como em jardim, pôs a nosso primeiro pai Adão", uma série de razões que justificariam o confronto, falando-se em particular nas muitas bondades, riquezas e amenidades desta porção do Novo Mundo. Amparam-se, além disso, em autoridades de grande ponderação no tempo, como seja o indefectível Eusébio, ou seja, o jesuíta espanhol João Eusébio Nieremberg, e não deixa o autor de socorrer-se igualmente de mestres escolásticos da altura de Santo Tomás de Aquino, são Boaventura, Suares, e até de Cornélio a Lapide, um dos numes de nosso padre Antônio Vieira. Na notícia que nos dá dos parágrafos incriminados de Vasconcelos, enlaça-os o dr. Serafim Leite, talvez com razão, à história literária do ufanismo brasileiro: "Todos cantam sua terra"... "Minha terra tem palmeiras"... "Auriverde pendão"... "Porque me ufano de meu país"...

Não seria Vasconcelos o primeiro, como não foi o último, a tentar, com sua fantasia barroca, dar lugar honroso na América lusitana à mística e inconstante topografia edênica. O último e já bem entrado o século XVIII deve ter sido um Pedro de Rates Hanequim, natural e morador em Lisboa, mas que viveu longamente em Minas Gerais e era filho de um cônsul ou residente holandês chamado Francisco Hanequim natural de Roterdã. Se Pedro voltou em 1722 a Portugal, tendo morado 26 anos nas Minas, como resulta da documentação conhecida, teria sido ali contemporâneo das mais antigas lavras de ouro, e isso explica o ter ele passado alguma vez por brasileiro. Anda seu nome associado a uma conspiração que, bem lograda, anteciparia de uns bons oitenta anos a nossa emancipação política, pois tinha em mira aclamar-se rei do Brasil ao infante d. Manuel, irmão de d. João v. Preso em 1741 por ordem de Sua Majestade, viu-se Hanequim chamado depois à Mesa do Santo Ofício, onde acabou pronunciado com sentença de excomunhão maior e confisco dos bens, além de relaxação à justiça secular. Condenou-o, afinal, a Relação de Lisboa, por acórdão de 21 de junho de 1744, a ser levado à Ribeira da cidade, ali afogado, queimado depois, o corpo reduzido a pó e cinza, de maneira que nem de sua sepultura houvesse memória.

O crime que com crua morte assim pagou não foi, porém, de inconfidência, nem de judeu professo, pois não se provou que fosse sequer da gente da nação. Foi o de heresiarca e apóstata, segundo reza o acórdão. E seus erros neste particular, ao que dizem textos para os quais me chamou atenção o professor Paulo Pereira de Castro, meu colega na Universidade de São Paulo, consistiram em sustentar com obstinação impávida que o Paraíso Terreal ficara e se conservava no Brasil, entre serranias do mesmo Estado. Acrescentava haver ali uma árvore à feição de maçãs ou figos, e esta era a do Bem e do Mal, e assim também que o das Amazonas, o São Francisco e outros, eram os quatro rios que saíram daquele horto. Aliando à antiga opinião de que os americanos descendiam das tribos perdidas de Israel, passagens do Velho Testamento e episódios tomados, ao que parece, da lenda do Sumé, afirmava que Adão se criou no Brasil e dali se passou de pé enxuto a Jerusalém, abrindo-se para isso as águas do Mar Oceano, assim como as do mar Vermelho se abriram outrora aos israelitas, enfim que as marcas de suas pisadas ainda se podiam ver perto da Bahia. Dizia mais que no Brasil se haveria de levantar o Quinto Império e, para maior escândalo dos inquisidores, que o Dilúvio não foi universal, já que poupou o Brasil, que não interveio Deus Padre, mas só o Filho e o Espírito Santo na criação do mundo, e que as pessoas divinas tinham corpo, posto que espiritual, como também os anjos e a Senhora, uns com mais, outros com menos perfeição e espiritualidade.[17]

Bondosamente admoestado pelos juízes eclesiásticos que o inquiriam, tendo ele amarrados pés e mãos, não quis o réu em nenhum momento abjurar de tão adoidadas erronias, preferindo antes a morte e a infâmia, extensiva esta a toda a sua descendência, ao arrependimento. Longe de humilhar-se, não se cansou em todo o tempo, que foram três anos, de desafiar os santos inquisidores, acusando-os de violenta e covarde tirania. Uma distância imensurável no tempo parece correr entre aquela censura ainda hesitante e disputada, que incriminou as quase audácias teológicas de Vasconcelos, e essa amofinação sem tréguas que vai levar até a morte danada o antigo mineiro Pedro de Rates. Agora, no liminar da era das Luzes, mas ainda em nome da Santa Madre Igreja, se vai criando um clima cada vez mais irrespirável para os delírios de imaginação que não se deixem represar no âmbito de uma estreita e insuspeitável ortodoxia. Não só a supremacia crescente do saber racional ou empírico, mas também um caudal maior de conhecimentos acerca das antigas *terrae incognitae* fazem desbotar-se ou alterar-se uma fantasia, herdeira de tradições milenares, que se infundiu nas almas dos navegantes e de quantos homens largaram a Europa na demanda de um mundo melhor, ao contato com os bons ares e boas terras do novo continente. E que, mesmo passado o deslumbramento inicial, ainda se mantém longamente por força dos costumes e da inércia, conseguindo sobrepor-se tranquilamente aos primeiros desenganos.

Dedicou-se este livro à tentativa de estudar essa espécie de fantasia e sua influência imediata sobre o esforço colonizador. Não se exclui, com isso, que através de possíveis avatares continuasse ela a atuar sobre os destinos dos povos americanos, brasileiro inclusive, nem que deixasse de haver ao seu lado, e desde o começo, ou quase, uma imagem negadora dessa mesma fantasia. Contudo, uma consideração daquelas metamorfoses iria muito além dos meus propósitos e me levaria ao terreno movediço de especulações mais ou menos caprichosas. Quanto às imagens negativas que pôde suscitar o Novo Mundo, nada mostra que fossem aos mesmos extremos a que chegou a sua idealização. Ou melhor, não conseguiram cristalizar-se, salvo como opiniões individuais e sem muita força de contágio, em qualquer coisa que merecesse chamar-se um antiparaíso ou, se quiserem, uma visão do inferno, capaz de contrapôr-se às inumeráveis visões edênicas que inspiraram as novas terras.

Quando muito redundaram na ideia, cara a naturalistas do século XVII, sobretudo a Buffon, de que na América não se mostrara pródiga a natureza ou estuante de vitalidade e energia criadora como acontecera com tantas partes do Velho Mundo. Quer dizer que ela envelhecera precocemente, dando desde cedo sinais daquela degradação a que se referiram certos autores setecentistas, e que exprime a seu respeito um Corneille De Paw nas *Reflexions philosophiques*, ou ainda que não pudera robustecer-se e ganhar formas nítidas. A mesma imagem negativa do Novo Mundo podia esgalhar-se, pois, indiferentemente, em duas ideias que na aparência se opõem: a de um mundo gasto ou degenerado, e a de um mundo inacabado ou imaturo. Sob este último aspecto acha ela talvez sua derradeira expressão no pensamento de Hegel, e vai presidir decisivamente seus pontos de vista sobre as duas Américas, a anglo-saxônica – que foi propriamente colonizada – e a ibérica ou latina, que, com certas reservas ou atenuações no que respeita ao Brasil, foi antes conquistada, tudo desembocando afinal na insinuação de um antagonismo futuro entre ambas, que não chega a delinear-se precisamente no seu espírito, por acreditar que é impróprio do mister de filósofo o pretender ser profeta.

Para elaborar-se esta nova edição, e não sei se definitiva, de *Visão do Paraíso*, tive oportunidade de socorrer-me de numerosas fontes documentais a que não tivera acesso quando preparava a primeira, ainda que de algumas já tivesse notícia. É o caso, para citar um exemplo, do tratado do Paraíso na

América, de autoria do licenciado Antonio León Pinelo. Embora já soubesse que o manuscrito seiscentista fora finalmente impresso em 1941 por diligência do ilustre historiador e homem de Estado peruano Raul Porras Barrenechea, tinham sido inteiramente inúteis os meus esforços no sentido de obter algum exemplar da obra: a resposta invariável às indagações feitas junto a livreiros de Lima era de que se tratava de impressão fora do comércio, de tiragem limitada e já completamente esgotada. Só mais tarde tive a grata satisfação de receber os dois compactos volumes da obra de León Pinelo, que me foram gentilmente mandados de Lima por d. Felix Denegri Luca. Devo tamanha gentileza à intervenção solícita e generosa de um comum amigo, o professor Lewis Hanke, então da Universidade de Columbia, a quem deixo reiterados aqui, e ao sr. Denegri, os meus melhores agradecimentos.

Três visitas que posteriormente fiz aos EUA, uma das quais se prolongou por perto de um ano, deram-me a ocasião de aumentar muito e atualizar meu cabedal de conhecimentos sobre o tema aqui estudado. Para isso foram de inestimável valia as pesquisas que pude efetuar, sucessivamente, na Lilly Library, especialmente na sua opulenta coleção B. Mendel, da Universidade de Indiana, onde me levou convite recebido por intermédio do professor James Scobie para dar curso sobre matéria de minha especialidade naquela casa; na biblioteca da Universidade de Yale, facilitada esta por um convite semelhante, partido de velho e caro amigo, o professor Richard M. Morse; por fim, mas *not least*, na Livraria Pública da cidade de Nova York. Com os muitos subsídios novos que me proporcionaram essas pesquisas, e com um reexame mais detido de algumas partes da obra, de há muito esgotada, veio-me a tentação de publicá-la de novo, refundindo em muitos pontos e enriquecendo o seu texto.

São Paulo, novembro de 1968.

I

Experiência e fantasia

•

O GOSTO DA MARAVILHA E DO MISTÉRIO, quase inseparável da literatura de viagens na era dos grandes descobrimentos marítimos, ocupa espaço singularmente reduzido nos escritos quinhentistas dos portugueses sobre o Novo Mundo. Ou porque a longa prática das navegações do Mar Oceano e o assíduo trato das terras e gentes estranhas já tivessem amortecido neles a sensibilidade para o exótico, ou porque o fascínio do Oriente ainda absorvesse em demasia os seus cuidados, sem deixar margem a maiores surpresas, a verdade é que não os inquietam, aqui, os extraordinários portentos, nem a esperança deles. E o próprio sonho de riquezas fabulosas, que no resto do hemisfério há de guiar tantas vezes os passos do conquistador europeu, é em seu caso constantemente cerceado por uma noção mais nítida, porventura, das limitações humanas e terrenas.

A possibilidade sempre iminente de algum prodígio, que ainda persegue os homens daquele tempo, mormemente em mundos apartados do seu, alheios aos costumes que adquiriram no viver diário, não deixará de afetá-los, mas quase se pode dizer que os afeta de modo reflexo: através de idealizações estranhas, não em virtude da experiência. É possível que, para muitos, quase tão fidedignos quanto o simples espetáculo natural, fossem certos partos da fantasia: da fantasia dos outros, porém, não da própria. Mal se esperaria coisa diversa, aliás, de homens em quem a tradição costumava primar sobre a invenção, e a credulidade sobre a imaginativa. De qualquer modo, raramente chegavam a transcender em demasia o sensível, ou mesmo a colori-lo, retificá-lo, complicá-lo, simplificá-lo, segundo momentâneas exigências.

O que, ao primeiro relance, pode passar por uma característica "moderna" daqueles escritores e viajantes lusitanos – sua adesão ao real e ao imediato, sua capacidade, às vezes, de meticulosa observação, animada, quando muito, de algum interesse pragmático – não se relacionaria, ao contrário, com um tipo de mentalidade já arcaizante na sua época, ainda submisso a padrões longamente ultrapassados pelas tendências que governam o pensamento dos humanistas e, em verdade, de todo o Renascimento?

Nada fará melhor compreender tais homens, atentos, em regra geral, ao pormenor e ao episódico, avessos, quase sempre, a induções audaciosas e delirantes imaginações, do que lembrar, em contraste com o idealismo, com a fantasia e ainda com o senso de unidade dos renascentistas, o pedestre "realismo" e o particularismo próprios da arte medieval, principalmente de fins da Idade Média. Arte em que até as figuras de anjos parecem renunciar ao voo, contentando-se com gestos mais plausíveis e tímidos (o caminhar, por exemplo, sobre pequenas nuvens, que lhes serviriam de sustentáculo, como se fossem formas corpóreas), e onde o milagroso se exprime através de recursos mais convincentes que as auréolas e nimbos, tão familiares a pintores de outras épocas.[1]

Só a obstinada ilusão de que a capacidade de apreender o real se desenvolveu até aos nossos dias numa progressão constante e retilínea pode fazer-nos esquecer que semelhante "retrocesso" não se deu apenas na esfera da arte. Se parece exato dizer-se que aquela ilusão foi estimulada e fortalecida pelo inegável incremento das ciências exatas e da observação da

Natureza, a contar do século XVI, é indubitável, no entanto, que nossa noção da realidade só pôde ser obtida em muitos casos por vias tortuosas, ou mesmo por escamoteações ainda que transitórias, do real e do concreto.

É bem significativo o viço notável alcançado, em geral, durante o Renascimento, por estudos tais como os da retórica, da magia, da astrologia, da alquimia, que, na sua maior parte, julgamos hoje anticientíficos e ineficazes, por isso mesmo que nos parecem tender a algumas daquelas escamoteações. Na primavera da Idade Moderna, quando à tradição medieval, árabe e cristã se alia a do mundo clássico, agora ressuscitada, povoando o céu de imagens "onde se transfiguram, ganhando forças novas, as crenças mitológicas da Antiguidade",[2] longe de chegarem a desfalecer é, ao contrário, um recrudescimento o que conhecem muitos desses estudos.

Em todo o longo curso da polêmica dos humanistas contra a escolástica e o aristotelismo, a superioridade frequentemente afirmada da retórica em confronto com a dialética e a lógica relaciona-se para muitos à sua capacidade de aderir mais intimamente ao concreto e ao singular ou, ainda, à sua eficácia maior como instrumento de persuasão.[3] Pode dizer-se que o influxo deste modo de sentir vai marcar ulteriormente o pensamento e, segundo todas as probabilidades, a estética dos seiscentistas, dirigindo esta última, de um lado, no sentido de esquivar-se à expressão direta, e de outro, paradoxalmente, para a forma incisiva e sem meandros.

A propósito deste último aspecto houve mesmo quem relacionasse à especulação de certos humanistas a doutrina do estilo chão, propugnada pelos puritanos, e nela visse o prenúncio, quando não exatamente a causa do racionalismo. Contudo, o pano de fundo daquela especulação ainda é o complexo de ensinamentos contra os quais ela procura rebelar-se, ganhando forças através desta rebelião: o aristotelismo e a escolástica medieval, mas a escolástica de físicos e lógicos, como o fora o português Pedro Hispano, não tanto a de teólogos, como o próprio Santo Tomás de Aquino.

É principalmente nos países ibéricos que, apesar de Vives, por exemplo, ou dos erasmistas hispânicos, mais poderosos se vão fazer os entraves da tradição (em particular da tradição aristotélica, logo depois retomada, e da escolástica, recuperada e quase canonizada, até fora das universidades) a certas manifestações extremadas do humanismo. Às *animadversões* de um Pedro Ramus, tão influentes entre os povos do Norte,[4] ninguém se há de opor com vivacidade mais agastada, em prol do Estagirita e da Universidade, do que, em sua *Responsio*, de 1543, o português Antônio de Gouveia.[5]

Mesmo nesses países, porém, mal se poderá dizer sem exagero que ficará inútil todo o trabalho desenvolvido pelos humanistas, em sua campanha antiescolástica ou antiaristotélica. Da exaltação da retórica, oposto desse modo à lógica e à dialética, e ainda da aversão declarada a todo pensamento de cunho abstrato e puramente especulativo, permanecerão neles sinais duradouros.

Se a tanto vão as consequências do interesse generalizado pela retórica, numa época em que se situam as verdadeiras origens do moderno racionalismo e experimentalismo, dificilmente se dirá que foi menos eminente o prestígio, então, de certas doutrinas que a experiência e a razão parecem hoje repelir. Não é inteiramente justo pretender-se, e houve no entanto quem o pretendesse, que o ocultismo da Idade Média se reduz à *baixa magia* dos bruxedos, ao passo que a grande magia pertence de fato ao Renascimento. E todavia parece exato dizer que durante a era quinhentista e ao menos até Giordano Bruno e Campanella, se não mais tarde, as ideias mágicas alimentam constantemente a mais conhecida literatura filosófico-teológica.

Não tem mesmo faltado ultimamente quem procurasse assinalar a íntima relação existente entre as operações mágicas e a própria ciência experimental dos séculos XVI e XVII. Por mais que um Bacon, por exemplo, tivesse procurado eliminar de seu sistema as fábulas, maravilhas, "curiosidades" e tradições, a verdade é que não logrou sustar a infiltração nele de princípios dotados de forte sabor mágico e ocultista. E embora sem poupar acres censuras à Astrologia, por exemplo, chega a admitir, não obstante, que essa arte há de depurar-se apenas de excessos e escórias, mas não deve ser inteiramente rejeitada.

Por outro lado, os rastros que muitas concepções mágicas deixariam impressos nas suas teorias filosóficas, em sua biologia, sobretudo em sua medicina, que em alguns pontos parece confundir-se com a charlatanice, só se notam em escala muito menor na doutrina cartesiana, porque o terreno por estar aberto deixa naturalmente poucas oportunidades para uma invasão ostensiva da magia e do ocultismo.

Mas quem, como o próprio Descartes, ousou confessar sua incapacidade de discorrer sobre experiências mais raras antes de conseguir investigar ervas e pedras miraculosas da Índia, ou de ver a ave Fênix e tantas outras maravilhas exóticas, e além disso se valeu de lugares-comuns tomados à magia natural, para abordar segredos cuja simplicidade e inocência nos impedem de admirar as obras dos homens, não pode ser considerado tão radicalmente infenso a tal ou qual explicação oculta de fatos empíricos. E as causas fornecidas para as propriedades do ímã e do âmbar por um espírito como o seu, que tinha em mira dar motivos racionais e mecânicos para fenômenos supostamente ocultos, já puderam ser interpretadas como de molde a animar, e não a destruir, a crença na existência de tais fenômenos.[6]

Assim, as mesmas correntes espirituais que vão desembocar a seu tempo na negação do sobrenatural, passando sucessivamente pelo naturalismo, o racionalismo, o agnosticismo e enfim pelo ateísmo sem rebuço ou temor, parecem ocupadas, num primeiro momento, em retardar o mais possível e, por estranho que pareça, em contrariar a marcha no sentido da secularização crescente da vida: meta necessária, posto que nem sempre manifesta, dos seus esforços. De modo que não hesitam em ataviar, idealizar ou querer superar a qualquer preço o espetáculo mundano. Propondo-se uma realidade movediça e ativa, rica em imprevistos de toda sorte, elas destoam abertamente do tranquilo realismo daqueles que, ancorados na certeza de uma vida ditosa e perene, ainda que póstuma, consentem em aceitar o mundo atual assim como se oferece aos sentidos, e se recusam a vesti-lo de galas vãs.

O resultado é que uns, meio desenganados, talvez sem o saber, das promessas consoladoras, e movidos de uma desordenada impaciência, procuram ou já cuidam ter encontrado na vida presente o que os outros aguardam da futura, de sorte que o mundo, para suas imaginações, se converte num cenário prenhe de maravilhas. Aos últimos, porém, o viver quotidiano nem os deixa oprimidos, nem os desata dos cuidados terrenos, e o freio que parece moderar sua fantasia é uma esperança contente e sossegada.

Não está um pouco neste caso o realismo comumente desencantado, voltado sobretudo para o particular e o concreto, que vemos predominar entre nossos velhos cronistas portugueses? Desde Gandavo e, melhor, desde Pero Vaz de Caminha até, pelo menos, frei Vicente do Salvador, é uma curiosidade relativamente temperada, sujeita, em geral, à inspiração prosaicamente utilitária, o que dita as descrições e reflexões de tais autores. A extravagância deste ou daquele objeto, que ameaça desafiar o costume e ordem da Natureza, pode ocasionalmente acarretar, é certo, alguma vaga sugestão de mistério. De que nos serve, porém, querer penetrar a todo o transe esses segredos importunos? Muito mais do que as especulações ou os desvairados sonhos, é a experiência imediata o que tende a reger a noção do mundo desses escritores e marinheiros, e é quase como se as coisas só existissem verdadeiramente a partir dela. A experiência, "que é madre das coisas, nos desengana e de toda dúvida nos tira",⁷ assim falou um deles nos primeiros anos do século XVI. "Madre" das coisas, não apenas sua "mestra", de acordo com a fórmula antiga, que mal principiavam a reabilitar pela mesma época espíritos do porte de Leonardo. A obsessão de irrealidades é, com efeito, o que menos parece mover aqueles homens, em sua constante demanda de terras ignotas. E, se bem que ainda alheios a esse "senso do impossível", por onde, segundo observou finalmente Lucien Febvre, pode distinguir-se a nossa da mentalidade quinhentista,⁸ nem por isso mostravam grande afã em perseguir quimeras. Podiam admitir o maravilhoso, e admitiam-no até de bom grado, mas só enquanto se achasse além da órbita de seu saber empírico. Do mesmo modo, em suas cartas náuticas, continuarão a inscrever certos topônimos antiquados ou imaginários,⁹ até o momento em que se vejam levados a corrigi-los ou suprimi-los, conforme o caso.

Não era essa, então, a atitude comum entre povos navegadores. Já às primeiras notícias de Colombo sobre as suas Índias tinham começado a desvanecer-se naquele Novo Mundo os limites do possível. E se todas as coisas ali surgiam magnificadas para quem as viu com os olhos da cara, apalpou com as mãos, calcou com os pés, não seria estranhável que elas se tornassem ainda mais portentosas para os que sem maior trabalho e só com o ouvir e o sonhar se tinham por satisfeitos. Nada parece, aliás, quadrar melhor com certa sabedoria sedentária do que a impaciência de tudo resolver, opinar, generalizar e decidir a qualquer preço, pois o ânimo ocioso não raro se ajusta com a imaginação aventureira e, muitas vezes, de onde mais minguada for a experiência, mais enfunada sairá a fantasia.

Reduzidas porém à palavra impressa, com o prestígio que se associa à novidade, muitas razões falsas e caprichosas deveriam ganhar, por aquele tempo, a força das demonstrações. A Rabelais, ou a quem escreveu o quinto livro de *Pantagruel*, deve-se certa alegoria que traduz a importância atribuída, entre seus contemporâneos, à literatura corrente sobre as terras incógnitas. Disforme velhinho, de enorme goela em que se agitam sete línguas – ou uma língua repartida em sete –, a falarem simultaneamente em sete idiomas diversos, o prodigioso *Ouyr-Dire*, apesar de cego e paralítico das pernas, ostenta da cabeça aos pés tanto de orelhas quanto de olhos tivera Argos.

Cercado de uma chusma de homens e mulheres, sempre atentos e gulosos de ciência, não cessa o monstro de ministrar-lhes, ajudado do mapa-múndi, explicações sumárias, em breves e incisivos aforismos, a respeito das mais notáveis maravilhas existentes em toda a superfície desta esfera terrestre, com o que se fazem eles sapientíssimos doutores, aptos a discorrer de cor e com perfeita elegância, sobre os mínimos aspectos da matéria versada. Matéria de que toda uma vida humana haveria de representar, normalmente, muito pouco para se conhecer sua centésima parte.

Não é sem alguma surpresa que, no rol dos historiadores antigos e modernos, dissimulando-se por trás de um tapete, a trabalhar afanosamente para Ouvir-Dizer e seus discípulos, vamos encontrar (único português nominalmente citado entre os membros de vasta equipe, que não inclui um Vasco da Gama, como não inclui, aliás, Colombo, nem Vespúcio) o descobridor da terra de Santa Cruz.[10] E é já alguma coisa o fato desse Pietre Álvares surgir na relação mutilado apenas do seu apelido mais notório, quando outros nomes – o de André Thevet, por exemplo, convertido em Tevault, ou o de Cadamosto, transformado em Cadacuist – de tão estropiados se tornam quase irreconhecíveis.

De qualquer modo a presença de Pedro Álvares Cabral numa ilustre companhia de cronistas ou, como lá está, de historiadores, companhia tão larga quanto eclética, pois abrange, entre outros, Estrabão e Plínio, Heródoto e Marco Polo, Haïton, o Armênio e o papa Pio II, ou seja, Eneias Silvio Piccolomini, só seria explicável por alguma estranha confusão: confusão, talvez, entre o almirante lusitano e o chamado Piloto Anônimo, autor de uma das relações conhecidas de sua viagem.[11]

A parte que cabe aos portugueses nas origens da geografia fantástica do Renascimento acha-se, realmente, em nítida desproporção com a multíplice atividade de seus navegadores. Sensíveis, muito embora, às louçanias e gentilezas dos mundos remotos que a eles se vão desvendando, pode dizer-se, no entanto, que ao menos no caso do Brasil escassamente contribuíram para a formação dos chamados mitos da conquista. A atmosfera mágica de que se envolvem para o europeu, desde o começo, as novas terras descobertas parece assim rarefazer-se à medida que penetramos a América lusitana. E é quando muito à guisa de metáfora, que o enlevo ante a vegetação sempre verde, o colorido, variedade e estranheza da fauna, a bondade dos ares, a simplicidade e inocência das gentes – tal lhes parece, a alguns, essa inocência que, dissera-o já Pero Vaz de Caminha, "a de Adão não seria maior quanto à vergonha" – pode sugerir-lhes a imagem do Paraíso Terrestre.

Se imagem semelhante alguma vez lhes ocorrera, aliás, no curso de sua já longa tradição náutica, fora, talvez, quando, passados os primeiros decênios de exploração da costa africana, àqueles quadros que até então tinham descortinado quase incessantemente, de baixos de pedra e areia movediça, em que nem cresce erva, nem há mostras de coisa viva, sucede, transposta a foz do Senegal, o espetáculo de um imenso país verdejante, florido e fértil, como a lembrar-lhes um sítio encantado.

Ao majestoso de tal espetáculo imprimia ainda um cunho de mistério a versão de que as águas do mesmo rio vinham da região das nascentes do Nilo. Alcançado o lugar em 1445 por Dinis Fernandes, dez anos depois um navegante veneziano a serviço do infante d. Henrique imagina-se, escudado no parecer de "homens sábios", em face de um dos muitos ramos do Gion, que nasce no Éden: outro ramo seria o Nilo.[12]

Note-se, porém, que não era de forja lusitana ou sequer quatrocentista essa curiosa teoria que levava um dos tributários do Gion – por certos autores identificado com o próprio Nilo – a ir despejar as águas no Atlântico. Pretendeu-se com bons argumentos que o primeiro a formulá-lo fora Eutimenes de Massília, e o "périplo" que celebrizou esse nauta data do sexto século antes de Cristo. Impressionara-se ele com a presença em um rio africano que desemboca no Atlântico de bestas-feras em tudo semelhantes às que se encontram no Egito. Assim se lê na transcrição que de seu testemunho nos dá Sêneca, como também a afirmativa lacônica de que o Nilo corre naquelas partes ocidentais: "Navigavi Atlanticum mare. Inde Nilus fluit [...]".[13] Outros testemunhos antigos precisam que as tais bestas, semelhantes às do Egito, eram crocodilos e também hipopótamos.

Que Eutimenes tivesse efetivamente alcançado a boca do Senegal, é ponto ainda hoje controverso. Em apoio de semelhante presunção vem justamente aquela referência aos crocodilos, que, a julgar pelas condições atuais, não poderiam encontrar-se em nenhum outro lugar mais ao norte na costa atlântica da África.[14] Como esses grandes sáurios passavam então por uma espécie de prerrogativa do Nilo, não custava aparentar a este todo rio onde porventura se achassem. Foi o que se deu com o próprio Indo, que ainda ao tempo de Alexandre, e para o próprio Alexandre, passava por ser, em realidade, o curso superior do Nilo.

Por incrível que possa parecer, a ideia continuou a ter crédito durante muitos séculos, e saiu mesmo fortalecida com o advento do cristianismo. Pois não está no *Gênesis* que manava do Paraíso Terreal um rio para regá-lo, e dali se tornava em quatro ramos, o Fison, o Gion, o Heidequel e o Eufrates? Desde que os três primeiros passaram a ser em geral identificados com o Ganges, o Nilo e o Tigre, respectivamente, restava todavia um problema de difícil solução: onde e como chegariam suas correntes a confluir? Flávio Josefo dissera do Éden que era regado por um só rio, cuja corrente circunda a Terra, subdividida em quatro braços. A dificuldade foi por alguns resolvida com a sugestão de que as águas desse rio iam unir-se, na sua maior parte, por baixo da terra.

Registrando semelhante versão, que também se acha bem documentada, aliás, na monumental antologia crítica das antigas viagens de descobrimento elaborada pelo dr. Richard Hennig, pôde Howard R. Patch invocar a afirmação de Filostórgio de que as águas do Nilo ou Gion, depois de deixarem o Éden e antes de chegarem a qualquer sítio habitado, se dirigem secretamente ao mar Índico; empreendem então uma espécie de curso circular e logo passam por baixo de todo o continente, que se estende até o mar Vermelho, onde penetram também às ocultas, para irem reaparecer, afinal, sob os montes chamados da Lua. Ali arrebentam de quatro fontes, não muito arredadas umas das outras, que lançam suas águas a grandes alturas. Em seguida cai o rio em um precipício alcantilado e, atravessada a Etiópia, entra por fim em terra do Egito.[15]

Por menos espantosa, na aparência, a teoria de que o Nilo deitava um braço para o poente e que este bem poderia ser o Senegal dos antigos navegadores portugueses teve mais longa vida do que a de sua comunicação subterrânea e submarina com o Indo ou o Ganges. Segundo observa Rinaldo Caddeo, em nota à sua edição das viagens de Cadamosto, ainda em 1711 o alemão G. B. Homann casa o Nilo com o Níger, chamando a um *Nilus albus* e a outro *Nilus ater*: ao último faz desaguar no Atlântico através de vários ramos, um dos quais seria o Senegal.[16] Durante toda a Idade Média, a teoria iniciada por Eutimenes e bem acolhida de muitos autores da antiguidade clássica fora acreditada principalmente pelos geógrafos árabes, que, desde Edrisi, por volta de 1150 de nossa era, tinham conhecimento do Níger, a que denominavam o Nilo dos negros.

O próprio Edrisi chegara a dizer textualmente que, se o Nilo egípcio corre do sul para o norte, outra parte do mesmo rio "se dirige do oriente até aos extremos limites, no poente: ao longo deste braço estendem-se em sua totalidade ou maior parte os países dos pretos".[17]

Não é impossível que, para Cadamosto e seus companheiros portugueses, razões semelhantes às que tinham levado o marinheiro massiliota a associar ao Nilo um dos rios africanos que desembocam no Atlântico, tivessem servido para fortalecer a mesma convicção. O fato é que, depois de aludir à existência de hipopótamos no Gâmbia e em muitos outros cursos de água da região,[18] acrescenta que esse animal não se acha em outras partes navegadas pelos cristãos, ao que ouvira dizer, salvo, talvez, no Nilo: "[...] non si trova in altre parti dove si naviga per nostri Cristiani, per quanto ho potuto intendere, se non per ventura nel Nilo". De qualquer modo, tão generalizada andava a opinião de que este e o Senegal representam galhos de um mesmo rio, que antes mesmo da primeira viagem do navegador veneziano a serviço do infante d. Henrique, encontrava ela guarida na célebre bula *Romanus Pontifex* de Nicolau V, onde se diz das caravelas lusitanas mandadas a descobrir as províncias marítimas para a banda do polo antártico, terem alcançado a boca de um rio que se pensava ser o Nilo.

É de crer que, herdando essa opinião dos geógrafos árabes, ou mesmo de numerosos autores da antiguidade greco-romana, tais como Heródoto, Aristóteles ou Plínio, não duvidassem muitos portugueses em aceitá-la, tanto mais quanto se limitaram suas explorações geralmente à orla marítima, onde não havia lugar para se verificar sua falsidade.

A imagem dessa África insular, abraçada, em grande parte de seu território, pelos dois ramos de um mesmo rio, não deixaria de ser sugestiva, aliás, para um povo dado à navegação. Da mesma forma poderiam figurar ainda uma Índia insular, tendo em conta que, para o gentio daquelas partes, era fama, segundo refere João de Barros, que o Indo e o Ganges saíam de uma veia comum: de onde a fábula dos dois irmãos que entre eles corria.[19] E sabe-se como o fato de numerosos mapas quinhentistas e seiscentistas mostrarem as águas do Amazonas e as do Prata unidas no nascedouro, através de uma grande lagoa central, levou o historiador Jaime Cortesão a sugerir ultimamente a ideia de uma "ilha Brasil", que teria sido concebida entre os portugueses da época sob a forma de mito geopolítico.

Não é fácil, contudo, imaginar de que forma concepções como essa, se é que existiram de fato, poderiam ter tido papel tão considerável na expansão lusitana. No caso particular da África, onde elas deviam encontrar terreno excepcionalmente favorável a seu desenvolvimento, devido à velha sugestão de que as águas do Senegal, assim como as do Nilo, provinham do próprio Paraíso Terreal, nada faz crer que chegassem a exercer sobre aqueles navegantes algum extraordinário fascínio. E se tal crença logrou ser amplamente partilhada em Portugal, o que dela nos chega, em escritos dos primeiros anos do século XVI, é quando muito o abafado eco: certa alusão, por exemplo, a um país abençoado, onde os homens aparentemente não adoecem, ou, se já enfermos, logo ficam sãos em lá chegando.

Com efeito, numa página do *Esmeraldo* referente à Etiópia inferior, que é como então se chamava a zona limitada ao norte pelo rio do "Çanagá", Duarte Pacheco Pereira dá como "certo e sabido" que nunca, em algum tempo, morreram ali homens de "pestelencia". E não somente era dotado o sítio dessa admirável virtude, "que a magestade da grande natureza deu, mas ainda temos, por experiencia, que os navios em que para aquelas partes navegamos, tanto que naquele crima são, nenhuns dos que neles vão, desta infirmidade morrem, posto que desta cidade de Lisboa, sendo toda deste mal, partam e neste caminho alguns aconteçam de adoecer e outros morrer; como na Etiopia são, nenhum dano recebem".[20]

Mesmo se sucedia capitularem momentaneamente ao

pendor para o fabuloso, é quase sempre na experiência "madre das coisas" que vemos fiarem-se os marinheiros e exploradores portugueses da época: os olhos que enxergam, as mãos que tateiam, hão de mostrar-lhes constantemente a primeira e a última palavra do saber. Saber este ainda fiel a ponderados conselhos como os de el-rei d. Duarte, quando reclama de seu leitor que não se deixe mover "sem fundamento certo, nem cure de signos, sonhos ou topos de vontade".[21] E que irá marcar as próprias páginas dos *Lusíadas*, numa das oitavas finais, onde o poeta, falando a d. Sebastião, exclama, a propósito da "disciplina militar prestante", que esta não se aprende

> [...] *na fantasia,*
> *Sonhando, imaginando ou estudando,*
> *Se não vendo, tratando e* pelejando.[22]

A exploração pelos portugueses da costa ocidental africana e, depois, dos distantes mares e terras do Oriente poderia assimilar-se, de certo modo, a uma vasta empresa exorcística. Dos demônios e fantasmas que, através de milênios, tinham povoado aqueles mundos remotos, sua passagem vai deixar, se tanto, alguma vaga ou fugaz lembrança, em que as invenções mais delirantes só aparecem depois de filtradas pelas malhas de um comedido bom-senso.

À inclinação para engrandecer eventualmente ou para falsear as coisas vistas no ultramar desconhecido, opõe-se neles a *fidei faciendae difficultas*, de que chegará a lamentar-se o bispo d. Jerônimo Osório. Aubrey Bell não hesita em afirmar de "todos os viajantes portugueses" quinhentistas, que se põem de guarda contra a "incredulidade notória" que distingue pela mesma época os seus conterrâneos, e a semelhante regra não abre exceção o próprio Fernão Mendes Pinto, cujos escritos, tidos durante longo tempo como fantasiosos, lhe parecem guardar, apesar de tudo, "o cunho da verdade".[23]

Não haverá grande exagero em dizer-se daqueles homens que, alheios, embora, às ruidosas especulações, puderam, com seu tosco realismo, inaugurar novos caminhos ao pensamento científico, no alvorecer dos tempos modernos, pelo simples fato de terem desterrado alguns velhos estorvos ao seu progresso. E dificilmente se poderia deixar de dar razão a historiadores portugueses que assinalam a importante contribuição prestada nesse sentido, por aqueles viajantes e marinheiros. "Eliminar erros e prejuízos", escreve judiciosamente um desses historiadores, "equivale pelo menos a desbravar o acesso à verdade, e este foi, com efeito, o primeiro e mais retumbante resultado dos descobrimentos. As ideias geográficas acerca da África começaram a ruir subitamente com a passagem do equador, e com este rasgo audaz os nossos pilotos articulam, ao mesmo tempo, os primeiros desmentidos à ciência oficial e aos prejuízos comumente admitidos. A inabitabilidade da zona tórrida, certas ideias sobre as dimensões da Terra, o 'sítio do orbe', as imaginadas proporções das massas líquida e sólida de nosso planeta, os horríveis monstros antropológicos e zoológicos, as lendas de ilhas fantásticas e de terrores inibitórios – tudo isso que obscurecia o entendimento e entorpecia a ação foi destruído pelos nossos pilotos com o soberano vigor dos fatos indisputáveis."[24]

E um erudito pesquisador da história literária dos descobrimentos marítimos pôde de modo semelhante, e sem intuito, aliás, de pretender associá-la diretamente à sobriedade de imaginativa daqueles pilotos e exploradores, apresentar como uma das consequências de sua obra a progressiva retração da área tradicional dos países da lenda e do sonho. "Na época de Colombo e de Pigafetta", observa efetivamente Leonardo Olschki, "as experiências coloniais dos portugueses tinham arrebatado, até mesmo às terras da Ásia e da África, muitos dos seus encantos. À medida que, no século XV, prosseguiam os empreendimentos inspirados por Henrique, o Navegador, ao longo da orla ocidental africana, as representações fabulosas e monstruosas preexistentes se iam apagando dos roteiros, dos mapas, das imaginações, deslocando-se para outros rumos. Desde que Dinis Dias tomou posse do Cabo Branco, em 1445, e que, passado um ano, Álvaro Fernandes se lançou até à embocadura do rio Grande, ou que Alvise Da Cá Da Mosto, gentil-homem veneziano, penetrou na região do Senegal, subindo o curso do rio para lugares não sabidos, a costa africana deixou de ser uma incógnita e, em seguida às explorações de Bartolomeu Dias, pareceu despojar-se até de seus mistérios. E quando, mais tarde, Vasco da Gama, dobrando o cabo da Boa Esperança, chega, aos 20 de novembro de 1498, à vista de Calicute, também a Índia fabulosa vai converter-se num imenso mercado que o grande navegador, feito vizo-rei, ensinará a desfrutar em nome de seu soberano."[25]

Seria possível dizer o mesmo, com a mesma ênfase, a propósito das façanhas náuticas de outros povos, dos castelhanos em particular? Não é precisamente um aguçar-se do senso da maravilha e do mistério o que parece ocorrer, ao menos nos primeiros tempos, quando seus marinheiros entram em contato com os mundos distantes e ignorados? Já ao tempo de Colombo, a crença na proximidade do Paraíso Terreal não é apenas uma sugestão metafórica ou uma passageira fantasia, mas uma espécie de ideia fixa, que ramificada em numerosos derivados ou variantes acompanha ou precede, quase indefectivelmente, a atividade dos conquistadores nas Índias de Castela.

Ao chegar diante da costa do Pária, esse pressentimento, que aparentemente animara o genovês desde que se propusera alcançar o Oriente pelas rotas do Atlântico, acha-se convertido para ele, e talvez para os seus companheiros, numa certeza inabalável que trata de demonstrar com requintes de erudição. Assim, na carta onde narra aos reis católicos as peripécias da terceira viagem ao Novo Mundo – "outro mundo", nas suas próprias expressões –, propõe-se seriamente, logo que tenha mais notícias a respeito, mandar reconhecer o sítio abençoado onde viveram nossos primeiros pais.[26]

Certas versões geralmente bem apoiadas nos juízos dos teólogos, que tendem a situar o Paraíso nos confins da Ásia, parecem corresponder em tudo aos dados da geografia fantástica em que se deixava embalar o navegante. Se à vista da ilha de Haiti julgara, de início, ter chegado diante da bíblica Ofir – e quantos, depois dele, não entretiveram a mesma ideia sobre as mais diversas regiões do Novo Mundo? –, a interpretação dada aos nomes indígenas firmará logo a obstinada convicção de que aportara ao Extremo Oriente. Cibao, por exemplo, seria uma simples variante fonética do Cipangu de Marco Polo, e no próprio nome de "canibais", associado ao gentio mais intratável e sanhoso daquelas ilhas, chegava a descobrir uma alusão evidente ao Grão-Cão da Tartária.

A essa porfia e à de procurar prevenir na medida do possível quaisquer dúvidas sobre a veracidade de suas identificações, prende-se o zelo que teve, segundo relembrou, não há muito, um historiador, de recolher os espécimens da flora do lugar que lhe parecessem aptos a dar-lhes mais peso. Como existisse ali certo arbusto cujas folhas cheiravam a canela, não houve hesitação: era canela. Que melhor prova para sua pretensão de ter alcançado o Oriente das especiarias? Assim também o *nogal del país*, com suas pequeninas nozes, imprestáveis para a alimentação, viu-se assimilado – lembra-o ainda Samuel Eliot Morison – ao coqueiro das Índias, celebrado por Marco Polo.[27] Vários homens acharam umas raízes no mato e levaram-nas logo a Mestre Sanchez cirurgião para que as examinasse: este, como os que mais se comprazem em abonar de imediato os próprios pareceres e dá-los por certos do que em cuidar se o são, deliberou arbitrariamente que se tratava, nada menos, do precioso ruibarbo da China.

O próprio ouro, tão vivamente almejado, pressentido e já tocado com a imaginação, ainda antes de dar de si mostra menos equívoca, sendo exato que a só existência dele naquelas partes pagaria todo o trabalho de descobrimento e conquista, devia também contribuir a seu modo para corroborar essa pretensão. Pois não assentara Colombo que até à costa de Veragua se estendiam as famosas minas do rei Salomão, situadas por Josefo na Áurea, ou seja, ao oriente da Índia?[28]

Não só daria aquele ouro grande acréscimo à Fazenda Real, além de cobrir os gastos havidos para tão gloriosa empresa, como o fora a incorporação de novos mundos ao patrimônio da Coroa, mas sobretudo poderia servir a fins mais devotos, entre estes o da recuperação do Santo Sepulcro em Jerusalém. E a presença de tamanhos tesouros nas terras descobertas, se não bastava para atestar a vizinhança com o paraíso perdido, de qualquer forma dava meios para o acesso à eterna bem-aventurança. Assim cuidava, com efeito, o genovês, e escrevendo da Jamaica, em 1503, aos reis católicos, reafirma com singular veemência essa convicção: o ouro, dizia então, é excelentíssimo: de ouro faz-se tesouro, e com ele, quem o tem, realizará quanto quiser no mundo, e até mandará as almas ao paraíso.[29] De sorte que, faltando a remuneração deste mundo, sempre haveria de acudir a celeste.

2
Terras incógnitas

•

MAS COLOMBO NÃO ESTAVA TÃO LONGE de certas concepções correntes durante a Idade Média acerca da realidade física do Éden, que descresse de sua existência em algum lugar do globo. E nada o desprendia da ideia, verdadeiramente obsessiva em seus escritos, de que precisamente as novas Índias, para onde o guiara a mão da Providência, se situavam na orla do Paraíso Terreal. Se à altura do Pária chega ele a manifestar com mais veemência essa ideia, o fato é que muito antes, e desde o começo de suas viagens de descobrimento, a tópica das "visões do paraíso" impregna todas as suas descrições daqueles sítios de magia e lenda.

O espetáculo que mais fortemente o impressionara no Haiti, por exemplo, a formosura, única na terra, daquela ilha coberta de árvores de mil maneiras, tão altas que parecem tocar o céu, e que, tudo o leva a crer, jamais perdem folha (pois que as vê em novembro, quando registra o fato, tão viridentes e viçosas como o seriam em maio na Espanha), é um traço inseparável da paisagem edênica. Diante do cabo Hermoso exclama extasiado: "Y llegando yo aqui a este cabo vino el olor tan bueno y suave de flores ó árboles de la tierra, que era la cosa mas dulce del mundo". O gentio de Cuba é ao seu ver um povo "de amor y sin cudicia, y convenible para toda cosa, que certifico a Vuestras Altezas que en el mundo creo que no hay mejor gente ni mejor tierra: ellos aman a sus prójimos como á si mismos, y tienen una habla la mas dulce del mundo, y mansa, y siempre con risa. Ellos andam desnudos, hombres y mujeres, como sus madres los parieron".[1]

Não falta sequer, nessas descrições, o rouxinol canoro, pássaro, em verdade, desconhecido naquelas paragens e que, disse-o Leonardo Olschki, constituiria, desde remotas eras, um "atributo fixo, imutável, das primaveras poéticas, dos cerrados bosques umbrosos, dos jardins de delícias, que os poetas não se cansam de celebrar [...]", como se o encantamento em que a maravilhosa visão tinha posto o almirante só se pudesse manifestar por intermédio da convenção literária, sem ficar margem para a notação realística.[2]

É possível que, ao menos neste caso particular, o erudito pesquisador da história literária dos descobrimentos tenha forçado um pouco a mão, dado que o rouxinol da tradição poética, e tal como aparece principalmente a partir do último livro das *Geórgicas*, é quase sem exceção uma voz solitária e magoada, sempre a lamentar – *moerens Philomela* – a irreparável perda dos filhos, arrebatados ainda implumes do ninho pela atrocidade de um lavrador. E é, ao contrário, uma sugestão primaveril, verdadeiramente paradisíaca, o que essa mesma voz já agora em coro com outras irá representar no relato de Colombo: "y cantaba el ruiseñor y otros pajaricos de mil maneras en el mes de noviembre por donde yo andaba".

Pássaro genuinamente "renascentista", apesar de retomado a veneráveis modelos clássicos, fora ele um personagem esporádico e a rigor secundário na tradição medieval – a tradição em que de preferência poderia inspirar-se o genovês – onde, quando aparece, se faz acompanhar em geral da calhandra.[3] Parece provável que Colombo se tenha deixado dominar, neste passo, pelo mesmo engano que então, e ainda mais tarde há de levar muitos europeus a procurar ver no Novo Mundo algumas das espécies vegetais ou animais que já lhes seriam familiares. Engano tanto mais explicável quanto a um Las Casas, por exemplo, mesmo após dilatada residência nas Índias de Castela, não parecerá absurdo que o descobridor pudesse ouvir nas matas do Haiti o trinado de um pássaro estranho a este hemisfério.[4]

Nem por isso é menos exato dizer que a convenção literária dos motivos edênicos, onde a narrativa bíblica se deixara contaminar de reminiscências clássicas (mito da Idade de Ouro, do jardim das Hespérides...) e também da geografia fantástica de todas as épocas, veio a afetar decisivamente aquelas descrições. Da selva tropical apresentada por Cristóvão Colombo não parece demasiado pretender, com efeito, que é uma espécie de réplica da "divina foresta spessa e viva", que o poeta, "prendendo la campagna; lento lento", vai penetrar para atingir finalmente o paraíso terrestre.[5]

Pouco importa se alguma forma descomunal ou contrafeita parece às vezes querer perturbar o espetáculo incomparável. Não serão apenas primores e deleites o que se há de oferecer aqui ao descobridor. Aos poucos, nesse mágico cenário, começa ele a entrever espantos e perigos. Lado a lado com aquela gente suave e sem malícia, povoam-no entidades misteriosas, e certamente nocivas – cinocéfalos, *monoculi*, homens caudatos, sereias, amazonas –, que podem enredar em embaraços seu caminho.

Ainda em Cuba, subjugado por uma natureza que lhe oferece todas as galas do Paraíso – "árboles y frutas de muy maravilloso sabor [...]. Aves y pajaritos y el cantar de grillos en toda noche con que se holgaban todos: los aires sabrosos y dulces de toda la noche, ni frio ni caliente"[6] –, recebe as primeiras notícias daqueles horrores: "hombres de un ojo y otros con hocicos de perros que comian hombres, y que en tomando uno lo degollaban y le bebian su sangre y le cortaban su natura".[7]

Mais tarde dizem-lhe que em Cibao os homens nascem

com rabo.⁸ Por informações de certos índios que tomara a bordo na Espanhola, soubera, ainda em janeiro de 1493, três meses após o descobrimento, de uma ilha chamada Matininó, a atual Martinica, só habitada de mulheres. Em dada época do ano lá desembarcavam os homens da ilha de Caribe (ou seja, de Porto Rico) e faziam com elas o que iam a fazer: desses seus ajuntamentos, se nasciam machos, logo os mandavam à dita ilha de Caribe. As meninas, deixavam-nas ficar consigo.⁹

É interessante notar como nestes casos, não menos do que nos motivos claramente edênicos, se mostra Colombo ainda tributário de velhas convenções eruditas, forjadas ou desenvolvidas por inúmeros teólogos, historiadores, poetas, viajantes, geógrafos, até cartógrafos, principalmente durante a Idade Média. E convenções, por pouco que o pareçam, continuamente enlaçadas ao próprio tema do Paraíso Terreal. Quase se pode dizer de todas as descrições medievais do Éden que são inconcebíveis sem a presença de uma extraordinária fauna mais ou menos antropomórfica. Ela pertence, a bem dizer, aos arrabaldes daquele jardim mágico, e foi posta ali aparentemente pela própria mão de Deus. Santo Isidoro, que acreditava piamente na existência desses seres estranhos e chegou a dividi-los em quatro ramos distintos, os *portentos*, os *ostentos*, os *monstros* e os *prodígios*, segundo parecessem anunciar, manifestar, mostrar ou predizer algo futuro, rebate a afirmação dos que os imaginavam nascidos contra a lei da Natureza, pois a verdade, diz, é que "foram feitos pela vontade divina e a natureza de toda coisa criada é a vontade do Criador sobre ela".¹⁰

Alegoricamente poderia talvez interpretar-se a sua presença nas proximidades do paraíso como significando que não nos devemos, um só momento, descurar de nossa salvação, e ainda, que a alma não se há de encaminhar aos prêmios imortais tão segura deles e com tal salvo-conduto que pareça ir sem medo.

Ao genovês não custaria traduzir segundo seu gosto e certeza – a certeza de que se achava no extremo oriente da Ásia

– os gestos e mímicas dos índios que interpelava. E assim como se convencionara situar no Oriente, onde a tradição colocara também o Paraíso, um terreno de eleição para essa fauna fantástica, fazia-se mister encontrá-la nas terras novamente descobertas. De sorte que os cinocéfalos, por exemplo, a que pareceram aludir os índios de Cuba, não deveriam ser diversos daqueles habitantes da ilha Agama, talvez os andamaneses de hoje, a que se referira Marco Polo: homens que tinham todos "cabeças de cão e dentes e focinho semelhantes aos de um grande mastim".[11] De homens com rabo de "mais de um palmo de comprido" também tratara o veneziano, localizando-os no reino de Lambri, rico em árvores de pau-brasil: "Il hi a berci en grant abondance",[12] diz com efeito o velho texto francês. Dessa planta preciosa foram levadas sementes a Veneza e o frio as não deixou germinar.

O Paraíso Terrestre não se inclui no itinerário de Marco Polo; outros, porém, que presumem tê-lo visto ou conhecido por notícias fidedignas, não deixariam de dizer que era um jardim rodeado de figuras monstruosas, que nada ficam a dever aos cinocéfalos e caudatos. Na *Ymago Mundi* de Hygden, anterior a 1360, aparece na parte oriental, ao alto, um quadrilátero destinado ao Éden. Três rios que saem desse local para desembocar no Indo são atravessados por uma inscrição indicando a existência ali de seres humanos que se sustentam do simples perfume das frutas. Outras inscrições, estas à esquerda do Paraíso, falam de homens que encanecem na mocidade e criam, na velhice, cabelos pretos ("hic homines canescunt in iuventude et nigrescunt in senectute"), de mulheres que concebem aos cinco anos de idade para perecerem aos oito, e finalmente de hermafroditas com o peito direito de homem e o esquerdo de mulher.[13] Ainda em 1436, o mapa de Andrèa Bianco, provavelmente conhecido de Colombo, mostra, ao lado do Paraíso, numa península projetada do oriente da Ásia, homens sem cabeça e com os olhos e a boca no peito.[14]

A Índia verdadeira, Índia Maior, como lhe chamavam antigos geógrafos e que o almirante presumia ter alcançado, tanto que escreverá, ainda em 1503, aos reis católicos, que certa região por ele descoberta ficava a dez jornadas do Ganges,[15] era, dada a notoriedade de seus tesouros e mistérios, um dos lugares favorecidos pela demanda do sítio do Éden. "En Inde est Paradis Terrestre, où il a de toutes maníeres de fust d'arbres et de pomes et de fruiz qui soient en terre [...]", escrevera já Brunetto Latino.

Não admira se a mesma Índia ou terra do Físon era, para o autor do célebre *Tesoretto*, pátria dileta das criaturas mais disformes e espantosas que se pudessem fantasiar, tanto que nenhum homem vivo seria capaz de

>   *Recitar le figure*
>   *Delle bestie e gli uccelli*
>   *Tanto son laidi e felli*[16]

Mas em outro escrito já tenta recitar esses impossíveis: "homens", diz, "com os pés apontando para trás e oito dedos em cada pé; outros sem a cerviz, mas de olhos nos ombros; alguns de um olho só, bem ao meio da testa, à maneira dos ciclopes, ou então de uma só perna: estes últimos seriam velocíssimos na carreira". Brunetto situa igualmente na Índia os homens que logo ao nascer já parecem velhos, e vão tomando feição de moços à medida que envelhecem, assim como as mulheres que engravidam aos cinco anos de idade e não vivem além dos oito. Entre as demais curiosidades do lugar fabuloso, fala ainda de certos homens que matam e devoram aos próprios pais, antes que venham estes a morrer de velhice, ou doença, e têm semelhante prática como altamente piedosa.[17]

A frequência com que até em mapas e itinerários surgem essas figuras indefectivelmente vinculadas à paisagem edênica faz crer que correspondessem a um sentir geral, porventura nascido de tradições anteriores ou alheias à própria difusão do cristianismo. Neste caso poderiam sujeitar-se posteriormente a interpretações alegóricas: o caso, por exemplo, dos quatro animais providos, cada qual, de seis asas, que o Dante, tomando-os à visão bíblica de Ezequiel ou ao Apocalipse, introduziu em seu Paraíso Terrestre, ou ainda o do grifo, meio leão, meio águia.

*le membra d'oro avea quant'era uccello
e bianche l'altre di vermiglio* miste.[18]

Aqueles deviam personificar os quatro Evangelhos, significando suas asas a celeridade com que se disseminaram as palavras de Jesus, o qual é simbolizado, por sua vez, na figura do grifo, com suas duas naturezas distintas, a aquilina e a leonina, que equivalem respectivamente à divina e à humana.

A ideia de que existe na Terra, com efeito, algum sítio de bem-aventurança, só acessível aos mortais através de mil perigos e penas, manifestos, ora sob a aparência de uma região tenebrosa, ora de colunas ígneas que nos impedem alcançá-lo, ou então de demônios ou pavorosos monstros, pode prevalecer, porém, independentemente das tradições clássicas ou das escolásticas sutilezas. Na história, por exemplo, das peregrinações de são Brandão, originária de antigas lendas celtas, a ilha dos Santos, meta dos navegadores irlandeses, só é atingida após dilatada viagem sobre um mar infestado de dragões e gigantes, povoado de ilhas sagradas ou malditas, de onde se eleva, ao cabo, uma larga muralha de trevas, espécie de "mar tenebroso", que hão de transpor os peregrinos quando já se achem quase à vista do lugar a que se destinam.

Não falta sequer, na ilha de Paulo o eremita, visitada por Brandão e seus companheiros, uma réplica da fonte de Juventa, que aparece quase obrigatoriamente nas descrições medievais do Paraíso Terrestre.[19] Segundo versão bastante generalizada entre essas descrições, é do próprio Éden que manam suas águas para ir jorrar de sítio não muito apartado dele, após um percurso subterrâneo. Mandeville, ainda que, muito a seu pesar, não pudesse visitar aqueles jardins maravilhosos, cujo ingresso é vedado aos humanos por um largo deserto povoado de feras, cortado de montanhas invencíveis, e ásperos rocheados, e também pelo tenebroso, pôde, no entanto, ver a fonte e beber de sua água três ou quatro vezes, com o que se sentira mais bem-disposto e assim contava permanecer até que o chamasse Deus desta vida mortal. Achava-se ela situada ao sopé da montanha chamada Polumbo e o cheiro e sabor das águas, posto que mudassem de hora em hora, lembravam toda casta de especiarias.[20]

No texto da célebre carta do Preste João, precisa-se que a mesma fonte ficava situada à distância de três dias do jardim de onde Adão fora expulso. Quem provasse por três vezes daquelas águas, achando-se em jejum, ficaria livre de quaisquer enfermidades e passaria a viver como se não tivesse mais de 32 anos de idade.[21]

Era de esperar, depois das desvairadas especulações de Colombo e outros navegantes, que também a fonte de Juventa, constante apêndice do Paraíso Terreal, achasse algum meio de introduzir-se na geografia visionária do Novo Mundo. A um dos companheiros do genovês em sua segunda viagem, homem aparentemente prático, circunspecto, experimentado, alheio à imaginação desatinada de muitos conquistadores, de crueza notável no trato dos naturais, que perseguia sem tréguas, ajudado de ferozes mastins como o célebre Bezerrillo, tocou a aventura extraordinária de sair em busca daquelas águas de tamanha virtude.

Arrimando-se a uma crença corrente, segundo Herrera, entre o gentio insular, Juan Ponce de León, depois de longa residência nas terras descobertas, julgou-se por fim, aos cinquenta anos de idade, e como quem quer corrigir os estragos do corpo, em situação de ir localizar o mais breve caminho para a sagrada fonte e para o rio onde os velhos se revigoram e remoçam. A primeira estaria na pequena ilha de Bimini, e o rio na península contígua da Flórida, que Ponce pensava ser também uma ilha. A lenda indígena viera apenas endossar velha tradição erudita sobre a existência, em alguma parte do orbe, de uma fonte dotada daquelas propriedades. O caso foi que, animado talvez por essas notícias, armou ele no ano de 1512, em Porto Rico, dois navios bem equipados e aparelhados de gente, indo dar, no domingo de Páscoa, a Páscoa Florida dos espanhóis, a certa terra que, em homenagem ao dia do descobrimento, recebeu o nome que ainda hoje lhe dão. Em seguida tornou a Porto Rico, onde tinha suas fazendas, e de lá se foi a Castela a pedir a el-rei que o fizesse *adelantado* e governador da nova província.

Nada se sabe das informações dadas em Castela por Juan Ponce de León. As patentes e capitulações que obteve da Coroa silenciam a respeito das águas regeneradoras, e tal circunstância pôde originar a tentativa de um historiador moderno de dissociar Ponce da singular demanda a que seu nome ficou vinculado.[22] Seja como for, sua estada em Castela coincidiu com a célebre divulgação da notícia da existência em Bimini e na Flórida de águas dotadas de tão maravilhosa virtude que "bebidas, talvez com alguma dieta, fazem com que os velhos possam voltar à juventude".

Nesses termos refere-se a elas Pedro Mártir de Anghiera: para exemplificar tal virtude alude ao caso sucedido a certo homem carregado dos achaques da velhice. O qual, tendo ido a provar das águas da fonte, voltou inteiramente recuperado e ainda se casou de novo e teve filhos. Não só entre o povo, naturalmente crédulo, mas também na Corte e no meio daqueles que "a sabedoria e a fortuna separam do comum dos homens" a fama desse extraordinário descobrimento logo alcançou adeptos, conforme a relação que o próprio Pedro Mártir deu sobre o assunto a Leão x.

De regresso a Porto Rico, o *adelantado* ainda se demorou ali algum tempo a fim de poder atender a incumbências que lhe dera a Coroa. Só em 1521 saiu para a conquista com dois navios, cinquenta cavalos, diversos animais domésticos, ferramentas agrícolas e apetrechos de guerra. Chegando, porém, ao lugar de destino, porfiaram os da Flórida em defendê-la e defender-se, e assim o fizeram com sanha inesperada para os espanhóis. Tão bem se saíram, que uma das primeiras vítimas dos disparos veio a ser o próprio *adelantado*. Achando-se este em perigo de vida, pois que a flecha acertara em região melindrosa, fez-se transportar com toda a sua companhia para Cuba, que era o lugar mais perto, e ali se passou afinal desta vida. Por tal maneira perdeu o corpo, gastou grande cabedal em pesos de ouro, padeceu trabalhos imensos e, pondera ainda Las Casas, "el anima no sabemos como se ha ido".[23]

A reputação da água milagrosa não feneceu com esse desbarato. Mais de cinquenta anos depois, referia Fontanedo as malogradas tentativas que fizera em rios, riachos e lagrimais da Flórida para ganhar novas forças. E quando Herrera escreveu suas Décadas ainda não se tinha inteiramente dissipado o sedutor mistério. Um eco da projeção que dariam as águas milagrosas ao nome da península estaria, talvez, na tendência dos geógrafos quinhentistas para atribuir ao seu território dimensões desproporcionadas. O próprio Apóstolo das Índias não duvida em prolongar a Flórida até a terra do Labrador, "não muito longe da Inglaterra", e Schoner, em 1533, estende-a mesmo até o Nordeste da Ásia, assim como chega a estirar até a península de Malaca a própria costa do Brasil.

Em sua forma inicial, essa ideia das águas rejuvenescedoras permaneceu circunscrita, no Novo Mundo, só à Flórida, quando muito a regiões vizinhas. Não faltou, é certo, quem tentasse situar em outras partes do hemisfério mananciais que, dotados de propriedades bem diversas das suas, se distinguiam por certas virtudes invulgares. Entre as fontes de milagre, de que estão cheios os anais da conquista, lembra-se, por exemplo, a de Musso, cujas águas, postas ao sol, se volviam em tinta preta, com que muitos escreviam; a da ponta de Santa Helena, na costa do Peru, que dava grandes quantidades de breu, de que se alcatroavam os navios; a de Xaramillo, na Nicarágua, onde o animal que dela bebesse ou nela se metesse um pouco teria as carnes consumidas pelas águas, e era restituído em ossos; outras, capazes de dissolver prontamente qualquer pedaço de madeira, ou então convertê-lo em pedra, e era o caso de um olho-d'água existente em Mixteca, na Nova Espanha. Dessas e muitas outras fontes extraordinárias, "fuentes de admiración", oferece Vargas Machuca breve sumário em seu tratado da milícia das Índias.[24]

Pode dizer-se, porém, que em muitas delas o prodigioso era menos real do que aparente, e provinha, com efeito, de certa disposição de espírito própria de um grande número de soldados da conquista, que os levava, depois de tantos espetáculos inusitados, a ver em tudo maravilhas, de sorte que sucedia, não raro, confundir com o elmo de Mambrino alguma bacia de barbear. Só uma vez, ao que se sabe, pois as águas que jorravam de Bimini, comparáveis nisto às do Paraíso, que se comunicam entre si secretamente, eram sem dúvida as mesmas que corriam na Flórida, pareceu concretizar-se no Novo Mundo o sonho imemorial das fontes regeneradoras.

Ao lado deste, forjado certamente por uma imaginação sedentária, houve, no entanto, mitos andejos ou itinerantes que, ao longo das suas extensas migrações, souberam manter quase invariáveis os traços que desde o primeiro instante os distinguiram. Quando muito, deslocando-se assim no espaço, e também no tempo, vinham a transformar-se à maneira de um organismo que se desenvolve.

Um dos mais notáveis, a esse respeito, é o caso, já lembrado aqui, da ilha Matininó, que Colombo assinalara por ocasião de sua primeira viagem de descobrimento. Tratava-se de mais um mito erudito, que poderia vir da leitura de Marco Polo ou dos que lhe seguiram os passos. A ilusão do genovês no interpretar os discursos de índios, que, muito provavelmente, quereriam significar outra coisa, calca-se perfeitamente, ou quase, sobre a do veneziano, que, dois séculos antes, tinha situado nos mares orientais sua *isle femelle*. A esta, tal como a Matininó, iam homens provenientes de outra ilha, distante trinta milhas, ilha só povoada de varões, os quais folgavam de amor com as moradoras durante três meses cada ano. O filho macho permanecia na ilha das mulheres até completar catorze anos de idade, quando ia para a companhia do pai, ao passo que as meninas permaneciam com a mãe.

A diferença entre essa versão e a de Colombo acha-se em que as ilhas descritas por Marco Polo não são habitadas de gentios, senão de bons cristãos, embora cristãos do galho nestoriano, sujeitos a um bispo que depende, por sua vez, do arcebispo de Socotora. E tamanha era entre eles a autoridade deste prelado que, além do seu, não reconheciam os insulares outro governo. E a razão que mantinha a maior parte do ano as mulheres separadas dos maridos e em ilhas diferentes não requer explicação misteriosa ou sobrenatural. É que de outra forma, nem uns, nem outras, teriam com que sustentar-se,[25] dada a escassez de víveres de que padeciam aqueles lugares.

Assim como as descrições do autor do *Milhão* tinham alcançado largo crédito entre geógrafos e cartógrafos medievais, o mesmo sucederá, durante algum tempo, com a ilha Matininó. As notícias a seu respeito não deixarão de ser acolhidas por Pedro Mártir de Anghiera, por exemplo, no *De Orbe Novo*. O sábio humanista, que movido pela eloquência dos depoimentos sobre a fonte de Juventa, na Flórida de Ponce de León, chegara a tê-los por idôneos, não parece querer, entretanto, assumir plena responsabilidade pela divulgação de mais este portento.

A frase com que finaliza a notícia a seu respeito, esquivando-se de confirmá-la ou desmenti-la, é como um eco de Tácito, onde, depois de aludir à teoria corrente na sua Germânia, de que por lá andara Ulisses, ficando mesmo sinal de sua passagem em certo lugar das bordas do Reno, deixa ao leitor o aceitá-lo ou não: "tais coisas se contam, e a ti eu as narro".[26] Apesar desse seu tom hesitante ou mesmo dubitativo, a crença na existência de uma terra de "mulheres sem homens", nos novos mundos, não deixou de se alastrar como epidemia e foi endossada sem reservas por outros autores que escreveram depois de Colombo.

O descobridor julgara quase modestamente ter apenas localizado, através de caminho mais breve, certos lugares que antes dele outros haviam noticiado. Uma vez assente, porém, que as terras encontradas nada tinham a ver com aquela Índia "extra Gangem", o Oriente de Marco Polo ou de Pedro Alíaco, era inevitável que a geografia fabulosa da Antiguidade e da Idade Média se desdobrasse em novos reinos de assombrosa maravilha. Assim é que o insulário de Bordone, impresso em Veneza no ano de 1547, embora já se achasse composto desde 1521, exibe à mesma página as duas ilhas: a das Antilhas, com a inscrição bem legível – Matininó –, e a do mar Índico, inspirada, esta, diretamente ou não, no relato de Marco Polo.

O veneziano, que é um dos precursores remotos, além de certos autores antigos, do romantismo insular que se desenvolve com o Renascimento e o Barroco, renovara, talvez sem o sentir, de acordo com essa tendência, a tradição clássica das amazonas. Continentais, em sua origem, estas irão mudar-se aos poucos para as ilhas de mistério, assim como o próprio paraíso e, em parte, a fonte de Juventa, que brota de Bimini. A tradição ainda se conservara intacta naquela famosa burla que fora a carta de Preste João, onde, ao lado de portentos tais como os *monoculi*, os homens com um olho na fronte e outro no vértice ou na nuca, centauros, faunos, sátiros, pigmeus, gigantes, ciclopes, sem falar na Ave Fênix,[27] lá estão as amazonas continentais entre os numerosos vassalos do misterioso potentado cristão do Oriente. Note-se, de passagem, que o lendário monarca é nestoriano e sacerdote, como o são aqueles bispos a que se acham sujeitos os moradores da *isle male* e da *isle femelle*.

Por sua vez, o próprio Cristóvão Colombo, que tratara de interpretar as falas dos índios antilhanos segundo ideias legadas tanto pelos autores antigos como pelos geógrafos medievais, chegou a sublinhar, no seu exemplar da *História rerum ubique gestarum* do papa Pio II (Eneias Silvio Piccolomini), a passagem onde se diz da cartografia contemporânea que apresenta a terra das amazonas, não no continente, mas numa ilha.²⁸ Interpretada ou não segundo tradições herdadas do mundo antigo, a notícia fornecida por um velho piloto das Molucas, que ia na armada de Magalhães, acerca da ilha chamada Ocoloro, nas vizinhanças de Java, e recolhida por Pigafetta, fazia constar que ali só viviam mulheres.

Mais alheias a pensamentos namorados do que as de Matininó ou da *isle femelle*, não sofriam estas sequer a aproximação de varões, de modo que só se deixavam emprenhar pelo vento, assim como sucedera em outros tempos com certas éguas da costa da Lusitânia e, mais exatamente, do próprio sítio correspondente a Lisboa, segundo uma história "incrível porém verídica" referida no tratado de Varrão.²⁹ Diz Pigafetta das de Ocoloro que, dando à luz algum filho, matavam-no se fosse macho e, se mulher, conservavam-na consigo. E tão esquivas se mostravam à conversação amorosa que, se algum homem ousasse desembarcar em sua ilha, pelejavam por tirar-lhe a vida.³⁰

Desencantada, enfim, a misteriosa Matininó, irão aos poucos apagar-se neste hemisfério as ilhas mágicas. O *habitat* próprio das amazonas americanas vai ser, como na Antiguidade, um cenário continental. Já durante o segundo decênio dos Quinhentos, quando Juan de Grijalva prepara sua expedição do Iucatã, diz-se dessa região que é habitada de uma casta de amazonas. Tal ideia não irá colidir tão vivamente, como se poderia supor, com a geografia visionária daqueles tempos, se se tiver em mente que só mais tarde, e justamente devido às explorações de Grijalva, se verificará tratar-se de uma península o que antes fora tido por ilha.

Contudo a ideia de que as amazonas se encontrariam de qualquer modo em algum sítio do Novo Mundo tendia cada vez mais a robustecer-se. Já em 1504 tinham sido algumas delas avistadas em uma praia, a pouca distância, por sinal, da paragem onde Colombo tentara situar o Paraíso Terrestre. Não seriam autênticas amazonas essas combatentes, que faziam prodígios ao lado dos homens, ajudando-os na resistência ao invasor, com o auxílio de suas mortíferas flechas ervadas. De semelhante espetáculo, porém, onde o real e o fantástico parecem fundir-se, deveria nascer o ambiente mais propício ao mito.

É a partir de então que as mulheres guerreiras, pugnando, já agora por si sós e sem sujeição, pois tinham submetido os homens ao seu poder, principiam a ser vistas ou faladas nos mais variados recantos do continente. Há sinal delas, por exemplo, no Novo Reino de Granada e, em particular, na cidade de Pasto. No Quito, a Real Audiência apura a existência, em certa província, dessas viragos, capazes de sustentar-se sem o convívio de homens, salvo em determinadas ocasiões.[31] Até na extremidade austral do continente, quase vizinhando com os gigantescos patagões, de que também tratará a etnografia fantástica, elas hão de reaparecer com as mesmas características. Assim é que, durante a conquista do Chile, a gente de Pedro de Valdivia é informada de sua presença nas partes do Sul, a par de muitas outras maravilhas. Obedecem estas, porém, a certo Leuchen Golma, posto que tenham sua rainha própria, a que chamam Guanomilla. Segundo Gomara, os conquistadores viam nisso sinal positivo de ouro, e assim arguiam ser aquela terra muito rica, ainda que outros julgassem menos compatível com o metal precioso a latitude de quarenta graus, que era onde deviam viver as tais mulheres. Ao cabo de muitas fadigas, nem encontraram amazonas, nem ouro, nem Leuchen Golma, nem a ilha de Salomão, assim denominada pela fama das muitas riquezas que nela haveria.[32]

Da suspeita de que, onde houvesse dessas nações de mulheres sem homens, existiriam por força grandes riquezas minerais, há pelo menos outro testemunho, que é o do padre Cristoval de Acuña. "El tiempo descubrirá la verdad", escreve, com efeito, esse jesuíta, "y si estas son las amazonas afamadas de los historiadores, tesoros encierra en su comarca para enriquecer á todo el mundo."[33] Assim é que o prestígio de certas imagens clássicas, a da empresa de Jasão com seus argonautas, a do ouro da Cólchida e do tesouro do Cáucaso, por onde corriam as amazonas da antiguidade, podia ter, ainda em meados do século XVII, a mesma força de sugestão que exerciam ao tempo de Colombo os motivos edênicos da geografia medieval.

Não era, porém, às mulheres belicosas do Chile, nem às de Cartagena, nem às do Iucatã e das Antilhas, ou àquelas que Hernando de Ribera, saindo do Paraguai para o norte, situou em 1544 aos 12º de latitude sul – temível geração de gentes, escreve o mesmo Ribera, com "mucho metal blanco y amarilo, y [...] los asientos y servicios de sus casas eran todos del dicho mital"[34] – que pretendia referir-se Cristoval de Acuña nesse passo. Era, sim, às do caudaloso rio de Orellana, que delas ainda guarda o nome.

Tamanha será a longevidade desse velho mito no novo quadro geográfico onde afinal se instalou, que sábios ilustres não se cansarão, ainda em fins do Setecentos, de indagar, nas suas andanças entre as tribos comarcãs, do paradeiro das animosas guerreiras. Para tão assombrosos mistérios, aquelas terras dilatadíssimas, de clima tórrido e selvas opulentas, enredadas em mil correntes de água, *furos*, igarapés, várzeas alagadiças, infestadas de uma fauna hostil e de índios bravios, haviam de fornecer agasalho ideal e quase inexpugnável.

As versões anteriores sobre a existência no Novo Mundo de alguma nação de mulheres adversas ao jugo varonil deviam predispor os aventureiros europeus a acolher, colorindo-as e enriquecendo-as, segundo lhes pedia a imaginação, certas notícias sobre tribos indígenas onde as esposas porfiavam com os maridos na faina guerreira. Foi às beiradas daquele rio-mar, porém, e quando pela primeira vez na história um bando de espanhóis o cursou em sua maior extensão até chegar à embocadura, que elas vieram a ganhar corpo. Tendo saído do Quito em 1541 rumo ao imaginário País da Canela, Francisco de Orellana e seus companheiros, antes mesmo de alcançar o Maxifaro e a terra dos Omágua, foram avisados pelo velho cacique Aparia de que, águas abaixo, no grande rio, se achavam amazonas, e que apartadas dele e metidas terra adentro estavam as dependências do chefe Ica, abundantíssimas em metal amarelo. Este último senhorio nunca o viram e nem dele ouviram falar os expedicionários, por se achar fora de seu caminho. Das amazonas, no entanto, voltaram a ter notícia quando, mais adiante, lhes advertiram outros índios do perigo a que se expunham de as alcançar, por serem poucos e elas muitas.

Foi aparentemente depois de atravessar a foz do Madeira, quando já procuravam assento adequado para celebrar as festas de são João Batista, que deram em cheio com a "boa terra e senhorio das amazonas", assim chamadas pelo cronista da viagem, o dominicano frei Gaspar de Carvajal. Essa bondade da terra não impediu que uma tremenda refrega, e a mais perigosa em que se meteram durante toda a viagem, saudasse ali aos homens de Orellana. A fúria com que se viram acometidos explica-a o frade pela cena extraordinária que testemunhou ou que lhe pintou a imaginação, de algumas mulheres, dez ou doze porventura, a pelejar tão animosamente, diante de todos os índios, como se foram seus capitães, que eles não tinham coragem de fugir, e àquele que tentasse fazê-lo, matavam-no a pau.

Não deixaram logo de ver como os índios da região deveriam ser sujeitos às mesmas mulheres e delas tributários, e como, sabedores da vinda dos espanhóis, teriam mandado pedir sua ajuda: esta a causa de se acharem ao seu lado algumas daquelas valentes guerreiras. Só se acalmou finalmente a peleja quando puderam os companheiros de Orellana matar a maior parte delas, o que fizeram com grande trabalho. Resultou disso que os índios desanimaram depressa, e foram vencidos e desbaratados com grandes perdas.

Ao descrever aquelas mulheres, ainda abrasados da admiração que a todos causaram os seus feitos, diz o dominicano que eram membrudas, de grande estatura, e brancas; tinham cabeleira muito longa, trançada e revolta no alto da cabeça; andavam nuas, com as vergonhas tapadas. E ainda acrescenta que uma só, entre elas, valia, no combate, por dez homens. Tamanha era sua fereza no lançar as flechas, que estas se metiam até um palmo dentro no alvo, de sorte que um bergantim, de tão crivado delas, mais parecia porco-espinho.[35]

Prosseguindo em sua viagem, o que não se fez sem outros perigos, julgaram os de Orellana avistar certas manchas branqueando a uma distância que seria de duas léguas pouco mais ou menos, à mão direita, que era para a banda do sul, com toda a aparência de tratar-se de grandes cidades. Tudo isso, os ares temperados da província, que recebeu o nome de São João, do dia em que nela entraram, sua fecundidade, que já prometia grandes colheitas de trigo e frutas da Europa, assim como boas criações de gado, servia para aguçar o interesse e a curiosidade gerais. Diante disso fez Orellana ir a sua presença um índio aprisionado dias antes, pois já se julgava em condições de entendê-lo e fazer-se dele entender, graças a um vocabulário, elaborado não se sabe como. E as respostas dadas às indagações, que versaram antes de tudo, segundo se poderia esperar, sobre as denodadas mulheres, foram naturalmente uma confirmação cabal de tudo quanto queriam acreditar o capitão e seus companheiros.

Souberam, assim, que as amazonas existiam realmente, e que sua terra ficava a quatro ou cinco jornadas da costa do rio, embora sujeitassem muitos povos vizinhos: o próprio chefe a quem obedecia o dito índio subordinava-se a elas. Ao perguntar-lhe Orellana se as casas onde moravam elas eram de palha, retrucou-lhes o informante, homem "de muita razão e muito bom", que eram de pedra e tinham portas. Disse mais que suas povoações – setenta, ao menos, que tantas conhecia ele pelos nomes e em algumas tinha estado – se comunicavam entre si por meio de corredores com muros dos dois lados, que nesses muros havia portas, de espaço em espaço, onde se postavam guardas, com a incumbência de cobrar direito de quem entrasse.

À pergunta sobre se as mesmas amazonas eram casadas e tinham maridos, respondeu o índio negativamente, e acrescentou que elas participavam com homens em certas épocas. Esses homens, dissera-lhes, vão de uma província confinante com a sua, pertencente a um senhor poderoso, e são de cor branca, se bem que não tenham barbas. Quando apetece às amazonas comunicar-se com eles, fazem-nos ir às suas casas e deixam-nos lá ficar algum tempo. Não pôde apurar o capitão, porém, se os homens iam de sua livre vontade ou por guerra, mas conseguiu entender que os filhos machos, se os tinham, tratavam elas de matá-los ou enviá-los aos pais, só guardando consigo as mulheres, que criavam com grande regozijo. Sujeitavam-se todas ao governo de uma senhora principal, chamada Coroni ou Conhori.

Outra notícia que receberam do informante índio, e que muito os teria confortado, foi a da "grandíssima" riqueza em ouro que havia nas mesmas terras, tanto que de ouro era todo o serviço nas casas das mulheres principais. Na cidade onde tinha sua residência a Coroni, existiam cinco "casas do sol", com seus ídolos de ouro e prata, representando figuras femininas. Essas casas eram revestidas, até o meio das paredes, de chapas de prata. De prata, e unidos às mesmas chapas, eram também os bancos onde se sentavam todas para as suas borracheiras. Os tetos das "casas do sol" ou adoratórios eram forrados de penas de papagaio multicoloridas.

As mulheres andavam ordinariamente vestidas de lã, que havia ali "ovelhas" do Peru, ou lhamas, em abundância, e tinham os seus vestidos recobertos de muito ouro. Segundo cuidaram entender ainda os espanhóis, havia também camelos, além de uns bichos corpulentos e munidos de tromba: estes não seriam porém numerosos.

Graças a tais informações, que lisonjeavam de uma parte a imaginação destemperada dos conquistadores, e de outra a sua cobiça dos bens terrenos, achava-se firmado sobre fundamentos duradouros o mito das amazonas americanas. Em muitos pontos a descrição de Carvajal não é puramente imaginária, e coincide notavelmente, em verdade, com o que ele e seus companheiros teriam podido ver no Peru.

Assim é que na relação de Francisco de Xerez, impressa pela primeira vez em 1534, isto é, seis anos, ou pouco mais, antes da expedição de Orellana, mencionam-se expressamente as "casas do sol" existentes em toda aquela província e que o autor também denomina mesquitas. "Esta casa", escreve de uma delas, "dicen que es del sol, porque en cada pueblo hacen sus mesquitas al sol." Algumas eram de pedra, e pelo menos a do Cusco velho aparece chapeada não só de prata como de ouro. Do largo emprego ali das penas de papagaio pode dar ideia a descrição, feita pelo cronista, da carruagem de Atatualpa: "una litiera aforrada de plumas de papagayo de muchos colores y guarnecida de oro y plata". Dos caminhos diz também Xerez que eram cercados de taipa dos dois lados e em alguns lugares havia a casa do guarda, encarregado de arrecadar a portagem. "Nenhum viajante pode entrar nem sair por outro caminho, levando carga, senão por aquele onde haja guarda, e isso sob pena de morte." Os serviços de prata e ouro seriam frequentes entre a gente principal, e um embaixador mandado por Atatualpa a Francisco Pizarro levava cinco ou seis vasos de ouro fino, onde bebeu e deu de beber aos espanhóis.[36]

Quanto ao elemento fantástico, ou largamente fantasiado, no relato de Carvajal sobre o país das amazonas, provém quase todo ele de fontes eruditas e coincide em grande parte com as notícias de Estrabão, Arriano, Deodoro Sículo – para tratar apenas de historiadores que acreditaram na sua existência –, quando não dos poetas clássicos. Em sua feição definitiva, se assim se pode dizer, dado que eram variados e discordes os testemunhos a respeito, essas amazonas americanas assimilaram os traços distintivos do seu padrão clássico, o do Termodonte como o da Líbia, de sorte que pouco faltou para ressuscitarem aqui as Hipólitas e Pentesileias.

É mister observar, no entanto, que aquelas mesmas discordâncias incidiam, de um modo geral, sobre aspectos acessórios, sem chegar a afetar o essencial. Houve, assim, os que admitiram para as da América o mesmo uso atribuído às antigas, de aplicarem metal em brasa sobre o peito direito, com que o faziam murchar ou de todo desaparecer, tornando-se assim mais aptas para as campanhas guerreiras, que requerem liberdade de movimentos. Outros seguindo ainda nisto alguns autores antigos, para os quais as amazonas levavam apenas, e pelas mesmas razões, o seio direito descoberto, o "unum exserta latus pugnae" virgiliano, julgavam pouco verossímil aquela opinião. Para Gomara, por exemplo, elas não precisariam ir ao extremo de cortar ou queimar um dos seios para o bom manejo do arco, e nem acreditava que houvesse mulher capaz de se desfigurar dessa forma.[37] O próprio Thévet, sempre acessível a concepções extremadas, ao ponto de ter visto nas amazonas do Brasil as descendentes prováveis e as herdeiras daquelas mesmas que se dispersaram em seguida à guerra de Troia, acha duvidoso que pudessem, sem grande perigo de vida, submeter-se a operação dessa natureza em órgão tão delicado e chegado ao coração.[38]

Outra aparente divergência entre os que escreveram sobre essas amazonas refere-se à própria situação de sua província. Segundo frei Gaspar de Carvajal, deviam viver para as bandas do Sul do rio gigantesco. O padre Cristoval de Acuña, no entanto, parece transferi-las para a margem esquerda, isto é, para o Norte, precisando que se achavam justamente a 36 léguas, rio abaixo, da última aldeia tupinambá.[39] Thévet instalou-as, por sua vez, em ilhas pequenas, que aparelhavam de modo a poder convertê-las em fortalezas: diligência bem própria de uma nação que vivia em guerras constantes com os vizinhos. Tal circunstância representa aliás um dos poderosos esteios em que se arrima a ambição desse autor de poder filiá-las às da Ásia, pois estas viviam da mesma maneira, segundo o levam a crer alguns dos seus historiadores antigos.[40]

Um ponto de vista intermediário entre semelhante versão e a tradicional, oriunda de declarações de um companheiro do Orellana, tentará fornecê-la sir Walter Ralleigh, que conhece e menciona os escritos do cosmógrafo do rei de França. Para ele as amazonas tinham de fato sua morada na parte Sul do grande rio, posto que seus maiores redutos armados se encontrassem em certas ilhas e a uma distância aproximada de sessenta léguas da foz.[41] Ao projeto que acalentava de granjear para sua soberana um opulento império que, a partir da Guiana, se alargasse sobre o equador, abrigando em si os tesouros famosos de Manoa, não seria mesmo alheio o feitiço que sobre o ânimo do aventureiro-poeta poderiam exercer tão impávidas mulheres. Algum dia, o nome de uma rainha virgem, capaz não só de defender suas terras e as de seus vizinhos, há de ressoar aos ouvidos daquelas amazonas do rio-mar: assim espera e o proclama[42] quem, entretido em tão altos pensamentos, já vai tecendo, sem o saber, a própria desventura.

Apesar do fascínio que logrou exercer durante longo tempo – La Condamine ainda recolhe notícias da passagem de amazonas no Purus, de onde teriam seguido para o norte, até se embrenharem nas selvas do Negro, e Southey, já no século XIX, não tem por improvável a existência ali das mesmas mulheres guerreiras –, é esse, entre os grandes mitos da conquista, o que menos se filia, na aparência, aos motivos edênicos. Mas só na aparência, pois uma velha tradição tende constantemente a vincular os dois temas por uma espécie de atração recíproca.

Assim, por exemplo, nos romances de Alexandre, que tanto contribuíram, durante a Idade Média, para disseminar o gosto por aqueles motivos, o caso da sujeição das amazonas ao seu herói surge lado a lado com o *Iter ad Paradisum* nas suas diferentes redações, todas derivadas, segundo se chegou a apurar, de um mesmo original judaico.[43] E não deve ser por acaso que a Feminia de Mandeville se acha contígua à Caldeia, regada pelas águas do Éden.[44] Ou que na história do mui esforçado cavaleiro Esplandián, filho de Amadis de Gaula, composta por Garci-Ordóñez de Montalvo já no século XVI, se fale numa ilha chamada Califórnia, à mão direita das Índias, "muito chegada às partes do Paraíso Terreal" e povoada de mulheres negras, sem que varão algum entre elas houvesse, "que casi como las amazonas era su estilo de vivir".

É fora de dúvida que os romances de cavalaria constituíram a leitura dileta e a inspiração de muitos conquistadores espanhóis. A própria ideia da fonte de Juventa bem pode ter sido relembrada a Ponce de León pelo caso da fonte mágica do monte Artifaria, no Palmeirim de Oliva, publicado em Salamanca dois anos antes de sua primeira expedição à Flórida. E ao cabo lhe sucedeu quase como a d. Galaor no romance do Amadis de Gaula: o qual, indo a beber de uma fonte milagrosa que certo cavaleiro com enganos lhe indicou, veio a perder o cavalo e as armas.

Também Cortez se teria deixado impressionar pelas *Sergas de Esplandián*, ou ainda pela história de Lisuarte da Grécia, que trata igualmente das amazonas da Califórnia e de sua rainha Calafia quando mandou à costa ocidental da Nova Espanha a expedição referida numa das suas cartas a Carlos V. As notícias dessa expedição falam, de fato, em certa ilha "toda povoada de mulheres sem varão algum, e em dada época do ano vão da terra firme uns homens com os quais elas têm acesso", e acrescentam que o lugar é muito rico em ouro e pérolas. Parecia indubitável que os exploradores se teriam aproximado daquela "mão direita das Índias" onde estava situada a Califórnia de Esplandián.[45] Outras tropas exploraram sucessivamente a região e, posto que nunca tivessem encontrado as mulheres sem homens, atribuíram, contudo, a uma península e a um extenso território contíguo o nome que estes ainda hoje preservam.

Na história da conquista da América, o tema das amazonas é geralmente inseparável de outro, não menos popular, e que, a seu modo, já vislumbrara Colombo em suas viagens de descobrimento. Uma das causas da opinião de Colombo de que o golfo de Pária era conjunto com o Éden, ao lado da que se prendia à sua própria situação geográfica (pois cuidava que toda aquela área se achava no extremo ponto do Extremo Oriente, onde se levantara o Sol no dia da Criação); dos bons ares e temperados, ainda que vizinhos da equinocial; das águas doces, aprazíveis e salutíferas; do jardim natural que formava em muitas partes a vegetação; do rio de quatro bocas (pois tantas divisara ali a gente da caravela *El Correo*, mandada a reconhecê-lo) idêntico ao que, saído do Paraíso Terrestre, também se dividia em quatro cabeças, encontrava-se justamente nos sinais de abundantíssimas riquezas que lá se mostravam.

Que outro significado poderiam ter, em realidade, aqueles discos ornamentais do gentio que acorria às praias ao sul da baía Celeste, feitos de uma liga de cobre e ouro?[46] Ou os colares de muitas pérolas que exibiam as mulheres de Los Jardines? Já os caribes insulares pareciam ter revelado, com seus vagos gestos, que por aquelas bandas ficava um continente prodigiosamente rico. E o almirante, sem esperar ao menos por informações mais positivas, logo decretará, e registrará em seu diário de bordo, que o ouro dessa terra é muito bom.

Com a sua ressalva de que, erigido em escalão para piedosas empresas, como a da recuperação dos lugares santos em Jerusalém, ou para se alcançarem os verdadeiros bens do espírito, esse mesmo ouro, tão infamado pelos homens doutos e prudentes, se faria desejável e era até "excelentíssimo", justificava-se o móvel principal que levava às Índias numerosos aventureiros de todas as nações. Incapazes de atinar com o alcance de delicadas sutilezas, muitos irão dar um passo além, só lhes faltando, em verdade, canonizar a própria ganância. Ganância não apenas de riquezas como ainda de honrarias, aparatos e glórias do mundo, que passam a constituir a meta constante do conquistador castelhano. E assim até a ventura eterna vem a ter, muitas vezes, para ele, a cor da própria cobiça, com o que se recobre o paraíso, em sua imaginação, de todas as galanterias terrenas.

De sorte que a mesma fantasia de onde vieram tantas histórias de amazonas americanas, e quase ao mesmo tempo, na mesma região, e aproximadamente com os mesmos endereços, chegou a sugerir uma das mais celebradas obsessões dos soldados da conquista. Sua origem remota estaria no caso referido aos homens de Sebastián de Benalcazar, quando este empreendeu em 1533 a conquista de Quito, de um chefe indígena de certo lugar mais ao norte, o qual se banhava todas as manhãs numa lagoa, depois de coberto o corpo nu de pó de ouro. O âmago real da fábula, que este não lhe faltava certamente, como não faltava à das amazonas, estava nos imensos tesouros que, segundo voz corrente, se acumulariam nas terras dos Chibcha.

Como frequentemente acontece com os chamados "segredos de Índias", o lado fabuloso veio, no entanto, a destacar-se aqui e a absorver rapidamente o verídico. O próprio sítio onde inicialmente se supusera existir o "Príncipe Dourado", com sua lagoa e seus tesouros infindos, passa a deslocar-se sucessivamente a cada avanço novo e a cada novo desengano dos conquistadores espanhóis, ou mesmo alemães, como Ambrósio Ehinger, Federmann, Georg Hohermuth, Philipp von Huten, mais tarde também ingleses como Ralleigh, até meter-se, com o das amazonas, em lugares ínvios que guardariam melhor o seu mistério. Entre as características que oferecem em comum os dois mitos está exatamente essa extraordinária mobilidade que revelaram, ao menos em sua fase de formação.

De fato procuraram o Eldorado, a princípio, em Santa Marta, Nova Granada; no vale do Cauca; na Guiana; para ao cabo situá-lo no país dos Omágua, onde mais longamente perdurou, sempre sob o fascínio que despertava o nome da resplandecente Manoa. E sempre, já houve quem o dissesse, com aquela mescla de espiritualidade e riqueza, de devoção e ambição, da religião do Cristo e do culto do bezerro de ouro, que se acha à base da demanda obstinada. Tão obstinada, com efeito, que chega em dado momento a receber um sinete oficial com a nomeação de Pedro de Orsúa para governador e capitão-general do Dourado e com a remessa, em várias épocas, de poderosos contingentes militares incumbidos de descobrir aquele país encantado.

3
Peças e pedras

•

À IMAGEM OU NÃO DO DOURADO propriamente dito – o dos Omágua e de Manoa – e também do Dourado de Meta, isto é, o dos Chibcha, foram repontando aqui e ali muitos outros reinos áureos ou argênteos, não menos lisonjeiros para a desordenada cobiça dos soldados. Georg Friederici consegue assinalar, em sumária relação, o Dourado de Paititi, nas regiões de Mojos e Chiquitos; o Dourado dos Césares, na Patagônia, até o estreito de Magalhães e, para o norte, na área de Chaco; o Dourado das Sete Cidades, no território do Novo México atual,[1] e o de Quivira, ao Oriente das grandes planuras da América do Norte.[2]

A esses poderia juntar o Dourado do Vupabuçu e Paraupava, no Brasil, isto é, aquela mesma lagoa dourada, segundo todos os indícios, que Gabriel Soares saíra a procurar e em cuja demanda se finou. Tributário, embora, do mito que se esgalhara de Nova Granada para a Guiana e o país dos Omágua, é significativo que esse Dourado, impelido por alguns até o Xaraies, na direção do Peru, não teve para nenhum dos cronistas portugueses, ao que se saiba, aquelas cores deslumbrantes ou a auréola paradisíaca de que se envolvera a Manoa lendária.

Registrado em alguns mapas e citado de passagem por frei Vicente do Salvador com aquele nome de Dourado ou Lagoa Dourada, a ele não se faz, entretanto, qualquer alusão nos escritos conhecidos do próprio Gabriel Soares. E em realidade o simples atrativo do ouro, e ainda o da prata, segundo o exemplo de Potosi, bastaria, independentemente de qualquer elemento fantástico, para autorizar o longo prestígio alcançado por uma região imprecisa, onde depoimentos dos índios faziam presumir que comportava abundantes jazidas de metal precioso. Esse elemento fantástico, se existiu no caso do Dourado brasileiro, nenhum texto quinhentista o certifica.

Esse fato surpreende tanto mais quanto a mestiçagem e o assíduo contato dos portugueses com o gentio da costa, longe de amortecer, eram de molde talvez a reanimar alguns dos motivos edênicos trazidos da Europa e que tanto vicejaram em outras partes do Novo Mundo. Sabe-se, por exemplo, graças aos textos meticulosamente recolhidos e examinados por Alfred Métraux, o papel considerável que para muitas daquelas tribos chegara a ter a sedução de uma terra misteriosa "onde no se morre".[3] Nem essa ideia, porém, que dera origem, por volta de 1540, à extensa migração tupinambá do litoral atlântico para o poente – causa, por sua vez, da malfadada aventura de Pedro de Orsúa na selva amazônica –, nem outras miragens paradisíacas dos mesmos índios, que se poderiam inocular nas chamadas "santidades" do gentio,[4] parecem ter colorido entre nossos colonos o fascínio, este indiscutível, que exerceram sobre eles as notícias da existência de minas preciosas.

Num primeiro momento, é certo, tiveram essas notícias qualquer coisa de deslumbrante. Delas tratara, em carta a d. João III, certo Filipe Guillén, castelhano de nação, o qual, tendo sido boticário em sua terra, fizera-se passar em Portugal por grande astrônomo e astrólogo, até que, revelado um dia seu embuste, o mandou prender el-rei. Já à sua chegada ao Brasil, pelo ano de 1539, esse mesmo homem, de quem Gil

Vicente chegou a declarar, numas trovas maldizentes, que andou por céus e terras, olhou o solo e o abismo,

*del abismo vió el profundo,
del profundo el paraiso,
del paraiso vió el mundo,
del mundo vió quanto quiso*,⁵

pretendera ter ouvido como de Porto Seguro entravam terra adentro uns homens e andavam lá cinco e seis meses. Empenhando-se em inquirir e saber das "estranhas coisas deste Brasil", propusera-se sair, com o favor de Sua Alteza, a descobrir as minas que os índios diziam lá haver.

As tenças com que, apesar de tudo, o honrou d. João III, quando o fez vir ao Brasil, não teriam ajudado a melhorar muito, na Corte, o crédito de Guillén.⁶ De outro modo, como explicar a nenhuma atenção dada ali a essas auspiciosas notícias que se apressara a mandar por "todas as vias e navios que pera o reyno yan?". Amargurado com o pouco-caso e por não vir recado nem mandado de Sua Alteza, esse homem, de tão boa prática e que tão docemente mentia, continuará, não obstante, aferrado aqui aos "falsos panos" e, não menos, naturalmente, ao extraordinário astrolábio de sua invenção, com que

*sin ver astrolomia
el toma el sol por el rabo
en qualquiera hora del dia*,

certo de que o socorro dessa máquina lhe valerá muito quando puder ir desvendar os segredos da terra.

Do paraíso, que deveria andar refolhado entre as montanhas do Brasil, só lhe chegarão uns confusos prenúncios no momento em que, já gasto da idade e dos achaques, não o poderá ver com os próprios olhos, nem medir com aquela "arte de Leste a Oeste", que pretendia ter achado. Querendo, porém, servir ao soberano, comunica-lhe em 1550 que, no mês de março desse mesmo ano, uns índios dos que vivem "junto de hu gram rio" tinham chegado a Porto Seguro com a novidade de uma serra situada em seu país, que "resplandece muito" e que, por esse seu resplendor, era chamada "sol da terra".

Além de resplandecente era a serra de cor amarelada e despejava ao rio pedras dessa mesma cor, que se conheciam pelo nome de "pedaços de ouro". Tamanha era sua quantidade que os índios, quando iam à guerra, apanhavam dos ditos pedaços para fazer gamelas, em que davam aos porcos de comer "que pera si no ousam fazer cousa alguma, porque dizem que aquele metal endoença". E pela mesma razão não ousavam passar-se à serra, que era muito para temer, devido ao resplendor.

Ao menos desta vez teve o astrônomo, em Tomé de Souza, quem lhe desse ouvidos e o mandasse a descobrir as montanhas, que outros já pensavam em ir procurar por conta própria. Respondeu-lhe o castelhano que importava, para isso, ir homem de muito siso e cuidado, capaz de tomar a altura do Sol, fazer roteiro de ida e vinda, olhar a disposição da terra e o que nela existisse. Ele próprio, no entanto, já podia anunciar que sem dúvida havia ali esmeraldas e outras pedras finas, e como nada desejava mais do que gastar a vida em serviço de Deus e Sua Alteza, prontificava-se a ir em pessoa e estivera nessa disposição. Aqui, dizia a el-rei, enganou-o a vontade no que a idade o vinha desenganando, pois adoeceu dos olhos e não pôde levar a cabo sua tenção.[7]

Passados vinte anos, a fama das montanhas reluzentes do sertão ainda perdura intata. É de crer, com efeito, que Gandavo, escrevendo por volta de 1570, se reporte no seu tratado da terra ao mesmo caso que narrara a el-rei o astrônomo castelhano, quando alude às novas levadas a Porto Seguro por certos índios, de umas pedras verdes encontradas numa serra "fermosa e resplandecente", muitas léguas pela terra dentro. As quais pedras, segundo amostras apresentadas, seriam esmeraldas, ainda que de baixo preço.[8] E nada impede que já então tivesse surgido, além da fama, o nome do Sabarabuçu associado a essas montanhas, embora se ache pela primeira vez documentado a propósito de uma entrada de 1601, feita de São Paulo e não de Porto Seguro. De qualquer modo a explicação fornecida por Teodoro Sampaio, de que o nome "serra resplandecente" a que se referira Gandavo corresponde ao tupi *Itaberaba* e, no aumentativo, *Itaberabaoçu*, que sem dificuldade se corromperia em Taberaboçu e, finalmente, Sabarabuçu, tem sido geralmente acatada entre os historiadores e pode vir em abono dessa hipótese.[9] Semelhante interpretação parece tanto mais aceitável, aliás, quando uma das formas intermediárias possíveis, *Tuberabuçu*, ocorre nas *Memórias históricas* de monsenhor Pizarro, que a poderia ter derivado de fonte hoje perdida, ao lado da alternativa Sabrá-boçu. Observando que essas montanhas foram o alvo principal de Fernão Dias Pais, em sua grande bandeira, escreve o cronista que ela "se diz hoje serra Negra ou das Esmeraldas".[10]

É difícil contestar, além disso, a existência de uma continuidade entre a versão quinhentista das montanhas que reluzem e a Sabaraboçu mítica de Fernão Dias. A localização da mesma Sabaraboçu aproximadamente na latitude da capitania onde primeiro a procuraram será expressamente admitida, aliás, quando se organizarem as buscas pelo caminho de São Paulo. E é bem sabido que a preferência dada a este último caminho, quando se cogitou na entrada do governador das esmeraldas, seguiu-se quase imediatamente ao malogro da expedição de Agostinho Barbalho Bezerra, cuja tentativa deveria ser retomada e rematada pelo primeiro. Ora, Barbalho, que também levava expressamente a missão de descobrir a Sabaraboçu, saíra do Espírito Santo, capitania vizinha à de Porto Seguro, afundando-se nos matos do rio Doce.

Por outro lado, as descrições conhecidas das refulgentes montanhas, que surgem em várias épocas nas capitanias do Centro e do Sul, oferecem entre si tais semelhanças que parecem todas dependentes, em última análise, daquelas notícias levadas a Porto Seguro, já em 1550, pelos índios do sertão, segundo a narrativa de Guillén.

Assim como este, querendo denunciar a abundância de metal amarelo, alude às gamelas que do mesmo metal fazia o gentio, para dar de comer aos porcos, o aventureiro inglês Anthony Knivet, que em 1597 se desgarra no sertão com doze portugueses de uma bandeira saída de Parati, referirá depois, entre as muitas maravilhas de sua jornada, que os índios daquelas partes se valiam do ouro para as suas pescarias, atando à extremidade da linha um granete dele. E se em seu relato o resplendor da enorme serra avistada no percurso não se mostra tão temível que dê para afugentar os índios, como acontecia com as ofuscantes montanhas da versão do espanhol, o fato é que ainda continua a apresentar dificuldades a quem procure acercar-se das encostas. Ele próprio e seus camaradas portugueses não tinham conseguido chegar-se a elas durante o dia e com o sol a pino.

Além dessas montanhas deslumbradoras, vira Knivet pedras verdes, e tinham o verde da erva do campo. Estas ou algumas das gemas brilhantes que também encontrou, brilhantes como cristal, vermelhas, verdes, azuis, brancas de tanta formosura e galantaria que davam contentamento aos olhos, deviam aparentar-se, por sua vez, às esmeraldas e outras pedras finas pressentidas por Filipe Guillén e noticiadas por Gandavo.

Por essas mostras julgara-se Knivet a pouca distância de Potosi. Tomando o rumo de sudoeste foi dar, porém, com os companheiros, a uma grande serra áspera e selvagem; depois, passada ela, a um lugar de terras pardacentas, todo cheio de colinas, penedias e ribeiros. Aqui acharam de novo muito ouro, que se apresentava em fragmentos do tamanho de avelãs ou desfeito em pó. Deste pó havia grandíssima quantidade, que cobria, como se fora areia, as beiradas de muitos riachos.

A crença de que o Potosi não ficaria longe, sugere-a o inglês ainda em outra ocasião, ao descrever a entrada de Martim de Sá. Nessa jornada, os expedicionários, depois de transposta a Mantiqueira e alcançada certa "montanha de pedras verdes", chegaram a um rio de nome Jaguari (Jawary), o qual tinha suas cabeceiras no próprio "cerro de Potosi, para as bandas do Peru".[11] Sobre tal opinião, aceita mesmo entre muitos portugueses da época, de que o Peru não podia estar a grande distância da costa do Brasil, iria repousar, aparentemente, a fama de certa montanha de prata no íntimo do continente, identificada aos poucos com a Sabaraboçu e distinguida de uma serra das esmeraldas. Assim se vai duplicando ou multiplicando aquela misteriosa serra resplandecente dos primeiros tempos, segundo o parecer que mais atenda à cobiça dos colonizadores.

Ao tempo de Gabriel Soares ainda não se teria ela bifurcado dessa maneira e muitos admitiam que seu fulgor vinha apenas do cristal, cristal finíssimo, embora, que ali existisse. Sóbrio e pouco dado a aventurosas fantasias, o autor do *Tratado descriptivo* parece pensar também assim. E reporta-se a informações de terceiros para dizer que "se enxerga o resplendor dela de muito longe, e afirmam alguns portugueses que a viram, que parece de longe as serras de Hespanha quando estão cobertas de neve...".[12] No texto castelhano da obra, só ultimamente impresso, conforme o manuscrito existente na biblioteca do Palácio Real de Madri, precisa ele ainda que o resplendor daquelas montanhas "desde lejos obscurece la vista", prova da fineza de seu cristal.[13]

Então, à semelhança do mito do Dourado, nascido nas Índias de Castela e que já a contagiara, a paisagem mágica se tinha ataviado de uma grande lagoa fabulosamente rica. E não era necessária qualquer fantasia aventurosa, senão uma crédula e precavida curiosidade, explicável em terra de recente conquista e onde tudo era surpresa, para se pensar em procurá-la, como o fará o mesmo Gabriel Soares. Já antes de sua chegada ao Brasil, que fora pelo ano de 1569, vinha ela sendo assinalada entre os cartógrafos sob o nome de *Eupana*,[14] que suponho ser uma simples deformação gráfica do *Eupaua*, ou *Upaua*, dos naturais do país. Este último nome e, de preferência, as formas dele derivadas, como Upavuçu – o célebre Vupabuçu de Fernão Dias, que Pizarro designa também por Hepabuçu – e ainda Paraupava – em que se reúnem as ideias de "mar" e de "lagoa" e equivalente, porventura, à que Sebastião Fernandes Tourinho encontrou pouco antes de 1573, tendo subido o rio Doce, chamada pelo gentio Boca do Mar, devido a ser muito grande e funda[15] –, hão de perdurar longamente. Outra denominação, a de Lago Dourado, também registrada pelos antigos cartógrafos, terá igual longevidade.[16]

Nada mais próprio, aliás, do que esse Vapabuçu do ouro para fazer companhia digna à Sabarabuçu da prata e à serra das Esmeraldas. É em vão que se procurará nas antigas crônicas, além da fama de serem prodigiosamente ricas as águas dessa lagoa, o halo de lenda que pertence aos eldorados quinhentistas. Gandavo, por exemplo, onde se reporta às notícias do muito ouro do sertão, dadas pelo gentio, não deixa de aludir à pouca fé e verdade desses homens. O crédito que podiam merecer tais notícias, em sua opinião, vinha de serem os mais deles conformes neste ponto e falarem em diferentes lugares por uma só boca. "Principalmente", diz, "he fala publica entre eles que ha huma lagoa mui grande no interior da terra, donde procede o rio de São Francisco [...], dentro da qual dizem haver muitas ilhas e nellas edificadas muitas povoações, e outras ao redor della mui grandes, onde ha muito ouro, e mais quantidade, segundo se affirma, que em nenhuma parte desta província."[17]

Essa localização da lagoa grande, como também lhe chamavam, para as bandas do São Francisco, provavelmente o "gran rio" de que já falara a carta de Guillén, e melhor ao seu nascedouro, é a mais admitida entre escritores quinhentistas e seiscentistas. Gabriel Soares, que a procurou no mesmo rumo, também alude às "joias de ouro, de que ha certa informação", usadas por um gentio que "se afirma viver à vista da Alagoa grande tão afamada e desejada de descobrir, da qual este rio nasce".[18] E é significativo que tenha sido essa a direção tomada pela maior parte das entradas de descobrimento e exploração de minas, que se realizaram antes e depois da sua.

Já em 1550, o ano em que chegaram a Porto Seguro os índios do sertão levando as primeiras notícias da serra resplandecente, determinara Tomé de Sousa que saísse uma galé para explorar o rio a partir do desaguadouro. Desejava o governador-geral "ver o que vai por esta terra", na esperança de poder descobrir alguma boa ventura para Sua Alteza, pois tinha a convicção de que "esta terra e o Peru he todo hum".

Partindo a expedição em novembro, passados mais de sete meses não vinha recado da galé, de onde deduziu Tomé de Sousa que a teria comido o mar, porque se desse na costa ou em algum rio, não faltariam, através dos índios, notícias de seu paradeiro. O mau sucesso da empresa, capitaneada por certo Miguel Henriques, "homem honrado e pera todo cargo que lhe quizerem dar", aconselhava a que se fizessem as explorações, daí por diante, com a maior cautela e resguardo. Assim cuidava o próprio Tomé de Sousa que, em carta a el-rei, comenta com certo fatalismo o desastre. "O que daqui recolho", escreve, "é que, quando o Nosso Senhor aprouver de dar outro Peru a Vossa Alteza aqui, que as ordenará quando e como quizer, e nós, por muito que madruguemos, não há de amanhecer mais asinha, e contudo homem não se pode ter que não faça alguma diligencia, e eu algũa farei, mas hão de ser com tento e pouca perda de gente e fazenda, tirando as que V. A. mandar, que estas farei com parecer bem a V. A.".[19]

A suspeita de que pelo sertão adentro, e sobretudo pelas águas do São Francisco, se atingiriam os confins do Peru não pertencia apenas ao governador-geral e aos portugueses. Que as entradas em busca do metal precioso, projetadas ou esperadas, da costa do Brasil, poderiam atingir as conquistas de Sua Majestade e constituir de qualquer modo um perigo para os tesouros do Peru, admitiam-no sem dificuldade os próprios castelhanos. E sabe-se que a Corte espanhola não se mostrou insensível a esse perigo, mormente quando se veio a saber dos planos e esperanças acalentados pelo mesmo governador-geral.

A tais ameaças achava-se tão atento, em Lisboa, o embaixador de Sua Majestade, Luís Sarmiento de Mendoza, que não deixava de transmitir ao príncipe regente, o futuro Filipe II, carregando porventura as tintas, os menores rumores sobre atividades de portugueses que pudessem contrariar o assentado e capitulado em Mérida, no ano de 1529, depois das negociações de Saragoça, sobre a demarcação entre as possessões e senhorios ultramarinos das duas Coroas. E, quando lhe parecia de seu dever chamar a atenção de d. João III para aquelas atividades de seus vassalos, tratava de recorrer aos bons ofícios da rainha dona Catarina, irmã do imperador e tia, por conseguinte, do regente.

Ora, a chegada em 1553, a Lisboa, de Tomé de Sousa, de volta do Brasil, onde lhe sucedera d. Duarte da Costa no governo-geral, parecia ocasião própria para se acenderem desconfianças, ressentimentos ou malquerenças no tocante a esse problema da demarcação. O ex-governador, como tantos dos seus compatriotas, seria pouco inclinado aos de Castela, segundo o mostra a passagem de uma das suas cartas a el-rei onde parece lamentar Sua Alteza não se possa desapegar dos castelhanos em parte alguma.

Preocupava-o particularmente a notícia do estabelecimento de Assunção do Paraguai, que presumia estar, como a muitos parecia – "parece-nos a todos", diz –, na demarcação lusitana: se Castela isto negasse, mal provaria que fossem suas as Molucas, e "se estas palavras parecem a V. A. de mao esferico e peor cosmografo", acrescenta, "terá V. A. muita razão, que eu não sei nada disto, senão desejar que todo o mundo fosse de V. A. e de vossos herdeiros".[20]

Com tais razões e disposições devera ter ele embarcado

para o reino, e o fez com efeito logo depois, tendo entregue a seu substituto o governo do Brasil. A prova de que mesmo entre letrados havia quem como ele pensasse quanto aos eventuais direitos portugueses sobre Assunção, direitos que os rumores, falsos embora, do descobrimento de minas preciosas naquelas partes pareciam tornar mais eloquentes, acha-se na circunstância de um Manuel da Nóbrega, por exemplo, ter manifestado por mais de uma vez convicções semelhantes. Ao padre Luís Gonçalves da Câmara chegara o então vice-provincial da missão jesuítica do Brasil a escrever que fizesse ver a Sua Alteza a conveniência de mandar prover em breve de justiça aquela cidade, se se encontrasse na posse dela.[21]

À própria Coroa, por outro lado, não pareceram de tão mau esférico e cosmógrafo as razões de Tomé de Sousa, que deixasse de mandar emissário seu a informar-se em Castela, com "toda dissimulação", por algum oficial do Conselho das Índias, sobre a atitude do imperador no caso das entradas de descobrimento e conquista de uns castelhanos, que tinham "feito no Brasil uma povoação que chamam d'Assumçam".

Ao mesmo emissário determinava el-rei, quase à mesma época, e em termos mais categóricos, que falasse ao príncipe regente, valendo-se da carta de crença de que fora munido, a ver se se atalhava a ida, por ordem do imperador, de uma armada de Sevilha às regiões platinas: "E porque este Rio da Prata como sabeys, he de minha conquista e caye debaixo de minha demarcaçam, pareçeome deuer loguo mandar nisso falar por vos ao príncipe [...]". Pessoalmente, no entanto, queria Sua Alteza afetar incredulidade acerca da exatidão da notícia, que era um modo de fazê-la passar por insólita: "[...] posto que me fose muito afirmado, eu o nam pude crer, por quam sabido he e deue ser que o Rio da Prata he de minha demarquaçan e comquista, e por quam deuida cousa nam se deuer cuidar, semdo asy, que o emperador meu yrmão queira que seus vasalos vam a êle".[22]

De manhas semelhantes valia-se também o regente para se

opor às ambições de el-rei seu tio. A Luís Sarmiento, que lhe tinha dado conta dessas pretensões e da fingida incredulidade e ignorância de d. João acerca dos preparativos castelhanos visando ao Rio da Prata e ao Paraguai, recomendava Filipe que comunicasse ao sereníssimo rei de Portugal e à rainha dona Catarina sua surpresa com relação aos pretensos direitos da Coroa lusitana sobre aquelas províncias: "será bien que [...] les digais com me escrivistes esto y que estamos maravilhados de lo que os dixeron por que com todos saben y es cosa muy notoria el pueblo de la assunción que dizem esta publado en la provincia que dizen rrio de la plata que allende de caer con muchas leguas dentro de la demarcación de su magestad y a más de quarenta años que esta descubierto por capitanes de el catholico rrey mi señor y aguelo que aya santa gloria primeramente y después por capitanes de su magestad y entendido y poblado muchos años a y puesto por ellos en la provincia del Rio de la plata é ansi an sido proveydos muchos governadores y agora lo esta y poblado el dho pueblo de mas de seiscientos vecinos e se an embiado navios para los proveer y continuando aquello sa haze la armada que dize en sevilla [...]".[23]

    No mesmo mês de novembro de 1553, em que buscava d. João III reviver o debate em torno da posse do Rio da Prata, a notícia trazida por Tomé de Sousa de muitas minas nas proximidades dos lugares povoados pelos portugueses no Brasil dava outro motivo de inquietação ao embaixador Luís Sarmiento. Entre as novidades que mandava dizer ao regente, nenhuma seria mais extraordinária, certamente, do que as informações atribuídas a certo mameluco do Brasil que em sua companhia levara Tomé de Sousa.

    Filho de um português, pretendia esse informante ter andado no Peru, de onde tornara por terra à costa do Brasil e afirmava que da dita costa àquela conquista castelhana se poderia ir em muito poucos dias. Acrescentara, no entanto, que nas terras da demarcação lusitana havia bem maior quantidade de ouro e prata do que ali. Referindo o caso ao regente, manifestava Sarmiento sua convicção de que as terras muito ricas ficariam, ao contrário, na demarcação de Sua Majestade.[24] A princípio não parecera d. João III vivamente impressionado pelas informações ou não dera grande atenção ao informante. De sorte que, ao deixá-lo, teria este exprimido a alguém seu descontentamento e ameaçado dirigir-se a Castela, onde esperava alcançar melhor acolhida e galardão. E o teria feito se, alertado pelo duque de Aveiro e outros, não o chamasse el-rei a sua presença, com a promessa de mercê. Diante da novidade andavam em Lisboa todos alvoroçados, como se o homem, escrevia o embaixador, fosse tomar providências para que tivessem "outro Peru".

Acusando e agradecendo o ofício de Sarmiento, e fê-lo com a maior presteza, incumbiu-o o regente de tentar obter dissimuladamente e enviar-lhe traslados dos poderes e instruções que o sereníssimo rei de Portugal, seu tio, tivesse dado ou viesse a dar às pessoas por ele mandadas ao Brasil. Outrossim aprovava o alvitre do mesmo Sarmiento de ir falar à rainha dona Catarina sobre o assunto. Seria da maior importância, porém, que o fizesse sem dar a entender que recebera instruções nesse sentido.

Ignora-se até hoje quem fosse o mameluco informante ou se as suas revelações chegaram a exercer qualquer influência no rumo tomado pelas pesquisas realizadas em seguida no Brasil em busca de metal precioso. O fato é que essas entradas, geralmente de inspiração oficial, continuariam a fazer-se quase sempre na direção apontada pelas notícias de Filipe Guillén, quer dizer, para as bandas do "gran rio", o São Francisco provavelmente, e de preferência para as suas cabeceiras. E não deve ser por acaso que tais entradas vieram a ganhar maior incremento depois que por toda parte se despejaram as novas da veia rica do Potosi, descoberta em 1545.

Passados apenas cinco anos, justamente o tempo necessário para que elas melhor se divulgassem e ganhassem corpo, é que o astrólogo castelhano, sabedor, com certeza, de tais notícias, principia a trazer inquietas e transtornadas as imaginações, nas costas do Brasil e mesmo na Corte portuguesa, com os rumores da serra resplandecente. Outro castelhano, Francisco Bruza de Espinoza y Megero, "homem de bem e de verdade e de bons espíritos", encabeça em 1554 a primeira jornada por via terrestre de que ficou notícia, rumo àquelas paragens. Tendo levado em sua companhia, ao que parece, o padre Azpilcueta Navarro, também súdito do rei católico, voltará com muitas notícias de haver entre o gentio do sertão minas de ouro e prata. Não acabou, contudo, de descobrir esses tesouros, já que dispunha de poucos homens.[25] Do mesmo Espinoza consta positivamente, ao que pôde apurar Basílio de Magalhães,[26] ter estado no Peru e ser bom conhecedor das minas daquela conquista.

Filipe Guillén, de sua parte, continuava a confiar no feliz sucesso das explorações auríferas ou argentíferas, e nesse sentido dirigiu-se a el-rei em carta de 12 de março de 1561, insistindo em que as fizesse prosseguir. Não deixava de lembrar, a esse propósito, o muito que lucrara a Coroa de Castela com proteger a Colombo, que lhe dera tamanha riqueza com tão pouca despesa. Parecia-lhe contudo da maior importância que fossem as expedições suficientemente numerosas para poderem vencer o embaraço dos índios contrários.[27] Outro tanto dissera em 1560 Vasco Rodrigues de Caldas, quando obteve de Mem de Sá autorização para rematar a jornada do espanhol.

No mesmo ano e no anterior tinham-se realizado as expedições de Brás Cubas e Luís Martins, saídas do litoral vicentino. De uma delas há boas razões para presumir que teria alcançado a área do São Francisco, onde recolheu amostras de minerais preciosos. Marcava-se, assim, um trajeto que seria frequentemente utilizado no século seguinte pelas bandeiras paulistas. É de crer, no entanto, que o governo, interessado, porventura, em centralizar os trabalhos de pesquisa mineral, tanto quanto possível, junto à sua sede no Brasil, não estimulasse as penetrações a partir de lugares que, dada a distância, escapavam mais facilmente à sua fiscalização.

Seja como for, as expedições realizadas a esse tempo e depois na capitania sulina independeram largamente das iniciativas oficiais e visaram menos à busca de ouro, prata ou pedras coradas, do que à captura do gentio para as lavouras naquela e em outras regiões. É provável que a mesma vontade de colocar a Bahia e suas vizinhanças ao centro das explorações de minas tivesse presidido a formação da leva sob o comando de Vasco Roiz de Caldas. Se o alvo dos expedicionários era retomar e rematar os trabalhos de Espinoza, tudo faz supor que pretendiam atingir o São Francisco. Em vez de saírem, contudo, de Porto Seguro, tomaram ao que parece o rumo ditado pelo curso do Paraguaçu, a menor distância da cidade do Salvador.

Mal valeram a Caldas as precauções sugeridas por ele e Mem de Sá e provavelmente seguidas em sua jornada se, surpreendido, como parece, pelo gentio Tupinaém, a sessenta ou setenta léguas do ponto de partida, teve de desandar o caminho, largando no sertão fazenda e munições. Os escassos pormenores que se conhecem dessa entrada resultam porém das referências de uma carta do padre Leonardo do Vale[28] e não se acha fora de toda dúvida que lhe correspondam as descrições do jesuíta. Em todo caso, na própria exiguidade de informações a respeito não estaria um indício de pouco ou nenhum fruto de seu trabalho?

Ao malogro, por essa época, de uma tentativa de penetração em lugar relativamente próximo da sede do governo, talvez das partes ao norte do Recôncavo, e é o caso do Paraguaçu, pode prender-se o fato das expedições feitas durante os anos seguintes terem partido, em geral, do Porto Seguro. Era, aliás, o caminho indicado pelas primeiras notícias da serra que resplandece e das minas de ouro e prata. E são tais notícias e as das esmeraldas, levadas à mesma capitania pelos índios do sertão, o motivo que dá Gandavo para a jornada de Martim Carvalho.

Este, segundo o mesmo cronista, foi dar a umas terras fragosas, a 220 léguas da marinha, onde as mais das serras eram de finíssimo cristal. Outras montanhas haveria no lugar, de cor azulada e que prometiam muito: com efeito, num ribeiro que delas corria foram achados entre a areia uns granetes amarelos, os quais palpados com os dentes facilmente cederam, posto que não se esfarinhassem. Isso e o grande peso dos fragmentos não deixaram dúvidas quanto à grande riqueza daquelas terras, pois tudo fazia crer que tinham atinado com boa pinta. Assentado que aquilo era ouro, e nem podia ser outra coisa, passaram adiante os expedicionários, determinados a efetuar mais detidas buscas durante a viagem de volta.

Não foram eles, porém, mais venturosos do que o tinham sido os sertanistas que os antecederam. Do ouro que apanharam ou julgaram ter apanhado, e meteram numa canoa, tudo se perdeu numa cachoeira do Cricaré. Tendo gasto oito meses nas andanças, chegaram a Porto Seguro dizimados e de mãos vazias. As febres, além da hostilidade do gentio, foram a causa principal de tamanho desbarato. Contudo, se não trouxeram as riquezas cobiçadas, contribuíram esses homens, aparentemente, para que se enriquecesse a geografia mítica dos sertões ocidentais. Das terras auríferas que pensaram ter atingido não corriam mais de cem léguas, segundo as informações dos índios, até a serra das pedras verdes, que teriam sido o grande chamariz da jornada. E não muito adiante ficava o Peru, que, no entender de muitos, quase devia confinar com o São Francisco. Tendo saído, segundo consta, em busca de esmeraldas, tiveram a dita de achar ouro, se a verdade correspondia em tudo à aparência. Não é de estranhar que depois disso passem a surgir, lado a lado e como amalgamadas na imaginação dos colonos e sertanistas, a ideia da lagoa dourada e a das montanhas ofuscantes.

Porto Seguro continuará a ser, ainda por algum tempo, a porta principal do sertão das minas. E assim como a entrada de Vasco Rodrigues se prendera à do Espinoza, a de Sebastião

Fernandes Tourinho, pouco anterior a 1573, se anexa de certo modo à de Martim Carvalho. À vastidão dos territórios que chegará a cortar, só comparável à que cobririam algumas bandeiras paulistas, pois presume-se que avistou do sertão o Rio de Janeiro como ao próprio cabo da tropa fora dado apurar, tanto pela altura do sol, que saberia tomar muito bem, como pelo conhecimento que tinha da serra dos Órgãos, correspondem os novos e mais dilatados horizontes adquiridos agora pela mitologia das terras do metal e cristal preciosos. A grande lagoa chamada Boca do Mar pelos índios; as serras de pedras verdoengas, tirando para o azul e semelhantes a turquesas; pedreiras de esmeraldas e safiras; montanhas de cristais verdes e vermelhos, compridos como os dedos da mão; ouro em quantidade, são algumas das maravilhas vistas ou ouvidas pelos expedicionários.

Com o fito de ampliar os resultados obtidos pelas gentes de Sebastião Tourinho, interna-se no ano seguinte pelo rio Caravelas, à frente de uma tropa de 150 brancos e mestiços, além de quatrocentos índios, o mameluco Antônio Dias Adorno, neto do Caramuru e de um dos irmãos genoveses daquele apelido que, ao início da colonização, se tinham estabelecido em São Vicente e na Bahia. Na sua jornada também foram vistas esmeraldas e safiras, de que se tiraram amostras. Em outras partes encontraram-se pedras de tamanho desacostumado e grande peso. Dessas nada levaram, por não poderem carregar mais do que as primeiras, e no entanto julgaram que deviam conter ouro. Sua principal colheita, ao que parece, foi de índios apresados. A esse respeito é omisso Gabriel Soares, em cujas propriedades foram ter afinal esses homens. Frei Vicente do Salvador, porém, chegará a pretender que subiu a 7 mil o número de índios tupinaéns que levou de volta o mameluco baiano. De onde o concluir ele que os tais homens não tinham saído a caçar pedras, senão peças.[29]

Esse resultado e o rápido esmorecimento das entradas pela capitania de Porto Seguro, caminho tradicional das serras que resplandecem, poderiam indicar que ia perdendo o seu atrativo a busca de riquezas minerais. O exame feito nas supostas esmeraldas de Adorno indicava que essas riquezas não se achariam tão ao alcance da mão. Não se duvidava de que seriam esmeraldas. O que ficara provado, porém, é que seriam de baixa qualidade.

Do modo que tinham aqueles aventureiros para apanhar as pedras, deixou-nos Gabriel Soares algumas precisões, sobre as quais tivera tempo para entender-se com Adorno e seus companheiros. Refere, por exemplo, que, encontrando algumas delas no meio do cristal, tratavam de aquentá-lo ao fogo, com o qual arrebentava, soltando as gemas. O resultado era que estas, ainda que limpas muitas vezes, e de honesto tamanho, logo perdiam a cor e, em parte, o brilho natural. E como deveriam ser das que o solo despede de si, e a escória das boas, escondidas nas entranhas da terra, não é de maravilhar a pouca estima em que eram tidas pelos entendidos.[30] A solução estaria em procurá-las debaixo do solo onde se acreditava que se achassem as de boa casta.

A interrupção que sofreu, depois da entrada do Adorno, o movimento de penetração pelo caminho de Porto Seguro prende-se, por sua vez, a causas que pouco têm a ver com algum desalento nas buscas de minas. Relaciona-se, antes, à destruição crescente dos índios domésticos da costa, ora devida às enfermidades, ora aos maus-tratos que lhes infligiam os moradores, fazendo com que aos poucos ficassem desguarnecidos os estabelecimentos dos portugueses nas terras que foram de Pero do Campo.[31]

De início era a mansidão daqueles índios um dos motivos de se preferir a outras esta porta do sertão, além da fama de que no interior das suas terras se achariam misteriosos tesouros. Duarte de Lemos, que participava de semelhante crença, tanto que em carta de el-rei datada de 1550, quase contemporânea do célebre relato de Guillén, pretendera ser oriunda daquele sertão a maior parte do ouro saído do Peru "que está nesta altura de dezasete graos que lhe aonde esta capitania está", frisava a facilidade com que por ali se alcançariam os lugares "donde está ho ouro", ao dizer que "por nenhũa terra destas partes podem milhor yr a elle que por esta de Porto Seguro por ho gentio della estarem em pas e muitos nosos amigos".[32]

Passados vinte anos ou pouco mais, com a destruição dos mesmos índios tupiniquins, que tinham sido o socorro dos portugueses em muitas ocasiões, essa paz e tranquilidade estará prejudicada. Amiúdam-se, agora, as investidas do aimoré, gentio intratável e feroz, que, já não podendo ser contido em seus matos, infesta cada vez mais as povoações da capitania, até que, achando quase desimpedido o caminho, se assenhoreia das bocas dos rios.

Desse modo irá fechar-se, e por largo tempo, a antiga via de acesso ao sertão das esmeraldas e do ouro. Em certa relação manuscrita das costas do Brasil redigida em data incerta, mas posterior a 1565, porque nela se menciona a expugnação do Rio de Janeiro, tomado aos franceses, e a presença de Estácio de Sá no posto de capitão-mor daquela conquista, consta como os quinhentos vizinhos portugueses de Porto Seguro já não entravam seis léguas terra adentro por causa da hostilidade dos índios do mato.[33] A tanto se reduziram, afinal, as possibilidades oferecidas pela antiga capitania de Pero do Campo à cobiça aventureira dos moradores.

Do desamparo e fraqueza a que a destruição do gentio manso condenou a população luso-brasileira, o exemplo de Porto Seguro, ainda que particularmente eloquente, não era isolado. Até mesmo Pernambuco, a próspera donatária de Duarte Coelho, se ressentiria, em dado momento, dessa carência dos antigos naturais da terra, tão numerosos outrora, e tão prestativos na resistência dos assaltos do gentio contrário.

Fernão Cardim, ou quem fosse o autor de uns artigos concernentes aos deveres de S. M. el-rei Nosso Senhor e ao bem comum do Estado do Brasil, de que apenas se conhece versão inglesa, refere como, despovoados de índios, a costa e o sertão da capitania já não dispunham de quem os socorresse. Cada dia assolavam-nos os pitiguara da Paraíba, antes amigos dos portugueses e tornados depois em inimigos implacáveis devido às injustiças que padeceram.[34]

O esmorecimento, pelas razões indicadas, das expedições saídas de Porto Seguro não significa, no entanto, que tenha desaparecido o alvo constante dessas entradas. Sua tradicional meta que devera ter sido o São Francisco e, de preferência, as cabeceiras do rio, onde se encontrariam os misteriosos tesouros do sertão, continua a atrair da mesma forma os sertanistas. O que muda é o ponto de partida das expedições. Em vez de sair de Porto Seguro, Sebastião Álvares, por exemplo, que se interna quase simultaneamente com o Adorno, retoma a empresa outrora confiada a Miguel Henriques, de entrar no grande rio pelo desaguadouro. Os resultados dessa tentativa foram, contudo, tão desalentadores quanto os da primeira, pois Sebastião, ou Bastião, como lhe chama Gabriel Soares, acabou sacrificado pelos tupinambá da margem esquerda.

Tal malogro deveu-se, conforme o autor do *Tratado descriptivo*, a terem os homens de Bastião procurado navegar ao arrepio das águas. Outra expedição, a de João Coelho de Sousa, que percorreu parte do São Francisco em sentido contrário, isto é, ao sabor da corrente, pôde atingir, no entanto, um ponto situado a cem léguas aproximadamente do sumidouro que, segundo crença geral mais tarde desmentida, formaria o rio a oitenta e noventa léguas acima da cachoeira. Assim o pretende o mesmo Gabriel Soares, irmão do cabo da tropa.[35]

Além dessa e, sem dúvida, muito mais importante pelos resultados atingidos, foi a alternativa fornecida pelas entradas espírito-santenses. Estas, longe de constituírem ciclo à parte, entrosam-se claramente na série iniciada em Porto Seguro e representam, a bem dizer, seu prolongamento natural, desde que as tiranias do aimoré trancaram aquela passagem. Nem se pode afirmar com inteira segurança que só então se deslocaram mais para o Sul os movimentos de penetração inaugurados aparentemente com a bandeira do Espinoza, por isso que um deles, pelo menos, o de Sebastião Fernandes Tourinho, já se tinha feito pelas águas do rio Doce, na capitania do Espírito Santo.

É esse mesmo o caminho que, a partir de 1596, hão de seguir sucessivamente, rumo às celebradas montanhas resplandescentes, Diogo Martins Cão, o Matante Negro, e Marcos de Azeredo. Se o primeiro efetuou sua jornada com o estímulo mais decidido do governador d. Francisco de Sousa, que determinara expressamente sua partida, foi o segundo quem, em mais de uma viagem, acertou com a serra das Esmeraldas, guardando, porém, o itinerário seguido, que transmitiu aos parentes, de sorte que se tornaria, depois, uma espécie de segredo de família. Das pedras que colheu, foram amostras ao reino, onde as tiveram por boas os lapidadores, sempre com a ressalva de que eram de superfície e tostadas: se cavassem mais fundo as achariam, porém, claras e finíssimas.[36]

Os sucessos de Marcos de Azeredo pareciam indicar que o antigo "vilão farto" de Vasco Fernandes Coutinho, menos premido do que Porto Seguro pelas ameaças dos índios contrários, se acharia em condições de converter-se num grande ninho de sertanistas, exploradores de minas preciosas. Nascera essa possibilidade, aliás, com a própria capitania, de onde o primeiro donatário, pouco depois de chegado a ela, se tornara ao reino a "aviar-se pera ir pelo sertão a conquistar minas de ouro e prata de que tinha novas".[37]

Quando, passados os primeiros contratempos sucedidos já na administração de Vasco Fernandes, se fizeram mais quentes as novas de minas do sertão, deu-se, talvez por isso mesmo, um maior fluxo de povoadores para aquelas partes e um começo de prosperidade. De sorte que, pouco a pouco, pareciam elas restabelecer-se do desbarato a que se viram de início condenadas. O assalto de que foi alvo a capitania por parte de Thomas Cavendish, fiado na notícia que lhe deram de ser aquela uma região sem-par no Brasil, para quem pretendesse obter vitualhas ou outras comodidades,[38] e posteriormente o ataque de Piet Heyn tendem a confirmar essa recuperação.

Não seria outra, porventura, a causa da tentativa para o estabelecimento ali, algum tempo depois, de colonos toscanos, de que há documentação no Arquivo de Estado de Florença, ao lado de outros textos, de 1591 a 1595, relacionados com a pretensão de mercadores florentinos interessados em obter autorização para a viagem direta de certo número de embarcações entre o Brasil e Liorne[39] ou – estes de data ulterior – com um pedido de Jerônimo Cavalcanti de Albuquerque, do "ramo de Cavalcanti trapiantato nell'Indie", para que o grão-duque de Toscana, lembrado das relações de seu defunto pai, o grão-duque Ferdinando I, com Filipe, pai do sobredito Jerônimo, intercedesse junto à Coroa espanhola em favor dos seus negócios de açúcar.[40] O projeto da colonização, assim como o da navegação direta, foram naturalmente impedidos pelo zelo da Coroa, que procurava embaraçar, tanto quanto possível, os contatos de estrangeiros com suas terras ultramarinas.

É lícito supor, no entanto, que o interesse, nesse caso, pela América lusitana, resultasse em parte, e justamente na parte que tem a ver com o projeto de envio de colonos ao Espírito Santo, de notícias contidas na "relação e descrição" que ao grão-duque enviara um súdito seu, Baccio da Filicaja, engenheiro e capitão de artilharia, que durante perto de onze anos servirá a d. Francisco de Sousa em vários lugares do Brasil. Infelizmente não deram fruto até hoje as investigações efetuadas no sentido de se localizar esses escritos.[41]

Da vocação pioneira que na mesma capitania se desenvolveria depois de empreendimentos como os de Marcos de Azeredo e seus herdeiros, há indícios no fato de espírito-santenses como os irmãos Melo Coutinho, talvez da estirpe de Vasco Fernandes, figurarem mais tarde nas levas paulistas de Manuel Preto e Raposo Tavares que assaltarão as reduções do

Guairá. Os nomes daqueles irmãos e em particular o de Fradique de Melo aparecerão mesmo unidos, como gente da mesma cepa, aos homens de São Paulo na documentação jesuítica do Paraguai. E a tal ponto se identificam uns e outros que uma cédula real sobre a liberdade dos índios, datada de Madri, aos 16 de setembro de 1639, reproduzida pelo padre Francisco Jarque, menciona Fradique ao lado de Antônio Raposo como um dos dois cabos dos mamelucos que deveriam ser responsabilizados em maior grau pelos atropelos praticados contra os padres e os índios do Guairá.[42] De passagem convém notar que surgiria tarde a acusação e a ordem de prisão de que foi objeto Fradique, pois que este já em 1633 se finara na vila de São Paulo. Dos seus irmãos, se um, Pedro, continuará a tomar parte nas expedições paulistas, vindo a morrer por volta de 1654 numa delas, o outro, Manuel, regressa a sua terra, logo após a grande bandeira de 1628, em que se achou, à frente de uma leva de 47 índios do gentio da terra, entre fêmeas, machos velhos e crianças, provenientes em grande parte, se não em sua totalidade, das peças descidas por Antônio Raposo Tavares. Dessa leva destacou Manuel de Melo dois curumins, que levou depois à Bahia, onde os ofereceu ao capitão-general do Estado do Brasil, Diogo Luís de Oliveira, pela mesma época em que lá tinham ido os padres Simão Maceta e Justo Mansilla, da Companhia de Jesus, a queixar-se ao mesmo governador das atividades dos paulistas.[43] A simples aceitação do presente parece mostrar o pouco empenho de Diogo Luís em atender seriamente às reclamações dos padres.

O fato de esses espírito-santenses irem buscar aventuras em São Paulo não é indício, no entanto, de que já não encontravam na sua terra ambiente para elas ou colheita que fartasse o seu apetite? Além disso, as colheitas que os chamavam às terras paulistas assemelhavam-se nisto às do mameluco Antônio Adorno, que eram de peças, não de pedras. Ainda que estivesse fadado a reabilitar-se momentaneamente com Salvador Correia de Sá, o velho sonho afagado por d. Francisco de Sousa dos tesouros do Paraupava e Sabarabaçu parecia quase desterrado da capitania que foi de Vasco Fernandes Coutinho. Nas terras vicentinas, por outro lado, mais do que em qualquer outro lugar do Brasil, era viva e bem arraigada a tradição da caça ao gentio, que oferecia vantagens menos incertas do que as das minas lendárias, e é explicável que para elas se encaminhassem facilmente os que buscavam tais vantagens.

Por outro lado, essa maior familiaridade dos paulistas, mormente dos mamelucos paulistas, com o sertão e o índio, deve ter sido uma das causas – e não era, com certeza, a única – de se ter transferido para a capitania sulina o núcleo principal das pesquisas minerais. Das entradas que lá se efetuavam, menos por obrigação imposta aos moradores do que por uma necessidade comezinha, pois delas esperavam remédio para a sua pobreza, teria nascido a ideia de que pouco faltava para se encontrarem, por aquela via, os cobiçados tesouros. E a ideia de ver canalizados esses empreendimentos individuais e espontâneos em benefício da Coroa e da Fazenda Real, pela ampliação das pesquisas de minas preciosas, deve ter-se apresentado a d. Francisco de Sousa antes mesmo de ir estabelecer-se naquelas terras.

Quando faltassem recursos de fora para o financiamento das grandes jornadas exploradoras, não estava à mão o próprio ouro do planalto? E se aqui, onde ele era minguado, havia quem o tirasse em quantidades compensadoras, quer dizer dos lugares onde era sobejo? A possibilidade de se acharem pelo caminho de São Paulo as mesmas riquezas que tinham sido procuradas a partir de Porto Seguro, do Espírito Santo e da Bahia ficara demonstrada, aliás, desde que Brás Cubas, conforme já foi notado, trouxera ou fizera trazer do sertão mostras de ouro, além de recolher pedras verdes de suas mesmas propriedades, que corriam, como se sabe, até ao limite ocidental da demarcação lusitana, ou seja, até as raias do Peru.[44] E em 1574, segundo um documento divulgado por Jaime Cortesão, certo Domingos Garrucho (ou Garocho?), morador na capitania de São Vicente, e possivelmente em Santos, onde devera ter conhecido Brás Cubas, recebeu patente de "mestre de campo do descobrimento da lagoa do Ouro".[45]

Seja como for, nomeado capitão-general de São Vicente, Espírito Santo e Rio de Janeiro, ou melhor, quando ainda governador-geral do Brasil, preferira d. Francisco eleger a primeira daquelas capitanias para centro das atividades de pesquisa. São Paulo estaria em condições de suceder, nesse sentido, ao Espírito Santo, assim como o Espírito Santo substituirá por algum tempo a capitania de Porto Seguro. E assim sendo, é lícito mesmo admitir, como já houve quem o admitisse,[46] que à ação disciplinadora do senhor de Beringel se deve largamente o tipo de organização tomado mais tarde pelas bandeiras paulistas.

É mister não esquecer, porém, a parte certamente considerável em que as bandeiras independem dessa sua ação. Pode dizer-se mesmo que, em certo sentido, e durante longo tempo, tal expansão se alheia ao essencial das diretrizes que lhe teriam sido impressas pelo senhor de Beringel. Por estas, procura-se dar às entradas empreendidas a partir de São Paulo, velho movimento condicionado sobretudo por situações e imperativos locais, um cunho, em realidade, que, às expedições saídas a princípio de Porto Seguro e depois deslocadas para o Espírito Santo, pudera dar a sedutora mitologia geográfica desenvolvida naquelas capitanias.

Não é provavelmente por mero acaso se algumas das grandes bandeiras formadas em São Paulo, em obediência a instruções de d. Francisco, se dirigem para as mesmas partes que, desde a malograda expedição de Bruza de Espinoza, tinham sido o estímulo e alvo mais frequentes das entradas rumo ao sertão remoto organizadas naquelas capitanias do bafejo das autoridades portuguesas.

Assim se dará com a bandeira de João Pereira de Sousa, o Botafogo, da qual, preso o seu chefe em 1597, um ramo irá esgalhar-se na direção do fabuloso Paraupava, aparentemente aquela mesma lagoa dourada que seduzira Gabriel Soares. Idêntico rumo tomará em 1601 a jornada de André de Leão, cujo roteiro é conhecido pela descrição que dele nos deixou o holandês Glimmer. Sobre a bandeira de Nicolau Barreto, de 1602, as razões que levaram Orville Derby a dirigir seu itinerário para a região do rio das Velhas, do São Francisco e do Paracatu, tendem novamente a impor-se graças à publicação de documentos até há pouco ignorados e a uma leitura mais precisa dos textos municipais que serviriam para elucidá-la.[47]

Todavia a demanda que é objeto de todas as manhas e cuidados de d. Francisco de Sousa permanece, a rigor, exógena entre os moradores de São Paulo. De preferência à prata, ao ouro e às pedras coradas, alvo principal das bandeiras "dirigidas", não tardarão eles a volver-se para o cabedal mais seguro, mais imediato e mais consentâneo ao cabo com a rústica economia das terras do planalto. Isto é, para a riqueza que representa a abundância de mão de obra afeita à lavoura, fornecida principalmente pelos índios domesticados do Guairá e do Itatim, ou, em último caso, por certas tribos menos erradias e andantes, como o são os Tupiniquim, os Tupinaém, os Teminimó (e o serão, muito depois, os Pareci do sertão remoto). Esse gentio, além daqueles carijós, deverá ser, por longo tempo ainda, o grande atrativo das expedições piratininganas. Expedições que o governador pretenderá converter, no entanto, em novas empresas de argonautas, caçadoras de tesouros encobertos.

A mobilização da gente do planalto visando à captura de fantásticas riquezas para a Coroa constitui, sem dúvida, uma ameaça à vida livre e sem sujeição de quem se tinha habituado, de longa data, a tamanha soltura. Da resistência que opunham os de São Paulo a quaisquer providências tendentes a cercear essa liberdade há exemplo, aliás, em outros setores. Assim, quando o mesmo d. Francisco pretendeu forçar o plantio ali de trigais e videiras, levantou-se logo no povo uma celeuma grande, pois que os lavradores só queriam cultivar o que bem lhes aprouvesse. Em maio de 1610, enquanto seu filho se preparava para ir à Espanha levando a incumbência, entre outras, de fazer vir bacelos de vinha e sementes de trigo, a fim de se introduzirem dessas granjearias, assentou-se em câmara que, na procuração dada a d. Antonio em nome do povo, para ir tratar de coisas relacionadas com o bem comum, fosse excluída qualquer solicitação para a vinda daquelas plantas, de modo a que ninguém ficasse depois com a obrigação de as cultivar.[48]

Semelhante exemplo esclarece bem os receios que deveria causar entre a mesma gente o descobrimento ou conquista das minas, tão apetecidas de d. Francisco. Tal há de ser sua constância nesses temores que, para fins do século, um governador do Rio de Janeiro assinala o escasso interesse que demonstravam os paulistas por aquelas minas. Julgavam, e abertamente o diziam, observa ele, que descobertos os tesouros lhes haveriam de enviar governador e vice-rei, meter presídios na capitania para sua maior segurança, multiplicar ali os tributos, com o que ficariam expostos ao descrédito, perderiam o governo quase livre que tinham de sua república, seriam mandados onde antes mandavam, e nem lhes deixariam ir ao sertão, ou, se lá fossem, lhes tirariam as peças apresadas para as empregar no serviço das minas. Bem se infere de tudo isso, declara ainda Pais de Sande, que, "para se conservarem no estado presente e evitarem aquele dano futuro, hão de dispor todas as indústrias de se não descobrir a preciosidade daquelas minas".[49]

A esse propósito, o mesmo Pais de Sande, que com o governo do Rio de Janeiro tinha ainda a administração das minas de São Paulo, refere como os homens que acompanharam à serra da Sabarabuçu o mineiro mandado por d. Francisco de Sousa, a fim de encontrarem a parte onde haveria a pedra de prata, não duvidaram, no caminho de volta, em dar cabo do dito mineiro, tendo ponderado a escravidão em que de certo cairiam quando se soubesse da preciosidade encontrada. Não satisfeitos com esse crime, teriam escondido de novo as muitas cargas de pedras tiradas da serra e, chegando a São Paulo, disseram que o mineiro morrera na viagem e se tinha enganado em todas as informações mandadas ao governador acerca das riquezas da Sabarabuçu.

O resultado, acrescenta Sande, foi morrer o dito d. Francisco de Sousa em breves dias e "se perpetuar na suspensão daquelas minas a tradição de as haver muito ricas, e ainda há poucos anos, algumas pessoas que existiam na vila de São Paulo davam notícia da prata que se fundiu das cargas de pedra que se descobriram, das quais tinha huma Fernão de Camargo e eram suissos os filhos do mineiro que fez a fundição". É essa, aliás, a única notícia conhecida acerca do assassínio do mineiro de d. Francisco, e não parece improvável que seja do mesmo jaez da outra, a da prata da Sabarabuçu, a qual prata jamais se manifestou, por maior empenho que pusessem tantos em ir buscá-la.

Outros testemunhos, porém, do pouco estímulo que exerciam sobre os paulistas da época os rumores de fabulosas minas do sertão abonam de um modo geral o juízo que, a esse respeito, formará deles o futuro governador do Rio de Janeiro. Se em vida do senhor de Beringel tiveram, não obstante, algum alento as pesquisas de minerais preciosos, não só nas proximidades da vila de São Paulo, mas também em sítios apartados, como aqueles – porventura na própria região do São Francisco – de onde Brás Cubas e Luís Martins tinham tirado ouro já nos anos de 1560 e 1561, por sua morte vieram elas a fenecer ou, por longo espaço, a afrouxar-se.

Num informe dirigido em 1636 a el-rei, diz-se mesmo que nos tempos passados ainda tiravam algum ouro os naturais da capitania: já agora, porém, não havia remédio que os encaminhasse ao querer ir às minas, e nas poucas vezes em que iam e alguma coisa tiravam, era quase escusado pretender o pagamento dos quintos a que se achavam obrigados. "Señor", continua o relato, "todo ha cessado desde q̃ tratan de ir cautivar Indios, porque trayendoles de la forma que dije, con los que aqui llegan [...] los venden a varios o de esta tierra, o de la isla de San Sebastian, o para otras partes del Brasil, y del precio no pagan quintos como lo haviam de hazer del oro, y tienen mas esclavos hombres desventurados en esta villa q̃ vassalos algunos Señores de España."⁵⁰

Se algum efeito possa ter tido sobre esses moradores de São Paulo, tão hostilizados pelo autor do relato a Sua Majestade, a porfia de d. Francisco de Sousa no prosseguir o sonho dos novos Potosis em terras da sua administração, tudo se desvanecerá desde que, em 1628, retomou vulto o apresamento dos carijós. Nem a existência de minas de ouro verdadeiras, ainda que de pouco haver nem as suspeitas ou esperanças de prata e esmeraldas pareciam prometer tão bom sucesso quanto o que alcançavam as correrias dos preadores de índios. Passados mais alguns decênios, tão pouca era a lembrança das celebradas jazidas da Sabarabuçu, que o Conselho Ultramarino tomava a seu cargo avivar a memória delas à Câmara de São Paulo.

Efetivamente, aos oito dias do mês de agosto de 1672 foi apresentada ali aos camaristas uma carta do secretário do dito conselho onde se encomendava àquele senado, em nome de Sua Alteza, fossem dadas notícias sobre o haver nos sertões do distrito desta terra minas de prata e ouro de fundição e esmeraldas. Como a certeza dessa existência não fora manifesta, além dos "ditos de algũas pessoas que ouviram a homens antigos averem minas de prata em sabarabuçu, o que se não tem averiguado nem averiguou athe o prezente", e para que as pesquisas tivessem efeito, chamou-se ao capitão Fernão Dias Pais a fim de declarar a ordem recebida do governo-geral sobre o descobrimento das ditas minas e informasse se tinha por certa a sua existência ou se se tratava de "aventura de experiência".

A resposta de Fernão Dias não confirma nem nega a suspeita das minas. Diz apenas que vai aventurar "pellas informaçoens dos antigos" e reporta-se à carta que escrevera ao governador-geral com uma relação sobre as minas a ser remetida a Sua Alteza, enquanto ele próprio se ia aviando para a viagem.[51] Ignora-se o exato teor da carta e da relação, a que também alude o governador em sua resposta,[52] mas é claro que ainda não podia ter ciência segura das ditas minas, ou sequer da existência delas, quem se ia "aventurar" segundo informes naturalmente imprecisos.

Maior segurança a esse respeito transparece das cartas do governador, visconde de Barbacena, onde positivamente alude à Sabarabuçu e à serra das Esmeraldas, pretendendo situá-las à altura da capitania do Espírito Santo e próximas uma de outra,[53] ou onde determina ao paulista que trate de averiguar, chegando ao primeiro daqueles lugares, "a prata e a qualidade dela (e o mesmo fará quando for às esmeraldas) com toda a cautela e silêncio possível". Tão perto de se acharem estariam aquelas riquezas no juízo de Barbacena, que frisava particularmente este último ponto, insistindo mesmo em que, ao escrever do sertão para a capitania de São Vicente, desmentisse o "haver descoberto prata", pois em entabulamento de tamanha importância toda dissimulação seria pouca.

E tão informado se julgava da provável situação das minas que, entre as recomendações dadas a Fernão Dias, incluía a de, efetuado o descobrimento, descer até à Bahia de Todos-os-Santos, se possível pela via do Espírito Santo ou ainda de Porto Seguro, de preferência à de São Paulo, pois não só se achavam as referidas minas mais propínquas às referidas capitanias, como estas, por sua vez, ficavam mais chegadas à sede do governo. A velha tendência, seguida pelas primeiras administrações, segundo a qual as jornadas de descobrimento saíam, de preferência, da Bahia ou de suas vizinhanças, assumia aqui feição nova. As entradas poderiam ser organizadas em São Paulo, onde se recrutariam mais facilmente os práticos do sertão, mas o minério encontrado se escoaria pela Bahia, onde a fiscalização das autoridades centrais impediria melhor os descaminhos.

Mais tarde sugerirá o visconde outro caminho de volta que excluirá também a passagem por São Paulo. Constara-lhe, com efeito, na Bahia, que ao pé do serro do Sabarabuçu passava um rio, o qual se ia meter no de São Francisco. Assim sendo, a prata recolhida poderia muito bem ser transportada água abaixo até algum local mais próximo da cidade do Salvador,[54] de sorte que se tornaria relativamente suave a jornada e isenta de maiores riscos.

Todas essas aparentes precisões e clarezas lançadas sobre coisa tão turva provinham de uma convicção originada até certo ponto em dados reais ou possíveis. Por outro lado não deixavam elas de comportar elementos fantásticos, que um lento processo de sedimentação lhe agregara no fio dos anos.

Mesmo em São Paulo, sem embargo do esquecimento em que pareceu jazer ao tempo de Fernão Dias Pais, a geografia fantástica, suscitada desde cedo nas capitanias do Centro pelas vagas notícias de tesouros opulentos que andariam encobertos no fundo do sertão, tivera seus fiéis em outras épocas. Nas épocas, sobretudo, em que se achara a capitania sujeita ao governo de d. Francisco de Sousa. Era natural, aliás, que a tentativa de mudança para aquelas partes do Sul de iniciativas oficiais de descobrimento de minas preciosas também acarretasse o deslocamento no mesmo sentido de todo o arsenal de imagens miríficas que forneciam um *décor* apropriado ao fabuloso das riquezas esperadas ou pressentidas.

Já se assinalou atrás a impressionante similitude entre as descrições da serra resplandescente, levadas a Porto Seguro pelo ano de 1550, e as que Anthony Knivet, tendo partido da região de Parati, registrou na narrativa das suas aventuras. Também a ideia de que, pelo caminho de São Paulo ou de outras capitanias do Centro-Sul, se alcançaria uma vasta e misteriosa lagoa, o Paraupava, a mesma, provavelmente, que procurara Gabriel Soares de Sousa, também se arraigará firmemente no planalto piratiningano. A primeira referência conhecida ao Paraupava é ali, segundo parece, a do inventário feito dos bens de Martim Rodrigues Tenório, e data de 1612, o ano seguinte ao da morte de d. Francisco. Entre as peças indígenas constantes do dito inventário está, com efeito, uma "negra" da terra, da nação Guaiá, que se dizia escrava da entrada de Domingos Roiz no Paraupava.[55]

Se essa jornada é idêntica à da leva que, sob o mando do Roiz ou Rodrigues, se separara da expedição de João Pereira de Sousa, o Botafogo, em 1597 (sabe-se que Domingos Rodrigues ou outro de igual nome participará também da bandeira de Belchior Dias Carneiro em 1607, mas nesse caso não irá como cabo da entrada e nem a esta se associaria seu nome), então sua presença no referido sertão se teria dado entre aquele ano de 1597 e fins de 1600.

O mesmo Paraupava, ou Paraupaba, é expressamente nomeado pelo padre Domingos de Araújo numas notícias obtidas por esse jesuíta do sertanista Pero Domingues sobre o trajeto de uma bandeira de que participara, saída de São Paulo pelo ano de 1613. Diz-se nesse documento, de certo espanhol, que, foragido do Peru, onde se vira condenado à morte, embarcou "naquela famosa lagoa chamada Paraupaba (donde nascem vários e fermosos rios)" e navegando depois "ao som da corrente" foi dar no mar largo.[56] O rio onde, ao sabor das águas, viajou o referido espanhol era, segundo a citada relação, o Grão-Pará, que, do nome do fugitivo, teria tomado depois o de Maranhão.

Ainda que destituída de fundamento histórico, a anedota ilustra, no entanto, a noção, então corrente, de que o Amazonas tirava suas águas de uma esplêndida e descomunal lagoa existente no íntimo do continente. E não só o Amazonas, mas outros "vários e fermosos rios" que deságuam no Atlântico. É preciso ter-se em conta que essa lagoa mágica, situada quase invariavelmente às cabeceiras de um ou mais rios caudalosos, se deslocava frequentemente segundo a caprichosa fantasia dos cronistas, cartógrafos, viajantes ou conquistadores. Por essa infixidez não se distinguia ela de outros mitos da conquista, como o das amazonas, por exemplo, ou ainda o do

Dourado, ao qual se filiava, aliás, diretamente. Podia achar-se, assim, nas nascentes do São Francisco, onde o fora buscar Gabriel Soares, ou do Paraguai, ou de um e outro ao mesmo tempo, e também do Amazonas, pois os imprecisos conhecimentos geográficos da época não eram de molde a desautorar quaisquer dessas versões.

À vista disso, é claro que perdem sua razão de ser as dúvidas a que tem dado lugar o problema da exata localização da lagoa de Paraupava. Esta se acharia tão bem no sertão dos goiases, onde andou aparentemente Domingos Rodrigues, quanto no Xaraies ou no próprio sítio de Paraopeba, que até hoje conserva esse nome, em Minas Gerais. É de notar-se que este último lugar deveria corresponder melhor ao da lagoa Dourada do São Francisco, tão procurada pelos aventureiros que buscavam as origens do grande rio.

Tão persistente se mostrou a noção da existência desse lago central – berço de todas as principais correntes fluviais que fenecem na costa atlântica do Brasil e túmulo dos que nascendo nas alturas dos Andes se precipitam pelas vertentes orientais –, que ainda em 1648 encontrava ela guarida no sábio e austero tratado do naturalista Jorge Marcgrave de Liebstad. Entre os muitos braços que, à maneira de aranha monstruosa, lançava esse lago em todas as direções, deveria incluir-se forçosamente o Rio da Prata. Esse era um ponto pacífico, "já ninguém o põe em dúvida", são as palavras mesmas de João de Laet no seu aditamento ao livro de Marcgrave. E outro tanto, na sua opinião, ocorreria com o Maranhão e o São Francisco.

A propósito deste último, teve Laet a ideia benemérita de reproduzir no texto as observações de seu compatriota Guilherme Glimmer acerca de uma viagem que pudera empreender em 1601, quando morador na capitania de São Vicente, e que até hoje representa o único documento conhecido sobre o percurso da bandeira confiada ao mando de André de Leão. As origens dessa expedição prendem-se, de acordo com o testemunho de

Glimmer, ao fato de ter recebido d. Francisco de Sousa de certo brasileiro, pela mesma época, amostras de uma pedra de cor tirante ao azul, de mistura com grãos dourados. Submetida ao exame dos entendidos, um quintal dessa pedra chegara a dar nada menos do que trinta marcos de prata pura.[57]

Não é impossível que a pedra tivesse sido enviada a d. Francisco pelo próprio Domingos Rodrigues, durante sua viagem ao Paraupava. Se assim se deu, como há quem o presuma, o célebre roteiro de Glimmer explica não apenas a mudança para São Paulo do governador, como a origem da identificação, logo depois geralmente aceita, entre as esperadas minas de prata do sertão e a fabulosa serra resplandecente, agora, e também pela primeira vez em documento conhecido, designada pelo nome indígena de Sabarabuçu.

Completa-se assim, na capitania sulina, a mitologia geográfica surgida desde os tempos iniciais da colonização, em torno da cobiça dos tesouros ocultos do sertão. Aquelas riquezas, que tanto empolgavam as imaginações, situavam-se, fora de dúvida, junto às nascentes do São Francisco, acessível também pelo caminho de São Paulo. Glimmer alude, efetivamente, a duas correntes de água, de diferentes volumes, que abrem caminho com dificuldade por entre as montanhas de Sabarabuçu ou, conforme diz, Sabaroasu, que foi o sítio de onde se extraíra a pedra mandada a d. Francisco, e refere a crença corrente de que ali se achariam as cabeceiras do rio.[58]

Deixa o autor de tocar, ao menos nas partes transcritas de seu roteiro, na existência ou não da lagoa fantástica, mas João de Laet não encontra dificuldade em admiti-la, no que se mostrava dócil às teorias de seu tempo. E tal crença não se pretendia fundada em engodos, mas buscava arrimar-se em razões demonstrativas e poderosas. Pois se era certo que ninguém, até então, tinha explorado as fontes e origens do São Francisco, só a presença da famosa lagoa, formada de águas que ali se juntavam, das vertentes dos Andes, e onde se dariam também as mãos o Prata e o Amazonas,[59] poderia fornecer a boa explicação para certo fenômeno que, de outra forma, participaria do miraculoso.

O fato estava nisto, que em contraste com os demais rios que no Brasil correm para o Atlântico, este, no período do verão, tão volumoso se ostenta que suas águas continuam doces através de várias milhas mar adentro. À peculiaridade que oferecia, por tal aspecto, não se mostraram tão cegos os portugueses que delas não se ocupassem seus cronistas. Da mesma forma os castelhanos não deixarão de admirar-se de fenômeno idêntico no Paraguai. O qual rio, escreve Acosta, colhendo cada ano, nos meses de verão, infinidade de águas que se vertem das serras do Peru, "sale tan desaforadamente de la madre y baña tan poderosamente toda aquella tierra, que les é forzoso a los que habitan en ella, por aquellos meses, pasar su vida en barcos o canoas, dejando las poblaciones en tierra".[60]

É de crer que, no caso do São Francisco, tivessem já atinado os portugueses com as mesmas razões que para o fenômeno propõe João de Laet. Tanto mais quanto, por estas, ficava naturalmente justificada a existência da "alagoa grande", também constituída das águas oriundas das cordilheiras ocidentais, e ainda a fama das muitas riquezas que nela haveria: despojos das minas do Peru, que as mesmas águas acarretavam para o coração da América lusitana.

Pode-se presumir também que essa ideia da formação da "alagoa grande" em virtude do acúmulo das águas coalhadas de detritos de preciosos metais e gemas originadas do alto das cordilheiras, tenha sido, no entanto, uma espécie de explicação e racionalização *a posteriori* da crença, recolhida da boca dos índios de terra adentro acerca das grandes riquezas que encerraria a mesma lagoa. É significativo que Gandavo, tendo estado no Brasil antes de 1570, ainda não aluda a elas[61] onde trata daquela "lagoa grande no interior da terra, donde procede o rio de Sam Francisco" e do muito ouro que haveria em volta dela. Nem o fará Gabriel Soares, quase vinte anos mais tarde.

Desse modo preparava-se o terreno, porém, para localizar sem maiores dificuldades no interior do continente o misterioso Dourado de que tanto se falava nas possessões castelhanas do Pacífico e na Guiana. E os motivos paradisíacos, inseparáveis daquele mito, teriam aqui onde ganhar consistência com o paralelo, tentado por alguns autores, entre o São Francisco e o Prata, de um lado, e de outro o Nilo, cujas águas, segundo velha tradição, teriam suas verdadeiras origens no Éden. Entre os rios mais conhecidos do velho continente distinguia-se este, sobretudo, pela mesma especialidade que no novo parecia singularizar o São Francisco e o Paraguai, um dos formadores do Prata: calmas e comedidas na estação hibernal, era com o advento da canícula que as suas águas se encrespavam e enfureciam.

Admirável e verdadeiramente assombroso para os antigos, o fenômeno parecia um desafio a todas as leis naturais e ao bom-senso. Muitos procuraram dar-lhe esta ou aquela causa sem, no entanto, chegar a acordo, e Sêneca, em particular, devotou-lhe um longo estudo, de que se acha perdida a conclusão.

De qualquer modo, um fato como esse, tão dissonante da ordem da natureza, só poderia ser penhor seguro de assombrosos mistérios. A convicção que se tinha desenvolvido com o cristianismo e ganhara crédito durante a Idade Média, de que o Nilo era um dos rios procedentes do Paraíso Terreal, forneceria, talvez, a chave de tamanho prodígio. Pedro Alíaco, o cosmógrafo e astrólogo que compendiou tantas opiniões antigas e medievais acerca do mundo habitado ou não, em obra que foi notoriamente um dos livros de cabeceira de Colombo e, por intermédio dele e de outros, uma das fontes remotas de numerosos mitos da conquista da América, não partilha menos do que os autores gregos e romanos a admiração suscitada pelo crescimento das águas do Nilo nas ocasiões em que outras tendem ordinariamente a baixar e não raro a minguar até o completo desaparecimento.

É difícil, escreve no capítulo LV de sua *Ymago Mundi*, explicarem-se as causas desse crescimento e extravasamento, posto que tenham muito de maravilhoso. Com efeito, observa ainda, o fenômeno é produzido com os calores do verão, tempo em que as águas deveriam ser mais prontamente absorvidas do que em qualquer outro. E depois de lembrar diversos alvitres propostos para explicar aquelas inundações, principalmente por Tales, Anaxágoras, Aristóteles e Sêneca, interrompe de súbito suas considerações a fim de declarar que o exame da causa do fenômeno escapava à órbita de seu tratado.

Todavia, em outra parte do mesmo capítulo, depois de se referir à opinião corrente em sua época de que os Jardins do Éden se situavam a tais altitudes que o próprio dilúvio universal os não alcançara, mostra como, despenhando-se daquelas alturas – e faziam tamanho ribombo no despenhar-se que os habitantes das vizinhanças chegavam a nascer surdos –, as águas provenientes do divino horto iam formar um imenso lago, manancial, por sua vez, dos rios do Paraíso, do Nilo, entre estes.

Ainda que com tal nome não venha ele mencionado nas Sagradas Escrituras, já se lembrou como a identificação do rio africano com o Gion, uma das quatro correntes de água originárias do Éden, era frequente entre os exegetas mais acatados. E além disso vinha apoiar-se, agora, na caprichosa etimologia alvitrada por santo Isidoro de Sevilha, que o faz derivar do vocábulo grego correspondente ao "terra" latino, já que o mesmo rio rega toda a terra do Egito com o incremento das suas águas: *Ge enim grece latine terra significat*.[62]

É certo que permanece ainda aqui sem a explicação desejada um fato importante no caso, a saber o de crescerem as águas do Nilo com os calores do verão e não em qualquer outra época do ano. A menos que ela se ache onde escreve o cosmógrafo que, em dado lugar do rio, existe um lago cujas águas, recuando diante do aquilão, se intumescem no Egito meridional e, com isso, inundam todas aquelas partes. Que essas águas, engrossadas pela força dos etésios, ventos do aquilão, cheguem a provocar tamanhas enchentes, era parecer, aliás, bem apoiado, já que tinha em seu favor a opinião venerável de Isidoro,[63] um dos autores, com Rogério Bacon, que inspiraram diretamente as considerações do Alíaco neste particular.

A teoria assim expressa parece coadunar-se melhor com o verdadeiro pensamento do autor da *Ymago Mundi* do que outra, já aventada entre os antigos, e da qual proviria a explicação fornecida por João de Laet para as enchentes estivais de nosso São Francisco. O geógrafo e historiador neerlandês, admitindo, como tantos outros, antes e depois dele, a existência de uma grande lagoa central, fora levado a supor que suas águas, e naturalmente as do São Francisco, por ela alimentadas, se dilatavam ao receberem as das neves andinas, liquefeitas pela ação do calor.[64]

A mesma ideia é esposada por Nieuhof, que, dependente embora das informações dos portugueses, tende a situar o grande lago interior, "onde há ilhas amenas habitadas por bárbaros, que também povoam suas margens", para o noroeste da cachoeira de Paulo Afonso. Nesse lago existiriam boas quantidades de ouro em pó, mas de qualidade inferior, vindas das águas dos inúmeros ribeiros que lavam as rochas auríferas do Peru e ali vão desaguar.

As cristas das serras, que "correm não muito longe do litoral", isto é, do litoral brasileiro, despejam as águas na direção do poente e então se desdobram estas em duas bacias, uma para o norte, rumo ao Amazonas e ao Maranhão, e outra para o sul, em direção ao São Francisco, o Prata e o "de Janeiro". O crescimento das águas do São Francisco, especialmente, durante o estio, quando todos os cursos de água próximos ao Recife, por exemplo, se tornam, de tão vazios, impraticáveis para a navegação, o autor julga poder atribuí-lo "ao degelo da grande quantidade de neve das montanhas, que chega a fazer com que o rio transborde de seu leito normal". Neste particular é ele bem diferente dos outros, que geralmente extravasam no inverno.⁶⁵

Essa explicação parece resultar diretamente das razões que para as enchentes estivais do Nilo tinham sido sugeridas na Antiguidade e foram reiteradas, já na Idade Moderna, por muitos escritores. Embora ninguém as tivesse avistado, supunha-se que houvesse na Etiópia certas montanhas nevadas, de onde, por ocasião do verão, se desprendiam as águas que deviam engrossar o Nilo.

A essas razões, aceitas pela maioria dos antigos, já Sêneca opusera poderosos argumentos, pois como poderiam prevalecer para o Nilo, quando se sabe que não são válidas para o Reno, o Ródano, o Danúbio, o Ebro, cujas águas não se intumescem no verão, posto que venham de cimos bem mais nevados, de certo, do que os da Etiópia, admitido que existam estes?⁶⁶ Por outro lado, como conciliar semelhante versão com a do Nilo-Gion, que o faz manar do Paraíso Terrestre, lugar ameníssimo e que, desconhecendo as neves do inverno tanto quanto os ardores do estio, só consente em si uma primavera eterna?

Quanto a essas origens paradisíacas do Nilo, a afirmativa bíblica não deixa, segundo Pierre D'Ailly e outros, nenhuma possibilidade de hesitação: "as Sagradas Escrituras atestam que a nascente deste rio se acha no Paraíso Terreal: ela o menciona entre os quatro rios do Éden. E só quando suas águas penetram em nosso mundo habitado é que lhe são atribuídas origens diversas".⁶⁷

Além do fenômeno das enchentes do verão, outras peculiaridades comuns poderiam talvez, a propósito do mesmo São Francisco, trazer à lembrança o Nilo: o Nilo real e o fantástico. Não só haveria aqui uma notável réplica das cataratas famosas, como o sumidouro grande, colocado pela generalidade dos autores a oitenta e noventa léguas acima da cachoeira de Paulo Afonso, é uma reprodução do trajeto subterrâneo que faria o Gion ao sair do horto de delícias onde moraram nossos primeiros pais.

Tão longamente perduraria, aliás, a crença na realidade desse sumidouro que é preciso esperar por um Sebastião da Rocha Pita, escritor de pouco crédito em outros casos, para vê-lo desaparecer das obras dos cronistas e historiadores. É desse autor setecentista a observação de que, estreitando-se o rio em certo lugar "entre duas cordilheiras de montes opostos e dilatados em todo aquele espaço, parece que se subterra, enquanto por esta causa se esconde, afirmando o gentio que daquelas montanhas é visto correr pelas suas raízes descoberto".[68]

Não é inverossímil que, mesmo entre portugueses, a tendência para situar o Dourado às cabeceiras do São Francisco tivesse alguma coisa a ver com as sugestões edênicas provocadas pela aproximação entre esses dois rios, o do Velho e o do Novo Mundo. Já não fora dito do Senegal, desde que Dinis Fernandes chegara à sua foz, que era um braço do Gion e que, através deste, tinha suas origens no Paraíso Terrestre?

A mentalidade da época acolhe de bom grado alguns modos de pensar de cunho analógico, desterrados hoje pela preeminência que alcançaram as ciências exatas. Em tudo discernem-se figuras e signos: o espetáculo terreno fornece, em sua própria evanescência, lições de eternidade. A Natureza é, em suma, "o livro da Natureza", escrito por Deus, e, como a Bíblia, encerra sentidos ocultos, além do literal. Até a razão discursiva, feita para o uso diário, deixa-se impregnar, não raro, da influência do pensamento mítico, e entre os espíritos mais "realistas" encontram-se as marcas dessa atitude, que traz no bojo um sentimento vivo da simpatia cósmica.

Não é bem um eco desse pensamento, agora convertido em visão premonitória e futurista, o que ressoa já no século XIX nas palavras de Hipólito da Costa, quando coloca a capital imaginada do Brasil naquelas mágicas paragens, onde encontra ainda um sítio singularmente privilegiado a que não faltam sequer as velhas sugestões edênicas? Lá aparecem os homens a encaminhar-se para um "país do interior central e imediato à cabeceira dos grandes rios". Nessa situação edificariam

...uma nova cidade; começariam por abrir estradas que se dirigissem a todos os portos de mar e removeriam os obstáculos naturais que têm os diferentes rios navegáveis, e assim lançariam os fundamentos do mais extenso, ligado, bem defendido império que é possível exista na superfície do globo no estado atual das nações que a povoam. Este ponto central se acha nas cabeceiras do famoso rio de São Francisco. Em sua vizinhança estão as vertentes de caudalosos rios, que se dirigem ao Norte, ao Sul, ao Nordeste e a Sueste, vastas campinas para criações de gados, pedras em abundância para toda sorte de edifícios, madeiras de construção para todo o necessário, e minas riquíssimas de toda qualidade de metais; em uma palavra, uma situação que se pode comparar à descrição do Paraíso Terreal.[69]

4
O "outro Peru"

•

A GEOGRAFIA FANTÁSTICA DO BRASIL, como do restante da América, se tem como fundamento, em grande parte, as narrativas que os conquistadores ouviram ou quiseram ouvir dos indígenas, achou-se além disso contaminada, desde cedo, por determinados motivos que, sem grande exagero, se podem considerar arquetípicos. E foi constantemente por intermédio de tais motivos que se interpretaram e, muitas vezes, se "traduziram" os discursos dos naturais da terra.

Nem sempre essa "tradução" podia fazer-se, é certo, em termos familiares ao adventício. A própria ideia da "serra resplandescente", por maiores atrativos que oferecesse, estaria um pouco nesses casos. Não que a geografia mais ou menos fabulosa da Antiguidade ou da Idade Média ignorasse qualquer notícia de montanhas de metal ou cristal reluzente. As minas preciosas da Índia, guardadas e exploradas por uma casta de formigas mineradoras, grandes como cães ou raposas, e extremamente agressivas, que impediam a aproximação de qualquer ente humano, não eram menos famosas entre os autores medievais do que o tinham sido nos tempos de Heródoto e de Estrabão. Com Vicente de Beauvais e Mandeville esses mesmos tesouros irão mesmo converter-se em montanhas de ouro, e localizam-se em Taprobana. As formigas gigantes adquirem proeminentes presas, na carta do Preste João, e fazem-se antropófagas.[1] Na *Ymago Mundi* de Pierre D'Ailly irão transformar-se, por sua vez, em grifos ou dragões.[2] Além dessas áureas serras da Índia, menciona ainda o Alíaco certa montanha de esmeralda, que coloca na Líbia, não muito longe, por sinal, do curso do Nilo.[3] E o florentino Fra Giovanni da Marignolli, que correu o Oriente de 1338 a 1353, achou-se em dado momento no Ceilão, ou melhor, no pico de Adão, tão perto do Paraíso Terreal que bem o poderia avistar não fora o capacete de nuvens que escondia aos olhos dos viventes o cume da sagrada montanha. Certa manhã, contudo, logo antes do nascer do sol, lhe fora dado entrevê-lo de relance, e era, em verdade, coisa tão resplandescente como viva chama.[4] Diziam-lhe os nativos que por vezes era possível ouvir, de onde estava, o murmúrio das águas manantes do Éden, antes de se esgalharem nos quatro rios. Tudo ali evocava, de fato, a proximidade do sítio onde dispôs o Senhor os nossos primeiros pais: a marca, ainda bem visível, dos pés de Adão, o jardim que plantou depois de expulso do Paraíso e a vivenda em forma de túmulo que fez para si de lajes de mármore, justapostas sem cimento algum que as unisse.

Da montanha que refulge passa-se muitas vezes sem dificuldade aos castelos, cidades, casas e igrejas de cristal, tão frequentes nas clássicas visões do Paraíso. Nas histórias da navegação de são Brandão conta-se dos peregrinos que, depois de navegarem quarenta dias e quarenta noites, chegaram diante do sítio do Paraíso Terreal que acharam, no entanto, bem dissimulado entre nuvens e treva e só visível a olhos mortais por especial graça da Divina Sabedoria. E mesmo quando alcançaram semelhante graça só puderam avistar a larga muralha que circunda o horto santo, feita ela toda de preciosas gemas, que o narrador se compraz em enumerar: topázio, crisopázio, carbúnculo, calcedônia, esmeralda, sardônia, jaspe, ametista e rubi.[5] Tão obsedantes eram esses motivos que certo rochedo vulcânico do noroeste da Irlanda, o Rockall, pôde converter-se para os peregrinos de são Brandão, conforme identificação recentemente tentada,⁶ na coluna de jacinto e safira, encimada de um maravilhoso palácio de ouro e pedrarias, que os mesmos viajantes viram emergir do oceano quando rumavam para a "ilha dos pássaros".

Na América, ao recolher dos indígenas vagas notícias sobre a existência de serras ofuscantes, o adventício limitou-se, provavelmente, a transmudar, segundo sua esperança ou cobiça, a matéria que nelas fulgia, fosse embora neve, quartzo ou mica. A tão pouco se reduziria sua parte na elaboração e desenvolvimento ulterior desse mito.

Compreende-se que ao ouro coubesse desde o início uma primazia indiscutível entre as pedras cobiçadas. A prata só alcançará grande realce quando os castelhanos passarem a explorar, com assombrosos lucros, as jazidas da Nova Espanha e as do Peru, o que se dá principalmente logo depois de 1545. Entre as gemas coradas, as esmeraldas, pretensas ou reais, recebem decidida preferência. E não só entre as gemas coradas: o próprio diamante há de contentar-se quase sempre com um honroso segundo lugar depois das ambicionadas pedras verdes, coisa em verdade admirável em terra onde os primeiros eram uma realidade e estas continuaram a ser uma teimosa ilusão.

Embora só por volta de 1727 a 1729 tenham começado a surgir notícias seguras de jazidas de diamante no Brasil, já os cronistas da segunda metade do século XVI tinham dado como possível sua existência. E em 1702, um documento de cunho autorizado, pois que se trata da "aprovação do Paço" dada a um livro de frei Antônio do Rosário, aponta entre os tesouros do Brasil o diamante, que seria então mandado "não em bisalhos, mas em caixas, que todo ano vem a este Reyno", de sorte que se tinham convertido estas terras na verdadeira Índia e Mina de Portugal, pois "a Índia já não he India".⁷ Apesar do tom peremptório e de sua origem oficial, é de escasso valor esse testemunho isolado que ignoraram, sem dúvida com bons motivos, os historiadores das minas do Brasil.

E, contudo, se tal depoimento não é de molde a alterar o que já sabíamos acerca dos inícios, entre nós, da exploração dos diamantes – o que só ocorrerá pelo menos 25 anos mais tarde –, pode marcar aproximadamente a época em que essa nova fonte de riqueza deixa de ser para alguns uma simples esperança, mais ou menos remota. Até então admitira-se apenas sua possibilidade – mas que impossíveis podia permitir o dogma da grandeza e opulência do Brasil? – e não se fizera grande coisa, em suma, para que a possibilidade se convertesse em realidade. Mesmo em 1723, quando lhe foi exibida uma pedra facetada a reluzir por entre os cascalhos da lavra de Morrinhos, Bernardo da Fonseca Lobo, o mesmo que depois aparecerá como descobridor dessas jazidas, não dará grande atenção ao achado, sabendo, embora, que aquilo era diamante.[8]

É sensível o quase descanso que suscita essa riqueza, em confronto com o fascínio que a esmeralda parece despertar não só ao início da colonização, mas pelo menos até a segunda metade do século XVII, no ânimo dos portugueses e seus descendentes. O fato só em parte seria explicável pela abundância, na América lusitana, de pedras verdes e verdoengas, ou pela atração particular que pareciam exercer sobre os naturais da terra, informantes e guias dos aventureiros. Pois não faltariam, ao lado delas, e certamente em maior quantidade, os cristais incolores, que passavam às vezes por extremamente finos e valiosos.

De qualquer modo, as gemas verdes, de preferência, iriam converter-se no alvo de todas as atenções. E não só se iludiam os que, ao descobri-las, cuidavam que seriam esmeraldas autênticas, como os próprios ensaiadores do reino que, examinando as amostras mandadas do Brasil, raras vezes desenganavam os que as tivessem por tais. Na pior hipótese chegariam a admitir que eram pedras de superfície, tostadas pela ação do sol ou do fogo: as de melhor jaez continuavam escondidas nas entranhas da terra, e haveriam de surgir forçosamente quando se aprofundassem mais as socavações e se melhorasse o seu meneio.

A verdade é que esse fascínio despertado pelas esmeraldas também descansaria, por sua vez, numa tradição imemorial, de que ficaram traços em toda a literatura da Idade Média e que será conservada largamente durante o Quinhentos. O papel considerável que elas desempenham nas alegorias e "visões" paradisíacas, onde lhes costumam atribuir virtudes sobrenaturais, preserva-se em geral nos mitos da conquista da América, onde serve para alimentar a ambição profana dos colonizadores e aventureiros.

Ainda no segundo decênio do século XVII, o Brandônio dos *Diálogos das grandezas do Brasil* reflete, de certo modo, uma opinião corrente naqueles dias, e não apenas entre os portugueses, onde escreve, a propósito da esmeralda, que representa, "entre as pedras preciosas, a de maior estima", posto que já tivesse começado a desvalorizar-se devido à grande cópia delas que saía das Índias Ocidentais.[9]

Rodolfo Garcia, ao anotar esse passo, não deixa de relembrar o trecho de Garcia de Resende, na Crônica de d. João II, onde se diz que, estando el-rei d. Afonso certa ocasião em Almeirim e indo à caça, entrou na morada da rainha e teve com ela ajuntamento. Esquecendo-se dona Isabel de que trazia ao dedo um anel, com esmeralda de alta valia, esta, no mesmo instante, se partiu em pedaços. E quando assim a viu, como lhe pesasse muito, disse a d. João: "Senhor, a minha esmeralda, com que tanto folgava, é quebrada".[10]

E não só tinham essa gema como penhor de castidade, mas ainda como símbolo da vida eterna. Nesse sentido, já interpretara Santo Agostinho sua presença em muitas das descrições clássicas do Paraíso Terreal, onde figura sobretudo nas águas e areias do Fison, um dos quatro rios do Éden, identificado pelos antigos intérpretes com o Ganges. Ao lado do carbúnculo ela é por isso mesmo, segundo observa Howard R. Patch, uma das gemas tipicamente paradisíacas,[11] tal a frequência com que aparece na generalidade das "visões" medievais.

Lembra ainda o mesmo autor que a esmeralda (*lapis prasinus*) e o carbúnculo correspondem, numa antiga versão do Gênesis (2, 12), ao que, no texto da Vulgata, se traduz respectivamente por *bdelio* e *onix*. Não serviria até certo ponto, este fato, para explicar a sua presença em muitas descrições do Paraíso?

Entretanto, a predileção dada à esmeralda sobre outras pedras é, em verdade, muito anterior ao advento do cristianismo. Escreve Isidoro que para os antigos ela vinha, na estima geral, logo em seguida à pérola e muito acima do diamante, pedra que julgava expressamente de pouca beleza, ainda que se notabilizasse pelo fato de não ceder ante nenhuma outra matéria, nem ao ferro, nem ao fogo (rompia-se, porém, se posta a macerar em sangue ainda quente de cabrito novo), de estorvar a ação da pedra magnética sobre o primeiro, de dar a conhecer os venenos, dissipar os vãos temores, resistir a quaisquer malefícios. Qualidades, estas, de grande preço na vida de todos os dias, mas que andariam longe de equiparar-se às santas virtudes da esmeralda, além de não serem as mesmas pedras tão aprazíveis à vista: "Não se encontra entre as pedras preciosas e nem entre as plantas", diz o santo de Sevilha, "a vivacidade do verde da esmeralda, que ultrapassa a das folhas e frondes, além de impregnar dessa cor toda a atmosfera. Nenhuma gema oferece mais grato descanso aos olhos dos que se ocupam da lapidação".[12]

Um pouco do mesmo aprazimento ofereciam essas pedras para o homem do século XVI, segundo se deduz do expresso testemunho de Garcia da Orta, além do prestígio misterioso que lhe conferia aquela sua correspondência com o sobrenatural, tão propalada nos velhos lapidários. Como quer que seja, uma espécie de auréola difusa, promessa de outras e maiores maravilhas, estaria associada à sua presença, o que explica o afã com que, no Brasil, como nas possessões castelhanas do Pacífico, não se cansavam os moradores de sair a buscá-las.

Lá, como aqui, eram constantes os rumores de magníficas jazidas de pedras verdes, ainda encobertas ao conquistador. Ao lado das minas abundantes do Novo Reino de Granada ou do Peru, perto de Manra e Puerto Viejo, havia, nesta última conquista, para as partes do Oriente, uma terra chamada das esmeraldas, pela notícia de sua existência ali em grandes quantidades, embora ninguém as tivesse visto.[13] Era uma réplica exata da famosa serra das esmeraldas, tão falada na costa do Brasil e não menos oculta do que a outra, tanto que se pode perguntar se não existiria uma interdependência das duas versões. O mais natural seria admitir que se achariam desses tesouros no vasto sertão inexplorado e inculto que corria entre as duas conquistas, a portuguesa e a castelhana.

Tal foi, com efeito, o pensamento que presidiu já às primeiras expedições de cunho oficial organizadas nas capitanias do centro do Brasil. E o mesmo se dará com outras, que serão organizadas depois em São Paulo sob os auspícios de d. Francisco de Sousa. De fato, a possibilidade de se alcançarem mais facilmente pelo caminho de São Paulo, do que de lugar diferente do litoral atlântico, as terras próximas ao Peru, onde abundariam a prata e as esmeraldas, não terá sido um dos menores motivos da resolução tomada por aquele governador de fixar-se, finalmente, na capitania sulina, onde seus projetos pareciam mais viáveis.

Já se mostrou aqui mesmo, através das narrativas de Anthony Knivet, entre outros, inspiradas muito provavelmente numa opinião corrente entre portugueses e luso-brasileiros, como se julgou, durante algum tempo, que não haveria grande espaço a caminhar daquelas partes para o serro de Potosi. Outro testemunho, também inglês, no mesmo sentido, é o de Thomas Griggs, tesoureiro do navio *Minion of London*, mandado ao Brasil no ano de 1580 por uma companhia londrina de aventureiros, que se tinham deixado seduzir ante as perspectivas com que acenara seu compatriota John Whithall, então morador em Santos. Entre as informações que recolhera o mesmo Griggs no curso da viagem, figura a de que certa parte do Peru estaria situada "por água ou terra a doze dias apenas" daquela vila de Santos.[14] As próprias autoridades portuguesas se durante longos anos tinham cuidado principalmente dos sertões de Porto Seguro como acesso às riquezas que se exploravam no Peru, cuja latitude, já o dissera Duarte de Lemos, correspondia à da capitania de Pero do Campo, sabiam contudo por tradição, e tradição originada dos tempos das primeiras explorações litorâneas, como se poderiam alcançar com relativa facilidade as cordilheiras andinas. Não era por ali e, mais precisamente, para o sul de Cananeia, que se estendia a costa chamada "do ouro e da prata" pelos navegantes antigos, devido à grande quantidade desses metais que diziam haver pela terra dentro? E como interpretar de outro modo as notícias levadas em 1514 de tais lugares sobre um misterioso povo serrano, que tinha muito ouro e levava "ouro batido a modo de arnês na fronte e no peito"?[15]

Em outro navio que pela mesma ocasião lá estivera, ia uma acha de prata, semelhante às de pedra usadas por outros índios. Corria naquelas terras a lenda de certo Rei Branco existente nas partes ocidentais e ainda a da serra da Prata, de que tanto se cevaria, com o correr do tempo, a imaginação dos marinheiros castelhanos e lusitanos.

Passados menos de dois anos, em 1516, João Diaz de Solis, comandante de uma frota organizada em Castela para a procura de comunicação com o Pacífico, achado pouco antes por Nuñez de Balboa, era traiçoeiramente sacrificado pelos índios em frente à ilha de Martim Garcia. Diante desse trágico sucesso, decidiram regressar à Espanha as caravelas ou galeões de sua armada. Um destes, porém, veio a naufragar nas proximidades da ilha de Santa Catarina, ou seja, no chamado porto dos Patos, salvando-se, entre outros, quatro dos seus tripulantes, que se tornariam os grandes divulgadores das notícias do povo serrano, do Rei Branco e de suas riquezas inumeráveis. Eram eles Melchior Ramirez, Henrique de Montes, Aleixo Garcia e um mulato de nome Pacheco, estes três últimos portugueses, como o seria, talvez, o próprio Solis,[16] embora a serviço da Coroa de Castela.

À mesma armada ou à de Garcia Jofré de Loaisa, que em princípio de 1526 deixou naquele porto cinco tripulantes da nau *San Gabriel*, comandada por R. Rodrigo de Acuña, poderia pertencer ainda Francisco de Chaves, que Martim Afonso de Sousa encontrará depois em Cananeia.[17] Ramirez e Montes permanecem em Santa Catarina até que os recolha e leve de volta, no mesmo ano de 1526, a armada de Caboto. A Aleixo Garcia, finalmente, com sua memorável marcha até aos contrafortes andinos, em que se fizera acompanhar de Pacheco e alguns outros, caberia certificar a notícia das terras lendárias do sertão longínquo.

Trucidado, embora, pelos índios, ao chegar, no seu regresso, à margem do Paraguai, Garcia ainda tivera tempo de mandar emissários a Santa Catarina com avisos e amostras do metal achado. Em carta de um dos componentes da expedição de Caboto, conta-se como, ao encontrar Ramirez e Montes, disseram-lhe estes que guardavam consigo, além de um pouco de prata, umas contas de ouro que tinham reservado para a Senhora de Guadalupe. Foi tudo o que puderam exibir, tendo tratado antes de mandar coisas de duas arrobas de ouro para a Espanha, que todavia se perderam.[18]

A jornada de Aleixo Garcia, que morreu, provavelmente, em fins de 1525, segundo o sugere um exame acurado dos elementos de que dispomos a seu respeito,[19] foi durante longo tempo objeto de dúvidas e controvérsias. A primeira fonte conhecida acerca da extraordinária façanha é *La Argentina* de Ruy Diaz de Guzmán,[20] escrita antes de 1612. Ainda em 1911, ao publicar no tomo IX dos *Anales de la Biblioteca* de Buenos Aires sua edição crítica da famosa crônica, admitia-o o historiador Paulo Groussac com reserva cautelosa. E não o poderia fazer de outra forma em face do simples texto de Ruy Diaz, onde a descrição da entrada de Garcia surge envolta em exageros e patentes enganos.

Retificada essa descrição, porém, à luz de outros documentos, como a carta de Luís Ramirez, publicada inicialmente por Varnhagen; o Memorial de Diogo Garcia, onde se diz do autor da entrada que era um dos seus, *un hombre de los mios*,[21] querendo isso significar talvez que seria um dos seus parentes ou ainda um dos seus companheiros na armada de Solis; as declarações contidas na *Probança* do próprio Caboto por ocasião do processo que lhe moveu Catarina Vasquez;[22] os *Comentarios* de Alvar Nuñez Cabeza de Vaca;[23] diversas cartas do governador do Paraguai, Domingos Martinez de Irala,[24] torna-se inevitável admitir a existência da expedição, que saiu de Santa Catarina, e não de São Vicente como o dissera Guzmán, para alcançar aparentemente a atual área de Charcas.

Embora se tivesse recusado a acompanhar os solícitos informantes ao local onde estivera a gente de Garcia, por achar-se fora de seu roteiro, as notícias de tamanha riqueza não soariam mal a alguém, como Caboto, que saíra com o fito de descobrir, além das Molucas, as ilhas e terras bíblicas de Tarchich e Ofir, assim como o Catai e o Cipango de Marco Polo, para carregar os seus navios de ouro, prata e pedras preciosas.[25] É possível, e houve quem o pretendesse, que ele "evidentemente" não tomara muito a sério esses objetivos.[26] Nada faz crer, contudo, que o veneziano fosse inteiramente infenso àquela geografia visionária que tanto seduzira Colombo, e que não repugnava excessivamente à mentalidade da época. Note-se a esse propósito que em legenda aposta à carta de Caboto, relativa à sua exploração do Prata, há referências a cinocéfalos como os de que falara Colombo, estando nas Antilhas, e ainda a certos homens que tinham as pernas, dos joelhos para baixo, semelhantes às dos avestruzes, notáveis pela sua muita diligência: "dicen que en las dichas sierras ay hombres que tienen el Rostro como de perro y otros de la rodilha abajo como de Abestruz, y que estos son grandes trabajadores y q̃ cogen mucho mays de que hacen pan y vino del [...]".[27]

Bem se pode imaginar o efeito que produziram entre castelhanos as novas dessas serranias opulentas, as mesmas, aparentemente, que a Nuñez de Balboa, quando o caminho do Darien anunciara um filho do cacique Conogre, mancebo de "muita cor dura e discrição". O qual, segundo Las Casas, ouvindo que em Espanha havia muito ferro, de que faziam as espadas, apontou para a direção do Sul e deu a compreender que naquelas partes, segundo imagem familiar aos espanhóis, mais ouro havia "do que ferro em Biscaia".[28]

O empreendimento de Garcia, comprovando a existência daquelas riquezas, teria reflexos, aliás, no próprio desenvolvimento étnico de vasta região sul-americana, segundo o demonstraram Erland Nordenskjöld[29] e Alfred Métraux.[30] O último, em seus estudos sobre a civilização dos índios Chiriguano, adianta mais que "esse episódio da conquista, associado de modo tão estreito a um fenômeno étnico, surge hoje como fato de capital importância, e fato cujos efeitos foram consideráveis sobre a evolução étnica das províncias do Prata".[31]

Confirmadas, bem ou mal, as notícias obtidas pela expedição lusitana de 1514 e documentadas na *Nova Gazeta* acerca das terras do ouro e prata, não tardariam muito em manifestar-se os ciúmes e divergências nacionais em torno de sua posse. Entre as Coroas de Portugal e Castela, que eram as diretamente interessadas, conduziu-se a polêmica sem acrimônia visível, como convinha a casas reais tão intimamente aparentadas, e no entanto com obstinada firmeza. A esperança dos maravilhosos tesouros, alvo de todas as ambições, dissimulava-se naturalmente sob raciocínios mais confessáveis, de sorte que não vinham à tona senão argumentos como o da demarcação ou o da prioridade.

Não menos do que os castelhanos, presumiam-se os portugueses favorecidos, neste caso, pela linha de Tordesilhas, chegando mesmo a reivindicar todo o litoral que se estende até ao estuário platino ou mais ao sul. E quem provaria a sem-razão dessas pretensões? Quanto ao problema das prioridades, eram capazes de apresentar argumentos ainda mais impressionantes. Se os outros falavam no rio de Solis, poderiam alegar que antes de Solis lá tinha estado a gente de d. Nuno. E antes de Caboto remontara seu curso Cristóvão Jaques, capitão del-rei de Portugal. Neste particular parece decisivo o testemunho contido na carta já citada de Luís Ramirez, onde se lê que o referido capitão já ali estivera, tendo prometido a Francisco del Puerto, um dos náufragos da expedição de Solis, que voltaria ao mesmo lugar.[32]

Durante algum tempo, em realidade até a época das conquistas de Pizarro, podia parecer que o litoral sul do Brasil e principalmente o rio que dela tirou seu nome seriam passagem obrigatória para quem quisesse ir à misteriosa serra de prata, alcançada por Aleixo Garcia e depois procurada a mando de Sebastião Caboto, pela gente de Francisco César, que por sua vez daria origem a um dos mais persistentes mitos da conquista: o da "cidade dos Césares".

Que a fama de tais tesouros logo tivesse ultrapassado, na Europa, as fronteiras ibéricas é mais do que provável. Os "segredos" das novas terras descobertas não eram grandes segredos para muitos estrangeiros, armadores de navios, alguns deles, e estabelecidos nos portos castelhanos ou lusitanos. Basta lembrar que a um alemão morador na Madeira e talvez agente comercial, se deve o único documento até hoje conhecido acerca dos resultados da expedição de d. Nuno Manuel, em 1514. Em 1526, o inglês Robert Thorne, também mercador e residente em Sevilha, contribuiu, ajudado de um sócio, com a quota de 1400 cruzados para as despesas de certa armada de três naves e uma caravela, que devia dirigir-se às Índias em abril daquele ano: foi graças a tal expediente que dois amigos e compatriotas seus, entendidos em cosmografia, puderam embarcar nessa frota, levando a incumbência de fazer um minucioso relatório das terras percorridas.³³

Na comunicação que a respeito enviou Thorne ao embaixador de Henrique VIII junto à corte do imperador, nada se acrescenta acerca da armada, mas os poucos dados que ele próprio fornece nos autorizam a identificá-la sem dificuldade com a de Sebastião Caboto, que constava precisamente de três naves, além de uma pequena caravela, e saíra de Sanlúcar para as Índias, isto é, rumo ao Brasil e ao Prata, no dia 3 de abril de 1526. Mandando essa comunicação, o intento do autor, declarado reservadamente ao representante de Henrique VIII, era mostrar as vantagens que tirariam seus compatriotas do comércio das Índias, seguindo o exemplo das monarquias ibéricas, e salientar seus direitos à participação naquele tráfico.

Todavia as pretensões inglesas sobre territórios ultramarinos ainda se concentravam, quando muito, sobre as perspectivas que um outro Caboto, pai de Sebastião, lhes abrira na América setentrional. Os mais afoitos, e entre estes se encontrava Thorne, sonhariam com uma possível passagem que, pelo Noroeste do continente americano, conduzisse com maior comodidade e presteza às ilhas das especiarias do que através do estreito de Magalhães.

Da França, porém, surgiam ameaças mais concretas ao odiado monopólio ibérico. Em fins de 1527, uma carta do embaixador João da Silveira a d. João III era portadora de notícias alarmantes nesse sentido. A substância delas estava em que João Verrazano se preparava para ir com cinco naus a um grande rio da costa do Brasil, "o qual diz que achou um castelhano". Aqui intervém o embaixador com uma ponta de escrúpulo patriótico: "O rio", diz "creo que he o que achou Cristovao Jaques. Parece-me que farão aly pee e depois hyr por deante". E comenta: "Não estão caa nada bem como se querer defender o Brasil; e repreeendendo não sem paixão, me dise o almirante que caravelas portuguesas quiserão laa meter no fundo hua naao francesa, a qual tomara tres ou quatro dos portugueses e que estavão... presas e em dereyto".[34]

A expedição, que, segundo João da Silveira, deveria partir em fevereiro ou março, saiu de fato na primavera de 1528 e, em lugar das cinco naus prometidas, compunha-se de apenas dois galeões e uma nau. Pretende-se que tinha por objetivo procurar, através da América Central, alguma passagem para o Catai de Marco Polo, semelhante à que Fernão de Magalhães achara no extremo Sul e outros buscavam no extremo Norte, mas não é inverossímil a versão dada ao embaixador, de que o rio de Solis ou de Cristóvão Jaques, onde menores seriam os riscos do que entre as possessões castelhanas das Antilhas, entrariam nas cogitações iniciais dos armadores.[35]

De qualquer modo, se existiu realmente, esse intento viu-se frustrado pelo fim trágico do navegador florentino, morto e devorado pelos canibais. Que a América lusitana entrava nos planos de navegação dos Verrazano, sugere-o documentação ultimamente encontrada nos arquivos notariais de Ruão, onde aparece Jerônimo, o "cosmógrafo" irmão do navegador morto, fretando um navio para ir à "terra e ilha do Brasil".[36] A finalidade estritamente comercial dessa empresa parece excluir, no entanto, de seu itinerário, os portos sulinos, onde não se dá o pau-de-tinta que Jerônimo Verrazano pretendia levar de volta.

Se o súbito interesse geralmente suscitado por aquelas terras explica-se pelo atrativo que proporcionara o descobrimento, na parte austral do continente, de um novo caminho para as Molucas, é de crer que entre os portugueses especialmente, já afeitos à sua carreira das Índias, se prendesse em maior grau à fama das grandes riquezas que de lá chegava ao reino com os seus navegantes. Quase nada se conhece da viagem de Cristóvão Jaques a tais paragens, mas de uma carta do embaixador Juan de Çuñiga e Carlos V com a data de julho de 1524, consta como certo homem que vinha a descobrir terras na costa do Brasil e andava em demandas com d. João III, para que lhe pagasse Sua Alteza o prometido pelo seu trabalho, falava em grandes tesouros minerais existentes nas terras que achou.

Ao embaixador castelhano logo pareceu que aquilo seriam terras do imperador. E ainda mais se certificou da suspeita quando tal homem, atendendo a solicitações que lhe fizera, foi dissimuladamente e com muito medo à sua pousada, e declarou-lhe que encontrara em certo lugar das terras percorridas nove homens que foram da armada de João de Solis e, mais adiante, deparara, com um maravilhoso rio de água doce, largo de catorze léguas na embocadura. Entrando por ele soubera dos naturais como águas acima havia outros índios, inimigos desses, entre os quais existiam daquelas coisas que lhes mostrava o navegante, que eram ouro, prata e cobre. Seduzido pelas novas, subira ele o rio, até encontrar certos velhos, com os quais fez resgates, e deram-lhe, os velhos, pedaços de prata e cobre e umas pedras com veias de ouro. Além disso falaram-lhe numa serra distante trezentas léguas do lugar, riquíssima naquelas coisas. Disseram ainda que se afeiçoavam menos à prata do que ao cobre, havendo ali muito cobre, porque este luzia mais. Quanto ao ouro, seria necessário ir mais longe para encontrá-lo.

Prontificava-se o homem a continuar seus descobrimentos na dita terra, por conta de Sua Majestade, contanto que lhe fosse de algum modo assegurado o que em Portugal poderia perder, e seriam 50 mil maravedis por ano. Não excluía a possibilidade de pertencerem aquelas regiões à demarcação de Castela e o que de certo modo reforçava tal possibilidade era o pouco fruto dos esforços do mesmo navegante junto à Coroa portuguesa para levar avante as suas explorações, tendo o reino tamanha necessidade de cobre e outras coisas.

Depreende-se da carta que a expedição descrita se terá dado três anos antes de 1524, quer dizer, por volta de 1521. Esse fato, e mais a circunstância de o homem dar a entender que era castelhano, parecem excluir sua identificação com Cristóvão Jaques. Contudo as outras circunstâncias da viagem, como sejam o número de caravelas empregadas, as léguas percorridas a partir do lugar onde os portugueses tomavam pau-brasil, isto é, Pernambuco, e a ida até o Rio da Prata, ajustam-se perfeitamente às da viagem de Jaques. Essa aproximação tentou-a já Rodolfo Garcia em nota a Varnhagen, onde não vê grande dificuldade em admitir um engano da parte de Çuñiga quando este fala em "três" anos, sabendo-se que Cristóvão Jaques estivera no Brasil entre 1516 e 1519, ou seja, seis anos antes da data da carta do embaixador. Por outro lado julga provável que o navegante, desgostoso com a demora das recompensas prometidas, "pusesse seus serviços à disposição da Coroa de Castela e se dissesse castelhano para melhor vê-los aceitos".[37]

Pode acrescentar-se mais que, filho de aragonês, poderia Jaques, sem grande receio ou desdouro, prestar tributo ao imperador, numa época em que o patriotismo de estirpe era tão vivo, ou mais, quanto o da naturalidade. Sabe-se como em épocas bem posteriores se dirá de alguns dos Adorno estabelecidos parte no Brasil e parte no Paraguai, que são originários de Sevilha ou da Corunha, posto que continuem todos eles a dar-se por genoveses, como o foram seus ancestrais. Curioso a esse propósito é o caso lembrado de Carlos o Temerário de Borgonha, que, filho de dona Isabel e neto de d. João I de Avis, só por isso chegara em certa ocasião a dizer-se português.[38]

E que maiores dúvidas podiam impedir o navegante, certamente irritado com a pouca satisfação dada pelo muito que fez e padeceu em benefício da Coroa lusitana, de meter-se com castelhanos, quando nisto seguiria a muitos portugueses de mais velha e ilustre cepa do que a sua? Recente era o caso de um Fernão de Magalhães, ex-pajem da rainha dona Leonor e valente soldado da Índia, que pusera seus préstimos a serviço de Castela, no mesmo ano em que Cristóvão Jaques regressava de sua viagem ao Brasil. E mais recente ainda, o de Simão de Alcaçova, marinheiro e cosmógrafo português reputado, que chegara, em 1522, a integrar a junta de cosmógrafos castelhanos reunidos em Badajoz, para disputar ao lado destes, contra seus compatriotas, a posse das Molucas, e que não deixará nos anos imediatos de servir ao imperador, tanto em Castela como nas terras do Prata, e nas do estreito de Magalhães.[39]

Fosse ou não Cristóvão Jaques o homem que se entendeu em 1524 com o embaixador Çuñiga, o inegável é que as notícias a ele confiadas servem para atestar ainda uma vez como as navegações portuguesas rumo aos Patos e ao Prata, incentivadas talvez pelos resultados da expedição de d. Nuno Manuel, antecedem de alguns anos à própria entrada de Aleixo Garcia. Que a Coroa portuguesa se preocupava, além disso, com as atividades dos vizinhos castelhanos na mesma área, mostram-no suas inquietações ante os rumores da projetada viagem de Solis. E após o regresso de sua armada a Sevilha, ainda ignorante da morte do comandante, não deixará d. Manuel de reclamar da Coroa de Castela contra uma incursão da dita armada em terra do Brasil, "la qual tierra del Brasil diz que es del Serenissimo Rey de Portugal, y que en ella no entram otras personas ningunas, sino las de sus reinos y que a ella envia sus armadas [...]".

Assim se lê numa real cédula de dona Joana e seu marido aos oficiais reais em Sevilha, com data de 22 de fevereiro de 1517, impressa por José Toribio Medina. E por ser isso "coisa nova, jamais usada desde que el-rei tem a terra", pede ainda d. Manuel seja castigado o dito João Diaz de Solis, bem como as mais pessoas que o acompanharam e, além disso, que se entregue todo o pau-brasil e outras coisas que houvessem carregado.[40]

A reclamação aludia expressamente ao pau-brasil, desconhecido no Rio da Prata e nas regiões circunvizinhas e existente em terras que caíam, fora de qualquer dúvida, na demarcação portuguesa, como era o caso do cabo de Santo Agostinho, onde, efetivamente, os tripulantes das duas caravelas remanescentes da frota de Solis tinham baixado à terra para cortar toros de pau-de-tinta, levando cerca de quinhentos quintais do mesmo. Há motivo para crer, no entanto, que o pedido de satisfação dissimulava algum zelo particular por outros pretensos descobrimentos dos expedicionários.

Tanto isso parece exato que, pouco antes, fora preso em Sevilha um português de nome Afonso Álvares, que tentara aliciar o piloto Juan Barbero, também chamado Juan Rodriguez de Mafra ou ainda Alonso Rodrigues, para Portugal, visto como queriam armar ali certas naus no intento de se dirigirem "à la tierra que descubrió Juan Diaz de Soliz". De início chegara o dito piloto a aceitar a proposta e mesmo a receber o adiantamento de vinte ducados. De posse, porém, do sinal, Juan Barbero verificou que o negócio desservia ao seu rei e que, sem desonra, não podia cumprir o prometido como seu súdito e vassalo que era, de sorte que logo tratou de se esconder e não mais pensou em passar-se para Portugal.

Visto isso, cuidou Afonso Álvares de atrair, com dádivas e promessas, muitos outros marinheiros castelhanos da navegação das Índias, e chegou mesmo a afirmar que não ousaria voltar a Portugal sem um piloto prático na referida navegação. Sabedores dessa tentativa, as autoridades fizeram chamar o português à Casa de Contratação em Sevilha, onde o puseram sob guarda com muitos bons tratos, segundo a qualidade de sua pessoa. Tudo consta de instruções dadas a Alonso de La Puente, que foi mandado a Lisboa com credencial datada de Madri a 18 de dezembro de 1516, para tratar do assunto junto ao seseníssimo rei d. Manuel.[41]

O fato de se ter interessado a Coroa portuguesa, já antes da notável proeza de Aleixo Garcia, pelas terras que alcançara a armada de Solis e talvez pelas riquezas que sua posse parecia prometer, não serve para diminuir o papel que a obra desse português a serviço de Castela iria exercer nos primeiros passos da colonização lusitana da costa Sul do Brasil. É de notar como Henrique de Montes, um dos náufragos da armada de Solis, por conseguinte antigo companheiro de Garcia, tendo ido à Espanha com Caboto, logo depois tornará a estas terras na expedição de Martim Afonso de Sousa, circunstância que não escapará ao conhecimento da Coroa de Castela,[42] como não lhe escaparia também a notícia das tentativas infrutíferas do governo de d. João III para seduzir, com o mesmo fito, a Gonçalo da Costa, genro do famoso bacharel de Cananeia e antigo morador de São Vicente.

Montes deveria ir animado, sem dúvida, daquele entusiasmo com que, dirigindo-se à gente de Sebastião Caboto, segundo depoimento de uma das testemunhas no processo que moveram em Sevilha ao veneziano, dissera que "nunca homens foram tão afortunados como os da dita armada", pois "havia tanta prata e ouro no rio de Solis, que todos seriam ricos, e tão rico seria o pajem como o marinheiro, e da alegria que tinha o dito Henrique Montes, quando aquilo dizia, mostrando as contas de ouro, chorava".[43] Dos serviços que veio a prestar ou dele se esperavam, como guia e língua da expedição de Martim Afonso, dão prova o ter sido feito cavaleiro da casa real e agraciado com o ofício de provedor dos mantimentos da armada, "asy na viagem do mar como laa em terra em qualquer lugar honde asentarem", segundo carta régia de 16 de novembro de 1530, que assinou em Lisboa dona Catarina, por se achar então ausente el-rei.[44] Posteriormente seria ainda beneficiado, na capitania de São Vicente, com a posse das terras que, por sua morte, iriam constituir a dilatada sesmaria de Brás Cubas.

Francisco de Chaves, morador antigo de Cananeia e possivelmente um dos que ficaram em terra da nau *San Gabriel* de d. Rodrigo de Acuña, se não mesmo um dos náufragos da armada de Solis, e neste caso antigo companheiro de Henrique de Montes e Aleixo Garcia, aparece no *Diário da navegação* de Pero Lopes, a propósito da jornada que mandou Martim Afonso de Cananeia terra adentro, em busca do metal precioso. Para tanto seguira Pero Lobo a 1º de setembro de 1531 com quarenta besteiros e quarenta espingardeiros, guiados pelo mesmo Chaves, que "se obrigava que em dez meses tornara ao dito porto com quatrocentos escravos carregados de prata e ouro".⁴⁵ Pode dizer-se que cronologicamente é essa a primeira grande entrada paulista de que existe documentação.

O que se sabe acerca de sua partida, de seus propósitos e da esperança que nela depositara Martim Afonso, vem brevemente narrado no *Diário* de Pero Lopes. O resto da história pode deduzir-se de certa passagem das atas da Câmara da vila de São Paulo correspondente a abril de 1585 onde se narram as numerosas tropelias a que de longa data se avezaram os índios carijós contra os portugueses, "pella qual matança que asi fizerão e fazem cada dia está mandado tempo a pollo sor martim afonso de souza que som da gloria azo lhe fizesse guerra, quando se desta terra foi por lhe matarem oitenta homens que mandou pella terra a dentro a descobrir e pera dita guerra deixou a ruy pinto e a pero de goes fidalgos e se então não se fez por a gente desta capitania hire a guerra aos de yguabe e por la matarẽ mta. gente se desfez a dita guerra e até agora não ouve oportunidade para se poder fazer como agora [...].⁴⁶

Verifica-se por aí como à entrada de 1531 se hão de articular, com intervalo de mais de meio século, as guerras de Jerônimo Leitão. Dela há pormenores nas crônicas de Herrera e de Oviedo, assim como nos *Comentarios* de Alvar Nuñez Cabeza de Vaca. Destes é a passagem por onde se vê que entre os rios Iguaçu e Paraná "mataron los índios a los portugueses que Martin Afonso envio a descubir aquella tierra; al tiempo que pasaban el rio en canoas, dieron los indios y los mataron".⁴⁷

Estas palavras parecem corresponder em parte ao que disse Ruy Diaz de Guzmán do sucedido com certo capitão Sedeño, de quem não há outra notícia. Partira o referido capitão de São Vicente à testa de sessenta homens, em demanda dos confins de Charcas, por onde andara Aleixo Garcia. Como tivessem saído já do lugar do Salto Grande, no rio Paraná, rumo ao Paraguai, avistaram-nos os índios matadores do mesmo Garcia, os quais depois de convocarem todo o gentio comarcão trataram de impedir-lhes a passagem. Depois de muitos rebates, pelejaram com os portugueses em campo raso, do que resultou morrer o capitão Sedeño.

Com esse revés sentiram-se tão desarvorados os expedicionários sobreviventes, que deliberaram retroceder. Tornando ao rio Paraná, receberam-nos os índios da região com fingidas mostras de amizade, propondo-se dar-lhes passagem em suas canoas. Para esse efeito trouxeram-nas furadas, mal tapadas de barro as fendas e aberturas. De sorte que, já ao meio do rio, retiraram o barro, com o que se alagaram as canoas e, assim, dos portugueses, os mais se afogaram ao peso das armas que levavam, e alguns que apanharam vivos mataram-nos a flechadas e nenhum sobrou. Fora-lhes possível o estratagema, segundo observa Guzmán, por serem aqueles índios grandes nadadores, criados naquela navegação, e não haver o que lhes estorvasse os movimentos, pois que andam nus.[48] Com a malícia e traição de que se valeram neste caso, terminou tristemente a jornada dos portugueses de São Vicente.

Descontados certos aspectos, que se teriam introduzido com o tempo na tradição oral recolhida pelo autor de *La Argentina*, a descrição coincide, em muitos outros, com o que sabemos da entrada de Pero Lobo. Este, ou algum dos soldados que o acompanharam, seria o capitão Sedeño, que não aparece, com esse nome, na documentação luso-brasileira. Os expedicionários mandados por Martim Afonso não saíram de São Vicente, e sim da Cananeia. A confusão pode explicar-se neste caso, tendo-se em conta que, ao tempo de Guzmán, Cananeia se achava compreendida nos limites da capitania de São Vicente. Por outro lado, o número de sessenta soldados atribuídos por ele à expedição do Sedeño aproxima-se dos oitenta besteiros e espingardeiros de Pero Lobo, e seu desbarato no meio do rio Paraná, quando atravessavam em canoas, concorda no essencial, acrescentando-lhe novos pormenores, com a versão recolhida nos *Comentarios* de Cabeza de Vaca.

Pode dizer-se, pois, que graças a esses dados esparsos dispomos de um resumo amplo do que terá sido a mal-aventurada expedição que ordenou Martim Afonso. Antes dela, a jornada de Aleixo Garcia servira para indicar como da costa sul do Brasil, especialmente da parte que vai do litoral de Santa Catarina a Cananeia, seria possível chegar-se ao Peru por terra. Suspeita que encontrará bem cedo outros testemunhos que a corroboram. Entre eles o dos curiosos "Apontamentos" que certo Diogo Nunes ofereceu a d. João III sobre a viagem que realizara às terras da América, tendo andado no Peru e participado, em 1538, da expedição de Mercadillo à província de Maxifaro, perto das cabeceiras do Amazonas, e ao país dos Omágua.

Nesse documento redigido por volta de 1554, que Varnhagen encontrou na Torre do Tombo e publicou pela primeira vez na *Revista Trimestral*, diz-se que, da referida província, se poderia ir até a costa do Brasil pelo Amazonas. E acrescenta-se que, embora houvesse muito mais que andar, seria possível "ir por São Vicente, atraveçando pelas cabeceiras do Brasil, tudo por terra firme [...]".[49]

Varnhagen tentou identificar o signatário dos apontamentos com certo Diogo Nuñez de Quesada, que em 1544 andava por Lisboa de volta da América, onde juntara grosso cabedal.[50] Capistrano de Abreu, em nota à *História geral do Brasil*, mostra, contudo, o infundado dessa tentativa. A seu ver o Diogo Nunes dos "Apontamentos" seria o mameluco levado do Brasil por Tomé de Sousa, segundo carta do embaixador Luís Sarmiento de Mendoza, já mencionada nestas páginas.[51]

Esse mameluco, filho de um português, também teria vindo do Peru ao Brasil, trazendo notícias de muito ouro e prata. Como argumento único em favor de sua identidade com Diogo Nunes, observa Capistrano de Abreu que "é mais fácil existir no mesmo tempo, no mesmo lugar, com os mesmos planos, um só homem do que dois". E ainda aventura outra hipótese: "Se Diogo Nunes descendia de pai português e mãe índia, é provável que fosse natural da capitania de São Vicente".[52]

Algumas dessas razões dariam, talvez, que pensar, se outro

papel, conservado no Arquivo de Índias de Sevilha, não autorizasse uma aproximação mais verossímil. Trata-se da "relação" que Martin de Orue escreveu antes de setembro de 1554 sobre o que em Portugal lhe fora dado ver a propósito dos desígnios que ali se alimentavam sobre terras que presumia da demarcação castelhana nas Índias, e que endereçava ao Conselho de Sua Majestade o Imperador. Nela pode ler-se o seguinte trecho: "Del peru vyno por el año pasado un pasajero natural portugues que se dize domyngo nunes natural de Moron ques Junto ala Raya de Castilla el qual trujo de veynte a treynta myll ducados este andado persuadiendo al Rey por uma conquysta por el Brasil para por ally entrar a las espaldas de cuzco [...]".[53]

O assunto fica aparentemente liquidado com essa informação. O principal obstáculo à identidade entre o Nunes natural de Mourão, junto à raia de Castela, e o dos "Apontamentos", ou seja, a diferença nos prenomes, torna-se de pouca monta quando se pense que "Domingo" e "Diogo" são palavras que se podem eventualmente confundir, e abreviadas, segundo uso generalizado na época, não oferecem diferença alguma. Aliás, a transcrição esmerada de nomes portugueses não parece uma das preocupações de Martin de Orue, que nesse mesmo papel alude a um "torjão de ocampo", filho do capitão de Porto Seguro, querendo referir-se evidentemente a Fernão do Campo, filho de Pero do Campo Tourinho e seu sucessor na donataria.

A "relação" citada, que em outros passos apresenta importantes subsídios no tocante ao estudo das primitivas comunicações por terra firme entre São Vicente e o Paraguai, é de grande valia para o conhecimento dos inícios da expansão paulista. Seu autor tinha larga prática das coisas da América, especialmente do Paraguai, onde andara por mais de uma vez durante anos consecutivos. Dele afirma Lafuente Machaín que foi dos "conquistadores de maior influência da incipiente colônia".[54] Apesar da minúcia desse historiador no resenhar as atividades de tal personagem, não se encontra no seu trabalho sobre os conquistadores do Rio da Prata qualquer palavra acerca da missão secreta em Portugal, tão intimamente ligada a fatos daquela conquista. A respeito existem, no entanto, em Sevilha, duas cédulas reais perfeitamente claras. A primeira, datada de 21 de abril de 1554, discrimina o que deveria fazer Orue "con la mejor dilligencia que pudiere" durante a viagem a Lisboa. Outra, de 9 de agosto do mesmo ano, é uma carta de recomendação ao embaixador Luís Sarmiento de Mendoza. Esta deveria ser entregue ao destinatário caso o espião o julgasse necessário, sem prejuízo de sua incumbência.

O que pôde este apurar refere-se, por um lado, à armada de Luís de Melo, que depois se perdeu na costa do Brasil, assim como das pretensões dos portugueses sobre a região do rio Piqueri e sobre a própria Assunção, estimuladas agora por amostras de metal precioso ido daquelas partes, e que as análises feitas indicavam ser muito boa prata. São Vicente tornara-se, já então, depois do porto dos Patos, do Viaçá e da Cananeia, um dos possíveis pontos de penetração do continente pelo litoral atlântico.

Dos Patos saíra Aleixo Garcia, e saíra, mais tarde, Cabeza de Vaca. Ambos tinham subido o rio Itapucu, rumando para terras do atual estado do Paraná, e sabe-se que o *adelantado*, valendo-se de guias indígenas, seguiu o itinerário de seu antecessor. Esse itinerário está descrito nos "Comentários" de Pero Hernandez e sobre ele discorre, com sua habitual segurança, o barão do Rio Branco, além de reproduzi-lo em mapa.[55]

Tudo faz admitir que em algum ponto dessa via devesse desembocar o caminho que tinham percorrido, saindo da Cananeia, os expedicionários de Pero Lobo. De outro modo explica-se mal o fato da gente de Cabeza de Vaca transitar em sua entrada pelo mesmo lugar onde dez anos antes se verificara o trucidamento daqueles expedicionários, encontrando além disso, à altura do Tibaji, um índio recentemente convertido chamado Miguel, de volta à costa do Brasil, de onde era natural, após longa assistência entre os castelhanos do Paraguai. Desse Miguel dirá mais tarde Irala, em documento publicado por Macháin, que tinha seguido pelo caminho que percorreu Aleixo Garcia: "por el camiño que garcia vino".[56]

Também é provável que a via de São Vicente a Assunção, aberta aparentemente pelo ano de 1552 ou pouco antes, fosse um dos galhos da mesma estrada. Não há prova de que antes da vinda dos europeus fosse correntemente usada, em todo o seu curso, pelos tupis vicentinos. Ao menos em certa informação que, depois de 1554, escreveu do Paraguai dona Mencia Calderón, a viúva de Juan de Sanabria, diz-se que de São Vicente se podia ir até Assunção "por cierto camiño *nuevo* que se habia descubierto".[57]

Esse novo caminho, descrito no livro do célebre aventureiro alemão Ulrico Schmidl, que em 1553 o percorreu de regresso ao Velho Mundo, foi largamente trilhado naqueles tempos, em toda a sua extensão, pelos portugueses de São Vicente, em busca dos carijós, e ainda mais pelos castelhanos do Paraguai, que vinham à costa do Brasil ou pretendiam ir por ela à Espanha, até que o mandou cegar Tomé de Sousa no mesmo ano de 1553. Com alguma possível variante deve ser uma das trilhas que no século seguinte percorrerão numerosos bandeirantes de São Paulo para seus assaltos ao Guairá.

Por esse tempo, o vivo interesse com que a "costa do ouro e da prata" fora disputada pelas duas Coroas ibéricas parecia em grande parte arrefecido. Tanto que, compreendida em um dos quinhões que a Pero Lopes coubera na distribuição de capitanias hereditárias, o qual quinhão devia estender-se de Cananeia até, aproximadamente, o porto dos Patos, não se preocupam em colonizá-la os portugueses. Quando muito continuam a impedir que nela se estabeleçam os seus rivais. Em vez do metal precioso que dali parecera reluzir os antigos navegantes, o que iam a buscar na mesma costa eram os carijós para a lavoura ou o serviço doméstico.

Assim, numa das relações que escreveu o piloto Juan Sanchez de Biscaia, em 1550, diz-se da ilha de Santa Catarina que se achava despovoada, "por causa que los portugueses y sus amigos ysieron muchos asaltos en los yndios naturales de la dicha isla i an destruydo todos los yndios da la costa del mar, que eran amigos de los vasallos de Su Majestad".[58] No ano anterior, a chegada a Sevilha de certo Brás Arias, português de São Vicente, dera causa a uma denúncia por onde os oficiais da Casa de Contratação puderam ter conhecimento dos processos usados em tais assaltos.

A denúncia partira do mesmo Martin de Orue que aparecerá mais tarde em Lisboa a colher informações para o Conselho de Sua Majestade sobre as propostas de Diogo ou Domingos Nunes a el-rei d. João III e sobre as pretensões territoriais lusitanas com respeito a terras da demarcação de Castela. Quatro ou cinco dias apenas depois da chegada de Arias, era este chamado a comparecer perante o visitador de Sua Majestade na Casa, a fim de prestar depoimento acerca dos latrocínios e malícias atribuídos por Orue aos de São Vicente e outras partes do Brasil em prejuízo de vasalos e súditos do imperador.

Tomado seu juramento na devida forma de como diria a verdade do que sabia, confirmou Arias, acrescentando-lhes novos pormenores, as acusações do espião castelhano. Referiu como, cerca de um ano antes, dois navios, um de São Vicente, outro da capitania de Ilhéus, se tinham reunido em Cananeia, seguindo em conserva até a laguna do Viaça, junto à ilha de Santa Catarina, onde estavam vários espanhóis, além de muitos índios e índias, que vinham sendo doutrinados por frei Alonso Lebron, da Ordem de São Francisco. Achando-se a testemunha num dos navios, em que saíra a fazer os seus tratos, viu como Pasqual Fernandes, genovês, vizinho de São Vicente, e Martim Vaz, de Ilhéus, senhores e mestres dos navios, atraíram a bordo com enganos e fingida amizade aos espanhóis, entre estes frei Alonso, além de parte dos catecúmenos que apresaram, e seriam cento e tantas peças, entre homens e mulheres. Feito isso partiram ambos os navios, com todos aqueles prisioneiros, seguindo um deles, o que era de Pasqual Fernandes, com destino a São Vicente, e neste iam o dito frade e os demais espanhóis, além de parte dos índios aprisionados, enquanto o de Martim Vaz tomava o caminho de Ilhéus.

Vira mais a testemunha, e assim o disse, que chegado a São Vicente o navio de Pasqual Fernandes, o capitão daquele porto, que se chamava Brás Cubas, lhe tomou os espanhóis e índios cristãos, pondo aqueles em liberdade e entregando estes a frei Alonso, que lhe mostrara os privilégios e faculdades recebidos da sua Ordem e de Sua Majestade. Em seguida, deixou o frade em poder de certos vizinhos e moradores portugueses de São Vicente os índios e índias convertidos, para que os guardassem provisoriamente, enquanto ele próprio ia a Portugal e Castela a queixar-se do sucedido. E com efeito partiu para esses reinos onde, todavia, não chegou, constando-lhe que fora aprisionado por algum corsário francês. Quanto aos índios ainda não convertidos, sabia ainda o depoente que Brás Cubas os deixou em poder de Pasqual Fernandes e dos companheiros deste que participavam do negócio com a condição de os devolverem se e quando fossem reclamados por quem de direito os pudesse haver.[59]

Para os moradores de São Vicente, faltos de escravaria de Guiné, o grande atrativo que podiam oferecer agora aquelas regiões, tão cobiçadas de início, como portas de fabulosos tesouros, concentrava-se nos lucros proporcionados eventualmente por um tão largo viveiro de índios submissos e prestativos. A inclinação para as jornadas de caça ao gentio desponta assim no ânimo dos habitantes da capitania, que aos poucos não quererão saber de outros cabedais senão do que representavam aquelas peças da terra. Tanto que um seu desafeto dirá deles, mais de um século depois, que são suas "melhores minas matar e captiuar tapuyas".[60]

É claro que a Coroa portuguesa não renuncia às suas tradicionais aspirações sobre a costa meridional até o Prata, e com efeito a reivindica tanto mais, quanto é esse um modo de recuperar no novo continente aquilo que desde a viagem de Magalhães começara a perder no Oriente para seus vizinhos. O exemplo do que sucedera com as Molucas era um incentivo à vigilância maior sobre os seus senhorios americanos.

Esse empenho tinha quase necessariamente seu contrapasso no zelo com que os castelhanos, por sua vez, tratavam de acautelar-se contra os avanços e as ambições dos portugueses. Em 1550, ou pouco depois, o piloto Juan Sanchez, incumbido por d. Filipe de informar-se sobre a costa do Brasil, sugeria que se pusesse remédio, e quanto antes melhor, sobre a ameaça que representavam as pretensões lusitanas, de maneira a que não continuassem a ser povoadas e impedidas por outros as terras de Sua Majestade nas vizinhanças de São Vicente.

E o bom remédio contra esses desaforos estaria, a seu ver, no estabelecimento de uma povoação à altura de Cananeia, fixando-se as raias entre as possessões lusitanas e castelhanas pelo Ribeira de Iguape. Em primeiro lugar, porém, deveria ser povoado, mais ao sul, o porto de São Francisco, por ser este "la mejor entrada por ir á la tierra adentro á la conquista del Rio de la Plata".⁶¹

Ainda em 1609, quando os dois reinos ibéricos já se achavam vinculados sob o mesmo cetro, não se cuidara seriamente, de parte de Castela, na realização desse projeto, que em vão o governador Hernandarias de Saavedra, de Buenos Aires, procura reanimar. Em mais de uma ocasião salientará este a necessidade de se formar um povoado na costa de Santa Catarina, por onde se comunicassem mais facilmente com a metrópole os habitantes da região mediterrânea em torno de Assunção. Entre outras coisas propunha a Sua Majestade fizesse despejar o vilarejo que os portugueses tinham começado a fazer na Cananeia, porque, acentua, "demás de que aquello esta en la corona de Castilla y en la de Portugal y ellos pretenden yrse entrando se euitara el yr lleuando tanta gente desta prouincia del Biaça al Brasil della resgatada y della a fuerça de armas y los tienen y aun benden por esclauos y tienen este nombre entre ellos".⁶²

Apesar dos títulos e conveniências invocados de parte a parte em favor da colonização daquela faixa de terra, nada impediu que, por longo tempo ainda, ela continuasse só habitada, quando muito, de tribos mais ou menos erradias, e mesmo estas cada vez mais diminuídas pelos maus-tratos e saques que praticavam os vicentistas. Ao interesse que as duas Coroas professavam pela sua posse, não correspondia em verdade qualquer medida que a efetivasse. O mágico prestígio que ainda pareciam guardar as tais terras durante a expedição de Martim Afonso de Sousa rapidamente se esvaecera nos anos imediatos, deixando, se tanto, uma vaga sombra do que fora.

Que razões podem ter determinado a nova atitude? Não eram fábulas, certamente, as notícias de ouro e prata que, a contar de 1514, tinham levado sucessivamente daquelas paragens as armadas de exploração. Nem era ilusória a crença de que poderiam ser alcançadas as ricas cordilheiras ocidentais, tão celebradas entre os naturais da região, por alguém que se dispusesse a ir procurá-las, como o fizera Aleixo Garcia, saindo do litoral atlântico.

Persistia, no entanto, a possibilidade de serem afinal atingidas, com menores riscos e sacrifícios, por algum outro caminho insuspeitado, e foi o que efetivamente se deu. Justamente naquele mês de janeiro de 1531 em que a frota de Martim Afonso dirigida, entre outros, no sentido de se apoderar da famosa "costa do ouro e da prata", arribava à costa do Brasil, com os seus quatrocentos homens de bordo, um pobre aventureiro espanhol, sem grande passado ou outro título que o recomendasse vivamente, deixava o Panamá à testa de um bando de 150 homens e 27 cavalos, para empreender a mais extraordinária façanha da história da conquista do novo continente pelos europeus.

Já se sabe como, desde as primeiras jornadas de Balboa, se

tinham mostrado sensíveis, alguns soldados castelhanos, à atmosfera de magia que, para os naturais do istmo e das áreas vizinhas, aureolava aquelas opulentas terras do Sul. Depois de efetuar longas indagações que lhes deram o tempo necessário para receber certos reforços que pouco acrescentavam ao seu primeiro contingente, Francisco Pizarro decide-se enfim a acometê-las. Atingidas as costas e galgada a cordilheira, o arrojo quase heroico daquele punhado de homens e de seu general dá um resultado que parece ultrapassar as melhores expectativas. Em alguns dias apenas irá desmoronar-se diante deles aquele império tão ambicionado, o mesmo cuja fama já tinha chegado confusamente à costa oriental do continente e até a Europa através de lendas tais como a do Rei Branco ou a da Serra de Prata.

Será preciso ainda algum tempo para se conhecer que esse caminho do poente, seguido por Pizarro e seus companheiros, vai convergir, ao cabo, na direção daquelas terras que outros aventureiros, seduzidos pelas narrativas dos índios, procuraram localizar através do litoral atlântico e dos rios formadores do Prata. É possível, como já o disse um historiador brasileiro, que a noção da identidade entre a Serra de Prata e as cordilheiras peruanas só se impusesse bem mais tarde, por volta de 1549, em resultado da entrada grande de Domingo Martinez de Irala. Tendo sido informado, em certo lugar, da existência, a pouca distância, de minas particularmente ricas, Irala pôde saber, logo depois, que tinha alcançado o território de Charcas, já então incluído na jurisdição do Peru: e era o mesmo território, sem dúvida, que antes da jornada de Pizarro, fora penetrado por Aleixo Garcia e sua gente.

Antes do governador paraguaio, o próprio Martim Afonso devera sentir-se desalentado ante o nenhum fruto do esforço que empreendeu, quase simultaneamente com o de Francisco Pizarro, para a captura das celebradas terras do metal precioso. O desbarato da expedição de Pero Lobo e assim das esperanças que pudera infundir a promessa de Francisco de

Chaves, de tornar a Cananeia com quatrocentos escravos carregados de prata e ouro, contrastava rudemente com os maravilhosos êxitos do conquistador do Peru.

É verdade, de qualquer modo, que a conquista do Império dos Incas viria a afetar de súbito a marcha da colonização do Prata e seus afluentes. "Desfeito o erro geográfico", observa o historiador citado, aludindo ao malogro das tentativas de chegar-se à cordilheira ocidental através do Paraguai, "a vida platense se recolhe sobre si mesma. O Prata é esquecido pelo conquistador e desprezado pelos seus sequazes", conservando apenas os antigos povoadores, acrescidos de uns poucos mais que vieram com o tempo. O mesmo, naturalmente, se verificará no Paraguai, onde a colonização se detém no território que forma hoje a República desse nome, reduzida parcela das regiões antes penetradas pelos castelhanos àquelas áreas centrais.

"Ao mesmo tempo, como consequência, o caminho terrestre do Paraguai ao litoral atlântico pelo alto Paraná e Iguaçu, o caminho de Cabeza de Vaca, perde todo seu valor. A colonização do Paraguai, desprovida de impulsos, dada a posição excêntrica em que fica, não comporta senão um caminho árduo e longo, que somente uma vida muito ativa lhe permite manter, e por isso a nascente ocupação da costa brasileira pelos castelhanos fenece." Quando se procurar, mais tarde, uma estrada aproveitável entre o litoral atlântico e o Peru, todas essas áreas permanecerão à margem: o traçado irá fazer-se através de Córdoba e Tucumã, com o que se evitam a dificultosa navegação dos afluentes ocidentais do rio Paraguai e a travessia de zonas particularmente inóspitas e agrestes, como o são as do Chaco, desabitado até os nossos dias.[63]

Psicologicamente, a obra de Pizarro e os proveitos imensuráveis que dela viriam a resultar para Castela tiveram um efeito sem dúvida estimulante sobre a atitude da Coroa lusitana com relação ao seu senhorio no novo continente. Há muito provavelmente um nexo entre a introdução no Brasil de um sistema de aproveitamento e povoamento da terra já usado nas ilhas atlânticas, único, no momento, compatível com a má situação das finanças do reino, e os triunfos castelhanos no Peru.

O certo é que, à medida que se vão desvendando e conhecendo os tesouros das cordilheiras, aviva-se paralelamente, na corte de Lisboa, o interesse pelos destinos da Terra de Santa Cruz, ameaçada de cair em mãos de intrusos cobiçosos. Não é por acaso se, com breve intervalo, ao descobrimento das riquezas do Peru se segue uma participação mais imediata do Estado português nos negócios do Brasil, através do governo-geral: intervalo de apenas quatro anos, mas o suficiente para ganharem corpo e melhor se publicarem as notícias daquele achado.

E essa extensão maior do poder da Coroa sobre a sua possessão americana é tanto mais significativa, então, quanto parece coincidir com uma fase de retraimento, forçado ou voluntário, de sua política ultramarina e colonial fora do Extremo Oriente. Essa retração já se iniciaria em 1541 com a perda, em Marrocos, de Santa Cruz do Cabo de Gué, arrebatada pelos mouros. Seguira-se, em outubro do mesmo ano, o abandono de Safim. A evacuação de Alcácer Ceguer ocorrerá em 1550, como ainda a de Arzila.[64] Pela mesma época e mais exatamente em 1549, o ano da instalação do primeiro governo-geral na Bahia, extingue-se a feitoria de Flandres, deficitária e insolvente. Mas até no Extremo Oriente abandonam-se entre 1542 e 1548 os portos de Liampó e de Chincheu, com o que se tornará sumamente penosa a situação dos portugueses da China.

É inevitável pensar, pois, que o súbito interesse despertado justamente nesse período crítico pelas coisas do Brasil se relacionasse a algum poderosíssimo estímulo, capaz de afrontar a situação de penúria financeira que atravessava a Coroa lusitana apesar de todos os fumos da Índia. E, em verdade, nada mais estimulante em tais condições do que a imagem dos incalculáveis tesouros que, a pouco espaço da América portuguesa, ia ostentando e largando de si a terra dos incas. "Concubina dos ambiciosos", segundo lhe chamou certo escritor dos Seiscentos,[65] por isso que a magia das suas minas a todos tinha alvoroçado, separando das esposas os maridos, para os converter em "peruleiros", não era ela menos a esperança e remédio dos necessitados. Em pouco, sua fama ultrapassará até a da Nova Espanha, e os próprios cartógrafos, vencidos do deslumbramento geral, trataram de atribuir-lhe, não raro, desmedido realce e extensão. Assim é que num mapa de fins do século XVI, o de Arnoldus Florentinus,[66] a fulva terra "peruviana", que assim era colorida, chega a abarcar quase toda a América do Sul. Apenas três pequeninas manchas, de matizes mais tímidos, parecem representar os vizinhos pobres: Chile, Castilla del Oro, Brasília, esta última um pouco destacada do conjunto pelos dois grandes rios que manam da lagoa del Dorado para se confundirem nos desaguadouros do Amazonas e do Prata ("ab incolis Parana vocatur"). No *Livro que dá razão do Estado do Brasil*, de 1612, pode ler-se, e já à primeira linha, que o dito Estado, província de Santa Cruz, é tão somente a "parte oriental do Peru, povoada na costa do mar Etiópico".[67] Aliás, na carta de Mestre Pedro de Medina, de 1545 – o ano do descobrimento das riquezas do Potosi –, já o Peru quase se confunde com toda a América do Sul.[68] E na de Alonso Peres – que a compôs em 1640 –, certamente português de nascimento, embora não o citem Sousa Viterbo nem Armando Cortesão, o Brasil mal aparece ao lado do seu vizinho do Pacífico.[69]

Essa exagerada inflação do território do Peru, se não em prejuízo das demais conquistas castelhanas, certamente do Brasil lusitano, é defendida, com fervor e ponderáveis razões, por eminentes cosmógrafos como João Batista Gésio, matemático natural da Itália, mas a serviço de Sua Majestade católica. Em carta de 1579, a propósito de um tratado ou descrição particularizada da costa do Brasil, que bem pode ser o de Gandavo, apresenta ele a América portuguesa como "terra continuata con el Peru" pelo Rio da Prata, o Dourado e outros lugares intermédios. Contestando, além disso, o parecer mais generalizado dos autores lusitanos, que em suas cartas de marear faziam passar a linha de demarcação pelo Rio da Prata e a boca do Orellana, pretende que, dessa maneira, foram retiradas muitíssimas terras à demarcação de Castela e adjudicadas a Portugal. Sustenta mais, interpretando juízos autorizados, inclusive de portugueses, como o historiador João de Barros que, neste caso, seja dito de passagem, por pouco não se veria privado de sua própria donataria, o verdadeiro meridiano da demarcação passava pela Bahia de Todos os Santos ou pelo Cabo Frio, ficando todo o resto do continente para Castela e quase se pode dizer que para o absorvente vice-reinado do Peru.[70]

Fosse qual fosse o verdadeiro quinhão de Portugal no Novo Mundo, um fato se impunha aqui fora de toda dúvida, e era a perfeita continuidade, de todos reconhecida, entre o Brasil lusitano e as partes de melhor proveito nas Índias de Castela, que com ele confinavam pelo poente. Esta última consideração não era de pouca monta, sempre que se tratasse de decidir sobre a primazia em matéria de riquezas de toda sorte, e não apenas minerais, pois que uma opinião acreditada na época só poderia contribuir neste caso para dar-se a palma ao Brasil. Propínquo ao opulento Peru e sob as mesmas latitudes, porém a leste, nele seriam encontrados, por força, os mesmos produtos que se davam naquela província castelhana, e do mesmo e melhor toque.

Com efeito, nem os progressos da ciência nem a experiência dos navegantes tinham logrado desterrar para o domínio das abusões e velharias o dogma de que o Oriente, participando melhor da natureza do Sol, é mais nobre do que o Ocidente. Até mesmo um humanista do porte de Giovanni Pico della Mirandola, que em tão pobre conta tivera as teorias da astrologia divinatória ou da magia, não duvidara em aboná-lo com toda a autoridade de seu saber. Julgando arrimar-se, não em aéreos conceitos ou místicas alucinações, mas em raciocínios sólidos, observara ele que, com o Sol a mover-se de leste para oeste e entre o Câncer e o Capricórnio, "as gemas, os aromas, tudo quanto requer o calor celeste", hão de produzir-se de preferência nas partes do levante e nas do meio-dia.[71]

Foi essa mesma, porventura, a ideia que, logo de início, precisou a direção mais frequentemente adotada, entre nós, pelas pesquisas de minerais preciosos. Ante os rumores da existência de grandes jazidas, que entre 1549 e 1552 surgiram dos mais diversos pontos, e sabendo-se como esta terra do Brasil e a do Peru são uma só, nas próprias palavras de Tomé de Sousa,[72] ocorreu ir buscá-las primeiramente nas latitudes correspondentes às daquela conquista castelhana, onde ouro e prata já representavam bem mais do que uma ditosa promessa. Tudo parecia apontar, assim, para os sertões da capitania de Porto Seguro, onde, dava-o já como coisa certa Duarte de Lemos, estava a maior parte das riquezas chamadas do Peru. E este, por sua vez, o Peru, ficava justamente na "altura de desasete graus, que he aonde esta capitania está".

Passado meio século e mais, os mofinos resultados de uma série de explorações no rumo indicado não parecerão contudo de molde a animar ali novas buscas. Havia, assim, motivos sobejos para o ceticismo daqueles que, à maneira do Alviano dos *Diálogos das grandezas do Brasil*, cuidavam que o "ouro, prata e pedras preciosas são somente para os castelhanos e que para eles os reservou Deus". Porque, acrescentava um interlocutor dos mesmos diálogos, "habitando nós, os portugueses, a mesma terra que eles habitam, com ficarmos mais orientais (para onde, conforme a razão, devia de haver mais minas), não podemos descobrir nenhuma, em tanto tempo há que nosso Brasil é povoado, descobrindo eles cada dia muitas".[73]

Na própria réplica de Brandônio a essas razões do amigo, novo na terra e ignorante das suas grandezas verdadeiras, não se deixa notar um denodado admirador dos seus tesouros encobertos. Se o outro, duvidoso deles, dá como efeito de sua inexistência, e de serem ruins conquistadores os portugueses, o contentarem-se, nesta América, com os seus açúcares, em contraste com os castelhanos, a ele, Brandônio, parece-lhe que não fez Deus pouca mercê ao Brasil com aquele desengano das minas nunca achadas, pois mostrou aos moradores o muito que podiam tirar da lavra das canas, dispensando-os de se alargarem para o sertão. Essa mesma ocupação de fazer açúcares, que Alviano tinha por tão pequena, ele, ao contrário, a reputava por grandíssima, e muito maior, em realidade, do que a de cavoucar a terra atrás de pedras.

Não estava sozinho o eloquente advogado das grandezas do Brasil com o favorecer antes a lavoura do que as minas. É bem sabido o que a Sua Majestade mandara dizer, poucos anos antes, em 1609, o governador-geral d. Diogo de Meneses, agravado com a divisão que se fizera no Estado do Brasil, por onde d. Francisco de Sousa veio por governador das capitanias do Sul e superintendente das minas descobertas ou por descobrir. "Creia-me Vossa Majestade", são suas palavras, "que as verdadeiras minas do Brasil são açucar e pau brasil, de que Vossa Majestade tem tanto proveito sem lhe custar de sua fazenda hum só vintem."

Se na separação daquelas capitanias via d. Diogo um agravo à própria honra, na conquista e administração das minas, igualmente confiadas a d. Francisco, denunciava, além disso, o princípio de grandes desconcertos e prejuízos para a Coroa. E não porque acreditasse na realidade dos tesouros tão gabados, mas porque já imaginava o rival a querer fazer minas a cada canto das ruas de Pernambuco e da Bahia, quanto mais no sertão, intrometendo-se com esses pretextos em negócios de seu governo "e as minas tornar-se-hão com o vento e este he o seu intento".[74]

Essas suspeitas do governador-geral do Brasil quanto às reais intenções de d. Francisco bem podiam ir por conta de uma suscetibilidade fortemente picada pelo desfavor de que se julgara vítima. Contudo não quadra mal com o que sabemos do senhor de Beringel aquele retrato de um visionário e até megalômano que parecem traçar os prognósticos de sua atividade como superintendente das minas.

O fato é que, motivadas ou não pela *capitis diminutio* de que se ressente d. Diogo, suas objeções à divisão das capitanias e, ainda mais, à superintendência isenta das minas procuram amparar-se no prudente realismo de quem, a promessas fulgurantes, mas aéreas, prefere um cabedal seguro, o mesmo de que a terra se tinha sempre sustentado com largueza e honra. Ao menos agora, porque nem sempre fora tão descrente e desdenhoso das riquezas minerais, fazia-se o governador, contra as novas invenções, um paladino de nossa economia tradicional, amparada na lavoura da cana e na colheita do pau-de-tinta.

Era inevitável um conflito entre essa mentalidade tradicionalista e a de quem, como d. Francisco de Sousa, se teria habituado, durante sua longa residência na corte dos Filipes, a encarar a atividade colonial, não segundo o que até então se fizera no Brasil, mas de acordo com a deslumbrante imagem que lhe propunham a Nova Espanha, o Novo Reino de Granada ou o Peru. Nos apontamentos que em 1607 ofereceu a Sua Majestade, e de que resultaria sua nomeação para capitão-general e governador das capitanias do Espírito Santo, São Vicente e Rio de Janeiro, além de superintendente das minas, a descrição das riquezas sertanejas do Brasil é feita em termos capazes de alvoroçar as imaginações mais timoratas. Nada menos do que trezentas léguas de terra, coalhada de ouro, só em parte já descoberto, e ainda de prata, terra, esmeralda, pérolas (!), cobre, ferro, salitre, assim como outras preciosidades, se achariam ali à espera de benefício, e ele estava pronto a prestar esse serviço à Coroa. Filipe III não hesitou, e nem mandou que se fizessem averiguações. Ouvidos rapidamente o vice-rei e o Conselho das Índias de Portugal, cuidou logo de aprovar as propostas e pretensões do vassalo.

Tratando-se de minas tão caudalosas, segundo o quadro

que delas pintara d. Francisco, apressou-se Sua Majestade em promover de antemão todas as medidas necessárias ao seu melhor aproveitamento. Assim é que, para as de ouro, se mandariam mineiros do Chile; para as de prata, iriam práticos de Potosi; para as pérolas, da Margarita; das Índias Ocidentais para o diamante, assim como oficiais de Biscaia para o ferro. Além disso, na Alemanha seriam encomendados mineiros para o ouro de beta e mais para o salitre ou o enxofre. E não seria esquecida a remessa de ensaiadores e refinadores, de onde os houvesse, para todos os metais.[75]

Nunca, ao menos até a união das duas Coroas ibéricas, se mostrara uma administração tão solícita e providente no que tocasse ao aproveitamento das tão esperadas minas do Brasil. E depois que Portugal e Castela passaram a ser regidos pelo mesmo soberano, quando muito Gabriel Soares de Sousa, que viera também sob Filipe II, com jurisdição isenta do governador-geral e ainda com a faculdade de dar doze hábitos de Cristo aos primeiros povoadores e descobridores qualificados e foros de cavaleiro-fidalgo a trinta pessoas, além de outros poderes e honrarias, pudera alcançar, à custa de muitos trabalhos e contratempos, alguns dos mesmos privilégios que obtinha agora d. Francisco sem maiores dificuldades,[76] graças às suas manhas proverbiais, ao prestígio de que desfrutava no Paço e sobretudo à força contagiosa de suas magníficas esperanças e promessas.

Neste ponto conviria, mais uma vez, fixar a questão da preferência dada agora às capitanias do sul como centro das explorações oficiais das minas, que até então, e mesmo no caso de Gabriel Soares, cuja influência parece primordial na elaboração dos projetos do senhor de Beringel, se dirigiam, em geral, para os do centro: Porto Seguro, sobretudo, e Bahia. Antes de tudo o argumento dado em 1550 por Duarte de Lemos para se fazerem as entradas através da primeira dessas capitanias, ao recordar que estava na altura das minas do Peru, também era válido, e com melhores motivos, para aquelas regiões mais ao sul. Por um lado já se sabia como o rio Doce, que atravessa o Espírito Santo, se acha na latitude do serro de Potosi. Por outro, São Paulo, onde eram costume endêmico as correrias no sertão (e de onde, aliás, iam cada dia novas de redescobrimento de ouro), parecia o caminho adequado para a provável região das minas e mesmo para as raias do Peru, dado que a silhueta do continente se adelgaça na direção daquelas partes. Seriam necessárias outras razões, após o malogro das buscas feitas inicialmente, para favorecer, desta vez, a área que se estendia para o sul de Porto Seguro, até abranger a antiga donataria de Martim Afonso?

Entre os motivos que tinham aconselhado a escolha de terras mais próximas do Centro e sede do governo-geral para as entradas de descobrimento, uma das principais fora, sem dúvida, a da maior comodidade que nelas se oferecia para a observação das ditas minas e assim também para a cobrança e arrecadação dos quintos pertencentes à Real Fazenda. Essa mesma causa iria desaparecer, porém, com a simples providência da separação das capitanias do Sul, que deviam sujeitar-se agora a um governo próprio.

Com todo o desvairado otimismo de seus planos grandiosos, não é impossível que, no íntimo, d. Francisco se deixasse impressionar por aquela ideia, partilhada com outros portugueses da época, de que, em matéria de ouro e prata, Deus se mostrara mais liberal aos castelhanos, dando-lhes a fabulosa riqueza de suas minas. Assim se explica a miragem do Potosi, o sonho, que já tinha sido o de Tomé de Sousa, de fazer do Brasil um "outro Peru" e que está presente em todos os atos de sua administração.

Essa ideia obsessiva há de levá-lo, em dado momento, ao ponto de querer até introduzir lhamas andinas em São Paulo. Com esse fito chegaria a obter provisão real, lavrada em 1609, determinando que se metessem aqui duzentas lhamas ou, em sua linguagem, "duzentos carneiros de carga, daqueles que costumam trazer e carregar a prata de Potosi, para acarrear o ouro e a prata" das minas encontradas nas terras de sua jurisdição. E recomenda-se no mesmo documento que das ditas lhamas se fizesse casta e nunca faltassem.[77] Já seria essa, à falta de outras, uma das maneiras de ver transfiguradas as montanhas de Paranapiacaba numa réplica oriental dos Andes. E se a imagem serrana das vizinhanças de São Paulo ainda não falasse bastante à sua imaginação, outros motivos, em particular a suspeita de que estando ali se acharia mais perto do Peru, por conseguinte das sonhadas minas de prata e ouro, poderiam militar em favor da escolha que fez dessa vila para lugar de residência. Justamente pela época em que andaria na corte da Espanha a pleitear junto ao duque de Lerma e Filipe III sua nomeação para a conquista, benefício e administração das minas das três capitanias do Sul, devera ter chegado às mãos do donatário de São Vicente, aparentado seu, uma carta dos camaristas de São Paulo com data de janeiro de 1600, que era de natureza a suportar tais ambições e ainda mais corroborar suas ilusões acerca da distância entre aquela vila e o Peru.

A carta é, antes de tudo, um cerrado libelo contra os capitães, ouvidores e até governadores-gerais que, segundo diz, não entendiam e nem estudavam senão como haviam de "esfolar, destruir e afrontar" o povo de São Paulo. Para dar remédio a tais malefícios, pede-se ao donatário que, por sua pessoa, ou "coisa muito sua", trate de acudir com brevidade à terra que o senhor Martim Afonso de Sousa ganhou e Sua Majestade lhe deu com tão avantajadas mercês e favores. E, para mostrar a bondade da mesma terra, referem-se os oficiais da Câmara, entre outras coisas, às minas, exploradas ou não, que nela se acham, a de Caatiba, de onde se tirou o primeiro ouro, e ainda a serra que vai dali para o norte – "haverá sessenta léguas de cordilheira de terra alta, que toda leva ouro" –, além do ferro de Santo Amaro, já em exploração, e o de Biraçoiaba, que é região mais larga e abastada, e também do muito algodão, da muita madeira, de outros muitos achegos, tudo, enfim, quanto é preciso para nela fazer-se "um grande reino a

Sua Majestade". Ao lado disso, fala-se também no grande meneio e trato com o Peru e na presença de "mais de trezentos homens portugueses, fora seus índios escravos, que serão mais de 1500, gente usada ao trabalho do sertão, que com bom caudilho passam ao Peru por terra, e isto não é fábula".[78]

Sobre a distância entre o litoral atlântico e os Andes são muitas vezes imprecisas e discordes as notícias da época, e já se sabe como a ideia de que os famosos tesouros peruanos eram vulneráveis do lado do Brasil chegara a preocupar a própria Coroa de Castela nos dias em que, tendo os portugueses seus soberanos próprios, maiores seriam as causas de emulação e dissídio entre os dois reinos. Mais tarde irão renovar-se as mesmas inquietações, mas dessa vez os agressores prováveis passam a ser os holandeses instalados em Pernambuco. Num dos "sueños" de Quevedo, escrito por volta de 1636, aparecem aqueles "rebeldes a Deus na fé e ao seu rei na vassalagem", senhores das partes do Brasil que formam como a garganta das duas Índias, já prestes a devorarem as de Castela. Quando se enfadassem de tanto navegar, quem diria que não desejassem para si o Rio da Prata e Buenos Aires, onde poderiam chegar passo a passo e sem molhar os pés, apenas mordendo as costas como caranguejos? E não só punham em risco Buenos Aires, como já davam que pensar a Lima e a Potosi, "por assim afirmar a geografia".

Se a geografia está longe de ser tão explícita neste particular, e se hoje nos pode parecer mais razoável o que disse outro personagem do mesmo escrito de Quevedo, isto é, que "con el Brasil antes se desangra Holanda que cresce",[79] não se podem considerar descabidas as previsões do primeiro. Foi, com efeito, dos estabelecimentos holandeses do Nordeste do Brasil que, em 1642, o conde João Maurício projetou a conquista de Buenos Aires, com o fito expresso de abrir caminho, pelo Prata, às minas de Potosi. E se, tendo iniciado os preparativos nesse sentido, não levou adiante o plano, deve-se isso ao ter sido forçado a auxiliar, no ano imediato, outra expedição, destinada às províncias castelhanas do Pacífico, de modo que, por pouco, não firmará pé no sul do Chile.

Não foi essa, aliás, a única ocasião em que se cogitou de fazer do Brasil um ponto de partida para a captura dos estabelecimentos espanhóis do Pacífico. Quando Filipe II, coroado rei de Portugal, pôde assim reunir, sob o mesmo cetro, às Índias Ocidentais as Orientais, transformando-se em um "perigo para todos os príncipes da Europa", o engenhoso plano que o mais jovem dos dois Richard Hakluyt organizou, no intento de ver abatido o "soberbo espanhol", para a captura não só dos preciosos metais peruanos como do estreito de Magalhães, chave do "mar del Sur" e das opulentas minas de Castela, era condicionado ao estabelecimento na costa do Brasil de uma base de operações e abastecimento daquelas conquistas. Esse trampolim brasileiro não ficaria em Recife, como o de Nassau, ficaria em São Vicente.

A escolha é justificada em documento hoje impresso entre os papéis do mesmo Hakluyt e de seu primo homônimo, dois grandes campeões quinhentistas da expansão colonial britânica, pela facilidade com que se poderia tomar e ocupar a ilha indefesa de São Vicente, pela abastança em víveres de toda espécie que ali se achavam e, finalmente, pela sua posição estratégica em relação às projetadas conquistas. Das vitualhas existentes na mesma ilha e adjacências chega a escrever que dariam para o sustento de infindas multidões: "infinite multitudes of people". E reporta-se aqui ao testemunho de marinheiros ingleses que se tinham abastecido naquele porto de enorme quantidade de bois, porcos, galinhas, cidras, limões, laranjas...[80]

Ignora-se qual fosse a reação oficial da Coroa inglesa aos planos e sugestões de Richard Hakluyt, que algum tempo depois ainda se propõe entrar em contato com o pretendente português d. Antônio para tratar desse ou de assunto correlato. É de qualquer modo significativo, e o fato não deixa de ser apontado pelo organizador da edição de seus escritos, o interesse súbito que Santos e São Vicente passam a despertar então entre mercadores, navegantes e piratas ingleses, alguns deles pessoalmente relacionados com Hakluyt.[81] Para este, porém, o plano de ocupação de terras portuguesas e castelhanas na América do Sul irá perder rapidamente seus atrativos. E entre as causas da mudança entra, segundo parece, uma longa conversa que teve em 1582 com o então embaixador de Portugal em Londres, Antônio de Castilho.

É esse diplomata, dotado de "singular circunspecção, autoridade e experiência", nas próprias palavras de Hakluyt, quem trata de desviar sua atenção da ilha de São Vicente para a costa ao norte da Flórida, até então inexplicavelmente desocupada. Entre outras coisas dissera-lhe o "douto e excelente homem" que, se fosse moço como ele (Hakluyt ainda estava para completar trinta anos de idade), não hesitaria em vender os próprios bens – e era de grandes posses – para mandar equipar alguns navios e ir iniciar não só a colonização daquelas terras tão esquecidas, como a conversão dos seus gentios.[82] Tão forte é a impressão produzida por essa palestra que mais tarde, ao defender seu novo plano de colonização da América do Norte, e mesmo no *Discourse of Western Planting*, redigido em 1584 a instâncias de Walter Ralleigh, o jovem Hakluyt há de evocar algumas vezes o nome de Castilho e suas palavras estimulantes.

A propósito do plano que a princípio defendera, cabe notar que a ilha de São Vicente, com os seus contornos, parecera figurar apenas como escala de abastecimento das frotas que se dirigissem ao estreito e ao Peru. Entretanto, a ideia de que também se poderia entrar terra adentro por aquele porto até às cobiçadas cordilheiras ocidentais não seria de todo estranha à proposta de ocupação de sítio tão estrategicamente colocado.

Sabe-se, com efeito, que um dos informantes de Hakluyt sobre as vantagens que podia oferecer a ilha de São Vicente é o mesmo Thomas Griggs, que tendo viajado anteriormente no

Minion aludira, segundo aqui mesmo já foi notado, à pouca distância, "doze dias apenas", por terra ou água,[83] entre a vila de Santos e certas partes do Peru. Que não deveria parecer muito extraordinária essa ideia indicam-no os receios surgidos na mesma época, isto é, em 1582, no Rio de Janeiro, de que se desgarrassem e fugissem para o Peru os oitenta soldados deixados em São Vicente para a defesa do porto pelo contador Andres de Equino, da armada de Diego Florez Valdez.[84]

Mesmo a quem não partilhasse de ilusões semelhantes sobre a pretensa facilidade de acesso ao Peru entrando pelo caminho de São Vicente, pareceria claro, ainda nos primeiros anos do século seguinte, e mais tarde, que de todas as do Brasil era aquela a capitania de melhor passagem para as míticas serras, de onde, segundo numerosos testemunhos, continuamente se despejavam riquezas fabulosas no lago que ia alimentar o São Francisco e outros rios. E se o mau sucesso de tantas buscas sucessivas parecia sugerir que, ao menos na América portuguesa, se não verificava a antiga crença de que os tesouros naturais sempre se avolumam à medida que se vai de oeste para leste, impunha-se a suspeita de que essas minas estariam, ao contrário, nas vizinhanças dos lugares onde fora largamente comprovada sua existência: em outras palavras, para as bandas do poente e junto às raias do Peru.

Ideia simplista, sem dúvida; por isso mais apta a logo fazer prosélitos. A prova de que não se apartaria muito da realidade está em que, passado mais de um século, se descobrirão, justamente naquele rumo, as grandes aluviões auríferas de Cuiabá e Mato Grosso, das mais avultadas que registra a história das minas do Brasil.

Contudo, ao tempo de d. Francisco de Sousa, tamanho era o prestígio de Potosi, que em pouco, à velha atração do ouro, parece suceder facilmente a da prata. Reino mágico, de todos os esplendores, era o Peru; verdadeiramente, aquela *terra argentea*, que os primeiros mapas quinhentistas situavam mais para o sul, estendendo-o, por vezes, quase até o litoral atlântico. Tão intenso e teimoso há de ser entre portugueses do Brasil e do reino esse prestígio da prata, que há de sobreviver longamente, com o das esmeraldas, outro feitiço peruano, ao próprio malogro e ao fim melancólico do senhor de Beringel. A grande paixão de d. Francisco será, com efeito, nos decênios seguintes, a de todos os ânimos aventurosos entre nós, e está à origem de pesquisas que se farão a partir dos mais variados lugares, de São Paulo como do Espírito Santo, ou ainda de Sergipe del-Rei e do Ceará. Nem sequer os resultados desalentadores que darão, de imediato, as explorações de Fernão Dias Pais, com sua famosa entrada, têm força bastante para extingui-la.

E o certo é que, não só no Brasil ou entre portugueses, a constante imagem das Índias de Castela e de seus invejáveis tesouros subjugará as fantasias mais cobiçosas. Até na América inglesa, onde a proximidade da Nova Espanha tende a suscitar ambições em tudo semelhantes, haverá pelas mesmas épocas quem se deixe empolgar pelo fascínio das grandes minas de prata e das montanhas refulgentes.

Assim é que, em 1613, se chega a anunciar entre os povoadores da Virgínia o descobrimento, no interior da colônia, não só de uma rocha de cristal, que utilizavam os índios para fazer pontas de flechas, mas também, arredada desta quase três dias de viagem, de uma verdadeira colina ou montanha de prata de boa mina, perfeita e muito rica. E não ficavam nisso as riquezas supostas ou genuínas do lugar. Quem se afundasse mais sete dias para além da dita montanha acharia, à beira de uma lagoa ou mar, de que falavam os índios, certas terras vermelhas com uns lampejos, sinal "mais do que provável" de riquezas de toda sorte. E posto que as autoridades inglesas tivessem conhecimento delas, não lhes parecera conveniente e nem ao menos possível explorá-las logo, devido à falta de pessoal e à necessidade de mantimentos, que de outro modo iriam faltar, já que todos desdenhariam pela das minas a sua lavra.

Da montanha de prata, no entanto, que estava muito mais à mão, tiraram-se amostras, e não sem grande trabalho, visto como as duas únicas picaretas de ferro de que dispunha a gente, e que alguns utilizaram, não resistiram à dureza da rocha, e assim não puderam cavoucar tanto como o desejavam. De qualquer forma, o exame feito na pouca pedra retirada pareceu compensar tão grande esforço com bons resultados e melhores esperanças para os colonos.[85] Tal como no Brasil, também na América do Norte – e por quanto tempo? – as conclusões dos ensaiadores não seriam menos otimistas do que a fácil credulidade dos descobridores.

A busca da prata, suscitada pelo feliz êxito dos castelhanos, representou, pois, um fenômeno continental, não tanto uma especialidade luso-brasileira. Pode mesmo dizer-se que, entre nós, a miragem da Sabarabuçu argentífera e a da serra das Esmeraldas, mitos mais ou menos xifópagos, em que aos poucos se tinham transfigurado, segundo o modelo provindo das cordilheiras do Oeste, as antigas montanhas resplandecentes do gentio, sustentaram-se e em alguns casos recrudesceram, mesmo após as primeiras e generosas colheitas de ouro nas Gerais.

Tão fundas raízes tinha deitado em todas as almas o hábito de se estimarem os tesouros que a terra dá de si segundo a forma e substância assumidas por eles nas Índias de Castela, que dificilmente se veria nos do Brasil outra coisa mais do que um prolongamento e dependência desses. O que saíam a buscar em nossos sertões tantas expedições custosamente organizadas não era tanto o ouro como a prata. E nem eram diamantes, senão esmeraldas. Em outras palavras: o que no Brasil se queria encontrar era o Peru, não era o Brasil.

A velha crença de que mais dadivosa se mostrara a providência de Deus aos castelhanos do que aos lusitanos, a estes negando o que aos outros, nas suas Índias, proporcionara de sobejo, muitos, entre os portugueses, deviam admiti-la em segredo, mesmo que a não proclamassem de bom grado. E como era possível negar intimamente o que entrava pelos olhos de todos? Já ao primeiro contato das novas terras descobertas, tiveram os navegantes de Castela a clara revelação de um mundo de milagres e portentos, em que não menos se saciava uma desmesurada cobiça do que uma piedade intransigente e zelosa. Mas o que naquele primeiro momento podia parecer desvario ou fábula, o tempo, a seu modo, se incumbira de transformar em realidade tangível: magnífica realidade, e quase sobrenatural, pois que assim deveriam parecer aqueles infindáveis tesouros que abarrotavam tantos e tantos galeões e nunca se esgotavam. E que, segundo já o profetizara Colombo, serviam assim à ambição dos conquistadores como à devoção dos príncipes, armando a estes últimos para a luta contra o infiel e o herege.

Ao lado daqueles reinos de magia, o Brasil português, tão parco, aparentemente, em minas e especiarias preciosas, oferece um contraste humilhante. O escasso préstimo das suas terras, antes sugerido por Vespúcio e quase pelo escrivão Caminha, já transparece, por exemplo, das inscrições do mapa-múndi de Diogo Ribeiro, composto em 1529. Enquanto ali se diz da Nova Espanha, que tem "muito ouro de nascimento"; de Castela de Ouro, que tirou seu nome do abundantíssimo metal precioso que nela se cria; do Peru, ainda antes da conquista, que tem prata e ouro; do rio de Solis, que, segundo se crê, "ay oro y plata en la tierra adentro", equipara-se o Brasil, se tanto, àquela "terra dos bacalhaus", onde "hasta aora no se an allado cosa de provecho, mas de la pescaria de bacallaos q̃ son de poca estima". Ou ainda à "tierra de los patagones", que estéril e de nenhum proveito traz em si, talvez, alguma promessa de milagre, na aparência insólita de seus moradores: homens de grandes corpos, quase de gigantes.

Da legenda correspondente à "tierra de Gary" consta que "no se espera allar oro como en la nueva espana por estar ya muy desuiada del tropico". Mas quanto à "tiera del brasil", apesar de situada no trópico, onde, por necessidade, se devera achar ouro, segundo antigas noções ainda generalizadas, a negativa é peremptória: "Aqui no se alla otra cosa de prouecho mas del brasil, que no les costa mas que hacerlo cortar e traerlo a las naos hazẽ los Indios por poca cosa".[86] A situação permanecerá a mesma durante parte do século XVI e pouco mudará no seguinte. Já há quem se conforme com o irremediável, e é o caso do governador-geral d. Diogo de Meneses. Este, como se sabe, não duvidou em aceitar a bondade da terra, colorindo-a de brasil e dulcificando-a do açúcar dos engenhos nortistas, como a querer afugentar com um tal engodo o sonho dos invisíveis tesouros.

Não se dirá que é sem proveito esta América lusitana, pois além do açúcar dá o ouro minguado dos cascalhos de São Paulo ou Paranaguá. Atrativos que, unidos ao fácil acesso pelos seus portos, situados à beira do Atlântico, têm mesmo por onde estimular, cada vez mais, apetites de forasteiros. No entanto, com todas essas fazendas e com o que pode render aos colonos e à Coroa, é ao cabo uma paisagem rasteira, sem generosas perspectivas e rutilâncias, o que nela se oferece, ou por não ter mais para oferecer ou por se julgarem bem pagos, com esse pouco, os seus colonos, sempre adventícios no país, quase sempre aferrados às fraldas do mar, com um pé aqui e outro no reino, pois todos esperam de se ir algum dia e tudo o que colhem é para lá.

Assim são esses portugueses em sua América, onde por muito tempo ainda se limitarão a "arranhar as costas como caranguejos", sem se alargarem sertão adentro mais de dez léguas. Seriam outros na Índia, pátria dileta e imemorial de todas as maravilhas? A resposta, e é negativa, fornece-a em 1585, de Cochim, um agente comercial florentino, servindo-se de palavras que parecem uma antecipação das que irá inspirar o Brasil, quarenta anos depois, ao nosso frei Vicente do Salvador. Bem se aplica aos portugueses, escreve, com efeito, Filippo Sassetti, o que deles disse um natural destas partes, aos quais, por não cuidarem de entrar um palmo pela terra, deu o nome de "bate praias".[87]

Ainda que fossem muitas vezes sensíveis à atração da fantasia e do milagre, é principalmente o imediato, o cotidiano, que recebem todos os cuidados e atenções desses portugueses do Quinhentos. O trato das terras e coisas estranhas, se não uma natural aquiescência e, por isso, uma quase indiferença ao que discrepa do usual, parecem ter provocado certa apatia da imaginação, de sorte que para eles até o incomum parece fazer-se prontamente familiar, e os monstros exóticos logo entram na rotina diária. Não estaria aqui o segredo da facilidade extrema com que se adaptam a climas, países e raças diferentes?

Compreende-se que até as Índias, depois da viagem de Vasco da Gama, deixem aos poucos de ser um país de lenda. As verdadeiras Índias, Índias do mistério, da fábula, dos infinitos tesouros, são, já agora, as ocidentais, as de Castela, que orlando, embora, a América lusitana, mal lhe comunicam, no entanto, seu influxo. É o que dizem, entendidas literalmente, aquelas palavras de um dos fidalgos da *Farsa dos almocreves*, que fizera Gil Vicente na era do Senhor de 1526, quando entre nós Aleixo Garcia acabava de ser sacrificado, de volta de sua jornada magnífica até aos contrafortes dos Andes:

porque o mundo namorado
he lá, senhor, outro mundo,
que estaa alem do Brasil.[88]

Compreende-se, assim, que mesmo quando achou guarida final em certas regiões pertencentes, ou que iriam pertencer, à Coroa portuguesa, como acontece com a das amazonas ou a do Dourado, é fora de suas lindes, "além do Brasil", que nascem, sem exceção, ganham maior crédito e, por vezes, realidade, os grandes mitos da conquista do Novo Mundo. É certo que muitos deles conseguem ser aqui acolhidos, até entre doutos, com uma credulidade sempre disponível, que não acha paralelo sequer entre alguns dos mais celebrados cronistas castelhanos da época: um Oviedo, um Herrera, um Gomara, principalmente um Acosta.

Assim, o padre Manuel da Nóbrega, fiado, porventura, no que lhe dissera Antônio Rodrigues, que acabava de chegar do Paraguai castelhano, não deixa de falar, numa das suas cartas, em certa geração de índios que estava "perto das Almazonas e têm guerras com elas", para logo explicar: "E são estas Almazonas tão guerreiras, que vão à guerra contra elas, e os mais valentes que podem tomar, desses concebem. E se parem filho, dão-no a seu pai ou o matam, e se filha criam-na e cortam-lhe o peito direito".[89] O próprio Gabriel Soares, com todo o robusto realismo, e aquele "espírito científico espantoso para a época", encontrados em seus escritos por um moderno pesquisador,[90] não se deixou também dominar, ao fim da vida, pela fama das riquezas da lagoa dourada?

Todavia é bem menos nítido do que se poderia supor à primeira vista o contraste entre a capacidade de adesão à realidade, que distingue tantos desses homens e um fundo singelamente crédulo. Pode dizer-se, ao contrário, que seu realismo é, de fato, tributário de sua credulidade, que constitui propriamente uma forma de radical docilidade ou passividade ante o real. Não há verdadeiramente nesse realismo uma negação dos infinitos possíveis da Natureza, nem evidentemente do sobrenatural, por mais que o afetem de preferência as formas mais visíveis, palpáveis ou apenas serviçais que oferece o mundo. O sobrenatural preserva, para eles, seus eternos direitos. Não chega, por isso, a ser um verdadeiro e excitante problema, como o fora para o humanismo do tempo, e nem era um problema falso, como o é hoje para os positivismos.

De que podem valer especulações desvairadas, inquietas solicitudes e fantasias, bons ou maus agouros, afinal, se indiferente a tudo isso o mundo há de seguir seu curso? "Admitindo que conheças as coisas vindouras pelos astros, de que te servirá isso? *Qui iuvat?*" Assim escreveu o português Francisco Sanches em seu poema sobre o medonho cometa de 1577, que alguns hão de ter por anúncio do fim sombrio de d. Sebastião. "A ninguém", acrescenta esse filósofo, "a ninguém é dado furtar-se ao próprio fado. Aquilo que há de vir, virá, seja qual for o teu alvitre."[91] E é nesse fatalismo, tão alheio à curiosidade universal dos humanistas, que em grande parte se nutre um pensamento onde não faltou, contudo, quem pretendesse vislumbrar antecipações de Bruno ou de Bacon.

O mesmo realismo, que se diria antes uma resignação ao real e ao imediato, essa cautelosa e pedestre razão lusitana, que no humanismo anti-humanista de João de Barros se contrapõe à "sandice erasma",[92] não devia soar mal à generalidade daqueles marinheiros, aventureiros, colonos, mercadores, cronistas portugueses, e a seu fastio de portentos e prodígios. Ainda quando inclinado a admitir as mais excitantes maravilhas da Criação, por onde sempre se declaram, enfim, a glória e onipotência divinas, não as procuravam expressamente, salvo quando servissem para contentar seu apetite de bens materiais. Gabriel Soares não sairia em busca da "alagoa grande" das cabeceiras do rio São Francisco, senão na esperança dos imensos tesouros que nela se guardavam segunda fama pública. E o próprio Manuel da Nóbrega não deixa de acrescentar à breve descrição das suas mulheres guerreiras o motivo que lhes faz merecer talvez mais fé e estima: "Entre estas Almazonas, dizem que está a notícia do ouro".[93]

Do mesmo modo, ao decantado experimentalismo e ceticismo de Francisco Sanches, não repugna dar crédito a casos tais como o do avestruz, que chocaria com o olhar os próprios ovos, ou o do urso que se vale da língua para dar forma ao seu cátulo. E aquelas folhas de certas árvores da Hibérnia, as quais se convertem em peixes quando caem ao rio, assim como outras muitas são mudadas em animais voláteis? Que dizer, além disso, das galhas, grãos de trigo, folículos do lentisco, frutos do choupo, medulas de cardo, queijos, carnes, terebinto, que se transformam em vermes e bichinhos alados? Refere-se também, apoiado no Escalígero, a uma ave da feição de pato, existente nos mares britânicos, que pende pelo bico dos pútridos destroços dos náufragos e só deles se despega para ir procurar peixes que a alimentam. Lembra-lhe, ainda, o mesmo autor, como a Francisco I, rei de França, levaram certa concha com uma avezinha quase perfeita, grudada ao interior da valva pelas asas, patas e bico.[94] Nada disso o surpreende, nada o espanta ou o atrai fortemente, e nem duvida que possa haver entre os peixes ou as aves modos diferentes de geração ou destruição de que não suspeitamos. E se alude a tais anomalias é para extrair uma lição que lhes é particularmente grata: a de que o verdadeiro saber está no saber que nada sabemos.

5

Um mito luso-brasileiro

PODE-SE, QUANDO MUITO, apontar um mito da conquista cuja difusão no continente esteve a cargo de portugueses e, em contraste com os demais, foi do Brasil que se expandiu para o Paraguai, o Peru e o Prata. De qualquer forma já era imemorial nas partes do Extremo Oriente, quando atingidas pelas naus de Vasco da Gama e seus sucessores lusitanos, a lenda que associa os cristãos da Índia, ramo dos nestorianos, à prédica de são Tomé. Dessa conexão já há notícia em escrito de Gregório de Tours, no VI século, e a fama daquelas comunidades cristãs do Oriente, os "cristãos de são Tomé", como de ordinário se chamam, chegou desde cedo à própria Inglaterra, se exato, que o rei Alfredo lhes mandou em embaixada, com muitos presentes, no ano de 883, o bispo Sigelmus de Sheborne. Também na Alemanha dizia-se de Henrique de Morungen, o *Minnesinger*, nascido por volta de 1150, que teria ido à Índia para visitar a cidade de são Tomé, de onde levara de volta relíquias que ainda em 1899, segundo informação do professor Hermann Menhardt, se encontrariam no mosteiro de Leipzig, dedicado ao apóstolo.[1]

De outras relíquias atribuídas a são Tomé sabe-se que já no século III tinham ido para Edessa, de onde seriam mandadas em 1144 a Quios e em 1258 a Ortona, Itália. Aberta em 1523 sua pretensa sepultura de Meliapor, nela se acharam ossos decompostos, um vaso de terra ensanguentada e um ferro de lança. Enviados alguns desses restos a Cochim, Goa e Basrein, ficaram em Meliapor ou São Tomé, a Madrasta atual, um fragmento de costela e o ferro de lança. Da devoção do apóstolo na Índia, ao tempo da conquista portuguesa, dá larga notícia são Francisco Xavier. Em uma das suas cartas a santo Inácio, refere que Martim Afonso de Sousa lhe mandara interceder junto ao pontífice, por intermédio do fundador da Companhia, para que fosse concedida indulgência plenária em seu dia e nas oitavas, a todos os que então comungassem, e aos que não confessassem e comungassem não lhes fossem dadas. "Y a esto se mueve el señor Gubernador por amor que la gente se confiesse y comulgue."[2] Pouco faltaria, em verdade, para que não apenas na Índia, mas em todo o mundo colonial português, essa devoção tomasse um pouco o lugar que na metrópole e na Espanha em geral, como em todo o Ocidente europeu, durante a Idade Média e mais tarde, tivera o culto bélico de outro companheiro e discípulo de Jesus, cujo corpo se julgava sepultado em Compostela.

Não foi certamente novidade, para os portugueses quinhentistas, a lenda da pregação de são Tomé Apóstolo na Índia, já largamente divulgada e mesmo canonizada, ou a da existência ali de seu verdadeiro sepulcro, mencionado em numerosas relações medievais do Oriente, como as de Marco Polo e Montecorvino, sem falar na famosa carta do Preste João. O que os poderia ter surpreendido ao desembarcarem naquela costa era a extensão do culto, que lhe devotavam inúmeras pessoas desde Bombaim até Madrasta, abrangendo o Ceilão, e ainda nas "colônias" de cristãos de são Tomé que iam até ao mar da China.

A própria devoção a suas relíquias, em particular a certos pelourinhos de barro tomado ao seu pretenso túmulo, e que sempre levavam consigo os fiéis, assim como os mouros e gentios, era bastante generalizada quando lá chegaram eles. Nem são de sua invenção as notícias das pegadas deixadas pelo santo em várias partes do Oriente, e que depois acabariam por ser vistas também no Novo Mundo.

Da origem de tais notícias, uma das mais acreditadas versões é a que aparece no *Livro de Duarte Barbosa*. Conta este escritor, fundado na tradição oral dos cristãos de Coulão, que são Tomé, quando de lá partiu perseguido dos gentios, fora ter à cidade de Meliapor, então muito grande e formosa, de dez ou mais léguas de comprido e arredada do mar, que depois comeu a terra entrando por ela adentro. Principiando o apóstolo a anunciar a fé cristã, conseguiu converter alguns moradores, pelo que outros trataram de o perseguir, querendo matá-lo. Ante essas ameaças, meteu-se Tomé algumas vezes nos montes, e certo dia, andando naqueles lugares um caçador com seu arco, viu estar grande soma de pavões reunidos e no meio deles um, que aos mais se avantajava em tamanho e formosura, pousado numa laje. Não hesitou o caçador em alvejá-lo, e com uma flecha o atravessou, fazendo com que todos alçassem voo e o que fora atingido se tornou, em pleno ar, num corpo de homem. O caçador esteve a olhá-lo muito admirado, até que o viu cair ao solo, e então se foi, caminho da cidade, a dizer o milagre.

Informado do sucedido, logo saiu o governador com outras pessoas para o sítio onde ocorrera a cena, e ali chegando, guiado pelo caçador, achou morto o bem-aventurado são Tomé. Dirigiram-se também ao lugar onde tinha sido ele ferido e acharam na laje duas pegadas "muy figuradas no meio dela", deixadas pelo pavão quando, já alcançado pela flecha, ia alçar voo. Quando conheceram tamanha maravilha, puseram-se todos a dizer: "verdadeiramente era santo este homem e nós não o acreditávamos".

Cuidaram, em seguida, de o levar para a igreja, onde ficou desde então soterrado. Conduziram também à mesma igreja a pedra das pegadas, que puseram ao pé da cova. Se cobriam, no entanto, o corpo, ao outro dia, quando lá chegavam, estava fora, e assim o deixaram ficar longo tempo. Os gentios tinham-no por santo e faziam-lhe muita honra. Ia gente de toda parte em romaria, e como lá fossem ter certos chins, pretenderam cortar-lhe o braço a fim de levá-lo como relíquia a sua terra. No momento, porém, em que lhe iam dar com a espada, o bem-aventurado são Tomé encolheu o braço para dentro da cova e nunca mais o feriram. Assim continuou a jazer o corpo naquela igreja que fabricaram muito pobremente seus companheiros e discípulos. Tanto os mouros como os cristãos alumiavam o templo, dizendo, uns e outros, que era coisa sua.

A igreja assemelhava-se às outras dos cristãos, trazendo cruzes no altar e em cima da abóbada. Tinha uma grade de madeira e, por divisa, muitos pavões. Quando lá chegaram os portugueses, estava, porém, bastante danificada, e todo o circuito cheio de mato. Encarregava-se de sua guarda um mouro, que para isso pedia esmolas, conservando uma lâmpada acesa todas as noites.³

Pode dar-se ideia da celeridade com que se difundiu a lenda do apostolado de são Tomé nas Índias, e não apenas nas Índias Orientais, lembrando como, em 1516, quando Barbosa acabou de escrever seu livro, já se falava em sua estada na costa do Brasil. A primeira versão conhecida dessa presença do discípulo de Jesus em terras americanas encontra-se, com efeito, na chamada *Nova Gazeta Alemã*, referente, segundo se sabe hoje, à viagem de um dos navios armados por d. Nuno Manuel, Cristóvão de Haro e outros, que a 12 de outubro de 1514 aportava, já de torna-viagem, à ilha da Madeira.

Dos dados que o autor da *Gazeta* pôde recolher a bordo e mandar em seguida a um amigo de Antuérpia, constava a existência naquela costa de uma gente de muito boa e livre condição, gente sem lei, nem rei, a não ser que honram entre si aos velhos. Contudo até àquelas paragens tinha chegado a pregação evangélica e dela se guardava memória entre os naturais. "Eles têm recordação de são Tomé", diz o texto. E adianta:

"Quiseram mostrar aos portugueses as pegadas de são Tomé no interior do país. Indicam também que têm cruzes pela terra adentro. E quando falam de são Tomé, chamam-lhe o Deus pequeno, mas que havia outro Deus maior". "No país chamam frequentemente a seus filhos Tomé."[4]

A presunção, originária das velhas concepções colombinas, e que a cartografia contemporânea nem sempre se mostrara solícita em desfazer, de uma ligação por terra entre o novo continente e a Ásia facilitava grandemente essa ideia de que à América e ao Brasil, particularmente, se estendera a pregação de são Tomé Apóstolo. Na própria *Gazeta* acha-se refletida essa ideia, onde se lê que o piloto da nau portadora das notícias, presumivelmente o célebre João de Lisboa, já afeito à carreira da Índia, não acreditava achar-se o cabo e terra do Brasil a mais de seiscentas milhas de Malaca, e pensava até que em pouco tempo, e com grande vantagem para el-rei de Portugal, se poderia navegar do reino até aquelas partes. "Achou também que a terra do Brasil continua, dobrando, até Malaca." E presume o autor que esse fato favorece a crença na vinda do apóstolo a estas partes. "É bem crível", diz, "que tenham lembrança de são Tomé, pois é sabido que está corporalmente por trás de Malaca: jaz na costa de Siramath, no golfo de Ceilão."

O crédito universal do motivo da impressão dos pés humanos, a que provavelmente não seriam alheios os nossos índios, a julgar pelos testemunhos de numerosos cronistas, dava ainda mais corpo à ideia. Aos europeus recém-vindos tratavam logo os naturais de mostrar essas impressões, encontradas em várias partes da costa. Simão de Vasconcelos, por exemplo, refere-nos como as viu em cinco lugares diferentes: para o norte de São Vicente; em Itapoã, fora da barra da Baía de Todos-os-Santos; na praia do Toqué Toqué, dentro da mesma barra; em Itajuru, perto de Cabo Frio, e na altura da cidade de Paraíba, a sete graus da parte do sul, para o sertão. Neste último lugar, em um penedo solitário, achavam-se duas pegadas de um homem maior e outras duas menores, de onde tirou o jesuíta que não andaria só o apóstolo e reporta-se, aqui, a são João Crisóstomo tanto quanto ao dr. Angélico, segundo os quais se fazia ele acompanhar, em geral, de outro discípulo de Cristo: "as segundas pegadas menores", escreve, "devem ser deste".[5]

Por sua vez, frei Jaboatão, dos Frades Menores, diz que no lugar do Grojaú de Baixo, sete léguas distante do Recife de Pernambuco, vira gravada a estampa de um pé, e era o esquerdo, "tão admiravelmente impresso, que à maneira de sinete em líquida cera, entrando com violência pela pedra, faz avultar as fímbrias da pegada, arregoar a pedra e dividir os dedos, ficando todo o circuito do pé a modo que se levanta mais alto que a dita pedra sobre que está impressa a pegada".[6] Admite que sem embargo de atribuir-lhe a fama do vulgo a são Tomé, seria antes de um menino que andasse em sua companhia, porventura seu anjo da guarda. E a causa da suspeita estava na pequenez da impressão, que mostrava ser de um menino de cinco anos, com pouca diferença.

A uma das pegadas mostradas na Bahia, de que dá conta Vasconcelos, referiu-se provavelmente o padre Manuel da Nóbrega, onde escreveu, em carta de 1549, que "sus pisadas están señaladas cabo a un rio, las quales yo fuy a ver por más certeza de la verdad, y vi con los proprios ojos quatro pisadas muy señaladas con sus dedos, las quales algunas vezes cubre el rio quando hinche". Segundo os índios, quando o santo deixou aquelas pisadas, ia fugindo dos índios que o queriam flechar, e lá chegando abriu-se o rio à sua passagem, e ele caminhou por seu leito a pé enxuto, até chegar à outra parte, de onde foi à Índia. Contavam, além disso, que, querendo os gentios flechá-lo, voltavam-se as setas contra eles mesmos, e os matos se abriam, deixando lugar a uma vereda, por onde seguia são Tomé sem estorvo.[7]

O caso das flechas que se tornavam sobre si, atingindo os próprios atiradores, chegou a impressionar um moderno etnólogo, a ponto de levá-lo a ver nele o indício de alguma arma do tipo do bumerangue, que tivesse existido outrora entre os tupis da costa.[8] A versão de Vasconcelos precisa, por outro lado, que, perseguido dos índios, a tanto induzidos pelos seus feiticeiros ou pelo inimigo do gênero humano, o apóstolo fizera caminho por um monte tão íngreme, que era impossível acompanhá-lo e que, chegando ao lado oposto, com o circuito com que o buscaram, lhe deram tempo de fugir, e o viram ir pelo mar, deixando frustrados os seus intentos.

O que no Oriente se dera, segundo algumas notícias, onde consta que junto ao lendário sepulcro do apóstolo em Meliapor, no lugar onde foi posta a laje com as pisadas, chegara a manar uma fonte, também teria ocorrido no Brasil. Aqui, e em certas partes da América habitadas dos espanhóis, os rastros de pés humanos impressos em rochas, e atribuídos ao apóstolo das Índias, eram associados não só à presença de cruzes, como ainda de fontes, conforme o testemunho de Jaboatão.[9] De uma destas fontes tratara Vasconcelos, e estaria no Toqué Toqué dentro da barra da Bahia, a poucos passos do rochedo das pegadas e na raiz do próprio monte onde, segundo tradição do gentio, descera o santo seguido dos inimigos. Dela corria água doce e perenemente fresca.

Essa fonte chamava-a, ali, o vulgo, de São Tomé milagrosa, e eram várias as razões desse nome. Uns diziam que aparecera milagrosamente entre a pedra viva, assim como a de Moisés arrebentara do deserto. Outros cuidavam que nasceu do simples toque do pé do santo, de onde o nome de Toqué Toqué, guardado pelo lugar. Havia ainda os que notavam o fato de conservar constantemente o mesmo teor de água, sem que esta redundasse nas invernadas ou faltasse nas secas, como de ordinário acontece a outras fontes. Alguns, finalmente, pretendiam que suas águas faziam curas milagrosas, extinguindo toda espécie de enfermidades.

Outro fato, que parecia aproximar a devoção de são Tomé no Brasil e no Oriente, relaciona-se ao culto das relíquias. Segundo alguns escritores, assim os cristãos como os muçulmanos e gentios tinham na Ásia o costume de trazer pendentes do pescoço pequenos pelouros feitos do barro da sepultura do apóstolo. Aqui, segundo parece, generalizara-se o uso, entre os mais devotos, de rasparem a parte da rocha onde ficara a impressão das pisadas, para consigo levarem as raspas em relicários. Foi, em parte, a esse hábito que, segundo o autor da *Crônica da Companhia*, se deveu o desgaste das ditas rochas, até ao paulatino desaparecimento das pegadas que já nos meados do século XVII eram invisíveis, posto que a lembrança delas ainda a guardassem os antigos. Além disso era sua existência atestada em certas cartas de doação, onde se lia por exemplo: "Concedo uma data de terra sita nas pegadas de são Tomé, tanto para tal parte, tanto para outra [...]".[10]

A relação dos milagres do apóstolo, aqui como na Índia, não fica, porém, nisso, e sua notícia não nos chegou unicamente através dos padres missionários. Ao próprio Anthony Knivet, tido por herege, que em certo lugar chamado Itaoca ouvira dos naturais ter sido ali o lugar onde pregara são Tomé, mostraram perto do mesmo sítio um imenso rochedo, que em vez de se sustentar diretamente sobre o solo estava apoiado em quatro pedras, pouco maiores, cada uma, do que um dedo. Disseram-lhe os índios que aquilo fora milagre e que a rocha era, de fato, uma peça de madeira petrificada. Disseram mais, que o apóstolo falava aos peixes e destes era ouvido. Para a parte do mar encontravam-se ainda lajedos, onde o inglês pudera distinguir pessoalmente grande número de marcas de pés humanos, todas de igual tamanho.[11]

Parece de qualquer modo evidente que muitos pormenores dessa espécie de hagiografia do são Tomé brasileiro se deveram sobretudo à colaboração dos missionários católicos, de modo que se incrustaram, afinal, tradições cristãs em crenças originárias dos primitivos moradores da terra. Que a presença das pegadas nas pedras se tivesse associado, entre estes, e já antes do advento do homem branco, à passagem de algum herói civilizador, é admissível quando se tenha em conta a circunstância de semelhante associação se achar disseminada entre inúmeras populações primitivas, em todos os lugares do mundo. E é de compreender-se, por outro lado, que entre missionários e catequistas essa tendência pudesse amparar o esforço de conversão do gentio à religião cristã.

Não admira, pois, se a legenda "alapego de sam paulo", que numa das mais antigas representações cartográficas do continente sul-americano, a de Caverio, aparentemente de 1502, se acha colocada em lugar aproximadamente correspondente à boca do rio Macaé, no atual estado do Rio de Janeiro, e que, em 1507, Waldseemüller chega a converter em "pagus S. Paulli", originando a hipótese de que se acharia ali o mais antigo povoado europeu no Brasil, levasse pelo menos um estudioso e historiador à ideia de que a outro apóstolo cristão, além de são Tomé, se associassem as impressões de pés humanos, encontradas em pedras através de várias partes do Brasil e ligadas pelos índios à lembrança ancestral de algum personagem adventício que, ao lado de revelações sobrenaturais, lhes tivesse comunicado misteres mais comezinhos, tais como o plantio, por exemplo, e a utilização da mandioca.[12] Essas especulações foram reduzidas a seus verdadeiros limites, desde que Duarte Leite, aparentemente com bons motivos, explicou como a discutida palavra "alapego" não passaria de simples corrupção de "arquipélago", alusivo à pequena ilha de Sant'Ana, em frente à foz do Macaé e a algumas ilhotas circunvizinhas.[13]

Em realidade a identificação de rastros semelhantes no Extremo Oriente, que os budistas do Camboja atribuíam a Gautama, o seu *"preah put"* como lhe chamam, e os cristãos a são Tomé, de onde o dizerem vários cronistas que uns e outros os tinham por coisa sua, não deveria requerer excessiva imaginação de parte das almas naturalmente piedosas no século XVI. A prova está em que, ainda em 1791, missionários franceses do Camboja se deixarão impressionar também pela possibilidade da mesma aproximação. Em carta daquela data, escrita por Henri Langenois, um desses missionários, encontra-se, por exemplo, o seguinte trecho, bem ilustrativo: "Há alguns anos, nosso chefe Capo de Orta, tendo ido a *Ongcor vat*, perto do sítio onde estamos, mais para o norte, disse-lhe o grande bonzo: Cristão, vês essa estátua de um homem prosternado em frente ao nosso *preah put* (é o nome de seu falso deus)? Chama-se *Chimé*. Que significa aquela marca de uma planta de pé impressa em suas costas? Foi por não querer reconhecer a adorar a divindade de nosso *preah put*, que a tanto o forçou esse pontapé. Ora, como se afirma que são Tomé Dídimo passou para a China através do *Ongcor*, não estaria aqui a história de suas dúvidas sobre a Ressurreição e, depois, da adoração de Nosso Senhor Jesus Cristo?".[14]

Sumé no Brasil; *Chimé* em Angcor, nomes que aparecem relacionados, um e outro, a impressões de pegadas humanas, que tanto no Oriente, como aqui, se associavam, por sua vez, às notícias do aparecimento em remotas eras de algum mensageiro de verdades sobrenaturais, essas coincidências podem parecer deveras impressionantes. Não seria difícil, pelo menos na órbita da espiritualidade medieval e quinhentista, sua assimilação à lembrança de um são Tomé Apóstolo, que os autores mais reputados pretendiam ter ido levar às partes da Índia a luz do Evangelho cristão. Não só as pisadas atribuídas ao santo, mas tudo quanto parecesse assinalar sua visita e pregação aos índios da terra. Em Itajuru, perto de Cabo Frio, existiu outrora um penedo grande, amolgado de várias bordoadas, sete ou oito para cima, como se o mesmo bordão dera com força em branda cera, por serem iguais as marcas, e os naturais do lugar faziam crer que viriam do bordão de Sumé, ou são Tomé, quando o gentio resistia à sua doutrina: assim quisera mostrar como, se os mesmos penedos se deixavam penetrar da palavra de Deus, seus corações eram mais duros do que as mais duras penhas.

E assim como os bens do espírito são muitas vezes inseparáveis dos corporais, que representaram como o sinal visível de sua milagrosa eficácia, seria de esperar que, fruto, eles próprios, de um mistério sobre-humano, esses sinais de são Tomé ainda fossem, por acréscimo, causa de curas prodigiosas. Aqui, em geral, como no Oriente, essa força terapêutica associava-se, aliás, menos às pegadas do santo do que às águas nascidas delas. O caso, por exemplo, da fonte do Toqué Toqué, na Bahia, que servia para todas as doenças. E o mesmo Vasconcelos, que fala das bordoadas do Itajuru, também nos refere como, perto daquele penedo, havia uma extraordinária fonte, de águas vermelhas, medicinais, especialmente contra o mal de pedra.[15]

Contudo as próprias raspas das lajes marcadas pelos pés do santo, que muitos traziam penduradas ao pescoço, não seriam dotadas de virtudes medicinais semelhantes? Além disso, em Itapuã, não só costumavam, os que ali passassem, ir contemplar as pisadas de são Tomé – um pé descalço, o esquerdo, gravado na própria substância da pedra, enquanto o de são Vicente parecia antes uma pintura natural, bastante viva, mas limitada à superfície –, como havia quem nelas pusesse o próprio pé, tendo para si que desse modo alcançaria melhor saúde.[16]

Ao lado do são Tomé taumaturgo, do terapeuta, e também do mestre de conhecimentos úteis, de que se valeriam depois os índios, como o do próprio plantio e preparo da mandioca, ou o do uso da erva-mate, cabe lugar importante ao são Tomé engenheiro. É ainda Vasconcelos quem nos refere como, no Recôncavo da baía de Todos-os-Santos, o caminho chamado do Mairapé, feito de areia dura e pura, de cerca de meia légua, pelo mar afora, foi milagrosamente aberto pelo apóstolo. O qual, fugindo certa vez à fúria das flechas, quando se amotinou contra ele o gentio, durante uma das suas pregações, foi levantando o mar aquela estrada por onde passasse a pé enxuto à vista sua, cobrindo logo o princípio dela de água, para não poderem persegui-lo os adversários, que na praia ficaram aturdidos, diante de coisa tão extraordinária. Dali em diante passaram a chamar à mesma estrada milagrosa Mairapé, que vale o mesmo, em sua linguagem, que caminho do homem branco, pois assim chamavam a são Tomé, não tendo eles visto até aquela data outro branco.

Mas se, em favor do Mairapé, bem se podia invocar o prodígio sobrenatural das suas origens, a obra incomparavelmente mais famosa do são Tomé mítico, no mesmo ramo de atividades, prende-se à abertura da grande estrada que, saindo da costa do Brasil, se alonga para o interior até ganhar o Paraguai nas vizinhanças de Assunção: a mesma que se fizera célebre com as entradas de Aleixo Garcia, Pero Lobo, Cabeza de Vaca, e tantos aventureiros castelhanos e lusitanos durante os dois primeiros séculos da conquista. Chamavam-lhe os do lugar Peabiru e Piabiyu, por outro nome Caminho de São Tomé ou do Pay Zumé, que assim também era conhecido o misterioso personagem.

Na versão que da abertura dessa estrada nos conservou o padre Antônio Ruiz de Montoya, da Companhia de Jesus, alude-se à fama corrente, em todo o Brasil, entre os moradores portugueses e os naturais que habitavam a terra firme, de como o santo apóstolo principiou a caminhar por terra desde a ilha de São Vicente, "em que hoje se veem rastros, que manifestam esse princípio de caminho [...], nas pegadas que [...] deixou impressas numa grande penha, em frente à barra, que segundo público testemunho se veem no dia de hoje, a menos de um quarto de légua do povoado". "Eu não as vi", pondera o missionário, mas acrescenta que a distância de duzentas léguas da costa, terra adentro, distinguiram, ele e seus companheiros, um caminho ancho de oito palmos, e nesse espaço nascia certa erva muito miúda que, dos dois lados, crescia até quase meia vara, e ainda quando se queimassem aqueles campos, sempre nascia a erva e do mesmo modo. "Corre este caminho", diz mais, "por toda aquela terra, e certificaram-se alguns portugueses que corre muito seguido desde o Brasil, e que comumente lhe chamam o caminho de São Tomé, ao passo que nós tivemos a mesma relação dos índios de nossa espiritual conquista."[17]

Os relatos de outros jesuítas castelhanos, alguns de época muito mais tardia, concordam no essencial com o de Montoya e parecem, não raro, calcados sobre as suas palavras. Assim escreve, por exemplo, o padre Pedro Lozano, aludindo em particular à província de Taiaoba, situada junto às cabeceiras do Piqueri, no sul do Guairá: "Por esta provincia, corre el camiño nombrado por los guaranies Peabiru y por los españoles de Santo Tomé, que es el que trajo el gloriosissimo apostol por mas de duzentas leguas desde la capitania de San Vicente, en el Brasil, y tiene ocho palmos de ancho, em cuyo espacio se le nace una yerba muy menuda que le distingue de toda la demás de los lados, que por la fertilidad crece á media vara, y aunque agostada la paja, se quemen los campos, nunca la yerba del dicho camiño se eleva mas, en reverencia sin duda de las sagradas plantas que la hollaron, y para testimonio de las fatigas que en tierras tales padeceria el apostol primeiro de la América".[18]

Francisco Jarque, por sua vez, na biografia que escreveu de Montoya, além de reproduzir o que diz este das origens e fama do mesmo caminho chamado de São Tomé,[19] refere como, por ele, "el Peabiyu, que es el camiño que llaman de San Tomé", tratara o padre Antônio Ruiz de recolher os catecúmenos que se tinham escapado, em 1628, às garras dos "portugueses del Brasil", assim como à servidão a que os queriam sujeitar os espanhóis da Vila Rica, iniciando, à beira dele, a fundação de um povoado que teria, afinal, destino idêntico ao dos outros, destruído que foi pelos mamelucos de São Paulo.[20]

Também Nicolas del Techo, recorrendo ao testemunho de Nóbrega, apoiado pelas razões de Orlandini, o historiador da Companhia, refere, já em fins do século XVII, como os viajantes que saíssem do Brasil para o Guairá ainda podiam avistar a senda de São Tomé, onde andara o apóstolo. Conserva-se, adianta, "igual todo el año, sin mas que las hierbas crecen algo y difieren bastante de las que hay en el campo, ofreciendo el aspecto de una via hecha con artificio; jamás la miran los misioneros del Guairá que no experimenten grande asombro".[21] Além disso, perto da capital do Guairá existiriam elevados penhascos coroados de pequenas planícies onde se viam, como em várias partes do Brasil, gravadas sobre o rochedo, pisadas humanas. Contavam os indígenas como, daquele lugar, costumava o apóstolo, frequentemente, pregar ao povo que acudia de toda parte a ouvi-lo.

Na própria cidade de Assunção existia um penedo onde se distinguiam duas pegadas humanas, não de homem descalço, porém a modo de sandálias, impressas na mesma pedra. A planta esquerda, diz Montoya, adiantava-se à direita, como de alguém que fizesse força ou finca-pé, e a tradição corrente entre os índios pretendia que daquela penha pregava o apóstolo aos gentios. As histórias divulgadas em toda a América portuguesa de revoltas dos naturais e perseguições padecidas por são Tomé também alcançaram aqueles lugares. Segundo certificou o dr. Lourenço de Mendoza, prelado de Assunção, em depoimento onde se trata dos ditos vestígios, era crença ali, entre os naturais, que, devido a maus-tratos infligidos ao santo pelos antepassados deles, passaram as raízes de mandioca, dádiva sua, que de início sazonavam em muito pouco tempo, a ser aproveitáveis só um ano e mais depois de cultivadas.[22]

Foi do Paraguai, para onde se passara do Brasil, que o mesmo são Tomé se dirigiu em seguida ao Peru, onde seu prestígio vai sofrer, todavia, a concorrência de outro apóstolo, de são Bartolomeu, que para alguns autores teria igualmente vindo ao Novo Mundo. De Assunção, segundo muitas opiniões, corria o caminho até à famosa lagoa do Paititi, sobre uma distância estimada em duzentas léguas, a qual lagoa assim se chamou por uma corruptela da voz "Pay Tomé", nome dado ao apóstolo santo. Prosseguindo o dito caminho ia ter ao povo de Carabuco, onde se venerou antigamente uma cruz milagrosa, que muitos pretendiam ser do tempo das andanças de são Tomé.²³

Entre os naturais do lugar, mormente entre índios serranos, recolhera o padre Alonso Ramos Gavilán, da Ordem de Santo Agostinho, a crença de que ali estivera um homem jamais visto até então, a pregar a existência de um Deus único e verdadeiro. Quiseram apedrejá-lo os habitantes de Cacha, a cinco ou seis jornadas de Cuzco, no caminho de Collau, para onde em seguida se dirigira. Eram acordes os depoimentos que puderam recolher as pessoas curiosas das conversas de índios velhos, quanto à ideia de que o apóstolo marchara de leste para oeste, do Brasil para o Peru, através do Paraguai e Tucumã. Alguns precisavam que alcançara o vale de Trujilo pelo lugar de Chachapoias e tomara depois o rumo de Cañete. Em Calango via-se na missão dos dominicanos, durante o século XVII, uma grande lousa, e nela impressos caracteres que se presumia serem gregos ou hebraicos, porque não acertavam em decifrá-los aqueles que os viram. Tratando de tais caracteres e dos pés estampados, diziam os nativos que um homem de avantajada estatura, branco, olhos azuis e barbas crescidas, fizera incisões na pedra para lhes dar a entender como era poderoso o Deus anunciado em suas prédicas e quão verdadeira a sua lei.

Este último pormenor parece reproduzir alguns aspectos assumidos pela mesma lenda no Brasil, onde já se sabe como, pelo menos em Itajuru, as suas bordoadas no rochedo, que ficara por elas marcado, tinham em vista mostrar o poder da palavra divina, que, no entanto, não penetrava os corações da gente do lugar. Outro tanto se diria das aleivosias e traições que perseguiram o santo no Peru, assim como no Brasil e no Paraguai. A tais extremos chegaram esses desatinos do gentio que, segundo versão generalizada entre peruanos, só um milagre o salvou certa vez da morte pelas chamas. O fato ocorreu quando os índios, depois de edificarem a seu mando um templo ao verdadeiro Deus, de que tratara em seus sermões, e de terem levado muita palha para cobrir o edifício, deixaram-na amontoada a um canto para mais tarde continuarem o trabalho. Uma vez, sendo já noite, e tendo o santo adormecido sobre a palha, viram os operários aparecer o demônio, feroz e espantoso, e disse-lhes que tratassem de queimar aquele homem, ateando fogo à palha, ao mesmo tempo que os censurava pela facilidade com que davam crédito a um adventício e estrangeiro. Fizeram os índios o que lhes mandara o inimigo do gênero humano, mas sucedeu que, ardendo a palha, saiu o santo com toda paz e sossego do meio das chamas para grande assombro dos gentios.[24]

É curioso observar, entretanto, como à medida que avança do oriente para o poente, a imagem e a predicação do são Tomé americano se enriquece de novos e mais fantásticos elementos. Para começar, andaria ele, no Brasil, geralmente descalço, segundo o fazem crer as pisadas referidas em vários depoimentos, e levava, se tanto, um só acompanhante, que poderia ser outro discípulo de Jesus ou ainda seu próprio anjo da guarda. Nóbrega também se refere a esse companheiro, dizendo que não lhe queriam bem os índios, mas ignorava a razão do malquerer.

Já ao entrar no Paraguai, ele calça sandálias, a julgar pelas pegadas impressas na penedia vizinha a Assunção, mencionada por Lourenço de Mendoza e Antônio Ruiz. Ao chegar ao Peru, já o encontram os índios usando uns sapatos semelhantes a sandálias, mas de três solas, como os que deixou perto do vulcão de Arequipa, depois de passar entre fumegantes lavas que escorriam como rio caudaloso. Na sola interna dos ditos sapatos ou sandálias, podia ver-se a marca do suor dos pés e eram de homem tão grande que a todos causava espanto. "As quais relíquias", escreve Antônio Ruiz, "se julgou comumente que eram do santo discípulo do Senhor. Uma dessas sandálias guarda-a consigo uma senhora principal, em cofre de prata, e faz muitos milagres." Acrescenta que o venerável padre Diego Alvarez de Paz, também da Companhia, afirmava ter visto muitas vezes a sandália e pretendia ser tão grato o seu aroma e fragrância, que deixava longe outro qualquer olor.[25] Além das sandálias ou sapatos de tríplice sola, compreendia a indumentária do são Tomé peruano, segundo variados testemunhos, uma única túnica feita não se sabe se de algodão ou lã, ao parecer inconsútil e de cor tirante à do girassol. Nicolas del Techo também faz referência a um par de sapatos do santo, achados, estes, não entre as lavas do vulcão de Arequipa, mas no meio das cinzas de uma floresta incendiada, juntamente com uma túnica inconsútil de matéria desconhecida.[26] E, segundo pôde saber o padre Alonso Ramos dos índios velhos, fazia-se acompanhar ordinariamente de cinco ou seis índios.

Outra particularidade da lenda peruana de são Tomé está nisto, que em contraste com o sucedido no Brasil, onde, perseguido dos índios, procurava muitas vezes fugir às insídias e tiranias destes, mostrava-se o apóstolo impaciente de qualquer injúria. Aliás, já se viu como no Paraguai chegara a castigar a insolência dos gentios, dilatando o prazo de amadurecimento da mandioca. Passando-se, porém, ao assento de Cacha, caminho de Collau, manifestara seu alto poder, fazendo com que baixasse o fogo do céu para castigar os desaforos dos que o pretenderam apedrejar. De onde o ficarem abrasadas ali as próprias pedras, testemunho perene de tamanho milagre. No Titicaca teve a pretensão de querer ver o altar e adoratório mantido pelos collas, com a intenção de o destruir. Silenciam, porém, os depoimentos conhecidos sobre o resultado desse intento.

Além das simples pegadas que deixou por todo o Brasil e o Paraguai, a presença de são Tomé nas terras peruanas ficou assinalada por marcas ainda mais notáveis, como aquelas que se viam junto ao povoado de Santo Antônio, província de Chachapoias, onde estivera o padre Montoya. Numa grande laje, a duas léguas do referido povoado, podiam ver-se estampados dois pés unidos, e logo adiante dois cavoucos, cabendo em cada um deles um joelho, indício de que o santo faria ali suas preces. Ao lado dessas, na mesma laje, achava-se, nitidamente desenhada, uma impressão como de báculo, que teria duas varas de comprido e nós de espaço a espaço, segundo se pode apurar da silhueta gravada. Por onde se poderia conjeturar, pensa o jesuíta, que o apóstolo largava o báculo para juntar as mãos e rezar. Constava que o arcebispo d. Toribio Mongrobejo chegara a ir pessoalmente ao lugar a fim de certificar-se da existência dos famosos sinais e, de joelhos e mãos postas, dera graças ao Senhor por ter podido ver rastros de um santo discípulo de Jesus Cristo.

Acrescenta Montoya que o mesmo arcebispo de Lima pretendeu mudar de lugar a pedra onde se achavam as impressões, mas não o conseguira. E que antes de chegarem ao Peru os espanhóis, Colla Tupa, governador da dita província em nome do inca Huascar, já a quisera remover para outra parte, sem resultado. À vista disso deixara ordem aos índios para que a adorassem. O mesmo d. Toribio ordenou que no lugar se fabricasse uma capela para que os rastros do santo ficassem postos em boa decência. O padre Techo, que relata as mesmas coisas, diz de alguns dos antigos habitantes do Peru que tinham grande devoção pelo apóstolo, reputando-o filho do Criador e, como tal, prestando-lhe culto.

De um báculo onde se sustentava o apóstolo, segundo aquelas marcas que dele ficaram no rochedo de Chachapoias, também há notícia no Brasil, atestada ao menos pelas bordoadas do Itajuru, a que aludiu Vasconcelos. No Peru, entretanto, esse bordão era com frequência substituído pela cruz: elemento que se torna inseparável da tradição local das andanças de são Tomé. Sustenta o padre Montoya, como coisa fora de dúvida, que o discípulo tinha sido devotíssimo das chagas do mestre divino, pela especial graça que lhe fizera Jesus; deixando que as tocasse com as próprias mãos; e não podendo levar exteriormente as mesmas chagas, se bem que em seu coração as guardava impressas, valia-se daquele instrumento, a cruz, por onde elas se fizeram.

Parecia-lhe, assim, muito de crer, que o santo trouxe consigo ao Novo Mundo o símbolo e sinal que dera na Ásia de sua futura pregação, e feito de pedra. Em Meliapor, onde padecera o martírio, mostrava-se uma cruz esculpida em pedra, com manchas de sangue, e na mesma pedra havia outros sinais seus, que ainda nessas marcas não quisera que o Ocidente fora inferior ao Oriente. Nas Índias Orientais tinham sido encontradas letras incógnitas, e outro tanto se vira nas Ocidentais. Foi morto por um brâmane sobre uma laje, e a cruz que carregava neste Ocidente era de tanto peso como uma rocha, e não menos incorruptível, pois estivera metida mais de 1500 anos em terra banhada de água, continuando intacta, maciça e sólida como se pedra fora. E além disso desprendia de si uma fragrância particular, sem dar mostra de que, em algum tempo, chegara a padecer corrupção.

Dessa cruz, associada no Peru à lembrança do apóstolo, refere o padre Nicolas del Techo que aparecera primeiramente em Carabuco, aldeia de neófitos situada nas imediações do lago de Titicaca. Sabedor de sua existência, o padre Sarmiento mandou cavoucar as margens do mesmo lago, onde se dizia que estava enterrada, e desse modo puderam finalmente retirá-la. Entre os espanhóis, tanto quanto entre crioulos e índios, alcançou grande veneração pelos muitos milagres que lhe atribuíram, sendo o maior deles o de que, à imitação da cruz de Cristo, não minguava de tamanho, por mais que lhe arrancassem continuamente fragmentos para edificação dos fiéis.

Dizia a tradição preservada pelos padres que a cruz fora erigida por são Tomé em desafio à cólera dos demônios, os quais ameaçaram os índios com não dar oráculos enquanto a não derrubassem. Por isso jogaram-na os naturais à água, várias vezes, sem que deixasse de sobrenadar. Malogrado o intento, procuraram queimá-la, mas inutilmente. Vendo, assim, que não a podiam destruir, enterraram-na em fossa profunda, junto às beiradas do lago. Das tentativas para reduzi-la a cinzas conservavam-se ainda sinais, segundo o disse Nicolas del Techo.²⁷ Largamente se ocupa Montoya no esmiuçar suas possíveis origens. A altura, de quase duas varas, a espessura, antes de lavrada, porque depois ainda era de um palmo, e além disso o seu grande peso, tamanho que, levada metade dela a Chuquisaca, a custo a transportaram duas mulas, e jogadas algumas partículas à água, foram logo ao fundo – em contraste com o que diz Techo –, fariam duvidar que a madeira tivesse ido a Carabuco do Paraguai ou do Peru ou que o santo levasse carga de tais distâncias. De qualquer modo parecia-lhe quase certo que teria sido transportada de muito longe, e que a não fez em Carabuco, pois toda aquela comarca é falta não só de madeira de proveito para qualquer lavor, mas até mesmo de paus para lenha comum. E, além de faltar madeira aproveitável na região de Carabuco, ignora-se em toda a terra do Peru que haja nela semelhante essência, tão pesada e olorosa, e daquela qualidade e cor, de onde se pode ter por coisa assente que havia de ter ido muito longe.

Que o mesmo sucede no próprio Paraguai, certifica-o, por outro lado, Montoya, alegando que nos quase trinta anos em que ele e os seus andavam naquela província, à busca de índios gentios, jamais lhes chegou notícia de coisa parecida. Como tivesse em seu poder um pedaço desse milagroso madeiro, com testemunho certo, e fizesse muitos cotejos, pudera, afinal, verificar que fora aquela cruz de são Tomé fabricada de uma árvore existente no Brasil, a que os naturais chamavam jacarandá e os espanhóis pau-santo, de que se faziam coisas mui curiosas, por isso que remedava o ébano.

Viu, dessa forma, que eram ambas da mesma espécie, e assim o afirmavam os práticos e os que fizeram experiências, comparando a cor de ambas, a fragrância e muito especialmente o peso, pois também o jacarandá, por minúsculas que sejam as partículas usadas, vai logo ao fundo se posto em água.

De onde se poderia coligir que são Tomé fabricou a cruz de Carabuco no Brasil e deu início à sua pregação nesta parte do mundo, comunicando a toda a espécie da tal madeira as virtudes que a experiência ensinava para a saúde humana, porque, bebida a água onde ela fosse deixada em cozimento, dava os melhores resultados, principalmente nos casos de disenteria, e é a causa de terem dado ao jacarandá o nome de pau-santo.

Ainda que na América lusitana o símbolo cristão não andasse, na aparência associado às histórias indígenas de são Tomé, todas essas razões servem ao autor da *Conquista espiritual* para abono de sua tese das origens brasileiras da cruz que o apóstolo chantou na beira do Titicaca. E é possível que o confirmasse ainda mais nessa crença o que haveria de milagre no transporte, sobre tão larga distância, de tão maravilhoso lenho, pois, indiferente ao seu peso extraordinário, não duvidara o discípulo de Jesus em levá-la consigo num percurso de mais de 1200 léguas.[28] E àqueles que, imitando a seu modo o próprio são Tomé, pusessem em dúvida tão alto prodígio já que três cavalos mal poderiam puxar semelhante madeiro, quanto mais um homem sozinho, mostra Nicolas del Techo que não fora esse o único milagre da mesma natureza devido ao apóstolo dos gentios: "Com efeito", diz, recordando um testemunho do padre Osório, "existe em Meliapur, onde jaz enterrado são Tomé, um tronco de árvore miraculosamente levado pelo apóstolo, e tamanho que o não poderiam arrastar muitas parelhas de bois ou elefantes".[29]

Por esse aspecto ainda parece o são Tomé americano estreitamente ligado ao protótipo da Ásia. E o testemunho do padre Osório, invocado por Nicolas del Techo, bem merece ser posto em confrontação com as versões de viajantes e cronistas portugueses da Índia sobre um madeiro encalhado nas areias do mar de Ceilão, o qual não o puderam desalojar os muitos homens e elefantes mandados a tirá-lo fora em terra, sendo, no entanto, facilmente arrastado e em seguida lavrado pelo discípulo de Jesus, sem a ajuda de qualquer outra pessoa.[30] Não seria de forja lusitana semelhante versão, pois, mais de meio século antes da viagem de Vasco da Gama, já a ouvira com pouca diferença o espanhol Pedro Tafur da boca de Nicolò de Conti, o renegado veneziano que andara nas partes do Oriente.[31] A diferença estava nisto principalmente, que o façanhoso tronco se deixava levar, neste último caso, não pelas águas do mar, mas pelas do Nilo, que Tafur situa na Índia, o que não é para admirar, pois tudo parece possível naquela mítica geografia: a outro interlocutor, Poggio Bracciolini, dissera aliás o mesmo Nicolò que os pretensos ossos e a igreja de são Tomé ficavam em Meliapur na Índia.[32]

Precisa-se ainda, na versão de Tafur, que a árvore carregada pelas águas era um linalois de descomunal grandeza. Tendo feito o templo, juntou o apóstolo os cavacos que sobejaram, distribuindo-os aos cristãos de são Tomé, que os traziam sempre pendentes ao peito, e tanto deles se fiavam que à hora da morte, quando não lhes fosse dado comungar de outro modo, das tais lascas se valiam como de hóstias consagradas. Acrescenta o espanhol, ao falar no "Nilo", que manavam suas águas do Éden, querendo com isso significar, talvez, que o transporte das árvores se fazia antes de meter-se o dito rio – o Gion das Escrituras – por debaixo do mar rumo à terra do Egito.

Também na narrativa apócrifa das peregrinações do infante d. Pedro de Portugal, o da Alfarrobeira, conta-se, como especialidade do Gion, o transportar troncos de linalois.[33] Outros queriam simplesmente que essa essência viesse do Paraíso, sem especificarem a via tomada. Essa opinião ainda tinha adeptos no século XVI, se não mal se explicaria que se desse um Garcia da Orta o trabalho de desenganar a respeito o Ruano dos seus Colóquios: "Nunqua", diz ele, "mereci ir ao Paraiso Terreal: mas comtudo diguo que aonde nasce (o linalois) não há alguns dos rios que dizem vir do paraiso terreal, senão bem longe delle; por onde não se escusam esses senhores de dizer tal fábula".[34] Não custaria muito mudar no jacarandá, pau de muito peso, bom cheiro, e que dificilmente se corrompe, o lenho sagrado da Índia, que tem iguais virtudes, nessa transfiguração americana das histórias de são Tomé. Do madeiro que foi dar em Chacabuco, e que se pretendeu originário do Brasil, diz mais Nicolas del Techo que o padre Diogo de Torres mandou partículas, num relicário de ouro, ao papa Clemente VIII e a vários cardeais, que o receberam em grande estima.

Ao constante socorro da Providência Divina deveram-se outros inúmeros sinais milagrosos que envolveram no Peru o apostolado de são Tomé. Entre os quais não seria de menor admiração aquele que narrou o frade agostiniano Alonso Ramos, fundado em notícias de um índio velho sobre certas aves vistosas que ali acompanhavam são Tomé, ou o Pay Tumé, como era chamado dos naturais, em todas as horas de aflição. Corria que, tendo os gentios, certa vez, açoitado e amarrado o santo, por instigação do demônio, no mesmo instante baixaram aquelas formosíssimas aves e o desataram. Livre assim da prisão, estendeu ele seu precioso manto sobre a lagoa vizinha, que tem oitenta léguas de circuito, navegou por ela e, passando em seguida num juncal, deixou no lugar uma senda que não mais desapareceu, e era tida em veneração entre toda gente. Aqueles mesmos juncos ou espadanas por onde fora aberto o caminho passaram a servir de mezinha aos enfermos, que, comendo de suas folhas, logo saravam.

Pode reconhecer-se nessa história, onde volta a surgir o são Tomé engenheiro e curandeiro, uma transposição, naturalmente muito mais rica, de certos aspectos que já tinha assumido o mito brasileiro de Sumé. Na passagem pela lagoa e na senda por entre os juncais não haveria um desdobramento do caso de Mairapé, que o santo abriu mar adentro, para fugir, também aqui, à sanha dos gentios? A persistência destes motivos deduz-se ainda das alusões do próprio Nóbrega às pisadas de Zomé que ele fora ver na Bahia em 1549, "e vi com os próprios olhos", diz, sinaladas junto de um rio. Ao que lhe informaram, deixara o santo aquelas pisadas, em número de quatro, e bem nítidas, com seus dedos, no momento em que ia fugindo dos índios, "e chegando ali se lhe abrira o rio, e passara por meio dele, sem se molhar, à outra parte. E dali foi para a Índia".[35] Por outro lado, no caso das vistosas e formosíssimas aves, que acompanhavam o Pay Tumé no Peru, caberia pensar naqueles pavões que andam associados ao mito no Oriente. Contudo o informante índio de frei Alonso precisara que, depois de sua conversão, se certificara de que eram anjos do céu.

Não duvidava Montoya que, sem embargo das perseguições que lhe moveram os índios, tivesse dado algum fruto o seu apostolado. A esse propósito cita, como um vago pressentimento da Santíssima Trindade, lembrança porventura das prédicas de são Tomé, o caso das três estátuas do Sol de Chuquilla, significando, respectivamente, o pai e senhor Sol, o filho Sol e o irmão Sol, ou ainda o do adoratório de certo ídolo peruano, que no dizer dos índios, em um eram três e em três um, que outro cronista ilustre, como ele soldado da Companhia, atribui, no entanto, a alguma diabólica insídia. Porque o demônio, escreve com efeito José de Acosta, é capaz de tudo fazer para furtar à verdade quanto sirva às suas mentiras e embustes, com aquela infernal e porfiada soberba de quem sempre apetece ser igual a Deus. E adverte que, onde refere essas abusões, mostrando o exercício em que o demônio ocupava seus devotos, é tão somente para que, a seu pesar, se veja a diferença entre a luz e as trevas, e entre a verdade cristã e a mentira gentílica, por mais que tivesse procurado, com artifícios, arremedar as coisas de Deus, o inimigo de Deus e dos homens.[36]

Num ponto, entretanto, parece fora de discussão a missionários que identificaram o Sumé brasílico e o Pay Tumé peruano ao discípulo de Jesus: na ajuda que teria ele prestado à obra da conversão do gentio. O próprio Nóbrega já escrevera que, segundo tradição dos índios, anunciara-lhes são Tomé, ao partir para a Índia, que "havia de tornar a vê-los".[37] Por sua vez os missionários jesuítas do Paraguai não hesitaram em interpretar essa promessa como anúncio de seu próprio apostolado. Aos padres Mazeta e Cataldino chegara mesmo, certo cacique do Paranapanema, a dizer de Pay Zomé que falara aos seus antepassados do dia em que toda aquela gentileza se haveria de estabelecer em povoados, por obra de certos homens que levariam a cruz diante de si, o que afinal se realizou com as fundações de santo Inácio e Loreto. Mais tarde, o mesmo padre Cassadino pudera averiguar pessoalmente, no Pirapó, como em várias regiões do Guairá se conservava bastante viva a recordação de são Tomé.

É de supor que essa feição pelo mito tivesse contribuído poderosamente para dar impulso à obra missionária desenvolvida pelos padres durante toda a sua assistência nas terras do Paraguai e, em particular, do Guairá castelhano. É significativo, a esse propósito, o testemunho do jesuíta Nicolau Durán, em sua ânua de 1628, onde dá conta do estado das reduções mantidas pelos inacianos em toda a província. Embora em documentos anteriores se tivesse referido à notícia corrente naquelas partes da vinda do glorioso são Tomé, admite que a princípio não lhes dera muito crédito, e em particular a certa profecia que teria feito o apóstolo aos índios, da futura pregação dos padres da Companhia.

Com o tempo, entretanto, a larga difusão alcançada entre os gentios pela mesma predição, que era propalada através de diferentes nações, e bem distantes umas das outras, acabaria por tirar-lhe todas as dúvidas que ainda pudesse alimentar sobre tão extraordinários sucessos. De maneira alguma, diz, pode haver suspeita quanto ao fato de ter sido feita aquela predição aos naturais do lugar, já que as palavras destes são perfeitamente concordes em tudo, sem que se possa encontrar entre elas a menor discrepância.

Referem esses índios, acrescenta, que o Santo Apóstolo disse aos seus antepassados, e pela tradição se comunicou o dito de pais a filhos, como em tempos vindouros deveriam chegar a suas terras uns padres, seus sucessores, a ensinar-lhes a palavra de Deus, que já àquela época lhes era por ele anunciada. Esses mesmos cuidariam de juntar os índios esparsos em povoações grandes, onde viveriam em ordem e polícia cristã, amando-se uns aos outros e tendo cada qual uma só mulher. Trariam cruzes os novos pregadores e, por obra deles, tupis e guaranis se amariam sem diferenças de nações ou emulações. Afirmavam ainda que, ao entrar ele, padre Durán, dois anos antes a convocá-los e reduzi-los, trazendo consigo uma cruz, "que em vez de báculo era o que costumavam usar os padres naquelas terras", logo se lembraram das mesmas profecias, dizendo entre si: "sem dúvida são os padres que aos nossos avós tinha prometido o santo Sumé".

Foi essa a causa principal de terem os gentios deixado suas terras com tão grande vontade para seguir àqueles sacerdotes, o que não deixou de maravilhar o padre Durán, por ser muita a gente que então levou à redução de são Xavier, dividida em tropas. E ali ficaram todos, muito satisfeitos com o verem que se tinha cumprido o que lhes afirmavam os antepassados, pois o que ensinavam os missionários, e nisto concordava a sua com a lição do glorioso apóstolo, era que se amassem umas nações às outras, de sorte que iam "perdendo o bestial costume de matarem-se e comerem-se".[38]

A explicação de tão nítida lembrança, entre os índios do Guairá, dos ensinamentos do Pay Zumé, que justificaria, por si só, o prestígio do mito no Guairá e através de todo o Paraguai, de onde se estenderia ao Peru, bem pode prender-se à memória de fatos que, por sua vez, se teriam associado, para reforçá-la, a uma crença ancestral das tribos carijós. Em outras palavras, na tradição que guardavam aqueles índios do Sul de seu herói civilizador, a lenda teria ganho em consistência, robustez e verossimilhança, com a intervenção de acontecimentos históricos mais ou menos recentes, e que impressionaram vivamente as mesmas populações.

Na atividade que, já a partir de 1538, e até 1546, ano em

que morreu, desenvolvera na ilha de Santa Catarina, no continente vizinho, no Guairá e até em Assunção, o frade Bernardo de Armenta, comissário da Ordem de São Francisco, estariam, muito possivelmente, os acontecimentos históricos que podem ter servido para avivar a lenda. A alta reputação ganha por ele entre os indígenas teria sido partilhada e talvez herdada, até certo ponto, por outro franciscano que o acompanhou e lhe sobreviveu, frei Alonso Lebron, o mesmo que Pasqual Fernandes iria aprisionar em 1548, levando para São Vicente.[39] A este podia corresponder, na história, o papel atribuído no mito indígena ao "companheiro" de Sumé.

Sabe-se que frei Bernardo percorreu, pelo menos uma vez, em toda a sua extensão, o caminho chamado de São Tomé quando acompanhou, à frente de uma centena de índios, o governador Cabeza de Vaca, e que o tinham em grande acatamento aqueles índios. Posto que o não estimasse o *adelantado*, autor de sérias acusações ao seu comportamento, entre outras a de que, junto com frei Alonso Lebron, guardaria encerradas em sua casa mais de trinta índias dos doze aos vinte anos de idade,[40] a boa conta em que era geralmente havido entre catecúmenos e gentios carijós espelha-se no nome que todos lhe atribuíam de Pay Zumé, como a identificá-lo com figura mítica.

Consta que, ao chegar a Santa Catarina, onde aceita a oferta do feitor real Pedro Dorantes, que se propõe ir descobrir o caminho "por donde garcia entró", Cabeza de Vaca conseguiria realizar mais facilmente o intento de penetrar por terra até o Paraguai pelo fato de o julgarem os índios filho do comissário da Ordem de São Francisco, ou seja, de Bernardo de Armenta, "a quien ellos dizen Payçumé y tienen en mucha veneración", segundo se expressaria em carta o próprio Dorantes.[41]

No que dirão mais tarde os guairenhos aos missionários jesuítas, não parece muito fácil separar o que pertenceria ao franciscano, predecessor daqueles na obra de catequese, dos atributos do personagem mitológico celebrado pelos seus avós e a eles comunicado de geração em geração. Mesmo no nome dado ao caminho que da costa do Brasil procurava as partes centrais do continente, não se prenderia, de alguma forma, a lendária tradição a uma verdade histórica ou, mais precisamente, ao fato de o ter trilhado frei Bernardo, que na imaginação dos índios da terra deveria ser figura mais considerável do que o *adelantado*?

O certo, por este ou outro motivo, é que o mítico Sumé assume então no Paraguai, em particular no Guairá, que se achava para todos os efeitos dentro do Paraguai, proporções que desconhecera na América lusitana, de precursor declarado e verdadeiro profeta da catequese jesuítica. Que dizer então do Pay Tumé peruano, em quem se acrisolam suas virtudes taumatúrgicas, dando ensejo à formação de toda uma brilhante hagiografia capaz de emparelhar-se com a do apóstolo cristão nas supostas andanças através do Extremo Oriente?

O primeiro passo para essa metamorfose do herói civilizador indígena fora dado, em verdade, no Brasil, devido à identificação, sugerida pela similitude dos nomes, entre o Sumé dos naturais da terra e o são Tomé apóstolo dos gentios. Não apenas essa similitude, aliás, como o contato maior do português do Extremo Oriente, que, tanto quanto os índios da América, tendia frequentemente a assimilar certos petroglifos a pisadas de algum antigo e misterioso personagem como o próprio Buda ou o discípulo do Cristo, deveriam naturalmente inclíná-lo a essa identificação.

Contudo, pode dizer-se que se limitou quase a ela, entre nós, a colaboração do europeu com a tradição indígena. Através dos depoimentos deixados pelos cronistas portugueses, nada mais se encontra no são Tomé americano que já não pudesse estar nas versões correntes entre os primitivos moradores da terra. Quando muito procuraria o advento utilizar o mito de forma a atender a problemas da catequese e às próprias exigências da fé ou às palavras dos teólogos mais reputados.

Com efeito, segundo uma opinião apoiada nas melhores

interpretações dos textos sagrados, devia estar fora de dúvida a pregação universal do Evangelho em eras mais ou menos remotas. Pois já não dissera o salmista e não o reiterara são Paulo aos romanos, que por toda a terra correu o som da voz divina e que suas palavras chegaram aos confins do mundo: "et in fines orbis terrae verba eorum"? Era certo, porém, que os descobrimentos de um mundo novo e inteiramente ignorado dos antigos revelara a existência de povos que se diria estremes do influxo das verdades do cristianismo.

Que tais sucessos podiam embaraçar e, de fato, já vinham embaraçando muitos dos que se atinham à opinião tradicional, mostram-no as conclusões que do descobrimento da América chegara a tirar um historiador quinhentista, aparentemente pouco zeloso da ortodoxia. Ainda se podiam admitir, pois já se fundavam agora na evidência incontrastável, as críticas de Guicciardini àqueles que imaginavam intransponível a linha equinocial ou inabitável a zona tórrida, ou ainda que sob os pés dos habitantes do mundo até então conhecido existissem na Terra outros habitantes a que chamavam antípodas. Menos certas, contudo, deveriam parecer algumas das suas ilações indemonstráveis, tiradas de simples e vãs aparências.

Pois não ousara o florentino alçar-se, argumentando com aquele descobrimento, contra certezas mais veneráveis e abonadas pela unanimidade dos teólogos? Não só a navegação de Colombo veio lançar confusão sobre muitas coisas afirmadas pelos antigos quanto a matérias terrenas, assim ponderara ele, "mas produziu, ao lado disso, alguma ansiedade nos intérpretes da Sagrada Escritura habituados a entender que aquele versículo do salmo onde se diz que em toda a Terra saiu o som delas e até aos confins do mundo chegaram suas palavras significasse que a fé cristã, pela boca dos apóstolos, tivesse penetrado o mundo inteiro: interpretação alheia à verdade, pois que, não aparecendo notícia alguma dessas terras e não existindo ali sinal algum de nossa fé, nem merece ser acreditado que a lei de Cristo tenha chegado ali antes destes tempos, nem que essa parte do mundo tivesse sido jamais descoberta ou achada por homens de nosso hemisfério".[42]

Ora, enquanto a Igreja se via impelida a uma ampla revisão de suas antigas posições, buscando renovar a própria estrutura ideológica de acordo com a imagem do mundo que se começava, pela primeira vez, a descortinar, a simples tentativa de identificação de um herói mítico ancestral dos índios do Brasil com o apóstolo das Índias deveria simplificar as dúvidas, fornecendo uma solução concreta e "histórica" para o problema. Solução coincidente, aliás, com as teses a que permaneciam fiéis muitos dos mais ilustres teólogos da Contrarreforma, como Belarmino, ainda aferrados à ideia da universal pregação dos apóstolos, que teria chegado às remotíssimas ilhas do Mar Oceano onde, perdida mais tarde a lembrança delas, ia sendo reavivada agora pelos novos apóstolos.[43]

Por outro lado, o próprio resgate e escravidão dos índios americanos, assim como dos negros africanos, que os portugueses, mesmo os jesuítas portugueses, foram naturalmente menos solícitos em combater com razões teológicas do que numerosos autores castelhanos, a começar por Vitória e Las Casas, poderiam ser praticados, nessas condições, sem excessivo escrúpulo. Pois uma vez admitida a pregação universal do Evangelho, tenderiam por força a alargar-se as possibilidades de guerra justa contra alguns povos primitivos, equiparados, agora, não a simples gentios, ignorantes da verdade revelada, mas aos apóstatas.

É sempre curioso notar como o são Tomé americano, que, para os colonos e missionários do Brasil, não passa, se tanto, de um mito vagamente propedêutico, se vai enriquecer e ganhar maior lustre à medida que a notícia de suas prédicas se expande para oeste, rumo às possessões de Castela. Sendo, como é, de fato, o único mito da conquista cuja procedência luso-brasileira parece bem assente, essa circunstância é o bastante, sem dúvida, para dar uma noção da mentalidade que dirigiu cada um dos dois povos ibéricos em sua obra colonizadora.

6
As atenuações plausíveis

AO LADO DISSO, NÃO É MENOS CERTO que todo o mundo lendário nascido nas conquistas castelhanas e que suscita eldorados, amazonas, serras de prata, lagoas mágicas, fontes de Juventa, tende antes a adelgaçar-se, descolorir-se ou ofuscar-se, desde que se penetra na América lusitana. Mesmo os motivos sobrenaturais de fundo piedoso, já bem radicados na península, parecem amortecer-se no Brasil e, de qualquer forma, desempenham papel menos considerável na conquista do território. A crença, aparentemente sugerida a alguns cronistas por certo trecho de Anchieta, onde se alegam os méritos do glorioso são Sebastião na tomada do Rio de Janeiro, de que o santo fora avistado em pessoa ao lado das tropas de Estácio de Sá, lutando contra os gentios e os hereges calvinistas, representa uma das escassas reminiscências que nos chegaram daqueles motivos. Restaria saber se essa presença milagrosa do padroeiro da cidade chegara a alcançar, entre os expugnadores, aquele crédito que lhe dão crônicas muito posteriores ao sucesso, inspiradas, mais provavelmente, em modelos literários bem sabidos do que numa tradição viva.

E ainda que se tratasse de tradição viva e verdadeiramente popular, não seria muito em confronto com as aparições semelhantes ocorridas nas Índias de Castela, onde os santos, em particular são Tiago e a própria Virgem Maria, que ao menos em um caso aparece cavalgando animoso corcel, se fazem a cada passo visíveis aos soldados, incitando-os e assistindo-os na peleja sagrada, à maneira dos deuses da Ilíada. Um moderno historiador que se deu o trabalho, consultando velhos textos, de realizar minucioso cômputo, ainda que forçosamente incompleto, dessas milagrosas aparições assinaladas durante a fase da conquista, dá a palma, em assiduidade, a Santiago, que teria participado nada menos de onze vezes de batalhas contra índios. O segundo lugar cabe à Virgem Maria: seis vezes. São Pedro, são Francisco e são Brás aparecem, cada qual, uma vez. Em certos depoimentos, porém, registra-se simplesmente a presença de algum santo, sem indicação que permita individuá-lo.[1]

Se o fabuloso das narrativas devotas pôde ter tamanho ascendente sobre o ânimo dos soldados espanhóis da conquista, sabe-se, sobretudo depois dos recentes estudos de Irwing A. Leonard, a que ponto também se mostraram sensíveis, estes, ao da literatura profana, mormente dos livros da cavalaria. Essas histórias, tão populares entre conquistadores e povoadores do Novo Mundo, não respondem apenas ao gosto das façanhosas proezas, dos triunfos heroicos e gloriosos, ou ainda do senso agudo de honra, da dignidade, da cortesia varonil, como também à atração das paisagens de encantamento e mistério. O crédito que a muitos pareceram merecer as histórias cavalheirescas vinha dar mais autoridade à notícia das maravilhas irreais, que já os mais antigos descobridores puderam pressentir naquele mundo ainda ignorado.

De ilhas encantadas, fontes mágicas, terras de luzente metal, de homens e monstros discrepantes da ordem natural, de criações aprazíveis ou temerosas, com que os novelistas incessantemente deleitavam um público sequioso de gestos guerreiros e fantásticos sortilégios, rapidamente se foram povoando as conquistas de Castela. E não é menos flagrante aqui o contraste que se oferece entre elas e as regiões do mesmo continente destinadas à Coroa lusitana.

De fato, embora não fossem menos afeiçoados à sedução dessas narrativas e fábulas – tanto que o próprio *Amadis de Gaula*, antes de existir sua primeira versão hoje conhecida, a castelhana, já se fizera famoso em Portugal, se é que não teve ali sua origem, como será o caso, futuramente, do *Palmeirim de Inglaterra* –, é significativa a minguada e quase nenhuma participação da fantasia que os anima nos feitos que marcam os estabelecimentos dos portugueses em terras do Brasil.

Nada há, certamente, em nossa história colonial, que possa medir força com aqueles gigantes, aquelas amazonas, aqueles pavorosos cinocéfalos, ou que se equipare aos países de sonho, presentes, todos, já na história de Amadis e que, no entanto, se vão realizando perante os conquistadores castelhanos das Índias. À estranha Califórnia, que existira com esse nome nas afamadas "sergas" de Esplandián, filho de Amadis, antes de ressurgir nos extremos confins da Nova Espanha, mal se poderia contrapor a povoação que Duarte Coelho fabricou na ourela de sua Nova Lusitânia, se é exata a tímida sugestão de Varnhagen, onde recorda que Olinda é nome "de uma das belas damas do *Amadis de Gaula*, cuja leitura estava então mui em voga, não faltando leitores que lhe davam tanta fé como em nossos dias se dá à história".[2]

Não deixaria, ainda assim, de ser característica essa escolha, entre as damas e cavalheiros da novela, de um personagem onde principalmente se distinguem atributos de moderação e comedimento que não parecem dos mais aptos a animar a fúria de rudes guerreiros. Ao lado de Briolanja, tantas vezes "formosa" – sem falar naturalmente em Oriana, a "sem par" –, a amiga de Agrajes, posto que muito bela e louçã, é principalmente definida por apagadas e discretas virtudes. Olinda "a Mesurada": talo qualificativo que, ao longo da novela de Amadis de Gaula,[3] mais insistentemente se associa ao seu nome.

Se algum vago pensamento de cavalaria andou relacionado ao sítio que povoou Duarte Coelho na costa de Pernambuco, seria mister ir procurá-lo de preferência em sua designação anterior, onde geralmente se quer encontrar um topônimo indígena. No último caso, essa designação, isto é, *Marim*, que em 1547, dez anos depois do estabelecimento ali da vila de Olinda, ainda aparece na descrição de Hans Staden,[4] deveria corresponder a *Mayr-r*, equivalente, em português, a "água ou rio dos franceses", segundo a etimologia lembrada por Varnhagen,[5] ou, no entender de Teodoro Sampaio, a "*cidade*, ou povoação tal como a construíam os europeus".[6]

Uma interpretação muito diversa, no entanto, pode resultar da leitura de vários documentos, como é o caso do mapa de Jacques de Vaudeclaye, composto em 1578, em que o castelo ou povoado local recebe o nome de Chasteau Marim,[7] ou do manuscrito de André Thévet sobre as suas viagens ao que chama Índias austrais, que foi da livraria do duque de Coislin e é hoje da Biblioteca Nacional de Paris, onde está *Chasteau Marin* e também *Castel Marin*,[8] e das *Singularitez* do mesmo autor, em que há notícia de um forte de *Castelmarim* levantado pelos portugueses perto do lugar de Pernambuco,[9] ou até de textos muito posteriores, que assinalam a presença ali de um antigo "castelo do mar" emparelhado com o da terra, ou de São Jorge.[10] Esse nome de Castelo do Mar pode proceder de uma confusão fácil entre a designação originária do lugar, *Marim*, e a palavra francesa *marin*,[11] confusão essa, aliás, que já se tinha insinuado no próprio texto de Thévet. Ora, acontece que Chasteau Marim traduz exatamente o topônimo Castro Marim, e assim se chama a vila e fortaleza do Algarve que foi cabeça dos freires de Cristo antes de mudar-se para Tomar, o que ocorreu no ano de 1356, sendo mestre d. Nuno Rodrigues, e como tal já vem nomeada em 1319 na bula de fundação da ordem em que se haviam convertido, a instâncias de el-rei d. Dinis, os antigos Templários do reino.

Varnhagen faz alusão, por outro lado, a um castelo quadrado existente no lugar de Olinda – e de que pode dar alguma ideia o tosco desenho que ilustra o livro de Hans Staden – comparando-o às torres de menagem medievais, e era justamente o caso da torre de Castro Marim europeia.[12] A escolha da fortaleza algarvia para cabeça da ordem explicara-se pelo fato de se achar na fronteira dos mouros, formando um muro contra as insolências e os rebates dos infiéis como está dito na própria bula de fundação: "Castello muy forte, a que a desposição do lugar faz muy defensavel que hera na frontaria dos ditos inimigos & parte com elles".[13] E essas mesmas razões não se aplicariam à futura sede da Nova Lusitânia, erigida numa eminência que ajudava a defendê-la da fereza dos índios pagãos? Por outro lado custa pensar que uma evocação da velha cabeça da Ordem de Cristo, velha de dois séculos, se pudesse prender no Brasil quinhentista ao papel garantido àquele instituto nas conquistas transoceânicas de Portugal.

Bem mais simples será supor que a reminiscência algarvia, neste caso, proviesse de um dos tantos acidentes fortuitos que farão reproduzir-se mais tarde, no aquém-mar, outros topônimos originalmente reinóis. Nem é impossível que o Marim brasileiro fosse lembrança de algum povoador ou capitão que, antes mesmo da chegada de Duarte Coelho, tivesse procurado prestar homenagem ao seu lugar de origem. Sabe-se, por exemplo, do próprio Cristóvão Jaques, fundador da primeira feitoria lusitana de Pernambuco, que vinha de uma família fixada no Algarve através de bens de raiz e morgadios.

Mas a própria hipótese, se fundada em melhores razões, de uma inspiração da Ordem de Cristo, quando esta se achava já empolgada pela Coroa, não pode simbolizar senão o poder de uma realeza absorvente e disciplinadora das vontades individuais e que, por isso, deixa pouco lugar à fantasia turbulenta dos heróis da cavalaria. No que respeita a essa afirmação decisiva do poder monárquico não há dúvida que Portugal amadureceu cedo: mais cedo do que o resto da península hispânica e, quase se pode dizer, do que o resto da Europa.

Todavia, se a unificação logo obtida e a sublevação popular e "burguesa", que dera o poder supremo à Casa de Avis, ajudaram largamente a mudar-lhe a fisionomia, reorganizando em sentido moderno, isto é, no sentido de absolutismo, suas instituições políticas e jurídicas, além de abrir caminho à expansão no ultramar, não é menos certo que o deixaram ainda, por muitos aspectos, preso ao passado medieval. E a própria rapidez e prematuridade da mudança fora, de algum modo, responsável por esses resultados.

A verdade é que tinham ascendido novos homens, mas não ascenderam, com eles, suas virtudes ancestrais. Uma burguesia envergonhada de si, de seu antigo abatimento social, substituíra-se à velha nobreza, contestando-se com o acomodar-se, tanto quanto possível, aos padrões desta. E como sucede constantemente em casos tais, aferrara-se tanto mais às aparências quanto mais lhe faltava em substância.

O resultado foi esse estranho conluio de elementos tradicionais e expressões novas, que ainda irá distinguir Portugal em pleno Renascimento, posto a serviço da pujança da monarquia. Melhor se diria, forçando a comparação, que as formas modernas respeitaram ali, em grande parte, e resguardaram, um fundo eminentemente arcaico e conservador. Moderna é, sem dúvida, aquela avassaladora preponderância da Coroa, num tempo em que o poder real ainda luta, em outras terras, com maior ou menor êxito, por sobrepujar as vontades particularistas. Aqui, ao contrário, como encontrasse poucas resistências desse lado, a realeza lograra mobilizar em torno de si energias ativas da população.

Tratava-se, não obstante, de uma simples fachada que mal encobria os traços antiquados, sobretudo a *forma mentis* vinculada ao passado e avessa, por isso, à especulação e à imaginação desinteressadas do humanismo renascentista. No íntimo sempre se mostrarão os portugueses pouco afeitos às transformações espirituais que, em muitos outros países, se operam simultaneamente com a grande obra dos navegadores do reino. Seu conservantismo, nesse ponto, seria semelhante ao do ermitão de um dos diálogos de frei Heitor Pinto, para quem a verdadeira filosofia não consiste tanto no saber quanto no fazer e no amar.[14]

E quando, já para os fins do século XVI, mesmo esse antigo cerne se deixa corroer por todas as partes, nada de autêntico o substituirá, desfalecidas que se acham, e como "burocratizadas", as energias verdadeiramente criadoras do povo. Alarmam-se, então, inutilmente, os moralistas, ante o gosto de novas invenções, das burlas, dos fumos da fantasia, o dar ao querer mais vela do que lastro. Em suma, ante o rápido descaimento, no reino, de tudo quanto parecera ter produzido sua passada grandeza. Às vésperas mesmo da catástrofe nacional que se há de seguir à morte del-rei d. Sebastião tentara ainda Diogo do Couto apontar para o exemplo oferecido pelas nações pouco dadas a mudanças, como os chineses e os venezianos.[15] Não estaria nesse conservantismo a causa principal das qualidades que os distinguiam, da grandeza de uns e da fama de outros?

No Brasil, de qualquer forma, só aos poucos parece ir perdendo terreno, em favor das novas fumaças, aquele realismo repousado, quase ascético ou ineloquente, que vemos refletido, por exemplo, nos escritos dos primeiros cronistas. Abrem exceção, mesmo antes de Simão de Vasconcelos, algumas biografias – quase hagiografias – de um padre Anchieta, mas as concessões ao milagroso não são novidade nem escândalo, num gênero que, por definição, deve abrir crédito ao sobrenatural.

É lícito pensar ainda que certas ideias bem precisas ou até pragmáticas servissem de reforço à simples devoção visionária sempre aberta à possibilidade de raros portentos, feitos maravilhosos, profecias, intuições divinatórias, transes, aparições, levitações, ubiquidades, como os que se multiplicam nas páginas desses livros, pois o que inspira muitos de seus autores, fiéis neste ponto ao espírito da era do Barroco, é sobretudo o afã de despertar os ânimos, ocupando os olhos. E porventura alguma ambição ainda mais definida, como seja a de ver eternamente glorificada a obra missionária dos inacianos nesta parte do Novo Mundo, através da canonização de um de seus maiores apóstolos, de sorte que o Brasil nada ficasse a dever às Índias. Anchieta canarino de ascendência basca seria como a réplica americana de são Francisco Xavier, outro basco.

Já em Vasconcelos, porém, essa imaginação piedosa irá complicar-se através da fascinação mirífica dos segredos e "curiosidades" da terra. E a tanto vai a fascinação que não se contenta ele apenas com o invocar testemunhos alheios, mas procura sustentar-se, em um ou outro caso, nas próprias e delirantes visões. Assim é que trata de abonar com seu depoimento pessoal os mais extravagantes fenômenos, como o é a metamorfose de uns bichinhos brancos, nascidos à tona da água, que julga ver, com seus olhos, fazerem-se mosquitos, estes mudarem-se em lagartixas, estas tornarem-se borboletas e finalmente as borboletas transformarem-se em colibris.[16]

Ainda aqui é preciso dizer que os olhos do cronista se deixaram simplesmente iludir pelo prestígio de uma opinião corrente e já tradicional entre os índios da costa, que costumavam dar os colibris por mensageiros de outra vida. Apesar de oposta à lei da natureza e ainda à velha doutrina de que nenhum vivente se pode converter em outro sem corrupção, a mesma crença, já registrada, ainda que mais discretamente, por Anchieta[17] e Cardim,[18] teria em seu favor manifestas aparências. Sabe-se, com efeito, de certas borboletas do Brasil, que são muitas vezes vistas a esvoaçar junto aos beija-flores em busca do mesmo pasto, e Wappaeus, que relembra essa circunstância, também alude ao caso do observador que, em sua caça, atirava nelas cuidando ter apontado para estes pássaros.[19]

Bem característico da estreita dependência em que se acha o maravilhoso, nas suas notícias e crônicas, de depoimentos alheios, é o que nelas se pode ler acerca de indígenas monstruosos localizados em certos lugares do sertão brasileiro, sobretudo na Amazônia. Neste como em outros casos, limita-se o jesuíta português a redizer, às vezes com palavras idênticas, o que já antes dele tinham afirmado cronistas ilustres, em particular o padre Cristoval de Acuña, segundo o demonstram os exemplos seguintes:

(Acuña)

Dizen que cercanos á su hábitacion, á la vanda del Sur en Tierra firme, viuen, entre otras, dos naciones, la una de enanos, tan chicos como criaturas muy tiernas, que se llaman Guayazis, la otra de una gente que todos ellos tienen los pies al reués, de suerte que quien no conociendo los quisiese seguir sus huellas, caminaria siempre al contrario que ellos. Llámanse Mutayus, y son tributarios a estos Tupinambás [...].[20]

[...] u por fin y remate de todos están los Curiguerés, que segun las informaciones de los que los auian visto, y que se ofrecián a lleuarnos á su tierra, son Gigantes de diez y seis palmos de altura, muy valientes, andan desnudos, traen grandes patenas de oro en las orejas y narices, y para llegar à sus pueblos son necessarios dos meses continuos de camiño desde la boca del Cuchiguará.[21]

(Vasconcelos)

"Dizião, que entre as nações sobreditas, moravão algumas monstruosas. Huma de anãos, de estatura tão pequena, que parecem afronta dos homens, chamados Goayazis. Outra he de casta de gente, que nasce com os pés ás avessas; de maneira, que quem houver de seguir seu caminho, ha de andar ao revès do que vão mostrando as pisadas: chamão-se estes Matuyus."

"Outra nação he de gigantes, de dezesseis palmos de alto, valentíssimos, adornados de pedaços de ouro por beiços e narizes, aos quaes todos os outros pagão respeito: tem por nome Curinqueans."

"Finalmente que ha outra nação de mulheres também monstruosas no modo de viver (são as que hoje chamamos Almazonas, semelhantes ás da Antiguidade, e de que tomou o nome o rio) porque são mulhe-

Son mujeres de gran valor y que sempre se han conservado sin ordinario comercio de varones, y aun quando estos por concierto que con ellas tienen, vienen cada año á sus tierras, los reciben con las armas en la mano, que son arcos y fechas, que juegan por algun espacio de tiempo, hasta que satisfechas de que vienen de paz los conocidos, y dexando las armas, acuden todas á las canoas, ó embarcaciones de los guéspedes y cogiendo cada una la amaca que halla más a manos, que son las camas en que ellos duermen, la lleuan á su casa, y colgandola en parte donde el dueño la conozca, le reciben por guésped aquellos pocos dias, despues de los quales ellos se vuelven á sus tierras, continuando todos los años este viage por el mismo tiempo.

Las hijas hembras que deste ayuntamiento las nacen, conseruan y crian entre si mesmas que son las que han de lleuar á delante el valor, y costumbre de sua nacion, pero los hijos varones no hay tanta certeza de lo que con ellos hazen.[22]

res guerreiras, que vivem por si sós, sem commercio de homens: habitão grandes povoações de huma Província inteira, cultivando as terras, sustentando-se de seus próprios trabalhos. Vivem entre grandes montanhas: são mulheres de valor conhecido que sempre se hão conservado sem consorcio de varões; e ainda quando, por concerto que tem entre si, vem estes certo tempo do anno a suas terras, são recebidos d'elas com as armas nas mãos, que são arco, e frechas; até que certificadas virem de paz, deixando primeiro as armas, acodem ellas a suas canoas, e tomando cada qual a rede, ou a cama do que lhe parece melhor, a leva a sua casa, e com ella recebe o hospede, aquelles breves dias, que ha de assistir; depois dos quaes, infallivelmente se tornão, até outro tempo semelhante do anno seguinte, em que fazem o mesmo. Criam entre si só as femeas d'este ajuntamento; os machos matão, ou os entregão as mais piedosas aos pais que os levam."[23]

Embora descendessem esses prodígios diretamente, e em todas as suas desvairadas peculiaridades, dos monstros e portentos da antiguidade clássica, que os escritores da Idade Média, inclusive geógrafos, cartógrafos e viajantes, costumam localizar, ora nas regiões incógnitas da Índia, a Índia Maior, como então se dizia, ora na Líbia ou na misteriosa Etiópia, pretende Acuña ter sabido seguramente de sua existência ali na Amazônia ou a alguma distância dela. E seus informantes seriam os tupinambás, provenientes da costa do Brasil, índios conversáveis e de muito boa razão, cujas notícias, observa "como de gente que tiene corrido y sugeto todo lo circunuezino a su jurisdición, se pueden tener por ciertas".

Quanto a Vasconcelos, que parece confiar religiosamente no poder da palavra escrita, onde se baseia, quase sempre de modo expresso, é no que diziam seus "Exploradores Cosmógrafos". Hortélio, o padre Afonso Ovalle e, já se sabe, em Cristoval de Acuña, estes dois últimos, como ele, da Companhia de Jesus. Apenas admite que as grandezas do rio do Grão-Pará, posto que lembrassem coisa sonhada quando pela primeira vez se publicaram, viriam a parecer, com o tempo, "não só verdadeiras, mas muito acrescentadas".[24] E só para esse acrescentamento alude a várias relações diárias, que tivera, de "excursões que por este rio fiserão os moradores da Capitania de São Paulo; e todos concordão, e dizem cousas maravilhosas [...]".[25] Embora bastante lacônica, esta última observação é importante depoimento, seja dito de passagem, acerca da grande extensão de território trilhada pelos paulistas, talvez já na primeira metade do século XVII. Aliás, os moradores de São Paulo, a que se refere, bem poderiam ser alguns componentes da bandeira de Raposo Tavares, que chegou ao Gurupá em 1651, quando Vasconcelos estaria quase de malas prontas para regressar a Lisboa, depois de vinte anos de assistência no Brasil.

Os escritos que lhe serviram de base para suas "notícias curiosas" apoiavam-se, de qualquer modo, em testemunhos infinitos, assim como os que o tinham certificado em sua crença na vinda de são Tomé ao Brasil, e isso era o bastante para que lhes desse boa-fé. Porque, tudo suposto, observa, "quem haverá que negue ainda hoje haver-se de ter por certa tradição tão constante, por tantas vias, por tantos reinos, por tantas nações, e casos tão extraordinários? D'outra maneira negar-se-há a fé commum da tradição humana, e o intento da Sagrada Escritura, que diz, Exod. 32: 'Interroga patrem tuum, et annuntiabit tibi: maiores tuos, et dicent tibi'. Se não pergunto eu: 'assi como no papel as letras, porque não se imprimirão tambem nas memorias, as especies das cousas memoraveis? Neguemos logo as façanhas dos Cesares, dos Pompeus dos nossos Viriatos, Sertorios, e outras histórias semelhantes'".[26]

Não lhe custaria mesmo acreditar, em face das muitas maravilhas que se escreveram sobre o Grão-Pará, e amparado naquela "fé comum da tradição humana", na possibilidade de ter sido ali plantado por Deus o próprio Paraíso Terreal. Isso mesmo há de dizê-lo em alguns parágrafos de suas *Notícias curiosas*, onde formula e responde à pergunta sobre se o mesmo Paraíso não seria na América. Consultados alguns mestres de Lisboa e outros das universidades de Évora e Coimbra, todos foram acordes em que não havia nada de definido em matéria de fé sobre o sítio do Éden, e que o autor não afirmava, tão somente lembrava, a probabilidade de achar-se na América, isto é, no Brasil, deixando essa probabilidade ao critério de quem o lesse. Não obstante os pareceres unânimes dos doutores, veio ordem terminante no sentido de se riscarem os tais parágrafos e de se recolherem os dez exemplares já impressos e distribuídos a amigos de Vasconcelos. Continuou depois a impressão, mas suprimidas ou antes resumidas nela as páginas que se impugnaram.[27] Entretanto, no resumo afinal publicado, se não o afirma peremptoriamente, ao menos acha, e o diz, que não cometeria pecado algum quem assim pensasse, já que tamanhos prodígios se tinham assinalados nesta parte do mundo.

Não falta, aliás, antes ou depois do jesuíta lusitano, quem abrace doutrina semelhante. E ninguém o fará com mais denodo do que um seu contemporâneo, o dr. Antonio de León Pinelo, conselheiro real de Castela, cronista-mor e recopilador das leis de Índias, historiador, geógrafo, jurista, numismata, contumacíssimo e eruditíssimo bibliófilo, colecionador de antiguidades, cristão sem mancha visível de heresia ou judaísmo, ainda que se saiba que dois avós seus conheceram em Portugal o cárcere e a fogueira do Santo Ofício. Pobre figura haveriam de fazer, em realidade, aqueles sete parágrafos de Simão de Vasconcelos comparados aos cinco livros, de 88 capítulos ao todo, que devotou Pinelo a igual tema, os quais chegam a abranger 838 folhas de 307 × 202 mm na cópia manuscrita que se guarda na Biblioteca Real de Madri, e dois enormes cartapácios, num total de 930 páginas do texto impresso em 1943.

Tendo impugnado as opiniões mais correntes sobre o sítio do Paraíso Terreal em alguma parte do Velho Mundo, passa logo a identificar os rios manantes da fonte que o rega. Assim, o Fison, que antigamente se confundia com o Ganges, e que o clérigo Fernando Montesinos insinuou ser o Madalena, na atual Colômbia, era simplesmente o Prata. Quanto ao Madalena era sem dúvida um rio paradisíaco, mas devia ser identificado com o Heidequel, ou Tigre. Da mesma forma o Gion das Escrituras não seria o Nilo, mas o Amazonas, ao passo que o Eufrates correspondia ao Orenoco.

Não se limita Pinelo a descrever em minúcias esses rios, com as riquezas, as maravilhas, as amenidades que os distinguem, fazendo-os dignos do verdadeiro Éden, ao menos onde têm as suas nascentes, mas ajunta pormenores que servem para naturalizá-lo neste Novo Mundo. A árvore da ciência do bem e do mal, por exemplo, não daria a maçã, nem o figo e nem, como o quiseram alguns modernos, a banana, e sim o maracujá, a "granadilla" dos castelhanos. O qual, na aparência, na cor, no sabor e em outras qualidades, é muito conforme ao que dizem os expositores do pomo que foi instrumento de nossa perdição e feitiço dos olhos de Eva.

O homem, em sua opinião, nasceu na América do Sul – não é por acaso que ela tem a forma de um coração – e aqui habitou até ao tempo do Dilúvio Universal. Noé fez sua arca na vertente ocidental da cordilheira dos Andes com cedros e madeiras fortes. Tinha, segundo o *Gênesis*, côvados de comprido, cinquenta de largo e trinta de alto, e que corresponde, reduzida à forma de nave ou galera, e medida segundo a mandou fabricar o Espírito Santo, 28125 toneladas. Depois de estabelecer uma equivalência entre os anos hebreus e o calendário juliano, conclui que o Dilúvio começou exatamente no dia 28 de novembro do ano de 1656 da Criação do Mundo e que Noé desembarcou, finalmente, a 27 de novembro de 1657. Tendo a arca saído dos Andes peruanos nove dias depois de começadas as águas, rumou diretamente para a Ásia, guiada pela mão de Deus, e depois de propagar-se ali a nova espécie humana, voltou ao Novo Mundo.[28]

Em favor dessa teoria de que ficava na América o sítio do Paraíso, não faltaria a mesma "fé comum" que a Simão de Vasconcelos parece coisa eficaz e infalível. De muitos daqueles tupinambás que Acuña encontrou refugiados junto à boca do Madeira, depois das tiranias e perseguições a que os sujeitaram os portugueses do Brasil, e que tinham sido os informantes dele acerca das nações monstruosas da Amazônia, sabe-se que não seriam avessos à crença no Éden tropical. A propósito de uma das suas migrações, que se fez da costa de Pernambuco para o Maranhão por volta de 1609, pôde apurar Alfred Métraux, fundado sobretudo em fontes francesas, que sua causa determinante fora, nem mais nem menos, o desejo que tinham esses índios de alcançar o Paraíso Terrestre.[29] Nesse sentido reporta-se o mesmo etnólogo ao encontro pelo senhor de la Ravardierè de grupos potiguaras de Pernambuco na ilha de Santa Ana, que teriam saído de suas terras na demanda do Paraíso. Dirigia-os certo mágico que se apresentara como um dos seus antepassados ressuscitado.

Esse caso dos potiguaras vem em apoio do que sugeriu Nimuendajú sobre o êxodo dos guaranis-apapocuva, isto é, que o estabelecimento dos tupis e parentes deles, originários do sul, ao longo da costa atlântica resultara de grandes movimentos religiosos, e estes continuariam a processar-se até aos dias atuais entre as mesmas tribos. Os apapocuvas representavam seu Paraíso Terreal como um sítio onde ninguém morre e onde todos encontram de sobra os mais deliciosos manjares. O nome que em sua língua dão a esse lugar é *"yvy marã y"*, e isso significa literalmente "terra sem mal". Nele se encontraria a casa de Ñandevurusu, o criador do mundo. Não havia contudo acordo perfeito sobre o sítio exato desse eldorado ou sobre os meios de chegar-se a ele. Imaginavam-no alguns no céu, pretendendo que, para alcançá-lo, deveriam os índios tornar tão leve o próprio corpo como se pudessem voar: com esse fito recomendavam-se determinadas danças, além de rigoroso jejum. Outros cuidavam que a casa de Ñandevurusu ficava, ao contrário, no meio da Terra: ali se viam, entre outras coisas prodigiosas, aqueles pés de milho que crescem e granam em breves instantes, sem necessidade de intervenção do trabalho dos homens. A maior parte acreditava, porém, que se deveria buscar o Paraíso de preferência nas bandas do Oriente, para lá do mar grande.[30]

As causas que moveram os apapocuvas a mudar de terra serviriam igualmente para explicar o fito que costumava atrair os antigos tupis da costa em suas frequentes migrações, que, aliás, também se faziam rumo ao poente. É o caso, entre outros, daquela jornada de trezentos índios do Brasil que, em 1549, levando consigo dois portugueses, penetraram terras do Peru pelo caminho de Chachapoias, o mesmo caminho que, segundo a versão do padre Antônio Ruiz, teria tomado o são Tomé lendário. Sabe-se do grande alvoroço que as notícias levadas por essa gente acabaram por despertar entre castelhanos e da influência que exerceram sobre consecutivas expedições que organizaram rumo à bacia amazônica, em particular a de Pedro de Orsúa, em 1560.

Pero de Magalhães Gandavo, que registra aquela grande migração tupi, já dissera das constantes andanças dos índios que, falecendo-lhes as fazendas capazes de detê-los em suas pátrias, não tinham senão o intento de "buscar sempre terras novas, afim de lhes parecer que acharão nellas imortalidade e descanso perpetuo".[31]

A imortalidade, a ausência de dor e fadiga, o eterno ócio, pois que ali as enxadas saem a cavar sozinhas e os panicuns vão à roça buscar mantimento, segundo presunção já recolhida por Manuel da Nóbrega e Fernão Cardim, a abastança extraordinária de bens terrenos, principalmente de opíparos e deliciosos manjares, tais são os característicos mais constantes da terra "sem mal", ou seja, do paraíso indígena. Impunha-se naturalmente o conforto com o Éden das Escrituras onde, num horto de delícias cheio de árvores aprazíveis e boas para comida, o homem se acharia não só isento da dor e da morte, mas desobrigado ainda de qualquer esforço físico para ganhar o pão.

Essas coincidências, depois de terem sido, provavelmente, estímulo bastante para que dois portugueses acompanhassem os trezentos índios em sua peregrinação da costa do Brasil ao Peru e, mais tarde, certamente, causa da expedição de Pedro de Orsúa que alongara o paraíso do gentio no Dourado amazônico, ainda trariam inquietos, por muito tempo, os que não tivessem perdido esperança de recobrar o Éden em alguma parte deste planeta.

À fé comum dos índios tupi poderia o cronista da Companhia juntar a de muitos descobridores e conquistadores brancos do Novo Mundo. O próprio Colombo não começara por ver no Pária, precisamente ao norte da Amazônia, em lugar que Schöner, no seu Globo de 1515, chega a identificar com o Brasil – *Paria sive Brasilia* –, a verdadeira porta do Éden? E não lhe parece tão bom como o do Fison o ouro que na mesma terra se criava? Mais tarde, sob a forma de Eldorado, se deslocaria esse paraíso colombino para a Guiana e para o rio de Orellana.

Nem faltariam argumentos ainda mais respeitáveis, apoiados, estes, em escritos de teólogos antigos e modernos, a favor da crença dos que situassem o sagrado horto no coração do Brasil, e de preferência na Amazônia. Observa Vasconcelos que muitos daqueles teólogos, entre eles o próprio santo Tomás de Aquino, teriam colocado o paraíso debaixo da linha equinocial, cuidando que era a parte do mundo mais temperada, mais deleitável e mais amena para a perfeita habitação dos homens.[32] Sucede ainda que entre as regiões equatoriais nenhuma, segundo o cronista da Companhia, tinha em si as bondades que mostra o Brasil. E como lhe parecesse indiscutível, de acordo com a melhor filosofia, que da excelência das propriedades se colhe a do ser, passa a sumariar longamente as que fazem a suma perfeição da América lusitana.

Para isso, põe em relevo quatro propriedades que necessariamente lhe parecem dar bom ser a uma terra. A primeira está nisto, que se há de vestir de verde, com erva, pasto e arvoredo de vários gêneros. A segunda, que gozará de bom clima, boas influências do céu, do sol, da lua, das estrelas. Que sejam abundantes as suas águas em peixes, e seus ares em aves, é esta a terceira propriedade, e a quarta, que produza todos os gêneros de animais e bestas da Terra. Tudo consta, a seu ver, do divino texto na criação do mundo, e por essas quatro propriedades a deu por boa o seu Divino Autor.[33]

Ora, de todas elas acreditava o jesuíta português achar-se o Brasil dotado em grau eminente. De onde o concluir que haveria de estar nestas partes o mesmo deleitoso jardim em que pusera Deus os nossos primeiros pais, se não um símile ou cópia dele, já que faziam vantagem aos fabulosos Campos Elísios, ou aos jardins suspensos, ou ainda à Atlântida e, sem dúvida, à Taprobana, de ares tão infensos à saúde dos homens, conforme já o tinham podido experimentar os próprios portugueses, ainda que houvesse quem, impensadamente, visse ali a pátria verdadeira de Adão.[34]

Assim como nas notícias dos monstros amazônicos seguira ele o que dissera o padre Acuña, aqui suas palavras reproduzem até certo ponto os louvores que dedicara Acosta às Índias Ocidentais. Porque, observara este, "lo que los otros poetas cantan de los Campos Eliseos y de la famosa Tempe, y lo que Platón cuenta o finge da aquella su isla Atlântida, cierto lo hallarían los hombres en tales tierras, sí con generoso corazón quisiesen antes ser señores que non esclavos de su dinero y codicia".[35]

Mais sóbrio do que Acuña, menos crédulo do que o cronista da Companhia de Jesus no Brasil, hesitara o mesmo Acosta em afiançar que estivesse o Paraíso Terrestre debaixo da equinocial, pela única razão de que seria temeridade querer dar isso por coisa certa, ainda que todas as aparências o certificassem. De qualquer modo, essas simples palavras já oferecem uma sugestão fértil. Antes de Vasconcelos e muito antes de Rocha Pita, que também se inspira visivelmente nele quando decanta os esplendores de sua Bahia,[36] já as utilizara, por exemplo, Symão Estacio da Sylveira, em sua *Relação sumaria*, de 1624, como pretexto para o engrandecimento das bondades da terra do Maranhão, que ajudará a povoar de colonos ilhéus.

Além de "golfeira e muito criançola, toda cheya de grandissimos arvoredos que testificão sua fecudia", conforme declarou em seu curioso estilo, aquela terra se mostra "chã, pouco montuosa e tão branda, que por viço se pode andar descalço". E acrescenta: "Deste clima e deste terreno debayxo da Zona torrida (de que os antigos não tiverão noticia, e forão de parecer que seria inhabitavel), depois que a experiencia mostrou o desengano, houve authores que imaginarão, que aqui devia ser o Paraizo de deleites, onde nossos primeiros Paes forão gerados".[37]

A exaltada reabilitação das regiões tropicais populariza-ra-se desde cedo, aliás, entre portugueses, como consequência de suas explorações da costa ocidental do continente africano. Depois que o saber de experiências feito, as experiências de seus marinheiros, derrogara o saber especulativo e aéreo de tantos doutores antigos e modernos, os mimos das novas terras descobertas passavam a tecer naturalmente uma grinalda para a vaidade nacional. O ostentá-los tinha quase o valor simbólico de uma chancela que servisse para acreditar a glória dos grandes descobrimentos: da mesma forma a simples postura triunfal parece ainda hoje dar segurança e realidade à vitória.

Ao lado disso, compreende-se como, por uma tendência compensatória para aquele excessivo crédito que, durante longo tempo, obtivera a doutrina de que os lugares cortados pela equinocial hão de repelir os viventes de boa compleição ou, quando menos, os seres humanos, sucedesse o pendor invencível e não menos exagerado, para só distinguir em tais lugares o que eles pudessem oferecer de salutar e aprazível.

Nada impede, porém, que a generalidade dos cronistas e, provavelmente, os marinheiros e colonos portugueses, em terras distantes, se mostre mais ou menos alheia a essa inflação do mistério e do milagre que sugeriu continuamente, e em todos os tempos, o primeiro contato dos mundos desconhecidos. Ou, se o estímulo visionário e mágico chegou a ter para eles algum poder eficaz, não foi tanto porque se sentissem animados a fabricar espectros e visões, mas porque um consenso universal e imemorial, que dava a esses fantasmas a força das evidências, já os acostumara a contar com eles.

Ainda assim, a prodigalidade, por exemplo, com os príncipes portugueses, a começar, segundo consta, em 1457, pelo infante d. Fernando, irmão de el-rei d. Afonso V, entraram de repente a distribuir entre aqueles que novamente descobrissem, por si ou pessoa interposta, as *ilhas perdidas*, de que falavam tantos e tão obstinados rumores, não parece resultar de quiméricos sonhos ou de fantasias inconsequentes. Mesmo onde se recobrem de vestes irreais ou onde recebem nomes de lenda, a atração constante dos países imaginários da espécie daquelas "ylhas e terra fyrme" das Sete Cidades, que ao Príncipe Perfeito aprouve doar a Fernão Dulmo, cavaleiro de sua casa e capitão da Terceira, se chegasse a encontrá-las, traduz, talvez, a noção ainda confusa, e mais tarde concretizada, de que a imensidão do Mar Oceano era uma intercadência, não era o remate dos mundos habitáveis.

Por outro lado, traduz ainda a esperança de que ela viesse a agir nos ânimos aventureiros, menos sob a aparência de barreira do que de aguilhão, apontando para um *plus ultra*, e constituíram-se certamente essas muitas promessas e ofertas entre os mais poderosos instrumentos que soube forjar a Coroa para dar alento às desabusadas navegações dos descobridores.

Contudo, poderia ser lembrado que aos portugueses, já no século XV, coubera parte nada irrelevante na demanda do fabuloso país do Preste João. Nem aqui, porém, se pode seguramente afirmar que se deixaram eles mover por algum fugaz sortilégio. Durante três séculos e mais, as notícias sobre a existência nas partes do Oriente de um grande e orgulhoso potentado, senhor de reinos dilatados a que impusera a verdadeira fé, notícias nascidas de uma simples impostura e que, no entanto, puderam deslumbrar a Europa inteira desde os próprios papas e imperadores, tinham tido tempo de produzir sua opulenta messe de maravilhas. Maravilhas a que o testemunho dos viajantes não deixara de assegurar o melhor crédito.

O que a rigor fizeram esses portugueses, quando trocaram o lendário império por certo país africano, mais afamado do que verdadeiramente conhecido e que tinha de comum com o outro apenas o serem regidos ambos por soberanos cristãos, foi contribuir para que se simplificasse e desbotasse a lenda, fazendo emergir, em seu lugar, uma realidade bem precisa e, naturalmente, menos excitante.

A eles nem sequer é possível atribuir alguma responsabilidade nessa identificação, que era afinal um modo de enfeitar ou esfumar o real, dando-lhe a substância dos sonhos. É, em suma, o que faz Cristóvão Colombo, quando cuida reconhecer a Ofir do rei Salomão ou o Cipangu de Marco Polo nas ilhas que sucessivamente vai descortinando em suas viagens. O certo é que em 1487, quando Pedro da Covilhã e Afonso de Paiva saem de Portugal levando instruções de d. João II para o reconhecimento da terra do Preste, já era velha, em todo o Ocidente, a tendência para assimilar-se ao *rex Aethiopiae*, como dirão depois os pontífices romanos, aquele fantástico imperador oriental: velha de mais de cem anos, se é exato, conforme se pretendeu, que nascera por volta de 1350 das páginas de certa novela de viagens de um anônimo espanhol.[38] Não será necessária, assim, a intervenção portuguesa para que se animem os cartógrafos pelo menos a partir de 1375 (data da famosa carta catalã) a inscrever sobre o mapa da Abissínia a legenda rica em sugestão: *Regnum Presbyteri Johannis*.

Surgindo com relativo atraso no horizonte das navegações lusitanas, sem o engodo de tesouros e maravilhas que, bem ou mal, tinham sido causa de tantas outras expedições descobridoras, o Brasil não oferece campo nem mesmo a essas cintilantes associações. Ainda quando vindos por livre vontade, seus antigos povoadores hão de habituar-se nele a uma natureza chã e aparentemente inerte, e aceitá-lo em tudo tal como é, sem a inquieta atração de outros céus ou de um mundo diverso. Portos, cabos, enseadas, vilas, logo se batizam segundo o calendário da Igreja, e é um primeiro passo para batizar e domar toda a terra. São designações comemorativas, como a significar que a lembrança e o costume hão de prevalecer aqui sobre a esperança e a surpresa.

As próprias plantas e os bichos recebem, muitas vezes, nomes inadequados, mas já familiares ao adventício, que assim parece mostrar sua vontade de ver prolongada apenas, no aquém-mar, sua longínqua e saudosa pátria ancestral. Cópia em tudo fiel do reino, um "novo Portugal": é o que querem ver no mundo novo, e é o elogio supremo que todo ele ou alguma das suas partes pode esperar desses reinóis. Louvor que aparece nos escritos de Fernão Cardim, autor mais atento, embora, do que muitos outros, àqueles mesmos "segredos" da terra que seduziam os conquistadores nas Índias de Castela.

Serão sempre assim os colonos do Brasil? E a miragem paradisíaca de Symão Estacio, por exemplo, ou a de Simão de Vasconcelos? É mister considerar, no entanto, que tais homens pertencem aos Seiscentos, a uma era, por conseguinte, em que a própria imagem do real só se faz visível e, por isso, convincente e eficaz, quando se mova segundo os caprichos de uma fantasia barroca. E depois, a evocação do Paraíso Terrestre adquire, nesses casos, um valor aparentemente menos literal do que literário. Vasconcelos, e ainda melhor Rocha Pita, que a irá retomar no século seguinte, não deixarão de servir-se do símile, de acordo com a fórmula do *Taceat* ou do *Cedat* épicos: cale-se, enfim, cesse, a memória do Tempe, dos jardins suspensos, do horto das Hespérides, que aqui, e não em outro lugar celebrado dos antigos, encontrareis a verdadeira visão do Paraíso Terreal!

Seria andar muito depressa, porém, querer deduzir de tudo isso que os portugueses do Brasil, ainda os mais aferrados ao concreto e ao cotidiano, praticassem, em geral, uma perfeita ascese da imaginação. É indubitável que naqueles tempos as fórmulas literárias queriam ter, não raro, valor literal, mais literal com certeza do que o teriam se empregadas hoje: as próprias metáforas nem sempre eram *apenas* metafóricas.[39] E parecerá difícil compreenderem-se certos aspectos distintivos da mentalidade dominante nas épocas que antecederam à revolução científica, quando não se parta dessa circunstância.

Antônio Vieira, com sua lucidez e dialética, admiráveis às vezes, mesmo para os nossos dias, não entendia, como os antigos entendiam os oráculos, aquela algaravia das trovas do Bandarra? E assim como acreditava firmemente, lendo-as a seu gosto, que as rimas do poeta sapateiro profetizavam a ressurreição de el-rei d. João IV e o Quinto Império, em vez da volta de d. Sebastião esperada pelos menos esclarecidos, também não duvidava que este ou aquele passo das Sagradas Escrituras queria referir-se diretamente a sucessos de seu tempo, de sua Bahia de Todos-os-Santos ou do Pernambuco apossado pelos holandeses.

Se o prodígio pode, assim, implantar-se no próprio espetáculo cotidiano, se até os atos e fatos mais comezinhos chegam a converter-se em signos ou parábolas, impregnando-se de significações sobrenaturais, que dizer das coisas ocultas ou invisíveis, que apenas se deixam anunciar por misteriosos indícios? Não é uma verdadeira procissão de maravilhas – lagoas douradas, reluzentes serras, seres monstruosos e inumanos – o que costuma gerar o pensamento dos tesouros encobertos ou encantados do sertão?

Não cabe indagar, a tal propósito, se aquele mundo mítico chegou a brotar espontaneamente entre os nossos povoadores, ou se o suscitaram, ao contrário, influxos externos. Estes seriam naturalmente inevitáveis, desde o instante em que os mesmos povoadores e colonos, que a princípio esperaram ver convertido o Brasil num outro Portugal, passaram, por vezes, a desejá-lo um outro Peru. O importante é que não pareceram ausentes, mas foram, ao invés disso, fatores ativos da expansão colonizadora, as mesmas manifestações sobrenaturais que em toda parte e em quase todos os tempos formaram como o cortejo mágico e o resplendor das minas preciosas.

Seria, em verdade, um retrato bem pouco fiel e até um retrato às avessas o que procurasse apresentar esses portugueses como insensíveis ao apelo do mistério. Ou que pretendesse discernir na relativa sobriedade com que se comportam, ao menos seus viajantes e narradores quinhentistas, ante o espetáculo natural da terra, no seu contentar-se frequentemente com o evidente, o imediato ou o utilizável, alguma congênita apatia. Não é, ao contrário, dos seus traços mais constantes, justamente um fundo emotivo extremamente rico e que, por isso, mal atinge aquele mínimo de isenção necessário para poder objetivar-se nas representações fantásticas ou nas criações miríficas, que vêm, por assim dizer, de um deslumbramento apaziguado?

O abandono à simples emoção, sem derivativo para as especulações ou os desvarios, transparece insistentemente, e já de início, dos escritos de todos os cronistas lusitanos. O próprio Pero Lopes de Sousa, escrevendo embora na linguagem descolorida que compete a um jornal de bordo, renuncia por momentos a seu laconismo habitual para desmanchar-se em acentos mais cálidos. É o que sucede em particular quando chega à vista do país dos Carandi, já fora dos atuais limites brasileiros. E, exclama, "[...] he a mais fermosa terra e mais aprazível que pode ser. Eu trazia comigo alemães e italianos e homẽs que foram à Índia e franceses – todos eram espantados da fermosura da terra; e andavamos todos pasmados que nos não lembrava tornar".[40]

E parece raro que os *loci amoeni* literários, derivados comumente de velhos motivos edênicos, venham a sobrepujar, no deslumbramento desses navegantes, a expressão de uma sensibilidade mais direta ao espetáculo real.

7
Paraíso perdido
•

DE QUALQUER MODO, NÃO SE PODERÁ DIZER que a sedução do tema paradisíaco tivesse sido menor para os portugueses, durante a Idade Média e a era dos grandes descobrimentos marítimos, do que o fora para outros povos cristãos de toda a Europa ou mesmo para judeus e muçulmanos. E não é menos certo pretender-se que tal sedução explica muitas das reações a que dera lugar, entre eles, o contato de terras ignoradas do ultramar.

A crença na realidade física e atual do Éden parecia então inabalável. E posto que o exame detido da questão escape às finalidades do presente estudo, convém, entretanto, notar que aquela crença não se fazia sentir apenas em livros de devoção ou recreio, mas ainda nas descrições de viagens, reais e fictícias, como as de Mandeville, e sobretudo nas obras dos cosmógrafos e cartógrafos. Do desejo explicável de atribuir-se, nas cartas geográficas, uma posição eminente ao Paraíso Terreal, representado de ordinário no Oriente, de acordo com o texto do *Gênesis*, é bem significativo o modelo de mapa-múndi mais correntemente usado. Modelo este em que, no hemisfério conhecido, Europa e África ocupam sempre a metade inferior, ao passo que a Ásia se situa acima dos demais continentes.

O resultado é que a parte correspondente ao Éden, decorado muitas vezes por artistas religiosos, que não poupavam, em suas iluminuras, o emprego de símbolos cristãos, encontra-se não à esquerda e sim no ponto mais elevado do globo.[1] A tríplice separação do mundo habitado, abrangendo Ásia, Europa e África, é efetuada constantemente por intermédio do Tanais (Don), do Nilo e do Mediterrâneo.

Também não cabe aqui senão um retrospecto sumário das origens desse tema, cujo desenvolvimento, abrangendo nos tempos medievais e mais tarde toda a cristandade, e em particular o Ocidente cristão,[2] também irá alcançar Portugal.

O ponto de partida para as "visões" medievais do Paraíso encontra-se, naturalmente, no *Gênesis*, 2, 9-25 e 3, 1-24, onde se narra como o Senhor Deus, tendo criado o homem, em quem insuflou o fôlego da vida e o fez assim alma vivente, plantou para sua habitação um horto "da banda do Oriente". Ali espalhou, por toda parte, plantas agradáveis à vista e boas para comida: no meio destas achava-se a árvore da vida, cujos frutos dariam vida eterna, e a da ciência do bem e do mal, única expressamente defesa ao homem, sob pena de morte.

Do mesmo horto saía um rio, que se dividia, ao deixá-lo, em quatro cabeças: o Fison, que rodeia a terra de Havila, onde há ouro, além do bdélio e da pedra sardônica, e é bom o ouro desse lugar; o Gion, que rodeia toda a terra de Cush; o Hidequel, que corre para leste da Assíria, e finalmente o Eufrates. Havendo o Senhor formado de limo todo animal do campo e toda ave dos céus, levou-os a Adão. E Adão pôs nome ao gado e às aves do céu e às bestas do campo. E como o primeiro homem não tinha quem o ajudasse, fez Deus cair sobre ele um sono pesado e tomou uma das suas costelas de que formou a mulher.

A bondade daquele jardim deleitoso revela-se plenamente, por contraste, depois do castigo a que se viram sujeitos esta primeira mulher e seu esposo (tendo ambos comido daquele mesmo pomo que lhes vedara o Senhor), e da condição a que desde então foram condenados.

O estado de perfeita inocência em que tinham sido criados é manifesto quando se considere a cautela guardada por Adão e Eva, quando sentiram sua nudez, de se esconderem da presença de Deus entre o arvoredo. Com o primeiro pecado também se tinham aberto pela primeira vez seus olhos, pois, como fora dito pela serpente, daquele fruto lhes viria o conhecimento do bem e do mal. E sua mesma esquivança patenteará ao Senhor o erro que a provocara: "Quem te mostrou que estavas nu? Comeste da árvore que ordenei que não comesses?".

A harmonia entre todos os viventes irá também dissipar-se em consequência do pecado. Entre a mulher e a insidiosa serpente, instrumento da tentação, agora amaldiçoada, será eterna a discórdia e irá estender-se a toda a sua geração: "E porei inimizade entre ti e a mulher, e entre a tua e a sua semente". Ao lado das árvores aprazíveis e benfazejas, crescerão, por sua vez, espécies danadas, os cardos e os abrolhos, e toda a terra que as produzir será maldita por causa do primeiro homem.

Ao lado de tudo isso vão imperar agora a fadiga, a dor, a mortalidade. Como a criatura humana soubesse já o bem e o mal, mandou-a o Senhor Deus sair do jardim do Éden, para que não tomasse também da árvore da vida e comesse de seu pomo e vivesse eternamente. E pôs querubins ao Oriente do Paraíso, e uma espada flamejante que andava ao redor, para guardar o caminho da árvore da vida. Antes disso falara, porém, à mulher: "Multiplicarei grandemente a tua dor e a tua conceição". E ao homem: "Com o suor de teu rosto comerás o teu pão até que te volvas à terra, já que dela foste tomado: porque és pó e ao pó reverterás".

O perfeito acordo entre todas as criaturas, a feliz ignorância do bem e do mal, a isenção de todo mister penoso e fatigante, e ainda a ausência da dor física e da morte: estes são os elementos constitutivos da condição primeira do homem, que há de ser abolida com o Pecado e a Queda. Sobre esse núcleo inicial, que pertence ao *Gênesis*, ampliado, em seguida, de traços oriundos do Apocalipse e, depois, de novos e sucessivos atributos tomados geralmente às crenças do paganismo, irão engastar-se pouco a pouco os juízos interpretativos dos padres da Igreja e dos teólogos, para formar, finalmente, a ideia medieval do Paraíso Terrestre.

Não carecia, naturalmente, o mundo greco-romano, como não careceu nenhuma civilização, da lembrança, zelosamente cultivada, de um estado de delícias e venturas que teria a humanidade vivido no começo dos tempos, e que alguma terrível catástrofe viera a frustrar sem remédio. Assim como para a criança o mundo se mede segundo as próprias vontades e caprichos, o mesmo ocorre com a infância do mundo. Aquela condição de plena bem-aventurança, tal como a viram e cantaram os poetas, representaria a projeção, sobre um plano cósmico, da vida da infância tal como a podem ver os adultos, isto é, uma infância idealizada pela distância: assim, era natural que a situassem no passado. E representa, além disso, o reverso necessário, e em certo sentido compensatório, das misérias do presente.

Se não, leia-se o quadro da Idade de Ouro que se ostenta no pórtico das *Metamorfoses*. Aqui, a descrição daquele estado inaugural do homem e do cosmos traduz-se primeiramente no desaparecimento do intruso, que pretendendo administrar uma justiça exemplar e cruel, viria simplesmente transgredir as regras do jogo num universo lúdico por excelência, feito de tranquila e ociosa irresponsabilidade.

Da mesma forma são eliminados o mal, o medo, a morte. A terra, bem comum de todos, produz continuamente, ainda ignorante da enxada e do arado que lhe ulcerassem a crosta, livre de cuidados ou solicitações, o fruto saboroso e a espiga loura e nutritiva. O pinho não desceu dos montes para ir povoar de galeras a líquida planície, pois, contentes os homens com o que a pátria liberalmente lhes dá, e sem labor, podem dispensar a circulação das fazendas e a da pecuária. Não se conhece a guerra, já que faltam os motivos de emulação: nada de fortalezas, nem de capacetes, espadas ou recurvas trombetas. Eterna é a primavera: um zéfiro amável abranda o ar e acaricia as flores que ninguém cultivou. Das colinas suaves, descem rios de leite e rios de néctar, enquanto o mel dourado roreja sobre as folhas como orvalho.

Ainda que nessa cosmogonia a abolição da paisagem idílica e venturosa não se prenda ao erro do primeiro homem, mas à queda do primeiro deus, Saturno destronado e precipitado nas sombras do Tártaro pelo próprio filho, nada de fundamental a separa do Éden bíblico. E como, em um e outro caso, o paraíso perdido fosse fabricado para responder a desejos e frustrações dos homens, não é de admirar se ele aparecesse, em vez de realidade morta, como um ideal eterno e, naturalmente, uma remota esperança. Virgílio, que o deslocara para o futuro, passará na Idade Média por um magno inspirado, novo Isaías, mais exatamente por um profeta, e profeta cristão. Não anunciara ele, como sua Idade de Ouro recuperada, a redenção do mal e o próximo advento do Messias?

Contudo, esse mundo paradisíaco, fosse ele cristão ou pagão, permanecia invariavelmente no passado, ou no futuro, ou no sonho, alheio e adverso à vida atual. Esquecidos de que o próprio de todos os ideais é serem inatingíveis, de que o mínimo de materialidade compatível com a existência na terra e no tempo já serviria para os manchar e perder, não hão de faltar os que pelejam por desconhecer semelhante estorvo.

A isso não parecem opor-se irrevogavelmente as Sagradas Escrituras, pois, do contrário, qual a razão da presença daqueles querubins incumbidos pelo Senhor de fechar o caminho que levava à árvore da vida? Parecia claro que o Paraíso continuava a existir fisicamente em alguma parte da Terra, da banda do Oriente, como está no *Gênesis*, a menos que toda a narração bíblica tivesse sentido meramente alegórico. Mas com boa vontade também seria possível interpretar alegoricamente, ou até analogicamente, a palavra santa, num sentido favorável a essa ideia, dizendo, por exemplo, que os anjos colocados à entrada do horto significavam apenas as dificuldades opostas a quem buscasse recobrar a perdida bem-aventurança, ou ainda que transmitia uma oculta mensagem aos fiéis.

De qualquer modo, nada militava fortemente contra a realidade material e presente daquele jardim que Deus plantou para o primeiro homem. E a existência de crenças semelhantes entre os antigos pagãos seria, ainda neste caso, um convite para que se amalgamassem, fortalecendo-se mutuamente, as diferentes tradições.

A versão poética da lenda do horto das Hespérides tende a situá-lo, como se sabe, em uma ou mais ilhas perdidas no meio do oceano. Surgida primeiramente, ao que parece, entre povos navegadores, tais como os gregos ou os fenícios, seria a forma inicial, e talvez o longínquo modelo, daquele romantismo insular que irá invadir toda a Europa a partir da era dos grandes descobrimentos marítimos.

Existe algum fundamento histórico para semelhante tradição? Deodoro Sículo pretendera que naus púnicas, velejando ao longo do litoral africano, teriam sido impelidas certa vez pelos ventos até àquelas paragens desconhecidas, depois de errar dias seguidos por entre as ondas. Outra notícia, preservada por Aristóteles, precisa que os cartagineses, navegando para além das colunas de Hércules, chegaram a uma ilha desabitada, mas vestida de espessas florestas, cortadas de muitos rios e abundantes em frutos de vária espécie. Apartada, embora, muitos dias, do continente, não deixou, porém, de ser assiduamente frequentada por aqueles navegantes, e alguns, seduzidos pela feracidade de seu solo, ali se estabeleceram. Certo dia, porém, os sufetas de Cartago, temerosos da audácia de alguns conjurados, que se poderiam apoderar daquela terra e passar a constituir perigo para a república, não só proibiram, sob pena de morte, qualquer viagem à ilha distante, como a despovoaram, a fim de que dela não se viesse a ter ciência.

Mais tarde, segundo testemunho de Plínio, fora dado a Juba localizar na mesma direção várias ilhas, e de uma consta que se chamava precisamente Canária, por causa dos muitos e imensos cães que nela se criavam, dois dos quais levaria consigo o númida. Em outra ilha, à altura da Mauritânia, se bem que arredada das mais, chegaria Juba a estabelecer uma fábrica da substância corante conhecida sob o nome de púrpura getúlica.[3]

Não há motivos poderosos para se pôr em dúvida que fenícios e cartagineses tivessem efetivamente alcançado alguma parte das Canárias atuais e do grupo da Madeira. Já no século passado as investigações de Banbury puderam reforçar as hipóteses de Müllenhoff e de Vivien de St. Martin no mesmo sentido. Pretende aquele historiador da geografia antiga que as descrições deixadas por Deodoro e Aristóteles sobre uma ilha situada para o ocidente das colunas de Hércules, povoada de espesso matagal, com muitas árvores de frutas, e cortada de rios, aplica-se exatamente à Madeira e *apenas* à Madeira, no estado em que a encontraram os navegadores portugueses e italianos no século xiv.

Note-se que tais descrições se conformam, em todos os pontos, com o que a Cadamosto dissera em 1455 João Gonçalves Zarco, isto é, que ao ser encontrada a ilha, não havia ali um palmo de terra que não fosse coberto de árvores grandíssimas. Para cultivá-la tiveram os primeiros povoadores de recorrer ao sistema que depois usariam os do Brasil, de destruir a mata deitando-lhe fogo. O qual fogo andou lavrando pela ilha grande espaço de tempo, e foi tamanho, que os moradores, com suas mulheres e filhos, tiveram de acolher-se à água no mar, e assim estiveram com ela até ao pescoço dois dias e duas noites, sem comer, nem beber, pois de outro modo teriam morrido queimados. Desaparecendo por essa forma o bosque, tudo se tornou em terreno para cultivo, além das canas doces, de vinhas e trigo. Deste colhiam-se a princípio sessenta por um, mas como a terra se fosse deteriorando com o contínuo uso, passou a render trinta e quarenta. Diz mais o veneziano que o lugar era copioso em águas de gentilíssimas fontes e tinha obra de oito córregos, muito grandes. E para finalizar: "è tutta un giardino, e tutto quello che vi si raccoglie è oro".[4]

Richard Hennig, que, em sua antologia de viajantes antigos e medievais às *terrae incognitae*, recolhe alguns desses depoimentos clássicos sobre as ilhas do Atlântico, pretende ver um argumento em favor da realidade histórica dos testemunhos recolhidos no próprio fato de noticiarem a presença de certas matérias corantes de cuja carestia e carência se ressentira grandemente a Antiguidade. A célebre indústria de púrpura, em Tiro, fundava-se sobre receitas cujo segredo só em nossos dias pôde ser imperfeitamente esclarecido. A seu ver, o corante que ali se fabricava mal poderia originar-se só do *murex*, bem conhecido e acessível a muitas outras populações da orla do Mediterrâneo. Não se acharia nos arquipélagos mal sabidos do Atlântico algum outro produto capaz de suprir, ao menos em parte, a grande procura de matérias tintoriais?

Ora, justamente aquelas ilhas, particularmente as Canárias, são a pátria de eleição da melhor urzela, que em fins da Idade Média novamente se tornará mercadoria excepcionalmente valiosa.[5] E mais de um historiador chegou a suspeitar que à boa qualidade da urzela canarina se relacionasse de algum modo o mistério da produção da púrpura fenícia. Ao lado da urzela, caberia acrescentar que as mesmas ilhas forneciam ainda outra substância tintorial, embora de menos preço, extraída da resina do chamado "sangue-de-dragão".[6]

A abundância deste último produto na Madeira, e também em Porto Santo, acha-se documentada no relato de Cadamosto, a quem certo Antônio Gonçalves e Patricio di Conti, este último, cônsul da sereníssima, fizeram uma visita a mando do infante d. Henrique, levando-lhe amostras de açúcar madeirense e sangue-de-dragão.[7] De sorte que a associação da lavoura canavieira com a coleta de matéria tintorial, já estariam os portugueses em condições de tentá-la em suas possessões insulares do Atlântico, antes de a inaugurarem no Brasil: convém notar que, em épocas mais remotas, fora Portugal o grande fornecedor europeu, aos países do Norte, da grã, o belo corante escarlate que levava a palma ao próprio brasil.[8] Posteriormente, o descobrimento da urzela também em Cabo Verde, que, no entanto, só se terá verificado em 1730, aparece como uma das causas do aumento da população daquelas ilhas, pela mesma época.[9]

Parece inegável que essa, entre outras razões, tenderia a reforçar a ideia de que algumas ilhas do Atlântico, particularmente as Canárias e a Madeira, além dos Açores, já seriam conhecidas dos antigos. E o próprio nome de *Purpurariae*, que a uma parte delas atribuiu Plínio, serviria para apoiar ainda mais a opinião de que as substâncias corantes que ali se produziam eram não apenas conhecidas, mas aproveitadas.

Nada disso, porém, explica suficientemente o nome de Afortunadas, que a tradição associava a um arquipélago existente a oeste do estreito de Gibraltar, ou seja, das colunas de Hércules, e que os historiadores da geografia clássica identificaram muitas vezes com as Canárias. O próprio Plínio, na descrição que delas nos oferece, baseada principalmente sobre as notícias de Juba II, rei da Numídia e Mauritânia, não se mostra especialmente solícito em realçar suas excelências e amenidades. Da Caprária, por exemplo, que seria uma das afortunadas ilhas, diz apenas que era povoada de multidões de grandes sáurios. Canária, ainda que se notabilizasse pela presença de árvores frutíferas, pássaros, mel abundante e papiros, tirava o nome, aparentemente, dos imensos cães que nela rondavam. Ninguária, por sua vez, seria lugar desolado, coberto de neve e constantemente envolto em espessa neblina, ao passo que, em Pluviália, a Ombros dos gregos, não se conhecia água, senão das chuvas. Todas essas ilhas eram infestadas, além disso, pelas carcaças pútridas de monstruosas criaturas, que as águas do mar levavam às suas praias.[10]

Para a mítica auréola que as cingira, forneceu Kiepert uma

explicação engenhosa ao dizer que o nome de *Makaron Nesoi*, atribuído tardiamente pelos gregos ao mesmo arquipélago, e que correspondia literalmente à forma latina de *Insulae Fortunatae*, não passaria de uma deturpação fonética da primitiva designação fenícia do mesmo lugar, isto é, ilha de Macário (ou seja, de Melkert, o deus local de Tiro). Embora não a aceitassem facilmente alguns antigos filólogos, essa proposta, bem arrimada, aliás, na tese de Müllenhoff, foi ultimamente revivida por Hennig que, tendo em conta razões históricas e psicológicas, a julga altamente provável.[11] Caberia acrescentar a essas razões que o Melkert fenício chegou a identificar-se com Hércules, a cuja história se prende o caso do pomo das Hespérides, que por sua vez andam relacionadas com as ilhas ocidentais.

A explicação, abonada embora por Hennig, só pode ser acolhida, no entanto, com prudente reserva, assim como a outra, que o mesmo historiador, partindo de uma indicação de Schulten, apresenta para o próprio pomo de ouro, que assimila aos frutos do *Arbutus canariensis*, com sua aparência capaz de justificar aquele nome. Como, junto às Hespérides, estaria, suportando o céu, o famoso monte Atlas, que conhece as profundezas sombrias do mar, no verso de Homero ou, em outras palavras, que emerge diretamente das águas do oceano, pode adquirir certa dose de verossimilhança a velha hipótese, aplaudida por Humboldt, de que o Atlas primitivo seja, de fato, o pico de Tenerife.

Tal montanha, em realidade, parece elevar-se praticamente do mar e, alcançando a altitude de 3710 metros, chega a ser visível nos dias claros, ainda segundo Humboldt, das colinas litorâneas que se estendem pela vizinhança do cabo Bojador. Esse pretenso Atlas primitivo seria, então, a mais ocidental das colunas, que, na concepção corrente entre os antigos egípcios, depois acolhida pela ciência semítica e helênica, servem para suportar toda a abóbada celeste nas várias direções da rosa dos ventos. Tal interpretação é, segundo o compilador de

Terrae Incognitae, aparentemente favorecida pelos geógrafos e historiadores, mas impugnada pelos velhos filólogos, embora sem motivos muito convincentes.[12] Tanto Hesíodo como o poeta da *Odisseia* são acordes, aliás, em situar o gigantesco Atlas justamente em face das Hespérides.

Independentemente da identidade possível, mas discutível, entre as ilhas Afortunadas e qualquer arquipélago conhecido, a confusa noção de que se achavam elas perdidas entre as misteriosas águas do oceano, e além das raias do mundo habitado, já seria de molde, por si só, a dar-lhes dimensões mitológicas. Que estas logo amadurecessem numa fascinante idealização poética, oriunda de sua associação com o horto das Hespérides, é igualmente compreensível.

A idealização poética já é manifesta na *Odisseia*, onde se lê que naqueles lugares abençoados não se conhece a neve, nem o furacão hibernal, ou as grossas trovoadas. Apenas pode falar-se na amável viração que sopra das partes de Oeste, levada com a água do mar: doce refrigério para os homens (*Od.*, IV, 563-568). De uma dessas ilhas ocidentais, a de Ortígia, também se lê (XV, 402-407) que jamais tivera a visita da fome e nem a da peste, inimiga dos mortais.

Retomando o mesmo tema, Plutarco, por sua vez, limita a duas as célebres ilhas. Nelas, em vez de chuvas, raras e suaves, sente-se uma delicada brisa, que não serve apenas de estímulo à paisagem de generosa verdura, mas ainda vai suscitar, liberalmente, agrestes pomos e saborosos, que os moradores podem alcançar sem trabalho, esforço ou cansaço. Ao longo das estações, que se separam quase insensivelmente, produzindo um clima sempre temperado, dominam ares bonançosos e salutíferos, pois que os ventos norte e noroeste chegam ali amortecidos do longo espaço que percorreram, ao passo que o do Oeste só lhes pode dar amenidade. Tanto é assim que, mesmo entre os bárbaros, se tinha geralmente por certa a crença de que ali se acham os verdadeiros campos elísios e ainda a vivenda daqueles entes afortunados, que Homero cantou.[13]

A própria divulgação do cristianismo está longe de constituir embaraço insuperável para o bom crédito da lenda das *Insulae Fortunatae*. Não só a ideia de um sítio deleitoso, apartado dos humanos, tendia a lisonjear a ideia ainda vivaz da materialidade do Paraíso Terreal, como a própria mitologia das Hespérides tinha por onde acomodar-se, talvez, a outros passos da narrativa bíblica. Neste caso entra principalmente a captura da maçã de ouro, que fora reservada a Hera. A árvore dos dourados pomos situa-se num horto, tanto quanto a do Éden. Guardam-na as filhas de Atlas, mas como certo dia as surpreendesse Hera a furtar os frutos (o que sugere ainda o paralelo com Eva), decide confiá-la ao dragão Ladon. Este, como a serpente do *Gênesis*, é comumente figurado enrodilhando-se no tronco.

Já antes desse trabalho houvera-se Heracles, aliás, com outra serpente, e ocorre pensar na hidra de Lerna, cujo papel, todavia, não corresponde, melhor do que o de Ladon, à víbora, que no Paraíso servira de instrumento para a danação da primeira mulher e sua semente. Mas a identificação logo feita entre os deuses pagãos e os demônios do cristianismo não serviria para abolir, aqui, todas essas discrepâncias secundárias? Finalmente as sólidas muralhas que fizera edificar Atlas para a proteção do pomar poderiam ter sua equivalência nas muralhas do Éden, cujas portas seriam, depois da Queda, confiadas à guarda dos querubins ali postos por Deus para impedir o acesso aos homens.

Uma divergência importante entre a narração pagã e a descrição bíblica estaria em que, na primeira, o herói, conseguindo apropriar-se com enganos da maçã proibida, depois de ingressar no horto, há de ganhar, em recompensa pelos seus trabalhos, a preservação de sua parte divina, liberta, assim, da lei da morte. Nem Hera poderá contestar-lhe, já agora, o lugar que lhe assegurou Zeus no panteão olímpico. Essa apoteose suprema contrasta vivamente com a terrível maldição lançada sobre os filhos de Eva, impedidos de alcançar o Paraíso e, no centro dele, aquela árvore de vida que lhes daria a imortalidade. Ainda esse contraste bem pode quadrar, no entanto, com o destino que o nascente cristianismo, e mormente os primeiros padres da Igreja, acabaram por atribuir aos mitos antigos.

Uma confusa esperança restava, porém, de que aquelas portas do Éden não estariam definitivamente fechadas, e de que o acesso aos jardins sagrados seria dado, porventura, a quem o buscasse com ânimo piedoso ou – quem sabe? – com assomado brio. As lendas medievais sobre Alexandre, que além da jornada às colunas de Hércules implicam um *Iter ad Paradisum*,[14] são a réplica extemporânea, surgida em meio cristão, dos famosos trabalhos de Hércules: nem falta nela um episódio paralelo ao da hidra, que se transforma, neste caso, em basilisco.

É certo, porém, que o próprio Alexandre, com todo o denodo, a altanaria e a insaciável cobiça que o levam, de passagem, a conquistar a Índia até o Ganges, não consegue penetrar no país dos bem-aventurados. De sua arrojada expedição, tudo quanto leva de volta é certa pedra maravilhosa, recebida de um velho por estreita janela. Pesado, mais do que todo o ouro do mundo, o estranho objeto despojava-se, entretanto, dessa virtude, se lhe deitassem em cima um pouco de pó. Mostrado aos sábios de Susa tamanho prodígio, explicaram-lhe que a terra alcançada era a mesma em que aguardariam os justos o dia do Juízo Final. E ainda que a maravilhosa pedra era remédio contra a temeridade.

Os viajantes que aludem ao Paraíso materialmente presente em alguma parte da Terra, e que tentaram chegar a ele, não teriam melhor sorte do que Alexandre. "De paradis terrestre ne vous saroie ie proprement parler car ie ny fui oncques": assim se expressa, com efeito, o autor ou compilador das viagens de Mandeville, que não obstante refere o que outros lhe teriam narrado a respeito, como quem diz que a interdição não era irrevogável. De qualquer modo, deixa claro que a possibilidade de vencê-la não está unicamente no arbítrio dos homens. Outros grandes personagens, antes e depois, teriam procurado muitas vezes, e com o maior empenho, *par moult grande volonté*, avançar sobre os rios que correm do Paraíso. Assim, na fabulosa narrativa das viagens "nas quatro partidas do mundo" de d. Pedro, o Infante de Portugal, consta que, tendo esse príncipe alcançado licença do Preste João para ir até onde não houvesse mais geração de homens, venceu dezessete jornadas de dromedário (os dromedários que lhe deu o Preste), que valem por 680 léguas, sobre um deserto onde não há caminho por mar ou terra, e chegou à vista de umas montanhas, de onde não quiseram ir além os homens mandados a acompanhá-lo, e avistou então o Tigre e o Eufrates e o Gion e o Fison, que são os rios do Paraíso Terreal, e mais não viu.[15] O mesmo aconteceu com quantos tentaram igual demanda, porque ou não lograram vencer os ínvios desertos, ou não puderam seguir viagem as naus onde navegavam; ou morreram cansados de remar contra a corrente; alguns ficaram cegos, outros surdos, do estrondo que ali fazem as águas, insuportáveis a ouvidos mortais; muitos naufragaram, ou se perderam, de sorte, escreve Mandeville, que nenhum homem conseguiu chegar lá pelo próprio capricho *se ce nestoit par especial grace de Dieu*.[16]

Por especial graça de Deus: isso mesmo dará a entender Cristóvão Colombo, quando, chegado à altura da "província" do Pária, se imagina à porta do Paraíso Terreal. "Já disse", escreve, "aquilo que achava deste hemisfério e da sua feitura, e creio, se passasse por debaixo da linha equinocial, que ali chegando, neste lugar mais alto, achara maior temperança e diversidade nas estrelas e nas águas, não porque acredite que onde se acha a altura extrema seja possível navegar-se ou seja possível subir até lá, pois creio que lá está o Paraíso Terrestre, onde ninguém pode chegar, salvo por vontade divina [...]".[17] A graça de Deus, a vontade divina, é todavia caprichosa, ou assim parecerão suas razões, superiores aos nossos limites humanos e terrenos.

A história das ilhas Afortunadas e do horto das Hespérides, como tosca imagem do Éden, tão tosca, em verdade, quanto seria dado concebê-la aos que não conhecem a luz da verdadeira fé, só era imperfeitamente válida para quem procurasse uma representação material do sítio onde Deus pusera os nossos primeiros pais. Não pelo fato de se achar literalmente no lugar onde para seu curso o carro do Sol, ao passo que o sítio do verdadeiro Éden ficava da banda do Oriente: assim o dizem as traduções correntes e mais acreditadas entre os doutores. Pois dado que a Terra tem forma esférica, e essa era a noção conhecida já entre os antigos gregos, o Oriente poderia ficar em qualquer de suas partes, como dirá o bispo de Chiapa.

A razão mais poderosa e verdadeiramente decisiva contra a assimilação da verdade revelada às diabólicas mentiras do paganismo está em que palavras humanas não bastam para reproduzir ou comunicar aquilo que naturalmente transcende a mente humana, quanto mais o saber dos que ignoraram a palavra de Deus. Na melhor hipótese caberia acreditar que aqueles homens se apropriaram de relatos verídicos e inspirados em palavras dos que obedeceram à lei divina, como sudecera a Homero, segundo são Justino Mártir, o qual, no pintar em sua *Odisseia* o jardim de Alcino, se teria limitado a copiar Moisés.[18] Ainda assim seria forçoso admitir que tais cópias, como sempre sucede, ficavam muito aquém do original.

Santo Isidoro de Sevilha, compêndio e espelho de toda a sabedoria cristã que o antecedera, julga não apenas imperfeita, mas improcedente, qualquer assimilação entre um mito do paganismo e a verdade revelada. A existência das *Insulae Fortunatae* não lhe oferece, aliás, dificuldade; o que procura é afugentar a tentativa possível de estabelecer-se uma identidade entre elas e o paraíso bíblico, de cuja materialidade também não duvida. Afortunadas chamam-se aquelas terras, segundo ele, porque possuem todos os bens e são consideradas felizes e ditosas. "Espontaneamente", diz, "dão muito rico fruto as árvores; os bosques cobrem-se espontaneamente de vides; em vez de ervas há ali messes: de onde aquele erro dos gentios, e dos versos dos poetas quando julgaram que tais ilhas, pela fecundidade do solo, constituem o Paraíso. Situam-se no oceano, do lado esquerdo da Mauritânia, próximas do Ocidente, e separadas dela pelo mar."[19]

Quase nos mesmos termos e certamente inspirado por eles, aludirá Pierre D'Ailly a essas, entre outras ilhas célebres do oceano, em passagem da *Ymago Mundi*, que irá merecer uma das inúmeras apostilas de Colombo.[20] É provável, contudo, que se limitasse o cardeal cosmógrafo, nesse trecho, a reproduzir, sem necessariamente endossá-la, a opinião de Isidoro, ao qual se refere, aliás, nas primeiras linhas do capítulo correspondente. Porque em outra parte do livro e depois de citar uma autoridade diferente, neste caso o bispo de Lincoln (Robert Grosseteste), a propósito das condições que favorecem especialmente a vida humana, a saber terra fértil, boa posição em face do Sol e clemência do céu sideral, observa: "uma tal região seria perfeitamente temperada; é verossímil que o Paraíso Terrestre se ache neste caso; além do mais, assim deveriam ser os lugares a que os autores chamam ilhas Afortunadas".

Nada, nestas palavras, sugere que o autor da *Ymago Mundi* quisesse afirmar, entretanto, a identidade entre os dois abençoados sítios. Mais positivo do que seu oráculo foi, no caso, o navegador genovês, se é que seu apontamento marginal haja de significar outra coisa além de um simples lembrete, quando escreve que o Paraíso deve ser o mesmo que as ilhas Afortunadas: "Paradisus terrestris forte est locus quem autores vocant insulas fortunatas".[21]

Num ponto, em todo o caso, poderia tolerar-se semelhante equivalência, mesmo entre os doutores que desejavam ver purgada a verdadeira fé de qualquer contágio das invenções com que tratara o demônio de enlear os gentios. Pois, segundo as antigas descrições, as venturosas ilhas se achavam perdidas entre as águas do oceano, quase inacessíveis aos mortais. Ora, isso mesmo caberia dizer do Éden que, fechado desde o pecado original, e perenemente vigiadas as suas portas, só poderia ser posto em lugar secretíssimo e apartado de todo e qualquer comércio com os homens.

A tal respeito são unânimes os juízos mais abalizados. Todos afiançam que, situado no Oriente, talvez na Índia – e é essa a versão mais usual sobre seu exato sítio –, acha-se ele afastado do restante do mundo por um imenso espaço de terra e mar. Desse parecer é o próprio santo Agostinho, assim como o é são Beda, que nisto, e em muitos outros pontos, segue o doutor de Utica. Não faltam mapas, e alguns são citados e exibidos no estudo de Edoardo Coli sobre o Paraíso Terreal dantesco, em que este assume nitidamente feição insular: ilha solitária no meio de um vasto oceano. Já se chegou a pretender que a própria ideia de santo Isidoro de que se poderia confundir esse Éden com as ilhas Afortunadas deixaria implícita semelhante sugestão.[22]

Outros, dado que o mar não constitui barreira impermeável para os humanos, buscam extremar ainda mais essa insularidade do Paraíso. E já então não é a água, ou somente a água, o que há de servir para seu apartamento da vida mortal. A crença de que se acharia em algum sítio empinado e íngreme teria a favorecê-la razões poderosas, a começar pela própria eminência espiritual de sua condição, que não acharia meio melhor de materializar-se. E ainda os seus ares puros e amenos, como naturalmente o são os que se respiram em lugar elevado. Ou, segundo o quer Howard R. Patch, a parte que nele têm as virtudes celestiais, mais do que as terrenas. Finalmente a ideia de que, sendo pelas próprias causas que o originaram, o horto dos inocentes não podia ficar em sítio baixo, exposto assim às águas do dilúvio universal, que se destinara a punir a malícia dos homens. Por essas causas, e ainda porque o motivo da montanha se associava a várias e antigas tradições do povo de Israel, pôde conhecer uma larga popularidade a noção de que a barreira mais compatível com o caráter do Paraíso se deveria apresentar melhor sob o aspecto de uma altíssima e invencível escarpa. Tão alta, em verdade, que muitos chegariam a alçá-la até a esfera da Lua.

Esta última opinião, que se encontra nas célebres Sentenças de Petrus Lombardus, é também abonada, entre muitos outros, pelo chamado Mestre das Histórias, Petrus Comestor. O prório santo Tomás de Aquino admite, em sentido figurado, a tese de que o Paraíso atinge a esfera da Lua.[23] O Comestor acentua ainda que não o alcançaram os efeitos do dilúvio, e Beda aceita a mesma ideia de que aquelas águas e ondas, tendo chegado até às maiores altitudes de toda a superfície de nosso orbe terrestre, deixaram-no, todavia, indene.[24]

Não menos popular foi a teoria, logo esposada por Tertuliano e Lactâncio, de que a segregação em que se encontrava o Éden é determinada por uma imensa muralha de fogo. A propósito dessa barreira ígnea, que pode provir de uma ampliação dos dados bíblicos, explica Isidoro que um querubim, ou seja, a fortaleza dos anjos, está preparado para afastar os espíritos maus, isto é, que as chamas apartarão os homens que as não podem suportar, sendo formados de corpo e alma, ao passo que os anjos bons conservarão à distância os maus, a fim de que o santo lugar não fique aberto à carne ou ao espírito de desobediência e soberba.[25]

Sem embargo do considerável crédito que tiveram, o certo é que de nenhum desses modos particulares de manter-se segregado o Paraíso se pode dizer que alcançou universal apoio. O próprio santo Tomás de Aquino já se sabe que só entendia alegoricamente a teoria da situação eminentíssima do jardim. E havia, como Ralph Higden, quem a rechaçasse, considerando-a uma impossibilidade científica. Se não, como deixar de admitir, entre muitas outras coisas, que de tamanha altitude resultaria necessariamente um eclipse da Lua?[26] Pedro Alíaco também se inscreve, e dá para tanto as suas razões, entre os que descreem da verdade literal da mesma teoria.

Quando se diz, observa o cosmógrafo, que o sítio do Paraíso vai até ao círculo da Lua e que o não puderam alcançar as águas do Dilúvio, trata-se simplesmente de expressão hiperbólica. Por ela pretende-se significar apenas que sua altitude, com relação ao nível da terra baixa, é incomparável, atingindo as camadas de ar calmo que sobressaem da turva atmosfera contagiada de emanações ou vapores, que formariam um fluxo e refluxo entre o nosso e o globo lunar. Quanto a este último pormenor, reporta-se o Alíaco à autoridade de certo Alexandre que, segundo Edmond Buron, seria Alexandre de Afrodisias, o comentador do tratado de meteorologia de Aristóteles, embora não lhe constasse que em seus comentários se tivesse tratado da teoria do Estagirita acerca dos vapores entre a Terra e a Lua.[27]

Esse freio oposto à ideia da excessiva altitude da montanha do Paraíso não deixaria de encontrar adeptos, especialmente entre geógrafos e cosmógrafos. Neste caso estaria até Cristóvão Colombo, a quem não parece sorrir muito aquela ideia de um Paraíso Terreal inatingível, por mais que admita só se poder alcançá-lo com o socorro divino. Quando julga pressenti-lo, ao chegar à altura da terra firme, parece-lhe que poderia assemelhar-se antes a um peito de mulher ou à metade bicuda de uma pera do que a alguma áspera montanha e que, para alcançar aquela ponta, onde muitos indícios e os sinais dados pelos santos e sãos teólogos afirmavam sua presença, era mister ir caminhando pouco a pouco e sobre longuíssima distância.

A frei Bartolomeu de Las Casas pareceram perfeitamente justificáveis as razões do genovês, pois embora muitos tivessem escrito acerca da suposta altitude do Éden, já a Sagrada Escritura não explica até onde ela vai, "ninguém pode naturalmente determiná-lo, e por isso o que se há de ter como certo é que sua altura será tanta quanto seria conveniente para a boa e saudável habitação dos homens. Isto é, que nela fosse tal a temperança do ar, que ali se vivesse de modo deleitável, sem extremos de frio ou calor, e tamanha a salubridade, que as coisas não se corrompessem de todo, ou não se estragassem facilmente".[28]

Isso importa, a seu ver, em presumir que ficaria em sítio onde não houvesse veemência grande de contrários, como o forte calor ou o frio extremo: alcançaria sem dúvida a terceira região do ar, serena e calma, que é até onde chega o monte Olimpo ou o Atos e também Tenerife e o pico dos Açores.

Que excedesse um pouco a esses em eminência era de admitir, pois do próprio *Gênesis* consta que as águas do Dilúvio subiram quinze côvados acima dos cumes dos mais altos montes. O inconcebível era que atingisse a esfera lunar, pois o fogo, que chega ao côncavo da Lua, queimaria todas as coisas e ao cabo também o Paraíso Terreal: nem é de pensar que, para fugir ao ar turvo da Terra, originado dos vapores e exalações dela e da água, onde tudo se corrompe, se fizessem precisos esses despropósitos.

As mesmas razões que invoca Las Casas, fundado em antigas concepções, contra a teoria de que a montanha paradisíaca se elevaria até ao círculo da Lua, pois desse modo se exporia aquele lugar de deleites à ação de contrariedade do fogo, poderia servir contra outra ideia, a da muralha ígnea, que se destinava, tanto quanto a rude escarpa, a impedir aos homens o acesso ao Paraíso. Ideia que permite várias interpretações, uma das quais parece sugerida por santo Tomás no mesmo passo em que a admite numa acepção figurada – "não pela eminência da situação, mas pela semelhança, pois há nesse lugar *uma perpétua tempérie de ar*, como diz Isidoro, e por aí assemelha-se aos corpos celestes, que não têm contrariedade"[29] – a de que o mundo paradisíaco atinge o céu da Lua, e é onde aceita que o jardim do *Gênesis* poderia eventualmente estar em alguma "região tórrida". Com isso parecia de algum modo canonizar-se a opinião formulada por outros doutores, de que a misteriosa zona tórrida *inhabitabilis et impermeabilis*, banhada pelas águas de um mar que ninguém viu, devido ao seu escaldante calor – o "Oceanus quem nemo vidit hominum propter zonam torridam" de alguns mapas –, correspondia, em seu significado encoberto, àquela mesma espécie de chamas com que o Senhor esperara impedir qualquer acesso dos homens ao Paraíso Perdido. Tal opinião tenderia a situar o Éden num mundo austral, inteiramente segregado dos lugares povoados por intransponíveis desertos, só habitados de espécies monstruosas, aqueles mesmos desertos cheios de pavores que, segundo Mandeville, entre outros viajantes e cosmógrafos, serviriam para barrar o ingresso ao horto das delícias. A imagem assim forjada guardará por muito tempo notável poder de contágio. Ainda no século XVIII encontra-se entre os esplendores apocalípticos de Thomas Burnett, na sua *Telluris Theoria Sacra*, que Coleridge projetará traduzir em versos brancos e irá deixar marca em sua própria poesia.[30]

De outro lado, não seria de excluir-se, porém, a ideia alvitrada pelo próprio santo Tomás, de que o paraíso sonhado poderia encontrar-se no interior da própria zona tórrida, e exatamente debaixo da equinocial. O quase nada que daqueles lugares se sabia dava asas, naturalmente, às mais variadas e surpreendentes conjeturas. Foi desnecessário, com efeito, esperar pelas aventurosas navegações que organizará o gênio de um glorioso infante lusitano, para certas especulações autorizadas, na falta de uma experiência ainda difícil, ou inexequível, concluírem, ao arrepio da corrente, que tais lugares, apesar de tão infamados, eram perfeitamente compatíveis com a vida humana. Não apenas compatíveis: eram salutares também, e ameníssimos, mais do que as partes do globo já conhecidas.

Podia-se, aliás, para essa, como para quaisquer outras opiniões, por surpreendentes que parecessem, invocar o apoio ilustre e sempre bem-vindo de autores da Antiguidade. Invocava-se Eratóstenes, principalmente. E ainda Políbio, que 150 anos antes de nossa era participara diretamente, segundo testemunho de Plínio,[31] de uma viagem de descobrimento entre as águas que bordam o Noroeste africano, em que foi ultrapassado o monte Atlas e alcançada a região das densas florestas e dos crocodilos.

Tal o prestígio desses autores que Rogério Bacon, contrariando Ptolomeu e Avicena, que também julgaram temperado, em comparação com o dos trópicos, o clima da equinocial ("temperadíssimo" teria dito o último), se sentiu inclinado a restabelecer a verdade da opinião vulgar, desfavorável a semelhante crença: "[...] videteur quod locus sub aequinoctiali circulo si combustissimus, sicut vulgus ponit". E o cardeal Pierre D'Ailly, seguindo-lhe os passos, observa: "No que respeita à afirmativa de Ptolomeu, ao dizer que, quanto mais se chega ao círculo equinocial, mais os habitantes são negros, parece contradita pelo que ele declara alhures em seu livro sobre a disposição da Esfera, onde se lê que os lugares colocados debaixo do equador são mais temperados do que os das vizinhanças dos trópicos. Avicena ensina em seu décimo livro dos *Animais* e no primeiro da *Arte da medicina*, que tais lugares são temperadíssimos. Desse fato chegaram certos teólogos a tirar a conclusão de que o Paraíso Terrestre devesse estar nos mesmos lugares, da parte do Oriente".[32]

Apesar de todas as razões em que procuram sustentar-se ensinamentos tão veneráveis, o Alíaco prefere reproduzir, neste ponto, a opinião de Bacon, e a reproduz, em parte, textualmente, como o demonstrou Buron, que cita, por sua vez, versões de vários teólogos em abono da localização do Paraíso sob o círculo equinocial, para os lados do Oriente. "Pelos mesmos motivos", diz, depois de lembrar uma suposta teoria de Ptolomeu em favor da equidistância geométrica do equador aos polos, "pelos mesmos motivos deduz-se que, sob o equador, o clima não é absolutamente temperado. De onde se segue que o Paraíso Terreal não deve ter sido plantado ali, dado que deveu ser posto em sítio temperadíssimo."

Imagina-se que, apesar do alto crédito que em tudo lhe merecia seu guia constante, o mestre de quem aprendera, melhor, talvez, do que de qualquer outro, sua ideia tão cara de que pouca era a distância do Ocidente da Europa e da África ao Extremo Oriente, e de que, em suma, como dirá mais tarde, "el mundo es poco", Cristóvão Colombo relutará em acatar essa radical impugnação. É curioso que, não ousando opor-se aqui frontalmente ao mestre, se limite, no entanto, a assinalar, nas suas apostilas, a tais passagens, justamente as opiniões que este contraria. São em realidade as suas próprias experiências, e as suas esperanças, o que parece espelhar-se naquelas opiniões, já consagradas, aliás, pelo parecer de grandes teólogos, os mesmos "santos e sãos teólogos" que irão ajudá-lo a entrever na costa do Pária a senda do Paraíso.

Suas experiências, do tempo em que navegava com os portugueses, ele as invoca, sempre que a ocasião se apresenta, entre as inúmeras notas que põe à margem de um exemplar da *Ymago Mundi*. E também nas apostilas, 861 ao todo, que escreveu para a *Historia rerum ubique gestarum* do papa Pio II (Aeneas Sylvius Piccolomini), parcialmente reproduzidas por Edmond Buron em apêndice à sua edição da obra de Pierre D'Ailly. Embora não lhe merecesse menor acatamento o saber do papa humanista do que a erudição do cardeal cosmógrafo, o certo é que não hesita em opor o que pessoalmente viu, ou o que de outros ouviu, às especulações do escritor. Em certo lugar, por exemplo, quando este afirma serem inabitáveis as duas zonas vizinhas aos polos e uma terceira, subjacente ao curso do Sol, comenta decididamente: "O contrário está demonstrando (*contrarium probatur*), no Sul pelos portugueses, no Setentrião pelos ingleses e os suecos, que navegam essas partes".[33]

Em outro lugar, comentando ainda Pio II, parece, de início, assentar seu parecer sobre conjeturas de autoridades ilustres, e é onde escreve: "Eratóstenes diz que o clima é muito temperado debaixo do círculo equinocial, e Avicena também. Esse sol equatorial é muito elevado. Confirma-o Aristóteles, dizendo que é a parte superior do mundo. E confirma-o ainda a experiência". Até aqui parece prevalecer-se de ideias ou experiências alheias. Mas logo em seguida, e como para reforçar o que outros tinham dito, reporta-se ao que pudera ver com os próprios olhos. "O castelo da Mina, do seréníssimo rei de Portugual, acha-se situado perpendicularmente sob a linha do equador e nós o vimos" ("Sub linea equinoxiali perpendiculariter est castrum mine Serenissimi regis portugalie quem vidimus"), escreve.³⁴

Para os aspectos que nos interessam aqui, pouco importa, seja dito de passagem, acentuar o erro em que, no caso, incidiu Colombo, fiado num dado oficial da época, e que tem sido explorado, mais de uma vez, em detrimento de seu saber náutico ou astronômico. Quer estivesse a Mina diretamente sob o equador, quer a 5° de latitude norte, como de fato está, não deveria ele encontrar poderosos motivos para modificar sua crença.

Escritos depois de 1485, o ano em que fora tomada a altura dos lugares da Mina por Mestre José, o mesmo Mestre José que, em resposta a uma consulta do Príncipe Perfeito, teria havido por vaidade os planos de descobrimento que a d. João apresentara o genovês, por tudo "ser fundado em imaginações e cousas da ilha de Cipango de Marco Polo", segundo a informação recolhida por João de Barros, já tinha Colombo amadurecidas as ideias que hão de presidir seu grande empreendimento. Sabe-se que, em 1481, dois ou três anos antes de fazer a primeira proposta ao rei de Portugal, andava ele metido na leitura da *Ymago Mundi*, pois é desse ano uma das suas apostilas a Pierre D'Ailly, segundo o demonstrou Buron, e nada impede que o alentasse, por essa época, a ideia de ir procurar, para além do oceano, os fabulosos tesouros de que falara Marco Polo e, não menos, algum sítio paradisíaco da espécie do horto das Hespérides, senão o próprio Éden bíblico.

As duas noções, a de fantásticas riquezas e a de um mundo de maravilhosas delícias, facilmente se enlaçam, pois uma natureza extremamente pródiga parece admissível que se ultrapasse até o sobrenatural. Essa associação faz-se, aliás, no próprio *Gênesis*, com o ouro e as pedrarias do rio Fison, no jardim do Paraíso, que são Jerônimo, em sua Epístola CXXV, identificara com o Ganges. E não é a Índia, áurea e paradisíaca, a mais constante obsessão do descobridor?

A contínua aliança entre os bens espirituais e os profanos, entre o horto dos bem-aventurados e as minas opulentas, ele a poderia ver assinalada igualmente, e a cada passo, na obra do Alíaco. Sem embargo de suas surpreendentes audácias teológicas e até científicas, pois tendo vivido em 1350 e 1420, chegara a admitir, antecedendo de um ou dois séculos Copérnico e Galileu, que a Terra se move em torno do Sol e já no ano de 1417 pudera apresentar o plano de reforma do calendário que só em 1580 será adotado pelo papa Gregório XIII, o cardeal de Cambrai não encontrava a menor dificuldade em acolher a opinião ortodoxa quanto à realidade atual e material do Éden. Dois capítulos inteiros de sua *Ymago Mundi*, o LVI, dedicado aos rios do Paraíso, e o anterior, sobre o Nilo, que é o Gion edênico, além de um sem-número de alusões, esparsas ao longo de todo o livro, atestam abundantemente semelhante crença. Entre esses rios, não só o Fison e o Nilo sobressaem pela notável opulência, mas ainda o Eufrates com as "copiosíssimas gemas" que carrega em suas águas e com a feracidade sem par que comunica às regiões ribeirinhas. E se, a propósito do Tigre, que também mana do Paraíso, ele não dá notícia expressa de tamanhas virtudes, é talvez por acreditar, com Salústio, "*autor certissimus*", que se trata de uma corrente gêmea do Eufrates, pois só se dividem ao saírem da Armênia.

A mesma imagem bíblica, assim reafirmada pelos cosmógrafos mais acreditados da época, irá achar Colombo ao seu desembarque nas Antilhas. No Haiti, por exemplo, quando ainda não tivera sequer o tempo de ver confirmadas as suas esperanças, o que encontra, logo ao chegar, são rios coalhados de ouro, que parecem cópias do Fison do Éden. São, além disso, terras de fertilidade inaudita, com suas árvores de copas altíssimas, fragrantes e carregadas de saborosos frutos. E já adivinha, no mesmo instante, um traço constante das viridentes paisagens edênicas: a eterna primavera – "y tengo dito que jamás pierden foja" – engalanada pela alegria dos cantares de passarinhos de mil cores.

Na nota idílica desse mundo irreal não faltou quem discernisse as marcas de velho esquema onde ao quadro do paraíso do *Gênesis* se tinham aos poucos anexado reminiscências dos Campos Elísios, da idade de ouro virgiliana ou ovidiana e do jardim das Hespérides. Como e de que forma puderam contrair esse enlace duas tradições inimigas, uma oriunda das crenças do paganismo, e decorrente, a outra, das Santas Escrituras?

Na verdade, por mais corpóreo que o pintem, não deixava ele de ser, nas primeiras descrições, uma realidade imaterial e etérea, quase incompatível com as contingências desta vida terrena. Nada há de comum entre semelhante quadro, ainda presente nos comentários alegóricos de Filon de Alexandria às leis sagradas, e o que o primitivismo pagão nos legou. Na medida, porém, em que se deixa contaminar o cristianismo de elementos herdados da antiguidade clássica, também se vão necessariamente imiscuindo nas novas visões do Paraíso certos elementos que emanam dos relatos poéticos da *Aurea Aetas*.[35]

A convergência de tradições tão heterogêneas começa a amadurecer de modo duradouro e fecundo já no século IV, através de um poema latino, o *De aue phoénix*, durante largo tempo atribuído a Lactâncio, que morreu pouco depois do ano de 317 de nossa era. Admitida a existência espacial, não apenas transcendente ou alegórica, do Éden bíblico – no que não discrepa, aliás, da lição de alguns padres da Igreja – o poeta já sabe enfeitiçar o tema devoto adornando-o com atributos próprios dos jardins de delícias familiares às letras pagãs.

Jaz o paraíso do pseudo-Lactâncio em recinto abençoado e recôndito, de onde, soberbo, se abre o portal do céu eterno: situado no Oriente mais remoto não se avizinha, porém, dos hortos estivos ou hibernais, ainda que o banhe a luz despejada do sol, com seu verno carro:

*nec tamen aestivos hiemisve propinqus ad ortus,
sed qua Sol verno fundit ab axem diem.*

Em todas as direções estende-se a planura, sem que a intercepte sequer um outeiro ou valado. É certo, no entanto, que o lugar sobrepuja em alturas as nossas montanhas de duas vezes seis braças.

Aqui se vê a selva solar: um bosque cerrado onde as verdes árvores têm glória da folhagem perene. Quando se abrasava o céu do fogo de Faetonte, conservou-se todo o sítio indene das chamas. E quando o dilúvio inundou o mundo inteiro, emergia ele das águas de Deucalião. Não o infesta a peste sombria, nem a achacosa velhice e o medo mordaz. Não abriga o crime iníquo, a sede insana da pecúnia ou a ardente volúpia assassina. Longe estão o luto acerbo, a andrajosa miséria, a fome pungente. As tempestades não raivam, não se enfurece a hórrida violência dos vendavais, nem o tiritante rocio cobre a terra de seu aljofre gélido. Do meio do jardim jorra, porém, uma límpida fonte serena, de doces águas, a que dão os homens o nome de "fonte da vida"...[36]

Retomará os mesmos motivos entre outros o poeta Prudêncio, nascido trinta anos mais tarde na Espanha, em duas passagens do *Cathemerinon*, que um dos seus modernos tradutores considera dos poucos trechos desse livro de horas capazes de explicar o longo prestígio e revelar o mérito do autor.[37] Num deles alude-se ao sítio verdejante e ameno, regado por uma corrente que logo se quadruplica – os quatro rios do Éden – entre veigas multicores e frondosos bosques, de onde se desprende a fragrância de uma primavera eterna:

uer ubi perpetuum redolet[38]

Prudêncio é poeta, porém, embora *poeta theologus*, e depois de ter tentado adaptar pensamentos cristãos a metros homéricos e pindáricos, julgará, chegada a senectude, que se tinha deixado vencer em demasia pelas coisas profanas, dando a este mundo o que só ao Criador devia. Seu exemplo, não obstante, há de frutificar entre autores menos afeitos às simples diversões literárias. Passados dois séculos iremos encontrar esse fruto nas *Etimologias* de Isidoro, outro hispano-romano que não hesita em valer-se dos mesmos ingredientes para sua descrição do Paraíso. Nesse horto de delícias, abundante em árvores e pomos de toda casta, a começar pelo *lignum vitae*, o que predomina, como nas ilhas Afortunadas, é ainda a perene primavera, pois não se conhece ali nem frio nem calor, mas uma constante temperança do ar: *quia non ibi frigus non aestus, sed perpetua aeris temperies*.

A influência duradoura do sábio de Sevilha sobre teólogos e eruditos, pois o que receitava Isidoro, lembrou-o um romanista moderno, será aviado nas ulteriores enciclopédias, e sua ciência, diretamente ou não, há de transformar-se em patrimônio comum de toda a Idade Média,[39] bastaria já, na falta de outras razões, para justificar o extenso predomínio desses esquemas. A mesma paisagem amena e viridente, a mesma eterna primavera, o *non ibi frigus non aestus*, que os descobridores e conquistadores renascentistas irão buscar nas terras incógnitas do outro lado do oceano, já tinham empolgado os primeiros autores medievais. O que dissera santo Isidoro de Sevilha é reiterado, quase com palavras idênticas, num tratado cosmográfico latino que não lhe é muito posterior. A propósito da Ásia e do jardim de delícias onde pôs Deus os nossos primeiros pais e plantou, bem no meio, a árvore da vida, alude-se no mesmo escrito à célebre fonte que se esgalha em rios, à ígnea muralha que separa o recinto dos mortais, aos anjos tendo à testa o querubim, que lhe defendem o ingresso, e, naturalmente, à ausência ali dos extremos de frio e de calor:

Non est aestas neque frigus sincera temperies
Fons manat inde perennis fluitque in rivolis.[40]

Repetem-se até a monotonia os *clichês* consagrados desse paraíso que se situa à orla oriental do mundo, e não apenas nas obras de erudição. Em certa passagem lembrada por George Boas,[41] Hugo de Saint-Victor, um dos que pintam o Éden como lugar sobre cuja existência física não pode pairar dúvida, mantém-se fiel ao esquema do pseudo-Lactâncio e de Isidoro: "O Paraíso", escreve, "é um sítio do Oriente plantado de todas as espécies de essências e plantas frutíferas. Nele está a árvore da vida. Não conhece calor e nem frio, mas sim uma temperatura constantemente amena. Há ali uma fonte de que saem quatro rios. Chama-se em grego Paraíso, e Éden em hebraico, palavra esta que em nossa língua quer dizer Jardim de Delícias".

Pela mesma época, *Jeu d'Adam*, esse antepassado dos "mistérios" quatrocentistas, que era destinado a um público numeroso e ignorante de sutilezas teológicas, aparece o Senhor Deus explicando ao primeiro homem, sua criatura, as bondades do mesmo jardim:

> *Escoute, Adam* ....
> ....
> *la n'avras faim, par besoing ne bevras*
> *Ja n'avras froit, ja chalt ne sentiras.*[42]

No mesmo século e no seguinte, que correspondem à grande era das lendárias viagens ao Paraíso, começará a enriquecer-se o tema de novas maravilhas, com as notícias sobre o império do Preste João da Índia, cuja carta apócrifa entra a circular na Europa aproximadamente em 1165. Não desaparecem, entretanto, os motivos que se tinham tornado familiares desde as descrições de Isidoro, a começar pelo da ausência dos extremos de temperatura. Deles há sinal, por exemplo, no

Tesoretto de Bruneto Latini, o mestre do Dante, no trecho onde aborda a pena imposta a Adão depois do pecado:

Mantenente fu miso
Fora del Paradiso
Ov'era ogni diletto
Senza neuno eccetto
Di freddo, o di calore
D'ira, nè di dolore:
E per questo peccato
Lo loco fu vietato
Mai sempre a tutta gente[43]

Retomando o tema no *Livre du Trésor*, que redige em francês, provavelmente antes de 1269, quando a ascensão dos guelfos, após a batalha de Benevento, lhe permite voltar a Florença, precisa Messer Brunetto que ficava na Índia o Paraíso Terreal. E ajunta: "si n'i fait ne froit ne chaut que par raison et par atemprance; et el milieu est la fontaine qui trestout l'arouse, et de cele fontaine naissent les .iiij. fluns que vous avés oï: c'est Phison, Gion, Tigris et Eufrates. Et sachiez que après le pechié dou premier home, cist leus fou cloz à touz autres".[44]

Mas essa localização já não parecerá coisa pacífica um século mais tarde, quando Fazio degli Uberti compõe o seu *Dittamondo*, espécie de suma poética onde se compendiam as ideias reais e fantásticas sobre as três partes do mundo conhecido. Interrogado em certo passo (lib. I, cap. 11) sobre o lugar de onde se viram desterrados Adão e Eva, Solino, o grande geógrafo da Antiguidade, que tem aqui um papel correspondente ao do Virgílio dantesco, contenta-se com dizer que, sendo diversas as opiniões a respeito, o razoável é ficar-se com a mais comum, que coloca o Paraíso no Oriente. Quanto ao resto, aceita, colorindo-os apenas de sua imaginação literária, os atributos geralmente associados ao santo horto. Acha-se este, com efeito, no alto de certa montanha, que chega até o primeiro céu, onde numa paisagem primaveril, vestida de lírios, rosas e mais flores, dominada pela árvore da vida, prevalece um ar sempre puro e benfazejo,

> *quivi non è giá mai caldo né gelo*
> *quivi non per fortuna onor si spera*
> *quivi non pioggia né di nuvol velo*[45]

tudo banhado em olores suaves e doce melodia: um mundo, em suma, em que não conhece velhice, fadiga ou doença, como bem o poderiam testemunhar Enoque e Elias.

Um frade espanhol anônimo, contemporâneo de Fazio, e que pretendia ter visitado todas as partes do mundo, também nos oferece sua visão do Paraíso, mas já agora, acompanhando o itinerário do misterioso Preste João, que, depois de ter sido o grande soberano asiático, principia a confundir-se com o potentado cristão da Abissínia, vai situá-lo para os lados da Núbia e da Etiópia. Merece ser reproduzida sua versão, que acrescenta alguma particularidade nova ao esquema tradicional. Depois de deixar a cidade africana de Graciona, "cabeça do império de Abdeselib, palavra esta que quer dizer *servo da cruz*", indagou o frade itinerante sobre o Paraíso Terrestre, e lhe disseram os homens sábios que se achava ao alto de montanhas tão elevadas que atingiam o círculo da Lua. "E ninguém", acrescentaram, "pode vê-lo completamente, pois de umas vinte pessoas que já foram não chegaram a divisá-lo mais de três, e jamais se soube de alguma que tenha escalado as ditas montanhas. Afirmam uns que o viram do levante e outros do poente. Declararam também que, entrando o sol em Capricórnio, passam a vê-lo para o lado de leste e, quando entrou em Gemini, veem-no para o sul."

"Ajuntaram ainda que estão aquelas montanhas inteiramente circundadas de mares profundíssimos, e que da água desses mares saem quatro rios, os maiores do mundo. Chamam-nos Tigre, Eufrates, Gion e Ficxion, e regam a Núbia e a Etiópia. Tamanha bulha fazem as suas águas que podem ser ouvidas a uma distância de quatro dias de viagem. Todos aqueles que moram em suas proximidades são surdos, e não poderiam escutar uns aos outros por causa do barulho que fazem as torrentes. A todo tempo bate o sol nas montanhas e é dia ou noite em um ou outro lado. Isto porque metade deles fica aquém e a outra metade além do horizonte, de sorte que não há no topo jamais frio, nem trevas, nem calor, nem secura e nem umidade, mas reina constantemente uma temperatura igual. As coisas ou seres, animais ou vegetais, nunca decaem ou morrem. Outras muitas coisas me revelaram, como os segredos dos astros, tanto no que respeita aos juízos como às virtudes mágicas, e também me falaram de ervas, plantas e pedras e eu próprio vi várias coisas maravilhosas. Chamam os gregos, ao lugar, *Ortodoxis*, os judeus *Ganheden*, e *Paraíso Terreal* os latinos, porque prevalece ali uma temperatura sempre boa."[46]

A transladação para o Atlântico de tão miríficos cenários, já prenunciada com as tradições pagãs das ilhas Afortunadas ou do jardim das Hespérides, e por elas de algum modo fertilizada, já ganhara alento, por sua vez, quando passaram a engastar-se na mitologia céltica, principalmente irlandesa e gaélica, dando como resultado várias obras que alcançaram vasta popularidade durante toda a Idade Média. Pode-se a propósito lembrar a famosa história do *Purgatório de São Patrício* e a da *Visão de Ttungdal*,[47] cuja versão portuguesa quatrocentista, com o título de *Visão de Túngulo*, é conhecida através de dois códices alcobacenses, onde a um cavaleiro desse nome são mostrados, além do inferno e do purgatório, "todos os bens e glorias que há no samto parayso, andando sempre huu angeo com el".[48] É todavia nas diferentes versões da *Navigatio Sancti Brandani*, mais de oitenta, segundo foi possivel apurar, que se tornou notório o mesmo sincretismo e exerceu a mais larga influência fora de sua terra de origem.

Trata-se, aparentemente, de um primitivo *imram* – gênero literário que floresceu na Irlanda quase concomitantemente com o apostolado de são Patrício – cristianizado e latinizado por volta do século X, em que o sítio da bem-aventurança, agora convertido numa espécie de réplica do Paraíso Terrestre, se situa no meio do oceano e pode deslocar-se daí por diante nos mapas, ora para o norte, ora mais para oeste, à medida que vão progredindo os conhecimentos geográficos, até desaparecer já em fins do século XVI,[49] embora não se dissipe da imaginação popular antes do século XVIII.

Numa dessas versões, a de um poema anglo-normando que se presume datar mais ou menos do ano de 1200, apresenta-se esse paraíso, bem segundo o modelo isidoriano, sob a forma de um lugar abençoado cujos habitantes não padecem mal algum, nem calor, nem frio, nem tristeza, nem fome, nem sede, nem sofrimentos, mas recebem, ao contrário, com largueza, todos os bens imagináveis:

Chi ci estrat mal n'i avrat
..
Ne chalz, ne froiz ne dehaite
Ne faim, ne seit, ne suffraite
De tuz ses bons avrat plentat.[50]

Em alguns casos transforma-se a ilha de são Brandão em um arquipélago, que pode incluir, como sucede no mapa de André Benincasa, anconitano, datado de 1467, a do Brasil, ou Braçile, que no século anterior, em 1367, a carta de Pizzigano colocava, por sua vez, com o nome de Ysola de Braçir, entre as chamadas "Benaventuras".[51] Essa fantástica ilha do Brasil, tão estreitamente vinculada a toda mitologia de são Brandão, pertence, com esta, à antiga tradição céltica preservada até aos dias de hoje,[52] e que aparentemente nada tem a ver com a presença em certas ilhas atlânticas de plantas tais como a urzela ou o sangue-de-drago, que dão um produto tintorial semelhante, na cor purpurina, a outro que, pelo menos desde o século IX, era conhecido no comércio árabe e italiano sob os nomes de "brasil" e "verzino".

Segundo já o mostrou decisivamente Richard Hennig, aparenta-se o topônimo antes às vozes irlandesas *Hy Bressail* e *O'Brazil*, que significariam "ilha afortunada".[53] Essa, melhor do que outras razões, poderia explicar a forma alternativa de "O brasil" e "Obrasil" que aparece em vários mapas. Até em cartas portuguesas como a de Lázaro Luís, datada de 1563, vê-se essa designação "obrasil" atribuída à ilha mítica. Em outra, de Fernão Vaz Dourado, existente na biblioteca Huntington e composta, segundo parece, pelo ano de 1570, já se transfere, sob a forma de "O Brasil", encimando as armas de Portugal (assim como, mais ao sul, se vê o "r. da prata" sobre o escudo castelhano) para a própria terra que descobriu Pedro Álvares Cabral. Aliás, antes de 1568, em mapa do mesmo autor, incluído no atlas Palmela, temos o nome "hobrasill", juntamente com o do cabo de Santo Agostinho, aplicado a terras compreendidas no Brasil atual. Curioso que a nova naturalização americana do designativo não impeça que, no referido atlas, continue esse "obrasill" a indicar uma ilha misteriosa localizada a sudoeste da Irlanda e representada por um pequeno círculo vermelho atravessado de uma raia branca.[54]

Nascido de uma inspiração religiosa ou paradisíaca, esse topônimo, se não o mito que o originou, perseguirá teimosamente os cartógrafos, revelando uma longevidade que ultrapassa a da própria ilha de São Brandão. Com efeito, representada pela primeira vez em 1330 (ou 1325) na carta catalã de Angelino Dalorto, ainda surge mais de cinco séculos depois, em 1853, numa carta inglesa de Findlay, com o nome de *High Brazil Rocks*, isto é, Rochedos do Brasil ou de Obrasil, tal como nos mapas medievais e quinhentistas, e reaparece em nossos dias num livro de James Joyce.

Valendo indiferentemente para as obras piedosas e as profanas, já que podiam indicar, ora a realidade física do deleitoso jardim, ora seu sentido espiritual ou figurado, e também, segundo já o pretendera Santo Agostinho, e depois dele santo Tomás, tanto uma coisa quanto outra, as visões do Paraíso não cessariam, por muito tempo, de enriquecer-se de atributos novos. A popularidade alcançada não só pelas peregrinações de são Brandão como pelas histórias lendárias de Alexandre e, finalmente, até pelas novelas de cavalaria serviu para prolongar a sedução monótona desses cenários idílicos e devotos, descritos segundo padrões quase invariáveis.

Nas terras ibéricas, a persistência, através das mudanças a que cedo se sujeitaria, principalmente em Castela, com o cardeal Cisneros, a própria mentalidade e organização eclesiástica, de formas de piedade oriundas da Idade Média e, ao mesmo tempo, o apego ao ideal da cavalaria tendiam a esbater os limites entre a realidade e a idealidade, entre o normal e o milagroso, e tudo militava em favor daquela sedução. O esquema fixo das paisagens edênicas pode alcançar, desse modo, um poder de fascinação que saberá resistir ao tempo e impor-se a todos os espíritos.

No *siglo de oro* espanhol conseguiu apresentar-se, ainda com a vivacidade inicial, na obra ascética e mística de Malon de Chaide, por exemplo, ao descrever este uma visão de sua Madalena. De início, é quase nos termos do *Apocalipse* de são João que se apresenta, ao seu arrebatamento, a cidade bem-aventurada. Os cimentos são de todas as pedras preciosas: jaspe, safiras, calcedônias, esmeraldas, jacintos, topázios. Nos muros, resplandecentes como o Sol, que se não deixam ver por olhos humanos, abrem-se doze portas, e cada qual é uma gema. Torres e almenas surgem cobertas de cristal, com laços de ouro puríssimo onde se engastam esmeraldas e rubis, tudo retocado da luz e esplendor do verdadeiro Sol, que ali resplandece. O solo, ruas e praças, são de ouro limpo.

De súbito, porém, amenizam-se esses deslumbramentos para ceder o passo ao velho tema. "Aqui", escreve Malon, "dura siempre una alegre primavera, porque está desterrado el erizado invierno; no la fúria de los vientos combate los empinados árboles, ni la blanca nieve desgaja con su peso las tiernas ramas; aqui el enfermizo otoño jamás desnuda las verdes arboledas de sus hojas, porque alli se cumple el *Folium eius non defluet*, que dijo David; antes dura una apacible templanza, que conserva la frescura de cuanto tiene el Cielo en um perfecto ser. Aqui las flores de los prados celestiales, azules, blancas, amarillas, coloradas, y de mil maneras, vencen en resplendor a las esmeraldas y rubies y claras perlas y piedras de Oriente."

E ainda, de acordo com o esquema tradicional, a esse mirífico cenário corresponde naturalmente uma nova Idade de Ouro para os que têm o privilégio de desfrutar de seus deleites: "No se sabe qué cosa es dolor, no hay enfermedad, no llega a ti la muerte porque todo es vida; no hay dolór porque todo es contente; no hay enfermedad, porque Dios es la verdadera salud. Ciudad bienaventurada, donde tus leyes son de amor; tus vecinos son enamorados; en ti todos aman; su oficio es amar, y no saben más que amar; tienen un querer, una voluntad, un parecer; aman una cosa, desean una cosa, contemplan una cosa, y únense con una cosa [...].[55]

A própria novelística dos pícaros, que oferece na mesma época uma espécie de contrapeso para as formas místicas e ascéticas, tanto quanto para o irrealismo idílico e a idealização cavalheiresca ou heroica, se já se mostra naturalmente refratária a essa humanidade paradisíaca, ainda pode preservar o cenário estereotipado, que ao longo dos séculos a tinha acompanhado. No *Guzmán*, por exemplo, que é uma das obras mestras no gênero, diz-se do pago de Gelves e San Juan de Alfarache, tão delicioso pela fertilidade da terra e pela presença do Guadalquivir, regando e qualificando com suas águas os hortos e florestas que, em verdade, "se na terra se pode dar o paraíso, é devido a este sítio e nome dele. Tão adornado está de frondosos arvoredos, cheio e esmaltado de várias flores, abundante de saborosos frutos, acompanhado de prateadas correntes, fontes espelhadas, frescos ares e sombras deleitosas, onde os raios do sol não têm ocasião nem permissão de entrada".[56]

Sempre os mesmos elementos que, durante toda a Idade Média, se tinham apresentado como distintivos da paisagem do Éden ou que pareciam denunciar sua proximidade imediata: primavera perene ou temperatura sempre igual sem a variedade das estações que se encontra no clima europeu, bosques frondosos de saborosos frutos e prados férteis, eternamente verdes ou salpicados de flores multicoloridas e olorosas, cortados de copiosas águas (usualmente quatro rios, segundo o padrão bíblico), ora em lugar elevado e íngreme, ora numa ilha encoberta em que mal se conhece a morte ou a enfermidade ou mal algum.

Desses elementos, sabemos que muitos viriam encontrá-los os navegantes quando aportassem nas terras mais chegadas à linha equinocial, em particular o das folhas sempre verdes. E não lhes pareceria de má filosofia o concluir que, existindo nelas algumas dessas virtudes, não haveriam de faltar todas as mais, que pudessem completar o panorama edênico.

Presos como se achavam aqueles homens, em sua generalidade, a concepções nitidamente medievais, pode supor-se que, em face das terras recém-descobertas, cuidassem reconhecer, com os próprios olhos, o que em sua memória se estampara das paisagens de sonhos descritas em tantos livros e que, pela constante reiteração dos mesmos pormenores, já deveriam pertencer a uma fantasia coletiva. Ao descortinarem o espetáculo do aquém-mar, não faltavam certamente os que julgassem ver enfim realizadas visões tais como as que oferece, por exemplo, a narrativa devota de um anônimo português do século xv, o século dos grandes descobrimentos, quando pinta um "campo mui fremoso, comprido de muitas ervas e froles de bom odor" ou um "boosco mui espesso de arvores mui fremosas em que criavom muitas aves que cantavam mui docemente [...]".⁵⁷ Outros já poderiam sentir-se quase ao termo daquelas viagens ao Paraíso e, chegando aos sítios privilegiados, maravilhava-os, com "o coraçom tremedoiro, o poderio do Senhor Deus, com que governa e tempera e rege todalas coisas, a grandesa sem medida de sua ciencia [...]".⁵⁸

O verde imutável da folhagem que, impressionando fortemente o europeu na natureza dos trópicos, corresponde, por outro lado, a um traço obrigatório dessas paisagens irreais, já que traduz o sonho paradisíaco da eterna primavera, presta-se com facilidade a interpretações alegóricas nos livros de devoção. Não é preciso dizer, aliás, que, na generalidade desses escritos, o *locus amoenus* clássico constitui copioso repertório de alegorias e sagrados símbolos. No *Boosco deleitoso*, até a voz das aves, que fazem pensar no "rouxinol" de Colombo, tem um significado encoberto, cuja explicação será dada, ao mancebo solitário do conto, pelo resplandecente "guiador" que o levará ao longo do caminho do Paraíso. "Estas aves", diz-lhe o anjo, "son os santos doutores que ordenaron a santa escritura e eles te confortam e eles te amoestam e eles te ameaçam muitas vezes, segundo tu bem sabes."⁵⁹

A mesma ideia, dentro do mesmo esquema poético, já a explorara, aliás, Gonzales de Bercéo, na célebre introdução aos *Milagres de Nossa Senhora*. A paisagem alegórica colocada ao pórtico do poema oferece-nos uma natureza sempre igual, onde não há variação de temperatura – *o non ibi frigus, non aestus* –, ou qualquer agitação violenta, que possa perturbar o verde das folhas,

> *Por calor nin por fio non perdie su beltat*
> *Siempre estava verde en su entegredat,*
> *Non perdie la verdura por nulla tempestat,*⁶⁰

onde as flores são olorosas e constantes, os pomos doces e tão bondosos, que se os tivessem provado nossos primeiros pais, não padeceriam decepção ou dano algum, e as aves gorjeiam em suavíssimos e modulados sons. O simples encanto daquelas formas convida-nos a penetrar em seu íntimo e a tentar captar o que está dissimulado sob tão vistosas aparências:

*Tolgamos la corteza, al meollo entremos,
Prendamos lo de dentro, lo de fuera dessemos.*[61]

E então vamos sentir que todo aquele espetáculo é, ao mesmo tempo, uma sucessão de parábolas divinas, é o livro da Natureza, que há de ser entendido, não apenas em suas aparências, mas em seus significados ocultos, assim como sucede às Escrituras Sagradas.

Aqui a veiga sempre verde, "ca nunca ovo macula la su virginitat", onde o romeiro pode descansar das fadigas, há de representar a mãe santíssima e gloriosa; as quatro fontes, que manam do solo,

En verano bien frias, en yvierno calientes,

simbolizam os quatro evangelistas; a sombra do arvoredo, boa, doce e sã, quer indicar as orações que faz santa Maria pelos pecadores; as árvores acenam para os milagres da Virgem; as flores do prado ameno são os nomes que, nos textos santos, ela costuma receber – estrela, "estrela do mar", que conduz os nautas a bom porto, "estrela matutina", rainha dos céus, templo de Jesus... –, enquanto as canoras aves figuram Agostinho, Gregório e tantos outros, que descreveram os reais feitos da Senhora Santíssima. Entre os pássaros, ocupa lugar de realce o rouxinol, único expressamente nomeado, além da calhandra, e estes representam, em verdade, os apóstolos, confessores e mártires, que ergueram suas vozes, as virgens, que cantaram diante delas "canto vien festival", toda a clerezia, que nas igrejas a louva diariamente:

*Estos son rossenoles de grand placenteria.*⁶²

Não parece difícil traçar a longa genealogia desses motivos, que claramente se vão enlaçar na inspiração dos primeiros poetas teólogos, depurada e enriquecida ao longo de toda a Idade Média. Na descrição do Paraíso Terreal, que se pode ler no prólogo a um texto português de fins do século XIV ou início do XV, mas só ultimamente publicado, compilam-se expressamente algumas das passagens que ajudaram a formação do esquema. Abre-se a "visão" com o já lembrado trecho de Isidoro de Sevilha. A qual, posta em romance pelo escritor, diz assim: "O parayso terreal he orto deleitoso, em que ha todas maneyras de aruores fremosas que dam fructu. E em elle esta o lenho da uida, e em elle nõ ha frio nem quentura, mais ha hy sempre temperança de aar, e eña meetade delle estaa hua fonte que rega todo pomar, e esta fonte se parte em quatro partes de que se faz quatro ryos".⁶³

Depois de transcrever o restante da passagem das *Etimologias*, vale-se o escritor de outras autoridades, como João Damasceno, Beda, Mestre Alexandre e o Mestre das Histórias (João Comestor), para completar a imagem paradisíaca. A compilação, segundo pôde apurar seu anotador, o professor Bertil Maler, traduz fielmente a dissertação de Bartolomeu Anglico sobre o Paraíso.⁶⁴ Limita-se o português a alterar, em um ou outro ponto, a ordem das autoridades mencionadas.

A propósito dessas alterações não é talvez irrelevante, de um ponto de vista psicológico, observar que as palavras de Beda, onde se diz que "o parayso terreal he apartado e muy alongado de todolos lugares en que moran os hom s, e que a alteza delle chega ataa a cerco da lua", são subitamente interrompidas com a explicação de Mestre Alexandre, para quem o deleitoso horto está acima do ar turvo, onde há fumo e vapores úmidos, cujo fluxo e refluxo é apropriado ao corpo da Lua. E isto quer dizer – são ainda palavras tomadas ao mesmo Alexandre – "que o parayso chega ao cerco da l a por se demonstrar a sua alteza respeyto da terra e das cousas baixas, nõ por que elle chegue ao cerco da l a". Só depois dessa ressalva passa o autor a transcrever o resto do texto de Beda relativo à grande deleitação que nele há, por ser terra frutuosa e sem corrupção. Da mesma maneira desloca-se para o final, dada essa explicação, o parecer do Mestre das Histórias, de que as águas do dilúvio não alcançaram o Paraíso.[65] A ressalva corresponde rigorosamente, como se vê, ao que dirá Las Casas, onde comenta a opinião de Colombo sobre a verdadeira altitude de seu horto paradisíaco.

No *Orto do esposo*, a descrição do Paraíso também se acha impregnada de significações simbólicas, que o autor, sempre fundado nos seus mestres veneráveis, procura elucidar meticulosamente. Tal como o Éden, diz em suma, é a Sagrada Escritura adornada com suas graciosas plantas, suas espécies olorosas, flores resplandecentes, de que "he muy deleitosamente cheirada", frutos delicados, temperados orvalhos, tocada por ventos mui mansos, de grande temperança, docemente "ressoadas" com deliciosos cantares de aves, circundada de rios limpos e seguramente guardada com fortes sebes, governadas por fiéis guardadores. "E porque no parayso terreal ha estas cousas, por he cõparada e semelhante a Sancta Escriptura ao orto do parayso terreal."[66]

O gosto das interpretações alegóricas, que ainda no século XVII e mais tarde teria tamanho papel na literatura portuguesa e que impregnaria mesmo narrativas tais como a do padre Alexandre de Gusmão na *História do predestinado peregrino*, e a de Nuno Marques Pereira, não se fazia sentir apenas nos escritos expressamente piedosos. Ainda que, nestes casos, o que mais parece atrair autores e leitores seja, em geral, a "casca", o "de fuera", segundo o dissera Bercéo, mais do que "miolo", e o "de dentro", nem por isso deixam de banhar-se os *loci amoeni* de uma luz sobrenatural, pois apresentam, quase invariavelmente, as feições que tinham adquirido nos livros de devoção.

No *Cancioneiro geral*, em certas trovas que d. João Manuel, filho do bispo de Guarda, neto de el-rei d. Duarte, camareiro-mor de el-rei d. Manuel e amigo de rimar matéria profana, compusera a pedido do venturoso soberano, é através de uma linda "guiadora" que o poeta, afastado do mau caminho, se vê levado finalmente a ameno recesso nunca visto por olhos mortais, onde correm quatro rios caudalosos. Dali, diz o camareiro-mor,

Dali eram desterrados
todos los fallecimientos,
qu todos quatro elementos
son en el m do fallados.
Es calor prymeramente
templado syngularm te,
mas que se puede narrar,
syn exceder ny mengoar
cosa q̃ fuesse nocente

Era perpetuamente
el ayre clarefycado,
el sol en seteno grado
era ally mas prefulgente
Era tanto rresplandor
syn excesyuo calor,
y syn frio desmedido
mas el medio posseydo
cõ muy suave dulçor.

....

Toda la tierra criaua
las plantas todas frutiferas,
y las yervas odoryferas
solamente germinaua[67]

Enleado na magia do espetáculo, onde se reproduzem, além desses, todos os conhecidos pormenores da clássica visão do Paraíso, não se cansa de contemplá-lo embevecido, e nem dele se quer despedir, apesar das solicitações da companheira, ansiosa por conduzi-lo a um castelo maravilhoso que diante deles se mostra. Cedendo, enfim, a instantes rogos da donzela, aproxima-se o poeta daquele novo portento e divisa ali quatro torres, que se alteiam até à primeira esfera. Uma legenda, sobre a porta, anuncia, em "perpetuo diamente",

q̃ muerte no gustaria
quien alli fuesse abitante.

O poema permaneceu inacabado e, com ele, a trama alegórica. Esta, no entanto, quase se poderia antecipá-la já às primeiras linhas, tendo-se em conta que segue o esquema tradicional em seus vários aspectos. Mas também se pode prever como o fundo piedoso se converte na exaltação da monarquia portuguesa e na sua ação guerreira e missionária. Já na primeira das quatro torres do castelo "sem igual", a única de que chega a haver descrição, matizam-se, no interior, os feitos memoráveis de um soberano, que pudera dar tamanho aumento aos reinos por ele herdados:

El grande mar Oceano
mostraua ser a tu mano
cõ su rrypa sometido
y gran pueblo cõuertydo
de ereje cristiano.

O simbolismo do castelo, posto ao termo do deleitoso horto, e o da legenda que ostenta sobre a entrada prendem-se, possivelmente, aos motivos ditados pela santa fé cristã e, de outro lado, pela fidelidade e devoção a el-rei, já que sua obra de conquista de novas terras autoriza essa aliança, achando-se, como em verdade se acha, sob o signo da vera cruz. De qualquer forma, ao tema paradisíaco desenvolvido em todo o curso do poema, unem-se, ainda que tomados em sentido literal, os poderes que haveriam de dar a quem deles provasse, os pomos da árvore da vida.

E mesmo reduzida a termos mais pedestres, termos a que, ao cabo, se hão de submeter, sem embargo de toda a sua fantasia visionária, os exploradores das terras longínquas, a obsessão daqueles mundos viridentes, de tão bons céus e bons ares, que, se não libertam seus moradores da lei da morte, os imunizam, ou quase, de pestilências e outros danos, com o que vão comumente alcançar excepcional longevidade, se entrelaça estreitamente nos motivos edênicos.

O próprio tema da longevidade já se distingue particularmente no "conto do Amaro", uma das obras de literatura devota, além da *Visão de Túngulo*, da *Corte imperial* e do *Boosco deleitoso*, que aponta Maria Rosa Lida de Malkiel na prosa portuguesa medieval, "rica em visões", ao estudar a presença do ultramundo nas letras hispânicas, para a edição mexicana do livro de Howard Rollin Patch sobre o assunto.[68] Com a outra narrativa, também de fundo céltico, e cuja popularidade, bem explicável num povo que tanto se afeiçoará à aventura marítima, parece atestada em Portugal pela existência de três manuscritos medievais em suas bibliotecas, além de uma glosa satírica datada do século XIII,[69] a *Navigatio Sancti Brandani*, integra-se aquele conto, claramente, no ciclo das demandas do Paraíso Terrestre.

Deste, existe conhecido, além do texto de Alcobaça, publicado em 1901 em *Romania*, XXX, por O. Kolb, que dele fez confronto com certa versão castelhana independente, um exemplar, impresso em 1513 no *Flos Sanctorum em Lingoa Portuguesa*, de que há resumo em estudo do padre Mário Martins. É em obediência a um expresso mandado de Deus, que Amaro, fazendo-se seguir, tal como são Brandão, de vários companheiros, quinze ou dezesseis segundo uma ou outra versão, vai à ribeira do mar, merca uma nave e nela se mete, deixando-se impelir para o destino a que o levasse o Senhor. Depois de assim velejarem por algumas semanas, vagueando de mar em mar e de terra em terra, vão dar ao mar Vermelho, que atravessam, chegando a uma ilha muito rica chamada Fonte Clara, cujos moradores, virtuosos e formosos, têm o dom de viver até trezentos anos.

Não cessa aqui, porém, a peregrinação de santo Amaro. A longevidade pode ser talvez a imagem, ainda turva e submissa à lei do tempo, que adquire neste mundo a imortalidade paradisíaca, e é ao Paraíso que Amaro deve ser levado pela mão de Deus: ao Paraíso Terrestre e também ao celestial. De sorte que deixaram Fonte Clara e, arrastados por águas infestadas de feras marinhas, que se cevavam nas carnes de outros marinheiros detidos pelos gelos, viram-se em sonho salvos por uma formosa donzela, vestida nobremente e cercada de muita companhia, e de outras donzelas, também formosas e ricamente ataviadas, coroadas de flores, a cantar, em altas vozes e saborosas, seus louvores à nobre dona, alçada sobre as estrelas. Era esta, era verdadeiramente a Santa Mãe de Deus, que Amaro e seus companheiros não tinham cessado de chamar em toda aquela passagem espantosa, a primeira e principal entre as formosas donzelas, quem os deveria tirar de tamanho perigo.

Graças, com efeito, à sua proteção e também às providências e artifícios de Amaro, os próprios monstros acabariam por sair em socorro dos bem-aventurados. Libertos daquele mar coalhado, talharam enfim os calabres e foram ter primeiramente a uma "inssoa deserta", e desta a outra, para a banda do Oriente, "contra hũ nace o sol", onde se vê o santo agasalhado por um anacoreta chamado Leomites, juntamente com cinco leões mansos. Depois de fazer penitência durante uma quarentena, abalou Amaro por aquela costa, deixando Leomites, que seria confortado, no entanto, por uma religiosa chamada ora Válides do Monte Sinai, ora Bralides, que obtivera a graça de ver o Paraíso Terreal.

E vivia a santa por aqueles sítios sem comer senão ervas e flores e coisas que crescem no monte. Trazia consigo vergas com folhas sempre verdes e formosas, de uma árvore do sagrado horto que fizera o Senhor para os nossos primeiros pais. Dela deu um ramo a Leomites, com o que logo se consolou este, mas sua alma Deus a levaria brevemente para si.

Quanto a Amaro, separou-se no porto dos companheiros, e como tivesse notícia da religiosa e de que só ela poderia conhecer e mostrar o caminho do Paraíso, saiu ao seu encontro. Como Válides já soubera por vias sobrenaturais da chegada próxima daquele servo do Senhor, logo o agasalhou no mosteiro, de onde, enfim, partiram certa manhã, e foram por uma serra altíssima, cheia de frutos e flores, até à beirada de um grande rio, que corre do Éden. Aqui separou-se ele da santa senhora e, subindo o rio pela margem esquerda, foi dar ao Paraíso.

Tinha este a feição de um belíssimo castelo de mármore e pórfiro, encimado de quatro ou cinco torres, e delas manavam outros tantos rios. E ainda que o impedissem de entrar no recinto, pois não era seu tempo, mostrou-lhe o porteiro o que dentro havia, para que pudesse saber alguma coisa do bem que nele se encerrava. E viu Amaro primeiramente o pomo de que Adão comeu e, depois, tantos prazeres e sabores e viços, que não tinham conta. E viu ervas verdes, flores olorosas, árvores pesadas de frutas. Nem se cansavam seus olhos de tanta maravilha porque, segundo a consagrada fórmula negativa, "nunca era noyte, nẽ chuva, nẽ frygo, nẽ quaentura, mas ali era muy bõo temperamento". Levantavam-se tendas de vistoso pano, verdes e vermelhas e de muitas outras cores. Os campos estavam cobertos de flores e as aves cantavam mui saborosamente, enquanto gentis donzéis tangiam instrumentos, entoando hinos à Virgem Nossa Senhora, e moças vestidas de branco e engrinaldadas passavam e folgavam em torno da Mãe de Deus, "muy fremosa e das mais belas criaturas do mundo".

Quando já as donas se encontravam numa das tendas, a

deitar água às mãos da Senhora Santíssima, vinham muitas aves "fremosas que avyam penas de angeos, e pousavam sobre aquela tenda, e cantavam milhor que nunca foy homem que ovisse". Como já não se pudesse mais ter ali, que coisa tão bela ainda não vira ou escutara, Amaro pediu de novo ao porteiro: "Amigo, colhe-me dentro". Contudo não foi mais bem atendido dessa vez. E disse-lhe o porteiro: "Crê verdadeiramente que neste dia são passados 277 anos que chegaste a esta porta e nunca dela te partiste. Não hás de entrar, que este é o Paraíso Terreal". Ofereceu-lhe porém algum fruto ou outra coisa das que ali se encontravam. "Amigo", tornou-lhe Amaro, "dá-me dessa terra uma pouca." E passou-lhe o porteiro uma escudela cheia de terra.

Com esse dom volveu o santo àquele porto onde tinha deixado os companheiros. No lugar onde deveriam estar, achou, porém, uma cidade grande, habitada de descendentes daqueles mesmos que o tinham seguido na sua busca do Paraíso Terrestre. E sentiu-se maravilhado de conhecer uma tamanha mudança no mesmo sítio onde largara apenas um barco, e as quatro casas que já tinha encontrado nele, 25 dias antes, ao que lhe parecia (mas nisto se enganava).

Como um sábio sacerdote da cidade tirasse de sua relação que ele estivera, em verdade, no Paraíso Terreal, todos o acolheram bem e o festejaram. Contentou-se, porém, com pedir lugar para fazer uma povoação e lá se foi carregando sua escudela de terra. E entrou a deitar a terra na parte que lhe deram, da terra do Paraíso, e tinha esta terra muito bom cheiro, e cheirava melhor que todas as coisas do mundo.

Logo se ergueu, assim, uma nova cidade, com nobilíssimas habitações e muitos vinhedos e pomares e hortas, e cresciam nela as árvores em só um ano mais do que nos outros lugares em cinco, tamanha a bondade da terra do deleitoso horto. Apenas Amaro não sobreviveu muito à sua obra milagrosa porque, como sentisse finalmente a dor da morte, fez vir a si um religioso, confessou-se e recebeu o Corpo de Deus. E sua alma desprendeu-se dos laços da carne e se foi desta vez ao Paraíso. Não ao Paraíso Terreal, e sim ao dos anjos, que se encontra no alto do Céu.

A larga popularidade das histórias do mesmo teor, piedosas ou profanas, e o longo crédito que alcançaram parecem oferecer uma explicação psicologicamente razoável para a mentalidade de muitos navegantes europeus que na era dos grandes descobrimentos marítimos vieram ter ao Novo Mundo. Pois não só as paragens irreais de que tratam especialmente certas lendas céticas, entre outras uma fabulosa ilha do Brasil, que em 1480 chegara a preocupar seriamente os armadores de Bristol,[70] apareciam em cartas medievais e quinhentistas, mas, num período de dois séculos, a contar de 1526 até 1721, sabe-se que ainda saíram das Canárias em busca daquela *terra de promissão*, onde teriam aportado são Brandão e sua companhia de monges, quatro expedições marítimas.[71]

Essa psicose do maravilhoso não se impunha só à singeleza e credulidade da gente popular. A ideia de que do outro lado do Mar Oceano se acharia, se não o verdadeiro Paraíso Terreal, sem dúvida um símile em tudo digno dele, perseguia, com pequenas diferenças, a todos os espíritos. A imagem daquele jardim fixada através dos tempos em formas rígidas, quase invariáveis, compêndio de concepções bíblicas e idealizações pagãs, não se podia separar da suspeita de que essa miragem devesse ganhar corpo num hemisfério ainda inexplorado, que os descobridores costumavam tingir da cor do sonho. E a suspeita conseguia impor-se até mesmo aos mais discretos e atilados, àqueles cujo espírito se formara no convívio assíduo com os autores da Antiguidade.

8
Visão do Paraíso

NÃO SÓ O DESLUMBRAMENTO de um Colombo divisava as suas Índias e as pintava, ora segundo os modelos edênicos provindos largamente de esquemas literários, ora segundo os próprios termos que tinham servido aos poetas gregos e romanos para exaltar a idade feliz, posta no começo dos tempos, quando um solo generoso, sob constante primavera, dava de si espontaneamente os mais saborosos frutos, onde os homens, isentos da desordenada cobiça (pois tudo tinham sem esforço e de sobejo), não conheciam "ferros, nem aço, nem armas", nem eram aptos para eles – são feitas, aliás, as próprias palavras de que se servirá o genovês ao tratar dos gentios das ilhas descobertas[1] –, mas até os de mais profundo e repousado saber se inclinavam a encarar os mundos novos sob a aparência dos modelos antigos.

O historiador sueco Sverder Arnoldsson, bem familiarizado com a historiografia hispano-americana do período colonial, pôde dizer, sem exagero, em estudo recente, que além de Colombo numerosos cronistas da conquista se valeram usualmente, ao descreverem as Índias, e em particular os indígenas do Novo Mundo, das próprias palavras de Ovídio sobre a Idade de Ouro, copiadas, citadas e inúmeras vezes lidas durante 1500 anos.[2] Bem ilustrativas desse fato são as expressões de um humanista da altura de Pedro Mártir de Anghiera, que em várias ocasiões se mostra cauteloso ou cético no acolher informações dos viajantes, quando se refere aos primitivos moradores da Española e de Cuba.

Os trechos que Arnoldsson em parte reproduz do original das *Décadas do orbe novo*, e que vão a seguir, de acordo com a versão de Temístocle Celotti, não só aludem expressamente à Idade de Ouro, como chegam a ser, por vezes, um decalque literal do texto célebre das *Metamorfoses*. Assim é que, dos naturais da Española, o humanista de Anghiera, depois de observar que tinham muitos reis, cada qual mais poderoso do que o outro, "como se diz que o lendário Eneias encontrou o Lácio dividido entre Latino, Mesêncio, Turno e Tarconte", reinando sobre minúsculos territórios, logo ajunta: "Sou de parecer, entretanto, que os nossos ilhéus da Española hão de ser mais afortunados do que aqueles, desde que aprendam a religião; pois que nus, sem pesos ou medidas, sem a mortífera pecúnia, vivendo na idade de ouro, sem leis, sem caluniosos juízes, sem livros, contentam-se com o estado da natureza, nada preocupados com o porvir".[3] Isso está dito no segundo livro da primeira Década, que Pedro Mártir redigiu, com o subsequente, por instâncias do cardeal Ascânio Sforza, durante o biênio de 1493-1494, quando as notícias ainda frescas do descobrimento e as esperanças a que davam lugar ainda permitiam essa visão imaculada.

Mas no próprio livro terceiro, que só se lançará em 1500, época em que já são bem notórias as malícias e tiranias dos canibais antilhanos, reafirma-se, com ênfase ainda maior, esse quadro sedutor da *aurea aetas*. Tratando ali dos habitantes de Cuba, escreve ele que "era de todos a terra, assim como o sol e a água, que o *meu e o teu*, germes de todos os males, não existiam para aquela gente [...]. Vivem na idade do ouro, não circundam as herdades de fossos, muros ou sebes. Moram em hortas abertas, sem leis, sem livros, sem juízes, e seguem naturalmente o bem. E têm por odioso aquele que se compraz em praticar o mal, seja contra quem for".[4] E na Década III, redigida só em 1516, segundo testemunho do autor, reitera-se, no livro VIII, a mesma imagem, a propósito daqueles homens habituados a sustentar-se de frutos nascidos sem plantio: "Homines vivere aiunt [...] sylvestribus fructibus contentos [...] uti legitur de aurea aetate".

Os cronistas castelhanos não duvidarão, por sua vez, em seguir tão ilustre exemplo, servindo-se das palavras textuais do poeta de Sulmona, e não só com relação a tribos primitivas, mas também a populações mais distanciadas das condições dos antigos moradores das Antilhas.[5] Em suas *Antiguidades de la Nueva España*, de fins do século XVI, ainda escreve, por exemplo, Francisco Hernandez, que "todo lo producia espontaneamente la tierra", equivalente preciso do "per se dabat omnia tellus" ovidiano. E em princípios do século imediato ainda pode rastrear-se o influxo de concepções antigas, bebidas provavelmente nas *Metamorfoses*, mesmo em escritos como os do índio semiculto d. Filipe Haumán Poma de Ayala, onde subdivide toda a história humana em quatro idades distintas, a saber a do ouro, a da prata, a do cobre e a do ferro, cada qual menos "civilizada" e também menos feliz e engenhosa do que a anterior.

Essas lembranças clássicas costumam ser postas principalmente em estreita relação com a teoria da excelência do estado natural, que já é um traço da *aurea aetas* dos antigos, ou com as opiniões eclesiásticas e, em verdade, cristãs, sobre o *statu innocentiae*, compendiadas na *Suma teológica* de santo Tomás de Aquino, que um e outras, por intermédio talvez de Montaigne e, em menor grau, de Las Casas, hão de frutificar, com o tempo, no postulado, rico em consequências, da bondade natural do homem.

O problema já tem sido objeto de muitas e sábias dissertações, e mal cabe retomá-lo aqui, senão de passagem. Contudo é fora de dúvida que, abrangido num painel maior, que compreenda os demais aspectos, por onde facilmente se irmana com os motivos edênicos, de ação direta sobre a própria atividade colonial do europeu no Novo Mundo, irá ganhar sentido mais amplo e mais rico essa exaltação da vida primitiva.

De uma parte, a polêmica dirigida contra a miséria do tempo presente, amparada no louvor e nostalgia de um passado venturoso e idílico, iria aparentemente favorecê-la. Essa polêmica, sabe-se que é de todos os tempos, mas quando se torna singularmente vivaz é nos tempos medievais, dando causa até a fórmulas estereotípicas como a do *ubi sunt*, de que a balada mais célebre de François Villon é exemplo ilustre mas não único.

Por outro lado, a ideia da corrupção deste nosso mundo e da natureza, em consequência do Pecado e da Queda, acha-se implantada em todo o sentimento e pensamento cristãos, e deita claramente suas raízes nas Sagradas Escrituras. Não custaria distingui-la já no *Gênesis*, quando alude à maldição divina lançada sobre a própria terra, que passaria agora a dar cardos e abrolhos. E ainda, para também recorrer ao Novo Testamento, naquele passo da Epístola aos Romanos (8, 22), onde está dito que toda a criação, e não somente a espécie humana, "geme e padece até hoje" por culpa do primeiro homem.

Mas esse pessimismo fundamental já não seria o ponto de partida necessário para a glorificação de outros mundos, das terras incógnitas, porventura ainda virgens e indenes dessa decadência geral, como se neles não tivesse ocorrido o Pecado e nem ficassem, deste, as marcas fatídicas? A Idade Média se achava tão afeita, com certeza, à noção de que o mundo presente é simples lugar de passagem, que a esperança de nele se encontrar algum porto seguro se tornara, ao cabo, irrelevante. A ruindade ou deterioração da Natureza, a miséria da terra, resgatava-se num divino plano de salvação que, por sua vez, não deixaria de valorizar, de algum modo, os próprios males e as misérias do presente. Mesmo a obsessão da materialidade do Paraíso Terrestre, abundante em todos aqueles bens de que carece a natureza corrompida e mortal, é um modo de denunciar, com a vivacidade do contraste, esse fundo senso da transitoriedade das coisas terrenas.

Ora, sucede que o Paraíso Terrestre é, pela sua própria essência, inatingível aos homens, ou, na melhor hipótese, só pode, talvez, ser alcançado à custa de ingentes e sobre-humanos esforços. De fato, só com o declinar do mundo medieval é que a ideia da corrupção e degenerescência da Natureza poderá afetar mais vivamente aqueles para quem a salvação eterna se torna, cada vez mais, um ideal longínquo e póstumo. Ao mesmo tempo irá esbater-se pouco a pouco, embora teoricamente ainda válida, a crença de que o Céu, um Céu sempre mais distante, cuida de interferir a todo momento nos negócios profanos.

Já agora, porém, o mundo não há de ser um vale de lágrimas, apenas dulcificado pela certeza da redenção ultraterrena. Não é num futuro póstumo, ou fora do mundo, mas na própria vida de todos os dias que a condição humana há de encontrar sua razão de ser. O Humanismo, que impregnará largamente o pensamento e a atividade renascentistas, acha-se alicerçado, e desde o início, numa confiança ilimitada no homem e nas suas possibilidades criadoras quase infrenes. Em seu tratado sobre a dignidade humana, Giovanni Pico della Mirandola parte do pressuposto de que o homem, esse "grande milagre", segundo o dito de Hermes Trismegisto, que domina o discurso, é o mais feliz, sem comparação, dos entes animados, merecedor, por isso, de todas as admirações. E ainda, de que sua condição, na ordem universal é invejável, não só para os brutos, mas até para os astros e os espíritos do além-mundo.[6]

Mas, para que aquelas possibilidades e capacidades sejam verdadeiramente eficazes, fazendo-se por sua vez realidades, é mister supor um mundo e uma natureza, dóceis às ambições dos homens e solidários com elas. Natureza, essa, ativa e infinitamente criadora, concebida à imagem do homem novo, bem diferente da outra, inerte ou mortalmente ferida por uma calamidade de proporções cósmicas. De sorte que esse exasperado otimismo, fundado na doutrina da excelência e dignidade da condição humana, também há de admitir, necessariamente, a excelência, a dignidade, a virilidade da própria natureza.

A noção de que existiria uma fratura radical entre a Idade Média e o Renascimento, e é em suma a noção básica de Burchkhardt, tende a ser superada em grande parte da moderna historiografia pela imagem de uma continuidade ininterrupta. Mas precisamente a teoria da continuidade vem reforçar a importância desses momentos que se diriam crepusculares, momentos, no caso, em que a tese da produtividade inexaurível, quase orgiástica, do homem e da Natureza é ainda, ou já é, sofreada por hesitações e titubeios.

É nesses momentos situados na infância, tanto quanto na agonia, de uma era de otimismo, que iremos deparar com expressões indecisas entre a do abatimento da criatura e a de sua exaltação. O velho sentimento de miséria do homem e de decrepitude da natureza pode agora aliar-se ao de um mundo quase independente das potências celestiais ou ao de um Céu quase indiferente às contingências terrenas. E é quando a confiança em uma salvação ultramundana se amplia ou, de certo modo, se deixa substituir pela esperança de uma salvação neste mundo: não o mundo conhecido e desde há milênios habitado, por isso mesmo gasto e estéril, mas talvez alguma das suas partes ainda ignota e – quem sabe? – poupada à maldição divina, assim como o Paraíso Terrestre teria sido poupado pelas águas do dilúvio universal.

Mesmo onde essa atitude se desenvolve sobre um plano simplesmente literário ou, talvez, em obediência a padrões estilísticos, como no *ubi sunt*, não deixa de ser sintomática, às vezes, da aspiração compensatória. À origem do gosto generalizado pelas novelas de cavalaria, na aurora dos tempos modernos, bem pode espelhar um desdém íntimo pela vida presente e atual, considerada como uma fase de aviltamento do mundo heroico. Contudo, o mundo cavalheiresco e heroico ainda não se tinha desvanecido completamente: prova-o o fato de manifestar-se depois, com o usual cortejo de encantamentos e milagres por obra dos conquistadores das novas terras.

A constante reiteração da ideia de uma Natureza em declínio ou francamente corrupta, pelo contágio do Pecado Original, pode sugerir, mesmo em obras de pura imaginação, que esse pensamento seria largamente partilhado, e tanto pelos autores como pelos leitores de tais obras. Os comentários esotéricos ao *Gênesis*, cuja cronologia permitira esperar-se o próximo ou iminente fim do mundo, segundo notou um historiador, referindo-se de modo expresso à Inglaterra e a épocas mais tardias – mas suas observações, neste particular, também se aplicam, e talvez com maior nitidez, ao que ocorre na Itália, com o amanhecer dos tempos modernos – tendiam a dar uma base aritmética à teoria da decadência do homem e da natureza.

A visão clássica da história, que admitia essa decadência progressiva, fazendo preceder a Idade do Ouro à da Prata, do Bronze e do Ferro, que sucessivamente, e nessa ordem, se substituem uma à outra, entrosava-se sem dificuldade, como ainda acentua o mesmo escritor, na doutrina cristã da Queda e fornecia mesmo uma ampla estrutura para a teoria de um mundo que se deteriora cada vez mais e em todas as suas partes. Ao lado disso, as Ideias ou Formas de Platão acham por onde inserir-se nas doutrinas relativas à catástrofe cósmica, pois confrontado com as normas ideais existentes em algum lugar, deste ou daquele modo, o nosso mundo, em constante declínio, será uma espécie de cópia esmaecida e degradada. A concepção do mal como *privatio*, de acordo com santo Agostinho, que se funda, de fato, em Aristóteles, e ainda as noções aristotélicas sobre a oposição entre elementos "contrários" (*Metafísica*, lib. 5, cap. 22), são eminentemente adaptáveis às mesmas doutrinas. Pois o que significa a depravação do mundo senão a privação da "virtude" que nele infundira o Senhor, em sua glória primeira e virginal? E que hipótese se revelaria mais serviçal, em suma, tendo-se em conta as mudanças do mundo e suas incessantes vicissitudes, do que uma teoria que postula a instabilidade daqueles elementos?[7]

Não é por acaso se justamente entre italianos, mais familiarizados, então, do que outros povos, com especulações de tal porte, tenda a desprender-se, aqui e ali, de um pessimismo adverso à tranquilidade de ânimo que propugnam os humanistas, a esperança e procura de alguma solução terrena. Nem falta quem, como um Maquiavel, chegue a aceitar, sem ilusões, o mundo como é, imaginando mesmo uma ordem civil edificada sobre esse material imprestável que são os homens, de sorte que a velha ruindade venha a sujeitar-se a novas leis que a neutralizem, num verdadeiro equilíbrio de egoísmos, e que do próprio mal possa brotar o bem, com o soldar-se dos indivíduos corruptos no Estado forte. Ou quem, como Guicciardini, refute o valor dos "exemplos" grandiosos dos romanos, em que ainda se apraz seu compatriota, para abraçar um critério mais acomodatício, em que a própria depravação dos homens, ao menos segundo o retrato malevolente, mas em parte justificável, que de suas ideias nos deixou De Sanctis, parece codificar-se e erigir-se em regra de vida.[8]

A maior parte, no entanto, ainda prefere a essa cumplicidade desencantada com a "verdade efetiva da coisa", a que alude Maquiavel,[9] isto é, com o fato reconhecido da decadência e corrupção do mundo, um ideal mais puro e imaginário, prefere, em outras palavras, palavras tiradas do próprio *Príncipe*, ao "como se vive" o "como se deveria viver", ao *ser* um *dever ser*. E é bem compreensível, nestas circunstâncias, se numerosos marinheiros e exploradores que se movem, quase por necessidade de ofício, conforme aos juízos dos astrólogos, tendam a fazer baixar o seu "dever ser", os seus paraísos, daqueles mundos irreais para a realidade ainda nublada que lhes oferecem as terras incógnitas e remotas.

O espetáculo, ou a simples notícia de algum continente mal sabido e que, tal como a cera, se achasse apto a receber qualquer impressão e assumir qualquer forma, suporta assim, entre muitos deles, as idealizações mais inflamadas. Idealizações, estas, de que seria como um "negativo" fotográfico este nosso mundo entorpecido e incolor, e em que parecia ganhar atualidade histórica a possibilidade de remissão. Se isso é especialmente verdadeiro no caso de um Colombo, que por sinal julgava próximo o fim do mundo, precisando mesmo que se daria no ano 1656, nem antes nem depois,[10] não o deixa de ser nos de outros navegantes que o antecederam ou sucederam, como Cadamosto, Vespúcio, os dois Caboto, até Verrazzano.

O processo mental que se encontra à base de semelhante atitude não é muito diferente do que, em certas obras de imaginação, escritas aproximadamente pela mesma época, opõe a uma degradação da Natureza e do mundo a nostalgia das imagens idílicas. Assim, numa das églogas, anterior a 1482, a célebre *Arcadia* de Sannazaro, um pastor, apontando para o mundo que se agrava de mal a pior, evoca os tempos bons que de hora a hora se depravam:

Or vedi, Opico mio, se'l mondo aggravasi
di male in peggio; e deiti pur compiangere
pensando al tempo buon che ognor depravasi.[11]

Esse "tempo buono" confunde-se, em todos os seus aspectos essenciais, com a *aurea aetas* virgiliana e ovidiana. É um tempo, em suma, onde impera a concórdia perfeita entre os homens. A ira ou a tristeza ainda não os perturbou. Comuns são os campos e sem termos. Faltam o ferro, adverso à vida humana, e as cizânias, onde as guerras e o mal têm o seu germe. Ignoram-se raivosas insânias, que irão dilacerar o mundo presente. Quando chegue a velhice, os homens intrépidos, ou se dão a morte, ou conhecem uma juventude nova, por efeito de ervas encantadas. Nos dias luzentes e tépidos, não foscos e frios, em vez do ulular das feras brutas, ouve-se o trinado de aves deleitosas e lépidas. A terra, que hoje dá o atro acônito ou plantas ásperas e mortíferas, adorna-se de saudável folhagem; as únicas lágrimas que vertem os bosques são as do incenso, misturado à olorosa mirra ou ao bálsamo, e a doce sombra do arvoredo suaviza os rústicos ágapes: leite e glandes ou zimbros e framboesas.

O cenário pagão ainda pode sugerir o *ubi sunt*, caro à tradição medieval, e a amargura da vida presente mais se escurece à lembrança da antiga glória e dos heróis extintos, de cujos feitos, tão celebrados, só resta uma pouca cinza fria.

Ov'è'l valore, ov'è l'antica gloria?
ù son or quelle genti? Oimè son cenere
de le qual grida ogni famosa istoria.

E se a evocação do cenário de delícias (ledos amantes e ternas raparigas a correr as campinas, lembrados do ardor e do arco do filho de Vênus, folgando ou bailando ao som de cítaras, por entre carícias, que imitam as dos pombos) obedece a fórmulas consagradas e puramente convencionais, a imagem, que ele quer realçar, da miséria e pobreza de um mundo encanecido,

[...] *che 'l mondo instabile*
tanto peggiora più, quanto più invetera [...],

parece corresponder, além disso, a um sentimento comum.

Passada a apoteose renascentista, já numa outra era "crepuscular", essa mesma ideia da senilidade do mundo vai tomar, na *Aminta* do Tasso, um acento aparentemente mais espontâneo.

*Il mondo invecchia
E invecchiando intristisce*,[12]

diz Dafne a Tirsi. O próprio contraste entre essa desolação e a Idade de Ouro desaparece aqui, ou quase, já que no cenário ideal se infiltram elementos satíricos. A Idade de Ouro não mais existe, aliás, entre aqueles pastores, que evocam como coisa pretérita os tempos venturosos.

Obra juvenil, de quem ainda vive num contentamento descuidado, entre as intrigas da Corte que o acolhera, na *Aminta*, apesar de todas as suas características de idílio pastoril, mal se pode esperar que fale a voz de um verdadeiro *laudator temporis acti*. Mais tarde não hão de faltar ao Tasso as "visões do paraíso", já agora tingidas de melancolia e religiosidade. Apenas a sua religião já será, bem ou mal, a da Contrarreforma, e o Paraíso que então ele vislumbra sugere menos a *aurea aetas* do que o bíblico Éden: o Éden visto, aliás, pela imaginação de um *poeta teólogo*. Com efeito, o Paraíso Terreal de seu *Mondo Creato* é rigorosamente uma versão do *De aue Phoenice* atribuído a Lactâncio.

Se a melancolia pessimista desse "peregrino errante" não é talvez refratária à sedução das terras incógnitas, sua fantasia geográfica circunscreve-se em demasia a um universo puramente poético para que nelas pudesse ver outra coisa senão terras de fábula e, melhor, aptas à fábula e à ficção. Como tais são apontadas em seus discursos sobre o poema heroico, ao lado de outros países menos remotos, mas ainda assim envoltas num halo mágico de névoa ou distância, para os que pretendam matéria adequada a empresas nobilíssimas. Da "Gótia, da Noruega, da Suécia, e da Islândia", escreve, "ou das Índias Orientais ou dos países novamente achados no vastíssimo oceano, além das Colunas de Hércules, deve tomar-se a matéria de tais poemas".[13]

Neste caso, a distância no espaço como que toma o lugar da distância no tempo. E se por aqueles lugares obscuros e longínquos lhe parece lícito situarem-se empresas comparáveis às dos argonautas, de que fizeram seus poemas, primeiro Orfeu, depois Apolônio, não é porque sejam naturalmente idealizados, mas porque são comumente ignorados. A incompatibilidade do presente e do próximo com o gesto heroico encontra sua solução, aqui, muito menos na demanda de paraísos distantes do que nos caminhos do mundo da poesia, que é incorpóreo e íntimo.

Mesmo em obras estritamente literárias, porém, e não apenas na Itália, a crença na deterioração da Natureza pode encontrar explicações mais ponderáveis, na aparência, do que as implícitas nos motivos e convenções poéticas. Na novela do *Amadis de Gaula*, e justamente no livro IV, que pertence à redação de Montalvo, já do século XVI, há certo passo da carta da rainha Brisena ao herói, onde se procura fundar em razões especulativas aquela degenerescência e esterilização do mundo, apresentada como possível causa de estarem tão mudados os tempos, segundo o pouco amor e menos verdade que se acham nas gentes contra seus reis. E isto, observa, "debe causar la constelación del mundo ser mas envejecida, que perdida la mayor parte de la virtud no puede llevar el fruto que debia, así como la cansada tierra, que ni el mundo labrar, ni la escogida simiente puedem defender los cardos y las espinas con las otras hierbas de poco provecho que en ella nacen".[14]

Que essa consunção progressiva da terra, condenada, na imagem tantas vezes repetida do salmista, a envelhecer como um vestido (*Salmos*, 102, 26), também contagiava física e moralmente o homem, era uma inferência que se arrimava, sem dúvida, na lição bíblica, mas que podia subsistir independentemente dela. Se com o próprio renascer das letras clássicas, o descobrimento do mundo antigo, coincidindo com o "descobrimento" do homem, de sua dignidade própria e de suas virtualidades quase ilimitadas, é, por um lado, uma escola de otimismo, por outro, conforme já foi relembrado aqui mesmo, dava ocasião à maior familiaridade com as ideias, já existentes no paganismo, do declínio simultâneo da natureza e do gênero humano.

E se tais conceitos, fundados, aliás, numa visão orgânica da história, iam corroborar e completar o ensinamento do *Gênesis*, o simples e constante recurso aos exemplos de gregos e romanos, a obrigatória exaltação da virtude antiga, modelo da famosa *virtù* renascentista, do saber antigo, do antigo valor e grandeza de ânimo, não levaria precisamente a paralelos desprimorosos e humilhantes para os modernos? Na alta missão pedagógica atribuída por exemplo a um Plutarco, e no imenso prestígio que conheceram suas *Vidas* a partir do século XVI, não entraria uma confissão tácita da inferioridade dos tempos correntes e, portanto, de uma efetiva decadência dos homens?

Compreende-se como os germes de pessimismo, que já vinham no bojo da renovação dos estudos clássicos e que, mesmo em momentos apoteóticos, não fora possível dissimular de todo, conhecessem uma fase de expansão com o declinar do Renascimento. Prenúncios tais como os de um próximo fim do mundo, que favoreciam aquela ideia da senectude da Criação, longe de constituir uma peculiaridade "medieval" de Colombo, como já houve quem o pretendesse, acham-se presentes em escritos dos principais humanistas, desde Pico della Mirandola até Campanella. E essa ideia terá, forçosamente, de subir à tona quando recuperem suas forças e se tornem verdadeiramente obsessivos – é o que, de fato, se dará com a era do Barroco – os velhos temas da instabilidade das coisas terrenas e do *memento mori*.

Não deixa de ser significativo se justamente os que, como Bacon e seus sequazes, se mostram menos pressurosos no aceitar ao pé da letra as "fábulas" dos antigos, são os que tendem, de preferência, a desdenhar semelhantes teorias ou, admitindo embora as vicissitudes das coisas, acham melhor não encarar de frente a roda da sorte, que pode dar vertigem. Ou ainda que esperam do avanço do saber um instrumento para a luta e a vitória sobre as leis que presidem ao destino das coisas mundanas, mais ou menos como a Maquiavel, um século antes, parecera que à *virtù* compete especificamente o mister de corrigir e modificar a *fortuna*, com todas as suas consequências.

Se isso pode significar uma vontade firme de resistência, não significa, entretanto, um repúdio teórico, uma refutação, bem ao contrário, da ideia de decadência da natureza. E é na própria Inglaterra, e no tempo de Bacon, onde não parece menos certo o envelhecimento do mundo e o correspondente declínio moral e físico do gênero humano, do que o teria parecido na Espanha do tempo do *Amadis*, que essa certeza recebeu uma formulação das mais enfáticas.

Entre os numerosos argumentos de que se vale nesse sentido Godfrey Goodman, em publicação de 1616, destacam-se a infertilidade do solo, a hostilidade dos animais ao homem, a produção, pela natureza, de formas de vida baixas e repelentes, em lugar das criaturas "nobres", a miséria da humanidade, em geral, sua fragilidade, sua compleição enfermiça e a inclemência das estações. Embora aos astros coubesse a função de fomentar a fecundidade da terra, a verdade estava em que mesmo sua influência benigna parecia frustrada por algum poder superior ou por uma Providência.

Todo esse espetáculo de corrupção cósmica era associado por Goodman ao Pecado e à Queda do primeiro homem. Porque, com o rebelar-se do microcosmo contra a sabedoria divina, sua culpa conspurcaria inevitavelmente e corromperia também o macrocosmo. A Natureza toda acha-se "voltada para o homem", de sorte que, tendo este pecado, era de crer ante a simples coerência dos juízos de Deus que todas as coisas se vissem atingidas pelos malefícios do mesmo pecado. Todas, sem exclusão dos próprios elementos.[15]

Era essa, contudo, uma posição extremada. Sabe-se como a crise do pensamento antropocêntrico e geocêntrico, defendidos longa e asperamente pelos campeões da ortodoxia, embora contra eles sempre se pudessem invocar as razões lembradas (mas não esposadas), já na Idade Média, por Nicole Oresme, ao dizer que restringir-se o poder divino à criação de um só universo era como querer cercear sua onipotência,[16] tornaria dificilmente sustentável a crença tradicional de que o pecado de Adão pudesse ter consequências cósmicas. Pois uma vez que a Terra perderia seu lugar central no orbe criado, e se havia possivelmente outros mundos habitados, como por exemplo a Lua, não seria temeridade pretender que o pecado original, praticado em algum lugar da Terra, para as bandas do Oriente, tivesse força capaz de arruinar, ao cabo, toda a fábrica do universo?

O mesmo raciocínio, nas devidas proporções, deve ter ocorrido quando, além das colunas de Hércules e do vastíssimo oceano, se encontraram terras e gentes que, segundo as descrições dos primeiros viajantes, pareciam viver ainda na Idade de Ouro. A própria existência de algumas daquelas terras e daqueles habitantes não era de natureza a contrariar certos dogmas veneráveis, como o da impossibilidade dos antípodas? Não se poderia admitir, certamente, que lugares como aqueles, antes ignorados ou mal suspeitados, se mantivessem indenes do castigo, mas seria cabível pensar, sem querer penetrar muito nos planos escuros da Providência, que os efeitos do castigo se teriam distribuído desigualmente sobre a superfície terrestre.

Esse pensamento justificaria as descrições de Colombo quando sua imaginação deslumbrada lhe apresentava as terras descobertas sob aspectos paradisíacos e, ainda mais, quando pretendia que nelas ou por elas seria dado ao gênero humano regenerar-se à espera do Dia do Juízo. Nem poderia pensar muito diversamente quem acreditava que, num sítio daquelas partes, se encontrava o próprio horto onde o Senhor colocara o primeiro homem. Pretensão, esta, que o almirante não se limitará a expor aos reis católicos, mas que chegará a defender até perante o Sumo Pontífice, na carta que dirige em 1502 a Sua Santidade pedindo a remessa de seis missionários. "Creí",

Coleção Documentos Brasileiros
Dirigida por *Octavio Tarquinio de Sousa*

107

SÉRGIO BUARQUE DE HOLANDA

Visão do Paraíso

Os Motivos Edênicos no Descobrimento
e Colonização do Brasil

LIVRARIA *JOSÉ OLYMPIO* EDITÔRA
RIO DE JANEIRO — 1959

Folha de rosto da primeira edição de *Visão do Paraíso*, publicada no Rio de Janeiro, em 1959, pela Livraria José Olympio Editora. *Coleção particular.*

Representação de Adão e Eva no Paraíso. Gravura de Albrecht Dürer, 1504.
Fundação Biblioteca Nacional – Brasil.

O livro de Nieuhoff aborda diferentes aspectos do Brasil holandês e traz diversas gravuras que se transformam em exemplo e modelo do exotismo da flora e da fauna tropicais que se colaram à reputação brasileira. John Nieuhoff. *Remarkable voyages and travels into [...] provinces of West and East Indies.* London: Awshan and John Churchill, 1703. Folha de rosto e gravura em página dupla. *Fundação Biblioteca Nacional – Brasil.*

A estampa de Hans Staden é considerada o primeiro desenho iconográfico conhecido do Rio de Janeiro e reproduz um combate entre o navio francês, que levou Staden de volta à Europa, e outro, português, que deixava a baía do Rio de Janeiro. No desenho estão indicadas as tabas das duas tribos inimigas, os *markaya* (maracajás) e *tuppin imba* (tupinambás). Do outro lado, vemos o navio português sendo atacado pelo francês; ao lado, canoas com guerreiros. *Combate na baía do Rio de Janeiro*, 1557. Xilogravura.
Fundação Biblioteca Nacional – Brasil.

jn auff das fewer/kratzen jm die haut alle ab/machen jn gantz
weis/stopffen jm den hindersten mit eynem holtz zů/auff
das jm nichts entgehet.

    Wann jm dann die haut ab gefeget ist/nimpt jn eyn mans
person/schneidet jm die beyne ober den kniben ab/vnnd die
arme an dem leibe/dann kommen die vier weiber vnd nemen
die vier stücke/vnnd lauffen mit omb die hütten her/machen
eyn

Após as viagens ao Brasil no início do século XVI, Hans Staden deixou relatos que destacam o exotismo dos costumes locais, em particular a antropofagia que incendiou a imaginação do Velho Mundo. *Combate na baía do Rio de Janeiro*. 1557. Xilogravura. *Fundação Biblioteca Nacional – Brasil*.

Rio, 7 agôsto 1954.

Prezado Sérgio:

O Manuel Bandeira me disse que V. desejava alguma coisa minha para uma revista italiana de poesia que vai publicar um número consagrado ao Brasil. Aí vai a "coisa", a que me permito acrescentar outra do Abgar Renault, por minha alta recreação: a meu ver, êle está cada dia fazendo versos mais bonitos. E aproveito o ensejo para uma reclamação: não vejo mais no "Diário Carioca" aquêles estudos excelentes que V. mandava de Roma. É uma pena, e daquêle faço um apêlo "queremista" para continuá-los.

Estamos vivendo num clima de bastante agitação, após o 100º atentado contra o Carlos Lacerda. Como V. deve ter sabido, êle escapou com um tiro no pé, mas um pobre major da Aeronáutica, seu amigo, foi trucidado. Tôdas as suspeitas quanto à autoria intelectual do atentado se dirigem para o mesmo rumo; contudo, não se acredita que a responsabilidade seja efetivamente apurada, e V. bem pode concluir o estado de ânimo geral. Não tão geral assim, retrifico; enquanto isso, o Josué Montello está providenciando aqui e em S. Paulo a eleição para a Academia de Letras, na vaga de Claudio de Souza.

O Rodrigo lhe manda um abraço, juntamente com êste, muito cordial, de

Drummond

R. Joaquim Nabuco, 81

Carta de Carlos Drummond de Andrade lamentando que Sérgio Buarque
não escreva mais para o *Diário Carioca*. Na ocasião, o historiador estava
em Roma, onde lecionou por dois anos. Rio de Janeiro, 7/8/1954.
Arquivo Central/SIARQ – UNICAMP.

OTS

Rio, 12 agosto 1958

Meu querido Sérgio,

Estou ansioso para ler *Visão do Paraíso*, livro que vai colocará você de parceria com São João da Cruz ou Santa Teresa, mas dará nova dimensão ao erudito, ao historiador, ao artista Sérgio Buarque de Holanda. O Rodrigo ficou espantado com o tamanho da tese. Infelizmente não haverá mais a festa aqui em casa, no dia 20, comemorativa do lançamento da *História dos Fundadores do Império*: Lúcia, a preceptora, esteve adoentada e morreu de repente. Em compensação, é quase certa a minha ida aí, em princípios de setembro. Já está separada a sua coleção, dos exemplares especiais, e breve você a receberá.

Aceite com Maria Amélia e filhos lembranças nossas e um abraço muito afetuoso do

Octavio

Carta de Octavio Tarquinio de Sousa a Sérgio Buarque de Holanda dizendo estar ansioso para ler *Visão do Paraíso*. Rio de Janeiro, 12/8/1958.
Arquivo Central/SIARQ – UNICAMP.

UNIVERSIDADE DE SÃO PAULO
FACULDADE DE FILOSOFIA, CIÊNCIAS E LETRAS
CAIXA POSTAL, # 105
SÃO PAULO (BRASIL)

S. Paulo, 20.XII.1962

Meu caro Magalhães Godinho

   Suas noticias fazem-me pensar sempre com saudades naqueles encontros que tivemos em Paris - há quanto tempo ! - e no muito que venho aprendendo, e cada vez mais, de seus livros. Há pouco chegou-me o admiravel Economia dos Descobrimentos Henriqui- que li de uma arrancada, logo que me veio às mãos, e agora releio com o vagar que requer. Só assim poderei fazer-me mais íntimo da era henriquina e corrigir meus enganos e deficiências. Recebi depois sua carta de 17 de novembro. Entusiasmou-me seu plano de uma nova Historia de Portugal, que sem dúvida será mais feliz do que a minha, do Brasil, onde tive de conformar-me com um esquema básico previamente estabelecido, que não consegui alterar senão superficialmente.

   Confesso que há de ser para mim uma grande honra e um prazer colaborar na que lhe foi confiada, e justamente para o período de 1680-1800. A importância do projeto e a bôa companhia dos colaboradores portuguêses que v. citou — e também dos brasileiros — vão forçar-me, porém, a um trabalho aturado. Gostaria por isso que v. me mandasse dizer pormenores sobre o prazo de entrega, a extensão do trabalho, os tópicos de maior interesse, e outros, que me dêm elementos para esboçar, de minha parte, um esboço geral e me ajudem a dispor meu tempo para por mãos a obra. Gostaria, se possivel de receber logo esses dados, pois é possivel que vá, por um poucos mezes, dar um curso sobre Historia do Brasil na Universidade do Chile e seria ótimo se até à viagem puder elaborar um plano geral do trabalho afim de submete-lo a sua crítica.

   Na expectativa de sua resposta, recomendamo-nos, Maria Amelia e eu, a sua Senhora, desejando-lhes uma bôa passagem de ano e um feliz, em todos os sentidos, 1963. Com o apreço muito cordial de

Rua Bury, 35 (Pacaembú), São Paulo.
 ou Faculdade de Filosofia, Ciências e Letras da U.S.P.
    Departamento de Historia

Sérgio Buarque de Holanda escreve ao acadêmico português
Vitorino Magalhães Godinho comentando a leitura de
Economia dos descobrimentos henriquinos. São Paulo, 20/12/1962.
Arquivo Central/SIARQ – UNICAMP.

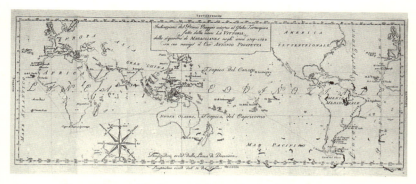

Mapa de Antonio Pigafetta que indica a primeira viagem da esquadra de Fernão Magalhães feita na nau Vitória e realizada em torno do globo terrestre em 1519-1522. *Primo viaggio intorno al globo terracqueo*, 1800.
Fundação Biblioteca Nacional – Brasil.

Carta geográfica de Giovanni Battista Ramusio em que estão representados as caravelas e os temidos animais marinhos.
Primo volume delle navigationi et viaggio in molti... de Giunti, 1552.
Fundação Biblioteca Nacional – Brasil.

Vida Intelectual

"Visão do Paraíso"

O novo livro de Sergio Buarque de Holanda — "Visão do Paraíso" — conquanto de historia e interpretação do Brasil, pela leveza da explanação, a limpeza da linguagem, o criterio de seleção é um livro de poeta tanto quanto de historiador. E' um livro que caracteriza o humanista que soube especializar-se sem se escravizar á especialização e assim pode dispensar o descolorido jargão tecnico sem nada perder em profundidade. A critica literaria e a pratica do ensaio fizeram de Sergio Buarque de Holanda um estilista. E' o que dá a seus livros mais aridos um encanto que entre os demais historiadores só vislumbro em Paulo Prado e Alcantara Machado. Esta reflexão, eu a faço novamente ao folhear "Visão do Paraíso". Sergio Buarque chegou nesta obra a uma limpidez de exposição e a uma elegancia que realmente impressionam e valorizam ainda mais a erudição do autor e sua sutileza na analise dos fatos e textos historicos. O que aponta nesse livro é um aspecto da colonização portuguesa que, em parte, explica o milagre da unidade brasileira: o espirito funcional de nossos desbravadores, seu apego á realidade, sua faculdade de adaptação ao meio que outros povos mais sonhadores não tiveram. Essa conjugação da audacia á prudencia, essa capacidade de fitar o céu sem tirar os pés do chão, constituiram em verdade a grande força e o segredo do exito lusitano em terras da America.

Em "Raizes do Brasil", Sergio Buarque já observava que os portugueses não tinham como outros colonizadores "feito preceder o mundo das formas vivas do mundo das formulas e dos conceitos". Efetivamente, a essa especie de bovarismo escaparam os lusitanos. Estes, como diz o ensaista, caracterizam-se pela sua "adesão ao real e ao imediato". A "inspiração prosaicamente utilitaria" dos cronistas portugueses não os levou a se deixarem empolgar pela visão de um paraiso recuperado. Uma constante preocupação de tirar partido pratico da terra descoberta evitou-lhes aventuras que não evitaram os espanhois. Por isso enquanto estes ainda se aplicam a destruir e converter, criando ressentimentos e odios, já os portugueses vão alcançando resultados positivos na assimilação do gentio e na exploração das riquezas brasileiras.

Essa mentalidade pratica que se manifesta desde os primeiros anos e melhor se evidencia com o correr do tempo, tanto na organização das estatisticas da colonia — precisas e conduzidas em vista do aproveitamento economico e sociologico dos dados — como nas cartas dos missionarios sobre os costumes dos indios e a maneira de com eles conviver utilmente, essa mentalidade que dá Camões, um narrador, e não Cervantes, um sonhador, é que faz do Brasil o milagre latino-americano.

Mas não está nas teses desenvolvidas por Sergio Buarque de Holanda o valor principal de seu livro. Este reside, já o disse, na beleza e na riqueza do estilo, no conhecimento profundo e nada pedante, nada professoral, do assunto tratado, nas qualidades que se confirmaram e se aprimoram do grande escritor que tanto brilha no ensaio como brilhou anteriormente na critica literaria. Com suas quatrocentas paginas de texto e notas minuciosas, é "Visão do Paraiso" um livro que se lê de um folego, e se volta a ler pelo interesse que tem e o prazer que dá.

S. M.

No jornal *O Estado de S. Paulo*, resenha do sociólogo Sergio Milliet sobre a primeira edição de *Visão do Paraíso*. São Paulo, 6/12/1959.
Arquivo Central/SIARQ – UNICAMP.

15 Décembre 48

Monsieur Sergio BUARQUE DE HOLANDA
Directeur du Musée di Ypiranga
1625, Rua Haddock Lobo
SÃO PAULO. (Brésil)

Monsieur le Directeur,

J'ai l'honneur de vous confirmer officiellement l'invitation que vous a transmise en mon nom M.Braudel, Secrétaire de la VIème Section.

Nous vous serions reconnaissants de réserver à notre Ecole un trimestre d'enseignement. Nous vous prions de bien vouloir nous faire parvenir votre réponse le plus rapidement possible, nous indiquant quand cet enseignement pourrait commencer, avec l'intitulé des conférences que vous seriez amené à faire à nos étudiants sur les enquêtes historiques et ethnographiques relatives au Brésil, - dont vous avez été et dont vous êtes l'un des grands artisans.

Nous vous serions donc reconnaissants de bien vouloir nous envoyer votre acceptation dès que possible, et dans l'attente de votre réponse, je vous prie d'agréer, Monsieur le Directeur, l'expression de mes sentiments les plus distingués.

Le Président
(a) Lucien Febvre

Carta do historiador Lucien Febvre oficializando o convite feito por F. Braudel para lecionar em Paris por um trimestre. Paris, 15/12/1948.
Arquivo Central/SIARQ – UNICAMP.

Sérgio Buarque de Holanda durante a sua defesa de tese no concurso para a Cátedra de História da Civilização Brasileira, na Universidade de São Paulo. Foi com *Visão do Paraíso* que o historiador foi aprovado. São Paulo, 1958.
Arquivo Central/SIARQ – UNICAMP.

Banca examinadora de Sérgio Buarque de Holanda. São Paulo, 1958.
Arquivo Central/SIARQ – UNICAMP.

O explorador André Thevet registrou a tentativa francesa de fundar a França Antártica na baía da Guanabara. Nesta xilogravura a baía é representada pela primeira vez.
André Thevet. *Isle et fort des Frãçois (La rivière de Ganabara)*, 1575. Xilogravura.
Fundação Biblioteca Nacional – Brasil.

A obra do historiador quinhentista Damião de Góis foi referência importante para as pesquisas realizadas por Sérgio Buarque de Holanda. Neste exemplar da Biblioteca Nacional, o autógrafo de Damião de Góis na folha de rosto. Damião de Góis. *Chronica do Felicissimo Rei Dom Emanuel* [...]. Lisboa: Casa de Francisco Correa, 1566. Folha de Rosto autógrafa. *Fundação Biblioteca Nacional – Brasil*.

A obra do Padre José de Anchieta figura entre as mais representativas para os estudos linguísticos. Na imagem, a 1ª edição da obra.
José de Anchieta. *Arte de Grammatica da lingoa mais usada na costa do Brasil*. Padre Joseph de Anchieta.
Em Coimbra [Portugal]: Per Antonio de Mariz, 1595. Folha de Rosto.
Fundação Biblioteca Nacional – Brasil.

escreve, com efeito, "y creo aquello que creyeron y creen todos santos y sabios teologos que alli, en la comarca, es el Paraiso terrenal."[17] A comarca situava-se, naturalmente, nas regiões ao sul do Pária, onde se estendiam terras infinitas.

Imagina-se bem que a assimilação dessa imagem paradisíaca à Idade de Ouro do paganismo não se fizesse esperar muito entre os devotos das letras clássicas. A apóstrofe de Ronsard ao "douto Villegaignon", no *Discours contre la Fortune*, é um convite para que não macule com o engenho e arte dos civilizados a felicidade daquela gente sem malícia que habita as margens da Guanabara, comparável à que, segundo os poetas, desfrutavam os primeiros homens –

Ils vivent maintenant en leur âge doré [...][18]

– e que ele próprio descreve tomando emprestadas as tintas de Virgílio e de Ovídio.

A fantasia poética não deixa de exprimir, neste caso, o confuso sentimento, capaz de alastrar-se até entre pensadores como Montaigne e Charron e de servir de ponto de partida para as utopias renascentistas, de que, fora do velho continente e de seus vícios, ainda se poderia encontrar ou edificar uma nova sociedade e sem mácula. Em outro poema, onde se reiteram os *loci comuni* consagrados sobre a virtude e justiça reinantes entre gentes primitivas, num mundo onde há de ser perene a primavera, e onde a verdura que nunca se deixa tostar

Par trop de chaut, ou par trop de froid,[19]

faz pensar nas visões do Paraíso Terrestre imitadas de santo Isidoro, lamenta, dirigindo-se a Muret, o admirador de Tácito, as vicissitudes que tinham mudado o ouro antigo em prata e a prata no moderno ferro assassino, que mancha toda a pobre Europa,

Europe que les Dieux
Ne daignent plus regarder de leurs yeux,
Et que je fuy de bon cœur sous ta guide,
Laschant premier aux navires la bride,
Et de bon cœur à qui je dis adieu
Pour vivre heureux en l'heur d'un si beau lieu[20]

É como se dissesse, trasladado a *lo divino*, que sobre o Velho Mundo, e expressamente sobre a Europa, abandonada de Deus, tinha recaído com mais peso a danação que, por culpa de nossos primeiros pais, infeccionara os homens e toda a Terra. E que, talvez, em algum lugar remoto, resguardado do resto do mundo pela imensidão dos mares, e entre gentes tão nuas de roupas quanto de vícios, se acharia alguma imagem, atenuada embora, daquilo que foi o Paraíso.

Ainda no século XVIII a teoria da senilidade do mundo tinha adeptos na Espanha, segundo depoimento do padre Feijoò, que a retoma, no entanto, para condená-la. "Algunos Autores", diz, "que están por la opinión comun de la senectud del Mundo, alegan lo primero, que faltan oy algunas especies en el Universo, que hubo en los pasados siglos: como entre los peces el Murice, ó Purpura, con cuya sangre se teñian los vestidos de los Reyes: entre los brutos el Monoceronte, ò Unicornio: entre las aves el Fenix: entre las plantas el Cinamomo: entre las piedras el Amianto, de cuyas fibras se hacia el lino llamado asbestino, ò Incombustible. La falta de estas especies arguye que en la Tierra falta virtud para producir las insensibles, y que en las sensibles se fué desminuyendo la virtud prolifica, hasta extinguirse de todo: de donde se infiere que succederà lo mismo à las demás."[21]

A causa de tamanhos erros estaria em que, se alguns exemplos citados lhe parecem fabulosos, como é o caso de ave fênix ou do unicórnio, outros, ainda que não se conhecessem na Europa, havia testemunho seguro de sua existência nas informações dos que percorreram países remotos. Observa assim que, segundo o padre Kirchener, o linho asbestino era encontrado no Oriente, e que ele próprio, Feijoò, já o tinha visto e experimentado as suas qualidades. Quanto à púrpura, declara que certos autores a viram em costas remotas da África.[22]

Entre os que não partilhavam dessa incredulidade, eram sem conta na Espanha ao tempo de Feijoò, segundo mostra a oposição desencadeada pela sua crítica aos *errores comunes*, havia razões particulares para associarem o desaparecimento de tais espécies ao desaparecimento do mundo. Se, como se pensou por largo tempo, a Natureza é um verdadeiro espelho do pensamento divino, e a par disso também um livro imenso – o *codex vivus*, semelhante ao *codex scriptus* da Bíblia, segundo a comparação de Campanella –, parecia razoável julgar que justamente através dessas espécies menos comuns quisesse o Senhor deixar a seu modo impressas as mais raras e as supremas verdades. Por elas, mais do que pelas outras, deveria o invisível fazer-se visível, e os sagrados enigmas tornar-se até certo ponto decifráveis. E que melhor prova da senectude do mundo do que o desaparecimento dessas divinas mensagens, que vale por um emudecimento de Deus?

A visão simbólica da natureza, que já nos primeiros séculos cristãos fora largamente representada pelos padres da Igreja, não era menos familiar aos homens da era dos grandes descobrimentos marítimos ou mesmo aos do século XVII. Os próprios humanistas, sem embargo de sua repulsa a tantas opiniões cultivadas na Idade Média, pode dizer-se que a favoreceram, mais do que a combateram: das tendências platônicas e principalmente neoplatônicas, a que se achavam filiados em sua maioria, dificilmente se poderia esperar coisa diversa.

Outro reforço para a inteligência simbólica da natureza já preparada, aliás, com os bestiários, plantários e lapidários medievais, pode dizer-se que veio da publicação, em 1505, dos *Hieroglyphica* de Horapolo, o "*Horo*" dos autores renascentistas, que além de reeditado, comentado e traduzido inúmeras vezes, foi uma das fontes da vasta literatura de emblemas e empresas que iria florescer nos dois séculos imediatos. Nesse simbolismo, que não desdenha mesmo a natureza inorgânica, todos os animais, e também as plantas, têm sempre qualquer coisa a dizer aos homens. Mais do que isso, são um dos instrumentos de que se vale o Eterno para se manifestar no tempo, e o sobrenatural na natureza.

Se, diversamente do que sucede aos homens, carecem de voz articulada para exprimir seus pensamentos, é apenas porque através dessas criaturas fala a própria voz do Criador. E se carecem da razão é que os elegeu, para seu instrumento, a razão celeste.[23] Cada animal, sem exclusão os malignos, viciosos ou torpes na aparência ou nos hábitos, mas principalmente os que por este ou aquele motivo parecem fugir ao comum, é como um artigo do código moral, que a natureza nos propõe, uma lição à humanidade, a fim de que siga os caminhos do bem e se aparte dos erros que só a poderiam levar à desdita eterna.

A própria serpente, de que se servira o demônio quando quis pôr a perder as primeiras criaturas humanas, não deixa de significar a sabedoria e até a sensatez. Não dissera o Senhor aos seus discípulos, segundo o Evangelho de São Mateus (10, 16), que tivessem a prudência da serpente? Representada como a devorar a própria cauda significaria ela, já para a especulação órfica, a circularidade cósmica e, em suma, o universo. Suas variadas escamas representam as estrelas do céu. Até os quatro elementos deveriam figurar, embora dois apenas, a terra e a água, sejam expressamente apontados no livro de Horapolo, e isso é um exemplo, na opinião de seu tradutor norte-americano George Boas, do caráter fragmentário da obra, tal como chegou até nós.[24]

Passando a serpente, com efeito, por ser o mais pesado dos animais, tanto que só pode caminhar de rojo, parece assemelhar-se nisso à terra, que dos elementos é igualmente o mais pesado. Sendo, ao lado disso, o mais escorregadio, compara-se, também, à água: *est etian lubricam et in hoc aquae simile*, conforme está na interpretação de Claude Mignault quando comenta o célebre livro de emblemas de André Alciato.²⁵ E simboliza a velhice, pois cada ano, segundo contam, costuma despojar-se da pele. Entretanto, voltará à juventude, pois que novamente se há de vestir. Servindo-se de si mesma como alimento, quando devora a cauda, mostra como todas as coisas geradas pela Divina Providência hão de ser pela mesma Providência diminuídas ou consumidas.²⁶

Como símbolo cósmico retoma-a Valeriano, o Pierio dos emblematistas, que em seus *Hieroglyphica*, de 1556, tenta ampliar e completar as explicações nesse sentido. Com o mesmo significado reaparece ela nos comentários clássicos a Alciato. Este serve-se, é certo, com outro fim, da mesma figura, no emblema CXXXIII – *Ex litterarium studiis immortalitatem acquiri* –, onde se vê Tritão a sair das águas soprando numa trompa e circundado de uma serpente que morde a própria cauda.²⁷ A trompa deve equivaler ao valor e fama, reboando em todas as direções, segundo se pode entender pelo mote ou legenda que encima o emblema.

Voltando-se sobre si mesma, em circunferência, designa a serpente o curso do tempo ou a eternidade.²⁸ Pode lembrar-se a esse respeito o partido que tira o padre Antônio Vieira, no sermão de Nossa Senhora do Ó, pregado na Bahia, em 1640, do velho simbolismo da figura perfeita, quando proclama: "Os egípcios nos seus geróglifos, e antes deles os caldeus, para representar a Eternidade pintaram um O; porque a figura circular não tem princípio nem fim; e isso é ser eterno". E acrescenta, por sua conta, o pregador: "O desejo ainda teve melhor pintor, que é a natureza. Todos os que desejam, se o afeto rompeu o silêncio, e do coração passou à boca, o que pronunciam naturalmente é O".²⁹ Isto não pertence propriamente aos hieróglifos ou àquilo que Vieira e seus contemporâneos, seguindo a lição de Horapolo e, melhor, de seu comentador Valeriano, entendiam erradamente por hieróglifos egípcios.

Pode-se, porém, ajuntar que a mesma boca, por onde se exprimem os afetos através daquela vogal, também era representada, ainda segundo Horapolo, pela serpente, e isso em virtude da crença de que ela não tem força em nenhuma parte do corpo, salvo na boca.[30]

A variedade de significações que adquire o mesmo animal na simbologia renascentista e barroca é especialmente ilustrada pelo extenso uso que dele se fez na emblemática do mesmo período. Num grande número de casos a figura da serpente conserva, nessa literatura, significados herdados, não apenas da antiguidade greco-romana, como ainda da egípcia ou oriental, que frequentemente se uniram nas seitas gnósticas, justificando aparentemente as palavras de um historiador das mesmas seitas, onde escreve que é, por excelência, o animal "mantico", profético e até pneumático,[31] no sentido de espiritual: sob a aparência de uma serpente, o próprio Deus, segundo essas crenças, se introduziria no corpo do homem. E é também o animal anímico: ao morrer uma criatura humana, sua alma pode abandonar-lhe o corpo em forma de cobra. Na biografia de Plotino refere Porfírio que assim sucedera, à sua morte, com o filósofo alexandrino.[32]

Pode-se ainda acrescentar que, no firmamento, ela é uma constelação: Leviatã. Nas Escrituras, já sabemos que encarna o espírito do mal. Mas assim como pode seduzir Eva no Paraíso, consegue ser, no *Êxodo*, a vara de Moisés. À serpente de bronze, que levantara este no deserto, alude, por sua vez, o Evangelho de São João, traçando uma aproximação impressionante: "E assim como levantou Moisés a serpente no deserto, assim importa que o filho do homem seja levantado; para que todo aquele que nele crê não pereça, mas tenha vida eterna" (3, 14-15).

Essa aproximação, que poderia confundir à primeira vista os nossos contemporâneos, não embaraçava os que já estivessem habituados a pensar por "hieróglifos", e era caso comum entre autores quinhentistas e seiscentistas. A Maldonado, por exemplo, teólogo jesuíta do século XVI, de quem afirmou Vieira que foi o "maior intérprete dos Evangelhos",[33] não apresenta ela o menor embaraço ou dificuldade. Neste mundo diz "os homens tinham sido mordidos pelo primeiro homem, isto é, induzidos por ele ao pecado. Pois quis Deus que aqueles, mordidos pelas serpentes, fossem curados pelas serpentes, para que se apresentasse maior o milagre e, decerto, acomodado à origem do mal [...]. Da mesma sorte quis Deus que os homens todos, tendo sido tornados pecadores pelo primeiro homem, fossem livrados do pecado por um homem [...]. Fez-se, assim, uma serpente, sem ter o veneno da serpente. Fez-se Cristo à *semelhança de pecado de morte*, como diz são Paulo; em outras palavras, de modo a que verdadeiramente fosse homem, mas sem o pecado do homem".[34] Parece-lhe, a Maldonado, mais satisfatória essa explicação do que outras, de intérpretes ilustres, e naturalmente muito mais do que a atribuída por ele a certos hebreus, a saber que o dito bronze, capaz de curar os que o contemplam, significaria o dinheiro. "Coisas de judeus", exclama. E vale-se do mesmo passo para contestar ainda a tese protestante da justificação pela fé: pois assim como se curava quem olhasse a serpente, também salva aos pecadores o olhar a imagem do Jesus crucificado.

O caráter multívoco desses símbolos explicaria a variedade das possíveis interpretações. A propósito do passo dos Evangelhos que comenta Maldonado seria possível lembrar, por exemplo, que a ideia da eternidade, expressa, segundo Alciato, por uma circunferência serpentina, toma para Horapolo a figura de uma serpente que esconde a cauda com o resto do corpo. "Fazem-na os egípcios de ouro", diz, "colocando-a sobre a fronte dos deuses." Simbolizaria a eternidade, porque só essa serpente, e melhor, o basilisco, é imortal: as demais são perecíveis.[35] Quanto à figura totalmente visível da serpente, ou seja, o animal perfeito, isso queria dizer, nem mais nem menos, o Todo-poderoso.[36] Mas também o poder terreno chega a ser simbolizado por ela, conforme se ofereça, integralmente ou não, e segundo este ou aquele acessório que lhe acrescentassem. E mais, significava nestes casos, conforme Alciato, ora a sedução lânguida, ora a torpe volúpia, ou a saúde e também a dialética. E é no último sentido que se apresenta na figura do caduceu.

A multiplicidade de interpretações, e a esse respeito o símbolo da serpente merece atenção, porque a exprime com mais ênfase do que outros, resulta efetivamente de sua irredutibilidade a qualquer elenco de significados precisos e imutáveis. E isso contribui para dar a tais símbolos o cunho de mistério que parece convir à majestade da divina sabedoria. Ante as limitações próprias de nosso entendimento terreno, incapaz de apreender se não de modo fragmentário e vago a grandeza daqueles segredos, as mensagens sobrenaturais hão de ser forçosamente anfibológicas, como o são os sonhos, como o foram os oráculos.

"Porque os oráculos e os sonhos", dissera-o Heliodoro, "não se compreendem, de ordinário, senão no momento em que se cumprem."[37] Toda a Criação converte-se, por essa forma, num imenso cenário figurativo, e é por uma arte semelhante, em muitos dos seus aspectos, à oniromancia, que podemos penetrar-lhes os escuros refolhos.

Toda a Criação: não entra nisto exagero, pois se aos homens foi atribuída inteligência racional que os eleva acima dos brutos, a estes também, e ainda às mais criaturas, mesmo as do mundo inorgânico, se destina um lugar no plano da Providência. "Todas las cosas animadas o inanimadas", escreveu Saavedra Fajardo, um dos representantes mais notáveis da emblemática seiscentina, "son hojas deste gran libro del mundo, obra de la naturaleza, donde la divina Sabiduria escribió todas las sciencias para que nos enseñasen y admonestasen a obrar. No hay virtude moral que no se halle en los animales. Con ellos mismos nace la prudencia pratica; em nosotros se adquiere con la enseñanza y la experiência. De los animales podemos aprender sin confusión o verguenza de nuestra rudeza, porque quien enseña en ellos es el mismo Autor de las cosas."[38]

Participando da linguagem metafórica de que se vale o Senhor para falar aos homens, esses seres não importam só pelas suas aparências imediatamente sensíveis e inteligíveis, mas pelos outros significados que costumam os doutores distinguir nos livros do Antigo e do Novo Testamento. E não parece natural que se devesse atribuir um posto de singular eminência no livro da vida, no "código vivo", àquelas coisas que, pela sua grandeza, formosura ou raridade, possam excitar nos homens a afeição, a ambição ou o temor?

Por isso mesmo cuidava-se, e disse-o um dos mais ilustres preceitistas do século XVII, o conde Emanuel Tesauro, que ao estilo da Divina Majestade não assenta bem o trivial, devendo mover-se ele apenas por figuras nobres e cultas, de tal modo que a sublimidade venha a gerar a maravilha, e esta a veneração.[39] É sem dúvida o mesmo pensamento que se acha à base do místico simbolismo, associado, desde remotas eras, aos metais e pedras preciosas, de maneira que cada qual possa exprimir, através de seu brilho, por exemplo, ou de seu colorido, alguma qualidade sobre-humana.

É ainda essa associação com tão subidos valores o que aos mesmos metais e gemas chega a dar certas virtudes maravilhosas que, bem utilizadas, só podem ser aproveitáveis aos homens. As extraordinárias propriedades de que seriam dotados proviriam de uma espécie de rescaldo da sua intimidade com o Céu. E assim como o prodigioso unicórnio oferece panaceia universal para as doenças do corpo e também da alma, aos preciosos metais e, ainda mais, às gemas raras, puderam facilmente reunir-se excelências que raiam pelo milagroso.

Dessa forma, a estimação profana em que costumam ser tidas essas pedras parece ganhar certo apoio em suas qualidades divinais. Qualidades que constituem, de fato, além de sua raridade, riqueza, vivacidade de colorido, brilho, em muitos casos transparência, algumas das muitas razões propostas, com meticulosidade escolástica, por eminentes doutores, e entre estes por Alberto Magno especialmente, em favor da altíssima reputação de que elas desfrutam.

Não faltaria, é certo, quem, nessa sua fama e nos apetites desordenados que chegam a inspirar os minerais de alto preço, pudesse ver uma perversão insidiosa, fruto de vaidades e semente de desenganos. Pois assim como o próprio diabo peleja por imitar como pode os mais santos milagres e cerimônias com os que enleia os fiéis em seus danados laços, também a glória e o poderio temporais procuram ataviar-se de símbolos ou insígnias que não pertencem ao tempo, senão à eternidade. E sendo toda de Deus a virtude dessas criaturas, não hão de contagiar muito os crentes verdadeiros certos apetites que tendem a convertê-las em mimo de cortesanias e mundanidades.

Da valorização, em detrimento desse tipo de espiritualidade, de um culto íntimo, individual, desadornado, que nunca cessaria de impor-se desde então, ainda quando por vias travessas e subterrâneas, e que, sem embargo da Contrarreforma, acabaria por influir apreciavelmente sobre a própria vida católica, nascem a desconfiança e a incompreensão com que os homens de hoje tendemos a encarar um aparente aviltamento do espiritual, que, para vencer, precisaria baixar à planície humana. É claro que uma religião tão vinculada ao corpóreo e até ao aparatoso não evitaria facilmente o perigo de ver dissiparem-se os limites entre o espiritual e o temporal ou, ainda pior, de ver confundida a luz do espírito com o lustro da pompa mundana. Esse risco não deveria atormentar muito, porém, aos que se tinham habituado a ver na criatura uma imagem, pálida embora, do Criador, e em toda a natureza uma expressão e manifestação do sobrenatural.

Seria bem simples cuidar que certas formas corpóreas cumpririam tanto melhor sua missão de revelar o espiritual, quanto maior realce ganhassem à vista dos homens. Não entrava, nesses casos, nenhuma incoerência profunda na atitude dos santos e ascetas que, pregando a vaidade das coisas terrenas, queriam enriquecidos os templos, as cerimônias, as imagens sagradas, de ornamentos nos quais se salientam precisamente os clássicos atributos dessa mesma vaidade. Pois, como se lê ainda hoje num dos mosaicos da Igreja dos Santos Cosme e Damião, em Roma, cumpria que a bela casa de Deus mostrasse a irradiação dos metais brilhantes para que, dessa forma, resplandecesse melhor a luz da Fé.

Parece, assim, fora de dúvida que, se aqueles metais, aquelas pedras rutilantes e raras, podem seduzir vivamente aos cobiçosos da riqueza e grandeza da terra, por outro o fascínio que despertam tem sua origem na mesma atração exercida por algumas das formas mais vistosas, peregrinas, às vezes monstruosas, da natureza e, singularmente, do reino animal. São quase sempre os animais heráldicos e ornamentais, e ainda os exóticos, raros ou, muito comumente, os fabulosos, que alcançam então dignidade suprema. Qualquer outro que aspirasse a essas honras deveria basear suas pretensões em motivos ponderáveis. E, para tanto, um dos motivos mais ponderáveis prendia-se à parte que lhe coubera eventualmente na mitologia greco-romana, que já se chegou a denominar uma espécie de almanaque de Gota do reino animal, por onde se denunciava sua ascendência ilustre.[40] À águia de Júpiter, por exemplo, ou ao pavão de Juno, à coruja de Minerva, às pombas ou cisnes de Vênus, à serpente de Esculápio, a Progne – a andorinha –, e a sua irmã Filomela – o rouxinol –, dificilmente se poderia contestar tão alta prosápia.

Dessas espécies que tanto fascinavam as imaginações, sucedia, no entanto, que apenas as últimas, favorecidas antes pela convenção literária do que pela fantasia popular, se tinham tornado mais familiares. E destas mesmas, as que se deixavam ver mais frequentemente estavam despojadas, na aparência, de qualquer virtude fora do normal.

No capítulo das serpentes, por exemplo, a víbora europeia, apesar das associações bíblicas ou mitológicas que lhe davam brasão de nobreza, tornara-se, com o tempo, bem menos misteriosa, por vezes, do que repelente. Como compará-la a certas espécies, de há muito desaparecidas ou desterradas para regiões longínquas e de que só davam notícia as relações de viajantes? Às áspides, por exemplo, que trazem um precioso carbúnculo engastado na fronte e sabem defendê-lo até contra o encantamento das feiticeiras. Ou ao célebre basilisco, de olhos matadores. Ou ainda aos pavorosos dragões, mais corpulentos do que elefantes e capazes, no entanto, de elevar-se a desmedidas alturas, tão vertiginosamente que deixam atrás de si um luminoso rastro, como de chama ardente.

Todos esses prodígios, se algum dia existiram na Europa, segundo pareciam atestá-los velhas histórias, só se preservavam na Índia, particularmente, e na Etiópia, que continuaram a ser os dois viveiros de todas as maravilhas, sobretudo enquanto não se descobriu o novo continente. Admitia-se, é certo, seu aparecimento ocasional em terras mais prosaicas; para isso era necessária, entretanto, uma conjunção de fatores tão raros que resultavam quase numa impossibilidade.

O caso do basilisco é a esse respeito bastante característico. Segundo opinião vulgar nascia o monstro de um ovo, mas ovo de galo, e galo bem velho. É natural que, já em meados do século XVIII, repugnasse a um espírito como Feijoò, que se educara no assíduo contato dos empiristas e racionalistas, uma ideia tão extravagante, embora a visse autorizada por escritores de bom crédito. "Se a velhice do galo", diz, "nos fizesse obra tão ruim e o basilisco fosse tão maligno como o pintam, então já o mundo andaria povoado de basiliscos e ermo de homens."[41] Admite, é certo, que em sua extrema velhice o galo se tornasse verdadeiramente ovíparo, sendo notório em seu entender, que costumava pôr um ovo e tão somente um. No que não podia acreditar é que de tal ovo saísse coisa tão nefasta, porque seria equipará-lo àquele que, segundo a fábula, botou Leda, mulher de Tíndaro, de onde nascera Helena, basilisco das remotas eras.

A vitória sobre opiniões tão bem assentes não se alcançava,

contudo, sem grandes dificuldades. O mesmo Feijoò, inimigo declarado do que chamava erros do vulgo, não era tão incrédulo que achasse motivos poderosos para duvidar da existência dos galos ovíparos ou ainda de alguma sevandija com o nome de basilisco. Contentava-se apenas com estabelecer certas limitações à malignidade que se atribuía a este animal. Mas não tantas, que o impedissem de admitir que tivesse uma peçonha ativíssima, cujas exalações, de fato, bem poderiam infeccionar o ar até a alguma distância, talar campos, murchar ervas, romper mesmo os duros pedernais, expulsar ou matar todas as alimárias, exceção feita de umas poucas, que teriam o dom de resistir à sua ruindade. Também não se opunha a que, segundo diziam todos, tivesse a cabeça adornada de uma coroa: indício de sua superioridade sobre outros viventes perniciosos. O que não tolerava em absoluto era a pretensão, contrária à melhor filosofia e ao mais ponderado saber, de que semelhante monstro matasse com o só olhar e ainda com o silvo. Pois convém saber, advertia, que a vista não é ativa, senão dentro do próprio órgão: o objeto pode enviar-lhe espécies, mas ela nada manda ao objeto. Quanto ao silvo, também não se pode dizer que seja capaz de imprimir alguma ao ambiente ou a outro corpo. O que acontece é que move o ar com determinadas ondulações, e que estas, propagando-se, chegam a produzir um movimento semelhante no tímpano do ouvido.[42]

Como contestar seriamente a existência dessas monstruosidades, quando até em obras recentes, de sábios indiscutíveis, pareciam elas plenamente verificadas? E aos que não se mostravam satisfeitos com tais novidades restava o apelo a autoridades certamente veneráveis, e é o que sucederá ainda no século XVIII com o português Pedro Norberto de Arcourt e Padilla, escrivão da Câmara de sua Majestade na Mesa do Desembargo do Paço. O qual, embora se pretendesse esquivo a opiniões populares e se fundasse, não raro, nas ideias revolucionárias de Feijoò, que sabia retorcer ao seu gosto, confessava-se impotente para desmentir o que referiram autores tão respeitáveis como o fora Ovídio. Tanto mais quanto as opiniões do poeta tinham sido atestadas por Alberto Magno e outros escritores cuja virtude e sabedoria mereceriam conciliar o respeito geral.

Firmando-se no testemunho de tais autores e contrariando os críticos racionalistas, partidários de ideias abstratas e metafísicas inconcludentes, pois "só as experiências do Mecanismo he que nos devem convencer", não acha palavras para profligar com a veemência desejável os que negam certos fenômenos naturais, cuidando destruir apenas com argumentos o que com os olhos se vê, e querendo dar privilégio de fé à sua doutrina, já que pretendem ajuizar das coisas sobre o simples esteio da razão humana, que é falaz e frágil, ao ponto de exigir que se acredite nela de olhos fechados. "Que importa", pergunta, "que os efeitos sejam desconhecidos da nossa inteligencia, se os virmos verificados na demonstração?"[43]

Em favor da existência dos basiliscos, invocava, baseado nesse "empirismo" inexpugnável, o que sucedera na casa em que morava o cônsul de França, monsieur de Montagnac, onde, do ovo de um galo muito velho, nascera um pinto, mostrando distintamente ter cauda de lagartixa. Isso contara o dito cônsul a muitas pessoas que se achavam na mesma casa, e mostrara-lhes não só o ovo como o maravilhoso pinto. E ao próprio autor acontecera encontrar na capoeira de sua quinta Odivelas um outro ovo com características semelhantes às dos que geram os mesmos prodígios.

As experiências em que pretendia arrimar-se o cavaleiro de Arcourt não iam, é certo, ao ponto de negar o que parecia evidentíssimo, a saber que o basilisco e outros monstros espantosos eram de raridade tão extrema, que quase confinava com a impossibilidade. O fato é que, onde não apela para o testemunho de autores antigos, limita-se a pretender, e aqui poderia dizer-se que fala nele mais alto o cego raciocínio ou a credulidade do que a segura experiência, que tudo indica a possibilidade de fenômenos semelhantes. Ora, se de um ovo, presumivelmente de galo velho, pode sair pinto com rabo de lagartixa, logo é visível e palpável que nos achamos ante um basilisco em projeto.

Sua raridade devia-se só ao fato de ser provavelmente dificílimo reunirem-se ao mesmo tempo as circunstâncias, já por si sós muitíssimo infrequentes, que esses fenômenos requerem para se atualizar. É preciso dizer que o ovo apropriado à produção de um basilisco não há de ser apenas ovo de galo, e galo velho. Importa além disso que saia sem gema, o que não acontece provavelmente com todos. A essas exigências acrescentam-se sem dúvida muitas outras que, pela própria dificuldade com que as costuma satisfazer a natureza, impedem observação meticulosa. Quer dizer que a raridade desse bicho toca as fronteiras do impossível.

Mas essa raridade tudo fazia pensar que não se verificara em todas as épocas e, sobretudo, que não passava de fenômeno europeu, pois da frequência de monstros semelhantes em outros lugares poucos duvidavam: e então como não dar crédito aos que alegassem a senectude da Terra, já incapaz de os produzir, e principalmente à ideia de que ela vinha decaindo por partes, a começar, naturalmente, pela Europa? O próprio Feijoò, onde combate a teoria dessa senectude, serve-se invariavelmente, quando se trata de refutar os que argumentam com alusões à pouca virtude da natureza para produzir as criaturas assombrosas de antigamente, de testemunhos sobre a existência delas em outras partes.[44] Não é um modo de dar razão aos adversários, quando menos no que toca às partes da Europa?

Fosse qual fosse, no caso, sua maneira de geração, tinham muitos por coisa certa que os próprios basiliscos abundavam em lugares diferentes, na África, por exemplo. Pois dizia-se que alguns viajantes tinham ali o costume de levar consigo um galo, julgando que, inofensiva, embora, para o homem, essa ave era mortal para aquelas serpentes. Narrado por Eliano, o caso é repetido em 1690 num livro de emblemas e empresas composto pelo beneditino frei João dos Prazeres.[45] A razão de ser o galo um dos meios de defesa contra semelhante perigo – outra defesa seria o espelho, que reverberando os eflúvios de seus olhos, lhe devolve a própria e mortal malignidade – vinha de não poder suportar o canto desta ave. E não só o canto, aliás, mas a simples aparência dela, tinha por efeito morte certa, porque a ostenta à cabeça uma coroa mais nobre, vistosa e dilatada do que a sua.[46] De sorte que, sendo esse animal tão peçonhento que mata com o só olhar, "nem tem olhos", diz frei João, "nem veneno para ofender o galo".

Fosse qual fosse a sua atrocidade, e contra ela, como se vê, sempre existiriam recursos, a presença do basilisco e de outras feras igualmente maléficas parecia indicar uma natureza ainda estuante de vida, de força divina e juvenil. Desaparecendo esses monstros, a Terra, obra incomparável de Deus, empobrecia-se, por outro lado, da infinita variedade de formas que eram um instrumento de sua força e sabedoria.

Ainda que confusamente, uma nostalgia desse mundo desaparecido parece ter acompanhado os navegadores e conquistadores de terras incógnitas durante a era dos grandes descobrimentos marítimos, quando à esperança de magníficos tesouros se acrescentava, quase invariavelmente, a de aparições hostis ou fabulosas. Desde remota Antiguidade, à imagem de imensas riquezas se tinham unido, aliás, as de monstruosidade e maravilhas sem conta, para compor a ideia que mais geralmente se fazia acerca da Índia e também da Etiópia, essa Índia Menor, como fora chamada. O mesmo e, sem dúvida, em mais larga escala, por se tratar de lugares desconhecidos dos antigos, deveria dar-se agora com estas outras Índias que eram as do Ocidente.

Desde o primeiro momento pareceu a muitos que, nestas partes, a regra era a exceção e o extraordinário, a norma. Colombo avista três sereias ao deixar a costa do Haiti, já prestes a regressar à Espanha, e o registro lacônico do acontecimento mostra que, naquele estado de vertigem em que todos deviam andar, já não havia margem para surpresa. Ou a surpresa se apaziguara ao pensamento de que os poetas teriam simplesmente exagerado e engrandecido, segundo seu costume, o encanto daquelas criaturas sobrenaturais: "el Almirante [...] vido tres serenas que salieron bien alto de la mar", lê-se no diário, "pero no eran tan hermosas como las pintan, que en alguma manera tenian forma de hombre en la cara".[47]

Note-se que, passados cem anos e mais, um cronista anônimo da terceira grande viagem de James Lancaster (1601-03) ainda pode referir tranquilamente a aparição em alto-mar, entre o cabo da Boa Esperança e a ilha de Santa Helena, de duas dessas criaturas, presumivelmente macho e fêmea.[48] Para os navegantes, sua presença era seguro indício de mau tempo e o fato foi que veio logo uma tormenta forte, com ventos contrários, que duraram quatro dias seguidos.

A propósito das sereias de Colombo sugeriu Navarrete, bem ou mal, que não seriam talvez outra coisa senão as vacas-marinhas de que trata Oviedo. Da mesma forma pode pensar-se que os grandes símios de que lhe falavam os índios justificam sua alusão aos homens caudatos ou aos cinocéfalos, que corroboravam a identificação daquelas ilhas com as de Marco Polo. E também que os longos cabelos de alguns caribes insulares tenham sido o ponto de partida para a notícia das amazonas de Matininó.

Mas não era cruel, por delirante que hoje nos pareça, a imaginação do genovês. Seu coração, sensível às harmonias da natureza, e seu empenho de alcançar sem estorvo os esperados tesouros das Índias impediam que se convertesse em pesadelo o que nele fora um sonho de mistério e grandeza. "En estas islas", escreve a Luís de Santangel, "fasta aqui no he hallado hombres mostrudos como muchos pensaban, mas antes es gente de muy lindo acatamiento [...]." E depois de insistir no bom parecer da gente, que não era preta como a de Guiné e nem tinha cabelos revoltos, parece atribuir este último fato à diferença dos climas: alude mesmo aos frios de inverno das ilhas, cujo efeito é mitigado, no entanto, entre os habitantes, pelo costume e pela variedade e quentura das viandas de que se nutrem. Essa digressão vem em apoio ao que, contra a opinião de muitos, o almirante verificara pessoalmente: "ansi que monstruos no he hallado, ni noticia", repete. E para que não faltasse alguma sombra ao quadro, ressalva o caso de certa ilha, povoada, ao que todos diziam, de gente feroz e dada a comer carne viva. Esses mesmos, porém, "no son más disformes do que los otros; salvo que tienen costumbre de traer los cabellos largos [...]".[49]

Para a ardência do simples visionário não bastaria vestir aqueles lugares de galas irreais, quase divinas. Cumpria libertá-los também das deformidades e terrores de que a imaginação costuma povoar terras incógnitas. Não entrava aqui apenas uma exaltação enamorada de quem evita a verdade fria, mas ainda uma reação de defesa contra a incredulidade, o despeito ou a malevolência. Para que não se exagerassem os perigos da grande empresa que tinha inaugurado, importava, de antemão, abolir ali a simples possibilidade material do defeito ou dos perigos. Daquela exaltação e desta reação irá brotar e desenvolver-se, contra todas as oposições, crescendo mesmo com elas, a imagem de um Novo Mundo imaculado. Imagem tão persistente, e, segundo todas as aparências, mais fecunda em resultados práticos do que a outra, suscitada pelos seus antagonistas, que o terão por menos favorável à vida humana.

Um sinal dessa persistência encontra-se, talvez, na crença popular, ainda viva ao tempo de Cervantes, de que a raia de demarcação estabelecida em 1494 entre os domínios de Castela e Portugal constituía não só uma fronteira meteorológica (pois os tormentosos ventos que sopravam na Europa cediam lugar ali a uma amena viração, e a agulha de marear pareceu desde o início a Colombo que se movia da direção da Estrela Polar para algum ponto invisível e ainda não observado), mas ainda de uma fronteira entomológica. Isenta de monstros façanhudos e temíveis, estariam aquelas abençoadas Índias livres e como que imunes de certas sevandijas que infestavam o velho continente. Pois a acreditar na versão do bispo de Chiapa,[50] os insetos imundos começavam a desaparecer dos navios que viajavam para Oeste, cem léguas, precisamente, depois de passados os Açores, e só inçavam de novo as embarcações quando estas, de torna-viagem, alcançassem igual longitude.

Apenas no *D. Quixote* irá transferir-se a barreira profilática da primitiva e abandonada raia de demarcação para outra linha mais nítida, a saber para a equinocial, segundo resulta do discurso do Cavaleiro da Triste Figura na barca encantada, quando imaginou terem chegado, ele e seu escudeiro, no meio do Mar Oceano e à altura da referida linha, posto que se achassem de fato no Ebro, e só a cem varas do ponto de partida. Um dos sinais de que dispunham os espanhóis para entender que tinham passado o equador, diz, com efeito, a Sancho, está nisto, que "á todos los que van en el navio se les mueren los piojos, si que les quede ninguno, ni en todo el bajel le hallarán si le pesan á oro [...]".[51] Instado a passear a mão pelo corpo, no intuito de ver se topava coisas vivas com o que sairiam daquela dúvida, obedeceu Sancho a seu amo, sem lograr porém o resultado a que se propunha, de onde o concluir, sacudindo os dedos e lavando a mão na água do rio, que, ou a prova era falível, ou não tinham chegado nem de longe à tal linha do equador.

Ainda quando o julgassem tão refratário a essas formas repulsivas, nada perdia o cenário americano, para numerosos viajantes, de suas misteriosas e inegáveis possibilidades. Ali o milagre parecia novamente incorporado à natureza: uma natureza ainda cheia de graça matinal, em perfeita harmonia e correspondência com o Criador. Colombo, sem dissuadir-se de que atingira pelo Ocidente as partes do Oriente, julgou-se em *otro mundo* ao avistar a costa do Pária, onde tudo lhe dizia estar o caminho do verdadeiro Paraíso Terreal.

Ganha com isso o seu significado pleno aquela expressão

"Novo Mundo", que o próprio descobridor esteve na iminência de empregar e que o humanista de Anghiera cunharia, antes mesmo de Vespúcio, para designar as terras descobertas. Novo, não só porque, ignorado, até então, das gentes da Europa e ausente da geografia de Ptolomeu, fora "novamente" encontrado, mas porque parecia o mundo renovar-se ali, e regenerar-se, vestido de verde imutável, banhado numa perene primavera, alheio à variedade e aos rigores das estações, como se estivesse verdadeiramente restituído à glória dos dias da Criação.

Assim pensariam os primeiros viajantes ou cronistas das Índias Ocidentais. Assim dirá, passado quase meio século depois do descobrimento, certo discípulo espanhol de Tomás Moro, advogado, por sua vez, de uma espécie de utopia indígena. "Porque não é em vão, mas com muita causa e razão", escreve, de fato, Vasco de Quiroga, em 1535, "que isto aqui se chama Novo Mundo, e não por se ter achado há pouco tempo, senão porque é em gentes e em tudo como foi aquêle da idade primeira e de ouro [...]."[52]

Nessa mesma ideia, embora não passasse em geral de vago pressentimento, e mal formulado, irá articular-se o misto de cobiça, piedosa devoção e imaginação desvairada, que domina quase sempre o ânimo dos conquistadores, mormente dos conquistadores das Índias de Castela. Não deveria então realçar-se tão vivamente como hoje o que pudesse haver de estranhamente contraditório nessa mescla de motivos sagrados e profanos, já que se confundiam, então, mais facilmente, e não raro se deixavam permutar entre si os alvos constantes da ambição e os da religião, tingindo-se uns e outros, muitas vezes, das cores da fantasia. Já sabemos, de fato, como o mesmo precioso metal de que se enfeita a vaidade mundana não deixava de traduzir para os homens, em termos terrestres, um resplendor quase divino, e que, servindo para adornar altares e dourar templos inteiros, havia no seu brilho como que a sagrada auréola da Fé.

Da mesma luz sobrenatural, que dá tamanho preço ao fruto das minas preciosas, pareceu banhar-se, não raro, toda a natureza americana, e não apenas sua viridente e constante vegetação, como também certas espécies animais, algumas desconhecidas até então na Europa. A Colombo, que tanto se deleitava com a verdura, frescura e amenidade das paisagens insulares, a fauna local não deve ter impressionado vivamente à primeira vista. Exceção feita de três variedades de coelhos e de uma casta de cães que não ladram, parecera-lhe de início que não existiam quadrúpedes naqueles sítios. Enamorou-se, no entanto, dos passarinhos, a começar, como já foi lembrado aqui, daqueles a que denominava rouxinóis, cujo canto julgou ouvir distintamente, e era tão suave e deleitoso que, de escutá-lo, ficou como enfeitiçado e não parecia querer voltar para bordo, mas de outros mil, em sua maioria nunca vistos, que voando em grandes bandos chegavam a escurecer o sol.

De alimárias monstruosas, a única assinalada foi uma serpente de sete pés de comprido e um de largo, encontrada na ilha Isabela. Logo se desfez, porém, o terror que podia inspirar seu aspecto feroz, desde que a souberam inócua, e quando perseguida dos marinheiros, se foi meter na água, por ser aquele um sítio de muitas lagoas e charcos. Depois de persegui-la, puderam os homens enfim caçá-la, já que era pouco profunda a água, e com espanto verificaram que, além de pacífica e benigna, tinha carne branca e de suavíssimo sabor, em que todos se fartaram.[53]

Nenhum dos animais achados pareceu ao almirante tão digno de exibir-se na Espanha, porém, quanto os papagaios, e deles levou de volta nada menos de quarenta. Declara Pedro Mártir que eram todos muito alegres, de cores vivacíssimas, uns verdes, outros amarelos, alguns com uma faixa vermelha no pescoço, o modo de gorjeiras. Tinham multicoloridas as asas, de sorte que entre as penas verdes ou amarelas, havia-as também cerúleas ou purpúreas, dando ao conjunto aspecto encantador.

Uma razão especialíssima teria contudo o descobridor para atribuir importância a essas aves e à sua presença nas ilhas que encontrara. Embora existentes em outros continentes, e em particular na África, apareceram os papagaios, durante largo tempo, associados às maravilhas indianas. De uma das suas variedades, a de coleira vermelha, dissera Plínio e repetira-o Isidoro de Sevilha que eram peculiares à Índia, e alguns dos exemplares idos com Colombo correspondiam exatamente a essa descrição. O fato de terem sido achados nos lugares descobertos não representaria um argumento a mais, entre os outros que relacionara o genovês, em apoio de sua pretensão de ter alcançado as partes orientais da Ásia? O argumento chegaria a impressionar o autor das *Décadas do orbe novo*, para quem os psitacídeos trazidos da América, da primeira viagem, podiam somar-se a muitas outras coisas, para indicar como aquelas ilhas, pela vizinhança e natureza, tinham as características do solo indiano.[54]

Por outro lado não deixariam essas aves, em épocas ulteriores, de ter parte obrigatória e às vezes considerável nas cargas dos navios que iam daquelas partes. De certa região mais austral, situada na demarcação da Coroa lusitana, é notório que seu nome definitivo, tomado à valiosa madeira tintorial que nela abundava, competiu durante algum tempo com outro, que provavelmente o precedeu, originário de seus vistosos psitacídeos, longos de braço e meio.

O agente da sereníssima, que assitiu em Lisboa ao regresso da frota de Pedro Álvares Cabral, alude, já em 1501, àquela "terra delli Papagá" e do Crético ou de alguma outra fonte passaria esse nome, devidamente latinizado, até às cartas geográficas. Só mais tarde começaria a prevalecer, generalizando-se, o de terra do Brasil.

Da estimação em que chegam a ser tidos os papagaios americanos na Europa dará ideia o que consta do libelo segundo do barão de Saint Blanchard, datado de 1538, onde, ao passo que os toros de pau-brasil transportados na nau *La Pélérine*, apresada afinal por uma armada portuguesa, avaliam-se em oito ducados o quintal, cada uma dessas aves orçou-se em seis ducados.[55] E teriam sido seiscentos, ao todo, os papagaios levados na embarcação francesa.

Para o apreço que lhe davam, não só contribuía o saberem imitar a voz humana, além da formosura da plumagem, como sua procedência de países remotos, da Índia sobretudo, que lhes comunicaria alguma coisa de seu mistério. Nem lhes faltava, talvez, a mística auréola de que, nos velhos livros de devoção e aventura, parecia cingir constantemente as aves falantes. Já na viagem de são Brandão há notícia de uma ilha milagrosa, só delas povoada. Descendiam, segundo explicaram aos monges peregrinos, dos anjos que, depois da revolta de Lúcifer, se viram com ele despejados da celeste mansão. Como, porém, tivessem acompanhado o antigo amo só por costume, não por sedição, padeceram menor castigo. Convertidos agora em pássaros, receberam como domicílio aquele lugar, onde sofriam apenas a mágoa de não contemplar a face do Senhor. Além desse, não tinham outro padecimento e podiam entoar seus hinos à Glória e Majestade de Deus.[56]

Comuns nas lendas célticas e em muitas visões do Paraíso onde, como aquelas aves "muy fermosas que avian penas de anjo", do *Conto do Amaro*, entoam salmos, quando não cantam as horas canônicas, e tanto podem ser as transfigurações de anjos do céu como as almas dos justos, esses pássaros falantes, ou simplesmente cantantes, também representam em alguns casos, o caso, entre outros, dos *Milagres* de Bercéo, os doutores da Igreja ou os profetas. Em outra obra devota, o *Vergel de Nuestra Señora*, do valenciano quatrocentista Miguel Perez, onde se evoca a "harmonia suave de las aves que cantan", são também os mártires e santos do Novo Testamento.[57] Nessas alegorias devotas surgem, porém, de preferência, sob o aspecto do rouxinol ou da calhandra, e aparentam-se claramente àqueles mesmos rouxinóis de "grant placenteria", que Bercéo colocara nos jardins da Virgem Santíssima. E outro tanto sucederá, com grande frequência, em obras mais ou menos contemporâneas, onde esse motivo se apresenta secularizado.

Contudo, no vergel descrito por frei Diogo de Valência, um dos poetas do *Cancioneiro de Baena*, "por amor e loores de una donsella que era muy fermosa", já encontramos a ave exótica ao lado daqueles passarinhos mais familiares ao europeu, no mesmo jardim de difícil acesso, plantado sobre um monte rodeado de um rio, tudo de acordo com os motivos edênicos tradicionais:

> *Calandras é rruyseñores*
> *En el cantan noche é dia,*
> *E fazen grant melodia*
> *En seslayos é discores,*
> *E otras aves mejores,*
> *papagayos, filomenas,*
> *En él cantan las serenas*
> *Que adormeçen con amores.*[58]

É significativo que o papagaio pareça elevar-se, aqui, acima do próprio rouxinol e da calhandra, colocando entre as "aves mejores", juntamente com *filomena*, ou seja filomela, que é o rouxinol enobrecido pela filiação mitológica.

Já anteriormente, segundo exemplo recolhido por Howard Rollin Patch, aparecera a ave palreira numa obra francesa, a *Messe des Oisiaus*, de Jean de Condé, entre os pássaros canoros de uma primavera de sonho, para anunciar a aproximação de Vênus. A essa notícia, erige-se um trono para a deusa em formosa clareira situada no meio de um bosque. Não obstante a sugestão pagã, aquele florido jardim, as variadas árvores, as doces águas de fontes claras correndo por entre areias limpas, tudo sob um ar bem temperado, lembraram a Patch o quadro tradicional do Paraíso Terrestre.[59] A noção corrente na Antiguidade, e em grande parte da Idade Média, de que o papagaio pertencia eminentemente à fauna da Índia, onde não faltava quem situasse, por sua vez, o Éden bíblico, contribuiria naturalmente para sua inclusão entre as aves paradisíacas.

Nas viagens de Mandeville há notícia de como, no império do Preste João, em certo deserto existente a pouca distância de um rio procedente do Paraíso Terreal, onde não corriam águas, senão pedras preciosas e em grande cópia – sem dúvida uma variante do Fison do *Gênesis*, identificado em geral com o Ganges –, havia muitíssimos papagaios faladores. Costumavam abordar e saudar os que atravessavam o deserto e falavam exatamente como homens. Adverte o autor que esses têm em cada pata cinco dedos, ao passo que outros, os de três dedos na pata, não falam, ou pouco falam, e em verdade são antes gritadores do que palradores.[60] Note-se que a distribuição entre os de cinco e três dedos, com as respectivas qualidades, fora recebida de autores clássicos, provavelmente através de Vincent de Beauvais.

E do livro em que se narram as peregrinações imaginárias do infante d. Pedro de Portugal, filho de d. João I de Avis e irmão de d. Henrique, o Navegador, consta que é pelas águas desse mesmo Fison, um dos quatro rios do Paraíso, que descem papagaios em seus ninhos,[61] como a denunciar sua origem no maravilhoso jardim. Do mesmo modo, também as águas do Gion carregam os roliços troncos do linalois que, assim como a árvore da vida, pertence à flora do Éden.

Mas onde o papagaio se insere de modo ainda mais definido no cenário edênico é em certa descrição de Arnoldo de Bonneval, mencionada por Patch. Todos os estereótipos dessa paisagem, tal como se foi constituindo durante a Idade Média, estão presentes no texto: a amenidade do sítio corresponde bem à noção do homem feito à imagem de Deus; não se conhece ali neve ou granizo, e nada é triste ou corrupto; sem haver febre ocorre o antídoto, e não existindo defeitos na Natureza, já lá aparecem os remédios. Ausentes o horror hibernal e as intempéries, prevalece constante a primavera, e tudo quanto há vai em aumento pela própria harmonia do tempo. Para completar o quadro, no topo de cedro e de outras árvores, cantam a fênix, perenemente vivaz, e o papagaio, e uma só é a harmonia dos pássaros inumeráveis, louvando, cada qual à sua maneira, e celebrando, jubilosos, o Criador.[62]

Não admira uma tal associação quando se conhece a crença de que todos os bichos falavam no começo do mundo e só perderam a fala em consequência do Pecado.[63] Conservando por especial graça divina essa faculdade, que o irmana aos homens, o papagaio parece assim guardar algum vestígio daqueles ditosos tempos e, ao menos por essa virtude, se outras não lhe faltassem, poderia verdadeiramente presumir-se uma ave paradisíaca.

Nem extremamente difícil é a substituição, pela ave falante, dos rouxinóis e das calhandras lendários ou alegóricos, com o que ganharia ela, de algum modo, o prestígio sobrenatural de ave paradisíaca. Prestígio que não seria muito afetado com sua maior divulgação na Europa, pelas importações em massa do psitacídeo americano. Já se notou como no século XVI será ele chamado por Skelton "um passaro do Paraizo". E como, ainda mais tarde, ao fazer sob encomenda uma cópia do "Pecado Original" de Ticiano, Rubens não hesitará em introduzir no quadro, que se acha, com seu original, no Prado de Madri, um papagaio em um tronco.[64] Pode acrescentar-se que em outra tela representando o Paraíso Terrestre, guardada no Museu Real da Haia, ele, ou Jan Brueghel, seu colaborador, ainda atavia a paisagem edênica de papagaios e araras.

Ao lado dos usos simbólicos ou até devotos – como na *Viergeau Perroquet*, de Antuérpia – a que se prestava a ave exótica, cabe pensar que a própria fama de sua longevidade contribuiu de algum modo para dar-lhe ingresso na fauna mítica do Paraíso. Compreende-se também que, do Paraíso, ela emigrasse, ao cabo, para os deleitosos hortos profanos sonhados pelos poetas. Tasso coloca-a nos jardins de Armida, e o "cavalier Marino", seguindo os passos do antecessor, situa-a no jardim do prazer do Adone. É significativo que o "verde palrador", com sua

Lingua del sermon nostro imitratice,⁶⁵

ali apareça ao lado de fênix sempiterna e de outra ave, não nomeada, mas que, nutrindo-se apenas de brisas e orvalhos, evoca as antigas descrições do nosso beija-flor.

Não se pode dizer, é certo, que se tivesse generalizado muito essa associação do papagaio aos motivos paradisíacos. Num tempo em que a natureza, segundo observação conhecida, valia menos pelo que é do que por tudo quanto significa, importava interpretar suas expressões segundo um simbolismo tradicional, ainda que naturalmente multívoco. Sucede, porém, que as criaturas chamadas irracionais não se exprimem, neste caso, como nas fábulas de Esopo ou de La Fontaine que são, em realidade, historietas de homens, não de bichos, e onde predominam, em regra, razões humanas, não as que Deus deixou impressas no grande livro da Criação. Deus é, com efeito, o *Arguto favellatore* da frase do manual seiscentista de Tesauro,⁶⁶ mas sua fala é toda de metáforas figurativas, não depende, como a dos homens, de conceitos à primeira vista inteligíveis. E não é sem razão que os antigos egípcios, segundo um dito de Plutarco, glosado pelos comentadores de Alciato,⁶⁷ usavam erguer às portas de seus templos a imagem da esfinge, querendo com isso indicar que a Divina Sabedoria se manifesta por via de símbolos e argutos enigmas.

Ora, nenhuma agudeza sublime, e ainda menos divina, poderia derivar-se da figura de uma ave falante que se serve de palavras simplesmente humanas, ou antes, que oferece um eco, mais ou menos grosseiro, das palavras dos homens. Se entra nisto algum mistério, que explicaria talvez a inclusão da mesma ave na fauna paradisíaca, e se ela própria fora, até certo ponto, consagrada por algumas referências de escritores clássicos, e não só naturalistas, como Plínio, mas ainda poetas, como Marcial, é um mistério que fala melhor à gente vulgar do que aos letrados, e mal se poderá dizer que a enquadra num simbolismo verdadeiramente tradicional. Ausente do tratado básico de Horapolo, ofereceu poucas seduções à emblemática.

Mas se a presença do papagaio não é bastante para impregnar de significados sublimes a natureza do Novo Mundo, sempre existiriam aqui espécies animais capazes de competir vantajosamente com muitos dos "hieróglifos" reais ou fictícios, consagrados por uma tradição imemorial. Se eram famosos os papagaios pela extrema longevidade que muitos lhes atribuíam, ainda mais longeva e, a bem dizer, imorredoura era a ave fênix, pois que, segundo palavras de Antônio Vieira, o seu "cortar a vida he artificio de multiplicar a Idade",[68] e assim não merecia luto a sua morte, senão júbilo. Mas a fênix, de tão buscada e nunca vista, salvo no parecer de falsas ou suspeitosas testemunhas, se ia tornando cada vez mais um puro símbolo, sem carne verdadeira, e um fingimento de poetas. Restava saber, no entanto, se o que parecia ficção no Velho não seria no Novo Mundo uma realidade visível e tangível.

Não era de admirar que, numa Natureza tão chegada a Deus e vizinha do Paraíso, certas figuras como a da fabulosa ave da Arábia parecessem, por mais de uma vez, prestes a ganhar corpo, ainda quando suas feições exteriores, como a das sereias de Colombo, andassem longe de corresponder às da convenção corrente. Ainda no século XVIII, o curioso e fanático empirismo do cavaleiro de Arcourt, que das coisas "possíveis" costumava tirar sistematicamente as verdadeiras, e ignorando os limites para o possível, encarava com científico desprezo aqueles que duvidassem do infinito poder criador da Natureza, tomava à fauna americana e brasileira uma prova decisiva da existência da fênix.

Essa prova estaria, para ele, no caso da jiboia que, depois de morta e despido de carne o seu espinhaço, dizia-se que novamente se cobria dela e tornava a viver. E sendo este fato, acrescenta: "mais digno de admiração que o da mesma fenix e tão constante que o devem saber a multidão de gente que passão aquelas Conquistas [...] que posso dizer [...], que suposto não quero ser fiador da verdade do fenix, o podia ser como este argumento da sua possibilidade".[69] Para espíritos afeitos à imaginação simbólica e a hieróglifos, segundo aquele

Tolgamos la corteza, al meollo entremos

de Bercéo, pouco importariam neste caso as aparências, se as idênticas propriedades acenavam para a identidade de significações. E assim como dissera da ave fênix, bem poderia um Vieira dizer também da jiboia, que cortando o passo à vida acrescenta espaço à eternidade.

Se houvesse entre elas diferença, vinha de que, na jiboia, se multiplica e redunda o milagre da fênix, e embora alguns pudessem ver aqui uma das finezas da ave arábica, já que em sua raridade e unicidade estaria a maior maravilha, outros podiam pensar que uma natureza tão pródiga nessa espécie de encantamentos, comportando significações morais elevadas, era, por isso mesmo, uma natureza vizinha do céu. Para Arcourt especialmente, a maior admiração que deviam causar as jiboias, comparadas à fênix, deveria vir do próprio fato de ser um exemplo constante e bem averiguado.

A jiboia pôde traduzir entre nós, ao menos em parte, o riquíssimo repertório de símbolos que, no Velho Mundo, se associou tradicionalmente à serpente. O próprio exemplo da serpente morta e ressurrecta está no livro de Horapolo, onde se diz que, despindo-se todos os anos da própria pele, representa, por esse lado, a velhice, mas que vestindo-a de novo e tornando com isso à mocidade, exprime também o renovar das estações.[70] Assim, se reforçam as outras muitas razões que fizeram de sua figura um hieróglifo do Universo.

Poderia dizer-se que, ao menos aqui, a natureza americana se limitara a reproduzir sem mudança um símbolo vetustíssimo, se o milagre da fênix não parecesse reproduzido, a seu modo, em outra espécie animal que é própria do Novo Mundo. Desde os primeiros tempos da conquista, o beija-flor desafiara, por variadas formas, a argúcia e a imaginação dos colonos. Suas pretensas metamorfoses tinham ocupado, no Brasil, os primeiros missionários jesuítas, e Vasconcelos, já se lembrou, aqui mesmo, que as retomara, enriquecendo-as, em sua vida do padre João de Almeida, onde autorizou a versão corrente com seu testemunho pessoal.

Mais tarde, naquelas suas "noticias curiosas e necessarias", ainda torna a essa matéria para dizer: "Suposto que fomenta seus ovos e deles nasce, he cousa certa que he produzida muitas vezes de borboletas. Sou testemunha, que vi com meus olhos, huma dellas meia ave e meia borboleta, ir-se perfeiçoando debaixo da folha de huma latada, até tomar vigor e voar".[71] Como se tais versões se prestassem à dúvida, é curioso o empenho mostrado pelos informantes, e em particular os jesuítas, em querer corroborá-las com o próprio testemunho.

Assim é que, antes de Vasconcelos, a observação pessoal, neste caso, parece deduzir-se implicitamente de um texto de Cardim: "he cousa para ver", diz este, com efeito, "huma borboleta começar-se a converter neste passarinho, porque juntamente he borboleta e passaro, e assi se vae convertendo até ficar neste formosissimo passarinho".[72] E mais tarde aparece um antigo padre da Companhia, que se há de celebrizar, no entanto, pela sua dupla apostasia, entre os que com os próprios olhos puderam verificar esse fenômeno no Brasil holandês. Assim o sugere Piso, quando escreve: "Manoel de Morais, teólogo lusitano no Brasil, e muitos outros monges curiosos e dignos de fé, viram também estes prodígios e trataram com as mãos os insetos, na própria época da metamorfose".

Mais surpreendente é que o próprio naturalista, bem longe de se mostrar duvidoso quanto à realidade de tão extraordinária mudança, cuida não só de aboná-la como de ilustrá-la com novas minúcias. Admite, como outros, que mesmo as borboletas podem ter duas maneiras diversas de geração, pois ora nascem diretamente de outras borboletas, ora de certas lagartas de cor hepática. Estas, por sua vez, seriam não somente a prole do orvalho e das chuvas, mas também filhas de borboletas. Assim, nada impede que, das tais lagartas, umas se transmudem naquelas avezinhas a que os índios davam o nome de guainumbi e ainda, com mais razão a seu ver, o de guaraciaba, que equivale a "raio de sol".

Precisa ainda Piso que, no começo da transformação, as lagartas adquirem as belíssimas plumas com as asas, de sorte que é dado ver claramente a parte inferior do seu corpo na aparência primeira, ao passo que a outra, superior, já se acha mudada. "O mesmo", escreve ainda, "quero dizer das borboletas, que da mesma forma se vão convertendo nas mesmas avezinhas e, durante aquela transformação da ave nascente e do insecto denascente, mostra-se simultaneamente com clareza, a metade de um e outro."[73]

Admitido isso, não lhe custa acreditar em outra metamorfose ainda mais extraordinária, atribuída ao inseto chamado pelo vulgo louva-deus. O qual, além de representar aparentemente outra maravilha do reino animal, capaz de sugerir, não apenas aos gentios, mas principalmente a muitos cristãos, certas crenças que, para ele, protestante, não passavam de superstições, ainda teria esta particularidade singular de poder converter-se em planta. O inusitado processo explica-o Piso ao referir como esses animalículos primeiramente se fixam no solo até sobrevir a umidade indispensável para começarem a deitar raízes; estas, por sua vez, irão aprofundar-se mais e mais, até que se complete a mudança. Também neste, como no caso do beija-flor, seria dado observarem-se eventualmente as fases intermédias da metamorfose, pois pode suceder, muitas vezes, que a parte inferior do corpo já tenha tomado a feição de um vegetal, quando a superior ainda trai, por certos movimentos, sua condição antiga. Finalmente, esta mesma irá trocar de natureza, e assim o que foi sensitivo se faz paulatinamente vegetativo.

Da possibilidade e realidade de semelhante ocorrência, não duvida um só instante o médico de Amsterdã, chamando em seu socorro autores antigos e modernos, para mostrar como os pontos de contato entre o mundo animal e o vegetal podem ir ao extremo de, por uma compensação recíproca, virem os animais a germinar e as plantas a ganhar sensibilidade. Tão patente lhe parece o perpétuo comércio de todos os corpos sublunares entre si que, diz, "um quimiatra de grande merito não sofre que se possam negar estas metamorfoses aos metais".[74]

Apesar de tudo, poderia suspeitar-se talvez, nessas concepções, quase a antecipação, ainda embrionária e tosca, de um pensamento que só chegaria a amadurecer muito mais tarde. O pensamento, em particular, que há de levar Goethe, através de seus estudos de Geologia, Botânica e Osteologia, a ir procurar, em harmonia com as ideias de Herder sobre a História Universal, a duração na mutação e a unidade em toda a natureza.

Para o século XVII, porém, e sobretudo para os Seiscentos hispânicos, a mobilidade, a instabilidade e evanescência das coisas do tempo se, na sedução de seu sortilégio, revelavam uma natureza criadora até ao milagre, espelho da própria onipotência divina, não deixavam de incluir, como contraparte necessária, a imagem nostálgica de um soberbo ideal de segurança e permanência. Assim como as novelas picarescas, nas quais se exprime fartamente o ilusionismo de uma humanidade proteiforme, são tantas vezes rematadas com a conversão do personagem e o perdão de seus erros, tudo aqui aponta finalmente para uma paisagem redentora dos enganos desta vida, que é coisa caduca e miserável. Fora do mundo, ao menos fora de um mundo onde tudo não passa de sonho ou vã aparência, é que se tornará realidade a redenção.

Não é um pouco sob esse aspecto que deveria apresentar-se

a certos observadores uma natureza tão alheia, em muitos casos, à própria ordem natural? E precisamente esse "hieróglifo" do inseto que se muda em pássaro, desafiando as melhores razões da sabedoria humana, não indica a ambiguidade, o equívoco, o funambulesco das transformações a que se vê sujeito o nosso mundo mortal?

E no entanto é o mesmo pássaro, emblema vivo da instabilidade e vaidade desse mundo, que pode apresentar-se também como uma réplica americana da fabulosa fênix, por onde parece triunfar a unidade sobre a variedade, a firmeza sobre as mudanças e, até, sobre a morte, a eternidade. O padre Simão de Vasconcelos, que pretende ter visto com seus mesmos olhos o beija-flor em vias de ter completada a metamorfose, ainda meio borboleta e meio ave, é um dos arautos dessa mais notável maravilha. E é ele mesmo quem o diz, logo depois de chamar atenção sobre aquele fenômeno: "Maior milagre se afirma dela constantemente, e por tantos autores, que parece não pode duvidar-se, que como só vive de flores, em acabando estas, acaba ella na maneira seguinte: prega o biquinho no tronco de huma arvore, e nela está imovel como morta, em quanto tornão a brotar as flores (que são seis mezes) passado o qual tempo, torna a viver, e voar".[75]

Se a teoria da conversão das borboletas em colibris surgiu no Brasil, transmitida talvez aos portugueses pelos antigos naturais da terra, a outra, da morte e ressurreição destes, que reproduziria o milagre da fênix, há indícios que a dão por vinda das Índias de Castela. A tal origem faz alusão o padre Cardim, quando escreve sobre o nosso guainumbi ou guaraciaba, notando como "nas Antilhas lhe chamão o passaro resuscitado, e dizem que seis mezes dorme e seis vive".[76] E Piso, que também registra a crença, ainda que sem aboná-la ou refutá-la, arrima-se aqui unicamente sobre testemunhas castelhanas, que se tornariam supérfluas se as tivesse achado no Brasil. As fontes onde bebeu a notícia são Ximenez, Lopez de Gomara e também Eusébio, sem dúvida o jesuíta espanhol João Eusébio

Nieremberg, que não era testemunha, nem se pretendia tal, só se valendo das maravilhas do Novo Mundo (e quanto mais maravilhosas tanto mais verossímeis deveriam parecer-lhe), à guisa de "exemplos" para seus tratados ascéticos. Poderia ainda recorrer a Herrera e, provavelmente, a muitas outras autoridades, pois dos mais ilustres historiadores das Índias apenas Acosta, com seu atilado senso crítico, e Gonzalo de Oviedo, ao que parece, deixam de aludir ao "milagre", por mais que admirem no beija-flor a extrema pequenez e o formoso colorido.

Na versão de Gomara, esse pássaro, a que chama Vicilin – o *Huitzitzil* dos mexicanos segundo Ximenez –, morre todos os anos, ou dorme, e de qualquer modo fica imobilizado e sem comer, quando chega o mês de outubro, e vai ressuscitar ou despertar em abril quando se abrem as flores. Pretendiam alguns que só fenecem de vez se capturados, e Piso ajunta a isso um pormenor que faria as delícias dos intérpretes de hieróglifos, a saber, que, mortos dessa morte sem apelo, logo deitavam de si um suavíssimo aroma.[77] Mas o naturalista protestante nos previne tacitamente contra qualquer interpretação sobrenatural dessa espécie de odor de santidade, atribuindo o aroma ao sustento de tais pássaros, pois ao que lhe constava só se nutriam de flores e do orvalho das flores que, parecendo seguir nisto uma opinião clássica, denomina poeticamente o "meligeno orvalho".

Está bem de acordo com a mentalidade do tempo, que os encantos do colibri levassem facilmente seus admiradores a adorná-lo de um halo de lenda. Na graça aérea e fugitiva dessa criaturinha, onde pareceram reunir-se todos os mimos da natureza, não se humilhava a realidade ante a fantasia, que tinha embelezado muitos dos velhos bestiários. E explica-se que a ela principalmente se deva este arrebatamento sugerido a Vasconcelos pelas aves do Brasil: "Todo o universo", escreve o cronista da Companhia, "não vio especies, nem mais em numero, nem mais fermosas: parecem as mesmas dos primitivos ares, antes criadas no mesmo Paraiso da terra: tal a bondade, o numero, a variedade de sua fermosura: só n'aquelle primeiro Ceo terreno podião pintar-se tão finas cores [...]".[78]

Que não basta a formosura, no entanto, para justificar as misteriosas sugestões despertadas por algumas espécies animais ou vegetais, mostra-o claramente o caso da jiboia, que pode abrigar em sua enorme corpulência muitos dos atributos tradicionalmente ligados à serpente. E não foram certamente os dotes de beleza da anhuma a causa da extraordinária procura que durante longo tempo tiveram essas aves: tamanha que, embora fossem causa do nome primitivo do Tietê, já ao início da colonização, começaram a despovoar-se delas as margens desse rio até perder-se ali, com tal nome, a memória de sua antiga abundância.

Embora haja quem derive principalmente de crenças indígenas a fama das virtudes terapêuticas do chifre que lhe sai do alto da cabeça, é difícil dissociá-lo da figura do unicórnio fabuloso, que tanto seduzira, e por tão longo tempo, as imaginações europeias. A associação era tanto mais fácil quanto pôde surgir em outros lugares, a propósito de todos ou quase todos os cornígeros, a começar pelo rinoceronte. O corno da anhuma, e ainda os esporões que lhe saem das asas, ou mesmo os ossos, mormente os da perna esquerda, passaram entre nós a ser panaceia e preservativo universal. Bebidas em água ou vinho, suas raspas curavam até aos picados de cobra. Aos mudos daria esse chifre o dom da palavra, segundo aconteceu a um menino que entrou a falar, di-lo Fernão Cardim, quando lhe ataram ao pescoço o poderoso talismã.[79]

A mesma crença persiste até nossos dias em lugares sertanejos, talvez atiçada pela menor frequência dessa ave, em resultado da caça que tão constantemente lhe moveram. Relatou o general Couto de Magalhães, no século passado, que era costume, em toda a província de Goiás, levarem as crianças desses chifres ao pescoço, dada a ideia generalizada de que se livrariam, assim, de qualquer doença ou acidente.[80] Por causa de uma anhuma surgiu certa vez grande tumulto e desavença entre a gente que o acompanhara em sua viagem ao Araguaia, pretendendo, cada qual, o milagroso corno.

À imagem do unicórnio, apresentado nos bestiários, tanto quanto a fênix, como símbolo de Jesus, não se associaria a da anhuma apenas pela circunstância de serem ambos chifrudos, mas ainda pelo notável volume desta – a fêmea, dizia Piso, é maior do que um pavão ou cisne, e o macho tem duas vezes esse tamanho[81] –, e também pelo grito estridente que Anchieta comparou ao zurrar de um burro[82] e que, segundo Fernão Cardim, podia ser escutado à distância de meia légua e mais. A mesma estridência, sugerindo idênticas comparações, atribuiu-se ao brado "fierement espouantabale" que Bruneto Latino, em seu "tesouro",[83] dá como próprio do unicórnio.

Este pormenor parece concordar, de algum modo, com aquela compleição equina ou asinina que se dizia ter o monstro, a não ser nas pernas, idênticas às do elefante, e no pescoço, igual ao do cervo. Da anhuma, apesar da impressão de fereza que poderiam dar suas dimensões, suas armas naturais, sua rapacidade, e a força de seu grito, constava que ia a tais extremos a sua ternura pelo companheiro que, morto este, não lhe desamparava o corpo, ficando à mercê dos caçadores. Não haverá ainda nisto um traço de semelhança com o terrível unicórnio, capaz de abrandar-se tanto diante de mulher virgem, que desse engodo muitos se valiam para capturá-lo e abatê-lo, e só assim era possível desarmar-lhe a fúria?

Ao lado desses e de outros bichos que, pelo aspecto e compostura, logo chamaram a atenção do adventício – o gambá, por exemplo, com a bolsa na qual se criam os filhos; ou a preguiça que, para alguns cronistas castelhanos, em suas Índias, só se sustenta de ar, assim como se dizia de moradores das proximidades do Paraíso Terreal que se nutriam de perfume de flores; ou ainda o tamanduá, que não tem outro mantimento senão formigas; e a fantástica ipupiara, com seu jeito particular de matar os homens, que é beijá-los e abraçá-los fortemente até se fazerem estes em pedaços, ficando ela inteira, e como os sentem mortos, têm tal sentimento que se põem a chorar (sem que isso as impeça de devorar-lhes as partes do corpo que julgam mais delicadas) –, também o reino vegetal, com a estranheza de algumas espécies, ofereceria larga matéria para caçadores de símbolos e hieróglifos.

Nenhuma dessas espécies pareceu, a princípio, tão extraordinária quanto a erva que, se não repete o milagre da metamorfose dos colibris, era ainda mais maravilhosa, por mostrar-se capaz de vida ao mesmo tempo vegetativa e sensitiva. Vasconcelos descreve com sua ênfase barroca o maravilhoso dessa planta, imagem da castidade e pudicícia, pois que recebe escândalo de qualquer tocamento. Basta, exclama, "basta tocar-lhe na ponta de hum de seus ramos, pera que logo toda ella, e todos elles, como sentidos e aggravados, desordenem a pompa de suas folhas, murchando-se de repente, e quasi vestindo-se de luto (quaes se ficarão mortos ou envergonhados) até que, passada a primeira colera, torna em si a planta, estende de novo seus ramos, e tornão a ostentar sua pompa".

Na botânica astrológica, da velha tradição hermética, não haveria dúvidas sobre seu lugar próprio, pois que, segundo escreve logo a seguir o jesuíta, "he planta emula do Sol: em quanto elle vive, vive ella; e em se pondo, com elle se sepulta, enrolando a gala de seus ramos, quasi amortalhada em suas mesmas folhas, tornadas de cor de luto, até passar o triste da noite, e tornar o alegre do dia: segredo só do Autor que a fez".[84] E não faltaria, entre herboristas, se ainda estivesse bem viva aquela tradição que só indiretamente parece ter afetado a simbologia e emblemática do tempo, quem procurasse deduzir da observação de circunstâncias como essas as virtudes terapêuticas correspondentes.

Aliás a própria singularidade da sensitiva, independentemente de quaisquer simpatias mágicas que lhe atribuíssem, parecia penhor seguro de maravilhosas qualidades. Da mesma forma que o gambá fornecia a muitos colonos mezinha admirável para todo achaque, pois sua cauda, pisada e misturada com água na quantidade de uma onça, era excelente contra doenças de rins, especialmente as litíases, tomada em jejum, além de curar cólicas, fazer gerar o leite, tirar espinhas, se mastigada, acelerar o parto...[85] que prodígios não prometia essa erva, à vista dos efeitos admiráveis que nela pôs a Providência?

De tal suspeita já se fizera intérprete Gandavo, onde escreveu: "Esta planta deve ter alguma virtude mui grande, a nós encoberta, cujo effeto nam será pela ventura de menos admiraçam. Porque sabemos de todas as hervas que Deus criou, ter cada huma particular virtude, com que fizessem diversas operações naquellas cousas pera cuja utilidade foram criadas e quanto mais esta, a que a natureza nisto tanto quiz assinalar, dando-lhe hum tam estranho ser e differente de todas as outras".[86] Passados mais de cinquenta anos, frei Vicente do Salvador repisava as mesmas considerações, para sugerir finalmente que esse vegetal deveria trazer em si, com certeza, alguma propriedade miraculosa comparável à do ímã, ou, como diz, da "pedra de cevar, que tem o dom de atrair o ferro".[87] Por mais que procurassem, não conseguiram os curiosos descobrir-lhe outra propriedade miraculosa, entretanto, senão o fato de ser juntamente veneno e contraveneno. Secas e desfeitas em pó, suas folhas, mesmo tomadas em pequena porção, eram mortíferas. Por outro lado não se encontrara melhor antídoto contra a fineza dessa peçonha senão a raiz da própria erva, bebida em pó ou em sumo.

Para imaginações menos rasteiramente utilitárias, bastava porém a lição moral que se poderia tirar de seu exemplo. Houve, ao menos nas Índias de Castela, quem fosse tentado a retorcer um pouco os fatos para realçar a lição. Pois, sendo certo, embora que a sensitiva reage muitas vezes ao simples movimento do ar, quanto mais ao contato de um corpo sólido, seja ele qual for, não hesitou frei Bartolomeu de Las Casas em dizer que, "si le tocamos con un palo o con otra qualquiera cosa, ningúm movimiento hace, pero si con el dedo, luego todas sus ramitas o arpaduras, y toda ella se encoge, como si fuese una cosa sensible, viva".[88] É claro que para melhor justificar-se o conceito em que era tida de erva casta (e foi este um dos nomes que recebeu), destinada a servir de exemplo aos humanos, convinha mais que se encolhesse, mostrando seu agravo e pudor, quando tocada por homens e não tanto por coisas isentas do vício da concupiscência.

Isso concordaria melhor com a ideia, então geralmente admitida, de que a natureza se acha impregnada de mistérios e significações encobertas. Esse modo de pensar só começara a ser completamente liquidado a partir do século XVIII, quando o mundo principia a ser interpretado, de preferência, segundo critérios fornecidos pelas ciências físicas e matemáticas. Se é bem verdade, porém, que o desenvolvimento das ciências naturais acabou por desterrar a interpretação moral da natureza, não é menos exato que a viva impressão causada pelo que corria da pudicícia da sensitiva deixou sua marca na própria denominação científica ainda conservada até os nossos dias por essa mimosa.

Durante todo o Renascimento e ao longo do século XVII, a tendência para se procurarem em todas as coisas os significados ocultos, longe de constituir uma especialidade hispânica e sobretudo castelhana, estava generalizada por todo o mundo ocidental. Quando muito caberá dizer que, tendo sofrido mais devagar do que outros povos as influências racionalistas, os espanhóis, e não somente eles, também se apegariam por mais tempo a concepções que tinham parecido particularmente atraentes para sua gente e que se exprimiram, em maior ou menor grau, nas diferentes manifestações espirituais do seu *siglo de oro*.

Para um contraste apto a elucidar mais vivamente esse fato, poderia opor-se ao seu o caso da França, berço do moderno racionalismo, onde a reação clássica se irá fazer, às vezes expressamente, como em Boileau, à custa do cultismo, do ilusionismo, de todos os delirantes arroubos de espanhóis e também de italianos. Desde cedo vemos ali uma corrente na qual parece atenuar-se e, muitas vezes, secularizar-se o pensamento de que as espécies animais ou vegetais e até mesmo as pedras, apesar de destituídas de intelecto próprio, hão de manifestar, por esta ou aquela maneira, o intelecto divino, de sorte que são propostas, em sua aparente insignificância, como exemplo a uma humanidade pervertida pelo vão orgulho.

Acontece, neste caso, que o convite à humildade cristã contido na ideia de que os seres chamados irracionais se erigem em exemplos vivos para o homem, fazendo-o descer do pedestal onde se colocara, surge transformado em apelo à moderação puramente pragmática, ditada pelo contraste entre os egoísmos particulares. Ou mesmo na repulsa a tudo quanto nos leve a querer transcender os limites do humano, em suma, à norma clássica da mediana e da áurea mediocridade.

É essa a atitude própria de uma sociedade que, refinada ao extremo, tende, por isso mesmo, a banir o excessivo em todas as suas expressões. E assim como, no lugar da humildade e modéstia cristã, vai tomar assento o bom-tom mundano, ao bem proceder, segundo o mandamento do amor ao próximo, substitui-se o bom gosto, com o que se contrafaz em norma estética um princípio ético.

Essa secularização, essa redução ao humano e ao temporal da divina sabedoria, está contida frequentemente na moral das fábulas de La Fontaine, na qual os homens são incitados a cuidar das necessidades da vida terrena e cotidiana, abandonando mais altos pensamentos, e a voltar seus olhos antes para o mundo do que para as esferas inacessíveis. Para fazer cair o ridículo sobre os que, enleados nas coisas transcendentais, não atentam sobre a realidade tangível, trata o fabulista de encarná-los na figura do astrólogo da família de Tales, o qual, distraído certo dia pelas suas divagações inúteis, acabará por cair num poço.

Os mesmos bichos, que a outros tinham servido para manifestar a razão divina, limitam-se agora a exprimir sentimentos e talvez ressentimentos humanos: o ressentimento dos deserdados e oprimidos, a quem não sorriam os bens da fortuna. Não será por acaso se Esopo, o mestre dos fabulistas, foi um escravo que, à humildade de sua condição, reunia o físico disforme e, natural da Frígia, a barbárie da origem. Ou se Fedro, que o interpretou para os romanos, não passava de um liberto. E a tradição iria preservar-se através dos tempos, ou antes, continuaria existindo ao lado da outra que, em toda a natureza, passa a ver antes do mais parábolas divinas, se é certo, como foi lembrado, que nos traços característicos de *Reineke Fuchs* ou do *Roman du Renart* se traduz o sentimento de vindita dos camponeses submetidos ao jogo muitas vezes arbitrário dos senhores feudais. Assim também nas histórias norte-americanas do Uncle Remus, a astúcia da lebre poderia, a seu modo, exprimir as aspirações dos negros escravos contra seus amos e opressores brancos.

Não admira se, em muitas das peças de La Fontaine, um crítico moderno, que evocou esses símiles, pôde discernir um retrato moral da burguesia ascendente, cônscia dos seus direitos e já preparada, em alguns casos, para os fazer valer a qualquer preço. A formiga, já o tinha notado Taine, é o animal burguês por excelência, de espírito claro e firme, prático, raciocinador e calculista, rude como um homem de negócios e incisivo como um advogado. Na fábula da mosca e da formiga, contrapõem-se dois mundos distintos: a raça dos senhores, com sua grandeza e pompa decorativa – "a decadência destes é anunciada num tom que faz pressentir a futura revolução" –, e a do burguês previdente e industrioso, que já nutre uma aversão íntima pelas camadas socialmente elevadas.

Essas histórias, que a tanto ainda podem parecer um inocente fogo de artifício, apresentam-se, segundo essa interpretação, como o começo de um vigoroso incêndio que, começado no porão do palácio, irá elevar-se até os salões mais ricos e luxuosos dos andares de cima. "Um mundo novo e bárbaro está em ascensão [...]. Os pequeninos volvem-se contra os grandes, a burguesia, contra a nobreza, a laboriosa casta das formigas contra a outra, ociosa e jovial, representada pelas cigarras. No zênite da era clássica, já se pode escutar o murmúrio das massas oprimidas."[89]

Mas, se a lição edificante e sagrada das criaturas irracionais consegue mudar-se, assim, num código secular e até sedicioso, não faltarão, pela mesma época, e na própria França, os que continuam a querer ler no grande livro do mundo aquelas regras ideais que Deus deixou escritas para a boa conduta dos homens. No mesmo século e no mesmo país que aplaudiam La Fontaine, a insignificância aparente de alguns seres que povoam o nosso mundo mortal ainda podia merecer o amoroso zelo dos que tratavam de decifrar, em sua própria mesquinhez, alguma divina mensagem.

Quando muito pode observar-se talvez que, em contraste com o que sucede frequentemente entre espanhóis, afeiçoados a ir buscar nas formas mais espetaculares da natureza a expressão de verdades mais divinas ou mais sublimes, se afirma entre esses exegetas franceses da natureza, do *codex virus*, uma tendência à maior moderação, correspondendo porventura a uma noção mais viva dos limites terrenos. Moderação que nem sempre traduz, no entanto, um puro ideal estético, ou a circunspeção e cortesia mundanas ou, ainda menos, o sentimento de desconfiança contra as galas do poder e o brilho dos *beati possidentes*, capaz de ir até o ressentimento e a revolta, mas traduz talvez a atitude resignada de quem, com olhos na eternidade, prefere suportar paciente as agruras e injustiças da vida presente.

Assim é que são Francisco de Sales se contenta com evocar o modelo da pequenina abelha que, vivendo e mantendo-se de um alimento muito amargo, como o são as flores do tomilho, dele tira, no entanto, o mais doce mel. Assim também a virtude que se exerce no amargor das mais vis, baixas e miseráveis tribulações será de todas a mais excelente.[90] E como se a abelha, apesar de inseto ínfimo no aspecto e tamanho, ainda se pudesse vangloriar de altíssimos brasões, glorificada que fora, não só pelos teólogos cristãos como pelos poetas do paganismo, a começar por Virgílio, não hesita a piedade salesiana em propor modelos de animais deselegantes, de feição rude e grosseira, de sorte que, mortificando a vaidade de suas leitoras, valessem, no entanto, como introdução à vida devota.

Um dos exemplos que propõe, assim, para induzir as almas à virtude, ao menos no que toca à honestidade conjugal, servindo de espelho aos bons, de vitupério aos perversos, que se deixam vencer pela afeição a torpes deleites, é, nem mais nem menos, o elefante. Pois esse quadrúpede corpulento e desgracioso, segundo a lição que aprendeu nas autoridades mais respeitadas, não muda jamais de fêmea e ama ternamente à primeira que escolheu. Nem por isso tem com ela ajuntamento, salvo em cada três anos, e ainda assim por um prazo de apenas cinco dias, e tão em segredo que nunca é surpreendido no ato. Só ao chegar o sexto dia é que se deixa ver, tendo procurado primeiramente um riacho no qual se lava inteiramente, pois não ousa voltar à sua tropa sem se achar assim purificado.[91]

Já as origens do humanismo devoto, as "pinturas espirituais" de Louis Richeome, uma das mais admiráveis "descobertas" de Henri Brémond, em sua obra sobre a história do sentimento religioso em França, as formas humildes da vida animal e vegetal são captadas por uma curiosidade sensível a todas as minúcias. A pequenina mosca, por exemplo, é objeto de sua atenção apaixonada e cuidadosa ao mesmo tempo. Detém-se em descrever-lhe a feição das asas, as junturas dos membros, os dispositivos internos que ajudam a mover e revirar a cabeça e os olhos, seu jeito especial de conservar-se direita sobre as patinhas tortas ou de passear estas por cima do corpo, ligeiramente corcovado no dorso, como a querer dar precisão ao minúsculo sugadouro e segurança ao voo, a tal ponto que o escritor renuncia finalmente a traduzir a mensagem espiritual que nela se possa encerrar. Quase se limita à pretensão de valorizar perante os leitores um animalejo constantemente desdenhado, e a louvar nele a infinita sabedoria do Criador de todas as coisas. E quando tenha sido explicado o segredo de uma só mosca, pergunta, "quem saberá a essência das mil outras moscas e moscões que nos sejam dado avistar?".[92]

Os bichos e as plantas já quase não falam ou "pregam" seus escritos, e embora o jesuíta tencionasse, na aparência, justificar plenamente o título dado a um dos livros que deixou – *Pintura espiritual* –, tirando desses quadros um "imortal proveito", sucede-lhe, não raro, esquecer ou abandonar o intento. E quando chega a utilizar seus bichos, prefere, segundo observação do intérprete moderno, as grandes e simples lições morais ou filosóficas aos símbolos ou, como se dizia, aos "hieróglifos". Um fato interessante, acrescenta ainda Brémond, está nisto, que ele quase "só associa a símbolos oficiais as raras criaturas que não lhe agradam". Assim é que em duas linhas se despede do pardal, "bulhento, lascivo e importuno, de vida breve e pouco proveito, hieróglifo de uma alma palradora, impudica e pecaminosa".[93]

Embora possa ocasionalmente admirar algum bicho exótico, particularmente vistoso e colorido, desses que, escreve Brémond, parecem não ter outra alma senão a de sua bela plumagem, e é o caso do "cardeal" do Brasil[94] ou da ave-do-paraíso, e chegue a discernir no gavião certo "sentimento de honra", seu interesse mais vivo inclina-o para as formas modestas e exíguas, aquelas que podem caber-lhe na palma da mão e ser acariciadas pelos seus olhos. As frutas, as cerejas, por exemplo, não o atraem menos. "Sua pena faz-se gulosa para celebrá-las". Mais do que as flores, são os bichos sem realce externo, como a lagartixa ou a própria mosca, os que parecem receber o melhor de sua ternura. Compare-se a descrição do gladíolo ou do lírio com a da mosca. "A primeira, aplicada, superficial, um tanto fria; a segunda, viva, cantante, alada, enternecida. Não é a mesma pena, o mesmo pincel o que encontramos aqui e ali; ou melhor, aqui há um pincel, ali, uma pena; aqui, o malogro fatal da pura descrição, que não nos leva a ver aquilo que nunca vimos – e se o vimos, para que fazer ver? –, ali, o perfeito êxito de um escritor verdadeiro."[95]

Do amor e boa inteligência dos símbolos da natureza parece não ser preciso agora mais de um passo ao simples amor à natureza, tanto pelo que encerra ou representa de divino, quanto pelo seu valor próprio. No primeiro caso pode comprazer-se nela, se bem que excepcionalmente, até a piedade jansenista, segundo o mostrou Sainte-Beuve com uma carta de Jean Hamon, médico de Port-Royal, escrita pouco depois de 1679, na qual se desenvolvem, a propósito de certo castanheiro, visto num passeio solitário, considerações em torno das árvores da floresta, "muito mais sábias do que os homens".[96] O caso é excepcional, por se tratar de devotos que viam, na natureza, não uma simples diminuição, mas uma verdadeira subversão da esfera da graça.

De outro lado, e bem mais tarde, Bernardin de Saint-Pierre, que ao descrever o morangueiro procura, tal como o fizera são Francisco de Sales, as significações morais, os "hieróglifos" da planta, não se mostra nisso menos atento ao espetáculo natural, independentemente do que possa valer como projeção ou representação dos significados que nele quis pôr o Criador. Seus quadros da natureza tropical puderam, por isso mesmo, merecer os louvores de Humboldt, denunciando alguém que os viu com os próprios olhos e com amorosa atenção, em contraste com os de Chateaubriand, por exemplo, que, não obstante toda a pujança verbal que os anima, não parecem de homem que tenha sequer estado entre aqueles cenários americanos.[97]

É que, apesar de estreitamente ligada a velhas especulações teológicas, na corrente que abrange em França o humanismo devoto de são Francisco Xavier, e irá ressoar ainda nas descrições de Bernardin de Saint-Pierre, a natureza como obra divina é tão digna de amor por si mesma quanto por alguma verdade sobrenatural que traduza. E isso é particularmente verdadeiro no caso dos textos de Richeome exumados pelo abade Brémond, textos que, além de seu alto valor literário, já denunciam, como pôde observar um historiador, aquele gosto de concreto e do natural, que se encontra com o gosto da precisão científica, substituindo-se ao reinado do mais ou menos. E por esse processo, acrescenta Lucien Febvre, vai-se chegar ao classicismo, que é gosto do abstrato e não mais do concreto, do simples, e não mais do complexo, da ordem, e já não do caos, da Matemática, e não da natureza.[98] O trajeto, aparentemente simples, que no entanto permaneceu por longo tempo fechado a outros povos, pode esclarecer-nos um pouco, pelo próprio contraste, o comportamento de muitos homens na era dos grandes descobrimentos marítimos, em face dos cenários que lhes apresentarem as *insulae novae* ou os continentes ignotos, por eles revelados.

É inegável a contribuição extraordinária que, nessa época, os portugueses, tanto quanto os espanhóis, ofereceram para o melhor conhecimento da natureza daqueles continentes e daquelas ilhas. Alguns dos seus cronistas mostraram-se, no revelar os aspectos de uma fauna e de uma flora ainda inéditas para o europeu, e também a utilidade das drogas e simples das mesmas paragens, de uma precisão que por pouco se diria científica. E compreende-se que assim se desse, pois é principalmente por meio de tais aspectos, de tudo quanto fornecem os três reinos da natureza, que se reconhece, ao primeiro relance, a novidade de um mundo estranho e o bom proveito que dele se pode tirar.

Seria engano cuidar que nisso se denuncia, quer entre espanhóis, quer entre portugueses, que foram os pioneiros daqueles descobrimentos, um gosto acendrado pelas formas naturais e concretas que ofereciam as terras descobertas. A facilidade extrema com que, desde o início, assimilaram eles, muitas vezes, os métodos predatórios dos índios no trato do mundo vegetal, agravando-os ainda mais graças às suas ferramentas civilizadas, mostra precisamente o contrário. O que de preferência os atraía na natureza, além do préstimo que dela podiam tirar, eram os aspectos vistosos e raros, que sobressaíam, por assim dizer, e libertavam-se da própria ordem natural. De sorte que, passado o primeiro espanto, produzido por espetáculos estranhos à sua rotina, a sobriedade e, às vezes, o rigor com que nos seus escritos se descreviam aquelas formas inusitadas, cedem passo, quase sempre, a expansões puramente declamatórias, que mal convencem.

Não admira, nessas condições, que vicejasse facilmente, entre eles, um modo aparente de ver a natureza que consiste antes em ver através e apesar da natureza. À sua origem estaria noção, arraigada em velhas tradições, de que o espiritual há de prevalecer sobre o carnal e o concreto. O mundo empírico, em sua baixeza, só vale na medida em que nos descobre os degraus necessários para ascendermos, dentro dos limites humanos, até o conhecimento das coisas invisíveis e, porque invisíveis, isto é, incorpóreas ou espirituais, certamente mais dignas de estima do que as riquezas, as comodidades, as honrarias e todos os bens da Terra.

Antônio Vieira, que sempre se pode oportunamente recordar a propósito da interpretação simbólica das realidades aparentes, pois que ela dirige, não somente todo o seu estilo de pregar, como seu próprio estilo de pensar, assim falou no Sermão da Primeira Dominga da Quaresma, pronunciado em 1655 na Capela Real: "O mundo é visível, a alma é invisível: o mundo vê-se, a alma não se vê. Logo, muito mais vale a alma que todo o mundo". E ainda: "O Demônio dá todo o mundo por uma alma, porque a vê e conhece: é espírito, vê as almas. Nós, como somos corpos, vemos o mundo e não vemos a alma, e porque a não conhecemos, por isso a desestimamos".

Logo adiante, depois de recordar são Paulo Apóstolo, onde este dissera que o visível é temporal e o invisível, eterno, acrescenta o pregador: "O mundo que o Demônio me mostra é visível, porque é temporal como o corpo: a alma que o Demônio me não pode mostrar (nem me havia de mostrar se pudera) é invisível, porque é eterna como Deus, e assim como os olhos não podem ver a Deus por sua soberania, assim, não podem ver a nossa alma. Não é a nossa alma tão baixa, que a houvessem de ver os olhos. Vêm o mundo, vêm o Céu, vêm as estrelas, vêm o sol, a alma não podem ver, porque não chega lá a sua esfera".[99] Mas como conciliar essa condenação do mundo visível com a noção de que a natureza pode ser instrumento eficaz por onde o espiritual e o eterno se fazem, por assim dizer, sensíveis, mesmo se através de espetáculos raros e aparatosos?

Para que isso se dê, torna-se mister que a apreensão se faça através do mais "espiritual" dos sentidos, e nisto não parece separar-se o pensamento de Vieira do que se exprimira, com particular ênfase, no neoplatonismo de alguns humanistas. "O que é o olho no mundo corpóreo", escreve Pico, "é a mente no campo espiritual."[100] Os olhos não podem ver sem a ajuda da luz, mas isso não impede que o seu natural seja a visão. E outro tanto sucede com as inteligências, que precisam das ideias das coisas, pelas quais, como pelos raios de uma luz invisível, é claramente captada a verdade inteligível.

Esse primado da visão sobre os outros sentidos é reafirmado ainda mais nitidamente por outro humanista, por Leão Hebreu, que, como o próprio Antônio Vieira, nascera na cidade de Lisboa. "O objeto da vista", lê-se, de fato, nos seus *Diálogos de amor*, "é todo o mundo corpóreo, tanto celeste quanto inferior: os demais sentidos só parte do mundo inferior imperfeitamente podem compreender."[101] E argumenta dizendo que o meio dos demais sentidos, ou é a carne, como no tato; ou, como no odorato, o vapor; ou a umidade, para o paladar, e o ar em movimento para a audição. "Mas o meio da vista", acrescenta, "é o lúcido diáfano espiritual, isto é, ar iluminado pela luz celeste, que excede em beleza a todas as outras partes do mundo, como o olho excede todas as mais partes do corpo animal."

Poderia o jesuíta luso-brasileiro apoiar-se no que disseram esses humanistas a fim de abrandar, quando necessário, o que dissera da inaptidão dos nossos sentidos para alcançar o incorpóreo e o eterno. Poderia ainda e com maior coerência, segundo a milícia em que se alistara, amparar-se no próprio santo Inácio e em exemplos e ditos de alguns inacianos. Pois não fora um dos esteios do método propugnado pelo fundador da Companhia de Jesus, o recurso aos sentidos, o "traer los cinco sentidos", e, em particular, às imagens visuais nos exercícios religiosos? Já no primeiro exercício requeria, após a oração preparatória, aquela célebre "composição de lugar, vendo o lugar".

Nessa contemplação ou "meditación visible" deve apresentar-se à imaginação, declara, "o lugar corpóreo, onde se acha a coisa que quero contemplar". E explica: "Digo o lugar corpóreo assim como o templo ou monte onde se ache Jesus Cristo ou Nossa Senhora, segundo o que quero contemplar".[102] Não é forçada, como poderia parecer, a associação do pensamento jesuítico, tão estreitamente vinculado ao aristotelismo e ao tomismo, com o pensamento neoplatônico de certos humanistas. Pois, ao menos neste ponto, o fundador da Companhia parece conformar-se, segundo já observou um comentador moderno, com certas correntes que surgem principalmente no Renascimento e tenderão a favorecer a possibilidade de apreensão do espiritual pelos sentidos.[103]

Se Vieira nem sempre se mostrou particularmente solícito em aceitá-la com suas implicações, dentro dos limites da ortodoxia, essa espécie de valorização do sensível e sobretudo do visível, como portador eventual de mensagens celestes, não lhe era certamente estranha, como não o seria a todos os que no Brasil seiscentista, e eram sem conta, tinham formado o espírito segundo a pedagogia inaciana. Apesar de sua posição moderada a esse respeito, ele admite abertamente, por mais de uma vez, que através dos sentidos podemos ser movidos intensamente até as verdades da fé.

E é significativo da parte de quem, como predicador, se há de valer principalmente da palavra falada do púlpito, que a vista, neste caso, surja entre todos os sentidos como o mais eficaz. Não é para santo Inácio, porém, nem para os doutores e filósofos citados, mas não nomeados, e sim para um poeta, com quem o familiarizara sua educação clássica, que ele apela em um dos sermões mais expressivos desse seu pensamento. Assim a propósito das palavras *Et videamus hoc Verbum quod factum est*, do tema tirado do Evangelho de São Lucas para uma prédica de Natal, recorda o passo de Horácio, na *Arte poética* (vv. 180-181), onde se diz que "o ânimo não é tão vivamente ferido por aquilo que o autor confia ao ouvido, como por aquilo que coloca perante os olhos, essas testemunhas irrecusáveis". Ou, segundo a própria interpretação do orador: "o que entra pelos ouvidos, como tem menos evidencia, move com menos força, mas o que entra pelos olhos, recebe a eficacia da mesma vista e move fortíssimamente".[104] Assim, os reis magos, que foram ao presépio alumiados pela estrela, e os pastores que lá foram alumiados pelos anjos, receberam moção fortíssima do que viram, porque nem a luz das estrelas, nem a dos anjos igualaram a luz da vista para mover.

Imagina-se bem que mover fortissimamente fosse a ambição do pregador, a qual só não lhe era dado realizar porque sua voz não podia entrar pelos ouvidos dos fiéis com a eficácia de uma imagem que lhes entrasse pelos olhos. Horácio, que apenas lhes serve para assinalar melhor a eficácia dos olhos, essas irrecusáveis testemunhas como o diz, "os espiões do intelecto", como o dissera Leão Hebreu, já não lhe seria de bom conselho daqui por diante. Porque a estética parcimoniosa de quem escreveu a epístola *ad Pisones* pode visar a tudo, menos a mover com força.

Não seria assim de crer que o pregador subscrevesse sem hesitar o seguimento daquelas mesmas palavras do poeta, nas quais este, depois de dizer que não se deve apresentar ao espectador o que lhes poderia contar uma testemunha ocular, logo ajunta: "Não é deante do publico que Medeia há de massacrar os filhos, que o nefando Atreu fará cosinhar visceras humanas, ou que Progne será mudada em passaro, e Cadmo em dragão".

Neste ponto haveria de lembrar-se Vieira daquelas tragédias de Sêneca – por ele mesmo ditadas e pela primeira vez comentadas quando, ainda aos dezoito anos de idade, fora mestre de Primeira na Bahia –, onde, com os mais tétricos pormenores, aparecem diante do público as cenas de *Medeia* e de *Tiestes*, que Horácio quisera fossem poupadas aos espectadores. Eram as emoções fortíssimas justamente o que deviam acordar os "horrores" de Sêneca, objeto de tamanha popularidade em toda a Europa seiscentista. E não era outro o fim dos espetáculos devotos a que se habituara a piedade barroca. Espetáculos como, por exemplo, o das procissões da Semana Santa, em que as flagelações, antes confinadas aos conventos, se transferem, durante os séculos XVI e XVII, sobretudo nos países ibéricos, para a vida leiga e a praça pública.

A própria Companhia de Jesus há de estimular a constituição das confrarias da Boa Morte e de toda uma *ars moriendi* desenvolvida através da contemplação das chagas de Cristo. Nos sermões e livros ascéticos surgem mesmo dados precisos sobre o número dos açoites que padeceu Jesus no caminho do Calvário, das gotas de sangue que suou, das lágrimas que verteu.[105] Ao patético dessas cenas e descrições não se mostrarão avessos, em geral, os religiosos espanhóis e portugueses. E a veemência da emoção que pode produzir entre os fiéis o quadro da Paixão do Senhor é um dos argumentos que utiliza Vieira, em outra prédica, a fim de frisar melhor seu ponto de vista quanto à eficácia maior dos exemplos sobre as palavras, e do que os olhos veem sobre o que os ouvidos ouvem.

No conhecido Sermão da Sexagésima, pronunciado em 1655 na Capela Real, apresenta-nos ele um pregador a discorrer sobre a Paixão. Fala este sobre Cristo chegando ao pretório de Pilatos, e como o fizeram rei de zombaria, com uma púrpura aos ombros: ouve-o o auditório muito atento. Diz que teceram uma coroa de espinhos e lhe pregaram na cabeça, e todos continuam a ouvi-lo com a mesma atenção. Narra, um a um, tudo quanto se sabe dos padecimentos do Senhor, e prossegue o mesmo silêncio, a mesma suspensão entre os ouvintes. Nisto corre-se uma cortina, aparece a imagem do *Ecce Homo*, e eis que todos subitamente se prostram, todos entram a bater nos peitos, eis as lágrimas, eis os gritos, eis os alaridos, eis as bofetadas.

E agora pergunta: que apareceu de novo na Igreja? Tudo o que descobriu aquela cortina, já o tinha dito o pregador, e nenhum abalo fizera. Por que se faz agora tamanho rumor? "Porque", exclama, "então era Ecce Homo ouvido, e agora he Ecce Homo visto: a relação do pregador entrava pelos ouvidos: a representação daquella figura entra pelos olhos. Sabem Padres Pregadores por que fazem pouco abalo os nossos sermoens? Porque não pregamos aos olhos, pregamos aos ouvidos. Por que convertia o Baptista tantos peccadores? Porque assi como as suas palavras pregavão aos ouvidos, o seu exemplo pregava aos olhos."[106]

É na importância desse pregar aos olhos que vão ganhar seu maior valor as "prédicas" e "sermões" da natureza. Prega ela com seus hieróglifos, a cuja inteligência e interpretação seria mais afeita do que nos é dado suspeitar, uma época já preparada a isso pelo gosto generalizado das "empresas" e emblemas. E prega também, ocasionalmente, por imagens autênticas, dispensando maior exercício mental.

Compostas pela própria mão de Deus, hão de ter, talvez, mais eficácia do que as figuras fabricadas pela arte e pelo engenho dos homens como testemunho dos sagrados mistérios, de sorte que a figura e semelhança das coisas sensíveis venha a dar um antegozo das espirituais e eternas.[107] E ainda maior seria naturalmente essa eficácia se, de alguma forma, ao milagre da figura santa unissem os meios de mover fortemente a piedade dos fiéis.

Ora, justamente a flora americana e a brasileira oferecem uma dessas imagens, que tendem a representar em vivas cores o terrível mistério por onde Deus humanado, fazendo-se redentor dos homens, deu preço e valia à mortificação da vontade e dos prazeres deste mundo, à paciência nas tribulações e à humildade e brandura de coração. Certo é que as maravilhas dessa flor-da-paixão não se podem alcançar à primeira vista sem preparo prévio ou, como escreve Acosta, sem "algo de piedad". Uma vez, porém, chamada a atenção sobre elas, até as fantasias menos aladas hão de reconhecer ali, distintamente impressas, as insígnias dos padecimentos do Senhor: cravos, coluna, açoites, coroa de espinhos e chagas, tudo disposto numa ordem que, se não espelha exatamente a dos sofrimentos de Jesus, é ainda assim um deleite para os olhos.

Aquelas mesmas insígnias descobriram-nas aparentemente os castelhanos na *granadilla* da Nova Espanha e outras conquistas espanholas antes que as vissem os portugueses no Brasil. E do descobrimento fizeram-se tão eloquentes arautos, que não foi preciso mais, segundo já se lembrou no capítulo VI, para nela se verem muitas probabilidades de ser o próprio pomo da culpa e do pecado, assim como sua flor era a da redenção, enlaçando-se num mesmo emblema a Misericórdia e a Justiça. Paradoxo? Assim não pensa o principal intérprete desse hieróglifo, d. Antonio de León Pinelo, pois via ali dois divinos atributos: castiga Deus o erro de Adão, no que obra com justiça, mas mostra igualmente sua misericórdia redimindo o homem. Na pena promete o perdão e no dano anuncia o remédio, pois na mesma história da Culpa encontram os santos doutores anúncios da encarnação do Verbo e alusões à redenção da espécie humana.

"Pois que maior prova", pergunta, "de que esta fruta foi a do pecado e a que ocasionou o castigo, do que o estarem na sua flor os sinais mais precisos do perdão? E pode-se ainda pôr reparo nisto, que assim como emprega Deus a providência no bem e a favor do homem, também insinua, embora secreto e oculto, o reparo, antes mesmo do dano cometido. Nasceu esse da fruta, a que naturalmente precede a flor, de sorte que, pondo na flor insígnias e sinas do remédio, pode-se, com piedade, entender que a antepôs à culpa, prevenindo, se não o socorro, para deixar o homem em mãos de seu alvedrio, a promessa para o caso de cair, como caiu. E assim, com grandes fundamentos, podemos dizer (não afirmar) que essa fruta, que com tantos mistérios produz a natureza, foi aquela com que quebrou Adão o preceito divino. E que não se achando, como não se acha, senão nas Índias ibéricas, é argumento em favor da ideia de que pode nelas estar o Paraíso Terreno."[108]

A ideia de que o maracujá ou *granadilla* pudesse existir fora do Peru, ou mesmo de uma certa parte privilegiada de seu Peru, que enfraqueceria sua ideia de que ali, e não em outro lugar das Índias, estaria o sítio do Éden, parece-lhe desdenhável. Não se tratava certamente de um pomo mexicano, sem embargo de alguns depoimentos nesse sentido. E não existiria no Brasil, apesar de a descrever Piso e reproduzi-la em desenho Marcgrave: devia tratar-se de planta semelhante, não da mesma. Outra dificuldade, que facilmente afasta, prende-se ao tamanho das suas folhas, que não se comparava, por exemplo, com as da bananeira, em que muitos autores quiseram ver a autêntica figueira do Paraíso. O certo é que, apesar de suas dimensões mais modestas, ainda assim serviriam as suas folhas para que Adão e Eva cobrissem a própria desnudez, no sentido em que a entendiam os latinos, traduzindo a palavra *cinctoria*, que quer dizer *Omne quo circuncigimur pudendorum velamen*.

Não foi preciso muito para que tantos louvores à fruta e à flor expandissem fora das Índias e da península hispânica a fama desse milagre da natureza. Na Itália, principalmente, onde, desde longa data, se tinha alastrado a simbologia das cores e das flores, e onde não faltou, nos Seiscentos, quem deduzisse, por exemplo, da fita verde que segura uma cabeleira loura todo um intrincado cortejo de enigmas, ou quem distinguisse um mundo de relações emblemáticas entre todas as flores de certo jardim de primavera e as gentilezas infinitas de alguma Dóris, pareceu a flor-da-paixão, ainda que não a tivessem visto os seus cantores, destinada a converter-se facilmente num motivo poético.

Assim foi que poetas como o napolitano Genaro Grosso logo se deixaram empolgar pelo encanto da flor em que tão nitidamente se desenha a paixão do Senhor. Em um dos seus sonetos, esse poeta, que já tinha celebrado o milagre popular do santo de seu nome e de sua cidade, capaz de impor-se à admiração dos mais pérfidos ateus, também exalta esse mimo da natureza, "sacramento d'april", que, por mandato de Deus, afugenta as ímpias serpentes. Descuidado das próprias dores e como a deliciar-se com seus tormentos e martírios, é assim que Jesus os estampa em frondes e o descreve em flores.[109] Outro marinista, o bolonhês Cláudio Acchilini, que assim como o próprio Marino alcançaria renome internacional em seu tempo, encontrando admiradores até na corte de França, ocupa-se também desse "religioso abril", glória dos "mexicanos reinos". No soneto que lhe dedica, exalta-se o livro da natureza, imitador gentil dos livros sacros, que entre pétalas humildes manifesta as insígnias dos tormentos de Jesus. E daquelas milagrosas pétalas espera que lhe ensinem a própria salvação: assim, de funestos caracteres retiraria alentos de vida, e de terrena flor, celestes frutos.[110]

É interessante apontar o contraste entre o largo renome que, provavelmente por obra de castelhanos, chegará a ganhar esta flor, e a lentidão com que entre portugueses do Brasil se vai nela registrar a presença das sagradas insígnias. Os primeiros missionários jesuítas não chegam a mencioná-las. Ao mesmo silêncio as relegou Gandavo, que enxerga, porém, nas bananas cortadas, aquele sinal "à maneira de crucifixo" por elas manifesto.[111] Não chega, é certo, a acreditar velha tradição, que acabará por alcançar galas científicas, inscrevendo-se na própria nomenclatura dos botânicos, e que tamanho trabalho dará a León Pinelo, empenhado em advogar para sua *granadilla* os títulos de pomo edênico. Igualmente discreto se mostra neste particular Garcia da Orta, contemporâneo de Gandavo, onde assinala, sem todavia aprová-lo ou rejeitá-lo, o dito de certo frade franciscano, para quem "nesta fruta Adão pecou".[112]

Por sua vez, o cronista espanhol das supostas andanças do infante d. Pedro "das sete partidas", sem taxativamente dizer que a *Musa paradisíaca* ou *Musa sapientum* dos botânicos futuros fosse, em realidade, a árvore da ciência do bem e do mal, não se cansa de enaltecer essas frutas, as que denomina "peras", não "figos", e ao lado do sinal da cruz chega a descobrir nelas a imagem da Virgem Santíssima com o menino Jesus ao colo, pormenor este que em vão procuraríamos encontrar nas bananas atuais.[113]

Quanto à flor-da-paixão, o primeiro cronista português que dela se ocupou, Gabriel Soares de Sousa, limita-se a gabar-lhe a singular formosura e a grandeza. O que é tanto mais para notar quanto se estende em minúcias no descrever os benefícios proporcionados nos quintais pelas ramadas da planta, que "duram sem secar muitos anos", ou ainda as virtudes das suas folhas, que servem para desafogar se postas em cima de qualquer chaga; préstimo, este último, que também lhes dera Fernão Cardim, acrescentando que são remédio único para boubas.[114] E não esquece naturalmente o olor e sabor da fruta, considerando-a também proveitosa para a saúde pois que, fria de sua natureza, se recomenda contra as febres.

Ainda em 1618, data em que se compunham os *Diálogos das grandezas do Brasil*, não parecia manifesta aqui a mística auréola da flor-da-paixão. A ela se refere esse escrito, mas tão somente para falar em sua formosura, nas "várias cores de que é composta, raios formosos que lança, com outras particularidades dignas de notar".[115] Não chega o autor, presumivelmente judeu ou cristão-novo, a explicar quais fossem essas notáveis particularidades, e se eram as que se podem imaginar, parece de qualquer modo estranhável seu laconismo, ou pouco caso.

Passados quase dez anos, frei Vicente do Salvador chega, finalmente, a impressionar-se, além de seu colorido e formosura, com o que haveria de mistério na flor. Não se decide, entretanto, sobre se aquelas "três folhinhas, que se rematam em um globo", no mais alto da composição, representam, de fato, a Santíssima Trindade ou, "como outros querem", os três cravos com que Cristo foi encravado. Para terminar, fala nas cinco folhas encimadas de uma coroa roxa, que significam as cinco chagas e a coroa de espinhos do Redentor.[116] Contudo, só a partir de Simão de Vasconcelos, quando a simples notícia dela já tinha inspirado até poetas marinistas da Itália, é que verdadeiramente principiam, entre nós, os arroubos extáticos diante da flor milagrosa.

"Mistério único", "teatro dos mistérios da Redenção", "trono sanguíneo", pavilhão ou coroa, ou "molho de açoutes aberto, e tudo vem a ser", "coluna branca, como de mármore", "cinco quase expressas chagas, distintas todas, e penduradas, cada qual de seu fio, tão perfeitas, que parece as não poderia pintar noutra forma o mais destro pintor": são as expressões que ao arrebatamento do jesuíta parecem mais apropriadas para descrevê-las no todo ou em algumas das suas partes.[117] De formas semelhantes irão valer-se, como ele, outros autores de língua portuguesa que também já tinham tomado gosto por aquilo que um deles irá chamar, muito mais tarde, os "góticos enigmas" do "sombrio espanhol".

Seria inevitável a presença do "geroglífico da Paixão" no pomar simbólico de frei Antônio do Rosário. Contudo o pendor desse frade de santo Antônio pelas argutas e engenhosas invenções não lhe deixa dar em seu livro das *Frutas do Brasil*, impresso em 1702, o lugar de maior relevo a um símbolo que, de tão aparente e manifesto, já se fizera convencional. Ao longo de mais de vinte páginas, o exame pormenorizado de cada uma das partes do portentoso hieróglifo leva-o a narrar, entre citações latinas, os últimos padecimentos, neste mundo, do "Pelicano divino", que tanto sangue verteu para salvar os filhos.

Da árvore da cruz, onde Jesus "inclinou a cabeça, *Inclinato capite*, para mostrar que morria como flor, que quando morre se inclina para a terra", colheu-se a flor e o fruto, e enterrou-se. E dela, "depois de enterrada, brotou estampada na mortalha em que se envolveu; para que tivéssemos a consolação de vermos com nossos olhos se quer hua estampa da flor, hu retrato do Esposo das nossas almas. Aqui tendes a flor da Payxão com todos os sinaes que a providencia do Creador pintou em huma flor deste novo mundo".[118]

Dificilmente se imaginariam títulos tão altos, mormente em obra de fundo ascético. Nem isso, porém, há de dar à flor-da-paixão mais do que um honroso segundo lugar. Não será ela a rainha, escreve frei Antônio, é apenas a duquesa das flores e frutas. Pela primeira vez, tentava-se, ao que parece, decifrar o simbolismo místico do ananás, essa sim a rainha das frutas brasileiras. Muitos cronistas portugueses já tinham exaltado seu sabor e aroma, ou mesmo as insígnias régias que lhes servem de ornamento. Nem faltou quem procurasse descobrir-lhe admiráveis virtudes terapêuticas. Manuel da Nóbrega é um destes, e ao procurador em Lisboa chega a mandar algum em conserva, como remédio para dor de pedra: o remédio interessará ao geral da Companhia e, por intermédio do padre João de Polanco, mandará pedir de Trento ao provincial em Lisboa[119] algumas amostras da fruta brasileira.

Nada mostra melhor, aliás, a estima em que a tiveram os colonos lusitanos do que o nome pelo qual ainda é conhecida quase universalmente, nome aprendido dos indígenas do Brasil: sinal de que, já conhecida embora nas Índias de Castela, seriam portugueses, não castelhanos, os divulgadores dela ou de sua fama. É de estranhar que o não tivessem sido igualmente nas Índias Orientais, onde depressa se aclimara e naturalizara essa planta: uma versão recolhida na *História natural* de Piso pretende, com efeito, que teria sido levada àquelas partes através do Peru.[120] Não obstante essa notícia, acha-se documentada sua introdução na mesma Índia pelos portugueses, e em verdade durante o governo de d. Constantino de Bragança.[121] Nesse caso será possível determinar-se até a época dessa introdução: o triênio que vai de 1558 até 1561, pois foi quando andou d. Constantino naquele Estado como vizo-rei.

Passados pouco mais de vinte anos, encontra-se já, em Cochim, um viajante florentino, e vendida a pouco preço, o que pode denotar sua abundância. "É planta de fora, vinda do Brasil", explica o viajante, e ainda acrescenta: "levada a Portugal, não medrou."[122] Punham-lhe alguns, ali, um defeito, o de ser demasiado quente, e é muito possível que essa pecha também tivesse ido com ele da pátria de origem. Era, de fato, o mal que dele diziam quase sem discrepância os cronistas do Brasil, ainda que alguns, como Gabriel Soares, fossem de opinião que não tinha quentura se comido em fresco.[123] Todos, finalmente, parecem acordes em admitir que seria danoso para quem tivesse chagas abertas, pois que as deixava mais assanhadas. Isso mesmo, na opinião de frei Vicente do Salvador, arguia porém sua bondade, que estava em não sofrer ruins humores, purgando-os pela via que estivesse livre.[124] E não era outra, segundo o frade historiador, a causa de ser remédio sem rival para os doentes de pedra, pois com seu uso desfaz-se a pedra em areia.

Uma outra prova de que era coisa malsã, encontravam-na os da Índia nisto, que se lhe metiam uma faca, deixando-a ficar dentro dele a noite inteira, saía o ferro avermelhado pela manhã. Quase outro tanto pretendiam os do Brasil, havendo quem aqui afirmasse que se gastavam muito as lâminas com o aparar a fruta.[125] Mas para Cardim, que isso diz, o defeito vinha todo da casca, boa, no entanto, para com ela se tirar ferrugem de espadas e facas, assim como ao sumo se atribuía ainda a virtude de apagar nódoas das roupas.

Também na Índia encontrou Sassetti a fama de que era aconselhável contra o mal de pedras, o que lhe pareceu um tanto ou quanto provável, dado que o sumo é abstersivo. Quanto à experiência da faca metida nele, que de um dia para outro começaria a consumir-se, diz que não ousou tentá-la por não querer mal à fruta. Desestimando cordialmente o estrangeiro, e sobretudo os estrangeiros, apesar da sua nostalgia de lugares remotos, o florentino estendia essa mesma aversão às frutas da Índia, e não via nenhuma que se igualasse às de sua própria terra. Nenhuma, salvo o ananás, que ali era forasteiro. De seu aroma escreve que pode ser sentido da rua, estando a fruta num quarto: "e ainda assim", ajunta, "é de tamanha gentileza que não enfada, e como não há nenhum que se iguale ao seu, parece-me impossível tentar comparações. A cor é de ouro, tirando para o acobreado [...]. Sumarenta e muito grata ao paladar, o sabor, como de morango e melão, pode realçar-se admiravelmente com o vinho, tanto quanto, entre nós, o daquelas duas frutas, preferindo-o eu, no entanto, ao delas".[126]

Para não dizer que fosse inteiramente sem defeitos, dava-lhe um, nessa mesma carta de 1584, e bastante grave: o não ser fruta de ano inteiro, ao contrário de todas as outras que cresciam na Índia: entre essas, de umas a que chamavam figos, e não sabia por que causa.[127] Em outra carta, de 1583, já dissera, tratando do ananás, que ali "a nós florentinos nos parece a melhor das frutas existentes".

Essa alta opinião que dele fizera um italiano na Índia merecera em geral o ananás dos portugueses no Brasil. Com todos os defeitos que costumavam atribuir-lhe, quase uma contraparte necessária de suas qualidades boas – e tendo sido os propagadores daqueles, foram-no também destas – nenhum negou, ao que consta, a excelência de seu sabor, de seu olor ou, ao menos, aquela imponente composição que forma seu conjunto, encimado de formosa coroa.

A mesma aprovação, nesse caso ilimitada, ele a teve, depois, de frei Antônio do Rosário. E tão fortemente o amou e venerou o visitador e missionário capucho, que não teve dúvidas em santificá-lo, ao lado do maracujá, fruta e flor, como se as suas régias insígnias devessem prevalecer sobre aqueles símbolos piedosos da flor-da-paixão. As sutilezas, às vezes bastante arrebicadas, de que se socorre para dar valor demonstrativo às suas preferências, não dissimulam facilmente estas, assim como em outros casos não consegue ele esconder a aversão que lhe produzem determinadas frutas. A propósito de uma delas, objeto de sua particular malevolência, chega a exclamar: "De Jabuticabas livre Deos aos Pastores do rebanho de Christo; são como uvas ferreais, tem raizes fora da terra".[128] E a razão alegada dessa incompatibilidade vinha de que, sendo a cobiça raiz de todos os males, e sendo tão públicas, na jabuticabeira e tão notadas as suas raízes, só poderia isso representar interesses demasiados e insaciáveis cobiças. Razão nitidamente barroca, no velhíssimo sentido, pelo capcioso do argumento, e também no outro, pela ideia implícita de que a dissimulação pode ser proveitosa, e porventura virtuosa.

Essa dissimulação assim valorizada, segundo o preceito de frei Heitor Pinto, de que "há verdades que se não hão de dizer", e outras que, sendo mister dizê-las, se querem bem cozidas, "porque uma verdade crua não há estômago de ema que a esmoa",[129] decorre, por sua vez, da soberana importância atribuída às formas mais ostensivas da piedade, oração vocal, devoções flagrantes, obras visíveis ou até vistosas, em vivo contraste com a religião "intimista" das seitas protestantes. Não é por acaso se em frei Antônio, tão preso, como bom capucho, aos ideais da reforma católica, o pendor para o figurativo e o concreto se harmonizava bem com a devoção do rosário, que renovada e revigorada sob Pio v (1569) ganharia singular relevo na era do Barroco.

E não foi por outro motivo que pretendeu o engenhoso frade enlaçar nesse pomar simbólico à devoção do Santíssimo Rosário de Maria, a fruta de sua devoção. Ainda que hoje nos deva parecer bem embotado, esse tipo de "agudeza" que lhe permitiu jungi-las uma à outra não era então muito malquisto ou tido como delituoso. Por que havia de ser o ananás, e não outra fruta do Brasil, a verdadeira metáfora do rosário? Já o dizia o nome, responde frei Antônio, e aqui vem o jogo de palavras, isto é, a "agudeza": ananás vale o mesmo que *Anna nascitur*. Nasceu de Sant'Ana a Mãi de Deus. Ana quer dizer graça, e 150 vezes se nomeia no rosário a filha de Ana, cheia de graça. Se os nomes são sinais das naturezas que os têm, o ananás é o fruto que melhor significa a Senhora do Rosário, pois que contém a origem da sua, cheia de graça, de que está cheio o rosário.[130] E se lhe objetassem que em *Anna nascitur* há mais letras do que em ananás, não teria dúvida em replicar, com argumentos, que isso não tem importância e nem tira a significação do mistério. Também o nome Pernambuco, por exemplo, provém de Paranabuca, pois assim diziam os índios, e só foi mudado pela corrução do tempo.

Praticada essa primeira agudeza, imagina-se que, pelos mesmos ou outros processos semelhantes, lhe será dado provar exuberantemente sua tese dileta, de que o ananás é significação e retrato do rosário. Assim, se a rosa tem coroa, púrpura, trono e guarda real para representar na cor os mistérios gozosos, nos espinhos, os dolorosos e na gala, os gloriosos, no mundo novo fez Deus o ananás com o mesmo estado e aparato real de coroa, cetro, púrpura, guardas (espinhos), para que o rosário de sua mãe fosse o fruto, que no mundo velho era a flor.

Não lhe basta porém mostrar que o ananás era metáfora do rosário no Novo assim como o era a rosa no Velho Mundo. Precisava explicar ainda que o primeiro valia mais do que a segunda, já que deve haver vantagem nos frutos sobre as flores, com o que ganhava mais força a demonstração. E então argumenta que as flores logo murcham, ao passo que as frutas de guarda duram o ano todo. E como a virtude da bênção de Deus é fazer crescer e multiplicar, permanecer e durar, os frutos, que crescem e multiplicam, os frutos, que são mais firmes e constantes que as flores, é que levam a bênção, e estas ficam sem bênção pela fragilidade. Mais excelente é, pois, o rosário no ananás do que na rosa, porque se, pela firmeza e constância, os frutos excedem as flores, o rosário constante e permanente é melhor do que em flor, mais útil e rendoso pela firmeza e constância na reza.

Ainda não fica nisso o panegírico, pois, escreve, assim como um homem, uma mulher e um pomo foram causa de nossa perdição, outro homem, Cristo, Deus e homem verdadeiro, outra mulher, a Virgem Maria, produziram o rosário como fruto, para contrapomo e contraveneno do primeiro. Contra a bala da maçã ervada do Paraíso, fez Deus, com assistência de sua Mãe, o ananás do Brasil com a figura do rosário, em que estão os mistérios de nossa redenção. E conclui, depois de se alongar por mais de quarenta páginas em sua "parábola" demonstrativa: boa terra é o Brasil, e mais que boa, *valde bona est*, que mais não fora pela grandeza, majestade do mais sublime fruto da Terra, que produz com tanta abundância: no ananás, rei dos pomos, pondo de parte a sua grandeza, o seu sabor, o seu préstimo, só por ser estampa e retrato do rosário, com todas as propriedades e perfeições requeridas, merece a terra dos ananases o louvor da terra da promissão, *valde bona est*, e pelo merecimento do fruto que dá, pela propriedade com que pode festejar o rosário, como fruto da benditíssima terra da Senhora do Rosário, *Beatus venter, qui te portavit*, podem os seus ditosos moradores requerer pela terra em que vivem o fruto do rosário, medianeiro poderosíssimo do fruto da graça e do fruto da glória.[131]

Esses enlevos, ainda que não passem de caprichoso exercício, num gosto que não é o dos nossos dias, prolongam, no entanto, em cores carregadas, e nem por isso menos reveladoras – reveladoras, de fato, como o podem ser as caricaturas –, uma tradição já duas vezes centenária naquela época, e tradição castelhana, talvez mais do que lusitana. No traço grosso de frei Antônio do Rosário, assim como, antes dele, no de Vasconcelos, e depois, até certo ponto, no de Sebastião da Rocha Pita, para só lembrar esses exemplos, vemos persistir, já petrificadas, por vezes, em convenções, algumas das reações mais características que, no adventício, pôde provocar a natureza do mundo novo.

O que procurava frei Antônio do Rosário nas frutas do Brasil, em contraste com o que faria talvez um Richeome, não eram, em verdade, as frutas, era o que a simples aparência delas pudesse dissimular: seus secretos significados e seu hieróglifo misterioso. Aferrado, embora, às coisas visíveis e concretas, não lhe importava tanto o vê-las com os olhos ou o apalpá-las com a mão, queria, sim, ver e sentir apesar dos olhos e das mãos.

Da mesma forma o cenário do Novo Mundo parecia apresentar-se àqueles primeiros conquistadores e, ainda mais tarde, a muitos colonizadores castelhanos, animado pela expectativa de um *plus ultra* de maravilha, encantamento e bem-aventurança, sempre a inundá-lo em sua luz mágica. Assim como era presumível que um poeta não se socorresse de palavras chãs, senão de locuções seletas e raras, quando quisesse exprimir coisas sublimes, também no mundo criado a presença de formas insólitas só podia significar uma promessa de maiores louçanais e portentos. De qualquer modo, os cenários naturais, em terra onde tudo era insólito, pareciam importar, não tanto por aquilo que aparentavam, mas sobretudo pelo que pareciam anunciar ou dissimular.

Entre a generalidade dos exploradores e povoadores portugueses, por outro lado, mal se pode dizer que, no Brasil, aquelas visões ou promessas miraculosas chegassem a assumir papel considerável em sua atividade colonial. Não que fossem refratários à crença no milagre, sempre possível num mundo de incógnitas grandezas; o que se pode dizer é que a sua não parecia, neste caso, uma crença voluntária e intrépida. Se o milagre pertence ao domínio das possibilidades, e ainda quando não se achasse nele presente, parecia, contudo, perto de nosso mundo natural, por que então o afã de procurá-lo constantemente e a qualquer preço?

Semelhante atitude nem sempre exclui a meticulosa curiosidade, mas pode-se dizer que quase exclui a surpresa. Nestas condições, mesmo o nunca visto irá diluir-se logo no cortejo das formas familiares. Se os cronistas lusitanos não fogem à tentação de idealizar o mundo novo e seus aspectos, é raro que destoem suas descrições das aparências do realismo e do naturalismo. Se parecem acolher aqui e ali notícias inverossímeis e fabulosas sobre os segredos do sertão, fazem-no de ordinário com discreta reserva, admitindo até uma possível infidelidade das testemunhas invocadas, mormente se índios da terra. E ainda quando cedem, porventura, ao prestígio dos *loci amoeni* clássicos, tão comumente seguidos nas descrições da época, são levados, talvez insensivelmente, a podá-los das frondosidades fantásticas, geralmente inseparáveis do antigo esquema.

Veja-se, em exemplo colhido quase ao acaso, esta passagem de uma carta de Nóbrega, escrita pouco mais de quatro meses após a chegada à Bahia do Superior dos jesuítas no Brasil. Referindo-se ao lugar onde se plantava a cidade, destinada a sede do governo-geral, escreve, em agosto de 1549: "É muito sã e de bons ares, de tal maneira que, com ser a gente muita e ter muito trabalho, e haver mudado os mantimentos com que se criaram, adoecem muito poucos, e esses que adoecem logo saram. É terra muito fresca, de inverno temperado, e o calor do verão não se sente muito. Tem muitas frutas e de diversas maneiras, e muito boas, e que têm pouca inveja às de Portugal. Os montes parecem formosos jardins e hortas, e certamente eu nunca vi tapeçaria de Flandres tão formosa, nos quais andam animais de muitas diversas maneiras, dos quais Plínio nem escreveu nem soube. Tem muitas ervas de diverso olor e muito diferentes das de Espanha, e certamente bem resplandece a grandeza, formosura e saber do Criador em tantas, tão diversas e formosas criaturas".[132]

A descrição corresponde, quase parte por parte, ao tradicional tema dos hortos de delícias. Trata-se nela da bondade dos ares, da sanidade da terra, do feliz temperamento do clima, da abundância e variedade do mantimento, principalmente das frutas, da amenidade e beleza da vegetação, sugerindo a lembrança dos "formosos jardins e hortas", e ainda a comparação das tapeçarias, da feitura singular dos viventes irracionais, diversos de quantos se conheciam em outros lugares e, como remate, há aquele aceno à sapiência e onipotência do Criador, que em tanta coisa ali resplandecia. Para não dizer-se que está completo o esquema clássico, faltaria apenas uma alusão expressa às aves canoras e multicoloridas. Outro motivo obrigatório do esquema, ausente no trecho reproduzido, já aparecera no parágrafo anterior, onde se diz do sítio da nova cidade "no qual também obrou muito o Senhor", que estava posto sobre o mar "todo cercado de água [...] e com muitas outras fontes [...]".

As diferenças são mínimas, assim, entre essa e as descrições mais correntes dos jardins deleitosos. Mesmo o pormenor das águas que circundam o lugar, além das numerosas fontes, corresponde com toda a precisão a um padrão tradicional. Com pouca mudança, e na mesma ordem, retoma-se aquele motivo da ausência tanto do frio como do calor, de onde resulta uma temperatura amena e constante – *sed perpetua aeris temperis* –, que de santo Isidoro de Sevilha, fundado, por sua vez em antigas versões, se passara às descrições medievais do Paraíso Terrestre. Nem falta menção à existência, no lugar, de ervas olorosas, outro motivo habitual nas mesmas descrições.[133] É pois um retrato aproximadamente fiel das visões paradisíacas, ou do *hortus amoenus*, o que nos oferece Nóbrega. Mas é ao mesmo tempo um retrato reduzido ao natural.

Não caberia atribuir grande significado, por si só, a tais coincidências, certamente involuntárias, ou melhor, dependentes de um modelo mais ou menos fixo que, atravessando os séculos, parecera sempre adaptar-se, e quase indistintamente, a todos os sítios cuja amenidade e formosura se quisesse realçar. A força da convenção parece patente sobretudo na referência à boa temperança do ar, particularmente no tempo do verão. É de notar a este propósito que, tendo chegado ao Brasil nos últimos dias de março, e escrevendo agora em agosto, o padre superior não deveria ter conhecido ainda a maior força do calor da Bahia. Em outra carta, esta sem data, mas possivelmente do mesmo agosto de 1549, reitera que "a terra é mui temperada". E acrescenta: "De tal maneira que o inverno não é frio nem quente, e o verão, ainda que seja mais quente, bem se pode sofrer". Alude em seguida à umidade reinante: pelo que, diz, "os arvoredos e ervas estão sempre verdes. E por isso é a terra muito fresca".[134] Passados mais alguns meses, mudará um pouco de opinião sobre o temperamento da terra, não sobre a salubridade.

Seja como for, o quadro que a Nóbrega inspirou o primeiro contato com o Novo Mundo parece corresponder à sedução que exercem, em toda parte, ainda em sua época, os velhos motivos edênicos. Mas é mister notar que também corresponde a uma tendência geral, entre seus conterrâneos, ao menos no século XVI, e no Brasil, para reduzi-los constantemente às dimensões do verossímil. Em outras palavras, não se pode afirmar que participassem então os portugueses, menos do que outros povos, daquela sedução universal. O provável, no entanto, é que os motivos edênicos facilmente se refrangiam entre eles, privando-se da primeira intensidade para chegarem ao que se pode chamar sua *atenuação plausível*. Não é talvez sem interesse o exame dessa circunstância e de tudo quanto dela resultou para o desenvolvimento da exploração e colonização do Brasil.

9
Voltando a Matusalém

O TEMA PARADISÍACO EM ESTADO PURO, e não através de longínquas refrações, aparece, aliás, desde cedo, e a propósito do Brasil, em um texto de Américo Vespúcio, narrador muito mais sóbrio e objetivo do que Colombo. Efetivamente, na carta chamada Bartolozzi, redigida em 1502, a abundância e viço das plantas e flores em nossas matas, o suave aroma que delas emana, e ainda o sabor das frutas e raízes, chegam a sugerir ao florentino a impressão da vizinhança do Paraíso Terreal.[1]

Há entretanto na mesma ideia, diversamente do que ocorre no caso das passagens correspondentes de Colombo, apenas um símile. E se a comparação chegou, de qualquer modo, a ecoar em Portugal, não o terá sido por intermédio da carta Bartolozzi, autêntica, mas de tardia divulgação, e sim de um provável apócrifo, a *Mundus Novus*, impressa já em 1503, onde o mesmo pensamento já se manifesta de modo bem mais enfático.[2]

Embora os motivos edênicos não lograssem contaminar as descrições quinhentistas do Brasil, seja na maneira precisa que lhes dão os relatos colombinos sobre o Pária, seja mesmo na outra, indeterminada e indireta, com que os vemos surgir no texto do pseudo-Vespúcio, nada impedia que nelas se infiltrassem ocasionalmente alguns dos seus elementos secundários. Entre estes, um em particular haveria de tornar-se quase lugar-comum: o da pretensa longevidade dos naturais da terra. E tudo inclina a pensar que o motivo da longevidade, atributo dos patriarcas bíblicos e sucedâneo plausível, além disso, da imortalidade, própria do estado de inocência em que foram postos os nossos primeiros pais no Paraíso Terrestre,[3] teria penetrado por intermédio de Vespúcio na literatura do século XVI sobre a América lusitana.

Assim é que, na carta Bartolozzi, já se dissera da gente do Brasil que vive muitos anos, pois seu autor conhecera indivíduos que contavam até quatro gerações sucessivas de descendentes, sendo que alguns, de acordo com os seus cálculos, deveriam ter aproximadamente seus 132 anos de idade. O cômputo pretende basear-se na suposição de Vespúcio de que os índios do Brasil contavam o tempo em meses lunares, e também de que se valiam de pequenas pedras quando queriam indicar as idades. Assim, um deles mostrou-lhes, com o auxílio de tais pedras, que vivera 1700 lunares, total esse que deveria equivaler, na base, ao que se pode presumir, de treze lunações por ano, àquela soma de 132 ou pouco menos.

Note-se que, ainda ao tempo de Vespúcio, a ideia da longevidade extrema dos naturais de certas terras remotas era quase artigo de fé. Entre os exemplos lembrados, a esse respeito, por um cosmógrafo, que por sua obra pertence ao rol dos grandes inspiradores, da empresa de Colombo, consta especialmente o dos habitantes de Taprobana, ilha em que muitos puseram o Paraíso Terrestre.[4] "A duração de sua vida", escrevera, com efeito, Pierre D'Ailly, "ultrapassa a medida ordinária da fragilidade humana, de sorte que se considera morte prematura, ali, a dos que se finam centenários." Colombo, apostilando o trecho, no exemplar que ainda se guarda em Sevilha,[5] limita-se a registrar, sem comentários, a vida prolixa de tal gente.

É possível que, ao fiar-se no ano lunar dos indígenas do

Brasil, Vespúcio tivesse em mente o que dissera Plínio sobre a ignorância de cronologia, origem de muitos exageros nos cálculos de idade. Porque, segundo o naturalista, o verão, para alguns povos, equivalia a um ano, e o inverno a outro. Havia ainda quem, como os da Arcádia, contasse os anos por estações, e tinham esses, por conseguinte, o ano de três meses. E alguns ainda se baseavam nos minguantes para sua conta, chegando, os egípcios, por exemplo, a calcular sobre esse fundamento cerca de mil anos de idade para um indivíduo.[6] Vespúcio, fazendo a conta segundo lunares, chegara a dar aos nossos índios uma idade fenomenal, e contudo admissível, mesmo segundo as teorias de Plínio, que então, e ainda mais tarde, continuaria a ser entre muitos escritores uma espécie de oráculo infalível nas coisas de História Natural.

Por sua vez, achando ainda pouco o cômputo de 132 anos, o autor da *Mundus Novus*, escrito que, embora falsamente atribuído ao florentino, contribuiu como nenhum outro para estabelecer sua celebridade, ainda arredonda a cifra para 150 anos – "Vivunt annis centumquinquaginta [...]" –, e diz mais que raramente padecem os mesmos índios de enfermidades que não possam tratar eficazmente.[7] Para isso recorrem a certas raízes existentes no país. Também não são contaminados pela peste ou quaisquer doenças oriundas do ar corrupto, benefício este que lhes vinha da virtude dos ventos austrais. A essas causas principalmente deveriam o poder viver longuíssimos anos, quando não sucumbissem de morte violenta.

É muito provável que essas passagens tivessem impressionado fortemente os leitores quinhentistas, contribuindo de algum modo para popularizar a ideia da extrema longevidade dos índios do Brasil. Pouco mais de dez anos haviam decorrido desde a primeira publicação da *Mundus Novus*, e já essa ideia era acolhida pelo autor da chamada *Nova Gazeta Alemã* – a *New Zeytung ausz presillandt* – no final de seu escrito, onde se lê, a propósito dos naturais do Brasil, que chegariam a alcançar até 140 anos de idade.[8] A coincidência entre essa notícia e o que se podia ler na *Mundus Novus* faz crer que a sugestão vespuciana tivesse ganho largo crédito, mercê, sobretudo, da imensa divulgação alcançada pelos relatos verdadeiros ou fictícios – e ainda neste último caso baseados, ao menos parcialmente, em escritos autênticos – do navegante florentino. Importa pouco pretender verificar se tal notícia proviria dos marinheiros da nau portuguesa que visitaram a terra, ou resultasse de colaboração do correspondente estabelecido na Madeira, onde colheu e registrou, para mandá-la a Antuérpia, as informações aparentemente levadas pelos mesmos marinheiros. A hipótese de terem partido do redator do texto alemão ganha alguma verossimilhança apenas em face da curiosidade excepcional que alcançara em terras germânicas a *Mundus Novus*.

Sabe-se, com efeito, segundo os dados compilados por Henry Vignaud, que as versões alemãs desse escrito antecederam mesmo, cronologicamente, as italianas, e que antes de 1515 tinham sido elas objeto, pelo menos, de dez impressões sucessivas. Das próprias edições em língua latina, que se haviam feito até àquela data, embora em sua maioria não trouxessem indicado o lugar de impressão, é provável que uma parte tivesse sua origem em prelos alemães, pois das quatro que contêm essa indicação, uma é de Augusta (Augsburg) e outra de Strasburgo, àquele tempo terra do imperador.

Tão bem assentes pareciam as versões acerca dos índios longevos do Brasil, que Pigafetta, viajando na armada de Fernão de Magalhães em 1519, quatro anos depois da redação da *Nova Gazeta*, ainda pretende que eles podem viver de 125 a 140 anos.[9] A primeira impressão de seu relato no original italiano (precedera-a uma tradução francesa, sem indicação de data, mas provavelmente pouco posterior ao regresso da nau *Vitória*) é de 1536. Sua difusão maior, porém, deve datar de 1550, quando se imprimiu esse texto nas *Navigagioni et viaggi* de Ramúsio.

Ainda mais significativo é o caso de Jean de Léry, que passando dez meses no Brasil, onde chega em março de 1557, e tendo assim melhores oportunidades do que seus antecessores para retificar aquelas opiniões, contenta-se com moderá-las, admitindo que muitos índios alcançavam de cem a 120 anos de idade. E é de notar que, para essa conta, ainda se serve das razões em que já se apoiara Vespúcio, a saber que os mesmos índios guardavam e calculavam a idade pelos lunares: "car ils savent bien ainsi retenir et conter leurs aages par lunes".

Poderia ser também de inspiração vespuciana a aproximação que faz Léry entre essa pretensa longevidade e os ares temperados que teriam as terras da Guanabara. Além de longevos, os seus *Toüoupinambaoults* seriam mais fortes, mais robustos, mais cheios de corpo e, em geral, menos sujeitos a doenças do que os europeus. Quase não se encontrava entre eles gente aleijada, torta ou contrafeita. Tudo isso parecia-lhe mostrar a bondade do ar e do clima, numa região onde, não havendo grandes frios, eram sempre viridentes os matos, as ervas e os prados. Mas também lhe mostrava o seu pouco apego às coisas do mundo: neste ponto era como se verdadeiramente bebessem da fonte de Juventa.[10] E não deixa, no seu perfil incipiente do bom selvagem, de fazer um confronto desfavorável para os civilizados.

Embora o escrito associado ao nome de Vespúcio pareça ter tido escassa ressonância entre os portugueses, senhores de outras fontes de informação mais diretas sobre as novas terras, não seria de admirar se, ao cabo, se deixassem eles próprios impressionar por algumas das ideias feitas que têm sua origem naqueles escritos. E como sucede muitas vezes que o contágio de noções semelhantes pesa mais do que o testemunho direto, não poucos seriam os que, mesmo nos lugares de ultramar, se fiavam no crédito comum da opinião, mais do que nos próprios olhos, e só encontravam ali aquelas coisas que, geradas do engano de um só, se convertiam na certeza cega de muitos.

Assim sucedeu que aquela teoria da longevidade dos índios brasileiros, sugerida talvez a Vespúcio por um erro de interpretação, continuaria a ter o endosso de outros, que se achavam em situação de atestar sua falsidade. É um pouco o caso de Pero de Magalhães Gandavo, por exemplo, humanista, gramático, bom latino e ainda zeloso observador, apesar de tudo, que provavelmente conhecia de leitura ou de notícia os conceitos do florentino. Tendo vivido algum tempo no Brasil acharia meios de combinar, atenuando-os até certo ponto, aqueles conceitos, depois de cotejá-los com o que pudera ver e ouvir dos mais antigos moradores. A seu ver, a terra é, em geral, "muito salutífera e de bons ares, onde as pessoas se achão bem dispostas e vivem muitos anos; principalmente os velhos têm boa disposição e parecem que tornão a renovar, e por isso se não querem tornar as suas pátrias, temendo que nelas se lhes ofereça a morte mais cedo".

Note-se, porém, que, embora retomando aquela tese da longevidade, tão em contraste com observações de antropólogos modernos – ao menos no que diz respeito aos indígenas atuais –, Gandavo evita qualquer referência a cifras e reduz tudo a termos aparentemente plausíveis, mais do que os do próprio Léry que, como ele, tivera ocasião de entrar em contato com moradores antigos do Brasil, e não só indígenas. Linhas adiante, como deva aludir a certa lassidão e desleixo da terra, por efeito da quentura e dos mantimentos, que deixam os homens algum tanto fracos e minguados das forças que possuem no reino, apressa-se em ponderar, receoso, talvez, de se ver acusado de contradição: "isto he enquanto as pessoas são novas na terra, mas depois que, por algum tempo, se acostumam, ficam tão rijos e bem dispostos, como se fora sua mesma pátria".[11] Há aqui, distintamente, um exemplo dessas tentativas de conciliação entre a fantasia e a realidade, entre a opinião e a observação, bastante frequentes entre cronistas portugueses da época.

Tanto quanto Gandavo, Fernão Cardim, que imigrou para o Brasil uma dezena de anos mais tarde, deve ter trazido consigo as mesmas noções estereotipadas acerca da longevidade dos brasileiros. Já na sua narrativa epistolar da viagem que realizou em companhia do padre Cristóvão de Gouveia, dirá, registrando as primeiras impressões de Piratininga, que era terra "cheia de velhos mais que centenários, porque em quatro juntos e vivos", adianta, "se acharam quinhentos anos". E no seu tratado sobre o "clima e terra do Brasil", repisa a tese dos salutíferos ares e diz dos brasileiros que "vivem muito, até noventa, cento e mais anos".[12] Verdade é que a missão descrita na narrativa se realizara a partir de 1583, o ano da chegada de Cardim ao Brasil, e o tratado da terra e do clima é do ano seguinte: em ambos os casos, de épocas em que ao jesuíta não sobrara ainda o tempo necessário para modificar, talvez, em face da realidade, opiniões preconcebidas e ainda correntes na Europa.

Não é totalmente incrível aquele seu caso dos quatro homens de Piratininga que, "juntos e vivos", somariam a idade de quinhentos anos. Caberia, no entanto, perguntar, ainda aqui, até que ponto essa conta não se prenderia apenas a hábitos mentais de uma gente, como a do século XVI, ainda alheia às exigências modernas de exatidão cronológica. E por não ocorrer a muitos semelhante pergunta, o que os força a reduzir às nossas certas noções de tempo correntes em outras eras, já houve quem se deixasse embrulhar por afirmações tais como aquelas, atribuídas ao testamento de João Ramalho, datado de 1580, no qual, segundo frei Gaspar da Madre de Deus que o lera, constava duas vezes a alegação do patriarca de que tinha então "alguns noventa anos de assistencia" nesta terra.[13]

Se interpretado literalmente, esse número daria a Ramalho uma longevidade incomum, isto é, uns 110 anos à época do testamento, além de arrebatar ao próprio Colombo a primazia no descobrimento da América pelos europeus no século XV. É notório, aliás, que em outro documento, uma ata da Câmara da Vila de São Paulo datada de fevereiro de 1564, se escusara ele de aceitar a vereança, sob a alegação de ser homem velho, passante de setenta anos, e isso faz supor que não teria mais de 75.¹⁴ Com o que se desfazem as interpretações ao pé da letra, sobretudo quando se saiba que Ramalho era homem casado em Portugal quando emigrou.

Convém observar, de passagem, que um grande número de especulações em torno dos supostos precursores de Colombo ou de Cabral em seus descobrimentos se acha largamente fundado nesse tipo de argumentação. O que se poderá responder a razões semelhantes é que entendem, de ordinário, segundo nossos modernos hábitos de rigor e precisão, dados provenientes de uma época em que tais hábitos eram desconhecidos e menos necessários. E se isso se dava nos meios europeus mais cultos, que dizer de um longínquo senhorio da Coroa portuguesa, como era o caso do Brasil quinhentista, e mormente de Piratininga?

No século em que um Erasmo de Roterdã, por exemplo, ou um Rabelais, ignoravam a própria idade,¹⁵ seria de fato excessivo esperar de um homem rústico, vivendo neste sertão e cabo do mundo, que ao dizer "noventa anos" não quisesse aludir apenas à cifra muito elevada, que também podia exprimir, dando-lhe idêntico significado, se lhe ocorresse falar em "cinquenta anos", por exemplo, ou ainda em "trinta". E não seriam um pouco da mesma espécie aqueles quinhentos anos que somariam, juntas, as idades dos quatro homens vistos pelo padre Cardim?

Parece fora de dúvida, em todo caso, que essas cifras correspondem de qualquer modo à convicção generalizada àquela época entre europeus de que os habitantes do Brasil costumavam alcançar uma idade espantosamente superior à média normal no velho continente. Com a prática maior da terra, é muito provável que ao menos os portugueses se vissem logo desenganados dessa opinião, de que há poucos indícios em suas crônicas, e que no próprio reino só prevaleceria entre os que, imbuídos das antigas noções divulgadas pelos escritos de Vespúcio ou do pseudo-Vespúcio, só conhecessem a terra de longe e de rápida passagem.

Ou então entre os que, no empenho de fazer valer ou a bondade deste mundo novo contra os hesitantes e os céticos, fossem insensivelmente levados a dar nova ênfase à lendária versão que, desmentida embora pela prática, ainda se sustentava pela simples força do hábito como acontece tantas vezes no campo das ideias.

Assim é que as críticas endereçadas por Alviano ao clima, temperamento e feracidade da América lusitana, Brandônio, seu interlocutor nos *Diálogos das grandezas do Brasil*, não acha melhor resposta, em dado momento, do que retomar, sem hesitação, tudo quanto de maravilhoso tinham escrito sobre a terra os antigos viajantes, de modo que esta, a seu ver, se não comunicava aos colonos nada da prodigalidade com que o Criador a cumulara de maravilhas, a eles, não a ela, se devia a maior parcela de culpa. E é na exaltação do colono, já acomodado à nova pátria, meio ressabiado contra o adventício, que vai surgir como argumento de bom efeito aquela teoria ainda não de todo apagada sobre a longevidade excepcional dos nossos indígenas.

Aqui não faz mais Brandônio, o incansável advogado das grandezas do Brasil, do que dar relevo a certas noções contraditórias que do reino trouxera Alviano, o acusador. O qual, ainda que não se achasse dissuadido da velha crença na incompatibilidade, ou quase, da zona tórrida com a habitação humana, se vê forçado a admitir a "muito comprida idade" que aparentavam certos homens, por ele próprio avistados numa das aldeias do gentio. Não resta agora, ao apologista do mundo novo, outra coisa senão desenvolver, ilustrando-a com sua experiência pessoal, a observação do interlocutor. E quando lhe objeta este, logo em seguida, que, levados ao reino, os índios brasileiros costumam definhar e "morrem apressados os mais deles", não lhe custa utilizar a seu modo, e segundo seus pontos de vista, mais esta reflexão.

Porque, em realidade, o não se dar bem o gentio do Brasil em Portugal parece justamente vir corroborar o que dissera antes do bom temperamento destes lugares: "Como vão de terra tão sadia e de tão bons ares para essa outra, que lhe fica inferior em tanta cantidade, não sofre a natureza, acostumada a tão excelente habitação e temperamento, como é a terra do Brasil, de onde os levam, padecer as injúrias que o tempo, com seus calores e frios, causa na nossa Espanha, e por isso não se podem lograr nela, e vêm a perder a vida brevemente".

Contudo, em nenhum passo de sua argumentação há mais do que generalizações, tão audaciosas, talvez, quanto as do contraditor. Generalizações, em todo caso, não fantasias inteiramente caprichosas. Quando, por exemplo, fala nos índios macróbios, de "mais de cem anos", que se achariam em toda a costa do Brasil e que, em alguns casos, mostram a boa saúde e disposição de um moço,[16] o que se poderia retrucar é que tende a converter em regras, no afã de as valorizar, ocorrências meramente fortuitas e que não pertencem, talvez, mais ao Brasil do que a outros lugares da terra. E ainda nisto mal se pode dizer que vá além de um Cardim, e sobretudo de um Gandavo, que por sua vez se acham bem longe dos excessos de Vespúcio, ou do autor da *Nova Gazeta Alemã*, ou de Pigafetta e mesmo de Jean de Léry.

São as suas, a par disso, razões de advogado, naturalmente movido pelo afã de fazer prevalecer a qualquer preço a sua causa, contra um adversário que não prima, aliás, pela agilidade e destreza no argumentar. Assim, agarra-se àquelas generalizações enganadoras, como outros procurarão servir-se, com o mesmo fito, de opiniões de terceiros, conhecendo, embora, sua fragilidade. É este, aparentemente, o caso do bispo Azeredo Coutinho, que não hesitará, já em fins do século XVIII ou inícios do seguinte, em reeditar, para opô-los aos detratores dos climas quentes, os velhos encômios de Léry e, ainda mais, estes outros de Herrera, diretamente tributários do tradicional esquema das visões paradisíacas: "Brasilia est regio valde temperata, jucundum, et salubrem aerem habens. Incolae vitam pleremque ad nonaginta, centum, et plures annos producunt. Nec aestus, nec frigus est intensum".[17]

A moderação relativa de todos os cronistas portugueses do século XVI e princípio do seguinte, quando lidam com esses assuntos, é tanto mais notável quando, muito depois da era dos grandes descobrimentos marítimos, não parece ter arrefecido a disposição do público europeu para dar algum crédito às versões mais caprichosas dos viajantes sobre as terras ignotas do Novo Mundo. Mesmo as afirmações do Brandônio, nas quais se apega àquele caso dos muitos macróbios de mais de cem anos, em abono do clima do Brasil, parecerão ainda timoratas ao lado das que, pela mesma época, faz um capuchinho francês acerca dos índios do Maranhão, depois de residir por algum tempo entre eles.

É de fato a algumas notícias mais ou menos fabulosas, engendradas pelos primeiros exploradores do novo continente, não a narrativas conhecidas de qualquer dos viajantes e cronistas portugueses dos Quinhentos, que deverá recorrer quem pretenda encontrar um precedente para as ideias que publica em 1614 frei Claude d'Abbeville acerca da longevidade dos mesmos indígenas. E posto que tivesse ocasião de se entender com estes por intermédio de boas línguas, a verdade é que não deixa de repor a questão aproximadamente nos termos em que a deixara Américo Vespúcio mais de um século antes.

Pondera o capuchinho que, se essa longevidade pode passar por admirável, e a bem dizer prodigiosa, quando se considerem algumas das passagens, que reproduz, do Gênese dos Salmos de Davi, do Eclesiastes, todas geralmente acordes em estabelecer para o curso da vida humana neste mundo um limite máximo de cem anos; o certo porém é que não entra aqui uma lei absoluta, válida para todos os homens e povos, e sim, no juízo dos doutores, um princípio que rege, em grande número de casos, a extensão ordinária de nossa existência terrena. Parece-lhe bastante recordar, a esse propósito, que Mardoqueu vivera 150 anos, que aos 120 são Simeão fora atado a uma cruz, vindo assim a morrer de morte gloriosa, que a Sibila Cumana se tornara tricentenária e que, de um certo Jean de Stamp, consta ter chegado aos 361 anos em 1140, data em que afinal faleceu. E haveria outros exemplos semelhantes. Desses exemplos julga o padre poder tirar motivos ponderáveis para não responder negativamente à pergunta sobre se é conforme à natureza uma tão longa residência na Terra.

Se casos dessa ordem eram tidos como excepcionais no Velho Mundo, mesmo entre os que não se arriscassem a pôr em dúvida sua autenticidade, no Novo, ao menos em seu Maranhão paradisíaco, representavam eles quase a norma para o missionário francês. Tal lhe parecia ali a salubridade do ar, que os homens se finavam de velhice, antes que de doença, e chegavam de ordinário aos cem, aos 120, aos 140 anos de idade.[18] Se entre autores portugueses, muitos, ainda quando tivessem estado no Brasil, eram capazes de subscrever a primeira parte dessa observação, nenhum, mesmo entre os que deixaram de visitar estas partes, chegou a cifras que desafiavam tão vivamente a experiência ordinária.

Assim se dera ao tempo das primeiras explorações da costa, quando ainda se achava mal seguro o poderio lusitano sobre os lugares do Novo Mundo que caíam em sua demarcação. Assim continuará a dar-se durante todo o resto do século, quando, melhor assente aquele domínio, poderia esperar-se de seus historiadores e cronistas uma exaltação ufanosa de tão notável senhorio da Coroa portuguesa. Nem agora, porém, vão esses escritores além de um Damião de Góis, por exemplo, que, aludindo ao bom temperamento e às virtudes da Terra de Santa Cruz, dele conhecida somente por notícias de segunda mão, se limita a dizer que "he muito viçosa, muito temperada, e de muito bons ares, muito sadia, tanto que ha mor parte da gente morre he de velhice, mais que de doença...".[19] Essa mesma espécie de atenuação plausível iremos encontrá-la pouco depois nos *Diálogos* de frei Amador Arrais onde, repisando as antigas ideias sobre o milagre de salubridade que seriam as terras do Brasil, diz "que quase todos seus vizinhos morrem de velhice, por a natureza os desamparar, e não de alguma enfermidade lhe abreviar a vida".[20]

Quanto ao capuchinho francês, observador consciencioso em outros casos, não só registra aquelas cifras menos verossímeis no tocante à longevidade dos índios maranhenses, como ainda cuida de apoiá-las no que pudera pessoalmente verificar. Assim é que assegura ter lidado com indivíduos de 170 e até de 180 anos que, por sinal, tinham podido testemunhar a edificação pelos portugueses da vila de Pernambuco (Olinda?). Apesar disso eram homens viçosos e mui apessoados: "eu os vi", acrescenta, "e com eles cheguei a falar diversas vezes".[21] Em outra ocasião[22] dá mesmo o nome de uma daquelas testemunhas do estabelecimento luso em Pernambuco: chamava-se Momboré Guaçu e já contava mais de 180 anos de idade: "[...] le dit Indien vieillard, nommé Momboré Ouassou, aagé de plus de neuf vingt ans [...]".

É bom notar, de passagem, que o ter podido testemunhar a fundação de Olinda, se é essa, como tudo faz presumir, a vila de que trata o texto, não basta para mostrar que em 1612, o ano de seu encontro com Claude d'Abbeville, Momboré devesse ter alcançado uma idade descomunal. Na mesma data, e com metade da idade apontada pelo capuchinho, poderia ele, folgadamente, ter lembrança pessoal, não só da fundação de Olinda, como da chegada a Pernambuco, em 1535, do próprio fundador e donatário dessa capitania. Seria assim, a sua, uma senectude respeitável, não inverossímil.

O trecho todo pode sugerir no autor uma saturação de reminiscências clássicas, muito frequente entre os cronistas dos descobrimentos e conquistas, que os incapacitava muitas vezes para uma visão resignada e pacífica das coisas. Neste caso, o seu Momboré Guaçu bem poderia ser, por exemplo, uma versão aprimorada do dito daquele indígena da Bretanha, que a certo personagem do *Diálogo dos oradores* afirmara ter participado da resistência dos seus compatriotas à invasão da ilha pelas legiões de César, muito embora essa invasão se tivesse dado 130 anos antes.[23]

A sedução relativamente recente, à época em que escreve o missionário, mas cada dia mais sensível, exercida pela obra de Tácito, sobre um grande número de letrados, poderia autorizar a suspeita de que ele tivesse sido levado a interpretar um fato de que fora testemunha à luz de outro, que lera nas páginas do velho mestre, com o que sua própria experiência pareceria ganhar dobrado valor. Suspeita essa que não se arrimaria, porém, em qualquer outro indício de que ao padre Claude fosse extremamente familiar o comércio das obras da antiguidade clássica, mormente de autores tão refinados como o historiador romano, que deveria casar-se mal, por isso mesmo, com uma piedade desafetada.

Nada nos faz realmente pensar que esse discípulo do seráfico são Francisco fosse o que se poderia chamar um letrado, no sentido restrito da palavra, e em mais de um lugar de seu livro sente-se o escasso apreço que lhe parecem merecer aqueles autores do tempo do paganismo, só atentos, em regra, a "uma curiosa investigação dos segredos da natureza e da bela ordem que nela reconhecem, sem conhecer, contudo, a causa primeira de seus efeitos e o primeiro motor de sua admirável máquina [...]."[24] É mais provável que continuassem a ecoar em sua mente, como na de tantos contemporâneos seus, a mais de um século de distância, certas noções fabulosas que, acerca das terras americanas, tinham feito circular, de torna-viagem, os europeus que primeiramente a viram. Mesmo na erudita *Historia naturalis brasiliae* de Marcgrave, impressa trinta anos depois, ainda se assinala a excepcional longevidade dos naturais da terra, que alcançando muitas vezes 125 anos de idade não encaneciam senão com a decrepitude.[25] Dos relatos desses viajantes nascera, pois, um mundo mítico, onde, contrariando-se muitas vezes a própria evidência tangível, parecia querer desvanecer ou afrouxar-se a lei da natureza.

10
O mundo sem mal

•

QUE A SUPOSTA LONGEVIDADE DOS ÍNDIOS fosse efeito dos bons céus, bons ares, boas águas de que desfrutavam eles, é o que a todos resulta patente: nisto, em verdade, não se parecem distinguir das opiniões mais correntes as dos cronistas lusitanos. Sem aquelas qualidades, como explicar, segundo as ideias do tempo, o fato de não grassarem aqui, antes da conquista, várias enfermidades já notórias ao europeu, as únicas, por isso mesmo, de que tinham estes uma experiência ancestral? Era coisa por demais sabida que a ausência de tais enfermidades revelava não se achar o ar corrupto nestes lugares pela ação dos miasmas gerados da umidade e podridão. E, ainda, que esse ar corrupto se relacionava, de acordo com os juízos dos astrólogos, a ajuntamentos de certos corpos celestiais responsáveis pelas influências malignas.

Se bem que a astrologia, na parte em que presume terem aqueles corpos algum poder sobre as coisas deste mundo, já houvesse encontrado sérias contraditas, e entre estas, sem falar no debate aberto por Giovanni Pico della Mirandola, a do frade português Antônio de Beja, que em opúsculo impresso em 1527 defende, dentro da tradição escolástica, a incompatibilidade da influição astral com o livre-arbítrio e a concepção cristã da Providência Divina,¹ a verdade é que ela resistiu longamente à pressão dos métodos experimentais e racionais. Mesmo entre aqueles que a combatiam, em nome de tais métodos, já se sabe que muitos se deixaram enfeitiçar pelo exercício das estrelas.

O próprio Fracastoro, que bem ou mal passa por um precursor das modernas teorias médicas sobre o contágio, não é nesse ponto intolerante para com as doutrinas antigas. Ainda em 1546 lembrará ele que os astrônomos teriam anunciado com alguns anos de antecedência o aparecimento da sífilis;² prova de que admitia outros meios de transmissão das doenças além do contato simples e direto.

Bons céus, constelações felizes, são atributos, esses, tão inevitáveis quanto os dos bons ares das narrativas louvaminheiras que os viajantes devotavam às terras ignotas. Tais expressões apontam, de um lado, para uma sabedoria oriunda da experiência milenar, que ainda não fora seriamente abalada, de outro para as doutrinas sobre a atmosfera e os miasmas que sugeria a experiência corrente, já que nem sempre é fácil distinguir claramente entre a causação e a simples correlação nos fenômenos naturais.

Quando o Brandônio dos *Diálogos das grandezas* alude, por exemplo, àqueles "ares tão delgados e ceus tão beninos, que não consentem haver em toda esta costa do Brasil o mal tão pernicioso da peste, como o costuma haver por toda a Europa, Asia e Africa", é possível que fizesse prevalecer uma razão forense sobre a razão pura e simples. Nem por isso é cabível dizer que deixara de se amparar, ainda neste caso, em dados que lhe parecia fornecer a própria observação, adaptando-os ao seu propósito de melhor persuadir, mover e edificar o interlocutor.

Nas linhas imediatas, porém, já tende o panegírico a afastar-se de algum modo, ou francamente a emancipar-se, desses dados, e as mesmas circunstâncias que até aqui se processavam por via e curso naturais parecem agora movidas de alguma virtude misteriosa e como animadas de um divino encantamento. Só mesmo o apelo ao sobrenatural pode justificar o dom de que parecem dotados aqui os ares e os astros de extirparem um mal tão danado.

É nele que parecem inspirar-se, por exemplo, estas palavras de Brandônio: "porquanto", diz, "na memoria dos homens não ha lembrança que semelhante enfermidade se achasse nunca nestas partes, antes o seu clima é tanto contra ela, que vindo muitas pessoas do nosso Portugal, no tempo que nele havia febre, iscadas e ainda doentes do mesmo, em passando a linha equinocial para esta parte do Sul, logo convalescem, e os ruins ares que trazia o navio se desfazem e consomem, e quando fica algum rasto dele, totalmente se extingue e acaba em o navio tomando terra nesta costa, que não pode ser melhor temperamento da terra".[3] Já em outra ocasião, retrucando às razões de Alviano sobre a dificuldade que tinha o gentio desta terra em se lograr bem no clima europeu, já se viu que advertia como o gume da arma do contendor pudera volver-se contra quem o esgrimia.

Ora, no reino se davam bem os pretos de Angola e Guiné, e assim os índios das Índias Orientais, sinal de que lá encontravam, esses, tão bons ares como os das suas terras, e talvez melhores. Como deixar de concluir, sucedendo o contrário com os naturais do Brasil, que o clima nestas partes era superior, já não apenas ao da Europa, mas também aos da Ásia e África? Aqui, diz com efeito Brandônio, "se acha isto ao revez, porque toda gente, de qualquer nação que seja, prevalece nele com saude perfeita, e os que vêm doentes cobram melhoria em breve tempo. E a razão é o serem estas terras do Brasil mais sadias e de melhor temperamento que todas as demais".[4]

Neste ponto é como se tivessem abandonado o indefesso apologista das grandezas da América lusitana, as simples certezas, que podem apreender os olhos abertos e os sentidos alertas, em favor de uma dessas crenças tácitas, guardadas nos arcanos da consciência, que em certos momentos, aflorando à superfície, parece mesmo sobrepujar o bom entendimento e o senso comum. Como já se disse de muitos romanos da época do Império que acreditavam durante o sonho naqueles mesmos deuses que a aurora dissipava, pode-se perguntar se Brandônio não teria capitulado aqui, de algum modo, ante o prestígio de uma obstinada opinião, que a experiência pode fazer hibernar no fundo da alma, sem desarraigá-la inteiramente.

Nessa fase ainda inicial do processo de aclimação do reinol às terras do mundo novo e em particular às suas regiões tropicais, parece admissível que, ante a impossibilidade de manifestar suas experiências em fórmulas nítidas e definitivas, ele devesse valer-se muitas vezes, na falta de melhor, de quadros rígidos, anteriores a toda experiência direta, mas que tinham de qualquer modo a virtude de gozar de generalizado crédito.

Já se observou como a crença na existência de alguma paragem mais ou menos remota, onde os homens nunca adoecem, ou, se já doentes, logo os cura o bom temperamento dela, parece ter acompanhado muito de perto os navegantes, já por ocasião das primeiras viagens à costa ocidental da África. É verdade que o trato mais assíduo de algumas das terras assim idealizadas ao primeiro relance bastaria em muitos casos para de todo as desencantar. Não custará, porém, transferir para outra longitude ou hemisfério, onde ainda permaneceria algum tempo a condição privilegiada.

Desse modo, aquelas qualidades extraordinárias que, até os primeiros anos dos Quinhentos, um observador tão adverso a especulações aéreas como Duarte Pacheco Pereira situava junto à foz do "Çanagá", onde nunca, em tempo algum, morrera qualquer pessoa de "pestelencia", seriam desterradas, ao cabo, da costa africana, pouco depois tida por doentia e funesta aos europeus. E foram-no, em verdade, para este lado do Atlântico, para o continente americano, onde as palavras de Brandônio permitem supor que sobreviveriam, ao menos ocultamente, a concepções mais realistas, já amadurecidas pela experiência, "madre das coisas". E, efetivamente, tudo quanto no *Esmeraldo* se dissera da Etiópia Inferior, de sua formosura e salubridade únicas, irá dizer do Brasil a personagem dos *Diálogos das grandezas*, numa coincidência que, por pouco, faria pensar em simples decalque.[5]

Ora, a obsessão dessa paisagem verdejante, de tão bons céus e ares que, se não liberta seus moradores da lei da morte, imuniza-os, ou quase, de mortais pestilências e outros danos cruéis, capazes de fazer definhar e padecer os homens em muitos lugares – com o que atingem esses moradores excessiva longevidade – se enlaça estreitamente aos motivos edênicos, tão populares durante as grandes navegações da época. Não seriam certamente os portugueses menos afeiçoados a tais motivos do que outros povos: assim o atesta de modo claro sua literatura medieval, em particular a literatura devota e ascética de que já se falou no presente estudo.

Do próprio motivo da longevidade existe preciosa ilustração no *Conto do Amaro*, também já referido.[6] Nesse escrito, Amaro, antes de ir ter às portas do Paraíso Terreal, termo de sua jornada, um sítio que em tudo corresponde ao esquema constante das visões edênicas – verde prado que não se cresta, flores e folhas crentes, umbroso arvoredo, águas cristalinas, belos e doces frutos, aves canoras –, já se achara, depois de passado o mar Vermelho, na fabulosa ilha da Fonte Clara, cujos habitantes, gente virtuosa e de bom parecer, viveriam trezentos anos.

Com uma produção literária tão rica em visões semelhantes, seria mesmo de admirar se, no curso de seus descobrimentos ou conquistas, não fossem os portugueses levados alguma vez a procurar correspondências entre essas criações fantásticas e os novos e estranhos espetáculos que lhes podiam proporcionar as regiões do ultramar, sobretudo as mais vizinhas ao equador. Admirável por todos os aspectos é, isto sim, a parte comparativamente exígua que parece ter tido a expectativa de tais visões durante seus grandes descobrimentos marítimos. Em nenhum caso conhecido é lícito dizer que ela os teria tão vivamente empolgado que pudesse estorvar uma aquiescência mais direta ao sensível.

É nos casos em que se mostram de todo ineficazes em aparência, as razões mais singelas, que se verifica, despojada ao entanto de maiores atrevimentos, a infiltração de elementos fictícios. A própria magia de que aparecem a princípio envoltas certas terras, tais como a costa do Senegal e mais tarde a do Brasil, onde a bondade do ar impediria a propagação de pestes, extinguindo-se qualquer rastro do mal quando o navio nelas toma porto, não passaria, se assim se pode dizer, de uma racionalização inevitável de circunstâncias para as quais não podia encontrar explicação a ciência do tempo.

Sobre o escorbuto, essa peste do mar tanto quanto dos desertos e regiões gélidas, onde não crescia erva verde, a doença "crua e feya", de que falara o poeta,[7] e que, sobretudo na dilatada caneira da Índia, mais dilatada do que as de Guiné e Brasil, chegava a condenar à morte nada menos do que a quarta ou terça parte dos navegantes, segundo valioso depoimento quinhentista, mostrara a experiência constante que os enfermos, depois de desembarcados, recobravam prontamente a saúde em muitos casos. Escrevendo de Santa Cruz de Cochim a Piero Vettori de Florença em janeiro de 1585, são estas, com efeito, as palavras de Sassetti: "Chegam de Portugal todos os anos dois mil e quinhentos e três mil homens ou rapazes, da gente mais perdida que por lá se acha: desses é jogada ao mar a quarta ou terça parte, por vezes até a metade".[8]

O próprio Sassetti apresentara, em sua viagem, alguns dos sintomas da doença comum àquela carreira. Em carta dirigida a Francesco Valori, de dezembro de 1583, a primeira ao que se saiba escrita após sua chegada à Índia, informava ele que em um só dia adoeceram a bordo 160 pessoas, acrescentando que, nos enfermos, à inchação desmedida das gengivas, que haveriam de ser cortadas para o paciente poder fechar a boca, com o que desprendiam um cheiro insuportável, seguia-se uma inflamação dos joelhos e dos membros inferiores. Por fim sobrevinha fortíssima dor no peito que, embora sem proibir a respiração, punha termo à vida do paciente, que se extinguia "como a luz num candeeiro sem óleo".[9] Contra esse terrível mal, a que se teriam familiarizado, provavelmente desde cedo, os mareantes portugueses, sobretudo depois que, abandonando a navegação à vista da terra, passaram a engolfar-se no pego do mar, a medicina do tempo, ignorante de sua etiologia e terapêutica, socorria-se geralmente de um ou outro paliativo de eficácia muitas vezes duvidosa.

João de Barros, escrevendo em sua primeira "Década" da Ásia acerca da enfermidade que da armada de Vasco da Gama no caminho de Mombaça, e que na sua maior parte foi de "herisipolas e de lhes crescer tanto a carne das gengivas, que quase não cabia na boca aos homens, e assim como crescia apodrecia, e cortavam nela como em carne morta, cousa mui piadosa de ver", observa como se conheceu depois proceder tudo isso das carnes, peixes salgados e biscoito apodrecido numa viagem de dezoito meses.[10] Outros não hesitariam em fazer proceder a doença dos ares poluídos e infeccionados que se formariam no alto-mar ou mesmo, por certas épocas, em lugares de terra firme.

É significativo o fato de um dos mais conhecidos historiadores modernos das Cruzadas ter ainda falado em "miasmas" – o vocábulo que durante tantos séculos servira de espantalho a navegantes e guerreiros –, no qual alude ao mal que, em 1250, invadiu os acampamentos de tropas de são Luís, rei de França, diante dos muros de Masourah, precipitando a derrota e prisão do soberano, bem assim como o malogro completo da Terceira Cruzada,[11] embora os textos mais autorizados da época não pareçam permitir dúvidas sobre a diagnose de tão nefasto mal.[12]

Há certa dose de injustiça, talvez, na afirmação de um notável conhecedor da história da conquista e do descobrimento da América pelos europeus, de que os portugueses, tanto quanto os espanhóis, se mostraram de todo inermes contra essa enfermidade, ao passo que os franceses no Canadá, desde a segunda viagem de Cartier, e os ingleses, desde os dias de Hudson, Baffin e Bylot, disporiam sempre de recursos apropriados para enfrentá-lo decisivamente.[13] O fato é que bem antes de Cartier e, sobretudo, daqueles navegantes ingleses do século XVII, os portugueses, ao contrário do que pretende esse autor, tinham podido conhecer e utilizar a eficácia de determinados vegetais, mormente dos frutos das chamadas "árvores de espinho", em seu tratamento.

Em realidade, desde a primeira viagem de Vasco da Gama ao Oriente, se não antes, tinham podido ser verificadas e aproveitadas as virtudes antiescorbúticas desses frutos. O redator anônimo do roteiro da memorável navegação, que só se publicou em 1838, não descreve apenas o mal, que já à altura da foz do Zambeze principiara a perseguir os tripulantes, de maneira que lhes "inchavam os pés e as mãos, e lhes cresciam gengivas tanto sobre os dentes que os homens não podiam comer",[14] mas ainda o bom modo de combatê-lo. Ao chegarem naus a Mombaça, levam-lhe os indígenas muitas laranjas "muito boas, melhores que as de Portugal". Em seguida refere, é certo, como "quiz Deus, por sua misericórdia" que, ao aportarem naquela cidade, "todolos doentes que traziamos foram sãos, porque esta terra é de muitos bons ares",[15] o que parece excluir o bom efeito das frutas nessa recuperação.

Ao regressarem, porém, como as calmarias e os ventos contrários tivessem retardado de quase três meses a travessia do Índico, voltou a gente a adoecer das gengivas, que lhes cresciam sobre os dentes, de tal maneira que já não podiam comer, e também "lhes inchavam as pernas, e grandes outros inchaços pelo corpo, de guisa que lavraram um homem tanto até que morria sem ter outra nenhuma doença. Da qual nos morreram em o dito tempo trinta homens, afora outros tantos que já eram mortos. E os que navegavam em cada nau seriam sete ou oito homens, e esses não eram ainda sãos como haviam de ser. Do que vos afirmo que se nos mais durara aquele tempo quinze dias, andaramos por esse mar através; que não houvera ai quem navegara os navios".[16] E dessa vez, para atender à vontade dos doentes, Vasco da Gama, logo à chegada em Melinde, fez-lhes dar laranjas, sem todavia alcançar o mesmo resultado.

O texto do roteiro diz, efetivamente, que o capitão mandou um homem a terra, para "ao outro dia trazer laranjas, que muito desejavam os doentes que traziamos; como de feito as trouxe logo, com outras muitas frutas, posto que não aproveitaram aos doentes, que a terra os apalpou em tal maneira que aqui se nos finaram muitos".[17] A circunstância de desejarem os enfermos daquelas frutas e a observação de que "não aproveitaram" dessa vez são indícios de que já seria conhecido dos marinheiros o valor antiescorbútico das laranjas. Quando menos, teriam aprendido a conhecê-lo na viagem de ida, em consequência dos bons resultados obtidos em Mombaça, ou através de informações de pilotos árabes como o Canaca, habituados tradicionalmente à travessia do Índico. O não ter aproveitado o remédio dessa vez prende-se, conforme um moderno pesquisador, ao maior adiantamento do mal e ainda ao ser este recidivo, de sorte que estaria comprometida a capacidade de resistência das vítimas.[18] Só depois de dobrado o cabo da Boa Esperança, começaria a maior parte da gente a convalescer e poder servir na mareagem, pois tamanho fora o desbarato da equipagem durante a travessia do golfão que se chegara a pensar em retroceder à Índia.

Se a eficácia do uso da laranja no combate ao escorbuto não parecesse todavia certificada pela experiência alcançada nessa primeira viagem marítima de Portugal ao Oriente, bastaria, para tanto, a segunda, precisamente a de Pedro Álvares Cabral. Um dos documentos conhecidos acerca de sua derrota, a relação do Piloto Anônimo, de que se ignora até hoje o texto original, refere que o rei de Melinde, quando lá chegou a armada, mandou visitar o comandante e levar a bordo "muitos capados e galinhas, patos, limões e laranjas, as melhores do mundo". E acrescenta textualmente: "em nossos navios tinhamos alguns doentes da boca, e com aquelas laranjas ficaram sãos [...]."[19] O número escasso de mortos em resultado do escorbuto entre a equipagem de Cabral – três ao todo, segundo parece – destoa do descalabro que representou a incidência do mal em navegações ulteriores dos portugueses, e que levaria Georg Friederici a relacioná-la com a rápida decadência experimentada pela marinha lusitana depois de seu brilhante apogeu. É lícito pensar, no entanto, que, mesmo durante esse apogeu, a diminuta mortalidade verificada entre a gente da frota cabralina devesse passar por excepcional e quase milagrosa.

Com o franco declínio em que irá entrar a marinharia lusa, incapacitada, cada vez mais, de acompanhar o ritmo de progresso dos franceses, ingleses e holandeses nessa atividade, uma proporção de perdas, tal como a que nos tempos heroicos se verificara nas naus de Vasco da Gama, seria dificilmente superada ou sequer igualada. Não é preciso mais, talvez, para invalidar a tentativa do historiador alemão de estabelecer uma relação íntima entre a negligência, a falta de higiene, a desordem, a excessiva poupança, companheiras daquele declínio, e o acréscimo dos casos de escorbuto verificado nos navios ibéricos.

Por afoitas que possam parecer as notícias com que um Sassetti procuraria impressionar seus conterrâneos ao narrar-lhes os perigos da carreira da Índia, isso por volta de 1584, quando Portugal acabara de cair sob o jugo de Filipe II, a proporção de mortos ordinariamente lançados ao mar, segundo as cartas que desse florentino se conservaram, não era maior do que as perdas verificadas por ocasião da gloriosa expedição que abrira aquela rota aos europeus. O quarto, o terço, às vezes até a metade das equipagens – "la quarta e la terza parte, e talvolta la metà" – se achavam fadados àquele fim miserável, comenta ele, que num só dia vira adoecerem do mal 160 dos seus companheiros de expedição. Metade ou mais fora, por sua vez, a proporção dos mortos na viagem de Vasco da Gama: é o que consta de velho texto oficial português: a carta endereçada por d. Manuel a 10 de janeiro de 1502 aos Reis Católicos. Muito mais de metade, é o que levam a admitir estudos modernos, embora faltem meios para se precisar pacificamente sequer o número total das pessoas embarcadas com o Gama: Sernigi indica 118, tendo morrido 55 na viagem; Castanheda e Góis falam em 148, de que só regressaram 55, tendo morrido por conseguinte 93; Barros o de 170 e Gaspar Correia o de 320, não dizendo esses quantos teriam regressado.[20]

Não menos fatídica há de ser a praga entre marinheiros ingleses, por exemplo, que bem antes de Hudson, Baffin ou Bylot, e ainda no século XVI, tomarão conhecimento das virtudes antiescorbúticas de determinados vegetais frescos, particularmente das frutas cítricas. Richard Hawkins chega a sustentar em 1593 que, durante os vinte anos antecedentes, isto é, desde o tempo em que ele próprio se iniciara nas atividades navais, o número de vidas humanas ceifadas pela peste dos mares alcançara a cifra impressionante de 10 mil, nem mais nem menos. Faz questão de frisar que não entra nisto exagero, empenhando mesmo sua responsabilidade quanto à exatidão daqueles números.[21] Falta no texto qualquer indicação acerca da nacionalidade das vítimas, mas à margem da versão publicada por Samuel Purchas explica-se que se tratava de ingleses: "ten thousand English dead of the Scurvie in 20 yeerres".

Não se pode dizer até que ponto sir Richard se funda na própria experiência e em tradição de família, dessa notável dinastia de mercadores e marinheiros de Plymouth, que já no início do século se distinguia no tráfico marítimo, especialmente com a Península Ibérica, ou se em noções comuns ao seu tempo, entre gente do mar, quando mostra não ignorar o remédio ou um dos remédios de comprovada eficácia contra tamanho mal. A esse remédio, isto é, à laranja azeda e os limões, ainda acrescenta, como mezinha ou preservativo para o escorbuto, certa panaceia de que não se separava a bordo, chamada "água do dr. Stevens", e também o óleo de vitríolo (duas gotas numa porção de água adoçada com um pouco de açúcar), bom, além disso, para matar a sede e limpar o estômago do paciente.

Naquele mesmo ano de 1593, em que escrevia suas impressões de bordo, pudera Richard Hawkins certificar-se pessoalmente de como era bem fundada sua confiança no poder curativo da laranja e do limão. Essa certeza ele a poderia ter obtido justamente na costa brasileira, onde, assolada a gente de sua expedição pelo escorbuto, a tal ponto que em três navios que a compunham mal se contariam 24 pessoas inteiramente sãs, decidira ancorar na barra de Vitória, do Espírito Santo (o texto reza, erradamente, "no porto de Santos, aliás, Nossa Senhora da Vitória"), esperando obter ali agasalho, a fim de poderem restabelecer-se os seus homens.

Em resposta à carta que escreveu ao governador, provavelmente o capitão Miguel de Azeredo, recebeu deste uma comunicação, bastante cortês (sobretudo quando se considere que partia de quem fora vítima, um ano antes, do ataque, aliás malogrado, de outro inglês, Cavendish), que o impossibilitava no entanto de realizar aqueles desígnios. Invocando as determinações expressas de seu soberano para que não tolerasse comércio algum com súditos ingleses, e nem desse abrigo e refresco aos seus navios, temperava sua formal negativa com um pedido de desculpas. E dava o prazo de três dias, no máximo, para que as três embarcações largassem a barra: essa mesma tolerância haveria de ser entendida como homenagem à boa compostura de Hawkins e sua gente. Porque, ajuntava o governador, se algum outro navio inglês se aproximasse do porto, tudo seria feito para que nele achasse os piores estorvos e dissabores.

Um conforto bem maior do que as boas palavras de Azeredo, destinadas apenas a dourar a pílula, iria surgir providencialmente, no entanto, para mudar em alegria a decepção do navegante. Enquanto não chegava de volta o mensageiro com a resposta ao pedido de sir Richard, dois homens, devidamente instruídos por este, tinham procurado estabelecer contato com os soldados da guarnição de terra, os quais, depois de alguns entendimentos, consentiram afinal que suas mulheres e filhas levassem comida fresca aos marujos. De modo que, em troca de uma gratificação, puderam estes conseguir dois ou três centos de laranjas e limões, além de certa quantidade de galinhas, para enganar sua aflição.

Logo que a notícia chegou aos navios, foi como se uma verdadeira graça dos céus caísse sobre aqueles homens, nem faltou quem se sentisse curado só em ver as frutas. Tantas eram agora as vítimas que, repartido tudo entre eles, mal deram três ou quatro para cada um, entre laranjas e limões. Foi o bastante, contudo, para curar-se inteiramente ou sustentar-se com vida a gente, sem perda de um só homem. Assim puderam, tendo saído dentro do prazo fixado, aportar depois a umas ilhas, embora durante esse percurso interminável, sem escalas, precisasse o pessoal destilar a própria água do mar para matar a sede e cozinhar os alimentos.

Do bom efeito das laranjas e limões do Brasil não se esqueceriam aqueles marujos que viam nele coisa verdadeiramente milagrosa. "É maravilhoso segredo do poder e sabedoria de Deus", escreve sir Richard em suas *Observações*, "o encobrir virtude tamanha e tão mal sabida nessa fruta..."[22] A Providência, assim como se serve muitas vezes das pestes epidêmicas para punir a maldade dos homens, também distribui no mundo criado os remédios de que estes se hão de socorrer na hora de desalento.

Outro navegador inglês, que conheceu e soube utilizar grandemente as virtudes antiescorbúticas de limões e laranjas, foi sir James Lancaster. Em sua terceira grande viagem, iniciada em fevereiro de 1600 (em 1601, segundo o estilo novo), com destino às Índias Orientais, o mal principiou a grassar nos navios quando se achavam à altura de trinta graus do sul da equinocial. Aos poucos passou a lavrar com tamanha violência que, em certos casos, foi preciso ocuparem-se os mercadores dos serviços de mareagem no lugar dos tripulantes vitimados. No primeiro porto onde ancoraram dirigiu-se Lancaster, com alguns homens, para bordo dos navios em que o mal grassara mais fortemente, a fim de prestar os socorros necessários aos enfermos. "E a razão de se acharem com melhor saúde os homens da capitânia", escreve um cronista anônimo da viagem, "estava em que o comandante tinha levado consigo para bordo várias garrafas contendo sumo de limão, de que fizera dar, enquanto durou, três colheres a cada homem todas as manhãs em jejum, sem consentir que tomassem qualquer outro alimento antes do meio-dia. Esse remédio é mais eficaz quando acompanhado de ligeira dieta, com exclusão total de carnes salgadas, que são a causa, com a longa permanência no mar, de grassar tal doença. Por essa forma curava o capitão muitos dos homens, preservando os restantes sãos, de sorte que em seu navio, com um pessoal duas vezes maior do que o dos outros, não houve tantos doentes, nem tantas perdas como nestes."[23]

Tendo dobrado pouco depois o cabo da Boa Esperança e ancorado as embarcações entre a ilha de São Lourenço e a de Santa Maria, foi logo providenciada a compra de limões e laranjas, os quais frutos seriam "de grande preço para os doentes, livrando-os do escorbuto", escreve o mesmo cronista.[24] Outro documento sobre a mesma viagem, impresso em Londres logo após o seu regresso, revela que, a partir de 1º de agosto de 1601, quando principiara a manifestar-se o mal, até a chegada ao primeiro porto, o número de mortos não fora inferior a oitenta. De tal modo se expandiu, que poucos, em toda a frota, ficaram imunes.[25] Não há menção nesse documento do fato de terem sido menos atacados os que iam na capitânia, nem da providência que tomara sir James para prevenir ou debelar a enfermidade. Contudo faz-se referência, ainda aqui, às laranjas e limões de que se abasteceram os navios em Santa Maria para a extração do sumo que, diz seu autor, "é o melhor remédio contra o escorbuto".[26] Não obstante todas essas medidas, foi ainda considerável a hecatombe a bordo em resultado da "peste do mar", tanto que só lhe sobreviveram três quartas partes dos que saíram da Inglaterra em companhia de sir James.

Além das frutas cítricas, logo se conheceram outros remédios vegetais de notáveis propriedades antiescorbúticas. Um dos que mereceram maior realce foi certamente a infusão de galhos da árvore *anneda*, em cujo bom êxito se baseou aparentemente aquela afirmação de Friederici, de que, em contraste com os portugueses e espanhóis, os franceses, já em 1535, durante a segunda viagem de Jacques Cartier, teriam encontrado o meio de se livrar de uma enfermidade responsável pelas numerosas perdas que se verificavam durante as navegações quinhentistas.

Em realidade, o bom préstimo desse vegetal revelou-se, não nas viagens marítimas, mas nos desertos gélidos da América do Norte, que foi onde a equipagem de três navios da expedição de Cartier pudera ter notícia e certeza de sua virtude curativa. As circunstâncias relacionadas com o achado da *anneda* foram ainda mais impressionantes, aliás, do que o milagre dos limões e das laranjas de que se tinham socorrido, pelo menos desde a grande viagem de Vasco da Gama, os marinheiros lusitanos no Oriente, pois do pessoal da expedição de Cartier, abrangendo três navios, que se vira segregado meses seguidos entre os gelos canadenses, apenas três homens ainda estavam perfeitamente sãos e considerável era já o número de mortos, quando um índio iroquês amigo indicou aquele remédio, levando-lhes nove ou dez galhos da árvore milagrosa. Feita a infusão, os expedicionários que dela provaram, depois de vencida a repugnância que provocou de início o cozimento exótico, logo recobraram a saúde.

Grande e generosa maravilha essa, obrada sobre inúmeros doentes, que pouco antes ainda invocavam em sua miséria o socorro da Virgem Maria e, tendo entoado em coro sete salmos de Davi, com a litania, tinham começado a clamar pela divina misericórdia! Com o encontro oportuno daquela planta desconhecida, conseguira-se, afinal, alcançar em oito dias apenas o que em um ano certamente não teriam podido obter os pacientes, valendo-se embora de todos os médicos de Lovaina e Montpellier, com todas aquelas suas famosas drogas de Alexandria.[27]

A pronta cura dos enfermos tinha, nesse caso, as aparências de prodígio celeste, e como tal a tomaram naturalmente Cartier e seus companheiros. Embora haja incerteza quanto à exata identidade da árvore salvadora, não se pode sustentar a ideia de que fosse o sassafrás, espécie desconhecida no sítio da atual cidade de Quebec onde o milagre se produziu. Esse erro parecera autorizado, no entanto, pela leitura da versão inglesa da relação de viagem, publicada por Hakluyt,[28] a única acessível à maior parte dos leitores antes de 1841, quando pela primeira vez se imprimiu o original francês.

As preferências dirigem-se atualmente para certas coníferas da mesma região, onde análises recentes, feitas nas entrecascas, revelaram a presença de vitamina C, o agente antiescorbútico por excelência.[29] Durante os anos seguintes, continuaram os franceses a buscá-la no Canadá com vivo empenho, e não apenas nos meses de inverno em que grassava mais o escoburto, porém em qualquer época e para combater qualquer doença de caráter epidêmico. E é compreensível que a fama de sua eficácia logo se disseminasse. Marc Lescarbot chama-lhe em 1609 "árvore da vida"[30] e escreve que Champlain fora incumbido de fazer uma provisão de seus galhos durante as viagens que empreendeu à região do rio São Lourenço.

Os próprios doutores de Lovaina e Montpellier, tão amigos de receitar drogas do Oriente, não seriam infensos à crença na possibilidade de uma intervenção sobrenatural, que permitisse tão maravilhosas curas. Muitos deles, com efeito, mesmo professando as doutrinas galênicas, admitiam que a expressa vontade de Deus, segundo o atestam passagens das

Sagradas Escrituras, era a causa primeira das "moléstias populares" ou epidêmicas, mandadas como flagelo e castigo contra os pecadores.

É certo, porém, que, no invocar as causas naturais das pestilências, os mesmos doutores apontavam, quase indefectivelmente, para a célebre corrupção do ar, nascida de imundícies, vapores ou abundância de corpos mortos, assim como procuravam mostrar o perigo do contato de coisas infeccionadas e, naturalmente em maior grau, do consumo de alimentos corrompidos e putrefatos. Essas contaminações, desde que assumissem caráter de epidemias, faziam-se acompanhar frequentemente de algum ajuntamento menos propício de astros, ou de eclipses de aspecto infausto: a conjunção de Saturno e Marte, por exemplo, no signo de Aquário, relacionava-se para muitos com o surto de várias pestilências particularmente perigosas.

Supunha-se, em muitos círculos respeitados, que Nosso Senhor, servindo-se de causas secretas como instrumento de justiça, permitia que, através de influências boas e salutares em si mesmas, os quatro elementos se alterassem de tal maneira que o próprio ar, de que em maior escala nos servimos por meio da respiração, chegava a adquirir alguma intemperança ou qualidade adversa à vida.[31] O hábito de constantes fumigações por meio de vegetais aromáticos e vários outros produtos, aconselhados para a purificação do ar viciado, origina-se claramente nessa ideia e tinha como fito limpar a atmosfera viciada, servindo de preventivo e paliativo para qualquer pestilência eventual. Sir Richard Hakluyt, em suas *Observações* já citadas, recomendava especialmente que, nos navios sob seu comando, ao lado da limpeza indispensável e permanente das diversas dependências, tudo fosse borrifado de vinagre, queimando-se, por outro lado, alcatrão ou breu, assim como certos aromas suaves.

Os regimes dietéticos julgados aptos, ao menos para a prevenção, se não para o tratamento de males epidêmicos, tinham em regra a mesma razão de ser. O que era exato no caso dos alimentos sólidos não deixava de sê-lo no das bebidas, do vinho, da cerveja, da aguardente, esta de preferência retificada e, quando possível, adubada de canela, cravo e noz-moscada, especiarias que passavam por maravilhas contra os contágios de toda e qualquer natureza, para não falar em outra beberagem de fundo orgânico, a qual, mais acessível do que as primeiras, embora menos compatível com os paladares mimosos, sempre conservará bom número de adeptos.

As razões que militariam, em suma, a favor do vinho ou da cerveja deveriam prender-se às explicações dadas por sir Richard Hawkins, onde, tratando particularmente dos meios de prevenção contra o escorbuto nos navios, propunha que cada pessoa ingerisse, de um ou de outra, certa quantidade, todas as manhãs, com a primeira refeição. Pois dessa forma, dizia, "os poros ficarão bem entupidos quando principiarem as emanações marítimas". No caso do vinho frisava apenas a conveniência de ser ele cortado com dose pelo menos equivalente de água, acreditando que tão nefasto neste caso é o puro, quanto o aguado é benfazejo, ainda que não faltassem opiniões divergentes sobre um tal assunto.

Entre os que parecem decididamente optar pelos vinhos generosos e sem mistura, estaria Marc Lescarbot, que se ocupa também da "peste do mar", chamando-a "da terra", o que é explicável quando se tenha em conta que foi conhecer o escorbuto, não a bordo de um navio, mas entre os gelos do Canadá. A seu ver, o mantimento e remédio sem-par em todas as doenças, mormente nessa, há de ser o bom vinho, sobretudo se usado para regar bons capões, boas perdizes, bons patos e bons coelhos.[32]

Neste caso, parece estabelecer-se uma relação clara entre a ameaça de tão traiçoeira enfermidade e a ausência dos deleites e comodidades próprios de uma vida mais civil do que a aspereza das terras hibernais ou selvagens, ou a rude monotonia dos veleiros perdidos em algum desconhecido mar dos trópicos: precisamente os lugares frequentados de ordinário pela praga devastadora.[33]

Por esse caminho não se estaria longe de atinar com as causas verdadeiras e a terapêutica do mal. A frequente associação entre o surto deste e o consumo exclusivo de alimentos longamente guardados, sujeitos por isso a deterioração, que inclina a procurar seu natural antídoto em frutas, raízes ou ervas frescas, enlaça-se estreitamente com a crença de que a podridão, foco de hediondos miasmas, se acha à origem de todos os males epidêmicos.

Se o vinho chega então a ser insistentemente recomendado, e também as aguardentes ou a cerveja, é porque se tem como certo que, de algum modo, imunizam o corpo contra as pútridas exalações e os vapores malignos. Uma argumentação semelhante sugere o temor das águas paradas, porventura poluídas, dos peixes salgados, das conservas em geral e até dos biscoitos de bordo, também susceptíveis de corromper-se.

Quando João de Barros chega a relacionar, por exemplo, o consumo desses alimentos à moléstia que, por ocasião da primeira viagem entre Portugal e Índia, ceifou e pôs em risco tão numerosas vidas, é sem dúvida por esses motivos, não, como já houve que o pretendesse, porque teve algum genial pressentimento do conceito de enfermidades de carência. Nem se diga que o Gama, quando na barra de Melinde mandou dar à sua equipagem frutas frescas, trilhava, também neste particular, caminhos nunca dantes navegados.

O certo é que as mesmas causas, e por vezes os mesmos remédios, eram então apontados, quase indiferentemente, para uma variedade considerável de doenças infecciosas, dentre as quais a ninguém ocorrera excluir o escorbuto. E o eram, sobretudo, para a peste bubônica, peste por excelência, e flagelo mais temido do que qualquer outro naquelas épocas.

Na dieta preservativa para as ocasiões de epidemia, o português Manuel Álvares, em escrito já lembrado, insistia com singular ênfase na interdição dos peixes salgados ou em conserva, como sardinhas, arenques, anchovas e bacalhaus. Dos vinhos, preferia decididamente o branco ou o clarete. Quanto às frutas, que se evitassem as doces, devendo ser preferidas outras, que participassem de certo agrume, como limões, laranja, cidras e também a romã, o damasco, a maçã. Este último pormenor explicará, talvez, o fato de recomendar, logo adiante, os molhos onde entrasse vinagre, reiterando ao mesmo tempo a conveniência de se consumir laranja, suco de limão e de outros pomos acres. Da maior importância, a seu ver, é a conservação do ar constantemente puro. Para isso, nas cidades infestadas de peste bubônica seria conveniente que, diante das portas de cada casa e ainda nos quintais, se acendessem fogueiras onde se queimariam ervas ou resinas aromáticas: louro, rosmaninho, alfazema, cipreste ou mástique.

O fato de se incluir o escorbuto entre as chamadas doenças populares, isto é, contagiosas e capazes de atacar toda uma comunidade, apontava como causas diretas de sua irrupção para a ideia de que se manifesta onde se achem corrompidos os ares, as águas e os alimentos. Nas considerações sugeridas pela lembrança do que sucedeu aos homens da expedição de Cartier às terras canadenses, Lescarbot liga a incidência do mal, neste caso, às águas estagnadas dos lagos ou mesmo às águas correntes dos rios que, na passagem pelas florestas, se deixariam impregnar da podridão das madeiras e folhas caídas nas florestas. As próprias fontes e os mananciais poderiam ser, aliás, portadores da infecção, bastando para isso que se achassem dentro, ou nas proximidades, de terrenos paludosos. Como explicar de outro modo o número considerável de vítimas do bócio, de hidropisias, disenterias e tantas outras doenças que se encontrariam nos sítios onde abundam águas e pântanos, como é o caso da Holanda e Frísia?

Parece claro, além disso, que a qualidade das águas anda intimamente ligada à do ar, e isso mesmo pode verificar-se no Canadá ou Nova França, onde os vapores malignos exalados por inúmeros e tamanhos lagos de águas mortas se ajuntam ao mau cheiro dos galhos e troncos podres. E é em grande parte a esse mau cheiro, transportado pelo vento durante as chuvas do outono e inverno, que se deve aquela corrução dos lábios e gengivas, inchação das pernas, falta de resistência ao frio inclemente, que entorpecem os membros e forçam o corpo à imobilidade.

O alvo e paradeiro principal de muitas receitas higiênicas da época está geralmente em abrandar e dificultar, mais do que impedir, qualquer contágio, uma vez que é muitas vezes impossível evitarem-se os sítios e ocasiões em que as doenças infecciosas têm maiores probabilidades de grassar. E entre as medidas consideradas mais importantes estão, naturalmente, as que interdizem o consumo de certos mantimentos, principalmente aqueles que, envelhecidos, se acham, talvez por isso, ameaçados de deterioração. Pois se o princípio maligno e o contágio pestífero que recebe o corpo humano, e até o dos irracionais, entra pelos poros e narinas, é natural que possa também penetrar, e em grau ainda maior, pela boca.

No caso da "peste do mar", é fácil associá-la à má comida que se servia a bordo e que, no curso de uma longa viagem, introduz frequentemente muita corrução no corpo. Procedente o mal da ingestão de manjares rudes, grosseiros, frios e melancólicos, cumpria corrigirem-se esses inconvenientes com a adição de molhos picantes ou aromáticos, de sorte que, mediante especiarias apropriadas, se mantivesse o calor interno do corpo, atalhando assim as possibilidades de invasão da enfermidade. Importava principalmente evitar o consumo de carnes salgadas, defumadas ou malcheirosas, como a da arraia, e ainda a de peixes secos.

A noção, muito corrente àquele tempo, da eficácia de certos alimentos frescos, podia ter sido sugerida simplesmente pelo contraste com as conservas salgadas ou salpresas, que a experiência mostrara serem danosas. E não é talvez excessivo pensar que a crença na bondade de algumas frutas mais aciduladas (Hawkins recomenda em particular, além do limão, a laranja "azeda") tivesse, para muitos, certa relação obscura com a lembrança de que a doçura, própria muitas vezes das frutas bem sazonadas, poderia indicar já um começo de corrução: o agrume, por outro lado, é companheiro da imaturidade. Não entraria aqui também a presunção de que os frutos acres se acham, por isso mesmo, vizinhos das nascentes da vida e que, por eles, podem comunicar-se forças novas e certa juvenilidade aos corpos entorpecidos e caducos?

Naturalmente, cada qual procura explicar as causas dos males tidos então por infecciosos, e entre estes o escorbuto, segundo os resultados da própria experiência. Assim Lescarbot, depois de observar que o surto da enfermidade na Nova França coincide com o inverno e, quando muito, principia já em fins do outono, o que segundo as ideias modernas poderia explicar-se como consequência da supressão completa ou quase total, pelos gelos, de elementos portadores de agente antiescorbútico, pensa que o corpo, tornando a atrair, naquelas épocas, a melancolia e os humores negros e nocivos, que tinham sido expelidos pelas suas extremidades durante a primavera, cerra-os dentro de si, de modo que se torna mais acessível à doença. Já Hawkins acredita que sua maior incidência em certos lugares procede largamente da fraqueza do estômago, devida à mudança do ar, intemperado nas proximidades da equinocial, e a uma dieta onde entram largamente comidas salgadas ou, ainda pior, cozinhadas em água do mar. A tudo isso, irá somar-se a moleza comunicada pelo calor tanto aos homens quanto aos elementos, o que se verifica em particular nas ocasiões de calmaria. E se as águas do mar não fossem constantemente movidas pelo vento, as marés e as correntes, o tremendo mal acabaria corrompendo todo o nosso orbe terrestre.

Ao pensamento, afagado por um Lescarbot, entre a miséria de uma terra erma e sem o recurso daqueles bens que só podem ser desfrutados no próprio país e sobretudo no aconchego do lar, como único remédio não só para o espírito, mas ainda para o corpo que a doença quebrantou e pôs em perigo de morte, não é todavia estranho o irrequieto Hawkins. Evocando certa viagem feita em 1590 na frota de Sua Majestade, quando os barcos se tinham visto forçados pela calma a permanecer durante quase seis meses ao largo dos Açores, e as equipagens já começavam a ser vitimadas (salvo, acentua, "a do *Nonperei*, sob as minhas ordens, onde só um homem adoeceu"), nota como o pronto regresso à pátria servira a alguns de cura, e de resguardo a outros.

Entraria em incongruência, porém, de sua parte, se quisesse propor como lição e escarmento a espécie de virtude medicinal que encerrariam assim os pátrios lares. Para esse marinheiro, filho e neto de marinheiros, o contentar-se alguém com o bem-estar que pode dar uma existência caseira e cômoda deveria sugerir um pouco do marasmo que, comunicado aos elementos naturais, resultaria numa verdadeira calmaria cósmica, condenando tudo ao entorpecimento e à ruína sem apelo. No mesmo "discurso do escorbuto", que insere na narrativa das observações feitas em suas viagens aos mares tropicais, não deixa de referir-se ao ar da terra como o mais perfeito remédio que se poderia desejar. Porque o mar, diz, foi feito para os peixes, e a terra para os homens: "for the Sea is natural for Fish and the Land for the men". Mas logo adiante acrescenta, entre parênteses, que se não deve entender isso como formal condenação às viagens oceânicas, e sim como advertência prestimosa, que o navegante há de ter constantemente em mira se quiser o bom êxito de sua empresa.

A lição incutida pela experiência ensina que se hão de fazer muitas escalas, tantas quanto possível, até que se chegue à meta final da viagem. Assim, quando em uma de suas expedições a peste do mar começara a dizimar a equipagem dos navios e já todos se punham a implorar o pronto regresso à pátria, convictos de que só assim cessaria aquela mortificação e desbarato, cuidou ele de dissuadi-los do desejo, valendo-se de todos os argumentos que lhe ditara a prática de marinheiro. E sucedeu que o ar da terra veio e atestou a justeza das suas razões. E que esse ar da terra era, casualmente, ar do Brasil onde, trazidos por um bom vento, alcançaram os homens pronta salvação e refrigério.[34]

A terra, considerada não como paradeiro, mas como trampolim para novas e mais audazes aventuras, representa socorro certo de que se poderão valer todos quantos, das expedições remotas, procuram retirar maior glória e proveito mais seguro. É curioso que, tendo tido ocasião de testemunhar o bom efeito sobre sua gente das laranjas e limões de Vitória do Espírito Santo, e apesar de reconhecer expressamente o magnífico poder curativo desses frutos, insistia o navegante, fiel às ideias do tempo, em associar esse poder sobretudo a outra causa, ou seja, ao bendito ar da terra, que seria, este sim, o melhor de todos os remédios para doença tão funesta.

Segundo tal ideia, seria para pensar que as laranjas brasileiras, assim como as ervas tenras da primavera canadense, ou ainda a misteriosa árvore *anneda* e, sem dúvida, inúmeras outras folhas, frutas e raízes de que não ficou notícia, valeriam menos por alguma virtude e serventia própria do que por serem partícipes, em certo grau, da bondade dos ares e águas que respiraram, beberam e assimilaram, enfim, nos sítios onde foram geradas. E, por um inefável dom do Céu, guardariam em si muito dessa bondade, podendo comunicar seu préstimo aos que arriscaram a vida nos mundos distantes.

O deslumbramento que se apodera do navegante em face desses paraísos esquecidos entre mares ignotos, opulentos em árvores generosas, pescado, caça, água doce, acha-se à origem dos mais velhos e constantes temas poéticos. Temas que, depois de ganhar extraordinária força evocativa, justamente na era dos grandes descobrimentos geográficos, quando se enriquecem de novos aspectos e significações, levarão a esse multiforme romantismo insular, cuja marca é visível em obras de autores tão diferentes entre si como são Tomás Moro e Luís de Camões, por exemplo, ou Luís de Góngora e Daniel Defoe, cujo fascínio ainda não se dissipou nos nossos dias.

Quando, no curso das dilatadas navegações quinhentistas, começou a mostrar a experiência como aquelas ilhas, refúgio ideal contra a aspereza e desolação de muitas viagens marítimas, ofereciam às equipagens não apenas o reparo, refresco e recreio que naturalmente apetece o corpo, mas ainda o pronto remédio para as enfermidades que se abatem sobre o navegante, pode suceder que a auréola poética de tão ditosos cenários venha a transfigurar-se em resplendor místico.

Há uma página de frei Luís de Granada que, tendo residido longamente em Portugal, poderia familiarizar-se com alguns protagonistas dessas navegações da carreira da Índia, onde vemos projetar-se num plano sobrenatural e alegórico a magia única das remotas paisagens insulares. Referindo-se a Santa Helena que, no meio do Mar Oceano, dá lugar aos viajantes para descansar, pescar, caçar e prover-se de água boa e fresca, num caminho de 5 mil léguas como o que se faz de Lisboa a Calecute, compara-a ele a uma venda e estância que a Providência Divina ali dispôs só para esse efeito, que para outro não serve.

E o que mais nos maravilha, exclama, é ver como se alteia aquele pedaço de terra onde está fundada a ilha, desde o abismo profundíssimo da água até o mais alto dela, sem que tantos mares o tenham consumido e gasto. Além disso, como se explica que, não sendo esse ilhéu mais do que uma casca de noz para o imenso mar, persevera entre tantas ondas e tormentas, sem que dele nada se perca? Quem não adorará aqui a onipotência e providência do Criador, que assim pode fundar e assegurar o que quer? Este é, pois, o freio que Ele pôs ao grande corpo do mar, para que não cubra a terra e, quando corre impetuosamente contra a areia, tema chegar aos termos assinalados, e vendo ali escrita a lei que lhe foi posta, dê a volta, ao modo de um cavalo furioso e rebelde que, forçado pela ação do freio, estaque e se torne a outra parte, ainda que o não queira.[35]

Dessas palavras do dominicano parece emanar, como se

traduzido a *lo divino*, o encanto que da lembrança de tão ameno sítio, escondido no meio das ondas, deveria ecoar nas conversas e descrições dos marinheiros de torna-viagem. E ao mesmo sentimento não seria provavelmente estranho o terem recobrado ali a vida, algumas vezes, os que, durante o curso da navegação, a tinham quase desvanecida e já sem esperança de remédio.

Numa crônica da viagem de James Lancaster, há testemunho expressivo daquela secreta e generosa virtude que, de acordo com a mentalidade da época, deveria ter a ilha, e que opiniões mais abalizadas não podiam atribuir a outros motivos senão ao dos seus bons ares. Tanto que, sendo ela estância e venda de navegantes, na comparação de Luís de Granada, ainda lhe caberia ser chamada igualmente seu hospital e sanatório.

Redigida por Hakluyt, de acordo com a narrativa verbal de um dos imediatos de Lancaster, testemunha dos sucessos, declara essa informação que, na viagem de volta, os barcos, dobrado o cabo da Boa Esperança, rumaram para Santa Helena, onde, durante dezenove dias, seus homens se deleitaram. A natureza benigna e dadivosa da pequenina ilha, onde tudo parece bem ordenado para a conservação da vida, permitiu que logo se refizesse a equipagem das fadigas padecidas na travessia, e ainda que dois marinheiros enfermos, vítima, um deles, do terrível escorbuto, ficassem inteiramente sãos em breve tempo.

Embora sem associar expressamente a prodigiosa cura à qualidade ou variedade dos mantimentos que se produziam ali sem qualquer trabalho, assinala, logo adiante, a presença de numerosíssimos figos (bananas) verdes, saudáveis e de excelente paladar, laranjas, limões belíssimos, além de muitos porcos e aves, em que todos se fartaram, fazendo dessas coisas larga provisão.[36] E em outra crônica da mesma viagem, escreve-se que "a ilha não é propriamente um paraíso terreal, como se tem dito, mas um sítio de muitas e boas aguadas, com árvores de limão e de figo plantadas pelos portugueses, e grandes quantidades de cabras, porcos, perdizes, embora não possam ser capturados sem grande trabalho, por serem alçados e haver no lugar numerosos outeiros".[37]

A certeza, alcançada já quase ao início dos grandes descobrimentos marítimos, se não antes, de que as pestilências de bordo prontamente desapareciam ao contato de certas terras privilegiadas parece esclarecer de modo satisfatório uma das noções que, desde cedo, formaram os europeus da natureza e temperamento de algumas das regiões recém-descobertas, em remotos continentes, mormente no Novo Mundo. Nada mais fácil do que deduzir dessa certeza, apoiada em experiências numerosas, que o bom efeito das escalas feitas nesta ou naquela região é o melhor atestado do bom clima, das boas águas, até das boas e ditosas constelações que ali prevalecessem.

E quando sucedia que o navegante, ao mesmo tempo que admitia de bom grado os princípios onde fundava a sua conclusão, parecia ter chegado a confiar na eficácia curativa de certo número de vegetais frescos, principalmente frutas e verduras, não entrava nisso, forçosamente, uma contradição. É hoje notório que os próprios frutos cítricos, portadores do agente antiescorbútico, só adquirem em geral plena eficácia se o seu consumo for completado pelo de outros alimentos mais facilmente encontrados em terra firme.

Os próprios portugueses, que bem cedo se aperceberam do poder curativo ou preservativo dos limões e laranjas, tiveram certamente mais de uma ocasião, por exemplo durante a viagem de regresso de Vasco da Gama, de verificar que nem sempre seria de infalível proveito o consumo a bordo de tais frutas. Não é outra, provavelmente, a razão de se ter generalizado pouco em suas navegações o recurso a esse remédio, que nos navios ingleses, entretanto, passaria mais tarde a ser usado em grande escala. Num relatório consular francês de 1786, ainda se falava nas notáveis perdas em homens que padeciam as embarcações portuguesas na derrota da Índia: perda que se calculava corresponderem a uma quarta parte das equipagens. Pretendia-se, entretanto, no mesmo relatório, que o mal pudera ser enfim corrigido nos últimos tempos graças a uma dieta apropriada. Consistia esta, além do uso moderado de alimentos salpresos, no abundante consumo de arroz e mandioca, especialmente mandioca. E pelo fato de a considerarem mantimento antiescorbútico de notável eficácia, ideia que hoje passará talvez por surpreendente, tinham os portugueses tratado de intensificar seu cultivo no Brasil.[38]

Seja como for, a procura insistente de alimentos que aparentemente contribuíssem para cercear a propagação da peste do mar e o medíocre sucesso alcançado por muitas dessas tentativas, apesar de seu êxito inicial, deveriam contrastar vivamente com os magníficos resultados que decorriam das simples escalas em certos portos. Não seria preciso mais para se chegar a admitir que a cura fora devida em maior grau à própria bondade dos ares (e ainda das águas e estrelas), que seria, em tais sítios, potência soberana. Só em alguns casos poderia ela fazer-se por meio desses agentes naturais e vigários, que são as verduras e frutas das mesmas terras.

Era principalmente (não, porém, exclusivamente) no caso do escorbuto que o marinheiro, após navegação extenuante, efetuada em condições que muito deixariam a desejar do ponto de vista da higiene, sujeito a dietas de todo inadequadas, combalido de corpo e espírito, teria probabilidades maiores de um restabelecimento capaz de impressionar pela rapidez. Compreende-se pois como, iniciadas as extensas navegações atlânticas, ao largo de mares ainda mal praticados, onde a escassa familiaridade com as correntes, os ventos, até mesmo as possíveis direções, expunha os veleiros a inesperadas calmarias ou a demoras excessivamente prolongadas (e era nestes casos que a "peste do mar" se fazia sentir com mais sanha), o restabelecimento radical, obtido algumas vezes logo após o desembarque, teria todas as aparências de um sucesso misterioso e sobrenatural. Tanto mais quanto se tratava de praga ainda mal conhecida dos viajantes, habituados muitas vezes a navegações à vista da terra, e onde eram numerosas as ocasiões de desembarque.

É em semelhante praga, principalmente, que parece ter seu pensamento Duarte Pacheco Pereira, ao observar como nenhum marinheiro morre "desta infirmidade" sob os ares excelentes da Etiópia Inferior ou Senegal, e se acontece adoecerem alguns nos navios que partem de Lisboa, e outros morrerem, os que lá chegam nenhum dano recebem. O fato de virtude idêntica ter sido notada nos *Diálogos das grandezas*, ao abordar-se o clima do Brasil, onde muitas pessoas, doentes sob os "ruins ares" do navio, logo recuperavam a saúde quando este tomava terra, e a coincidência nas observações, que parece estender-se quase às expressões, nasce da surpresa comum diante de curas tão espantosas, que pareciam participar do milagroso.

A melhor explicação para essas curas, que a todos deveriam encher de pasmo, caberia buscá-la, segundo as teorias correntes e até ortodoxas e oficiais, na virtude excepcional do clima das regiões onde elas se processavam. E essa explicação parecia reforçada, sem dúvida, ao menos no Novo Mundo e nos lugares ao sul da linha equinocial, pela circunstância de não se ter tido ali notícia, por muito tempo, de epidemias do mal mais justamente temido entre europeus do tempo, ou seja, da peste bubônica.

É o que assinala, especialmente a propósito do Brasil, o interlocutor que, nos *Diálogos*, faz as vezes do autor de toda a obra, naquela passagem já lembrada, onde afirma serem os ares da terra "tão delgados e os céus tão beninos, que não consentem haver em toda esta costa [...] esse mal pernicioso da peste", diversamente do que se via acontecer geralmente em outras partes do mundo.

Não negava Brandônio o padecerem muitas vezes os brasileiros de doenças que alguns julgavam desconhecidas no Velho Continente, como era, em particular, o caso do chamado "mal do bicho", de que há notícia nos velhos documentos coloniais. O qual, no entanto, apesar de extremamente importuno, era curável sem maior trabalho do que algumas aplicações de água morna sobre a parte afetada.

Dissentia, além disso, o apologista, ardoroso das grandezas do Brasil, da comum opinião que tinha essa enfermidade como coisa ignorada da Europa, e sustentava ser ela, ao contrário, generalizada no mundo inteiro. O que fora do Brasil seguramente se desconhecia era, isso sim, o modo simples e eficaz de se socorrerem as suas vítimas, sem o que se faziam mais penosos os padecimentos. Da mesma forma desconheciam-se, fora dele, as folhas e sumos de ervas com que saravam muitos aqui de todos os postemas e chagas, não precisando recorrer a cirurgiões, barbeiros ou sangrias.

Sem dúvida não se podia negar, por outro lado, o grande malefício causado neste Estado do Brasil pelas bexigas e os sarampões. Tratava-se, no entanto, de enfermidades estrangeiras, trazidas, segundo alguns, da costa da África, já com os primeiros negros cativos. E como o mistério chama o mistério, aquela mesma admiração que causava o sararem muitos, com o simples ar da terra, de enfermidades apanhadas a bordo, estendia-se agora ao fato de essas infecções se comunicarem, aqui, poucas vezes aos brancos da Europa, atingindo de preferência os gentios, onde causavam, frequentemente, grandes mortandades.

Forçando talvez um pouco as aparências em que se sustentam suas digressões apologéticas, admite que em tantas epidemias desse mal, aqui verificadas, só lhe acontecera ver dois europeus morrerem dele. Mas, acrescenta, "uma andorinha não faz verão entre tão grande multidão, como morre dos outros". Ora, essa maior resistência ou imunidade dos filhos da Europa, de terras onde tais enfermidades em muitos casos eram endêmicas, comparada à falta de defesa do gentio deste Brasil, em que elas eram adventícias, não pareceria então explicável segundo as simples razões naturais que hoje são fornecidas para esse fato. Ao tempo em que discorria Brandônio, quando vinham de data ainda recente certas experiências geradas do estabelecimento em grande escala de europeus em lugares ignotos e longínquos, ele só se poderia traduzir, para a maioria, em termos de estranho portento, inacessível por isso a razões humanas.

É certo que, poupando embora os brancos, a mortandade produzida por essas bexigas e sarampões entre o gentio da terra ou da Guiné, tão grande que, numa epidemia ocorrida entre 1616 e 1617, ficaram no Brasil muitos homens, de ricos, pobres, com a perda dos escravos, não parecia abonar inteiramente a opinião do autor dos *Diálogos* acerca do bom e saudável temperamento da terra. Restaria, porém, justificar o estarem os gentios e naturais do país excluídos, neste caso particular, daquela espécie de imunidade que conferiam ao país os seus bons ares, invocando o que diz, em certo momento, do seu viver brutal ou dos excessos a que chegavam nos pastos e borracheiras. Pois só "uma noite, das muitas que gastam nelas, era bastante para matar a mil homens", posto que normalmente não lhe façam dano algum. De forma que, longe de denunciar a ruindade dos ares, essas devastações revelariam tão somente a ruindade dos costumes de tais homens e poderiam interpretar-se – quem sabe? – como um castigo dos Céus contra os que se comprazem em tamanhas bestialidades.

Assim, também, se o fato de as pragas do velho continente não serem funestas, no novo, aos adventícios, mas apenas, na generalidade dos casos, aos seus naturais, podia responder à alta ideia que muitos faziam do temperamento e clima destas terras, o mesmo deveria ocorrer a propósito da resistência maior que ofereciam seus moradores aos efeitos de certas doenças aparentemente ignoradas dos europeus, antes das navegações de Colombo. O mal que entre franceses seria tido por "napolitano", ao passo que entre italianos se chamara francês e gálico, é notório que não tinha na América as mesmas consequências catastróficas que acompanharam, em geral, suas primeiras manifestações no Velho Mundo, e foi essa uma das razões que dificultaram desde cedo a identificação de seu exato lugar de origem. Como querer explicar um fato dessa ordem com o recurso às simples razões naturais? Mesmo a um Guicciardini, tão amigo de ir buscar no meandro das paixões terrenas a causa secreta dos acontecimentos temporais, e que para os contemporâneos não era certamente um modelo de credulidade, patenteia-se o que há de estranho na menor ação dessa praga sobre os habitantes do mundo novo. E vê-se obrigado a acenar para o prodigioso ou para algum mandado dos céus, quando, ao abordar as vicissitudes do exército de Carlos VIII na Itália, faz menção daquelas chagas incuráveis, das dores intensíssimas que acometem a gente nas juntas e nervos de todo o corpo, contra as quais os médicos se sentem impotentes, e acabavam privando da vida ou deformando e inutilizando para sempre as vítimas.

Calamidade esta, observa, que os homens de nossa idade podem justamente perguntar se os teria vitimado, caso não fossem eles próprios os grandes culpados de seu assédio, pois é coisa aprovada e admitida de todos quantos observarem com diligência as características do mal, que ele não fere (ou só fere muito dificilmente) uma pessoa por outro modo de contágio que não seja o alcançado através dos ajuntamentos carnais.

Em vez de se deixar arrastar, a propósito do lugar de origem dessa enfermidade, pelas noções mais correntes em sua época, e que se tinham divulgado até mesmo entre os habitantes europeus do Novo Mundo, do Brasil inclusive, onde o padre Manuel da Nóbrega, em carta de 1550 redigida em Porto Seguro, aludirá aos estragos produzidos pelo mal "francês" em terra que, por outro lado, não deixa de considerar "muito sadia" e ainda "a melhor que se possa achar",[39] o historiador florentino chega a formar opiniões aparentemente mais exatas.

Assim é que lhe parece de toda conveniência dissociar-se dessa "ignomínia" o nome "francês", pois a verdade era que semelhante designação só lhe fora atribuída depois de disseminar-se a peste em Nápoles, para onde a levaram os espanhóis. Aliás, observa ainda, não se pense que seja própria da mesma Espanha, que a recebera, de fato, daquelas ilhas remotas, cujo conhecimento data, na Europa, das navegações de Cristóvão Colombo, genovês. "Nas quais ilhas, não obstante", acrescenta o mesmo Guicciardini, "este mal encontra muito depressa o remédio adequado, devido à benignidade da natureza, pois com o só beberem o sumo de certa planta, que naquelas partes medra, nobilíssima pelos seus inúmeros e memoráveis dotes, facilmente saram."[40] Ainda aqui parece ecoar o velho motivo das folhas ou flores medicinais do Éden, como o carlófilo que se dizia crescer nas beiradas do Fison[41] e o "non erat febris et iam erat antidotum", do Paraíso de Arnoldo de Bonneval.

Esse milagroso vegetal, sem dúvida o guaiacã ou o pau-santo, correspondentes às caarobas brasileiras, cuja virtude, se merecem inteira fé os seus panegiristas, bem poderia emparelhar-se com a das frutas e ervas capazes de conter rapidamente os padecimentos produzidos pela peste do mar, é mais um entre os prodígios sem fim de que o Novo Mundo enleia a fantasia do europeu. Prodígios em grande parte manifestos, ainda quando enganosos, e que em nada se deixam superar pelas fábulas de cavalaria. O simples fato das mais atrozes pestilências, espantalho de tantas gerações de homens, logo se mitigarem ou até desaparecerem ao influxo de uma natureza sem-par, e assim a brandura e bondade daquelas terras, ares, águas e céus, já parece traduzir o poder de uma vontade sobrenatural.

Ora, a ideia desse mundo resguardado de toda espécie de calamidades e padecimentos físicos, tanto quanto a outra, que a ela se enlaça estreitamente, da longevidade extrema dos seus moradores, tende a entrosar-se, muitas vezes, na inspiração dos velhos motivos edênicos, tais como aparecem principalmente na literatura devota da Idade Média. A simples presença do desconhecido e do mistério poderia, aliás, encaminhar sobre esse rumo as imaginações. Mesmo na inclemência do inverno canadense não faltará quem atribua à prodigiosa árvore *anneda* uma designação – árvore da vida –, que já sugere aqueles mesmos motivos.

Tais ideias irão ocorrer, com muito mais razão, a propósito de terras onde uma natureza sempre "verde en su entegredat", como nos já lembrados "milagres de Bercéo", e um clima sempre igual e, segundo todas as aparências, saudável, inclinariam sem dificuldade os navegantes ao pensamento do Paraíso Terreal enfim recuperado. Se a suspeita, muitas vezes formulada naquelas épocas, de que o Senhor quis cumular o Novo Mundo de maravilhas incontáveis, a fim de dar a conhecer aos cegos Sua sabedoria e providência, não menos notáveis ali do que na própria fábrica do Céu, continua e até bem mais tarde continuará a seduzir almas piedosas, é claro que a surpresa e o encantamento de que se fazem acompanhar a princípio as grandes navegações não poderão perdurar indefinidamente.

Em alguns casos, e sobretudo a propósito daquele Novo Mundo, parece mesmo perfilar-se, desde cedo, excitado talvez pelas notícias de experiências negativas de muitos colonizadores, um movimento adverso a essa mitificação das terras descobertas. Movimento que, iniciando-se talvez com a tese tão debatida entre os pensadores e teólogos quinhentistas, de que os índios são meio bichos – contraposta à sua idealização por um Las Casas ou um Montaigne –, irá desembocar, dois séculos depois, na polêmica antiamericana dos que sustentam, desta vez não apenas contra certos clássicos da conquista, mas ainda contra os teóricos novos da bondade do homem natural, a decrepitude e degenerescência da natureza neste hemisfério.[42]

Ainda não é dessa atitude negativista, mas já é de uma noção mais robusta da realidade, que há de participar Giovani Botero, o doutrinador da Razão de Estado, onde opõe objeções ao "soberbo nome" de Paraíso Terrestre que Cristóvão

Colombo tentara associar às regiões circunvizinhas do golfo de Pária. E presume que só a grande fome e trabalho com que o genovês alcançara aquelas regiões pudera torná-las mais ridentes e floridas para ele, do que de fato o são.[43]

É muito possível aos próprios portugueses, e já na fase das primeiras expedições africanas, a chegada a praias tais como as da então chamada Etiópia Inferior, com a maravilhosa pujança de sua vegetação, depois de costeado um imenso areal rochoso, estéril e desolado, sugerisse reações semelhantes a essa. O bom efeito dos ares da terra sobre equipagens já em parte dizimadas, a formosura do arvoredo, o sabor das frutas, tanto mais grato quanto mais prolongada fosse a abstenção de mantimento fresco, a abundância de boa caça e pescado, a notável grandeza de um caudal de água doce, que ali se despeja; esse quadro, surgindo inesperadamente aos olhos dos homens famintos, achacados, exaustos da penosa navegação, onde não seriam mais de temer as borrascas do que as longas calmas, deveria cair sobre eles como bênção divina. E se em cenário tão aprazível a simples visão dele os há de deixar logo enamorados, não custa crer que tudo ali se viesse a confundir em seu espírito com a imagem ancestral das idades de ouro.

O sonho paradisíaco em que se teriam embalado assim os mareantes, e que domina as descrições do Cadamosto, ganha nelas em verossimilhança, graças às noções geográficas que faziam do mesmo caudal um braço do Gion bíblico, identificado com o Nilo. Daquele mesmo Nilo onde, antes de chegar ao Egito e deitar aquele braço para o poente, costumavam os homens lançar as redes às suas águas e logo na manhã seguinte recolhiam, sem mais trabalho, produtos tão valiosos como o gengibre, o ruibarbo, o calambuco e a canela. Assim se pensava durante toda a Idade Média, e Joinville, que registrara a crença, comenta que tudo aquilo vinha do Paraíso Terrestre[44] onde o vento faz cair das árvores essas preciosidades, assim como em outras terras derruba o lenho seco.

Não há muito que estranhar se o mesmo sonho que perseguira Cadamosto na costa da África, e Colombo quase vira realizar-se junto ao Pária, pudesse seduzir no Brasil outro navegante ilustre. Pois já se sabe como, além de se referir expressamente ao Paraíso, o quadro que destas terras oferece Américo Vespúcio na carta Bartolozzi, de 1502, reproduz com notável fidelidade quase todos os lugares-comuns das descrições medievais do deleitoso horto: "terra amena, de árvores infinitas e muito grandes, que não perdem folha, aromáticas ('anno odori soavissimi, e aromatici'), carregadas de saborosos frutos, e salutíferos para o corpo; campos de muita erva, cheios de flores, que maravilham pelo odor delicioso; imensa cópia de pássaros de várias castas, com suas plumagens, cores e cantares, que desafiam qualquer descrição...".[45]

Essas inflamadas idealizações e canonizações das paragens descobertas, posto que não encontrassem paralelo exato entre as notícias dos viajantes portugueses contemporâneos, deixariam, no entanto, ao menos no Brasil, e mesmo passada a era das grandes expedições costeiras, uma espécie de rescaldo. É o que parecem sugerir as palavras com que, já no século XVII, o principal interlocutor dos *Diálogos das grandezas* não se cansa de exaltar a formosura e bondade singulares de uma terra onde desaparecem ou se abrandam as mais temíveis moléstias.

Não falta sequer, entre os louvores que dedica Brandônio à sua América portuguesa, a sugestão de que o Paraíso Terreal se acha situado na zona tórrida, "aonde cai grande parte deste Brasil", contra a antiga suposição dos que a tinham por inabitável. E assim alude aos "autores que querem afirmar estar nesta parte situado o paraiso terreal" e fortificam seu parecer com certas razões astrológicas.[46] É certo que, sem desdenhar, embora, os sufrágios oferecidos pelos tais autores à apologia que tece das áreas vizinhas ao equador, não parece ele mostrar-se, todavia, altamente persuadido da excelência dos seus argumentos.

11
non ibi aestus

•

SE NO ESPETÁCULO DAQUELES SÍTIOS viridentes e amenos, onde tudo se alia para a satisfação da vista e a conservação da vida, estão assim presentes alguns elementos constantes do tema paradisíaco, há um ponto, entretanto, onde a apologia do Novo Mundo, principalmente daquelas partes mais propínquas à linha equinocial, há de enfrentar sério embaraço. Ainda depois de abandonada a velha opinião que tinha por inabitáveis essas partes, como acomodar os excessos a que tende ali, muitas vezes, a temperatura à concepção tradicional de que a sempiterna primavera, capaz de preservar o verde da folhagem no horto de Éden, também exclui obrigatoriamente excessos semelhantes? A verdade é que no clima ideal celebrado em inúmeras "visões" do Paraíso Terrestre, tão necessário se faz o *non ibi aestus* quanto o *non frigus*.

Jamais faltará, é certo, mesmo em épocas bem mais tardias, quem se valha de argumentos que sugerem não ser o clima da chamada zona tórrida, por mais que se dissesse o contrário, adverso a essa temperança. O próprio autor dos *Diálogos das grandezas* há de apelar para "os ventos frescos que nela de ordinário cursam, exceto", observa, "em pequeno espaço da costa que chamamos de Guiné, os quais são poderosos para resfriarem os ares, de maneira que causam um temperamento tão singular para a humana natureza, que tenho por sem duvida ser esta zona mais sadia e temperada que as mais; porque o calor que nela causa o sol de dia é temperado com a humidade da noite, e também porque Saturno e Diana, planetas por qualidade frios, fazem nestas partes mais influencias por se comunicarem nelas por linhas retas".[1]

O vigor, porém, dessas razões, ainda quando não se leve em conta a fragilidade dos supostos fundamentos científicos em que se amparam, é claramente alimentado pelo empenho de mostrar o erro dos detratores obstinados no mundo tropical. No argumento de fundo polêmico pode vislumbrar-se alguma coisa daquela mesma emoção que deve ter possuído os cosmógrafos quando, ao circularem as primeiras notícias de viagens efetuadas às terras outrora ignoradas, se foram dissipando ou desbotando noções que, durante longos séculos, passaram quase por artigos de fé: a noção, por exemplo, de que em nosso globo a terra tem extensão muito maior do que as águas; a da existência dos antípodas, de que até os santos duvidaram, e não faltou quem o lembrasse; ou ainda a de que a cor da pele, nos seres humanos, nada tem a ver com a intensidade do calor, de modo que num mesmo clima e à mesma distância da equinocial podem existir brancos e pretos, e por fim a de que mesmo os sítios mais quentes, ou tidos como tais, são perfeitamente habitáveis.

Esse desmoronar-se de uma sabedoria tradicional, reduzida agora à proporção das "muitas ignorâncias" de que tratara Pedro Nunes, teve suas consequências mais fecundas e verdadeiramente revolucionárias, precisamente com o desaparecimento de opiniões falazes que se haviam formado acerca do clima tropical, campo imenso que desse modo se abriu à expansão dos europeus e cristãos. Tal possibilidade, alentando ainda mais o súbito abandono de certezas tranquilas, é que levaria muitos a abraçar com zelo pressuroso as novas "verdades" acerca daqueles mundos remotos, como se, com tão exaltado fervor, devessem compensar tão prolongado erro. De sorte que vinham facilmente a substituir a segurança dos antigos no negar a hospitalidade da zona tórrida, pela ênfase no afirmá-lo e gabá-la, não se cansando muitos em entoar hinos à singular bondade de sua natureza, à salubridade dos seus ares e, afinal, à excelência suprema de seu clima.

Não faltará mesmo quem, do fruto das admiráveis navegações dos portugueses e castelhanos, tire um motivo para abater o prestígio dos antigos doutores. Ou ainda quem, como Francisco Guicciardini, fiel, até nisto, àquela sua ideia de que a piedade em demasia, *la troppa religione*, apenas serve para corromper o mundo, se rejubile ante um sucesso que, apto a refutar igualmente, com a força das evidências, as lições dos sábios e dos santos, vem trazer água para seu moinho.

A maioria, embora aceitasse muitas das conclusões práticas a que dera ensejo o descobrimento das terras incógnitas, deveria optar, porém, no domínio da teoria e da especulação, por alguma via mediana. O prestígio da autoridade, neste caso, fosse ela a de sábios pagãos ou cristãos, ou até infiéis, pois que doutrinas agora caducas tinham merecido, em muitos casos, o endosso de doutores conspícuos e discordes entre si, podia representar, de fato, um estorvo para a melhor compreensão do que significavam os últimos empreendimentos marítimos.

Assim, os que não queriam abandonar de todo as velhas ideias, e contudo não podiam ficar cegos à importância dos novos achados, só tinham o recurso de tentar entre umas e outros algum caprichoso concerto. A persistência desse conservantismo dissimulado evidencia-se mesmo, e principalmente, depois dos feitos de Vasco da Gama e Magalhães, na curiosidade universal e incessantemente suscitada pelas obras de cosmógrafos e astrônomos, que ainda glosam teorias já decrépitas, como as do tratado da esfera de João de Sacrobosco, objeto de numerosas edições quinhentistas e até seiscentistas.

O principal valor dessas concepções, já largamente ultrapassadas pelos acontecimentos, estava ao menos nisto, que serviam, quando possível, para dar uma aparência de unidade aos farrapos da experiência ainda incipiente e necessariamente desconexa dos visitantes de terras equatoriais. Muitas especulações estranhas às nossas ideias de hoje, que vemos desenvolvidas então pelos partidários mais denodados do clima das chamadas regiões tórridas, prendem-se, de fato, a semelhante compromisso.

Se a teoria de que as áreas chegadas à equinocial são inabitáveis descendia, em geral, das conjeturas de Aristóteles, fundadas em seguros raciocínios, cumpria agora, já que a prática revelara o contrário, formular novos argumentos por onde se confirmassem os resultados da experiência. Importava mostrar como o fato de incidirem os raios do Sol perpendicularmente sobre aquelas mesmas regiões (ao passo que, nas direções dos dois polos, eles se projetam de soslaio) não dá razão aos que imaginam dever alcançar ali o calor seu grau extremo. Entre as explicações que mais se popularizaram estava esta, de que a maior ou menor força do calor não depende unicamente do ângulo que traçam os raios solares, e sim da duração maior ou menor do Sol sobre o horizonte.

Essas explicações formula-as, entre outros, Jerônimo Fracastoro quando, consultado por João Batista Ramúsio acerca do velho problema do crescimento das águas do Nilo no período do verão, procurou dar fundamento científico à sua ideia de existirem possivelmente montes nevados na Etiópia durante os meses estivais, quando na Itália tendem a liquefazer-se a neve e o gelo com a força do calor. É que na Europa, dizia, o dia, no verão, bem mais longo do que a noite, alcança quinze ou dezesseis horas, coisa que muito contribui para sustentar o calor e deter o frio. Ao passo que na Etiópia, onde o Nilo tem suas nascentes, nunca chega o dia a abranger mais de doze horas e meia aproximadamente.[2]

As mesmas razões são largamente desenvolvidas em certas reflexões impressas por Hakluyt, onde o autor, baseando-se em dados de marinheiros ingleses, que em 1553 e 1554 tinham estado na costa da Guiné, procura demonstrar que todas as partes da Terra são habitáveis. Essas razões favorecem mesmo, com particular desvelo, as zonas cortadas pela equinocial, consideradas das mais "frutíferas e deleitosas" entre todas. Aos antigos parecera isso improvável, pensa, somente porque a noção da *mora Solis supra Horizontem* totalmente lhes tinha escapado.

Ora, observa, sabendo-se que na Inglaterra os raios solares vão bater obliquamente, não é estranhável que seja ali o calor relativamente moderado. Entretanto, demorando-se o sol muito mais tempo durante o verão, sobre aquelas latitudes, do que sobre o equador, há de resultar claramente um acréscimo correspondente nos seus efeitos. Pois era notório que a presença dele no céu pode prolongar-se no primeiro caso por dezesseis e dezoito horas seguidas, quando na zona tórrida isso só se dá durante doze horas contínuas.

Além do que, é mister considerar que no verão inglês costumam as noites ser muito breves – seis a oito horas –, em contraste com o que sucede nos lugares atravessados pela equinocial, onde sua duração nunca é inferior a doze horas: o resultado é serem lá mais exíguas, aqui mais dilatadas, as possibilidades de acumulação dos vapores frígidos que servem para temperar os excessos do calor, visto como essas possibilidades só se apresentam normalmente entre o ocaso e o nascer do sol. Assim, ainda que os raios solares caiam enviesados sobre a Inglaterra e, por conseguinte, deva ser mais atenuada, ali, a sua ação do que se caíssem verticalmente como no equador, nem por isso os habitantes daquele país deixam de padecer seus efeitos com mais intensidade do que os da zona tórrida.[3]

Com esses e outros argumentos julga o autor ter podido mostrar perfeitamente que as lições da experiência em nada destoam aqui da boa razão. Pouco importa saber, é certo, se esta seria realmente boa e procedente, mas é de notar o empenho constantemente mostrado por escritores e viajantes da época em querer fundamentar uma verdade que, ao primeiro relance, parecera desafiar leis humanas e sagradas. Que numerosos portugueses, espanhóis, franceses e alguns ingleses vivessem comodamente, não raro com seus fortins e povoados, nas costas ao sul do cabo Bojador batidas pelas águas do mar outrora Tenebroso, ou que marinheiros chegados daqueles climas se mostrassem mais sadios, prósperos e robustos, muitas vezes, do que às vésperas da partida, era coisa inaudita, a anunciar eloquentemente uma extensão jamais suspeitada do espaço habitável na esfera terrestre.

Não há dúvida que algumas aparências podiam iludir a respeito daquelas regiões relegadas para além do *caput finis Africae* e fim do mundo dos antigos cartógrafos. As relações levadas pelos mercadores de Londres que todos os anos iam a traficar em Marrocos já não bastariam para mostrar a sem-razão de tamanho otimismo? Se ali, quase na fronteira da Europa, a temperatura era pouco menos do que insuportável para os que iam de latitudes setentrionais, que pensar então das terras vizinhas da equinocial?

Esse argumento não é de molde, porém, a perturbar as profundas convicções do apologista inglês da zona tórrida. Segundo pretende ele, se se traçassem duas linhas paralelas imaginárias, distantes cada qual cerca de vinte graus do equador, as regiões mais cálidas ficariam situadas, não no espaço compreendido entre aquelas linhas, mas nas franjas ao norte e ao sul delas, quer dizer, nas imediações dos dois trópicos. E, assim sendo, Marrocos, que se acha a apenas seis ou sete graus do Trópico do Câncer, estará mais sujeito aos extremos do calor do que qualquer outra área existente à altura ou nas imediações da linha.

Isso se dava pelo simples fato de concorrerem as duas causas que podem determinar essa condição: de um lado os raios do Sol são ali projetados quase perpendicularmente e de outro é maior a continuidade dos seus efeitos. O que, seja dito de passagem, não torna, mesmo essas regiões, incompatíveis com a planta humana: a intemperança do clima de Marrocos e de muitos outros lugares do norte da África estaria ligada antes a causas acidentais e particulares, entre estas à má qualidade do solo, geralmente arenoso e ressequido.

Esses argumentos em favor da zona tórrida, bem pensados e sólidos na aparência, é claro que só serviam para encobrir diversos outros, mais pessoais ou íntimos, posto que ainda assim os movesse uma exaltada fantasia. Cada viajante ou aventureiro que pela primeira vez penetrava aqueles mares e terras via-se inclinado algumas vezes a valorizá-los, como se por essa forma se tornasse mais insigne sua mesma experiência. E, ao cabo, tudo vinha a ser realçado segundo a medida das esperanças ou, como o maná celestial nas Escrituras, vinha feito ao gosto dos desejos particulares e não de uma só maneira e saboroso de um só sabor, mas cheio de sabores inumeráveis.

Assim é que, para mostrar a excelência daqueles sítios no coração da zona tórrida e em geral entre os paralelos que imaginara, o autor das já lembradas "experiências e razões da esfera" trata de recorrer a testemunhos dos que tinham corrido a Arábia, a Índia *intra et extra Gangem*, as Molucas ou a América. É sobre esses testemunhos e também sobre recordações pessoais que ele faz descansar sua teoria de que as terras tão negadas ou injustamente denegridas em outros tempos são, em seus vários aspectos, sobretudo em sua maravilhosa louçania e abastança, muito superiores às das latitudes setentrionais. Longe de referir, aliás, a propósito delas, coisas estranhas e fora de toda ordem comum, é ao contrário para as ordinárias e mais caseiras que parece inclinar suas predileções.

Não deixa, assim, de observar como, naqueles lugares pretensamente intolerantes para a vida humana, os rabanetes, os repolhos e muitas verduras se tornam, apenas dezesseis dias após o plantio, maiores e mais saborosos do que em sua Inglaterra. De certo trigo semeado na região tórrida num dia 1º de fevereiro, constava-lhe que, passados três meses apenas, isto é, a 1º de maio, já dera espigas maduras. E não seria caso de exceção, pois, na pior das hipóteses, isto é quando a sementeira se fizesse em terreno tido por menos fértil, tornava-se necessário esperar até quatro meses para que começasse a granar. Em alguns casos saíam espigas tão grossas como um punho de homem e davam, cada qual, seu milhar de grãos. Feijões, ervilhas e outras hortaliças semelhantes colhiam-se duas vezes ao ano. O gado europeu levado às ricas pastagens que por aquelas partes se encontravam, onde a grama, seis meses depois de cortada, já alcançava mais de um pé de altura, podia chegar, em menos tempo, a maior tamanho e volume do que nos países de origem.

Para fortificar ainda mais tudo quanto alegava em abono das zonas tórridas, abandona o autor, ao menos num ponto, as coisas já familiares aos seus conterrâneos e acena para estranhas maravilhas que naqueles lugares se deparavam. É quando alude à enorme quantidade de árvores colossais que crescem naquelas florestas, e que doze homens de mãos dadas não conseguem abraçar inteiramente. Seria preciso mais para ficar demonstrada a feracidade única de tais terras, julgadas pelos antigos filósofos incapazes de alimentar qualquer vivente, em consequência do excessivo calor a que estariam sujeitas?

O fervor que mostravam esses e outros adversários das lições do Estagirita, onde contraria a ideia da hospitalidade da zona tórrida, é natural que logo achasse eco entre os povoadores e mesmo naturais dessas regiões, desde que estivessem em situação de acompanhar seus raciocínios. Foi precisamente o que sucedeu ao nosso frei Vicente do Salvador, nascido, este, dentro da área outrora tão combatida, pois viera à luz do Recôncavo da Bahia de Todos-os-Santos, sob o governo de Mem de Sá.

Depois de citar a opinião de Aristóteles e de outros que a apoiaram ou abonaram, segundo a qual o sol, aquentando fortemente a zona tórrida, é ali mortífero, o frade baiano começa invocando a prática dos que a visitaram ou conheceram, contra essas especulações surgidas a distância. Porque a experiência, diz com efeito, "tem já mostrado que a zona torrida é habitavel, e que em algumas partes dela vivem os homens com mais saude que em toda a zona temperada, principalmente no Brasil, onde nunca ha peste nem outras enfermidades comuns, senão bexigas, de tempos em tempos, de que adoecem os negros e os naturais da terra, isto só uma vez, sem a segundar em os que já as tiveram e si alguns adoecem de enfermidades particulares é mais por suas desordens que por malicia da terra". Depois dessas observações, que não diferem muito das que apresenta Brandônio, especialmente no que concerne à espécie de imunidade que o clima do Brasil assegura contra as doenças públicas ou comuns – isto é, infecciosas –, só se achando nele as particulares, e estas devido antes à bestialidade dos homens do que à ruindade da terra onde habitam, passa o frade baiano às razões que justificariam tamanha virtude nos ares da terra.

As principais razões são ainda fundadas na experiência corrente. Porque, diz, "ainda que a terra do Brasil é calida por estar a maior parte dela na zona torrida, contudo é juntamente muito humida, como se prova do orvalhar tanto de noite, que nem depois de sair o sol a quatro horas se enxugam as ervas, e si alguem dorme ao sereno, se levanta pela manhã tão molhado dele como se lhe houvera chovido. Daqui vem também não poder o sal e o açucar, por mais que o sequem e resguardem, conservar-se sem humedecer-se, e o ferro e aço de uma espada ou navalha, por mais limpo e sacalado que seja, se enche logo de ferrugem. E esta humidade é causa de que o calor desta terra se tempera e faz o clima de boa complexão. Outro é pelos ventos Leste e Nordeste, que ventam do mar todo o verão, do meio dia pouco mais ou menos até a meia noite, e lavam e refrescam a terra".

Dadas estas explicações, oriundas da própria experiência e do consenso de todos os moradores da América lusitana, passa frei Vicente a dar as razões especulativas, principalmente para a última causa do bom temperamento. E neste ponto não se separa das argumentações que se encontram à base tanto do discurso de Fracastoro sobre o crescimento das águas do Nilo, como das que expõe o anônimo inglês sobre as experiências e razões do mundo habitável. O que tempera os ares do Brasil, no seu modo de ver, é a "igualdade dos dias e das noites, porque (como dizem os filosofos) a extensão faz intensão; donde se um puzesse ou tivesse a mão de vagar sobre um fogo fraco de estopas ou de palhas, se queimara mais que se depressa a passasse por fogo forte". E por isso mesmo acha que em Portugal, posto que o calor seja mais remisso, sente-se mais, porque dura mais, e são maiores os dias no verão que as noites. Enquanto no Brasil, ainda que deva ser mais intenso, vem ele a durar menos e não aquenta tanto que o frio da noite o não atalhe, de sorte que não chega de um dia a outro.

E assim conclui suas razões: "Donde se responde ao argumento de Aristóteles, que o sol aquenta mais na zona torrida que na temperada *intensivè*, mas não *extensivè*, e que esta intensão do calor se modera com os ventos frescos do mar e humidade da terra, junto com a frescura do arvoredo de que toda está coberta, de tal sorte que os que a habitam vivem alegremente".[4]

Para quem, e era o caso do franciscano brasileiro, conhecia não só os primores tão gabados de sua terra, mas além desses, posto que os tentasse dissimular quanto podia, muitos dos seus aspectos menos lisonjeiros, era suficiente apontar para a jucundidade e deleitação que podiam inspirar aqueles cenários natais. Outros, porém, que sabiam daqueles sítios sempre verdes ou tinham impressa na memória a boa lembrança deles, tendiam frequentemente a colori-las segundo a própria fantasia ou a encantada nostalgia. A essa tendência, ainda que pareça esquivo aos milagrosos portentos, não escapa nem mesmo o anônimo inglês das experiências e especulações do mundo habitável.

E assim, ao encerrar suas observações "substanciais e muito certas" contra o anátema que lançara Aristóteles sobre a zona tórrida, exprime-se nestas palavras: "Para ser breve, aqueles que lá estiveram são acordes, sem exceção, em afirmar que viram os melhores e mais verdes prados e campinas, os outeiros mais aprazíveis, cobertos de árvores e frutas de toda casta, os mais formosos vales, os mais deleitosos rios de águas frescas, providas de infinitas variedades de peixes, as florestas mais densas, sempre verdejantes e cheias de frutos, que possam existir no mundo inteiro. Quanto ao ouro, à prata, a todas as outras qualidades de metais, às especiarias de toda sorte e aos pomos deleitáveis, seja pela suavidade e mimo, seja pelo efeito saudável que produzem, tamanha é a sua abundância que até aqui nunca foi possível imaginar que pudesse haver em outras partes senão nestas. Concluindo, tenho a dizer que, segundo se pensa hoje, em nenhuma região que não esteja debaixo da linha equinocial ou a pouca distância dela fica o Paraíso Terreal e único sítio deste mundo onde reina a perfeição".[5] Semelhante a estas são as razões de outro inglês que, tendo acompanhado sir Francis Drake às mesmas latitudes, verificou a falsidade dos que a tinham por imprópria à habitação pelos homens: não só a zona tórrida pareceu-lhe o "paraíso terrestre" como todas as criações divinas superavam de longe, ali, as que se achavam em todas as outras partes do mundo.[6] Em tempos como aqueles, sempre que se tratasse de exaltar algum espetáculo natural, o que vinha constantemente à tona eram fórmulas consagradas do clássico *locus amoenus*. E talvez encontrassem as descrições assim expressas maior aceitação ou mesmo maior crédito do que a fiel reprodução de pormenores verídicos e individualizados. De qualquer forma bem poderiam tais páginas ter lugar entre as visões paradisíacas medievais, em que também foram férteis as letras anglo-saxônias. Para se acomodar mais perfeitamente aos moldes canônicos, pode-se dizer que, mesmo a essa embevecida exaltação de um mundo real e, no entanto, impregnado de sedução milagrosa, falta apenas a referência, quase obrigatória nas "visões" beatíficas dos hortos amenos, à harmoniosa música dos pássaros multicoloridos e ainda ao aroma das flores que adornam e matizam a paisagem ideal, com o que, gratificando ainda a audição e o olfato, fingem dar recreio a todos os sentidos.

Contudo a visão do paraíso com que os autores agora lembrados entretêm seus leitores ocupa em verdade lugar subsidiário num discurso que se destina menos a comover do que a persuadir. E posto que animada, na aparência, de uma emoção viva e sincera, propunha-se essa visão ajudar a desfazer, não propriamente qualquer dúvida acaso existente sobre a formosura dos sítios, atravessados pela equinocial, mas aquele engano em que muitos se achavam acerca de seu clima. Desenvolver esse parecer favorável à salubridade, amenidade, gentileza e temperança de lugares tidos por outros como inóspitos e doentios é o objetivo essencial de um escrito que Richard Hakluyt, ainda em 1599, não parecia julgar irrelevante, tanto que o fez imprimir.

Se, para alguns leitores, chegassem a parecer bem fundados os seus argumentos cosmográficos, outros, no entanto, oporiam talvez importante contraprova a esse panegírico. É que, desde tempos imemoriais, passara como verdade quase axiomática a existência de uma conexão estreita entre a cor da pele, nos homens, e o maior ou menor influxo exercido sobre ela pela ação dos raios solares. Dessa influência do sol, nas partes meridionais da Europa, já era inseparável o fato de ser a gente ali trigueira, e clara no Norte, naturalmente menos exposto aos seus efeitos.

À mesma causa, e sem dúvida com mais razão, relacionava-se a tez negra dos africanos que, no segundo livro das *Metamorfoses*, pudera ser associada à nefasta aventura do filho de Cibele. A própria Líbia, na concepção ovidiana, seria mais produtiva se a temeridade do mesmo Faetonte não tivesse resultado na esterilização das suas terras e no desaparecimento das suas águas, ressecadas pelos raios que desprendeu de si o flamejante carro do Sol desgovernado entre as mãos do mancebo imperito e ambicioso.⁷ Tão evidente continuaria a parecer aquela conexão entre clima e a pigmentação da pele, que aos autores quinhentistas forneceu um tópico indefectível nos debates sobre o temperamento e clima das terras do ultramar.

Bem típica desse raciocínio é, para citar só um exemplo, a surpresa revelada em meados do século por Lopez de Gomara, ao ter ciência de que os patagões gigantescos eram mais escuros de tez do que o faria esperar a frialdade das paragens antárticas que habitavam.⁸ E no entanto haveria como opor a certas razões vindas do paganismo, outras, mais merecedoras de geral crédito, porque vindas da Escritura Santa, para mostrar como a pele escura e os cabelos lanosos e arrepiados dos africanos se prendiam antes à maldição que lançou Noé sobre Cã e sua descendência, do que à circunstância de terem sido abrasados pelo calor. E essa explicação, aparentemente inexpugnável, encontrou facilmente adeptos, inclusive no investigador inglês das experiências e razões da esfera.

A escuridão dos africanos, os etíopes, como eram comumente chamados, resultaria, não de uma pretensa intemperança do clima da zona tórrida, que ao mesmo autor parece, ao contrário, a mais saudável e aprazível que desejar se possa, e sim daquela terrível praga ancestral. Tendo ela suscitado uma "infecção no sangue dos primeiros habitantes de tais lugares, toda a sua progênie se acha, ainda agora, poluída pela mácula da infecção", escreve.

E tanto assim é que, estendendo-se a África através de latitudes várias e achando-se, por esse motivo, sujeita a climas naturalmente desconformes entre si, tão preto e dotado de igual feição, compostura e concerto dos humores é ali o morador da região equatorial e tropical como o que nasceu nas vizinhanças do cabo da Boa Esperança, onde, pelas razões da esfera, deveria reinar uma temperatura idêntica à de certos lugares do sul da Europa, em que toda gente é, no entanto, de boa compleição e aspecto. Ao lado disso, não faltavam casos de etíopes levados à Europa e casados afinal com mulheres brancas, os quais tiveram filhos não menos retintos do que o pai.

O argumento principal em favor do efeito duradouro da praga bíblica poderia ser tirado, no entanto, da circunstância de os indígenas da América, mesmo os que vivem nas proximidades da equinocial, e ainda os das Índias Orientais e das Molucas, não terem a pele negra, mas antes baça ou até branca, em alguns casos, além dos cabelos longos e lisos. De sorte que, se a pele negra dos etíopes fosse efeito de uma reverberação mais intensa dos raios solares em seu continente, que outra causa teria impedido os gentios americanos, situados muitas vezes sob os mesmos paralelos, de ser tão escuros quanto o são aqueles, já que, vivendo na mesma latitude, o Sol se encontra igualmente distante de uns como de outros?

Precisamente da África, porém, onde a cor negra dos seus moradores proviria, não da intemperança do clima e sim da praga de que dão notícia as Escrituras, o resultado de expedições sucessivamente realizadas ali só poderia desenganar aos que se tivessem deixado enlear em explicações semelhantes. Da mesma forma, algum marinheiro lusitano que, pelos meados do século XVI, deitasse os olhos no *Esmeraldo*, só poderia achar disparatadas e fora de todo senso as palavras com que seu autor, tão circunspecto em geral, e comedido, se referira, no começo do mesmo século, à excelência e benignidade da costa vizinha à boca do Senegal, como se ali ainda encontrasse o vestíbulo do Paraíso Terreal, de que falara Cadamosto.

Agora, depois de assíduos e demorados contatos, aquele litoral, longe de se apresentar como um jardim de maravilhas e delícias, se achava convertido em degredo e açoite de quantos eram forçados a ir padecer os efeitos de sua proverbial insalubridade. Que a força do sol era bastante para abrasar ali a pele dos naturais, tornando-a da cor do breu, assim como os seus cabelos, fazendo-os ralos, rentes e enrodilhados, como coisa que o fogo crestou, já todos o admitiriam facilmente e sem subterfúgio.

E nem poderiam impressionar alguns outros argumentos desfavoráveis à ideia, universalmente acreditada naqueles dias, da influência poderosa do calor sobre a epiderme e os cabelos humanos. A objeção, por exemplo, de que os filhos de pretos nascidos na Europa não saem brancos, senão escuros como os pais, fato este que de nenhum modo poderia imputar-se à ação do clima, podia ser contestada como a Alviano contestou seu interlocutor no *Diálogo das grandezas*, isto é, que tão poucos anos passados, desde que para lá se tinham ido alguns pretos, não davam naturalmente para desfazer obra que requerera numerosíssimos séculos.

Por outro lado, a crença, amparada em muitos testemunhos, de que no Brasil, por exemplo, o tormento do calor estava longe da intensidade que alcançava em certos lugares da costa da Guiné, ainda que nas mesmas latitudes, forçoso era que comparassem uma à outra, e atentassem para o fato de não ter aqui o gentio, como lá, a pele enegrecida e os cabelos retorcidos e como que cerceados. Esse efeito diverso dos raios solares sobre regiões onde deveriam agir sempre por igual, e mormente ao longo da linha do equador, onde batem em cheio, ao oposto do que sucede nas demais partes da esfera terrestre, onde caem de esguelha e assim exercem maior ou menor influxo, segundo a extensão do percurso feito, haveria de parecer em tudo contrário a muitas das especulações então suscitadas.

De que servem argumentos puramente especulativos quando se acham em contraste com as lições da experiência, "madre das coisas"? Tanto mais quanto, bem ponderada, a experiência acabará por achar razões que melhor a autorizem. Assim, contra a crença de que, sob um mesmo paralelo, a temperatura há de ser sempre a mesma e, por conseguinte, não hão de variar seus efeitos, poderá apelar Brandônio, como o fará mais tarde frei Vicente, para circunstâncias que tornem menos rígida a aplicação da lei. E as circunstâncias, no caso, ele as encontra ainda na ação dos ventos frescos, vindos por sobre o mar, que lavam toda a costa fronteira à da África, "com os quais se resfriam os ares e terras, de maneira que não deixam lugar para que o sol com os seus raios obre nele o efeito que faz na outra, de Guiné".

Não fosse isso, e consideradas as simples "razões da esfera", teriam certamente os naturais do Brasil a mesma escuridão dos gentios da África, pois diversamente do que acontece com frei Vicente, Brandônio não especula ainda sobre as diferenças entre a extensão e a intensão do calor, o que deitaria por terra alguns dos seus argumentos. É certo, observa, que o continente africano não carece de ventos em muitas partes da costa, mas é vento, este, que vem por cima da terra, trazendo consigo "os ruins vapores e calor da mesma terra, de onde nasce serem aquelas partes tão doentias e de tão ruim habitação pera aqueles que as frequentam, sendo pelo oposito a do Brasil muito sadia e acomodada pera a natureza humana [...]".[9]

Não despreza esse apologista do clima do Brasil a versão de que a África teria tido, entre seus primeiros habitantes, os filhos de Cã, objeto da maldição de Noé. Contudo, em vez de se servir dela para defender a ideia de uma espécie de mácula de origens sobrenaturais, segundo a qual, castigada aquela progênie, não pela força do calor, mas pela mão divina, guardaria na tez e nos cabelos os sinais da maldição, utiliza-a tão somente para mostrar o tempo antiquíssimo em que os moradores da costa africana teriam assentado ali sua vivenda, sem haver acidente que os apartasse dela. Ora, enquanto essa antiguidade sua é atestada por escrituras autênticas, tudo faz pensar, dos habitantes do Brasil, que seriam gente adventícia, e nada leva a inferir com segurança se teriam vindo por mar ou por terra.

A ele, pessoalmente, não lhe repugnava o acreditar que descendessem os nossos gentios da nação hebreia, opinião esta que não é o primeiro nem será o último a sustentar, conforme se pode tirar do livro de dr. Diogo Andrés Rocha, ouvidor em 1681 da Real Audiência de Lima. A este parecerá fora de qualquer dúvida a ascendência israelita e, em partes, também a espanhola, dos primitivos povoadores da Península Ibérica, e ainda a tártara, e procura abonar essas versões sustentando-se na autoridade de nada menos de 140 escritores.[10] Com mais esta particularidade, que tudo quanto ao dr. Rocha parece bom nos índios teria vindo dos primitivos espanhóis, e tanto melhores seriam quanto menor fosse sua mescla com gente de Israel e Tartária. Quanto a Brandônio, sua tendência é para favorecer, usando das mesmas razões, a ascendência israelita do gentio do Brasil, e não necessariamente de outras partes do Novo Mundo, como o do Peru, por exemplo, "fraquíssimo e pouco inclinado a guerras, e os desta outra costa belicosíssimos",[11] admitindo até que aqueles tirassem sua origem dos chineses, tão antigos na arte da navegação.[12]

De qualquer maneira ainda seria recente a chegada ao Brasil dos primeiros antepassados desses índios, coincidente, como quer acreditar, com as expedições de el-rei Salomão, feitas em liga com os de Tiro, se comparada à de Cã e seus filhos à África, ocorrida pouco tempo após o Dilúvio Universal. Essa razão da escassa antiguidade do estabelecimento dos índios ou de seus primeiros avós no Brasil é o outro argumento de que se valem os *Diálogos* para explicar o terem eles a cor baça, não negra.

A rigor nem mesmo poderia ser invocado semelhante argumento, sem míngua para o outro, que se funda sobre o poder refrigerante dos ventos marinhos que lavam as costas da América lusitana. Pois a verdade é que, sendo esse poder a tal ponto eficaz contra a alta temperatura da zona tórrida, que necessidade haveria de recorrer àquela presunção da menor antiguidade do povoamento do Brasil? E se esta menor antiguidade, por outro lado, pode explicar a circunstância de lhes faltar, aos índios brasileiros, a tez negra e outros traços distintivos dos africanos, não fica entendido que, sem esse acidente, teriam os raios do sol operado sobre eles com os mesmos efeitos que exercem no continente fronteiro?

É desnecessário frisar aliás que, dado o seu próprio caráter dialógico e polêmico, não se pode esperar de todo esse panegírico das grandezas do Brasil a precisão das provas rigorosamente pesadas e coerentes em todas as partes. E assim como lhe falta essa coerência, sendo os encômios em geral atiçados e inflamados pelas críticas adversas, também se pode dizer que carecem pela mesma razão de valor peremptório. Se alude enfaticamente aos bons ares e à salubridade da terra, é como para compensar, com excesso no desvelo, o excesso na injustiça de opiniões adversas a esta parte do mundo português, principalmente às áreas que calham com a zona tórrida e equatorial.

   O certo é que em nenhum momento se deixa o autor arrastar pela tentação de enaltecer quase a um plano sobrenatural as excelências da terra adotiva, alvo daqueles encômios. Se retoma o tema da longevidade dos seus naturais, nem por isso ultrapassa os termos do verossímil. E mesmo onde apela para a crença dos que situam o Paraíso Terreal nas áreas tidas entre os antigos como particularmente inóspitas, ele o faz com as devidas reservas e apenas no intuito de melhor autorizar as impressões próprias, socorrendo-se das crenças alheias, que todavia não necessita subscrever ou endossar para lhe fazerem atingir seu propósito.

   De modo que, embora possam os *Diálogos das grandezas* fornecer um exemplo quase isolado da ressonância alcançada entre portugueses, durante o primeiro século da colonização regular do Brasil, pela mitologia geográfica surgida em outras partes com o alvoroço que aos viajantes comunicara, em geral, o contato de regiões distantes e diversas das suas, é ainda assim um exemplo discreto. Se a mitologia aparece, pode-se dizer que vem já desbastada dos elementos mais fabulosos e reduzida a proporções relativamente plausíveis.

   Não vale isto pretender que em alguns pontos, mormente no tocante ao clima e temperamento destas terras, se achassem os portugueses imunizados de todo contra a tendência frequente naqueles cronistas para dar aos mundos recém-descobertos um colorido irreal e fantástico. Das informações que nos deixaram seus viajantes ou colonos sobre o Brasil quinhentista, pode-se dizer que poucas se distinguem, a esse respeito, pela malevolência. E quando, nos seus escritos, se torna inevitável alguma alusão aos grandes calores que prevalecem durante a maior parte do ano ao longo da costa, fazem-na seguir constantemente de uma referência à sua exemplar salubridade.

Nos tempos, entretanto, que antecederam àquela colonização regular e que correspondem, em outras partes da América, à fase propriamente mítica da história da conquista, nem os grandes calores da faixa litorânea chegam a impressioná-los. Nota-se mesmo uma tendência curiosa entre cronistas, e não apenas portugueses, para dar relevo maior à temperança ou até à frialdade dos ares do Brasil. Todos parecem seguir nisto aquele passo do escrivão Caminha onde, depois de afirmar que não havia notícia ou sinal da existência de ouro ou prata ou outros metais na terra e como para amenizar um pouco o mau efeito de semelhante declaração, ajunta que ela é "em si de muitos bons ares, assim frios e temperados, como os de Entre Doiro e Minho, porque neste tempo de agora os achávamos como os de lá".

Esse mesmo motivo dos "bons ares" é retomado, ainda a propósito da Terra de Santa Cruz, na carta a 17 de outubro de 1501 endereçada de Lisboa por Alberto Cantino ao duque Hércules d'Este, de Ferrara, dando conta do quanto pudera ver ali e ouvir sobre os empreendimentos náuticos dos lusitanos. Relata, entre outras coisas, que devido àquela bondade dos ares e por ser toda a terra deleitável e abundante em dulcíssimos frutos, cinco marinheiros da frota del-rei fugiram de bordo e nela se deixaram ficar.[13]

Passados mais de trinta anos, o veneziano Piero Caroldo, conhecido em seu país pelo cognome de "Português", narrará a Zuan Iacomo Caroldo, secretário do Conselho dos Dez, da sereníssima, em carta hoje perdida e com data de 1532, as coisas ditas a el-rei pelo capitão de três naus chegadas do Brasil. Posto que desse documento só se tenha notícia através dos diários de Marino Sanuto, conhecem-se, no entanto, as informações que dele constariam, por uma alusão ulterior do mesmo Caroldo Português, onde se assinalam, em primeiro lugar, entre as virtudes daquele "ótimo sítio", capaz de produzir generosamente tudo quanto nele se cultive, as de seu clima, que afirma ser "muito temperado".[14]

As observações, tanto de Cantino como do Caroldo, foram recebidas de terceiros, e tudo parece indicar que de portugueses. Isso é exato, ao menos no segundo caso, se, conforme consta do documento publicado e do outro, resumido pelo Sanuto, o autor se limitou a comunicar o que a el-rei fora dito pelo capitão da frota recém-chegada a Lisboa. E parece também fora de dúvida que esse "capitão" era Pero Lopes de Sousa, como aqui mesmo já se sugeriu.

Entretanto, a mesma tese do bom temperamento dos ares que prevaleceriam ao longo da costa brasileira também é encontrada em escritos de navegantes, e não apenas lusitanos, que a visitaram durante a primeira metade do século XVI. Seria lícito inquirir, é certo, se o "bom ar" notado por Palmier de Gonneville em 1504 naqueles mesmos lugares – digno em tudo do belo cenário que oferecem, e ainda de sua fertilidade em frutos, aves e animais terrestres, ou da abundância do pescado que se cria em suas águas, diverso das variedades europeias[15] – não é apenas, na mais antiga relação que se conhece dos contatos entre franceses e este mundo novo, um outro nome para o ar saudável que julgavam respirar os mareantes após dilatada travessia. O próprio autor da narrativa não deixa de mencionar, sem dar-lhe o nome só posteriormente generalizado, aquela misteriosa peste que costumava grassar a bordo dos navios, e que a simples presença do "ar da terra" e o consumo de água e mantimento fresco, de que em terra podem as equipagens abastecer-se, parecem suficientes para dissipar.[16] Seja como for, já parece ter sido bem frisado como, naqueles tempos, e mesmo em eras bem mais tardias, as noções de salubridade e temperança mal se separavam.

Nesse caso parece de todo admissível que a ideia de bons ares se relaciona indiferentemente com a de ar saudável e a de clima temperado e fresco. E assim como os grandes calores e os frios extremados passavam de ordinário como causa, entre os homens, dos maiores desconcertos, devido à presunção de que entorpecem ou corrompem o sangue e os demais humores do corpo, a frescura e moderação do ar parecia apta, no entanto, a reanimá-los, conservando-lhes a saúde, lavando os corações da tristeza e, não raro, elevando a alma a pensamentos piedosos e divinos.

Da íntima aliança entre as duas noções é bem característico, por exemplo, o que, de volta do Brasil, escreveu Américo Vespúcio a Pier Francesco de Medici, na carta Bartolozzi. Os lugares que percorrera, na mesma costa, parecem-lhe, nesse documento, muito amenos e temperados, pois nenhum dos seus companheiros de viagem neles morreu e poucos adoeceram durante o tempo em que ali estiveram, e foram meses. No mesmo escrito pretende ainda o florentino que, não padecendo os moradores do país de qualquer enfermidade ou peste ou corrução do ar, só vêm a morrer de morte natural, ou ocasionada por sua própria mão e culpa.[17] De sorte, diz, que os médicos "fariam mau negócio em semelhante lugar": *medici avrebbero un cativo affare in tal luogo*.

O mesmo se deduzirá da observação feita por outro florentino que, um ano antes de Gonneville, já teria costeado aliás o Brasil, de passagem para a Índia, como feitor de Bartolomeu Marchione na frota do *terribil* Afonso d'Albuquerque. Os primores, porém, que mais tarde irá descobrir no clima da Terra de Vera Cruz ou do Brasil, ainda não parecem, desta vez, evidentes ou dignos de registro a Giovanni Empoli. Quando muito, nas breves linhas que lhe dedica, acenará para as boas formas dos índios, que vivem nus, homens e mulheres, antes de se referir, e o fará sumariamente, aos adornos que trazem, a suas armas, à ausência, entre eles, de qualquer fé, "salvo a epicúrea", ao seu feroz canibalismo – "servem-se, como vianda costumeira, de carne humana, que deixam secar ao fumo, assim como o fazemos nós com a de porco" – além de salientar o fato de ser considerável ali a produção de cássia e brasil.[18]

Nada, nessas linhas, chega a denunciar um contato, superficial embora, com os sítios referidos, onde, segundo as deduções bem apoiadas do historiador português Duarte Leite, não chegara, em realidade, a fazer escala a frota do Albuquerque, só atingindo, talvez, as suas proximidades.[19] Por outro lado, acha-se a carta impregnada, em todo esse trecho, de manifestas reminiscências de Vespúcio, ou antes da pseudovespuciana *Mundus Novus*, que Empoli, como tantos contemporâneos seus, teria conhecido. E, apesar das muitas maravilhas que no famoso apócrifo são narradas sobre aqueles lugares, o que o impressiona são justamente as passagens menos lisonjeiras para a terra e os seus naturais.[20]

Mas assim como esta sua carta deixa transparecer menos a observação própria do que a alheia, ou antes, não a própria, mas a alheia, outra de sua autoria, datada de 1514, bem pode refletir alguma coisa das noções porventura reinantes àquele tempo, entre portugueses, acerca da terra ainda mal sabida, e em particular da temperança suposta de seu clima, a que já aludira a carta de Caminha. Noções a que se junta agora, para corroborá-las, a experiência, enfim, de um conhecimento direto e afortunado deste mundo novo.

É de fato o ar ameno e fresco, tirando para o frio e ao mesmo tempo salutífero, justamente por aquelas qualidades – *perchè è terra fredda*, diz a carta –, o que lhe parece digno de nota em semelhante experiência. Neste particular, o testemunho de Giovanni Empoli, seguindo-se aos de Vespúcio e Gonneville, toma seu lugar no coro dos louvores, que tão cedo não se extinguirá, às altas virtudes do clima e temperamento do Brasil.

A revelação dessa terra situada aquém do Mar Oceano terá

sido o bastante para que recebesse logo o privilégio da imunidade a quaisquer doenças e achaques, em detrimento da Etiópia Inferior, tão associada a semelhante privilégio na imaginação dos antigos marinheiros, que o autor do *Esmeraldo* pudera admitir poucos anos antes, se não pela mesma época, e dá-la como sabida e certa, a rapidez com que se curavam as vítimas de toda e qualquer pestilência, quando lá desembarcassem.

O fato é que, com Giovanni Empoli, viajando novamente de Lisboa, de onde saíra em março de 1510 (de 1509, segundo o estilo florentino, por ele seguido) na frota de Diogo Mendes de Vasconcelos destinada a Malaca, irá suceder bem diversamente, pois como chegasse enfermo e com altíssima febre ao Cabo Verde, no começo da mesma Etiópia Inferior, não cessaria ali de agravar-se o mal, de sorte que duas vezes foi sangrado. Com esse remédio pôde entrar em lenta convalescença e sair rumo à Terra de Santa Cruz chamada Brasil. Só aqui, "por ser lugar frio", completa-se enfim sua cura.[21] Passado um século e mais, o anônimo do *Livro que dá razão do Estado do Brasil* ainda aludirá por mais de uma vez ao hábito que tinham os corsários de vir a estas costas a sarar das enfermidades que lhes causava a Guiné.[22]

Não será entre os viajantes e cronistas portugueses que iremos deparar com as amostras mais claras do pendor comum entre autores quinhentistas para apresentar os mundos novos em termos que recordem os esquemas já usados nos tempos medievais para a descrição do Paraíso Terrestre. Só ocasionalmente discernem-se, nas páginas daqueles cronistas ou viajantes, elementos que destoam do quadro ideal.

E é possível que a simples docilidade exterior e formal a uma convenção antiga sirva para explicar, em seu caso, o prestígio daqueles cenários estereotipados, válidos indiferentemente para as terras recém-descobertas e para os quadros do Paraíso, cuja popularidade na ascese medieval se iria reanimar com a era do Barroco. Cenários, esses, onde a Divina Providência se esmerara em suscitar unicamente formas deleitáveis aos sentidos: à visão, através da verdura perene da folhagem e dos variados matizes que ostentam as espécies vegetais e animais; à audição, pela celeste música das aves canoras, que povoam os bosques, ou pelo sussuro das cristalinas fontes e dos riachos serpentinos; ao olfato, pelo aroma que incessantemente se desprende das flores e do arvoredo ("Omnes arbores ibi sunt odorate", segundo se lê na *Mundus Novus*); ao paladar, graças ao sabor vário e à doçura das frutas... Além disso desconhecem-se dores, tristezas, achaques ou pestes, num clima eternamente primaveril, sem frio nem calor e onde, enfim, a humanidade parece realizar o sonho eterno da Idade de Ouro, vivendo numa perfeita comunhão de afetos e vontades.

Desses motivos clássicos e mais ou menos convencionalizados, já se viu como o da longevidade dos naturais e o da salubridade da terra puderam impressionar vivamente a muitos portugueses, àqueles, inclusive, que uma longa residência nestas partes permitisse retificar opiniões tão lisonjeiras. O mesmo se há de dizer de outro, intimamente vinculado às visões edênicas, como seja a singular temperança do clima, sem os extremos de frio ou mesmo de calor. Dentre os inúmeros exemplos que abonariam nesse sentido os ares do Brasil, poderia citar-se o que dizia Anchieta, em carta de 1560, quando já contava cerca de sete anos de residência na terra. Nesse documento, depois de falar das estações do ano, que nela se dividem de modo inteiramente oposto ao da Europa, de sorte que é inverno aqui quando lá é verão, e vice-versa, acrescenta que ambas "são de tal modo temperadas, que não faltam no tempo de inverno os calores do sol para contrabalançar o rigor do frio, nem no estio, para tornar agradaveis os sentimentos, as brandas aragens e os humidos chuveiros, posto que esta terra, situada [...] à beira-mar, seja regada em quase todas as estações do ano pelas aguas da chuva".[23]

O depoimento de Anchieta pode traduzir, no entanto, a experiência unilateral de quem, tendo vivido, até aquela época, sobretudo nas capitanias do Sul, onde maior é a moderação da temperatura, se achava menos apto a falar com o mesmo conhecimento de causa sobre as demais capitanias. Mas que dizer, então, de Pero de Magalhães Gandavo? Que tenha ele estado no Brasil, parece hoje fora de contestação: mas o tratado e a história que lhe dedicou mal autorizam a supor que viajou para o sul de Ilhéus, isto é, para regiões a que, ainda assim com benevolência, se ajustariam melhor certos tópicos de sua descrição do clima da terra, coincidentes com os de Anchieta.

E de fato é a esta "província de Santa Cruz", tomada no seu conjunto, que pretendem aplicar-se aquelas palavras do cronista, onde escreve que é "á vista mui deliciosa e fresca em gram maneira: toda está vestida de mui alto e espesso arvoredo, regada com as aguas de muitas e preciosas ribeiras de que abundantemente participa toda a terra, onde permanece sempre a verdura, com aquela temperança da primavera" que em Portugal, acrescenta, "nos oferece Abril e Maio". Concluindo, diz ainda: "E isto causa não haver lá frios, nem ruinas de inverno que ofendam as suas plantas, como cá ofendem as nossas. Em fim que assi se houve a Natureza com todas as cousas desta Provincia, e de tal maneira se comedio na temperança dos ares, que *nunca nela se sente frio nem quentura excessiva*".[24] É como se ouvíssemos um eco, e bem nítido, do velho motivo edênico de Isidoro de Sevilha, na versão medieval portuguesa do *Orto do esposo*: "nõ ha frio nem quentura, mas ha hy sempre temperança do aar".

A estrita obediência, neste ponto, a um esquema fixo e tradicional não impede Gandavo de mostrar-se, muitas vezes, observador imparcial e clarividente. Em escritos como os seus, que já puderam ser considerados uma espécie de "propaganda de imigração", não falta mesmo algum dado mais próprio para afugentar do que para atrair forasteiros, como o que trata de um "vento da terra", sumamente perigoso e doentio, que, "se acerta ficar alguns dias, morre muita gente, assim portugueses como índios",[25] e isso justamente na página onde se gaba a insigne bondade de uma região onde os velhos ganham vida longa e como que renovada.

Se é exato que ele se mostra por vezes fiel ao velho esquema das visões edênicas, a sua não deixa de ser, ainda assim, uma visão corrigida e muitas vezes atenuada até os limites do plausível. Nisto inscreve-se Gandavo numa tendência geral entre os cronistas e viajantes portugueses que descreveram o Brasil quinhentista. Se entre estes existe, de fato, algum pendor para ver concretizadas nas terras descobertas, sobretudo na Terra de Santa Cruz, as imagens sugeridas pela nostalgia do Paraíso, pode dizer-se que apenas a firme crença no bom temperamento dos ares que nelas se respiram, segundo testemunho de tantos viajantes, ares que, preservando os moradores de quaisquer enfermidades, os asseguram também contra a morte prematura, chegou a alcançar duradouro crédito.

É de notar que não entrava nisto qualquer sugestão de mistério ou magia, e mesmo os que se tinham por adversos àquilo a que chamavam lendas, abusões e ignorâncias dos antigos, admiravam por vezes sem reservas a pretensa imunidade a todas as doenças de que desfrutariam os moradores do Brasil. Um desses autores, frei Amador Arrais, que inclui entre as façanhas mais memoráveis de seus conterrâneos o terem desterrado fábulas tão pertinazes como a dos diamantes, que podem ser amolecidos com ajuda do sangue de bode, ou ainda como a do ímã, a "pedra de cevar" segundo então se dizia, que deixava de atrair o ferro na presença do mesmo diamante, conservará ainda no texto revisto para a edição de 1604 do diálogo da "glória e triunfo dos Lusitanos" a velha opinião de que a terra do Brasil, onde a gente morre só de velhice, não de doenças, que são contrárias à sua natureza, representaria verdadeiramente um milagre de salubridade e temperança.

Para a obstinação com que se sustenta essa crença entre homens que parecem tantas vezes praticar aquelas sábias lições del-rei d. Duarte, onde, em seu *Leal conselheiro*, escreve que é mister deixar de seguir "sinais, sonhos, nem topos de vontade", não seria talvez descabido procurar uma explicação plausível e fundada na experiência. Na experiência dos próprios marinheiros lusitanos que, buscando na carreira da Índia algum caminho seguro e cômodo, ou tangidos pelas correntes, iam dar, a exemplo de Cabral, nas costas brasileiras.

Sabendo-se que a partida das frotas para a Índia ocorria, de ordinário, em meados do mês de março, no máximo até abril – embora neste caso com o risco de irem alcançar Melinde somente depois de julho, quer dizer, depois da época das monções propícias –, sucedia quase sempre que as escalas ocasionais em terras sul-americanas se faziam quando o calor era aqui menos intenso. Outro tanto deveria acontecer durante as viagens de regresso do Oriente, pois que, nestes casos, as embarcações, deixando Cochim pela segunda metade de janeiro, isto é, no auge do verão, vinham encontrar aqui uma temperatura relativamente suave e restauradora.

Como essas escalas, forçadas ou não, seriam provavelmente bem mais frequentes do que o fazem supor os textos oficiais guardados até os nossos dias, e como o Oriente, durante o século XVI, jamais deixara de ser o paradeiro principal dos que deixavam o reino à cata de fáceis riquezas, é de crer que as notícias divulgadas sobre estas terras proviessem então, em grande parte, de narrativas de marinheiros que as conhecessem daquelas breves estadas, quando tudo se juntava, muitas vezes, para apresentar seu clima sob as mais lisonjeiras aparências.

Ainda em fins do século XVI, o trânsito pela costa do Brasil das naus da carreira da Índia não seria coisa excepcional. Ao menos em um caso temos informações precisas a tal respeito, por intermédio do florentino Filippo Sassetti. Este, que afagara longamente o propósito de conhecer o longínquo Oriente, julgara finalmente, em 1581, estando em Lisboa, encontrar a ocasião de realizar o velho sonho. Frustrou-se, no entanto, essa primeira oportunidade, pois a frota que o deveria levar, tendo largado a barra quando passara o momento próprio para as viagens, não logrou escapar a correntes que a arrastariam até aos Abrolhos, de onde só dificilmente lhe era possível alcançar o Índico no período das monções favoráveis, e assim tornou a Lisboa.

Nova tentativa realizará Sassetti, porém, em 1583, e agora com o desejado êxito. Sua intenção se efetuaria, é certo, à custa de enormes dificuldades e sacrifícios, consequência, ainda, da data tardia em que saíra também essa segunda frota, pois só a 8 de abril pudera levantar âncoras. Desejoso, o piloto, de esquivar-se ao contratempo e perigo que representavam os baixios existentes ao longo da costa brasileira, não lhe fora possível, por outro lado, evitar as calmas que reinam nas proximidades da Guiné e quase se viu forçado a regressar de novo.

Deve-se dizer que, já então, as vantagens que a princípio parecera apresentar aos marinheiros lusitanos esta Terra de Santa Cruz, como eventual "pousada no caminho de Calecute", se achariam em grande parte desvanecidas, ao menos para quem tivesse deixado o Tejo depois de março, quando a menor distração podia acarretar o risco de um malogro. E não seriam nada as demoras provenientes de tais escalas, se a elas não se somassem os gusanos que infestavam o litoral do Brasil, principalmente na região tórrida, ameaçando danificar as naus que ali se deixassem ficar mais tempo do que o necessário para aguada e refresco.

Semelhante praga era bem notória aos viajantes da época e o próprio Colombo tinha podido conhecer seus efeitos durante as primeiras viagens de descobrimento, especialmente a quarta, em que ficaram inutilizadas todas as embarcações da frota. Mesmo no Brasil, e já em 1504, um navio francês quase novo, o *Espoir*, que só realizara, até então, uma breve viagem entre Honfleur e Hamburgo, se achou tão carcomido e estragado, "si vermolue et gastée", após uma permanência de seis meses em certo porto das partes do Sul, que o seu pessoal teve de renunciar ao plano primitivo de prosseguir viagem até a Índia.[26]

Em tais condições viam-se os comandantes forçados a permanecer apenas o prazo ordinariamente requerido para o abastecimento de água e provisões frescas. No caso das frotas da carreira da Índia, deveriam essas pousadas coincidir com o começo da boa estação, de sorte que muitos podiam encontrar, já nessa época, os mesmos ares "assim frios e temperados como os de Entre Douro e Minho", a que aludira em 1500 o escrivão da feitoria de Calecute.

Não é de estranhar, pois, se mesmo a Coroa lusitana, movida do desejo de ver resguardados os navios de tamanha ameaça, acrescentada à das tormentas e dos corsários, buscasse evitar, se não as pousadas, ao menos as longas permanências de tais frotas naqueles lugares.[27] Por outro lado, não parece difícil imaginar-se como o espantalho dos gusanos, o grande defeito que nele se podia achar, ao lado, algumas vezes, do perigo dos índios agressivos e traiçoeiros, tivesse ao menos a vantagem de preservar até certo ponto o bom crédito granjeado desde cedo pelo ares e terras do Brasil. E ainda que nas descrições dos viajantes portugueses se tivessem infiltrado, segundo regra corrente, elementos tomados aos velhos motivos paradisíacos, agora estereotipados, não é em pomposas imaginações, senão na experiência superficial, embora, e incompleta, que procura amparar-se esse bom crédito. Mesmo onde tais motivos, originados, em última análise, das relações atribuídas a Vespúcio, puderam, por algum tempo, desafiar a própria lição da experiência, já se viu como só conseguem impor-se aos autores portugueses do século XVI através de uma atenuação plausível.

Característico ainda desse realismo sóbrio e desenganado que parece predominar entre os mesmos autores com relação aos remotos senhorios da Coroa lusitana e particularmente ao

Brasil, é seu papel apagado no desenvolvimento da tendência que se alastra aos poucos no Velho Mundo com um Las Casas ou um Jean de Léry, mas que já se manifestara nos escritos de Pedro Mártir de Anghier, se não do próprio Colombo, para a idealização do índio americano. E imagina-se, no entanto, que não deveria encontrar graves obstáculos essa tendência, numa terra já previamente amanhada pelo velho debate em favor dos rudes e toscos engenhos contra a vã sabedoria ou a presunção citadina e palaciana, da "aldeia" contra a "corte", que parecia endêmica na península Ibérica.

Não deram assim, os portugueses, nenhum elemento, ainda que hesitante e vago, àquela apologia do homem primitivo, que se não surge, a bem dizer, na era dos grandes descobrimentos marítimos, animando uma das manifestações mais duradouras e fecundas do tema paradisíaco, há de desenvolver-se certamente com estes, para desabrochar futuramente nas teorias da "bondade natural" e no mito do nobre e bom selvagem.[28]

E já que as primeiras explorações do litoral não deram ocasião para desenvolver-se aquela apologia, nada sugere que encontrasse ela ambiente propício depois de iniciada a colonização regular. Se de um lado os colonos não tinham naturalmente maior empenho em engrandecer os naturais da terra, alvo de sua cobiça de escravistas ou fonte de constantes inquietações, mal se pode dizer que se mostrariam solícitos em exaltá-los os próprios missionários jesuítas com todo o zelo que puseram em defendê-los. Desses missionários, chegou a escrever com certa justeza um crítico moderno que "sua atitude se baseava no realismo, não no idealismo. Nunca exaltaram o índio até o grau em que o fez Las Casas. Assumiram uma atitude paternal, de quem não só vê as virtudes, mas ainda os defeitos do filho, e se sente disposto a defendê-lo, a educá-lo, se preciso, a castigá-lo".[29]

Pesadas, entretanto, umas e outras, virtudes e falhas, depois do primeiro momento de ilimitada e enlevada expectativa, a balança irá pender decididamente para o lado dos defeitos, no parecer dos mesmos padres. No primeiro momento, não obstante tudo quanto nos hábitos ancestrais da gentilidade pudesse repugnar a sua consciência cristã, o que ocorre a um Nóbrega, por exemplo, é ainda a comparação do "papel branco", onde não há mais que escrever à vontade.[30] Ocorre-lhe quando só tinha quatro meses de residência na terra ou pouco mais. Fora também a impressão inicial que a homens de boa vontade pudera produzir aquela gente em sua nudez e inocência, tamanha que não seria maior a de Adão antes do Pecado. Sabe-se que os não julgara diversamente o escrivão que fora na frota de Cabral, ao pretender que neles se imprimiria ligeiramente qualquer cunho que lhes quisessem dar. Que melhor esperança podiam acalentar os soldados de uma nova e ambiciosa milícia?

Sucede, no entanto, que, mal passado esse encantamento inaugural, a serena confiança parece mudar-se, entre eles, numa espécie de obstinação desencantada. Já se afirmou que, embora acabassem por elaborar teorias mais sutis, os espanhóis, que estiveram nas Índias durante o primeiro século da conquista, tenderam a ver os índios sob o aspecto, ora de *nobles salvajes*, ora de *perros cochinos*.[31] Seria sumamente artificial pretender discernir no Brasil, durante o período correspondente ou mesmo mais tarde, uma divisão semelhante de opiniões. E, se desses extremados juízos, algum tivesse probabilidade de reunir entre nós maior número de adeptos, seria aparentemente o segundo e mais desprimoroso para com os indígenas. Pode-se seguramente afirmar, à vista dos documentos disponíveis, que ninguém, e o missionário talvez ainda menos do que o colono, se inclinaria de algum modo a nobilitá-los.

Dos primeiros jesuítas há pouco exagero em dizer-se que sua opinião sobre os índios da terra acha-se bem expressa nas palavras do irmão Mateus Nogueira, um dos interlocutores do *Diálogo sobre a conversão do gentio*, composto pelo padre Nóbrega. É para ele que os mesmos índios "são cãis em se co-

merem e matarem, e são porcos nos vícios e na maneira de se
tratarem, e esta deve ser a rezão porque alguns Padres que do
Rreino vierão, os vejo resfriados, porque vinhão cuidando de
converter a todo brasil em huma hora, e vem-se que não podem converter hum em hum anno por sua rudeza e bestialidade".[32] É certo que o mesmo irmão se mostrará, ao cabo,
mais comedido em seu parecer, lembrado de que Santiago, ao
que constava, apesar de ter andado por toda a Espanha e saber
muito bem a língua da terra e ter grande caridade, não conseguira fazer mais que nove discípulos.

Consente, já agora, em admitir, de alguns dos gentios ca-
tequizados, que mostraram afinal claros sinais de fé no coração. Mas já desapareceu de todo aquela primeira e auspiciosa
lembrança do "papel branco", onde tudo se pode escrever. A
comparação que lhe sugerem, quando muito, é a do ferro frio,
o qual, se Deus quiser meter na forja, se hão de converter. É
como quem dissesse que Deus tão somente, que pode o impossível, transformaria aqueles alarves em crentes verdadeiros e
constantes. Assim fica justificada a obra da catequese, sem
prejuízo da má opinião que merecem tais gentios.

Mesmo as sutis teorias de que fala Lewis Hanke, aquelas
teorias principalmente a que chegaram os castelhanos, por
obra de seus teólogos, sobre a condição jurídica dos índios da
América, não parecem ter inquietado vivamente os portugueses. E isto é explicável, ao menos no tocante ao Brasil, quando
se considere que toda a construção teórica onde veio a assentar finalmente o problema da liberdade dos índios já se achava
elaborada, em sua essência, formulada pelos teólogos castelhanos, quando se iniciou regularmente a colonização do Brasil. Francisco de Vitória, um dos fundadores do Direito Internacional e o grande responsável por aquela construção teórica,
porque os outros que continuaram sua obra, inclusive Domingo de Soto e Melchior Cano, foram, como já se tem dito, galhos da árvore de Vitória, já não pertencia a este mundo na

ocasião em que o governo português decidiu intervir diretamente nos negócios da colônia, instituindo o governo-geral.

Ainda mais: desde 1537 a própria Santa Sé havia proibido, sob pena de excomunhão, que se tolhesse a liberdade dos índios, inclusive a liberdade de se manterem fora do grêmio da Igreja. E nada prova melhor o pleno assentimento de Sua Santidade o papa Paulo III à campanha dos que, em Castela e nas Índias de Castela, se batiam por essa liberdade, do que seu ato nomeando em 1543 frei Bartolomeu de Las Casas bispo de Chiapa.

Pode imaginar-se que aquelas ordens e cominações fossem rigorosamente respeitadas? Não havia de faltar quem comentasse ironicamente o zelo que assim demonstrava o Santo Padre pela causa dos naturais de terras tão remotas e bárbaras, quando lhe faltavam forças, ali na Itália, na própria Roma, para impedir que prosseguisse sob o seu pontificado, e continuaria ainda depois dele, o vergonhoso tráfico e cativeiro de infiéis.[33] Sabe-se, por outro lado, que nas possessões ultramarinas sempre valera o "obedezca-se, pero no se cumpla", e isso era tão verdadeiro das colônias lusitanas quanto o era, notoriamente, das castelhanas.

Os portugueses, e em particular a Coroa portuguesa, tinham outras razões mais poderosas para que não os perturbassem muito os tais decretos. Eles não feriam, de fato, os interesses da mesma Coroa, associados de longa data ao tráfico de negros africanos. O próprio Vitória não tivera dúvidas em poupar esses interesses quando, em carta a frei Bernardino de Vique, pretendera que ao rei de Portugal assistiam razões para permitir semelhante negócio.

Assim, por exemplo, no caso em que se originasse de guerras entre as tribos, o cativeiro era perfeitamente lícito, e nem o traficante tinha a obrigação de inquirir se se tratara de guerra justa. O que não aprovava decididamente era a captura de negros com enganos, mas também não acreditava fosse, esse, um uso generalizado, porque, a sê-lo, diz, estaria comprometida a consciência do soberano português.[34]

Las Casas, é certo, tendo aconselhado primeiramente a introdução de negros nas Índias, caiu depois em si, vendo a injustiça com que os tomavam os portugueses. Porque, diz "la misma razon es dellos que de los indios".[35] Contudo, a *Historia de las Indias*, onde figura essa retratação, apesar de ter circulado logo em manuscritos, só encontraria seu primeiro impressor três séculos após a morte de Las Casas. De qualquer modo, sua denúncia do tráfico e escravidão dos negros não encontrou a larga ressonância que tivera a campanha pela liberdade dos índios.

Mesmo entre os teólogos que seguiram, no essencial, os preceitos tomistas desenvolvidos por Francisco de Vitória no tocante à condição dos naturais do Novo Mundo, haveria, sem dúvida, quem aguasse o vinho, fixando certas situações concretas que ajudavam, ao cabo, a desoprimir os mais escrupulosos. O próprio Luís de Molina, jesuíta, que tendo vivido a maior parte de sua vida em Portugal, onde pudera conhecer e denunciar em vivas cores os abusos de muitos caçadores de negros, estaria perto dessa corrente.[36] Isso não impede que o esforço de um número nada irrelevante de legistas e teólogos castelhanos ajudasse a iluminar alguns dos mais delicados problemas da colonização. E o fizeram, por vezes, com tamanho denodo, que sua ação doutrinária e humanitária parece de algum modo contrabalançar as tristes práticas de numerosos conquistadores, origem da famosa e tão discutida "leyenda negra".

Os portugueses não tiveram propriamente uma "leyenda negra" ou não a tiveram tão pública. É de admirar, por outro lado, o limitadíssimo espaço que, apesar de um contato assíduo com a cultura castelhana, chegou a ocupar, em sua vida intelectual, a especulação teórica em torno dos títulos legais da Coroa aos seus senhorios ultramarinos ou à submissão dos habitantes dessas terras. Tanto mais de admirar quando se sabe que alguns doutores dos mais devotados a essa especulação, como os jesuítas Luís de Molina e Francisco Suarez, o Doutor Exímio, residiram entre eles e ensinaram em suas escolas.

As especulações dos autores portugueses, nesses casos, versaram quase sempre sobre a aplicação, em casos concretos, de teorias escolásticas geralmente reconhecidas. E assim sucede ao próprio Nóbrega, quando, chamado a responder a proposições do padre Quirício Caxa, suscitadas pelo uso que se estabelecera desde os anos de sessenta, na Bahia e em outras partes da costa, de venderem os pais seus filhos como escravos, alegando "grande" ou "extrema" necessidade – parte da discussão gira, de fato, em torno do significado relativo de tais termos – ou ainda de se venderem a si mesmos, sendo maiores de vinte anos.

Note-se a este propósito que, na sua solução afirmativa, motivo da réplica de Nóbrega,[37] o padre Caxa parece aproximar-se, bem mais do que seu contendor, da lição de Molina, que um historiador e apologista moderno desses teólogos castelhanos, dando-a embora como acorde com pareceres tradicionais, não tem por cristã.[38] Mas a lição de Molina ainda não se definira, ou ao menos não se publicara, naquele ano de 1567, em que os dois jesuítas se viram chamados ao debate.

O paralelo que se possa tentar entre a obra dos antigos jesuítas no Brasil e a ação do bispo de Chiapa nas conquistas de Castela há de restringir-se quase unicamente à atividade prática desenvolvida por uns e outros. Em Las Casas, a ação estriba-se em grau apreciável numa apologia ou mesmo num panegírico dos índios e, ao menos em parte, dos índios antilhanos, que se aproximavam em muitos aspectos dos brasileiros e não seriam talvez melhores, nem piores, do que estes.[39] A circunstância de a ação prática, ou seja, da catequese e defesa do gentio, independer entre os jesuítas portugueses de um bom ou mau conceito que lhes pudesse merecer o mesmo gentio já serve nitidamente para marcar a diversidade de sua posição.

Não desabona, muito ao contrário, o trabalho de Nóbrega e dos seus auxiliares em prol dos nossos índios, o fato de se desenvolver independentemente (e apesar) das opiniões que a respeito destes puderam formar. Que essa opinião, no caso do fundador da missão do Brasil, estava por sua vez longe de ser-lhes particularmente lisonjeira, não o sugere apenas o *Diálogo da conversão*, onde, segundo uso frequente, um dos interlocutores pode ter o papel de advogado do diabo, mas ainda vários textos onde ela se exprime sob sua direta responsabilidade.

Escrevendo, por exemplo, ao padre Miguel de Torres, em 1558, não parecem mais brandas as palavras com que se refere aos naturais da terra do que as atribuídas ao irmão Mateus Nogueira no referido *Diálogo*. "Crueis e bestiais", são os epítetos que lhes dá, capazes de matar aos que nunca lhes fizeram mal, no que não poupam a clérigos, nem a frades e nem mesmo a mulheres, algumas "de tal parecer, que os brutos animais se contentariam delas e não lhes fariam mal". De pouco servem os benefícios, nem se pode esperar que diante deles essa gente tão carniceira de corpos humanos se incline, afinal, e se abstenha de seus maus costumes. A experiência mostrava, ao contrário, que "se ensoberbecem e fazem piores com afagos e bom tratamento". A prova disso, acrescenta, "é que estes da Bahia, sendo bem tratados, e doutrinados, com isso se fizeram piores, vendo que se não castigavam os maus e culpados nas mortes passadas, e com severidade e castigo se humilham e sujeitam.[40] O remédio era, pois, domá-los por temor e sujeição.

Nem mesmo Anchieta, que, formado em Portugal e vivendo entre portugueses do Brasil, deveria estar em boas condições para manifestar o pensamento de seus confrades, chegará a dissentir dessa opinião. É conhecido aquele passo de uma carta sua de 1563 onde, mostrando-se igualmente partidário da sujeição dos índios, ajunta que não vê outro remédio senão este: "porque", diz, "para este genero de gentes não há melhor pregação do que espada e vara de ferro, na qual mais do que em nenhuma outra é necessário o *compelle e os intrare*".[41]

Ainda mais expressiva da opinião desdenhosa que lhe infundia a obstinação dos índios em seguir os ritos gentílicos é a passagem, só ultimamente publicada, de uma carta de 1555, onde se compara mais ou menos a um veterinário, pela necessidade em que se achou de tratar das doenças dos índios. Nesse trecho, depois de referir como, por se ter ido o irmão Gregório Serrão, que exercia tais funções, passara ele, Anchieta, a servir de médico e sangrador, acrescenta que ficou incumbido de "deitar imprastos, alevantar espinhelas, e outros ofícios de albeitar, que eram necessários para aqueles cavalos, isto é aos Indios".[42] Dificilmente algum dos partidários daquela teoria de que os antigos americanos se assemelhavam em tudo a brutos irracionais encontraria expressão mais dura do que essa, do suave evangelizador das nossas selvas.

Não parece excessivo, pois, dizer de muitos dos antigos missionários do Brasil que, agindo embora à maneira de frei Bartolomeu de Las Casas, deveriam parecer-se um pouco, no seu pensar, com Ginés de Sepúlveda, o acre opositor do Apóstolo das Índias e partidário do *Compelle intrare* até ao extremo da violência intolerante contra os bárbaros americanos. Assim é de crer que veriam no gentio muito mais o "perro cochino" do que o "bom selvagem".

A exaltação do antigo natural da terra só há de surgir, verdadeiramente, entre autores de língua portuguesa, e já então por efeito de influências estranhas e eruditas, no Brasil do século XVIII. De uma época em que, tendo cessado de corresponder para a maioria daqueles autores a uma realidade atual, o índio já estava apto, por isso, a converter-se em uma idealidade e em um símbolo: o símbolo de que se hão de valer depois os luso-brasileiros para se oporem aos portugueses da Europa.

12
América portuguesa e Índias de Castela

•

É POSSÍVEL, DESTA EXCURSÃO JÁ DEMORADA à volta dos mitos geográficos difundidos na era dos grandes descobrimentos marítimos, tirarem-se conclusões válidas para um relance sobre a formação brasileira, especialmente durante o período colonial? Tentou-se mostrar, ao longo destas páginas, como os descobridores, povoadores, aventureiros, o que muitas vezes vêm buscar, e não raro acabam encontrando nas ilhas e terra firme do Mar Oceano, é uma espécie de cenário ideal, feito de suas experiências, mitologias ou nostalgias ancestrais.

Os portugueses quinhentistas não formam certamente exceção a essa regra. Pode-se porém dizer, tendo como base sobretudo os depoimentos de seus cronistas e historiadores, quase os nossos únicos guias disponíveis para esta viagem, que é comparativamente reduzida, entre eles, no contato dos novos mundos, a sedução de tais motivos. Não os inquieta vivamente, ao menos no Brasil, a insopitável esperança de impossíveis, que tão frequentemente acompanha, entre outros povos, as empresas de descobrimento e conquista para além das raias do mundo conhecido. São razões menos especulativas, em geral, ou fantásticas, do que propriamente pragmáticas, o que incessantemente inspira aqueles cronistas, ainda quando, em face do espetáculo novo, chegam a diluir-se em êxtases enamorados.

Contudo, pode ser ilusória a primeira impressão que sugere esse relativo desapego de certas formas e imagens tradicionais. A fisionomia "moderna" de sua monarquia prematuramente centralizada, a animar por sua vez e a tornar possível a obra pioneira e verdadeiramente revolucionária de seus navegantes, não serviria para resguardar, em vez de dissipar, certos traços ainda antiquados da sociedade e da mentalidade portuguesas?

Aquela visão relativamente plácida das terras descobertas, que se espelha nas descrições de seus viajantes, já se ressente, por menos que o pareça, de um conservantismo fundamental. Nas primeiras páginas deste livro pôde ela sugerir a lembrança dos artistas medievais e especialmente de fins da Idade Média, "atentos ao pormenor, ao episódico, avessos quase sempre a induções audazes" em contraste com o "idealismo, com a fantasia, e ainda com o senso de unidade próprio dos renascentistas". Poderia recordar-se ainda o que disse um historiador moderno da curiosidade "terrena" que fornece aos historiadores da mesma época matéria para suas descrições miúdas, nítidas, animadas de extraordinário escrúpulo e fidelidade na reprodução dos fatos, e onde a adesão ao mundo sensível parece, ainda e sempre, de cunho antes sensitivo do que verdadeiramente conceitual, mais imediato do que reflexo, limitado por isso ao particular e ao anedótico.

É entre os historiadores e cronistas que Federico Chabod vai buscar o exemplo mais preciso desse "realismo". Ao contrário do que se dará com o historiador renascentista, que este se compraz menos nos pequenos traços verísticos do que no conjunto do painel, o cronista medieval parece deter-se no pormenor, não raro de um vivaz colorido. O seu é um "veríssimo naturalístico, puramente descritivo, constante de fragmentos e falho, por assim dizer, de perspectiva: característico do cronista e, em verdade, do escritor medieval é precisamente o acúmulo de minúcias justapostas".[1]

Parece difícil dizer até onde tal quadro se aplica à generalidade dos historiadores portugueses do século XVI, que prolongariam, nesse caso, uma tradição anterior e ainda viva entre sua gente: o assunto exigiria estudo especial que não cabe nestas páginas. Pode-se pretender, porém, sem exagero, que corresponde à *totalidade* dos historiadores ou cronistas lusitanos interessados nas coisas do Brasil durante a mesma época, mesmo aqueles cujo critério de observação nos pareça de uma objetividade e minuciosidade quase científicas. E não se cuide que isso é verdadeiro tão somente dos autores quinhentistas. O que disse, por exemplo, Capistrano de Abreu do estilo de frei Vicente do Salvador, quando compara suas frases a contas do rosário mecanicamente debulhadas, estende-se também à maneira de narrar os fatos própria do frade historiador. "Seu livro afinal", disse ainda quem mais pelejou por exumá-lo, "é uma coleção de documentos antes reduzidos que redigidos, mais histórias do Brasil do que História do Brasil."[2] E frei Vicente escrevia no terceiro decênio do século XVII.

Ora, a persistência dessa maneira, ainda estreme da influência dos modelos humanísticos, em quem já escreve, todavia, na era do Barroco, é tanto mais significativa quanto está bem longe de ser um caso individual. O que nela parece refletir-se é o modo de sentir e é a *forma mentis* de toda uma sociedade que só aparentemente se despojou dos padrões velhos. Nem se pode cuidar que deve ser grande, aqui, o abismo entre os homens que escrevem e os que fazem e vivem a História.

O fato é que desse conservantismo intrínseco, e tanto mais genuíno quanto não é em geral deliberado, parecem ressentir-se as atividades dos portugueses mesmo nas esferas em que chegaram a realizar obra pioneira. Se é certo, por exemplo, que foram eles os iniciadores na Europa da expansão oceânica, mal se pode afiançar que sua atividade veio abrir, por este lado, uma etapa nova nos processos de colonização e conquista. Mesmo comparada à dos castelhanos, tão aferrados como eles a tudo quanto, sem dano maior, pudesse ainda salvar-se do passado medieval, sua obra ultramarina é eminentemente tradicionalista.

O ímpeto da Reconquista, que não tivera tempo de esfriar quando achou de súbito seu novo campo de ação – um mundo antes incógnito, cheio de estranhos sortilégios, habitado, não de infiéis no sentido estrito e usual da palavra, mas de gentios e idólatras, o que não devia fazer grande diferença entre os mais sanhosos –, bastaria, talvez, para imprimir à expansão castelhana o cunho nitidamente imperial que logo a distingue, e onde parece residir sua grande novidade.

Alguns seriam tentados a filiar essa novidade a insondáveis razões étnicas, que pairassem acima de todas as contingências. É um modo, este, de simplificar, não de esclarecer o problema. Poderia lembrar-se também que a tradição e, porventura, certa vocação imperial, não seria estranha ao caráter dos espanhóis, e ainda aqui andaríamos perto daquelas misteriosas razões que pretendem dispensar explicação ou inquérito. É exato que, neste caso particular, elas têm em seu favor certos fundamentos históricos pelo menos impressionantes.

Não estaria de acordo com tal tradição a existência em outros tempos daquele "império" asturo-leonês, depois leonês-castelhano, curiosa tentativa de restauração visigótica, onde historiadores da altitude de um Menéndez Pidal ainda encontram a alma da história da Espanha através de um período que chegou a perdurar quase três séculos? E posto que o título de imperador, sugerindo uma soberania nacional ou peninsular, alheia e eventualmente contraposta à do *Sacrum Imperium*, tenha morrido com Afonso VII, não é significativo que a aspiração imperial vá ressurgir um século mais tarde na península com Afonso X, o Sábio? Há entre os dois casos, porém, uma diferença apreciável, pois se temos, no primeiro, ainda a ideia do antigo "império" leonês, ideia então vacilante e quase desvanecida, no outro já prevalece o sonho de um império supernacional e ultrapeninsular: o romano-germânico. Seja como for, o fato é que, à época onde os historiadores costumam situar o começo dos tempos modernos, já não havia memória na Espanha, quanto mais tradição, do império leonês. Alguns frades, movidos de um pensamento patriótico e de intuitos edificantes, ainda tentarão reanimar a lembrança já perdida de sua existência, e só o farão, assim mesmo, para fins do século XVI, mas essa evocação não inspira mais do que certa curiosidade erudita.

Há, sem dúvida, a outra ideia imperial, mais próxima e ainda palpitante, realizada no Santo Império. Esta não era tradicional na península – apesar de Afonso X –, nem se pode afirmar que fosse verdadeiramente popular: provam-no as resistências espanholas aos planos de Carlos V, quando pretendeu a sucessão de seu avô Maximiliano. E quando seus planos afinal se realizaram, muitos ali passariam a sentir como verdadeira humilhação nacional a precedência dada ao título de Imperador sobre o de Rei de Castela.

Contudo os acontecimentos irão desenvolver-se numa direção que só pode contribuir para apaziguar essas recalcitrâncias, dando à Espanha, e antes de tudo a Castela, uma posição hegemônica no mundo europeu e cristão. O próprio Carlos V há de ser levado, pelos mesmos acontecimentos, a querer completar sua ideia de Império, de modo a que a coroa imperial se transmita à sua descendência através de Filipe. Equivaleria isso, em poucas palavras, a pretender colocar a Espanha, em lugar da Alemanha, ao centro do Estado universal.[3]

Mas se, de início, a resistência de seus súditos castelhanos tivera de capitular ante os planos políticos de Habsburgo, outras causas, e causas surgidas, agora, fora da península, impedem-no de rematá-los segundo a feição que pareciam ditar os acontecimentos. E do malogro desses planos, por onde os reinos da península passariam definitivamente a integrar e mesmo a encarnar, de certo modo, a velha tradição de um império ecumênico, é que há de brotar esse produto novo e verdadeiramente sem precedentes na história, que representa o império espanhol.

É sob o reinado de Carlos v, o Carlos I dos espanhóis, que esse império vai tomar dimensões imprevistas, chegando a abarcar quase todo o Novo Mundo e esgalhar-se mesmo até o Extremo Oriente, onde alcança e ultrapassa, em detrimento dos portugueses, a famosa demarcação de Castela. Quando ascendera ele ao trono, as Índias Ocidentais não iam além de um pequeno grupo de ilhas, governadas, se assim se pode dizer, de São Domingos, onde as autoridades reais mal podiam conter a fúria e cobiça dos aventureiros ali estabelecidos como colonos. E não é talvez por acaso se o grande passo inicial para a construção do império espanhol naquelas partes, que incluirá juntamente com as ilhas também a terra firme, se devesse ao filho de um dos soldados da Reconquista estabelecido entre aqueles colonos, colono ele mesmo, e *encomendero*.

Quando a queda de Granada destrói o que ainda restara do antigo domínio mouro na península, Fernão Cortez conta sete anos de idade. Desaparecido o principal motivo para ásperas campanhas guerreiras, só lhe resta aguardar a idade própria para matricular-se em Salamanca. A herança paterna, porém, e a lembrança, ainda bem viva, certamente, em sua família e em seu meio, das lutas contra a mourisma não o deixam encarar sem revolta a perspectiva de enquadrar-se afinal na ordem burguesa e pacata de simples "letrado". Aos dezenove anos embarca em um navio rumo às novas Índias.[4]

Não importa relembrar aqui a obra que dará imortal fama a esse guerreiro, tão adverso à carreira das letras quão desdenhoso do exercício rural a que de início parecera dever confiná-lo a posse de uma *encomienda*. É mister assinalar, porém, que essa obra não fixa apenas o verdadeiro início, como o modelo do que há de ser a expansão dos castelhanos no continente. Aos demais soldados da conquista, Fernão Cortez dará, além do estímulo, o exemplo para os grandes cometimentos, e um deles, precisamente o mais afortunado, Pizarro, não será apenas seu discípulo, será também seu imitador, e em tudo minuciosamente fiel.

A estratégia "global" do que servira em sua empresa, fazendo rol dos caciques que mandem na terra, indagando do número dos naturais, de seus ritos, vivenda, qualidade e assento, tratando alianças proveitosas, tomando língua e guia de todos os confins que existam por descobrir, procurando saber todos os tesouros e segredos de cada lugar, penetrando, enfim, até o coração da terra conquistada para dali melhor estabelecer o seu domínio, será a dos diferentes caudilhos castelhanos no Novo Mundo.[5] E é de qualquer modo sua concepção imperial que há de definir, ao cabo, e distinguir a atividade ultramarina de Castela.

Que o próprio Cortez tinha plena consciência da novidade e valia exemplar de sua proeza, mostra-o claramente certa passagem da segunda carta de relação que dirigiu a Carlos V. "Vossa Alteza", escreve-lhe, com efeito, o conquistador da Nova Espanha, "bem poderia, de um modo novo, chamar-se imperador destas terras, com título e não menos mérito do que o de Imperador da Alemanha que por graça de Deus possui Vossa Sacra Majestade."[6] Citando esse trecho onde é de notar-se a separação que traça finalmente o caudilho entre o imperador "da Alemanha", a quem chama de majestade, e o rei de Castela, a quem se dirige com alteza, segundo uso geral, que só depois irá desaparecer para o tratamento dos monarcas, não deixa de notar um historiador recente como ele já parece apontar para a noção moderna do império.

Carlos V não seguiria a sugestão do conquistador. Para ele, as Índias são mero instrumento de sua política europeia e mediterrânea, e ainda hoje é motivo de surpresa a parte exígua, quase insignificante, que, não obstante seus fabulosos tesouros, parece ter ocupado o Novo Mundo no pensamento do imperador. É oportuno lembrar a esse propósito o que sucede com os seus célebres *comentários* que, impressos, enchem bem cinquenta páginas e onde ele procurou abordar o essencial dos acontecimentos e elementos de sua vida política até o ano de 1550, quando essas páginas foram ditadas. Pois em tão larga resenha não se encontra uma palavra acerca das colônias de Castela ou, ao menos, sobre o ouro e prata que delas chegavam continuamente a Sevilha.

Soa como paradoxo este fato, de que o fundador do império espanhol, no estilo moderno, e por muitos aspectos o verdadeiro iniciador do moderno colonialismo, dirigiu todos os esforços num sentido muito diferente e mesmo contrário àquilo que, sem o saber, e ainda mais, sem o querer, veio finalmente a realizar. Ao assinalar esse contraste, Peter Rassow, que lembrara a carta de Cortez, observa como Carlos V tivera sempre em mira a ideia medieval de império: o *Sacrum Imperium Romanum*. Bem outro, no entanto, será seu legado. O que deixa é o moderno império espanhol.[7] Não parece impossível que, já ao fim da vida, apartado e desencantado, mas não desatento, dos negócios públicos, o imperador chegasse a atinar, no retiro de Yuste, com o alcance de sua grande obra involuntária, mas nada confirma tal suspeita.

O fato é que, apenas cinco anos depois de sua morte, podia Filipe II exprimir a Pio IV o desejo de ver-se coroado imperador das Índias. A negativa que lhe opõe Sua Santidade é explicada pelo receio de que o fortalecimento que isso traria à igreja estatal da Espanha tornasse insuperáveis e intermináveis os constantes atritos entre o governo de Madri e a Cúria.[8] Ainda quando se tratasse de mero expediente para resolver-se definitivamente, e em favor dos embaixadores espanhóis, a irritante querela das precedências, a simples circunstância de ser formulado o pedido indica o grau de maturidade a que chegara, na Espanha, a nova consciência imperial.

A coroação e investidura pelo Sumo Pontífice representaria sem dúvida, neste caso, um compromisso com o passado e uma clara reminiscência medieval, mas que serve para dissimular a simples razão de Estado. Ainda mais coerente com as concepções medievais, a recusa de Pio IV estriba-se no princípio da unidade e indivisibilidade do poder imperial. Sabe-se como a própria coroação de Carlos Magno fora justificada pela Igreja com a alegação de que não se pretendera criar um segundo império ao lado de Bizâncio, e sim colocar o Império Carolíngio no lugar do antigo Império do Oriente, cujo trono fora tido como vacante em virtude da deposição de Constantino VI, soberano legítimo. Roma não se pretendera então menos zelosa do que Constantinopla na defesa do princípio da unidade do poder imperial.[9] E, apesar dessa cautelosa explicação, a dualidade pudera estabelecer-se, de fato, e iria ser uma das causas remotas do cisma religioso.

É sobretudo pelo vivo contraste com as novas perspectivas que à expansão de Castela nos mundos distantes parecem dar aquela experiência e esta consciência imperiais que se realça o caráter disperso, fragmentário, linear, mais de feitorização que de colonização, assumido, quando e enquanto possível, pelas atividades ultramarinas dos portugueses. Há quase século e meio mostrou Ranke o engano dos que pensavam num império português quinhentista, considerando a extensão ocupada pelos seus estabelecimentos do além-mar.[10] É mister ter-se em vista, porém, que desse engano estavam longe de participar os que, durante o século XVI, puderam informar-se com segurança sobre o que representavam aqueles estabelecimentos.

Nem sempre, é preciso dizê-lo, a verificação de tais condições, mais acordes com uma velha tradição, e tradição que acabara de ser quebrada pelos conquistadores castelhanos, é tida por desabonadora da atividade lusitana. O próprio frei Francisco de Vitória, a cujos princípios teológicos e jurídicos, impregnados do pensamento escolástico da Idade Média, deveria repugnar a guerra dirigida pelos seus compatriotas aos naturais das Índias, não tem dúvidas em exaltar as vantagens que tiravam os portugueses de uma política situada nos antípodas da que inaugurara Cortez, seguido de perto pelos outros aventureiros espanhóis, na conquista da Nova Espanha.¹¹ O simples estabelecimento, como o faziam os lusitanos, de entrepostos costeiros para a permuta com as tribos e reinos indígenas, sem preocupação de submeter largos territórios, parecia-lhe ao dominicano conveniente, pois permitia conciliarem-se com os preceitos celestes os proveitos terrestres.

Outros, no entanto, irão valer-se mais tarde dessas mesmas circunstâncias para contestar as pretensões dos portugueses ao monopólio sobre mares e terras distantes. O descobrimento alegado de alguns desses lugares não seria válido, a seu ver, nem segundo a razão natural, nem segundo a interpretação de homens de considerável saber. Pois descobrimento, dirá Hugo Grotius, não consiste no perceber-se uma coisa com os olhos e sim no apoderar-se alguém dessa coisa efetivamente, conforme o mostrara o imperador Gordiano em uma das suas cartas. E mesmo os filósofos vêm em apoio de tal opinião quando dão a expressão "descobrir" (*invenire*) como sinônimo de "tomar posse de" (*occupare*): é essa a lição do gramático latino Nonius Marcellus. Por outro lado, é ponto de vista corrente entre juristas consumados que só "descobrimos" de fato aquilo que tivermos adquirido (*adepti*): o contrário significaria a mesma coisa que abandonar (*perdere*).

Ora, dado que as maiores autoridades estão de acordo em que o descobrimento só pode criar títulos de domínio se acompanhado de posse, isto é, quando se trate de bens móveis, se estes foram apreendidos, ou tratando-se de imóveis, se demarcados por meio de limites precisos e guardados por força permanente, como se lê no próprio Digesto, cabe perguntar se os portugueses podem invocar esses títulos em favor das suas pretensões. De modo algum, responde Grotius. Nenhum dos requisitos apontados se aplicaria, com efeito, às suas chamadas possessões das Índias Orientais, as únicas que no momento interessam imediatamente ao mestre da lei internacional, pois escreve em 1604 ou 1605, mais de quinze anos, por conseguinte, antes de fundar-se a companhia holandesa das Índias Ocidentais, e escreve no intuito de defender especificamente as pretensões neerlandesas sobre o comércio do Oriente.[12]

Em outra parte do comentário *De Iure Praedae* repisa Grotius as mesmas observações, insistindo em que os portugueses não podem alegar em seu favor nem os argumentos fundados na justiça, nem qualquer citação convincente das autoridades. Pois todos os autores que favorecem a perspectiva de poderem os mares sujeitar-se à soberania individual atribuem essa soberania àquele que exerce domínio sobre os portos das proximidades e ainda sobre as praias vizinhas. "Porém sobre toda a vasta extensão de costas a que nos temos referido", escreve, "os portugueses não apontarão qualquer possessão, a não ser alguns poucos postos fortificados que estão em condições de reclamar como seus."[13] É significativa a evolução que aparentemente se operara, e operara-se desde que se impusera a experiência imperial dos castelhanos, durante o século que separa um frei Francisco de Vitória de um Hugo Grotius. Partindo, em grande parte, dos mesmos textos que invocara o teólogo espanhol e, muitas vezes, valendo-se dos argumentos do próprio Vitória, o holandês não justifica, é certo, a espoliação das populações indígenas. Mas nem por isso deixa de dar mais peso a direitos que confere o senhorio efetivo sobre um território e, neste caso, sem dar excessiva ênfase ao problema de saber até onde é justo ou não o senhorio alegado.

No tocante às próprias espoliações e crueldade praticadas contra os povos das terras reivindicadas pelos reinos ibéricos, não acredita que os lusitanos fossem mais isentos de culpa do que os castelhanos, embora assim o pensassem alguns contemporâneos. "Muitos escritores certamente", diz, "são de opinião que um confronto da conduta dos espanhóis da América com a dos portugueses, entre os habitantes das Índias Orientais, mostra como os primeiros se notabilizam muito mais pela violência e os últimos pela perfídia: vale isto dizer que estes não agem com menos malícia do que aqueles, mas que os espanhóis são dotados de maior coragem e força."[14] Passa, em seguida, a arrolar exemplos da perfídia atribuída aos portugueses, aludindo a seus "ímpios e abomináveis feitos", assim como a sua notória rapacidade e avareza. A seu ver, seriam ainda mais danosos os seus crimes do que os de outros povos, por isso que, cientes da própria inferioridade, usam a máscara de paz e da amizade, com o que ganham maior segurança, de um lado, e de outro podem arriscar-se a assaltos inesperados, com efeitos mais terríveis sobre uma gente inofensiva.

A malevolência e vivacidade da crítica não é de natureza a deturpar, em todo caso, os traços distintivos da ação colonizadora dos portugueses nas partes do Oriente, e pode-se ajuntar, desde já, que também em outras partes, ao menos nos tempos iniciais, quando ela ainda não se deixara seduzir pelos modelos que fornecem os castelhanos. O que consta, neste caso, do libelo de Grotius já está em palavras brandas, e às vezes com intuitos apologéticos, em outros escritos dos mesmos portugueses. Para lembrar um só exemplo, pode citar-se certo "Livro das cidades e fortalezas da Índia", redigido por volta de 1582 e que, guardado desde aquele tempo em Madri, só ultimamente chegou a ser exumado. Nessa obra explicam-se, em conclusão, os motivos que tinham levado el-rei d. Manuel a adotar no Oriente os métodos que dessem lucros maiores com menores dispêndios. É certo que, tendo cessado, em parte, aqueles motivos, outros lhe pareciam, já então, os processos aconselháveis.

O que tinham feito os portugueses desde os tempos do senhor d. Manuel de gloriosa memória foi, escreve seu autor, entrar na Índia "com tenção de paz e não de guerra, acerca dos Príncipes e povos daquelas partes, significando-lhes que deles não pretendiam mais interesse que amizade e comunicação de comércio, por comutação de ouro e prata e muitas mercadorias que levavam do Ocidente: oferecendo justamente com isso paz e amizade del-Rei de Portugal seu senhor, cuja embaixada levava em conformidade disto aos reis e príncipes das partes a que chegavam". A razão dessas cautelas estava nisto, diz ainda, que entendia el-rei "que este nome de comércio e trato era o melhor e mais suave modo com que, sem escândalo nem alvoroço daqueles povos orientais, poderíamos entrar naquelas partes e ser melhor recebidos". Além disso, "para mais autoridade e crédito do mesmo negócio e mor conservação dele", parecera então conveniente fazer-se em nome del-rei e por conta de sua real Fazenda.

Isso não impedia que, nos lugares de maior trato e comércio, mandasse el-rei assentar feitorias por conta de sua fazenda e "fazer casas-fortes a modo de fortalezas com título de feitoria, para guarda das mercadorias e defensão dos ministros e gente dela". Mesmo nos lugares onde fossem os portugueses mal recebidos e se negassem os moradores e príncipes a todo gênero de paz e comércio, não hesitavam aqueles em ir às armas, domando-os por força delas e fazendo então as ditas feitorias, "não com títulos de casas-fortes, mas de fortalezas com que os senhoreávamos e sustentávamos debaixo de nossa obediência".[15]

Que eram tais expedientes os mais consentâneos com as forças de um pequeno reino, de breve território e escassa população, comparadas às de outros países colonizadores, parece fora de toda dúvida. E que era possível tirarem-se grandes vantagens desses processos "realistas", até que outros povos, mais bem armados, não se interpusessem, valendo-se de recursos menos acessíveis à Coroa portuguesa, mostra-o não só o muito que aproveitaram eles à mesma Coroa, mas ainda sua própria persistência, apesar de deverem enfrentar os fatores mais adversos. Ainda em 1726, numa época em que a expansão lusitana se via cerceada de todos os lados pela de nações muitíssimo mais poderosas, os mercadores da companhia inglesa das Índias Orientais ainda se mostravam preocupados com o bom êxito dos negociantes lusitanos "que praticam o mais intenso comércio com a costa africana, sem dispor ali de quaisquer fortalezas".[16] Por onde se vê como ainda se mantinham, em substância, e agora na África, não mais no Oriente, os meios de que tradicionalmente se valeram os portugueses nas terras de ultramar.

Tais circunstâncias não deveriam levar-nos porém a ver a origem desses meios apenas no fato de Portugal dispor, na era dos grandes descobrimentos marítimos e ainda mais tarde, de notável escassez em número de habitantes e em recursos para empreender uma política ultramarina do tipo da que iniciou o império espanhol no Novo Mundo. A desproporção, naturalmente desfavorável aos portugueses, entre as possibilidades respectivas dos dois reinos ibéricos, no tocante à população, tem sido notada por vários autores a propósito de sua atividade colonial, embora tenham em geral a contrastar Portugal com a "Espanha" tomada em bloco, não apenas com o Reino de Castela. A precisão teria, no entanto, alguma importância quando se considerasse que as terras transoceânicas eram exclusivamente de Castela, e que delas não se excluíam a princípio os aragoneses e catalães menos do que outros povos, ainda que sujeitos à Coroa espanhola. E esse exclusivismo é notório que o praticavam os castelhanos com muito mais rigor do que os lusitanos antes da união dinástica entre os dois reinos.

E se, mesmo reduzida a esses termos, a desproporção ainda se mantém apreciável, não é inútil lembrar que para a Espanha, para Castela, dedicada muito mais à política europeia, os mundos distantes continuariam a ser, durante largo tempo, e apesar de suas imensas riquezas, um simples instrumento da mesma política. Em contraste com Portugal, que vivia em bem maior grau das suas terras ultramarinas e para elas, a hegemonia na Europa era ali a preocupação mais poderosa, absorvente da maior parte dos soldados e aventureiros que, fossem outras as circunstâncias, se veriam canalizados, certamente, para as Índias.

É sobretudo graças à ajuda da famosa infantaria espanhola

que Carlos v, em sua campanha contra os príncipes da Liga de Esmalcalda, alcança alguns notáveis triunfos no Danúbio e no Elba. Se de fato lhe ocorreu o pensamento de colocar a Espanha no lugar da Alemanha, como centro do Santo Império, foi devido ao papel decisivo das tropas ibéricas em Mühlberg.[17] E essa participação ativa dos espanhóis não cessaria, antes tomaria vulto crescente, depois que Carlos deixou a cena política. Sob Filipe II, sem embargo de seus projetos de ver-se coroado "Imperador das Índias", os campos da Itália, de Flandres, da Alemanha, continuariam a exigir o recrutamento de soldados espanhóis, que em todos esses lugares se faziam ora admirados pelo denodo, ora, e talvez com maior frequência, malquistos pela soberba. Às vezes também ridicularizados, pois essa vanglória distingue tanto os fidalgos como a gente popular, que uns e outros viviam a ostentar fumos de grandeza e nobreza. Não se manifestava tal prosápia apenas no porte, no trajar, no excesso de suscetibilidades, no ponto de honra, o "pundonor", mas até nos apelidos, invariavelmente prolixos e altissonantes, que gostavam de exibir: a história, contada por Quevedo, de certo personagem chamado Mata, que por ser "nome de pouco ruído" mudou-o para Matorral,[18] serve para mostrar, no entanto, como esse uso, de que aliás não se achavam imunes os portugueses, se fizera notável também aos olhos dos nacionais.

E não só o afã guerreiro deveria fazer mais atraente para esses espanhóis a Europa, a Itália em particular, do que as suas Índias, embora servisse muitas vezes para dourar a atração. Um historiador que vê na expansão mediterrânea do poderio ibérico um prolongamento da velha política dos reis de Aragão pôde dizer que, depois de Fernando, "a cruzada espanhola saiu da Península, não para mergulhar deliberadamente na África miserável, não para se perder no Novo Mundo, mas para situar-se abertamente no próprio coração da Cristandade de então, em seu coração ameaçado, na Itália". O mesmo historiador, aludindo ao relativo desinteresse de que fora objeto o ultramar por parte dos senhores da Espanha, escreve ainda: "Acusamos Maquiavel de não se mostrar atento à imensa inovação dos descobrimentos marítimos. Ora, imagine-se que, ainda no século XVII, o Conde-Duque de Olivares, esse rival nem sempre infeliz de Richelieu, esse quase grande homem, não chegara a aperceber-se da importância das Índias".[19]

É difícil imaginar, apesar de tudo isso, como ainda sobrassem *caballeros de armas* para a formidável empresa de ultramar. E como fosse dado aos espanhóis perseguir sem desfalecimento a política imperial nos "reinos" e províncias do Novo Mundo. Explica-se, por esse lado, ao menos, certo predomínio que foi deixado nessas terras, desde o início, sobretudo de início, à ação individual. Sem o que ficaria incompreensível ali a obra tumultuosa e turbulenta dos conquistadores. "Já se disse, e é uma verdade histórica absolutamente comprovada", escreve Ots Captegui, "que o descobrimento, conquista e colonização da América Espanhola foi eminentemente popular. Significa isto que, nas expedições descobridoras, predominou o esforço privado, individual, sobre a ação oficial do Estado."[20] Esse largo papel confiado e, melhor, largado à iniciativa individual não impedirá que se erga, sob a égide de Castela e das leis castelhanas, o império espanhol das Índias.

No Brasil, ao contrário, e nas possessões lusitanas, ainda que pareça afrouxar-se, em dadas ocasiões e em certos lugares, como sucede com a criação das capitanias hereditárias, a presença ativa da Coroa, faz-se sentir desde que principie a colonização regular. É ela sobretudo que busca manter aquele mesmo sistema de povoamento litorâneo, permitindo contato mais fácil e direto com a metrópole, e ao mesmo tempo previne, ou chama exclusivamente a si, enquanto tem forças para fazê-lo, as entradas ao sertão, tolhendo, aqui sobretudo, o arbítrio individual.

É especialmente manifesto neste ponto o contraste com o que se dá nas Índias de Castela, onde tudo encaminha o conquistador para os lugares apartados da marinha, e isso não só nos casos onde haja minas para lavrar ou impérios para conquistar. Só mesmo a ação decisiva de fatores históricos independentes da orientação dos governos pôde tornar menos eficaz semelhante tendência, de sorte que Buenos Aires, por exemplo, situada à orla de um grande estuário, quase à beira-mar, chega a adquirir nas regiões platinas uma eminência que antes parecera reservada a Assunção do Paraguai.

Neste ponto, aliás, o pendor natural dos conquistadores, que se internavam em busca dos segredos da terra, encontra apoio e estímulo na própria Coroa castelhana, ao passo que Lisboa, interessada, embora, nessa mesma busca, tende a estorvar o estabelecimento de moradores no sertão, visando a favorecer, antes de tudo, a ocupação do litoral. Assim, enquanto o legislador castelhano procura evitar expressamente que se elejam para povoamento as partes da marinha, apresentando as razões que desaconselham essa medida,[21] o contrário se pode ver no Regimento de nosso Tomé de Sousa, considerado por Serafim Leite "documento básico, verdadeira carta magna do Brasil e sua primeira Constituição, tendente à unificação jurisdicional, já com os elementos aptos para uma colonização progressiva".[22]

No mesmo Regimento estipula-se que, pela terra firme dentro, não vá tratar pessoa alguma sem licença especial do governador ou do provedor-mor da Fazenda. E semelhante licença só haveria de ser dada a quem parecesse ir a bom recado "e que de sua ida e tratos se não seguirá prejuizo algum, nem isso mesmo irão de huas capitanias para outras por terra sem licença dos ditos capitães ou provedores posto que seja por terras que estãm em paz, para evitar alguns enconvenientes que disso seguem sob pena de ser açoutado sendo pião e sendo de moor calidade pagará vinte cruzados, a metade para os cautivos e a outra metade para quem o acusar".[23]

Que as diferenças, neste caso, cheguem a exprimir-se até nos diplomas legais é sem dúvida sintomático, embora nada nos aconselhe a partir de textos semelhantes, ou apenas deles, se quisermos compreender os característicos da colonização tanto espanhola quanto portuguesa. De qualquer modo é sempre necessário ter-se em conta o valor apenas relativo que cabe a esses documentos em terras do "l'obedezco pero no lo cumplo".[24] A margem de arbítrio que se deixou de início aos conquistadores pode prender-se de qualquer modo, além das dificuldades com que deveria lutar a Coroa de Castela para intervir mais decisivamente nas terras de ultramar, à margem de liberdade administrativa e jurídica de que desfrutavam, na Europa, diversas regiões dependentes da Coroa de Castela.

Sujeitas, embora, às leis castelhanas, por isso que incorporadas politicamente à sua Coroa, as Índias desfrutavam, em certo grau, da mesma liberdade. Isso, e ainda a equiparação teórica estabelecida entre os crioulos e mesmo os índios da América e os castelhanos da Europa, deu motivo a que alguns historiadores recentes se deixassem seduzir pela ideia de que "as Índias não eram colônias".[25] Mas essa equiparação tinha exata correspondência na prática? E ainda a própria expressão "colônia", que não aparece nos documentos jurídicos castelhanos dos séculos XVI e XVII, se acharia então generalizada com o sentido que hoje lhe é dado?

De qualquer modo, a aparente descentralização que vamos encontrar nas terras castelhanas de aquém-mar é como um reflexo da carência de verdadeira unidade nacional, a despeito das unidades simplesmente dinásticas, que se verifica pela mesma época nas terras europeias submetidas à Coroa de Castela. Cada um dos antigos reinos peninsulares mantinha sua própria personalidade política e jurídica. Em terras de Castela, continuavam, na ocasião dos descobrimentos marítimos, a prevalecer as normas jurídicas peculiares ao direito castelhano. Nos velhos Estados integrantes da Coroa de Aragão, mantinha-se da mesma forma a vigência de seus direitos particulares: aragonês, catalão, valenciano, maiorquino. Navarra, incorporada ao reino aragonês, conservou durante os primeiros tempos, dentro da península, sua condição de Estado soberano e independente.[26]

É apenas aparente, se tanto, a contradição entre esses particularismos, que de algum modo se refletem no ultramar, e a fisionomia imperial que assume rapidamente a expansão castelhana. Não haveria exagero mesmo em pretender-se que as duas expressões, divergentes na aparência, e até opostas, se completam e fertilizam admiravelmente.

Bem diverso é o caso de Portugal, onde a centralização mais acentuada procura espelhar-se, tanto quanto possível, na administração colonial. O próprio sistema de povoamento litorâneo, que não visava apenas a proteger a integridade dos senhorios ultramarinos contra a cobiça de intrusos, como ainda a tornar mais eficaz a participação econômica e também administrativa da Coroa na colônia, acha-se bem enquadrado em tais condições. Não é sem motivo que a penetração terra adentro só se fez posteriormente, de modo vigoroso, a partir de lugares como São Paulo, onde as circunstâncias favoreciam menos a ação adversa da metrópole sobre os efeitos da atração que exercem entre os moradores os segredos e as riquezas da terra: riquezas em peças ou em pedras.

Contudo não se há de crer que a preferência atribuída ao povoamento litorâneo significasse o fruto de uma política sabiamente dosada e calculada em todos os seus pormenores. Melhor seria dizer que se impôs naturalmente, por isso que era corrente, até então e desde remota antiguidade, entre os povos colonizadores. Tendo iniciado muito cedo sua expansão oceânica, Portugal encontrou pronta a fórmula já praticada entre esses povos, não apenas através de grande parte da Idade Média, mas até na antiguidade clássica. Só lhe cabia aplicá-la, na medida em que ela era aplicável em seu campo de ação cada vez mais amplo. E está aqui um dos lados do conservantismo que caracteriza largamente a ação colonial portuguesa.

Essa ação busca prolongar, em verdade, sobre as rotas do

Atlântico, a dos seus predecessores e mestres: os marinheiros italianos da Idade Média. Não é talvez inútil relembrar como às origens longínquas da expansão lusitana se acha o contrato que celebrou el-rei d. Dinis em 1317 com Micer Manuel Peçanha, o Pezagno genovês, para almirante-mor de Portugal, ao mesmo tempo que lhe fazia a doação do lugar de Pedreira, de Lisboa. Obrigava-se ainda Peçanha a ter sempre vinte homens de mar, naturais de Gênova, idôneos para alcaides e arrais das galés del-rei.

É inevitável pensar que a participação desses homens no desenvolvimento da marinha do reino, primeiro passo na obra dos descobridores, contribuiu tanto para a adoção dos métodos genoveses em Portugal como a ação dos Boccanegra o faria em Castela, embora não falte quem tenda a desmerecer sua influência.[27] O fato é que o cargo de almirante continuaria a transmitir-se aos descendentes e colaterais de Peçanha, e não apenas até princípio do século XV como o pretende um notável historiador das colônias genovesas.[28] Embora em 1397, ao receber Micer Carlos da Coroa lusitana o cargo de almirante que houveram seus antepassados, mas desta vez "somente em sua vida", vale dizer que não o herdariam os descendentes, ainda em 1444 é confirmado no mesmo cargo Lançarote Peçanha, neto de Carlos.[29]

Tanto quanto a das repúblicas italianas, a atividade ultramarina desenvolvida pela monarquia portuguesa tem acentuado cunho mercantil. É certo que não chegariam os lusitanos a libertar-se tão nitidamente como os venezianos, por exemplo, ou sobretudo como os genoveses, do apego à propriedade fundiária, considerada instrumento decisivo de riqueza, em seus estabelecimentos coloniais. Deveria prender-se tal fato à maior distância que separava muitos desses estabelecimentos da metrópole, e também à civilização e técnica rudimentares das populações indígenas nas mesmas partes. Todavia o domínio pleno a que nelas podiam aspirar os portugueses cifrava-se em regra ao estrito necessário para o exercício livre da atividade comercial ou predatória.

Seja como for, a própria concessão de capitanias hereditárias, à maneira do que sucederá depois no Brasil, estaria longe de representar uma ruptura com os precedentes da colonização italiana. Quando, por exemplo, o placentino Bartolomeu Perestrello, futuro sogro do genovês Cristóvão Colombo, recebeu de el-rei de Portugal a donataria de Porto Santo, nada faz crer que se viu diante de uma novidade absolutamente ignorada em sua terra natal. "Cônsules" genoveses, que eram ao mesmo tempo "capitães", e escolhidos, muitos deles, diretamente pela comuna, tinham existido desde remotas eras, e não só nas colônias do mar Negro ou na Crimeia, mas também nas ilhas gregas e ainda na Córsega, subdividida, em 1378, entre seis cidadãos, chamados promiscuamente *mahonenses, feudatarii, apalpatores*, numa ambiguidade de definições em que se reflete o caráter juridicamente compósito daquela espécie de feudalismo financeiro.[30] Benedetto Zaccaria, que será almirante-mor de Castela (1291-1294), tivera seu feudo particular na Foceia. Com o tempo, a administração colonial é delegada, entretanto, à Casa di San Giorgio, que se emancipa da tutela do Estado num grau que jamais alcançarão os organismos correspondentes suscitados pela Coroa portuguesa: a Casa de Ceuta, depois a da Índia e Mina, cujos armazéns, ao tempo de d. Manuel, se alojavam significativamente debaixo dos próprios aposentos reais.

Um pouco diversa é a atividade colonizadora desenvolvida pela república menos individualista e mais tradicionalista de Veneza.[31] Em alguns casos recorria-se aqui à administração direta dos lugares ultramarinos, mas muito frequentemente preferiu-se a doação de terras a elementos do patriciado. No ano de 1207 saiu de Constantinopla uma expedição sob o comando de Marco Sanudo, rumando para o arquipélago. O próprio Sanudo apoderou-se de parte das Cíclades, tornando-se duque de Naxos, ao passo que Andros foi entregue a

Marino Dandolo, Tenos e Miconos aos Ghisi, Citera a Marco Venier, Lemnos a Filocaro Navigajoso etc. Para todas essas conquistas tornou-se preciso obter confirmação da *Signoria*, que deveria dar aos donatários posse hereditária. Desse modo, todo o arquipélago passou a ser rapidamente uma espécie de lago veneziano.[32]

Já Lujo Brentano pudera dizer que, nas colônias venezianas e genovesas do Levante, se introduzira desde cedo uma organização verdadeiramente feudal da economia e da sociedade, que com o tempo passaria a ter timbre capitalista. Em Quios, Creta (Cândia) e Chipre, introduzira-se, assim, desde muito cedo, um sistema econômico de "plantações", mormente de açúcar e algodão, que prenuncia não apenas o que fariam os portugueses na Madeira, mas ainda o que desenvolveriam no Brasil. Um autor moderno chega mesmo a admitir, neste caso, forçando em demasia as similitudes, que as plantações venezianas do século XIV, especialmente em Chipre, já comportavam uma técnica de plantio e fabrico do açúcar mais adiantada do que as dos engenhos americanos dos séculos XVII e XVIII, pois expedia o produto em pães já perfeitamente apropriados para o consumo.

É preciso dizer que esse novo "prurido de prioridade", de parte de um historiador por tantos títulos benemérito, prende-se à sua ideia de que as colônias americanas mandariam às refinarias da Europa o simples "caldo de cana": "l'attività industriale dei Corner", diz, "non si limitava a questa prima trasformazione, come è avvenuto nel Seicento e nel Settecento nelle piantagione americane, che si limitavano a spedire i succhi di canna alle reffinarie europee".[33] Ideia obviamente extravagante, pois é notório que esse suco

[...] *se o não purga o fogo a tempo,*
em impuro azedume degenera [...][34]

como dirá um literato do século passado, interpretando o latim de nosso Prudêncio do Amaral.

Num ponto, entretanto, a expansão portuguesa vai diferenciar-se notavelmente da que tinham realizado na Idade Média as repúblicas italianas. Nada que lembre, no reino, aquela prepotência de energias particularistas, tão altamente típica, da obra colonizadora desenvolvida sobretudo pelos genoveses. Coincidindo com a crescente afirmação do absolutismo monárquico, a expansão lusitana é, ao contrário, inseparável de uma hipertrofia crescente do poder real, que irá empolgar, ao cabo, a vida econômica do país. E contudo não cabe dizer que ainda essa hipertrofia resultasse de um plano previamente calculado para servir aos objetivos da atividade ultramarina. Surge por assim dizer espontaneamente, segundo os rumos tomados pela monarquia depois de d. João I, numa trajetória que as repúblicas italianas não conheceriam.

De acordo com tal tendência, os interesses privados ficavam largamente sujeitos ao arbítrio da Coroa e do rei, primeiro negociante do país. Essa tentativa, a mais absorvente que se conhece de instituição de um monopólio estatal do comércio, não deveria encontrar imitadores, segundo escreve um historiador moderno do mercantilismo. E acrescenta que nenhuma outra nação chegou a ir tão longe nesse sentido quanto Portugal, ressalvando, no entanto, que assim se dera especialmente nos primeiros tempos. Pois antes da jornada de Vasco da Gama ainda teriam existido companhias particulares, fundadas aparentemente nos moldes das *maone* genovesas, e depois, com o descobrimento do Brasil, deveria abrir-se aqui um novo campo ao mesmo tipo de sociedades.[35]

Outro historiador, a quem se devem numerosos e valiosos estudos sobre as origens da colonização atlântica, tem procurado, em mais de um trabalho, restringir a extensão atribuída a esse monopólio régio. "Ao contrário do que se acreditou", escreve, com efeito, o professor Charles Verlinden, "a colonização portuguesa não foi, desde o início, uma colonização sujeita ao monopólio régio. Muitas das empresas coloniais montadas por d. Henrique, o Navegador, foram sociedades de participação múltipla".[36]

É possível que pesquisas mais acuradas nos arquivos de Portugal venham confirmar estas opiniões, reduzindo o que possa haver de discrepante entre sua ação ultramarina e a atividade colonizadora das repúblicas italianas. Por ora elas parecem pelo menos comprometidas, depois das devastadoras críticas a que deu origem a tese das pretensas companhias comerciais lusitanas dos séculos XV e XVI, exibindo "todas as características das sociedades por ações dos séculos XVII e XVIII", que se viu equiparada a uma inqualificável burla.[37] A verdade é que a Coroa, no que toca aos senhorios de ultramar, não renunciou, senão em termos restritos, à ação direta, e ainda assim o fez nos casos em que esta não prometesse imediatamente bom sucesso. É o que sucederá de algum modo no Brasil, cuja colonização efetiva tem início, por outro lado, num momento em que a força expansiva de Portugal parece ameaçada de colapso.

É importante assinalar que mesmo essa preeminência do poder real, tendente não raro a amenizar a iniciativa privada, não impediu que, no cenário americano, onde tudo parecia dever atenuá-la, permanecesse intacta a fórmula que presidira desde o começo a expansão portuguesa e que pôde ser comparada a uma linha de feitorias e fortalezas de 10 mil milhas de comprido.[38] Os colonos que na Índia eram chamados *bate-praias*, segundo o testemunho já citado de Sassetti,[39] tinham sua réplica nos do Brasil, que, de acordo com a observação famosa de frei Vicente do Salvador, viviam a arranhar as fraldas do mar como caranguejos.[40]

A persistência desse tipo de colonização poderia resultar, além do exemplo italiano, de uma fidelidade a padrões e imagens familiares a um país onde a parcela mais ativa da população se adensava junto às praias, às bocas dos rios navegáveis, entregue à faina do comércio e também aos misteres da navegação, das pescarias, do tráfego das salinas. Mesmo quando o reino ainda não tinha principiado a despovoar-se ao cheiro da canela indiana, quem saísse por exemplo de Salamanca e atingisse a fronteira pelo Douro, que era transposto em balsas, iria deparar, sobre desolada paisagem, com uma gente rala e miserável, vivendo em furnas, quase ao modo de trogloditas. Foi o que sucedeu em 1466 aos companheiros de Leão de Rozmital, cavaleiro da Boêmia, que chegara a atravessar o país sem achar mantimento para os homens e as bestas de transporte e carga.

A razão estava no fato de ninguém cogitar em mandar fazer ali estradas, de sorte que acontecia passarem-se quatro e cinco anos consecutivos sem que se visse em toda a região um único visitante. A fome, a sede, as agruras da jornada só cessariam quando os viajantes chegassem a Braga.[41] Enquanto a maior extensão do reino, além da orla marítima, jaz assim estéril, mofina e inóspita, Lisboa, ao contrário, faz-se de todos admirar pela pujança da sua atividade, a abastança de seu comércio, o concurso de inúmeros forasteiros de todas as origens, que lhe dão uma fisionomia quase ímpar na Europa. Ainda em fins do século XVI passará por uma das três maiores cidades do continente, ao lado de Constantinopla e Paris.[42] Eminência conservada mesmo na primeira metade dos Seiscentos, era de abatimento nacional que os sucessos da Restauração não chegarão a dissimular.[43] O país vive, a bem dizer, do exterior e para o exterior.

Se aquela hipertrofia urbana de Lisboa ou a do Porto, com sua poderosa indústria marítima e sua ativa burguesia mercantil, é desconhecida no Brasil colonial, mantém-se aqui, no entanto, e naturalmente em escala maior, a mesma espécie de extroversão econômica e social já existente no reino, breve epítome em muitos aspectos dos mundos explorados pela sua gente. "Se vamos à essência de nossa formação", diz um historiador brasileiro, "veremos que na realidade nos constituímos para fornecer açúcar, tabaco, alguns outros gêneros; mais tarde ouro e diamantes; depois algodão, e em seguida café, para o comércio europeu. Nada mais que isto. É com tal objetivo, objetivo exterior, voltado para fora do país e sem atenção a considerações que não fossem aquele comércio, que se organizarão a sociedade e a economia brasileiras."[44]

E esse mesmo objetivo pareceria apto a preservar indefinidamente a tendência para o povoamento sobretudo da faixa litorânea. Tendência que, além de frei Vicente, frisaria o alviano dos *Diálogos das grandezas*, ao lamentar que a gente portuguesa fizesse tão curta a conquista, podendo-a fazer larga à maneira do castelhano, e chegava a admitir que merecessem seus compatriotas a fama de ruins colonizadores, pois, "em tanto tempo que habitam neste Brasil", diz, "não se alargaram para o sertão para haverem de povoar nele dez léguas contentando-se de, nas fraldas do mar, se ocuparem de fazer açúcares".[45] Ou ainda o autor do *Livro que dá razão do Estado do Brasil*, onde escreve, por volta de 1612, que "os brancos, nestas partes, vivem ao longo da costa, mais hóspedes que povoadores".[46] A própria expansão no extremo norte, que acabaria por integrar na América portuguesa o vale do Amazonas, não foge a essa regra constante, pois que as margens do rio-mar e de seus grandes afluentes oferecem condições em quase tudo comparáveis às do litoral atlântico.

O tempo mudará tal situação, e no século XVII é um pouco a imagem do império espanhol, das Índias de Castela, que irá empolgar por sua vez os portugueses. Se o alargamento da silhueta geográfica do Brasil se faz muitas vezes em contraste com a direção inicialmente impressa à atividade colonial lusitana, e sobretudo por obra de mamelucos e mazombos, não é menos certo que irá perder terreno paulatinamente entre reinóis, no próprio reino, aquela visão singela e tranquila da América portuguesa que se espelhava nos escritos dos seus primeiros cronistas. D. Francisco de Sousa já fora quase um taumaturgo. E seu sucessor, d. Diogo Botelho, reclama para si o título de vice-rei, como se o enfeitiçasse a esperança de governar outro Peru ou uma segunda Índia.

Teremos também os nossos eldorados. O das minas, certamente, mas ainda o do açúcar, o do tabaco, de tantos outros gêneros agrícolas, que se tiram da terra fértil, enquanto fértil, como o ouro se extrai, até esgotar-se, do cascalho, sem retribuição de benefícios. A procissão dos milagres há de continuar assim através de todo o período colonial, e não a interromperá a Independência, sequer, ou a República.

Notas

Prefácio à segunda edição [pp. 11-34]

1. Charles L. Sanford, *The Quest for Paradise. Europe and American Moral Imagination*, Urbana, Ill., 1961, pp. 34, 56 e *passim*.
2. Henry Nash Smith, *Virgin Land. The American West as Symbol and Myth*, Cambridge, Mass., 1950.
3. R. W. B. Lewis, *The American Adam. Innocence, Tragedy and Tradition in the Nineteenth Century*, Chicago/Londres, 1955.
4. Leslie A. Fiedler, *An End to Innocence*, Boston, 1955.
5. André Gide, *Journal*, 1889-1935, Paris, 1955, p. 719.
6. George H. Williams, *Wilderness and Paradise in Christian Thought*, Nova York, 1962.
7. Sobre esse tipo de publicidade que parece ter florescido singularmente a propósito da Virgínia, nos séculos XVII e XVIII, pode-se ler Louis Wright, *The Colonial Search for a Southern Eden*, Birminghan, Ala., 1953, sobretudo às pp. 41-62, o capítulo intitulado "Eden and Utopia South of Virgínia".
8. Frederic I. Carpenter, "The American Myth: Paradise (to be) Regained", *Publications of the Modern Language Association*, vol. 74, Nova York, dezembro de 1959.
9. Henri Baudet, *Paradise on Earth: Some Thoughts on European Images of Non European Man*, New Haven, 1965.
10. E. Bartlett Giamatti, *The Earthly Paradise and the Renaissance Epic*, Princeton, N.J., 1966.
11. "Indeed, the hope of finding it ('the lost state of bliss and innocence') seemed to increase enormously with the discovery of the New World, and American literature itself is constantly read as a record of the quest for the happiness in the great unspoiled garden", *op. cit.*, p. 6. No retrospecto forçosamente incompleto que se apresenta neste prefácio, deixei de citar o trabalho de Alan Heimert, "Puritanism, the Wilderness

and the Frontier", *New England Quartely*, XXVI, 1953, tido por George H. Williams como o primeiro estudo sistemático da influência edênica na colonização da Nova Inglaterra, por não ter tomado conhecimento dele, nem antes nem depois de preparada a 1ª edição do presente livro. No referido estudo, ainda segundo Williams, peregrinos e puritanos pensaram ver na América primitiva uma terra prometida, depois um deserto e selva (*wilderness*), por onde se alcançaria finalmente a Jerusalém mística. Deixei igualmente de abordar a obra de L. I. Ringbom, *Paradisus Terrestris, Myt, Bild och Verklinghet*, Helsinki, 1958, devido a minha total incompetência com relação ao idioma em que foi escrito (sueco).

12. Daniel J. Boorstin, *The Genius of American, Politics*, Chicago, 1965, pp. 11 ss.

13. "Indeed there have rarely been published more books with titles containing the word 'paradise', than on the colonization of the Americas. Among works published in recent years, let us point out: *Visão do Paraíso: os motivos edênicos no descobrimento e colonização do Brasil* (Rio de Janeiro, 1959), by Sergio Buarque de Holanda; *The Quest for Paradise* (1961), by Charles L. Sanford; *Wilderness and Paradise in Christian Thought* (1962), by George H. Williams, subtitled 'From the Garden of Eden and the Sinai desert to the American Frontier'". Mircea Eliade, "Paradise and Utopia: Mythical Geography and Eschatology"; *Utopia and Utopian Thought*, edited by Frank E. Manuel, Boston, 1966, p. 261.

14. Adam Schaff, "The Marxist Theory of Social Development", *Le Développement Social*, Paris/Haia, 1965, p. 78.

15. Ernst Robert Curtius, *Europäische Literatur und lateinisches Mittelalter*, Berna, 1948.

16. Serafim Leite, "O tratado do Paraíso na América e o ufanismo brasileiro", *Novas páginas de história do Brasil*, Lisboa, 1963, pp. 379-82.

(+) *Nota à 3ª edição:* Ver *Anexo* à página 539 do presente volume.

17. Ernesto Ennes, *Dois paulistas insígnes*, 1º vol., São Paulo, 1944, pp. 101 ss. e 435 ss.

1 · Experiência e fantasia [pp. 35-52]

1. Cf. Heirinch Wölfflin, *Classic Art*, pp. 222 ss. Sobre o senso de unidade introduzido pela arte renascentista em contraste com a dos fins da Idade Média, veja-se do mesmo autor os *Kunstgeschichtliche Grundbegriffe* às pp. 180 ss. e *passim*, em particular toda a quarta seção, onde são examinadas, segundo um critério estilístico, as "categorias" antitéticas de Multiplicidade e Unidade.

2. G. Pico della Mirandola, *Disputationes Adversus Astrologiam Divinatricem*, I, pp. 13 ss.

3. Bem típica da argumentação quinhentista sobre o problema é a tese sustentada por Brocardo, nos diálogos de S. Speroni, de que, no plano "histórico", não se oferece lugar para as verdades absolutas das ciências demonstrativas, mas só para os conhecimentos aproximativos. Achando-se o homem colocado em um meio-termo entre os animais e as inteligências puras, é de modo mediano que ele se conhece. "O qual modo", diz, "não é senão a opinião gerada pela retórica [...]." Convém, pois, que "as nossas repúblicas sejam prudentemente governadas, não pelas ciências demonstrati-

vas, verdadeiras e certas para todos os tempos, mas pelas retóricas opiniões, variáveis e transmutáveis (como o são as nossas obras e leis)", *apud* Eugênio Garin, *Medioevo e Rinascimento*, p. 135, e *L'Umanesimo Italiano*, p. 225.

4. Cf. Walter J. Ong, S. J., "Ramus and the Pre-Newtonian Mind", *English Institute Essays*, p. 169. A influência de Ramus seria sensível na França e, ainda mais, em terras protestantes, como a Alemanha e a Grã-Bretanha, ou mesmo nas colônias inglesas da América do Norte, terras essas em que o seu sistema, segundo a observação de um historiador das ideias, se tornaria rapidamente um sério rival da lógica aristotélica nas escolas, Paul Oskar Kristeller, *The Clapsic and Renaissance Thought*, p. 41. Ver também Perry Miller, *The New England Mind. The Seventeenth Century*, Boston, 1961, pp. 116-78 e 493-501. Tentou-se recentemente, em obra de cerrada erudição e análise, mostrar a influência decisiva do ramismo sobre toda a poética de John Donne e dos chamados "metafísicos" ingleses do século XVII: Rosemond Tuve, *Elisabethan and Metaphysical Imagery; Renaissance and Twentieth Century Critics*, Chicago, 1947.

5. Da *Antonii Goueani pro Aristotele respôsio, aduersus Petri Rami calunias* há reprodução fac-similar moderna, seguida de tradução portuguesa de autoria de Aquilino Ribeiro: Antônio de Gouveia, *Em prol de Aristóteles*, Lisboa, 1940.

6. Lynn Thorndike, "The Attitude of Francis Bacon and Descartes towards Magic and Occult Sciences", *Science, Medicine and History*, I, pp. 451-54.

7. Duarte Pacheco Pereira, *Esmeraldo De Situ Orbis*, p. 20.

8. "Les hommes de 1541 ne disaient pas: impossible. Ils ne savaient pas douter de la possibilité d'un fait. Aucune notion tyrannique, absolue, contraignante de *loi* ne limitait pour eux la puissance illimitée d'une nature créatrice et productrice sans frein. La critique du fait ne commencera, précisément, que le jour où cette notion de loi entrera en vigueur universellement – le jour où, par là même, la notion d'*impossible*, si féconde en dépit de ses apparences négatives, prendra un sens; le jour où, pour tous les esprits, le *non posse* engendra le *non esse*. Au XVIe siècle, ce jour n'est pas venu", L. Febvre, *Le Problème de l'Incroyance*, pp. 476 ss.

9. Leo Bagrow, *Die Geschichte der Kartographie*, pp. 90 ss.

10. *Pantagruel*, Liv. V, ch. XXXI.

11. Lembrou o sr. Afonso Arinos de Melo Franco, a outro propósito, como, publicada primeiramente em italiano, a relação do "Piloto Anônimo" saiu em latim, em versão impressa por Grineu no ano de 1512, em que também se redigiu o livro segundo de *Pantagruel*, o mesmo que anuncia a viagem projetada para o herói à Índia – onde se iria casar com a filha do Preste João – com escala no país dos canibais, inspirada possivelmente na rota cabralina. Aludindo ainda à relação, escreve Melo Franco: "Rabelais leu-a seguramente, uma vez que cita nominalmente Pedro Álvares, cujo nome figura no texto da narrativa, o que lhe valeu, ainda recentemente, passar por autor da última", A. Arinos de Melo Franco, *O índio brasileiro e a Revolução Francesa*, p. 132.

12. "Delle Navigationi di Messer Alvise Da Ca Da Mosto Gentilhuomo Veneziano", Ramúsio, *Primo volume, & Seconda editione Delle Navigationi et Viaggi*, p. 109: "[...] questo fiume, secondo che dicono gli uomini sauij, è vn ramo del fiume Gion che vien dei paradiso terrestre et questo ramo fu chiamato da gli antichi Niger che vien bagnando tutta l'Ethiopia & appressandosi al mare oceano verso ponente doue sbocca, fa molti altri rami & fiumi oltra questo di Senega, & un altro ramo dal detto fiume Gion è

il Nilo qual passa l'Egito, & mette capo nel mare nostro mediterraneo, & questa è la oppenione di quelli che hanno cercato il mondo".

13. Sêneca, *Nat. Quaest, lib.* IV – A 11.
14. Dr. Richard Hennig, *Terrae Incognitae*, I, p. 67.
15. Howard Rollin Patch, *The Other World according to Descriptions in Medieval Literature*, p. 144.
16. *Le Navigationi Atlantiche de Alvise Da Cà Da Mosto*, p. 207, n.
17. Dr. Richard Hennig, *Terrae Incognitae*, I, p. 102.
18. "Delle Navigazioni di Messer Alvise Da Ca Da Mosto...", *in* Ramúsio, *op. cit.*, I, p. 118.
19. João de Barros, *Décadas*, I, Liv. IV, C. VII.
20. Duarte Pacheco Pereira, *Esmeraldo De Situ Orbis*, liv. I, cap. 27. Não é evidente como ao visconde de Santarém quis parecer, que existisse alusão à localidade do Paraíso em certa passagem de Zurara onde, em resposta a Gomes Pires, capitão de uma caravela del-rei que se propunha descer ao longo da costa da África até a terra dos negros, especialmente ao rio Nilo, isto é, o Níger, assim lhe teria dito Álvaro de Freitas: "nem eu nom sou homem pera me afastar de tal companhya, mas vaamos hu quiserdes siquer ataa o Paraíso Terreal", cf. Zurara, Gomes Eanes de, *Crónica do descobrimento e conquista de Guiné*, ed. anotada pelo visconde de Santarém, pp. 272 ss., n. Justifica-se mal, entretanto, a ênfase com que tal interpretação é repelida por um anotador recente da mesma *Crónica*, onde escreve: "Ao contrário do que diz Santarém, em nota, esta frase de Álvaro de Freitas mostra mais desprezo pela geografia da Idade Média, que crença nos seus erros. Aquele valente navegador exprime assim, risonho, que está disposto a ir desinteressadamente até ao fim do mundo, só para ver como ele é de fato. Isto não quer dizer que acredita que, continuando a navegar, possa chegar ao Paraíso dos teólogos e do poema de Dante", Zurara, Gomes Eanes de, *Crónica do descobrimento e conquista da Guiné*, ed. da Livraria Civilização, II, p. 63, nota de José de Bragança.
21. Dom Eduarte, *Leal conselheiro*, p. 15.
22. *Os Lusíadas*, X, 150.
23. Aubrey Bell, *A literatura portuguesa*, p. 294.
24. Joaquim de Carvalho, *Estudos sobre a cultura portuguesa do século XVI*, I, p. 55.
25. Leonardo Olschki, *Storia Letteraria delle Scoperte Geografiche*, pp. 34 ss. Tornam-se inevitáveis, contudo, alguns reparos às circunstâncias históricas que se relatam nesse trecho. Assim é que o descobrimento e consequente posse do Cabo Branco pelos portugueses data, segundo as melhores probabilidades, de 1441, não de 1445. E foi devido a Nuno Tristão, não a Dinis Dias: a ação deste último anda associada ao descobrimento do Cabo Verde, no continente, não ao do Branco. Nada autoriza a crer, além disso, que Álvaro Fernandes tivesse atingido o rio Grande, ou seja, o Geba atual, célebre pelo fenômeno do *macaréu*. Finalmente não parece muito exato, no caso de Vasco da Gama, relacionar-se o aproveitamento do imenso mercado indiano, em nome do soberano português, com o fato de o grande navegador ter sido feito vizo-rei da Índia. A verdade é que o Gama só exerceu esse posto durante os últimos três meses, mal contados, de 1524, quando pouco tempo lhe sobraria para enfrentar a oposição dos muçulmanos do Malabar.
26. "[...] y agora entre tanto que vengam à noticia desto destas terras que agora nuevamente tengo asentado en el ánima que alli es el Paraiso terrenal, irá el adelantado con tres navios bien ataviados para ello á ver más adelante, y descobrirlo todo hácia

aquellas partes", Navarrete, *Colección de los viajes y descubrimientos que hicieron por mar los españoles*, I, pp. 386 ss.

27. Samuel Eliot Morison, *Chrislopher Columbus, Mariner*, p. 82. A esse respeito observa ainda o mesmo historiador que sendo os coqueiros uma planta hoje tão característica da costa do mar das Antilhas, muitos se esquecem de que foram introduzidos ali pelos espanhóis.

28. D. Martin Fernandez Navarrete, *Collección de los viajes y descubrimientos*, I, p. 428: "Josefo quiere que este oro se hobiese en la Aurea: si así fuese digo que aquellas minas de la Aurea son unas y se convienen con estas de *Veragua*, que como yo dije arriba se alarga al Poniente 20 jornadas, y son en una distancia lejos del polo y de la linea. Salomon compró todo aquello, oro, piedras y plata, alli le pueden mandar á coger si les aplace".

29. D. Martin Fernandez Navarrete, *Colección de los viajes y descubrimientos*, I, pp. 427 ss.: "el oro es excelentísimo: del oro se hace tesoro y con él, quien lo tiene, hace quanto quiere en el mundo, y llega à que echa las almas al paraiso".

2 · Terras incógnitas [pp. 53-78]

1. D. Martin Fernandez Navarrete, *Colección de los viajes y descubrimientos*, I, p. 249.
2. Leonardo Olschki, *Storia Letteraria delle Scoperte*, pp. 17 e 20. Referindo-se especialmente ao "rouxinol" de Colombo, observa ainda Olschki: "A paisagem do Haiti, como a viu Colombo, era a realização desse esquema literário que o Dante bebera numa longa tradição literária, transfigurando-a em sua fantasia e em seu estilo. Infinitas, na literatura medieval, são as variantes desse motivo, que reaparece nas descrições do Paraíso, dos jardins de amor e delícias, de uma natureza hirta, entre árvores sempre verdes e pássaros sempre músicos, a viver numa primavera constante".
3. Cf. Maria Rosa Lida, "El ruiseñor de las *Georgicas* y su influencia en la literatura española de la edad de oro", *Volkstum und Kultur der Romanen*, IX, 3-4, p. 296. Acerca do *locus amoenus* medieval, em suas relações com os padrões clássicos e em sua associação com a ideia do Paraíso Terrestre, cf. ainda Ernst Robert Curtius, *Europäische Literatur und Lateinisches Mittelalter*, pp. 200 ss.
4. Fray Bartolomé de Las Casas, *Historia de las Indias*, I, p. 231: "Vieron también ánsares muchas y naturales ruiseñores que muy dulcemente cantaban, y es bien de considerar que haya tierra en que por el mes de noviembre los ruiseñores canten".
5. "Purgatório", XXVIII, 1.
6. D. Martin Fernandez Navarrete, *Colección de los viajes y descubrimientos*, I, p. 187. A referência à amenidade perpétua do clima "nem frio, nem quente" – *non ibi frigus, non aestus* – constitui, pelo menos a partir de santo Isidoro de Sevilha, uma constante das visões do Paraíso.
7. Navarrete, *Colección de los viajes*, I, p. 192.
8. Navarrete, *Colección de los viajes*, I, p. 301.
9. Navarrete, *Colección de los viajes*, I, p. 273.
10. Santo Isidoro de Sevilha, *Etimologias*, lib. XI, cap. III.

11. Marco Polo, *Il Milione*, p. 282.
12. Marco Polo, *Il Milione*, p. 279 e n. Segundo todas as probabilidades essa alusão a homens de cauda refere-se aos orangotangos, de que o viajante poderia ter tido notícia nos lugares que percorreu.
13. Joachim Lelewel, *Géographie du Moyen-Âge*, V (*Épilogue*), pp. 147 ss.
14. Joachim Lelewel, *Géographie du Moyen-Âge*, II, p. 86.
15. Navarrete, *Colección de los viajes*, I, p. 419.
16. Brunetto Latini, *Il Tesoretto e il Favoletto di Ser...*, pp. 87 ss.
17. "Et sachiez que en Ynde et en celui païs là outre, a maintes diversitez de genz; car il i a tels qui ne vivent que de poissons, et tiels i a qui occient lor peres avant que il dechieent par viellesce ou par maladie; et si les manjuent, et ce est entre euls une chose de grant pitié. Cil qui habitent au mont Niles ont les piez retors, ce est la plante desus, et ont en chascun pié VIII doiz. Autres i a qui ont teste de chien, et li plusor n'ont chief; mais lor oilz sont en lor espaules. Unes autres gens i a qui maintenent qu' il naissent, lor chevol deviennent chenu et blanc, et en lor viellesce nercissent. Li autre n'ont que l'oil et une jambe, et corrent trop durement. Et si i a femes qui portent enfanz à V anz, mais ne vivent outre l'aage de VIII anz", Brunet Latin, "Li Livres dou Tresor", *Jeux et Sagesses du Moyen-Age*, pp. 765 ss. As mesmas monstruosidades aparecem na Índia de Pierre D'Ailly (um dos autores prediletos de Colombo), que no entanto prefere colocar o Paraíso Terrestre nas ilhas Afortunadas dos antigos. Cf. Edmond Buron, *Ymago Mundi de Pierre D'Ailly*, pp. 264 ss.
18. "Purgatório", XXIX, 112-113.
19. *Journal de Bord de Saint-Brendam*, p. 189.
20. *Mandeville's Travels*, II, pp. 325 ss.: "Et dist on que celle fontaine vient de paradis, et pour ce est elle si vertueuse. Est auec ce ceuls qui souuent en boiuent semblent estre tousiours ieunes, dont les aucuns lappellent et dient que cest la fontaine de iouuent, pour ce quelle fait ressembler a estre les gens iouenes".
21. Richard Hennig, *Terrae Incognitae*, II, pp. 361 ss.; *Mandeville's Travels*, II, p. 159.
22. Woodbury Lowery, *The Spanish Settlements within the Present Limits of the United States*, I, p. 159, n. Cf. também, sobre o assunto, Leonardo Olschki, "Ponce de León's Fountain of Youth", HAHR, XXI, pp. 361 ss.
23. Fray Bartolomé de Las Casas, *História de las Indias*, II, p. 505.
24. D. Bernardo de Vargas Machuca, *Milicia y descripción de las Indias*, II, p. 143.
25. Marco Polo, *Il Milione*, p. 320. A versão ramusiana das viagens de Marco Polo dá, no entanto, uma explicação diferente desse uso.
26. Padre Martire D'Anghiera, *Le Decade del Mondo Nuovo*, pp. 113 ss. A passagem completa de Pedro Mártir diz o seguinte: "Se acreditais que os canibais, em dadas épocas do ano, se vão ajuntar com aquelas mulheres, há de ser como referiu a Antiguidade, que se ajuntavam os trácios com as amazonas de Lesbos e que, da mesma forma, enviavam elas aos pais os filhos machos e guardavam as meninas. Dizem destas mulheres que têm grandes cunículos onde se refugiam se algum varão as vai buscar fora do tempo convencionado. E se alguém tentar com violência ou insidia violar o ingresso dessas passagens subterrâneas, respondem a flechadas e, ao que se supõe, sem perder tiro. *Tais coisas se narram e eu as refiro a ti*".
27. Dr. Richard Hennig, *Terrae Incognitae*, II, p. 364.

28. *Raccolta di Documenti e Studi pubblicati dalla R. Commsissione Colombiana*, I, pte. II, p. 313.

29. M. Terentii Varronis, *Rerum Rusticarum*, II, 2: "In fetura res incredibilis est in Hispania, sed est vera, quod in Lusitania ad oceanum in ea regione, ubi est oppidum Olisipo, monte Tagro quaedam e vento concipiunt, certo tempore equae [...]".

30. Antônio Pigafetta, *Relazione del Primo Viaggio in torno al Mondo*, p. 258.

31. Padre Cristoval de Acuña, *Nuevo descubrimiento del gran rio de las Amazonas*, p. 174.

32. Francisco Lopez de Gomara, *Historia general de las Indias*, I, p. 237.

33. Padre Cristoval de Acuña, *Nuevo descubrimiento*, p. 178.

34. "Relación de Hernando de Ribera", *in* Alvar Nuñez Cabeza de Vaca, *Naufragios y comentarios*, p. 363.

35. Fray Gaspar de Carvajal, *Relación del nuevo descubrimiento del famoso rio Grande de las Amazonas*, pp. 97 ss.

36. Francisco de Xerez, *Verdadera relación de la conquista del Perú*, pp. 54, 55, 56, 63, 72, 79 e 89.

37. Lopez de Gomara, *História general*, I, p. 151.

38. André Thévet, *Les Singularitez de la France Antarctique*, pp. 351 ss.: "Il y a diuerses opinions pourquoy elles ont esté appellées Amazones. La plus commune est, pour ce que ces femmes brusloiêt les mammelles en leur ienesse, pour estre plus dextres à la guerre. Ce que ie trouve fort estrange, et m'en rapporterois aux medecins, si telles parties se peuuent ainsi cruellement oster sans mort, attendu qu'elles sont fort sensibles, ioint aussi qu'elles sont prochaines du cueur, toutefois la meilleure part est de cette opinion".

39. Padre Cristoval de Acuña, *Nuevo descubrimiento*, p. 176.

40. A. Thévet, *Les Singularitez*, p. 329: "Quelques uns pourroyent dire que ce ne sont Amazones, mais à moy ie les estime telles, attendu quelles viuent tout ainsi que nous trouons auoir vescu les Amazones de l'Asie".

41. Sir Walter Ralleigh, "The discoveries of the large, rich, and beautifull Empire of Guiana, with a relation of the great and golden citie of Manoa (which the Spaniards call El Dorado) and the provinces of Emeria, Aromaia and other countries, with the rivers adjoyning", *in* Richard Hakluyt, *The Principal Navigations*, VII, pp. 295 ss.

42. Sir Walter Ralleigh, "The discoveries of the large, rich and beautifull Empire of Guiana", *in* Hakluyt, *The Principal Navigations*, VII, p. 350: "And where the south border of Guiana reacheth to the Dominion and Empire of the Amazones, these women shall heare the name of a virgin, which is not onely able to defend her owne territories and her neighbours, but also to invade and conquer so great Empire and so farre removed".

43. George Cary, *The Medieval Alexander*, pp. 10 ss.

44. *Mandeville's Travels*, II, p. 316: "Puis outre Caldée est Amazonie, cest la terre de Femmenie. Cest un royaume ou il na que femmes, car les hommes ne pourroient viure en ce payz, si comme aucuns dient. Mais pour ce nest il mis ainsi, car elles ne veulent que les hommes aient nulle signeurie sur elles [...]. Mais quant veulent compagnie domme elles se traient vers les terres marchissans et ont leurs amis qui les visitent et demeurent delez eulz. x. iour, et puis se retraient arrieres. Et selles ont enfants et il sont masles, elles lenuoient au pere, quantil scet aler et mangier par lui seul, ou elles loccient. Et se cest femelle, elles li ostent les mammelles a vn ferre chaut. Se elle est

gracieuse femme, on li oste la senestre pour mieu porte lescu. Et si cest femme de pie, on li ost la destre, afin quelle ne li empesche a traire de larc turquois; car elles traient moult bien de larc a main". Os mesmos pormenores reaparecem com pouca diferença na descrição que das amazonas americanas apresenta o aventureiro alemão Ulrich Schimidel, que esteve na expedição de Hernando de Ribera, cf. *Ulrich Schmidels Reise nach Süd-Amerika in den Jahren 1534 bis 1554*, pp. 58 ss.
45. Irving A. Leonard, "Conquerors and Amazonas in Mexico", HAHR, novembro, 1944, p. 575.
46. "Associado o cobre ao ouro", escreve um historiador moderno, "o ponto de fusão reduz-se de mais de mil a apenas duzentos graus centígrados, o que representava grande vantagem para aqueles primitivos metalurgistas. E como eram forçados a fazer vir o cobre da América Central estimavam-no mais do que ao ouro. De sorte que, para o encanto dos europeus, esses indígenas do Pária se compraziam em trocar objetos feitos em grande parte de ouro pelo seu equivalente em peso, de latão ou cobre." Samuel Eliot Morison, *Christopher Columbus, Mariner*, p. 165.

3 · Peças e pedras [pp. 79-119]

1. Embora originária de uma tradição medieval e provavelmente ibérica, de largo crédito em Portugal ao tempo de d. Henrique, o Navegador, a lenda das Sete Cidades, despojada agora de seu caráter insular, jamais pareceu tão perto de realizar-se como à volta de 1530, quando Nuño de Guzmán saiu à procura dos opulentos povoados, em número de sete, e maior, cada qual, do que a cidade do México e seus arrabaldes, com enormes edifícios e ruas inteiramente ocupadas pelos ourives.
2. Georg Friederici, *Der Charakter der Endeckung und Eroberung Amerikas durch die Europäer*, I, pp. 410 ss.
3. Alfred Métraux, *Les migrations historiques des Tupi-guarani*, pp. 12 ss.
4. Ao lado da noção de um país onde não se morre, apregoava-se nas "santidades", que logo encontraram adeptos entre os colonos, a de um paraíso onde, conforme a versão de Nóbrega, o mantimento por si cresceria e nunca faltaria que comer, e por si viria a casa e os paus iriam a cavar e as frechas sairiam ao mato para caçar e matariam muitos dos contrários e cativariam outros para serem comidos. E prometia-lhes o feiticeiro larga vida, "e que as velhas se hão de tornar moças e as filhas que as deem a quem quiserem e outras coisas semelhantes lhes diz e promete, com que os engana", Nóbrega, *Cartas do Brasil e mais escritos do P. Manuel da...*, p. 63. Depoimentos em tudo coincidentes com esse e quase nos mesmos termos aparecem em cartas de outros jesuítas, como Azpilcueta Navarro, José de Anchieta ou Diogo Jácome. É claro que entretidos nessas promessas os índios se faziam surdos à pregação dos missionários, já que não lhes anunciavam tamanhas vantagens materiais. É instrutivo o testemunho do padre Antônio Peres, por exemplo, onde escreve: "Ho seu intento he que lhes demos muyta vida e saude e mantimento sem trabalho, como os seus feiticeiros lhe prometem. Ho que agora aqui falta, Irmãos, he a continua conversação para os tirar deste caminho e os por no caminho do ceo", padre Serafim Leite, *Cartas dos primeiros jesuítas do Brasil*, vol. I, p. 325.

5. Gil Vicente, *Obras completas de...*, fl. CCLIX.
6. Desse curioso personagem trata largamente J. F. de Almeida Prado em *A Bahia e as capitanias do centro do Brasil*, I, pp. 297-312. A presunção, acreditada pelo autor, de que Guillén seria cristão-novo, tendo formado seu saber nas judiarias de Castela e Portugal, parece apoiar-se principalmente na denúncia dada em 1591 por Antônio Dias, da Companhia de Jesus e Santo Ofício, por ocasião da primeira visitação feita a estas partes do Brasil. Ouvira o denunciante cerca de vinte anos antes, ao que lhe parecia, a Brás Lourenço, outro padre da Companhia, que "Phelipe Guillén cavaleiro do ábito de Noso Senhor Jesu Christo, segundo deziam cristão novo provedor que foi da fazenda del rei em Porto Seguro, quando se benzia se benzia com hua figa e que dava por desculpa que tinha o dedo pollegar comprido e que por isso se lhe fazia na mão figa e que elle mesmo Phelipe Guillén castelhano de nação tinha onde se assentava hua taboa no chão sobre que punha os pees, na qual estava hua cruz, assinada na parte debaixo...", *Primeira visitação do Santo Officio às partes do Brasil* pelo licenciado Heitor Furtado de Mendonça, *Denunciações da Bahia (1591-93)*, p. 338.
7. "Carta de Filipe Guillén (20 de julho de 1550)", HCPB, III, p. 359.
8. Pero de Magalhães Gandavo, *Tratado da terra do Brasil*, II, cap. 9.
9. Teodoro Sampaio, "O sertão antes da conquista", RIHSP, V, p. 93. Cf. também Orville A. Derby, "Os primeiros descobrimentos de ouro em Minas Gerais", *id.*, p. 248.
10. José de Sousa Azevedo Pizarro e Araújo, *Memórias históricas do Rio de Janeiro*, VIII, t. 2º, p. 10. Note-se entretanto que a tradução dada pelo mesmo autor à palavra Sabarabuçu não coincide com a explicação proposta por Teodoro Sampaio, pois diz que esse nome equivale a "coisa felpuda". É provável que tal significado Pizarro o tomasse a Cláudio Manuel da Costa, que no "Fundamento histórico" do seu poema *Vila Rica* se refere a Fernão Dias dizendo que fez entradas no "Sabrá-Buçu, que vai o mesmo que cousa *felpuda*, e é uma serra de altura desmarcada, que está vizinha ao sumidouro, a qual chamam hoje comarca do Sabará", Cláudio Manuel da Costa, *Obras poéticas de...*, II, p. 177.
11. "The admirable adventures and strange fortunes of Master Anthony Knivet", *Purchas His Pilgrimes*, XVI, p. 220: "[...] we found great store of earthen Pots, and in some of them peeces of Gold tied at lines that the Indians fish withall; likewise we found Stones as greene as grasses, and great store of white glistering Stone like Christall, but many of them were blew and greene, red and white wonderfull faire to behold; when we saw the peeces of Gold and those Stones, we made account that we were very neare Botosin" [...] "peeces of Gold as bigge as an Hasell nut, and great store in dust like sand" [...] "we saw a great glistering Mountaine before us, ten daies before we coult come to it, for when we came into the plaine Countries, and were out of the Mountaines, the Sunne began to come to his height, wee were not able to travaille against it by reason of the glisterin that dazzled our eyes". Cf. também p. 214.
12. Gabriel Soares de Sousa, *Tratado descriptivo*, p. 362.
13. Gabriel Soares de Sousa, *Derrotero general de la costa del Brasil y Memorial de las grandezas de Bahia*, p. 272.
14. Esse nome, segundo apurou Jaime Cortesão, aparece pela primeira vez no mapa de Bartolomeu Velho, de 1561, *Pauliceae Lusitana Monumenta Historica*, I, p. C.
15. Gabriel Soares de Sousa, *Tratado descriptivo*, pp. 69 ss.
16. Ainda em 1817 publica Aires de Casal o seguinte: "Vupabussu (vocabulo Brazilico

que significa *lagoa grande*) he designado de tempos a esta parte pelo nome de lagoa dourada, aliás *encantada*, por não aparecer aos que em nossos dias a tem procurado", *Corografia brasílica*, II, pp. 359 ss.
17. Pero de Magalhães Gandavo, *História da província de Santa Cruz*, cap. XIV.
18. Gabriel Soares de Sousa, *Tratado descriptivo*, p. 41.
19. Carta de Tomé de Sousa (18 de julho de 1552), HCPB.
20. Carta de Tomé de Sousa (18 de julho de 1553), HCPB, III, p. 366.
21. Manuel da Nóbrega, *Cartas do Brasil e mais escritos do P...*, pp. 169 ss. Cf. também p. 156.
22. "D. João a João Roiz Correia (novembro 1553)" e "D. João a João Roiz Correia (dezembro 1553)", *in* Luís Ferrand de Almeida, *A diplomacia portuguesa e os limites meridionais do Brasil*, I, pp. 301 ss. As duas cartas constantes do apêndice documental à obra foram reproduzidas do Arquivo Nacional da Torre do Tombo (Lisboa), *Coleção S. Vicente*, vol. III, fl. 93-93 v. e fl. 49.
23. "Reales Cédulas al Rey de Portugal y al Embajador de España [...]", Ponferrada, 13 de junho de 1554, em *Campaña del Brasil. Antecedentes coloniales*, I, p. 8.
24. *Archivo de Indias* (Sevilha), 139-1-11, t. 23. Fólio 5-5v (Cópia da Biblioteca Nacional do Rio de Janeiro): "[...] traxo consigo vn ombre hijo de vn portugues q̃ dizen q̃ lo ubo de vna mujer del brasil el qual se crió por la tierra del brasil adelante y q̃ el dho ombre dize que ha estado en el peru y q̃ del peru vino alli al brasyl por tiérra y q̃ esta muy çerca de aquello y q̃ donde estan los portugueses en el peru y q̃ creis q̃ lo que este ombre dize deue ser en la demarcaçion de sua mag.^de el brasyl em muy pocos dias por tierra yran y q̃ ay mas mynas de oro e plata q̃ en y teneys por çierto que juntamente con los que alla tiene en el brasyl lleguen al cauo esto que dize ese ombre y tengoos en serui.º el aviso que dello nos days que ha sydo acertado [...]". Este ofício do príncipe, datado de Valladolid aos 17 de novembro de 1553, responde à carta de Luís Sarmiento de 8 do mesmo mês e ano. Só da última há reprodução parcial em nota de Capistrano de Abreu a Varnhagen, *História geral do Brasil*, I (5ª ed.), p. 244, segundo cópia do arquivo da Segunda Missão Rio Branco, *Espanha*, doc. nº 6, Ministério das Relações Exteriores. Dessa reprodução não consta o passo relativo ao parecer do embaixador de que as minas de ouro e prata estariam na demarcação do imperador. Conjetura Capistrano de Abreu, tentando corrigir Varnhagen, que o informante mameluco seria certo Diogo Nunes, autor de uns apontamentos a d. João III, divulgados pelo autor da *História geral*. O caso merece, porém, novo exame, como adiante se mostrará: cf. pp. 82 ss., *infra*.
25. Cf. "Carta de Mercê que o Snr. Gov. Men de Sá fes a Vasco Roiz de Caldas" impressa por Capistrano de Abreu, em *Caminhos antigos e povoamento do Brasil*, p. 177. Presume o mesmo historiador que Espinoza chegara ao rio São Francisco ou ao das Velhas, tendo passado por certa cordilheira que seria uma das serras conhecidas mais tarde pelos nomes de Almas, Grão-Mogol ou Itacambira. O rumo tomado seria, a seu ver, o distrito em que se tornariam tão célebres as minas de Diamantina, do serro de Aracuaí e outras, *op. cit.*, p. 155.
26. Basílio de Magalhães, "Espinoza e Azpilcueta Navarro", *Congresso do mundo português. Publicações*, X, p. 69.
27. A carta de Guillén é mencionada na primeira edição da *História geral* de Varnhagen, em nota que não se reproduziu nas seguintes. Cf. *História geral do Brasil, por Um sócio do Instituto Histórico do Brasil, natural de Sorocaba*, I, p. 464, nota 76.

28. *Cartas avulsas*, p. 365.
29. Frei Vicente do Salvador, *História do Brasil*, p. 219.
30. Gabriel Soares, *Tratado descriptivo*, p. 363.
31. Cf. padre José de Anchieta, *Cartas, informações, fragmentos históricos e sermões*, p. 308.
32. "Carta de Duarte de Lemos escrita de Porto Seguro a d. João III (14 de julho de 1550)", HCPB, p. 267.
33. *Archivo de Indias* – Patronato – 1-1-1/23 – 1°: "Relacion de las costas del Brasil que dio Andres Montalvo".
34. "Articles touching the duttie of the Majestie our Lord, and common good of all the state of Brasil", *Purchas His Pilgrimes*, XVI, p. 506: "With these warres especially at the Coast of Pernambuco [...] and the greatest part of the Maine is dishabited, having before A most copious number of Indians: and now that Captainship wanted Indians friends, to help them to defend, and it is, every day wasted, slaine and eaten of the Indians Pitiguares of Paraiba, which before were their friends, whom they did also great injustice to". Tais "artigos", impressos em *Purchas His Pilgrimes* juntamente com outros escritos de Cardim, que a este foram tomados por Francis Cook, de Darmouth, não se conhece o original e nem deles havia versão em português ao publicar-se a primeira edição deste livro. Conhece-se hoje a tradução acuradamente comentada e anotada de Maria Odila Dias Curly, em "Um texto de Cardim inédito em português?", *Revista de História*, n° 58, São Paulo, 1964, pp. 455-82, da mesma autora.
35. Gabriel Soares, *Tratado descriptivo*, p. 42.
36. Frei Vicente do Salvador, *História do Brasil*, p. 27.
37. Frei Vicente do Salvador, *História do Brasil*, p. 95.
38. "[...] the barre of Spiritus Sanctus, a place indeede of great reliefe, and the onely place in Brazile for victuals, and all other wants [...]", *Purchas His Pilgrimes*, XVI, p. 161.
39. Archivio di Stato di Firenze: Archivio Mediceo, filza 4921, carte 495,516-517, 570-571; f. 4939, c. 638; f. 4942; f. 4923, c. 791. Do projeto de colonização toscana no Espírito Santo há curiosas notícias em Galluzzi, *Istoria del Granducato di Toscana sotto il Governo di Casa Medici*, vol. III, Florença, 1781, pp. 123-125 e 257-259. Sobre o mesmo assunto ver Sergio Buarque de Holanda, "Os projetos de colonização e comércio toscanos no Brasil ao tempo do grão-duque Fernando I (1587-1609)", *Revista de História*, n° 71, vol. XXXV, São Paulo, 1967, pp. 61-84.
40. Archivio di Stato di Firenze: Archivio Mediceo, f. 4945, c. 951 e 964 v.
41. Nas buscas que pessoalmente me foi dado realizar em arquivos florentinos só encontrei sobre o assunto, entre a correspondência com a Espanha, as cartas mandadas por Baccio ao grão-duque, já impressas no opúsculo de Dott. Giacomo Gorrini, *Un Viaggiatore Italiano nel Brasile. Baccio da Filicaja (1565-1609)*, Roma, 1904. Desse mesmo trabalho as transcrevera Rodolfo Garcia em nota à *História geral do Brasil*, IV ed., 2° vol., pp. 97 ss. A relação geral do Brasil não a concluíra ainda B. da Filicaja em 1609. Generosa dádiva do sr. Edoardo Bizzarri fez-me chegar às mãos o folheto de Gorrini, que assim pude consultar diretamente. A outro amigo, o prof. Engel Sluiter, da Universidade da Califórnia, Berkeley, devo igualmente cópia em xerox do raríssimo trabalho de Hustavo Uzzielli, *Cenni storici sulle imprese scientifiche, maritime e coloniale do Ferdinando I, Granduca di Toscana*, Florença, 1901, de que só se imprimiram

102 exemplares fora do comércio, e onde já se encontram dados sobre Baccio, assim como das passagens de Galluzzi sobre os projetos de colonização mediceia no Brasil mencionados na nota 39 *supra*.

42. Dr. d. Francisco Jarque, *Ruiz de Montoya en las Indias*, IV, pp. 21 ss.: "[...] procedan a prevención contra todos los que hallaren en tales jornadas, y particularmente, los que han ido por capitanes y cabezas, nombrandose à Antonio Raposo Tabares y Federico de Melo, que en los papeles se han visto se hallan más culpados, y que por lo menos sean sacados de la tierra y enviados a estos reinos presos, ó como se pudiere, usando de la maña y recato posibles, de modo que os eviten escándalos y alborotos que de semejantes prisiones y castigos suelen suceder [...]". Cf. também Pablo Pastells, S. J., *Historia de la Compañia de Jesus en la provincia del Paraguay*, II, p. 37.

43. Archivo de Indias, Est. 74 – Caj. 3, Leg. 36 (Cópia da Biblioteca Nacional do Rio de Janeiro). Na publicação feita, segundo outra cópia tirada em Sevilha, em AMP, I, 2ª parte, pp. 219 ss., o mesmo documento vem datado de Santos, e não como deve estar no original, da "Ciudad de Salvador, Bahia de Todos Santos". Segundo o padre Mansilla, em outra carta datada do Salvador, o bandeirante capixaba ofereceu ao governador um menino dos que consigo levava e pediu administração para outros quarenta e tantos índios que tinha em seu poder. Cf. Pablo Pastells, *Historia de la Compañia de Jesus en la provincia del Paraguay*, II, p. 440, nota.

44. No instrumento de doação feita ao fundador de Santos lê-se que sua terra "poderá ser da grandura de duas léguas e meia pouco mais ou menos até três léguas por costa, e por dentro quanto se puder estender que for da conquista de El-Rei nosso Senhor [...]". Cf. a "doação das terras de Jarabatiba a Brás Cubas", RIHSP, VI, p. 295. Tanto a parte que coube a Brás Cubas nas pesquisas minerais como o seu patrimônio territorial oferecem problemas que foram, ultimamente, objeto de revisão em J. P. Leite Cordeiro, *Brás Cubas e a capitania de São Vicente*, e Américo de Moura, "Povoadores do campo de Piratininga", RIHSP, XLVII.

45. Jaime Cortesão, *Pauliceae Lusitana Monumenta Historica* I, pp. XCIX e CI.

46. Carvalho Franco, *Bandeiras e bandeirantes de São Paulo*, p. 43.

47. Orville Derby, "Roteiro de uma das primeiras bandeiras paulistas", RIHSP, IV, pp. 129 ss., e "As bandeiras paulistas de 1601 a 1604", *idem*, VIII, pp. 399 ss. O segundo desses estudos corrige o anterior, onde se confundiam duas expedições distintas: a de André de Leão, de 1601, e a de Nicolau Barreto, de 1602. A imprecisão dos dados, sobretudo topográficos, de que se pôde valer Derby, quando mostrou como as duas entradas devem ter seguido aproximadamente um mesmo itinerário, fez com que alguns dos nossos historiadores mais autorizados se vissem tentados a impugnar essa aproximação. A pedido do sr. Afonso Arinos de Melo Franco, interessado em determinar quais as primeiras levas que atingiram a área de Paracatu, tive oportunidade de redigir, em 1942, uma resenha da entrada de Barreto, procurando mostrar a procedência das alegações de Derby. Serviu-se desse trabalho expressamente o sr. Afonso Arinos em estudo que, sob o título "Paracatu do príncipe", se imprimiu no *Anuário do Museu Imperial*, VI, Petrópolis, 1945, pp. 87 ss., mais tarde reproduzido em seu livro *Um estadista da República*, I, pp. 3 ss. O ponto de vista em que se colocava Orville Derby é retomado ainda por Washington Luís em *Na capitania de São Vicente*, São Paulo, 1956, pp. 245-62.

48. ACSP, II, pp. 267 ss.: "[...] outrossi assentarão que se não obrigase a trazer pramtas

por lhe não ficar em obrigação n sojeitasão que cada h prantava o que lhe parese [...]".

49. "Relatório do governador Antônio Pais de Sande em que indica as causas do malogro das pesquisas das minas do Sul e propõe o alvitre para se obter de uma maneira segura o seu descobrimento", ABN, XXXIX, p. 199.

50. "Informe de Manuel Juan de Morales de las cosas de San Pablo y maldades de sus moradores hecho a su Magestad [...]", 1636, in *Manuscritos da coleção De Angelis, I. Jesuítas e bandeirantes no Guairá*, pp. 185 ss.

51. ACSP, VI, pp. 283 ss.
52. Cf. DH, VI, p. 231.
53. DH, VI, p. 201.
54. DH, VI, p. 221.
55. *Inventários e testamentos*, II, p. 6.
56. Serafim Leite, "Uma grande bandeira paulista ignorada", *Páginas de história do Brasil*, p. 104. Pelo teor do documento publicado nesse estudo deduz S. Leite que houve uma bandeira aos Guaiases em 1613, diversa da que saiu em 1615 sob a chefia de Antônio Pedroso de Alvarenga, onde esteve também Pero Domingues.

57. *Historia Naturalis Brasiliae*, p. 263: "Is narrat eo tempore quo ipse in Praefectura S. Vicentii degeret, venisse ad illas partes à Praefectura Bahiae Franciscum de Sousa; acceperat enim à quodam Brasiliano mettalum quoddam, è montibus *Sabaroason*, ut serebat, erutum, coloris cyanei sive caelestis arenulis quibusdam aurei coloris interstictum, quod unu à minerariss esset provatum, in quintali triginta marcas puri argenti continere deprehensum fuit".

58. *Historia Naturalis Brasiliae*, p. 264: "[...] atque hos esse capita fluvii S. Francisci opinor".

59. Cf. Simão de Vasconcelos, *Crônicas da Companhia de Jesus do Estado do Brasil*, I, p. XI: "Contão os Indios versados no sertão, que bem no meio d'elle são vistos darem-se as mãos estes dois rios em huma alagoa famosa, ou lago profundo, de aguas que se ajuntão das vertentes das grandes serras do Chilli, e Peru, e demora sobre as cabeceiras do rio que chamão S. Francisco, que vem desembocar ao mar em altura de dez graos e hum quarto; e d'esta alagoa se formão os d'aquelles grossos corpos; o direito, ao das Almazonas pera a banda do Norte; o esquerdo ao do Prata pera a banda do Sul; e com estes abarcão e torneão todo o sertão do Brasil; e com o mais grosso do peito, pescoço e boca, presidem ao mar".

60. José de Aosta, *História natural y moral de las Indias*, p. 100.
61. Sobre a estada de Gandavo no Brasil, posta em dúvida por alguns historiadores, cf. Hélio Viana, "A primeira versão do *Tratado da terra do Brasil* de Pero de Magalhães Gandavo", *Revista de História*, VII, nº 15, pp. 89-96.
62. Edmond Buron, *Ymago Mundi de Pierre D'Ailly*, II, pp. 460 ss.
63. San Isidoro de Sevilla, *Etimologias*, p. 332.
64. *Historia Naturalis Brasiliae*, p. 264.
65. Joan Nieuhof, *Memorável viagem marítima e terrestre ao Brasil*, pp. 12 ss.
66. Sêneca, *Naturalis Quaestiones*, lib. IV.
67. E. Buron, *Ymago Mundi de Pierre D'Ailly*, II, p. 463.
68. Sebastião da Rocha Pita, *História da América Portuguesa*, p. 6.
69. *Correio Brasiliense*, X, Londres, março de 1813, p. 373.

4 · O "outro Peru" [pp. 120-71]

1. D. Richard Hennig, *Terrae Incognitae*, I, pp. 59, 177, 180. Ver também *Mandeville's Travels*, II, p. 403: "En celle ylle y a montagne d'or, que les froumis gardent moult curieusement et ostent le pur du non pur e laffinent moult bien", *idem*, I, p. 211 e n. Letts, em seu livro sobre Mandeville, além de tratar meticulosamente das formigas mineradoras ou faiscadoras, reproduz uma gravura em madeira da tradução alemã das *Viagens*, por Martin Velser, onde figuram as ditas formigas na faina de encher de ouro as cestas vazias que os habitantes prendem a uma cavalgadura, com o que se apropriam, afinal, da ambicionada carga, quando o animal tenha regressado ao estábulo. "Porque essas formigas admitem que um animal vá pastar da erva que cresce nos seus campos, mas não tolerariam que seres humanos se aproximassem deles". Malcom Letts, *Sir John Mandeville. The Man and his Book*, Londres, 1949, p. 98 e grav. em face de p. 129.
2. Edmond Buron, *Ymago Mundi*, I, p. 260.
3. Edmond Buron, *Ymago Mundi*, III, p. 602.
4. C. Raymond Beazley, *The Dawn of Modern Geography*, vol. III, Oxford, 1906, pp. 301 ss.
5. *The Anglo-Norman Voyage of St. Brendan by Benedeit. A Poem of the Early Twelfth Century*, edited with Introduction, Notes & Glossary by E. G. R. Waltters, p. 88.
6. *Journal de bord de Saint-Brendam à la Recherche du Paradis*, pp. 138 ss.
7. Fr. Antonio do Rosário, *Frutas do Brasil numa nova e ascética monarchia*, p. III.
8. João Pandiá Calógeras, *As minas do Brasil*, I, p. 272.
9. *Diálogos das grandezas do Brasil*, p. 27. A propósito da desvalorização das esmeraldas, consequente à grande abundância delas que se encontrou nas Índias de Castela, refere José de Acosta o caso ocorrido com um espanhol que se encontrava na Itália pela ocasião em que se descobriram suas minas. Mostrando uma esmeralda a certo lapidador e perguntando-lhe pelo preço, respondeu o outro, ante a excelente qualidade e o tamanho da pedra, que valeria cem escudos. Seduzido pela bondade do negócio, o proprietário convidou o homem a ir a sua casa e lhe mostrou então um caixão cheio das mesmas gemas. Ao vê-las em tamanha quantidade, disse-lhe o italiano: "Estas, senhor, valem um escudo". Assim, comenta o cronista, aconteceu em Espanha e nas Índias, que o terem encontrado em tamanha cópia dessas pedras lhes tirou o grande valor que antes tinham. José de Acosta, *História natural y moral de las Indias*, p. 261.
10. *Diálogos das grandezas*, p. 65. Cf. Garcia de Rezende, *Chronica dos valerosos, e insignes feitos del rey Dom Joam II de gloriosa memoria*, Coimbra, 1798, p. 1. O caso, antes de Rezende, já o narrara Rui de Pina, que alude à "virtude específica de guardar castidade atribuída à esmeralda". V. Rui de Pina, "Chronica do Senhor Rey D. Affonso V", *Collecção de Livros Ineditos de História Portuguesa dos Reinados de D. João I, D. Duarte, D. Affonso V e D. João II*, publicados de ordem da Academia Real das Sciencias de Lisboa por José Corrêa da Serra, vol. I, Lisboa, 1790, p. 454.
11. Howard Rollin Patch, *The Other World*, p. 189.
12. San Isidoro de Sevilla, *Etimologias*, pp. 393 e 398. Garcia da Orta dirá, já no século XVI, que entre os lapidários do mundo inteiro era a esmeralda a pedra tida em maior

conta, vindo em seguida o rubi, e só depois o diamante. Observa no entanto que esta última, achando-se mais frequentemente do que as outras, em toda perfeição, com boas águas e bom tamanho, acontecia darem-se muitas vezes por mais dinheiro. *Colóquios dos simples e drogas da Índia*, vol. II, p. 195.

13. José de Acosta, *Historia natural y moral de las Indias*, p. 262.

14. "Certaine notes of the voyage to Brasil with the Minion of London aforesaid in the yere 1580, written by Thomaas Griggs Purser of the said ship", *in* Richard Hakluyt, *The Principal Navigatios, Voyages Traffiques and Discoveries of the English Nation*, p. 25: "Concerning the province of Peru, wee learned that one part of it by land and water is but twelve dayes journey from the towne of Santos, and from thence it may be about foure or five days journey by water to the maine river of Plate".

15. Cf. Clemente Brandenburger, *A Nova Gazeta da Terra do Brasil*, p. 25: "[...] das Im Iannd dinen ain bürgyolgkh sey hab vil golds trag das gold durch geschlage Zugleigh weis wie harnisch an der Styrneen unnd wornen auf der prust [...]".

16. A nacionalidade portuguesa de Solis, aceita por numerosos autores, é vivamente contestada por Julián M. Rubio, que o tem por natural de Lebrija, de acordo, nisto, com Pedro Mártir de Anghiera, Oviedo, Gomara e Herrera. Cf. seu livro *Exploración y conquista del Rio de la Plata*, pp. 7 ss. A tese da naturalidade lusitana, defendida em geral pelos autores portugueses, é sustentada igualmente por José Toribio de Medina, em seu *Juan Diaz de Solis. Estudo Histórico*.

17. Que Chaves veio na frota de Caboto, declara-o expressamente Varnhagen, sem indicar, no entanto, onde apoia sua afirmativa. Cf. Varnhagen, *História geral do Brasil*, 4ª ed., I, p. 110.

18. "Carta de Luís Ramirez (10 de julho de 1578)", RIHGB, XV, p. 22.

19. Essa data – fins de 1525 – pôde ser estabelecida com certa verossimilhança por Charles E. Nowell em "Aleixo Garcia and the White King", HAHR, p. 460.

20. Ruy Diaz de Guzmán, *La Argentina*, pp. 34-41.

21. "Memorial de Diego Garcia", RIHB, XV, p. 387, e "Relación y derrotero de Diego Garcia", Medina, J. T., *Los viages de Diego Garcia de Moguer*, p. 246.

22. F. Tarducci, *Di Giovanni e Sebastiano Caboto*, p. 387.

23. Alvar Nuñez Cabeza de Vaca, *Naufragios y comentarios*, pp. 271 ss.

24. Impressas em Machain, R. Lafuente, *El gobernador Domingo Martinez de Irala*, pp. 367-568.

25. Antônio de Herrera y Tordesillas, *Historia general de los hechos de los castellanos en las islas y tierra firme del mar Oceano*, III, lib. X, cap. I e ap. nº XXXIX.

26. Charles E. Nowell, "Aleixo Garcia and the White King", HAHR, nov. de 1946, p. 461.

27. F. Tarducci, *Di Giovanni e Sebastiano Caboto. Memorie Raccolte e Documentate*, p. 401.

28. Fr. Bartolomé de Las Casas, *Historia de las Indias*, II: "[...] significaba haber más oro que hierro en Viscaya". Note-se que nos mesmos termos, ou quase, se referira entre nós o célebre Belchior Dias Moreyra, um século mais tarde, às riquezas da América lusitana, quando diz: "[...] q'hauia dedar neste Certão do Brasil tanto ouro e tanta prata como ferro em Bilbau", DI, XLVIII, p. 98.

29. Erland Nordenskjöld, "The Guarani invasion of the Inca Empire in the sixteenth century", *Geographical Review*, IV, Nova York, 1917, pp. 103-21.

30. A. Métraux, *Les Migrations Historiques des Tupi-Guarani*, pp. 18 ss.
31. A. Métraux, "Etudes sur la civilisation des indiens Chiriguano", *Revista del Instituto de Etnologia de la Universidad Nacional de Tucuman*, Tucuman, 1930, I, fasc. 3, p. 314.
32. "Carta de Luís Ramirez", RIHB, XV, p. 40.
33. "The booke made by the right worshipful M. Robert Thorne in the weere 1527, in Sivil, to Douctour Ley, Lord ambassadour for king Henry the eight, to Charles the Emperour, being an information of the partes of the world discovered by him and king of Portingal [...]", Richard Hakluyt, *The Principal Navigations*, I, p. 216. Sobre Robert Thorne, ver Gordon Connell-Smith, *Forerunners of Drake*, pp. 67-76 e *passim*.
34. "Carta do embaixador João da Silveira (28 de dezembro de 1527)", HCP, II, p. 383.
35. Cf. Ch.-André Julien, *Les Voyages de Découverte et les Prémiers Établissements*, p. 89.
36. M. Mollat, "Un Voyage de Girolamo Verrazano au Brésil en 1529", *A Travers Les Amériques Latines*, pp. 184 ss.
37. Varnhagen, *História geral do Brasil*, I, p. 136. A carta de Cuñiga, cujo original se acha em Simancas, foi primeiramente impressa por José Toribio Medina em seu livro sobre Juan Diaz de Solis, I, pp. CCCXI ss., e com ela visava o historiador chileno a mostrar como, ainda em 1521, se encontravam no Brasil nove dos antigos companheiros desse navegante. O documento acha-se também reproduzido em HCP, II, pp. 382 ss. Em outro escrito seu, admite Toribio Medina que a carta se referiria a uma possível viagem de Diego Garcia. Ver J. T. Medina, *Los viajes de Diego Garcia de Moguer*, pp. 37 ss.
38. As palavras textuais do Temerário, ditas, segundo Chastelain, a um enviado de Luís XI, seriam as seguintes: "Entre nous Portugalois, avons une coustume devers nous, que quand ceux que nous avons tenus à nos amis se font amis à nous ennemis, nous les commandons a tous les cent mille diables", Huizinga, J., "Aus der Vorgeschichte des niederländischen Nationalbewusstseins", *Im Bann der Geschichte*, p. 249.
39. Das atividades de Alcaçova na península Ibérica trata longamente Vicuña, Carlos de Morla, *Estudio historico sobre el descubrimiento y conquista de Patagonia y de la Tierra del Fuego*, pp. 215-26 e *passim*.
40. José Toribio Medina, *Juan Diaz de Solis*, I, p. CCLXXXVII.
41. As instruções da Coroa de Castela e a credencial dada a Alonso de la Puente acham-se publicados na obra citada de José Toribio Medina, *Juan Diaz Solis*, I, pp. CCCIX ss., nota 7.
42. *Archivo de Indias*, 139-1-18 (cópia exibida em 1954 na Exposição Histórica de São Paulo no quadro da História do Brasil): "[...] esta armada se partió luego y en ella Enrique Montes, que vino del Rio de Solis, q̃ habia muchos años q̃ estaba en aquella tierra [...]". Do mesmo documento, citado também por José Toribio Medina em *El portugués Gonzalo de Acosta. Estudio historico*, p. 32, nota 4, e que é uma carta da rainha, datada de Ocaña aos 17 de fevereiro de 1531, a seu embaixador em Portugal, Lope Hurtado de Mendoza, consta que cerca de dois meses antes escrevera d. João III ao português Gonçalo da Costa, então em Sevilha, e que durante muitos anos vivera num porto da terra do Brasil, propondo-lhe ir na armada que se destinava àquelas partes sob o mando de Martim Afonso de Sousa e prometendo-lhe mercês. À vista da carta dirigira-se Gonçalo a Lisboa e, lá chegando, fora-lhe particularmente perguntado por Sua Alteza a respeito do rio de Solis "que los portugueses llaman el de la Plata",

ao mesmo tempo que lhe reitera o convite para embarcar na frota, com novas promessas. Contudo, porque não lhe permitissem ao mesmo Gonçalo ir a Sevilha a buscar sua mulher e filhos para os deixar em Portugal, receosos de que lá o retivessem à força, saiu ele sem que ninguém o soubesse e sem despedir-se de Sua Alteza. Na obra citada de Toribio Medina, necessária para o bom conhecimento das atividades do genro do bacharel de Cananeia, ainda que os muitos e grosseiros enganos em que incorre o autor não permitam usá-la sem cautela, sugere-se, à página 21, que Gonçalo teria chegado ao Brasil em fins de 1526 ou princípios de 1527 e se estabelecera em São Vicente. Se viajou com Diogo Garcia, como o pretende Lafuente Machaín, em *Los conquistadores de Rio de La Plata*, p. 27, só o poderia fazer na primeira travessia do mesmo Diogo, e neste caso seria talvez mais acertado dizer que veio com João Diaz de Solis, em cuja armada estivera este. Pois a verdade é que, vindo outra vez ao Brasil e alcançando São Vicente provavelmente nos últimos dias de 1526, já ali Diogo Garcia achou Gonçalo casado com a filha do bacharel, segundo se pode ler em seu memorial. É em São Vicente que o encontra, de volta do Prata, a armada de Caboto, segundo faz crer o documento acima. E, como o veneziano chegou a esse porto em princípio de 1530, resulta que os "muitos anos" em que Gonçalo teria estado no Brasil ficariam reduzidos a quatro se fosse certa a época sugerida por Medina para sua chegada. Já que naquela época, segundo o mesmo documento, só viveriam em São Vicente, além de Gonçalo, mais dois cristãos, um destes seria seu próprio sogro, isto é, o "bacharel", e o outro João Ramalho, se, como parece, foi esse o português "Fernand Mallo" que tratou com Caboto, de acordo com certo passo do depoimento do mesmo navegador em Sevilha, citado por Henry Harrisse (cf. *Jean et Sebastian Cabot. Leur Origine et Leur Voyage*, p. 426) e Medina (*El veneciano Sebastian Caboto al Servicio de España*, II, p. 163). É de presumir, todavia, que seria maior o número de cristãos estabelecidos na ilha de São Vicente, onde Alonso de Santa Cruz, que a visitara em companhia de Caboto, encontrou um "povoado" de portugueses com dez ou doze casas, sendo uma de pedra e telhada. Cf. Franz von Wiese, *Die Karten vom Amerika in dem Islario General des Alonso de Santa Cruz*, p. 56. A Santa Cruz deveu Oviedo a curiosa versão que refere sobre a origem do povoado vicentino anterior a Martim Afonso: formara-se de náufragos de certa nau que se perdera numa das duas pequenas ilhas fronteiras à dos Porcos, para a qual se teriam passado num batel os mesmos náufragos, e de onde foram, poucos dias depois, a povoar São Vicente. Cf. Gonçalo Fernandes de Oviedo y Valdez, *Historia general y natural de las Indias, islas y tierra del Mar Oceano, por el Capitán* [...], parte II, t. 1º, liv. XXI, cap. II, p. 118. Tendo regressado ao Velho Mundo com Diogo Garcia tornaria Gonçalo da Costa ao Brasil e ao Prata em 1534 com d. Pedro de Mendoza, primeiro *adelantado* castelhano do Rio da Prata, a quem serviu como língua. Com o mesmo Mendoza voltaria à Espanha três anos mais tarde, porém já em 1540 viria como piloto-mor na expedição de Cabeza de Vaca, segundo governador do Rio da Prata. Em Cananeia desembarcou com alguns marinheiros em busca de mantimento, pelas boas relações que tinha com os índios do lugar. Acompanhou o novo *adelantado* em sua marcha por terra de Santa Catarina a Assunção e mais tarde tomaria parte na rebelião que o havia de depor. Esteve mais de uma vez na Espanha, depois disso, e foi morto em 1558 pelos índios, tal como aconteceria ao próprio Montes em São Vicente.

43. José Toribio Medina, *El veneciano Sebastian Caboto*, I, p. 140.

44. A carta régia acha-se transcrita por Jordão de Freitas em "A expedição de Martim Afonso de Souza", HCP, III, 125.
45. Pero Lopes de Sousa, *Diário da navegação de...*, pp. 211 ss.
46. ACSP, I, p. 276.
47. Alvar Nuñez Cabeza de Vaca, *Naufragios y comentarios*, p. 182.
48. Ruy Diaz de Guzmán, *La Argentina*, pp. 37 ss.
49. "Apontamentos de Diogo Nunes das suas viagens na América", HCP, III, p. 367. O texto publicado nesse volume corrige em alguns pontos o de Varnhagen.
50. Varnhagen, *História geral do Brasil*, I, p. 231.
51. Cf. nota 24, *retro*.
52. Varnhagen, *História geral do Brasil*, I, pp. 243 e 321.
53. *Archivo de Indias*, 2-5-1/14 Rº 22.
54. R. de Lafuente Machaín, *Los conquistadores del Rio de la Plata*, pp. 477-79.
55. *Exposição que os Estados Unidos do Brasil apresentam ao presidente dos Estados Unidos da América*, II, pp. 223 ss. *Idem*, V, mapa nº 31.
56. R. de Lafuente Machaín, *El gobernador Domingo Martinez de Irala*, p. 458. O índio Miguel fora levado em 1536 da costa do Brasil com um tio seu, principal daquelas partes, de nome Domingos, na nau onde Gonzalo de Mendoza saíra a buscar mantimentos para a gente de Buenos Aires. Posteriormente enviou-o Irala a levar certas notícias ao comissário da Ordem de São Francisco na ilha de Santa Catarina. Foi durante essa viagem que encontrou Cabeza de Vaca e com ele regressou a Assunção na qualidade de guia do *adelantado*. Tendo sido recolhido com Rui Mosquera, além de outros cristãos, castelhanos e portugueses, deixados na costa do Brasil por expedições anteriores, seria talvez natural de São Vicente ou de Iguape, o último local onde estivera Mosquera antes de passar-se com sua gente para Santa Catarina.
57. Carlos de Morla Vicuña, *Estudio historico sobre el descubrimiento y conquista de la Patagonia y de la Tierra del Fuego*, p. 50 do "Apêndice Documental".
58. Carlos de Morla Vicuña, *Estudio historico sobre el descubrimiento*, p. 295, n.
59. *Archivo de Indias*, Patronato – 1-1-1/23 nº 13. – Do modo pelo qual continuariam os vicentistas a fazer seus resgates em Santa Catarina há descrição circunstanciada na "Relação" do padre Jerônimo Rodrigues, redigida entre 1605 e 1607 e publicada por Serafim Leite em *Novas cartas jesuíticas*, pp. 242 ss.
60. "Informação sobre as Minas do Brasil", ABN, LVII, p. 172.
61. "Relación de la costa del Brasil e Rio de la Plata fecha por Juan Sanches de Viscaya", *in* Vicuña Mackena, *Estudio historico*, p. 297, n.
62. "Cartas y memoriales de Hernandarias de Saavedra", *Revista de la Biblioteca Nacional*, Buenos Aires, I, nº 3, pp. 576 ss.
63. Caio Prado Júnior, "Formação dos limites meridionais do Brasil", em *Evolução política do Brasil e outros estudos*, pp. 153-59. Cf. também Luís Ferrand de Almeida, *A diplomacia portuguesa e os limites meridionais do Brasil*, pp. 34 ss.
64. A exata cronologia da evacuação pelos portugueses das praças marroquinas, motivo, até há pouco, de divergências entre historiadores, foi estabelecida com certeza em 1951 pelo estudo de Robert Ricard, "L'évacuation du Maroc sous Jean III", que hoje se pode ler às pp. 357-381 dos seus *Etudes sur l'Histoire des Portugais au Maroc*. A propósito das questões e disputas suscitadas por essa politica de retraimento de d. João III em Marrocos, escreve o mesmo autor: "ce n'était pas Arzila ou El Ksar ou

Masagan en particulier qui coutait trop cher, c'était l'empire tout entier qui commençait à écraser et à ruiner la métropole", *op. cit.*, p. 375.

65. Antônio Enriquez Gomez, "Vida de don Gregorio Guadaña", *La novela picaresca española*, p. 1607.

66. Reprodução em cores *in* Leo Bagrow, *Geschichte der Kartographie*, p. 116.

67. Diogo de Campos Moreno, *Livro que dá razão do Estado do Brasil*, p. 107.

68. *Mapas españoles de America — Siglos* XV-XVII, nº XXIX.

69. *Mapas españoles de America — Siglos* XV-XVII, nº LXIX.

70. "Carta de Juan Bautista Gésio (1579), *in* J. P. Leite Cordeiro, "Documentos quinhentistas espanhóis referentes à capitania de São Vicente", RIHSP, XLVI, pp. 314 ss.

71. G. Pico della Mirandola, *Disputationes Adversus Astrologiam Divinatricem*, III, p. 286: "Nam Gemmae, aromata quaeque talis hoc genus plus coelestis caloris desiderant, ad orientem austrumque producantur [...]".

72. Varnhagen, *História geral do Brasil*, I, pp. 301 e 307. Além das notícias referentes ao sertão de Porto Seguro, fornecidas por Felipe Guillén e Duarte de Lemos, o próprio Tomé de Sousa, em sua carta de 24 de novembro de 1549 a el-rei, alude a mostras de metal mandadas de Pernambuco pelo provedor-mor, que se perderam no arrecife de Arzila, enquanto o piloto Juan Sanchez de Biscaia fala, em 1550, das minas de prata "muy ricas" de São Vicente. Também o bispo Sardinha mencionará, dois anos mais tarde, as minas de São Vicente: estas, porém, seriam de ouro, não de prata. Cf. carta de d. Pero Fernandes Sardinha, de 12 de julho de 1552, RIHB, parte 1ª, p. 582.

73. *Diálogos das grandezas do Brasil*, pp. 28 ss. Que não seria essa uma opinião isolada entre portugueses sugere-o um dito do "soldado" de Diogo do Couto, onde lhe parece que não tiveram os seus reis ventura para ganhar mais, "que todas se guardaram para os espanhóis e praza a Deus que se não guarde inda este nosso reino para seis!", *O Soldado Prático*, p. 226.

74. "Correspondência do governador d. Diogo de Meneses (1608-1612)", ABN, LVII, p. 54.

75. Os apontamentos de d. Francisco e as respostas do rei encontram-se no códice *Pernambuco* da coleção Castelo-Melhor, de onde as trasladou Rodolfo Garcia em nota a Varnhagen, *História geral*, II, pp. 140 ss.

76. Cf. apontamentos citados em Varnhagen, *História geral*, II, p. 142. Maiores ainda eram os poderes de d. Francisco, segundo se pode deduzir, por exemplo, desta resposta do rei a um dos seus apontamentos: "Fuero de Cavalleros hidalgos para 200 personas, moços de Camara pª otros 200, y q̃ los Cavalleros hidalgos ayam servido dos años en las minas, y los moços de Camara uno, y fuero de hidalgos pª quatro personas y Don pª sus megeres, y que ellos ayan servido tres años en las minas y todos tengan las Calidades q se requieren [...]" etc.

77. RCSP, p. 202.

78. M. E. de Azevedo Marques, *Apontamentos históricos, geográficos, biográficos, estatísticos e noticiosos da Província de São Paulo*, II, pp. 224 ss. Cf. também ACSP, II, pp. 497 ss., onde vem reproduzida a carta dos camaristas de São Paulo, de acordo com o texto anteriormente impresso por Azevedo Marques.

79. Quevedo, *Los sueños*, II, pp. 165 e 168.

80. *The Original Writings & Correspondence of the Two Richard Hakluyts*, I, p. 141.

81. *The Original Writings & Correspondence* etc., I, p. 23.

82. *The Original Writings & Correspondence*, I, p. 176.

83. Cf. p. 70, *retro*.
84. *Archivo General de Simancas*, 1-1-2/33 R° 53 (Cópia da Biblioteca Nacional do Rio de Janeiro): "Carta de Marcos Aramburu sobre lo que ymporta que se fortifiquen los Puertos del Rio geneyro y St. Vicente del brasil". De São Vicente diz-se no documento, que "tiene muchos vastimientos y gado vacuno". Sobre as precárias condições de defesa desse porto (e do Rio de Janeiro), suas informações não discrepam do que escrevera Hakluyt: "el enemigo con mucha facilidad puede entrar y fortificarse en ellos sin que se le pueda estoruar porque en ning.° ay gente p.ª podella defender y ademas desto tiene en ellos todos los vastimientos que ovieren menester Yndios de ser.° que le lleven la comida y lo demas neces.° todas las veces que determinaren pasar adelante por tierra tras otras ynteciones".
85. Alexander Whitaker, "Part of a Tractate written at Henrico in Virginia by Master..., Minister to the Colony there which then governed by Sir T. Dales, 1613", *Purchas His Pilgrimes*, XIX, pp. 112 ss.
86. Armando Cortesão, *Cartografia e cartógrafos portugueses dos séculos XV e XVI*, II, pp. 155 ss. Cf. também *Mapas españoles de America*, I, pp. 27 ss.
87. Filippo Sassetti, *Lettere di...*, p. 314. O nome, na forma que lhe deu Sassetti – *battiplaxas* –, ficaria talvez indecifrável, se o próprio autor não apresentasse para ele uma explicação esclarecedora: "che vuol dire scopaliti".
88. Gil Vicente, *Obras completas de...*, fl. CCXXXII v.
89. Padre Manuel da Nóbrega, *Cartas do Brasil e mais escritos do...*
90. A. Métraux, *La Civilisation Matérielle des Tribus Tupi-Guarani*, p. 3: "Soares de Souza a un esprit scientifique étonnant pour son époque".
91. Francisco Sanches, "Carmen De Cometa Anni M. D. LXXVII". *Opera Philosophica*, pp. 143 ss.
92. Cf. João de Barros, *Ropica Pnefma*, vol. II, p. 111, onde Tempo, um dos interlocutores, dirige-se a Razão nestes termos: "Mais me parece, pois tão desarrazoada estás, que mais te convém o nome de Sandice Erasma que Razão Portuguesa".
93. Padre Manuel da Nóbrega, *Cartas do Brasil e mais escritos do...*, p. 168. Escrevendo de S. Vicente no último de maio de 1553, o irmão Antônio Rodrigues, seu possível informante, que voltava então do Paraguai onde fora com a gente da armada de Mendoza, conta como um capitão saiu "de Nossa Senhora de Assunção a buscar as Almazonas, onde dizem haver ouro e prata", Serafim Leite, "Antônio Rodrigues, soldado, viajante e jesuíta português na América do Sul, no século XVI", *Páginas de história do Brasil*, p. 134.
94. Francisco Sanches, "Quod Nihil Scitur", *Opera Philosophica*, pp. 25 ss.

5 · Um mito luso-brasileiro [pp. 172-201]

1. Richard Hennig, *Terrae Incognitae*, II, pp. 47 ss., 204 ss., 286 ss. e 382.
2. San Francisco Javier, *Cartas y escritos*, pp. 102 ss.
3. "Livro de Duarte Barbosa", *Collecção de Notícias para a Historia e Geographia das Nações Ultramarinas que vivem nos Domínios Portugueses, publicada pela Academia Real de Ciências*, II, 2ª edição, pp. 354 ss. Outra versão da morte do apóstolo, publica-

da por Lucena, pretende que teria sido ele atravessado com uma lança na ocasião em que fazia suas preces, perto de Meliapur, por onde melhor se explicaria o ferro de lança que se encontrou depois na cova. Fala-se também na existência ali, ao tempo da missão de são Francisco Xavier, de uma fonte, junto à pedra com os rastros. Em 1546 construiu-se nova igreja, no lugar da primitiva, e em 1579 foi ela doada à Companhia. Cf. San Francisco Javier, *Cartas* etc., p. 197, n.

4. Clemente Brandenburger, *A Nova Gazeta da Terra do Brasil*, pp. 37 ss.
5. Simão de Vasconcelos, *Crônica da Companhia de Jesus do Estado do Brasil*, I, pp. CII ss.
6. Fr. Antônio de Santa Maria Jaboatão, *Novo orbe seráfico brasílico*, II, p. 29.
7. Simão de Vasconcelos, *Crônica da Companhia de Jesus do Estado do Brasil*, I, pp. CII ss. Cf. também padre Manuel da Nóbrega, *Cartas do Brasil*, pp. 50 e 66.
8. Francisco S. G. Schaden, "O mito do Sumé", *Sociologia*, São Paulo, VI, p. 136.
9. Fr. Antônio de Santa Maria Jaboatão, *Novo orbe seráfico*, II, p. 29.
10. Simão de Vasconcelos, *Crônica da Companhia de Jesus do Estado do Brasil*, I, p. CVI.
11. Anthony Knivet, "The admirable adventures and strange fortunes of Master...", *Purchas His Pilgrimes*, XVI, p. 227.
12. Rodolpho Shüller, "A nova gazeta da Terra do Brasil", ABN, XXXIII, p. 143.
13. Duarte Leite, "A exploração do littoral do Brasil na cartographia da primeira decada do século XVI", HCP, pp. 429 e 433. Já em 1902, entretanto, segundo me assinalou o prof. Eurípedes Simões de Paula, Orville Derby traduzira por "arquipélago" a expressão "alapego" da carta de Caverio, admitindo ainda que "sam paulo" estaria ali por um lapso, no lugar de "los pargos". Cf. Orville A. Derby, "Os mapas mais antigos do Brasil", RIHSP, VII, p. 247.
14. Bernard F. Groslier, *Angkor et le Cambodge au. XVI.ᵉ Siècle*, p. 135.
15. Simão de Vasconcelos, *Crônica da Companhia de Jesus do Estado do Brasil*, I, p. CVI.
16. Simão de Vasconcelos, *Crônica da Companhia de Jesus do Estado do Brasil*, I, p. CIII.
17. Antônio Ruiz, *Conquista espiritual hecha por los religiosos de la Compañia de Jesus, en las prouincias del Paraguay, Parana, Vruguay, y Tape, escrita por el Padre...*, p. 30.
18. Padre Pedro Lozano, *Historia de la conquista del Paraguay*, I, p. 67.
19. Dr. d. Francisco Jarque, *Ruiz Montoya en Indias*, II, pp. 93 ss.
20. Francisco Jarque, *Ruiz de Montoya en las Indias*, III, pp. 154, 163, 187 e 188.
21. Padre Nicolas del Techo, *Historia de la provincia del Paraguay de la Companhia de Jesus*, III, p. 27.
22. Padre Antônio Ruiz, *Conquista espiritual*, p. 30.
23. Antonio de León Pinelo, *El Paraiso en el Nuevo Mundo*, pp. 317 ss.
24. Padre Antônio Ruiz, *Conquista espiritual*, p. 32.
25. Padre Antônio Ruiz, *Conquista espiritual*, p. 31 v.
26. Padre Nicolas del Techo, *Historia de la provincia del Paraguay*, III, p. 23.
27. Padre Nicolas del Techo, *Historia de la provincia del Paraguay*, III, p. 24.
28. Padre Antônio Ruiz, *Conquista espiritual*, p. 34.
29. Nicolas del Techo, *Historia de la provincia del Paraguay*, III, p. 25.

30. "Livro de Duarte Barbosa", *Colecção de notícias para a historia e geografia das nações ultramarinas que vivem nos dominios portugueses*, publicada pela Academia Real das Sciencias, t. II, 2ª ed., Lisboa, 1867, pp. 345 ss.

31. Pedro Tafur, *Travels and Adventures*, pp. 94 ss.

32. Assim diz o texto português de impressão de Poggio por Valentim Fernandes, alemão, publicada em 1503, em seguimento ao Livro do Marco Pólo: "Dally em diante se foy o dito Nycolau a h a çidade de myll vezinhos chamada Malpuria que faz em a costa do mar e no segundo alem do ryo Indo honde o corpo de sancto Thome apostolo honrradamente foy sepultado em h a ygreja grande e muy fremosa", *Marco Paulo. O Livro de Marco Polo. O Livro de Nicolau Veneto. Carta de Jeronimo de Santo Estevam*. Em "O Livro de Nicolau Veneto", 81 r.

33. Gomez de Santistéban, *Libro del Infante Don Pedro de Portugal*. Publicado segundo as mais antigas edições por Francis M. Rogers, p. 49. Ver também o texto da edição portuguesa de 1602: "Livro do Infante Dom Pedro de Portugal. O qual andou as sete Partidas do Mundo. Feyto por Gomez, de Sancto Esteuão, hum dos doze que foram em sua companhia", recentemente publicado pela Companhia dos Diamantes de Angola.

34. Garcia da Orta, *Colóquios dos simples e drogas da Índia*, p. 53.

35. Padre Manuel da Nóbrega, *Cartas do Brasil*, p. 66.

36. José de Acosta, *História natural y moral de las Indias*, pp. 430 ss.

37. Padre Manuel da Nóbrega, *Cartas do Brasil*, p. 66.

38. "Carta ãnua do P. Nicolas Mastrillo Durán. Cordova, 12 de novembro de 1628", *Jesuítas e bandeirantes no Guairá*, pp. 233 ss.

39. Cf. p. 85, retro.

40. R. de Lafuente Macháin, *Los conquistadores del Rio de la Plata*, p. 67.

41. Enrique de Gandia, *Historia de la conquista del Rio de La Plata*, p. 173.

42. Francesco Guicciardini, *Storia d'Italia*, II, p. 132: "Né solo ha questa navicazione confuso molte cose affermate dagli scritorri delle cose terene, ma dato, altre a ciò, qualche anzietá agli interpreti della scritura sacra, soliti a interpretare che quel versícolo del salmo, che contiene che in tutta la terra usci il suono loro e ne'confini del mondo le parole loro, significasse che la fede di Cristo fusse, per la bocca degli apostoli, penetrata per tutto il mondo: interpretazione aliena dalla verità, perché non apparendo notizia alcuna di queste terre, né trovandosi segno o reliquia alcuna della nostra fede, è indegno di essere creduto o che la fede di Cristo vi sia stata innanzi a questi tempi oche questa pare si vasta del mondo sia mai piú stata scoperta o trovata da uomini del nostro emisferio".

43. Cf. Rosario Romeo, *Le Scoperte Americane nella Coscienza Italiana del Cinquecento*, pp. 46 ss.

6 · As atenuações plausíveis [pp. 202-25]

1. Georg Friederici, *Der Charakter der Entdeckung und Eroberung Amerikas durch die Europäer*, I, p. 418 e n.

2. Varnhagen, *História geral do Brasil*, I, p. 204.

3. Cf. particularmente o livro II, capítulos LIII e LVII, e o livro IV, caps. CXXV e CXXX.

4. Hans Staden, *Warhaftige Historia und beschreybung eyner Landschaft der wilden nacketen grimmigen Menschfresser Leuthen in der Newenwelt America gelegen*, a 4: "*Da selbst hatten die Portugaleser eynen Flecken auffgericht Marin genannt*". Na figura a fls. b 1 representa-se o mesmo povoado e um castelo com o nome de Marein.

5. Varnhagen, *História geral do Brasil*, I, p. 201.

6. Staden, *Viagem ao Brasil*, p. 32, nota 8: "A colônia aí fundada pelos portugueses era a vila de Olinda, que o gentio começou a chamar *mairy* [...]".

7. *Mémoire présentée par les Etats Unis du Brésil au gouvernement de la Confédération Suisse*, nº 25, atlas contendo as cartas anteriores ao tratado de Utrecht.

8. Bibliothéque Nationale de Paris, MS nº 15.454 (Fonds Français), fls. 29 v. e 31 v. Devo ao sr. Paulo Duarte, que possui cópia fotostática desse documento, a gentileza de ter-me facilitado sua leitura. Do mesmo texto de Thévet existem publicadas somente reproduções parciais, em A. Métraux, "Un Chapitre Inédit du Cosmographe André Thévet sur la Géographie et l'Ethnographie du Brésil", *Journal de la Société des Américanistes*, nouv. série, XXV. pp. 31-40, e em *Les Français en Amérique pendant la Deuxième Moitié du XVIe Siècle*, pp. 237-310.

9. André Thévet, *Les Singularitez de la France Antarctique*, p. 395: "... feirent un fort nommé Castelmarin: et encore un autre assez pres de la, nommé Fernambon...".

10. Gaspar Barléu, *História dos feitos recentíssimos praticados durante oito anos no Brasil e noutras partes, sob o governo do ilustríssimo João Maurício, conde de Nassau*, p. 44.

11. É inaceitável a aproximação tentada por Edmundo Wernicke entre o Marim do arcabuzeiro alemão e a palavra francesa *mairie*, em nota à excelente edição argentina de Staden. Cf. *Ver Historia*, p. 159.

12. Varnhagen, *História geral do Brasil*, I, p. 202. Em documento de 1456 impresso em Silva Marques, *Descobrimentos portugueses*, suplemento do vol. I, p. 360, encontra-se referência à "tore de menagem" do castelo da vila de Castro Marim no Algarve.

13. "A Bulla da Fvndação", *Definições e estatutos dos cavalleiros e freires da Ordem de N. S. Iesu Christo, com a história da origem & principio della*, p. 21.

14. Frei Heitor Pinto, *Imagem da vida cristã*, I, p. 77.

15. Diogo do Couto, *O soldado prático*, p. 145.

16. Simão de Vasconcelos, *Vida do P. Joam de Almeida da Companhia de Jesus na Provincia do Brasil*, p. 236.

17. Padre José de Anchieta, S. J., *Cartas, informações, fragmentos históricos e sermões*, p. 124.

18. Fernão Cardim, *Tratados da terra e gente do Brasil*, p. 52.

19. Padre José de Anchieta, *Cartas, informações* etc., p. 140, n.

20. Padre Christoual de Acuña, *Nuevo descubrimiento del gran rio de las Amazonas*, p. 171. A primeira edição é de 1641.

21. Padre Christoual de Acuña, *Nuevo descubrimiento*, p. 145.

22. Padre Christoual de Acuña, *Nuevo descubrimiento*, p. 177.

23. Simão de Vasconcelos, *Crónica da Companhia de Jesus do estado do Brasil*, I, p. XLII. As "notícias curiosas", a que pertence o trecho citado, constituem como um prólogo dessa Crônica da Companhia, que se imprimiu primeiramente em 1663, por conseguinte 22 anos depois de publicado o livro de Acuña.

24. Padre Simão de Vasconcelos, *Crónica da Companhia de Jesus*, I, p. XLI.

25. Padre Simão de Vasconcelos, *Crônica da Companhia de Jesus*, I, p. XLIII.
26. Padre Simão de Vasconcelos, *Crônica da Companhia de Jesus*, I, p. CVIII.
27. Serafim Leite, "O tratado do 'Paraíso na América' e no ufanismo brasileiro", *Novas páginas de história do Brasil*, Lisboa, 1962, p. 380. Ver também ed. bras. da Cia. Editora Nacional, vol. 324 da "Coleção Brasiliana", pp. 359 ss.
28. Antonio de Léon Pinelo, *El Paraíso en el Nuevo Mundo*, t. 2°, pp. 373 a 532 e *passim*.
29. A. Métraux, *Migrations Historiques des Tupi-Guarani*, pp. 12 ss.
30. Curt Nimuendaju-Unkel, *Leyenda de la creación y juicio final del mundo como fundamento de la religión de los Apopokuva Guarani*, pp. 54 e 58. O mesmo assunto vem sendo objeto de análise exaustiva, inclusive entre grupos ainda subsistentes, como os Mbiá, "o grupo em que o mito do Paraíso desempenha papel mais importante", em vários trabalhos de Egon Schaden. Ver especialmente, desse autor, "O mito do Paraíso na cultura e na vida guarani", em *Aspectos fundamentais da cultura guarani*, pp. 161-78, e *Aculturação indígena*, pp. 201-29.
31. Pero de Magalhães Gandavo, *História da província de Santa Cruz*, p. 148.
32. Não é tão peremptório como a Vasconcelos quis parecer o testemunho, neste caso, de santo Tomás de Aquino. Realmente, na *Suma teológica*, em *Quaest.* CII, art. II, ajude-se à opinião dos que cuidam existir sob o círculo equinocial um lugar temperadíssimo, por isso congruente ao homem, de compleição naturalmente temperada. Pela contínua igualdade entre dias e noites e por não se achar muito distante o sol, não sofreriam os homens ali de excessos de frio, e nem padeceriam de demasiado calor, por o sol não se demorar nessa posição, embora passando sobre suas cabeças. Lembra, no entanto, como Aristóteles expressamente dissera que é inabitável aquela região, e isso lhe parecia o mais provável: *"quod videtur probabilius"*. Ele mesmo não chega a decidir-se entre os dois pareceres opostos, só estimando que se acharia o paraíso em lugar temperadíssimo, fosse ou não no círculo equinocial: *"vel sub dequinoctiali vel alibi"*. Entre os doutores modernos que admitiram achar-se o sítio do Paraíso, não apenas sob o círculo equinocial, mas no Novo Mundo, lembra Pinelo os seguintes: Francisco Lopez de Gomara, *Hist. de las Ind.*, lib. 1; Martin del Rio, *Adag. sacr.*, t° 1, adag. 799, p. 738; Antonio de Herrera, *Hist. de las Ind.*, Dec. 1, lib. 3, c. 12; dr. Juan de Solorzano, *De Ind. Jur.*, lib. 1, c. 7, an. 7; o padre Josef de Acosta, *Hist. Nat. de las Ind.*, lib. 2, c. 14; frei Tomas de Maluenda, *De Paradiso*, d. c. 9; Laurencio Beierline, *In Theatr. vit. hum.*, lit. P. verb. Paradisus, p. 11; Cornelio Jansenio, *In Pentateuco*, p. 31; bispo Iprense, Leonardo Mario, *In Script*, c. 2, Gen. v. 8, p. 25; *Cornelio a Lapide*, *In Gen.*, c. 2; frei Claudio de Abbeville, lib, I, c. 14, e o padre Nicolao Abramo, lib. 2, Phari vet. testam. c. 4. Lembra outrossim Fernando Montesino, que, na dedicatória de um auto de fé celebrado em Lima no ano de 1640, assim principiou: "Dois Autos da Fé, os maiores, se celebraram na América. Um deles fez Deus, primeiro Inquisidor, contra a apostasia de Adão e Eva no Teatro do Paraíso", e reporta-se à história do Doutorado do Paititi, que tinha em preparo. Antonio de Léon Pinelo, *El Paraiso en el Nuevo Mundo*, t. 1°, Lima, 1943, pp. 133 ss.
33. Padre Simão de Vasconcelos, *Crônica da Companhia de Jesus*, I, p. CXXV.
34. Padre Simão de Vasconcelos, *Crônica da Companhia de Jesus*, I, p. CXLVII.
35. José de Acosta, *História natural y moral de las Indias*, p. 130. Por sua vez, frei Claudio d'Abbeville invoca a fonte sacra do Éden a propósito dos soberbos rios do

Brasil, parecendo-lhe este, em sua bondade e graça, o *Hortus odoratis cultissimus herbis*, onde Deus foi o único jardineiro. "En ce pais du Brésil", escreve, "Il y a force arbres fruitiers qui ne viennent que naturellement par la prouidence de ce Souverain jardinier: & bien qu'ils n'ayent iamais esté greffez ny cultivez aucunement, ils ne laissent de porter des fruits en très-grande abondance aussi savoureux au goust qu'ils sont agreables à l'œil". Padre Claude d'Abbeville, *Histoire de la Mission des Pères Capucins*, fls. 212 v. a 215 v.

36. Sebastião da Rocha Pita, *Historia da America Portuguesa*, p. 34: "Deixe a memoria o Tempe de Thessalia, os pensis de Babylonia e os jardins das Hesperides, porque este terreno em continuada primavera é o vergel do mundo, e se os antigos o alcançaram, com razão podiam por nelle o terreal Paraiso, o Lethes e os Campos Elysios, que das suas inclinações lisongeadas ou reverentes, às suas patrias fantasiaram em outros lugares".

37. Symão Estacio da Sylveria, *Relação sumaria das cousas do Maranhão, escrita pelo capitão...*, p. 6.

38. Cf. Richard Hennig, *Terrae Incognitae*, II, p. 276 e n. A origem da identificação do reino do Preste João com a Abissínia no *Libro del Conoscimiento* teria sido primeiramente sugerida por sir Clement Markham, *Book of Knowledge*, Londres, 1912, p. 38, n. 1. É de notar-se, entretanto, que em 1340, segundo consta de Beazley, *The Dawn of Modern Geography*, III, p. 231, já Jourdain de Severac alude ao "imperator Aethiopum quem [...] vocatis Preste Johan". L. Olschki, que regista esse exemplo, refere como ainda quinze anos mais tarde, na relação da jornada à Índia de frei João da'Marignolli, a Abissínia é indicada como o reino do Preste João. Cf. Olschki, *Storia Letteria delle Scoperte Geografiche*, p. 201 e n.

39. Cf. padre O. Kristeller, *Il Pensiero Filosofico di Marsilio Ficino*, pp. 87 ss.; Ernst Cassirer, "Ficino's Place in Intellectual History", *Journal of the History of Ideas*, VI, 1945, pp. 494 ss., e Rosemond Tuve, *Elizabethan and Metaphysical Imagery*, pp. 223 ss. Observa justamente R. Tuve à p. 224, nota 32, como, dadas as modificações introduzidas desde então na própria contextura de nosso modo de pensar, é muito difícil julgar nos escritos do neoplatonismo renascentista ou do aristotelismo cristão, até que ponto certas metáforas referentes (por exemplo) ao Cristo como sabedoria, a Deus como luz, *são* "meramente" metafóricas. Em muitos casos, entre autores quinhentistas e seiscentistas, a rosa *é* tão realmente a graça efêmera como é uma determinada flor discernível por certa forma e certo aroma.

40. Pero Lopes de Sousa, *Diário de navegação de...*, I, p. 296.

7 · Paraíso perdido [pp. 226-73]

1. Cf. E. G. R. Taylor, em "Cartography, Survey and Navigation to 1400", *A History of Technology*, by Charles Singer, E. J. Holmyard, A. R. Hall, Trevor J. Williams, III, p. 519.

2. Para uma noção mais ampla desse desenvolvimento, cf. Howard Rollin Patch, *The Other World according to Descriptions in Medieval Litterature*, especialmente o capítulo IV, pp. 80-134, intitulado "Journeys to Paradise". Na versão espanhola da mesma obra, impressa ultimamente no México, há um apêndice dedicado a "La visión de tras-

mundo en las literaturas hispánicas", de autoria de Maria Rosa Lida de Malkiel. Cf. Howard Rollin Patch, *El otro mundo en la literatura medieval*, pp. 271-450.

3. Plínio, *Nat. Hist.*, VI, XXXVI.

4. Alvise Da Ca Da Mosto, *Le navigazioni Atlantiche di...*, pp. 172 ss.

5. Referindo-se às Canárias, escreveu também Cadamosto: "Si tragge da queste isole gran somma d'una erba che si chiama oricello, con il quale se tingono panni; il qual capita in Calese e al rio di Sibillia, e di li si naviga per levante e per ponente", Alvise Da Ca Da Mosto, *Le Navigazioni Atlantiche di...*, p. 176. "Calese" e "Sibillia", no texto, correspondem, respectivamente, a Cádis e Sevilha, que seriam os portos distribuidores da urzela.

6. Richard Hennig, *Terrae Incognitae*, I, p. 38.

7. Alvise Da Ca Da Mosto, *Le Navigazioni Atlantiche di...*, p. 167. Referindo-se ao "sangue de dragão" de Porto Santo, escreve o veneziano que é a resina de certas árvores produzida em determinadas épocas do ano, "e tirasi in questo modo: dànno alcuna botta di mannaja al piede dell'arbore; e l'anno seguente, a certo tempo, le dette tagliature buttano gomma, la quale cuocono, e purganla e fessi sangue", *id.*, p. 171.

8. Michael Postan, "The Trade of Medieval Europe: The North", *The Cambridge Economic History of Europe*, II, p. 127. Cf. também Eleanora Carus-Wilson, *Medieval Merchant Venturers*, pp. 219 ss.

9. Jaime Cortesão, "Domínio ultramarino". Damião Peres (dir.), *História de Portugal*, VI, p. 753.

10. Plínio, *Nat. Hist.*, VI, 37.

11. Richard Hennig, *Terrae Incognitae*, I, p. 38.

12. Richard Hennig, *Terrae Incognitae*, I, p. 39.

13. *Apud* Richard Hennig, *Terrae Incognitae*, I, p. 35.

14. Sobre o lendário Alexandre medieval, cf. George Cary, *The Medieval Alexander*.

15. Gomez Santistéban, *Libro del Infante Don Pedro de Portugal*, p. 49.

16. *Mandeville's Travels*, II, pp. 405 ss.

17. Fray Bartolomé de Las Casas, *Historia de las Indias*, II, p. 44. Cf. também Martin F. de Navarrete, *Colección de los viajes y descubrimientos*, I, p. 382.

18. Cf. Howard Rollin Patch, *The Other World*, p. 135.

19. San Isidoro de Sevilla, *Etimologias*, p. 350.

20. Edmond Buron, *Ymago Mundi de Pierre D'Ailly*, II, p. 389. Nesta sua edição de D'Ailly inclui Buron as apostilas do genovês ao seu exemplar, que ainda hoje se guarda em Sevilha.

21. Edmond Buron, *Ymago Mundi de Pierre D'Ailly*, I, p. 241.

22. Howard Rollin Patch, *The Other World*, p. 145.

23. Santo Tomás de Aquino, *Suma teológica*, I, q. CII, art. 1.

24. Edmond Buron, *Ymago Mundi de Pierre D'Ailly*, II, p. 458, n.

25. San Isidoro de Sevilla, *Etimologias*, p. 339.

26. Howard Rollin Patch, *The Other World*, p. 152.

27. Edmond Buron, *Ymago Mundi de Pierre D'Ailly*, II, p. 458.

28. Fray Bartolomé de Las Casas, *Historia de las Indias*, II, p. 45.

29. Santo Tomás de Aquino, *Suma teológica*, q. CII, art. 1.

30. John Livingston Lowes, *The Road to Xanadu*, p. 490.

31. Plínio, *Nat. Hist.*, lib. V, I, 9-10.

32. Edmond Buron, *Ymago Mundi de Pierre D'Ailly*, III, pp. 646 ss.
33. Edmond Buron, *Ymago Mundi de Pierre D'Ailly*, III, p. 742.
34. Edmond Buron, *Ymago Mundi de Pierre D'Ailly*, III, p. 744. Em outra apostila ao livro de Pio II, que se pode ler em *op. cit.*, pp. 751 ss., diz-se que o rei de Portugal mandou à Guiné, no ano do Senhor de 1485, Mestre José (*magister Jhosepius*), seu médico e astrólogo, para tomar a altura do Sol em toda a Guiné. E acrescenta Colombo: "ele fez tudo e prestou contas ao dito Rei Seréníssimo, achando-me eu presente [...] que [...] a 11 de março verificou que estava afastado do Equador de 1 grau e cinco minutos, numa ilha chamada dos Ídolos, perto da Serra Leoa, e recolheu esses ensinamentos com o maior zelo. Muitas vezes, mais tarde, o dito Rei Seréníssimo enviou missões à Guiné, em outros lugares [...] e achou sempre que [...] concordavam com Mestre José. É por esse motivo que tenho por certo achar-se o castelo de Mina sob a linha equinocial". Seguiu-se aqui a versão de Buron que, como outros interpreta o "g. V minute", suposta distância entre a ilha dos Ídolos e a Mina, por *un degré V minutes*. Parece mais certa a correção de Alberto Magnaghi, onde diz que o passo significaria, em realidade "grau 5° e minutos" (*gradi 5° e minuti...*). Lembra a propósito que, se o genovês pretendesse escrever *um grau*, jamais lhe ocorreria exprimir-se daquela maneira. Teria dito, antes, *unus gradus*, como o fará em outra ocasião (nas apostilas 486 e 491 a *Ymago Mundi*, quando escreve: "unus gradus respondet 56 2/3 miliariis"). Reduz-se muito, por essa forma, o erro atribuído a Colombo na determinação da latitude. O erro teria sido, aliás, de Mestre José, antigo discípulo de Zacuto, e é compreensível que o futuro descobridor tomasse por certa uma observação de cunho oficial, não tendo meios, talvez, de realizá-la por conta própria. Contra a afirmação de Vignaud, retomada por outros, de que Duarte Pacheco Pereira, nascido um ano antes de Colombo, situa a Mina quase corretamente, isto é, a 5°30', nota ainda Magnaghi que a latitude dada pelo genovês corresponde a 1485, ao passo que a obra de Duarte Pacheco é de 1505 (de fato, deve ser posterior: 1505 foi o ano em que começou a ser escrito o *Esmeraldo*, e o trabalho se prolongaria por vários anos), quando já era mais fácil retificá-la, depois de novas observações. Pretende, ainda, o mesmo autor, que Colombo teria implicitamente corrigido aquele erro, porque em esboço atribuído a Bartolomeu Colombo (1503), fiel intérprete das ideias do irmão, a Mina já é situada corretamente, a 5° de lat, N. Cf. Alberto Magnaghi, *Questioni Colombiane*, pp. 39-46.
35. Sobre a confluência entre as duas tradições são singularmente instrutivos os estudos de George Boas em seus *Essays on Primitivism and Related Ideas in the Middle Ages*, sobretudo às pp. 154-71.
36. *Minor Latin Poets*, pp. 643-65; *Lactantii De ave phoenice with Introduction Text Translation and Commentary*.
37. M. Laverenne, intr. a Prudence, *Livre d'Heures*, p. XXXVII, n.
38. *Cathemerinon*, hymn. III, pp. 101-05.
39. Ernst Robert Curtius, *Europäische Literatur und Lateinisches Mittealter*, p. 224.
40. Arturo Graf, *Miti, Leggende e Superstizioni del Medio Evo*, vol. 1º *Il Mito del Paradiso Terrestre, Il Riposo dei Dannati. La Credenza nella Fatalità*, p. 137.
41. George Boas, *Essays on Primitivism and Related Ideas in the Middle Ages*, p. 160.
42. "Le Jeu d'Adam", *Jeux et Sagesse du Moyen-Age*, p. 6.
43. Brunnetto Latini, *Il Tesoretto e il Favoletto, di Ser...*, pp. 41 ss.

44. Brunet Latin, "Le Livre du Trésor", *Jeux et Sagesse du Moyen-Âge*, p. 706.
45. Fazio degli Uberti, *Il Dittamondo e le Rime*, vol. 1º, Bari, 1952, pp. 33 ss.
46. *Book of the knowledge of all the Kingdoms, Lands and Lordships that are in the World*, p. 37.
47. Do *Tratado do Purgatório*, de são Patrício, cita G. Boas a seguinte passagem: "A noite nunca escureceu estas paragens, porque o brilho do céu puro o ilumina de sua resplandecente claridade. Todo o lugar, como um ameno e viridente vergel, é recamado de flores várias e frutos e diferentes ervas e árvores, de cujos aromas, segundo diz, poderia sustentar-se perenemente se lhe fosse dado lá viver. Não sentia nem calor excessivo, nem frio, nem nada que o pudesse ofender ou molestar, pois todas as coisas ali viviam em paz, tudo era calmo, tudo agradável", G. Boas, *Essays on Primitivism and Related Ideas in the Middle Ages*, p. 164.
48. Mário Martins (S. J.), "Romances hagiográficos – 2º A visão de Túngulo", *Estudos de literatura medieval*, pp. 17 ss.
49. V. W. Babcock, *Legendary Islands of the Atlantic*, p. 381. A data de 1570 que o a. oferece à p. 48, como sendo a do último mapa onde figura a ilha de São Brandão, deve ser avançada, no entanto, até 1587, pelo menos, quando surge esse nome, ou melhor, San Borondon, na carta de Linschotten.
50. *The Anglo-Norman Voyage of St. Brendam by Benedeit*, p. 90.
51. Joachim Lelewel, *Géographie du Moyen-Âge Atlas: Portulan Géneral*, p. 20.
52. Cf. Richard Hennig, *Terrae Incognitae*, pp. 318 e 327. Numa peça do poeta irlandês Gerald Griffin, que viveu entre 1803 e 1840, a ilha do Brasil é apresentada sob a forma de uma sedutora e fantasmagórica miragem que reponta cada ano sobre a fímbria azul do horizonte, assemelhando-se a uma longínqua visão do Paraíso:

> "..
> *And they called it O'Brasil – the isle of the blest.*
> *From year unto year, on the ocean blue rim*
> *The beautiful spectre showed lovely and dim;*
> *The golden clouds curtained the deep, where it lay,*
> *And it looked like an Eden, away, far away*".

53. Richard Hennig, *Terrae Incognitae*, p. 326. Conhecem-se outras formas: *Hy Breasial*, por exemplo, e *Hy Brasil*. Em James Joyce é *High Brazil* no capítulo 3º de *Finnegans Wake*, em que Shaun, agora convertido em Yawn, responde ao interrogatório dos quatro anciãos, ou melhor, de Johnny McDougall (o evangelista João): "*High Brazil Brandan's Deterred, mideen Erse clare language Noughtnoughtnought nein*". A relação entre o milagroso Brasil e são Brandão encontra-se também em outra parte do mesmo livro, onde Shaun, agora Jaun (d. João), discursando perante as raparigas da academia McBride, se refere ao "Brendan's mantle whitening the Kerribrasilian sea". James Joyce, *Finnegans Wake*, pp. 442 e 488. Na multiplicidade de significados que deve encerrar a passagem, não é talvez arriscado descobrir uma alusão à naturalidade do Brandão histórico, o qual se presume originário do condado de Kerry em 484 de nossa era. Por outro lado, aquele "*Kerribrasilian sea*" parece apontar para o mar dos caraíbas, e isso coincide com a sugestão de Joyce em outro escrito, de que são Brandão e seus companheiros, tendo embarcado na costa ocidental da Irlanda, foram lançar âncora no litoral da Flórida. Ellsworth Mason e Richard Ellmann, *The Critical Writin-*

gs of James Joyce, Londres, p. 235. A identificação aqui proposta para a expressão usada no livro de Joyce é de responsabilidade exclusiva, aliás, de quem escreve o presente estudo. Dela não há explicação, por exemplo, no conhecido trabalho exegético de Joseph Campbell e Henry Morton Robinson, *A Skeleton Key to Finnegans Wake*. E no valioso glossário de Adaline Glashen, *À Census of to Finnegans Wake*, não se encontra sequer o tropo *Kerrbrasilian*.

54. Armando Cortesão, *Cartografia e cartógrafos portugueses dos séculos XV e XVI*, pp. 70, 80 e 244. Convém notar, aliás, que ao lado desse "hobrasill" também temos no atlas Palmela um "homaranhão".
55. Malon de Chaide, *La Conversión de la Magdalena*, III, pp. 167 ss.
56. Mateo Alemán, *Guzmán de Alfarache*, I, p. 79.
57. *Boosco deleitoso*, I, p. 4.
58. *Boosco deleitoso*, I, p. 313.
59. *Boosco deleitoso*, I, p. 313.
60. Bercéo, *Milagros de Nuestra Señora*, p. 4.
61. Bercéo, *Milagros de Nuestra Señora*, p. 5.
62. Bercéo, *Milagros de Nuestra Señora*, p. 5.
63. *Orto do esposo*, I, p. 14.
64. *Orto do esposo*, II (Comentário), p. 15.
65. *Orto do esposo*, I, pp. 15 ss.
66. *Orto do esposo*, I, p. 14.
67. Garcia de Resende, *Cancioneiro geral*, II, pp. 72 ss.
68. Maria Rosa Lida de Malkiel, "La visión de trasmundo en las literaturas hispánicas", Howard Rollin Patch, *El otro mundo en la literatura medieval*, pp. 377 ss.
69. Mário Martins (S. J.), *Estudos de literatura medieval*, pp. 18 ss.
70. Cf. Eleanora Carus-Wilson, *Medieval Merchant Ventures*, p. 97. No verão de 1480, dois navios, escreve a autora, o *George* e o *Trinity*, se aprestaram no porto de Bristol, "não com propósitos mercantis, mas com o fim de procurar e descobrir uma ilha chamada *Ile of Brasile*". Vários tratantes de Bristol cooperaram para a expedição, entregues aos cuidados de certo navegador de Gales chamado Lloyd, tido como o "mais científico marinheiro da Inglaterra". Aos 15 de julho saíram os dois barcos, sob a proteção da Virgem (*fulcando Maria*), demoraram-se dois meses à procura da ilha e, afinal, tangidos pelas correntes, foram ter a um porto da Irlanda.
71. Mário Martins, *Estudos de literatura medieval*, p. 23.

8 · Visão do Paraíso [pp. 274-355]

1. Carta ao tesoureiro Rafael Sanches, *in* d. Martin Fernandez de Navarrete, *Colección de los viajes y descubrimientos*, I, p. 312.
2. Sverder Arnoldsson, *Los momentos históricos de América*, p. 10.
3. Padre Martire D'Anghiera, *Mondo Nuovo* (*De Orbe Novo*), p. 120.
4. Padre Martire D'Anghiera, *Mondo Nuovo*, p. 154.
5. S. Arnoldsson, *Los momentos históricos de América*, p. 11. Reproduz o autor a passagem de uma versão castelhana das *Metamorfoses* impressa em Évora, 1574, que po-

deria oferecer um modelo a muitos desses escritores. Diz esta o seguinte: "En aquel tiempo reynaua en la tierra verdad y justicia: los hõbres andauã seguros por todas partes, y biuiã en paz, y sossiego, sin saber que era necessáio Rey, ni alcaide, alguazil, ni escriuano, verdugo, ni pregonero: porque todos biuian en mucha hermãdad tratando verdad y justicia. En este tiẽ po los hombres no sabiã que ra torre ni castillo, lãça, ni espada, arnes, ni otras cosas desta qualidad: porq̃: biuiã sin auer defensores. La tierra que no era rõpida ni labrada, porq a no sabiã q̃ era açada, teja, arado: ni otro alg instrumẽ to de hierro y sin fatiga humana todas las cosas necessarias a la vida y sustẽ ntaciõ de los hõbres, las quaies cõ saluaticas sustãcias delos cerezos, mançanas, çarças, moras y espinas: de cuya produciõ, y de vellotas, q̃ del enzina arbor dedicada a Jupiter cayã, se cõtẽtauã". Na presente transcrição acham-se por extenso algumas das muitas palavras abreviadas no texto original reproduzido por Arnoldsson.

6. G. Pico della Mirandola, *De Homine Dignitate. Heptaplus. De Ente et Uno*, p. 102: "[...] cur felicissimum proindeque dignum omni admiratione animal sit homo, et quae sit demum illa conditio quam in universi serie sortitus sit, non bruti modo, sed astris, sed ultramondani mentibus invidiosam".

7. Ronald W. Hepburn, "George Hakewill: The Virility of Nature", *Journal of the History of Ideas*, XVI (abril de 1955), p. 136.

8. Francesco de Sanctis, *Storia della Letteratura Italiana*, II, p. 109. O famoso e discutido retrato das ideias de Guicciardini por De Sanctis encontra-se em "L'uomo del Guicciardini", De Sanctis, *Scritti Critici*, pp. 254-74. Para uma tentativa de revisão desse retrato, que se baseia principalmente nos *Ricordi* do florentino, cf. Vittorio de Capraris, *Francesco Guicciardini: Dalla Politica alla Storia*, Bari, 1850.

9. Niccolò Machiavelli, *Il Principe*, XV (Tutte le Opere, I, p. 48): "[...] sendo l'intento mio scrivere cosa utile a chi la intende, mi è parso più conveniente andare drieto alla verità effetuale della cosa, che alla imaginazione di essa. E molti si sono imaginate republiche e principati che non si sono mai visti né conosciuti essere in vero. Perchè egli è tanto discosto da come se vive a come si doverrebbe vivere, che colui che lascia quello che si fa per quello che si doverrebbe fare, impara piùtosto la ruina che la perseverazione sua: perchè uno uomo che voglia fare in tute le parte professione di buono, conviene ruini infra tanti che non sono buoni. Onde è necessario a un principe, volendosi mantenere, imparare a potere essere non buono, e usarlo o non l'usare secondo la necessità".

10. No *Libro de las Profecias*, organizado pelo descobridor, lê-se, de fato, em apostila de 1501, conforme a reprodução de Navarrete, o seguinte: "De la creación del mundo ó de Adan, fasta el avenimiento de nuestro Señor Jesucristo son cinco mil é trecientos y cuarenta é três años, y trecientos y diez é ocho dias, por la cuenta del Rey Don Alonso, la cual se tiene por la mas cierta, p. de a. e. a. e. e. t. et h. u sobre el verbo x. con los cuales poniendo mil y quingentos y uno imperfeito, son por todos seis mil ochocientos curante é cinco imperfectos. Segundo esta cuenta no falta salvo ciento é cincuenta y cinco años para complimiento de siete mil, en los quales digo arriba por las autoridades dichas que habrá de fenecer el mundo". D. M. F. de Navarrete, *Collección de los viajes y descubrimientos*, II, p. 308. Há engano parcial nas iniciais contidas no primeiro parágrafo. Deveria estar p. de a. e. a. c. c. t. et h. n. correspondentes a Pierre D'Ailly, [*Tractatus elucidarius astronomice concordie cum theologia et* [*cum*] *historica narratione*. O "Rey Don Alonso" é Afonso X de Castela, o das *Tablas alfonsinas*].

11. Iacopo Sannazaro, *Opere*, p. 103.
12. Torquato Tasso, *Aminta, Atto Secondo, Scena II (Poesie*, p. 594).
13. Torquato Tasso, *Discorsi del Poema Eroico, Lib. II* (Prosa, p. 376).
14. Garci Ordóñez de Montalvo, *Los cuatro libros del invencible cavallero Amadis de Gaula*, lib. IV, cap. CXXXIII.
15. Ronald Hepburn, "Hakewill: The Virility of Nature", *Journal of the History of Ideas*, XVI (abril, 1955), pp. 136 ss.
16. A. R. Hall, *The Scentific Revolution*, p. 103.
17. "Carta del Almirante Colón á sua Santidad [...]" (fevereiro de 1502), *in* M. F. de Navarrete, *Colección de los viajes y descubrimentos*, II, p. 327.
18. Ronsard, *Œuvres complètes*, II, p. 407.
19. Ronsard, *Œuvres complètes*, II, p. 411.
20. Ronsard, *Œuvres complètes*, II, p. 414.
21. Fray Benito Geronymo Feijoò, *Theatro Critico Universal, o Discursos Varios en todo genero de Materia para Desengaño de Errores Comunes*. Escrito por el Rmo. P. M..., I, p. 258.
22. F. B. G. Feijoò, *Theatro critico universal*, I, p. 259.
23. Horapollo, *The Hieroglyphics of...*, p. 28.
24. Horapollo, *The Hieroglyphics of...*, p. 58.
25. *Andreae Alciati Emblemata*, p. 569. O livro de Alciato, impresso primeiramente em 1531 e que, segundo Mário Praz, chegaria a alcançar mais de 150 edições, além das traduções em diversas línguas, durante os séculos XVI a XVIII, exerceu extraordinária influência na Europa em todo esse período. De seus emblemas há menção em autores luso-brasileiros da época, a começar por Antônio Vieira, que deles faz uso nos Sermões. O exemplar utilizado para o presente trabalho pertence à edição patavina de 1661, onde aparecem os comentários de Claude Mignault (Minos) e de Francisco Sanches, o Brocense, além das notas de Lorenzo Pignoria. Cf. a respeito M. Praz, *Studi sul Concetismo*, Florença, 1946. Da bibliografia sobre emblemas e empresas que o mesmo autor organizou para o Warburg Institute, como segundo volume à edição inglesa de sua obra (*Studies in Seventeenth Century Imagery*), não consta a tradução portuguesa de Alciato, composta aparentemente no século XVI e publicada de acordo com o primeiro manuscrito por J. Leite de Vasconcelos, *"Emblemas"*, de Alciati. *Explicação portuguesa*, Porto, s.d. [1917]. Pierio tenta completar, e o faz corretamente, na opinião de G. Boas, o texto lacunoso de Horapollo, sobre o simbolismo dos elementos. Assim, o ar corresponderia ao bafo do réptil, comparado ao hábito mortífero de basilisco, e que produz horror quando expelido num silvo; as escamas, por sua vez, correspondem, pela variedade, às estrelas em rotação e a todos os fogos luzentes da esfera celestial.
26. Horapollo, *The Hieroglyphics of...*, p. 57.
27. *Andreae Alciati Emblemata*, p. 568.
28. *Andreae Alciati Emblemata*, p. 569.
29. Padre Antônio Vieira, *Sermoens do...*, IV, p. 56.
30. Horapollo, *The Hieroglyphics of...*, p. 78.
31. Hans Leisegang, *Die Gnosis*, p. 111.
32. Porphyre, "Vie de Plotin", Plotin, *Enneades*, I, p. 2.
33. Padre Antônio Vieira, *Sermoens do...*, IV, p. 381 (Sermão Segundo do Mantato).
34. Padre Joan Maldonado, S. I, *Comentarios al Evangelio de San Juan*, pp. 202 ss.

35. Horapollo, *The Hieroglyphics of...*, p. 57.
36. Horapollo, *The Hieroglyphics of...*, p. 84.
37. Héliodore, *Les Ethiopiques*, I, p. 96.
38. Saavedra Fajardo, *Idea de un principe politico cristiano representada en cien empresas*, II, p. 162.
39. Emanuel Tesauro, *Il Cannochiale Aristotelico*, pp. 40 ss. Foi publicado primeiramente em Veneza em 1655.
40. Karl Vossler, *La Fontaine und sein Fabelwerk*, p. 63.
41. F. B. G. Feijoò, *Theatro critico universal*, I, p. 37.
42. F. B. G. Feijoò, *Theatro critico universal*, I, p. 36.
43. Pedro Norberto de Arcourt e Padilla, *Raridades da natureza e da arte*, p. 15. Cf. também pp. 41 ss. e 152.
44. Cf. F. B. G. Feljoò, *Theatro critico universal*, I, p. 259.
45. Fr. João dos Prazeres, *O principe dos patriarcas. S. Bento*. "Segundo tomo de sua vida discursada em emprezas politicas e moraes pelo M. R. Padre Pregador Geral...", p. 226. A empresa n° XX, que dá lugar a esses comentários, figura um basilisco a mirar-se num espelho, e subordinar-se ao mote: *Seipsum Conspurcat*. Refere-se ela à quarta das cinco experiências que Deus, por intermédio de um anjo, prometera a são Bento, isto é, que "todo o que for inimigo de sua religião acabará mal ou se lhe abreviará a vida quando não se arrepende". Pelo espelho, que manda de volta o eflúvio mortal dos olhos do basilisco, pretende-se representar na empresa, "com luz divina, as importancias d'alma". Nota frei João que peso insuportável para alguns são as imunidades sacerdotais. "Quantos invejam a coroa, que se a medissem pelas tenções da dignidade achariam muitas vezes maior a cabeça do que o circulo que a orna!" "Excede a tua malignidade a do basilisco", diz ao invejoso do estado sacerdotal, "porque te enfurece a semelhança da mesma coroa que o acobarda."
46. Não parece difícil relacionar essa crença na ação nefasta do galo sobre o basilisco a velhas especulações, caras ao neoplatonismo e às doutrinas herméticas. Em certa passagem de Proclo, ultimamente divulgada, sobre a arte hierática, davam-se as razões pelas quais um animal frágil pode fazer-se temido de outro, muito mais vigoroso. E o exemplo escolhido é justamente o do galo que, segundo opinião corrente na Antiguidade, era capaz de fazer recuar não somente os basiliscos, mas também os leões. As causas desse fato não as encontra o filósofo neoplatônico nos dados dos sentidos, mas numa consideração a que chama intelectual. Pois a presença de símbolos helíacos é, no galo, mais eficaz do que no leão. Se um e outro andam providos de tais símbolos, e é o caso, no primeiro, da crista, e da juba no segundo (poderia acrescentar-se, porém Proclo não o menciona no texto, que também o basilisco, dotado de uma coroa, pertenceria aos animais helíacos), aquele ainda mostra, no seu canto, a consciência do circuito do Sol, elevando-lhe um hino ao alvorecer e renovando-o quando o astro se move para outro centro. Por esse lado faria pensar no heliotrópio, que se move na medida em que lhe é possível mover-se e, se fosse dado a nós escutarmos o som que fazem as pétalas dessa flor, quando batem de encontro ao ar, ouviríamos, diz o texto, um verdadeiro hino de louvor ao Sol. *Apud* R. P. Festugière, *La Révélation d'Hermès Trismegiste*, I, pp. 134 ss.
47. Navarrete, *Colección de los viajes y descubrimientos*, I, p. 264.
48. "A True and Large Discource of the Voyage of the Whole Fleete of Ships set forth

the 20 of Aprill 1601 by the Governours and Assistants of the East Indian Marchant in London to the East Indies... etc.", The Voyages of Sir James Lancaster 1591-1603, Londres, 1940, p. 138: "The 13 day we saw two marmaides. And as we judge them they were male and female, because the moste of one of their heades was longer than the other. Their heades are very round and their hinder parts are divided lik two legges". As aparições de sereias aos navegantes ingleses são muito frequentes, então e mais tarde, em sítios muito apartados uns dos outros. As que dois marinheiros de Hudson avistaram em 1608 no caminho da Nova Zembla tinham corpo e peito como de mulher, pele muito branca e cabelos cor de carvão. Dois anos mais tarde, Richard Whithbourne é quase abordado por uma delas à altura da Terra Nova; tudo, a começar pela bela aparência e compleição, dizia-lhe que seria, com efeito, das tais sereias decantadas pelos poetas. Contudo não queria empenhar sua palavra: que a outros mais sábios se desse a solução do caso. Cf. *Purchas His Pilgrimes*, XIII, p. 318, e XIX, pp. 439 ss.

49. Navarrete, *Colección de los viajes y descubrimientos*, I, p. 302.

50. Samuel Eliot Morison, *Christopher Columbus, Mariner*, p. 107.

51. Cervantes, *Don Quijote*, parte II, cap. XXIX (ed. Clásicos Castellanos), VI, pp. 211 ss.

52. *Apud* Sílvio Zavala, *Ideario de Vasco de Quiroga*, p. 40: "Porque no en vano, sino con mucha causa y razón este de acá se llama Nuevo Mundo, no porque se halló de nuevo, sino porque es en gentes y cuasi todo como fué aquel de la edad primera y de oro [...]".

53. Cf. Fernando Colombo, *Le Historie della Vita e dei Fatti di Cristoforo Colombo*, cap. XXV.

54. Padre Martire d'Anghiera, *Mondo Nuovo*, p. 100.

55. Pero Lopes de Sousa, *Diário da navegação de...* II (Documentos e Mapas), p. 33. Se houve exagero de parte dos que pretendiam ser indenizados, e é muito possível, afetaria tanto o valor das aves como o da madeira. Sua estimativa proporcional, que não seria atingida neste caso, permanece de qualquer forma apreciável.

56. *Journal de bord de Saint-Brendam à la Recherche du Paradis*, pp. 113 ss.

57. Mário Martins (S. J.), *Estudos de literatura medieval*, p. 29.

58. *Cancioneiro de Baena*, nº 505, ed. Anaconda, p. 549.

59. Howard Rollin Patch, *The Other World*, p. 201.

60. *Mandeville's Travels*, II, p. 385: "[...] et grant foisson de papagais, qui appellent en leur language priscat, dont il y a de telz qui bien parollent de leur nature et qui saluent les gens qui vont par my le desert et parlent aussi parfaittement comme feroit vns homs".

61. Gómez de Santistéban, *Libro del Infante Don Pedro de Portugal*, p. 49.

62. Howard Rollin Patch, *The Other World*, p. 148: "superne in ramis cedrorum uel aliarum arborum phoenix uiuax psallebat et psittacus [...]" etc.

63. Graf Arturo, *Miti, Leggende e Superstizioni del Medio Evo*, p. 70.

64. Valentin de Pedro, *América en las Letras Españolas del Siglo de Oro*, p. 285.

65. Marino, *L'Adone*, p. 307.

66. Conte D. Emanuele Tesauro, *Il Cannocchiale Aristotelico*, p. 39.

67. *Andreae Alciati Emblemata*, p. XLVII, e emblema 188, pp. 796 ss. Cf. também Tesauro, *Il Cannocchiale Aristotelico*, p. 40.

68. Padre Antônio Vieira, *Sermoens do...*, IV, p. 450 (Sermão nas Exéquias da S. D. Maria de Ataíde. Ano de 1649).

69. Pedro Norberto de Arcourt e Padilla, *Raridades da natureza e da arte*, p. 403. Cf. também pp. 180 ss. nas quais se diz a propósito da mesma crença: "Entre muitas pessoas fidedignas que me tem contado este facto por verdadeiro, mo asseverarão ha poucos dias, como testemunhas oculares, o padre Fr. Lourenço, irmão de Luiz de Mendonça Furtado e o padre Fr. Francisco de Santo Antonio, também Capucho, e Definidor Geral da Provincia do Rio de Janeiro, que frequentarão aquellas terras". Nos *Diálogos das grandezas do Brasil* registra-se já a opinião de que essas cobras, "depois de mortas e comidas dos bichos, tornam a renascer como a Phenix, formando novamente sobre o espinhaço carne e espirito", p. 254.

70. Horapollo, *The Hierogliphics of...*, p. 57.
71. Simão de Vasconcelos, *Crónica da Companhia de Jesus do Estado do Brasil*, I, p. CXLIV. Cf. p. 131, *retro*.
72. Fernão Cardim, *Tratados da terra e gente do Brasil*, p. 53.
73. Guilherme Piso, *História natural e médica da Índia Ocidental*, pp. 657 ss.
74. Guilherme Piso, *História natural e médica da Índia Ocidental*, p. 656.
75. Padre Simão de Vasconcelos, *Crónica da Companhia*, I, p. CXLIV.
76. Fernão Cardim, *Tratados da terra e gente do Brasil*, p. 52.
77. Guilherme Piso, *História natural e médica da Índia Ocidental*, p. 660.
78. Padre Simão de Vasconcelos, *Crónica da Companhia*, I, p. CXLIII.
79. Fernão Cardim, *Tratados da terra e gente do Brasil*, p. 56.
80. Couto de Magalhães, *Viagem ao Araguaia*, p. 165.
81. Guilherme Piso, *História natural e médica*, p. 215.
82. José de Anchieta, *Cartas, informações, fragmentos históricos e sermões*, p. 125.
83. Brunet Latin, "Le Livre du Trésor", *Jeux et Sagesse du Moyen-Âge*, p. 820.
84. Simão de Vasconcelos, *Crónica da Companhia*, I, p. CXXXI.
85. Simão de Vasconcelos, *Vida do P.^e João de Almeida*, p. 116.
86. Pero de Magalhães Gandavo, *História da Província de Santa Cruz*, cap. V.
87. Frei Vicente do Salvador, *História do Brasil*, p. 36.
88. Fray Bartolomé de Las Casas, *História de las Índias*, III, p. 203.
89. Theophil Spoerri, "Der Aufstand der Fabel", *Trivium*, I, Zurique, 1942, pp. 31-43.
90. Saint François de Salles, *Introduction à la Vie Dévote*, p. 156, 3ª parte, cap. III.
91. Saint François de Salles, *Introduction à la Vie Dévote*, pp. 320 ss.
92. Henri Brémond, *Histoire Littéraire du Sentiment Réligieux en France*, I, p. 38.
93. Henri Brémond, *op. cit.*, I, p. 41.
94. Henri Brémond, *op. cit.*, I, p. 43. Em sua descrição do cardeal, diz Richeome: "De la grandeur d'une aigrette, au col et bec long, et courbé en faucille, et aux jambes longues à proportion, portant le manteau de ses plumes d'une écarlate plus vive et lus éclatante que se puisse trouver [...]".
95. Henri Brémond, *op. cit.*, I, p. 40.
96. Sainte-Beuve, *Port-Royal*, II, pp. 793 ss.
97. Georg Friederici, *Der Charakter der Endeckung und Eroberung Amerikas durch die Europäer*, I, p. 10, n.
98. Lucien Febvre, "De 1560 à 1660: La Chaine des Hommes", *Le Préclassicisme Français*, p. 28.
99. Padre Antônio Vieira, *Sermoens*, II, p. 69.
100. G. Pico della Mirandola, *Heptaplus*, cap. I (*De Hominis, Dignitate, Heptaplus. De*

Ente et Uno, p. 288): "*quod* [...] *est oculus in rebus corporeis, id ipsum est mens in genere spirituali*".
101. Leone Ebreo, *Dialoghi D'Amore*, pp. 183 ss.: "L'oggetto del viso è tutto il mondo corporeo, cosi celeste come inferiore: gil altri sensi solamente parte del mondo inferiore imperfeittamente possono comprendere".
102. S. Inácio de Loyola, "Ejercicios espirituales", 1ª Semana, 1º Ejercicio, em *Obras completas de* S. *Inacio de Loyola*, p. 169.
103. Georg Schreiber, "Der Barock und das Tridentinum", em G. Schreiber, *Das Weltkonzil von Trient*, I, p. 404.
104. Padre Antônio Vieira, *Sermoens*, XV, p. 66.
105. Viet-Lenhart, *Kirche und volksfrömmigkeit im Zeitalter des Barock*, p. 127. Cf. R. P. Juan Eusébio Nieremberg, S. J., *Diferencia entre lo temporal y lo eterno*, p. 611. Nesse livro publicado primeiramente em 1640, e que constitui a obra mais conhecida de Nieremberg, o jesuíta espanhol declara, por exemplo, fundado no que se sabia através de revelação, que as gotas de sangue vertidas pelo Senhor foram 97.305, e que, depois, derramou Jesus pelos nossos pecados 72.200 lágrimas. Os açoites padecidos, além de crudelíssimos, chegaram a um total de 6676. Cf. também, frei Tomé de Jesus, *Trabalhos de Jesus*, II, p. 169. Depois de registrar a opinião de que os açoites que recebeu o Senhor foram mais de 5 mil, escreve o frade agostinho português: "Parece-me que assim como a abelha faz um favo cheio de buracos, aonde, não só faz o mel, mas neles, com o mesmo mel, fez sua criação; assim quiz Cristo Nosso Senhor, com tantos açoites, abrir seu corpo e veias, como um suavíssimo favo, em que seus filhos, com seu precioso sangue, se criem e dele se mantenham. Assim os que bem sentem este tormento do Senhor não se contentam com o ver por junto, mas cada chaga correm, em cada uma se detêm; cada uma choram e adoram, e de cada uma tiram espiritual suavidade, e amor de que se mantêm".
106. Padre Antônio Vieira, *Sermoens do...*, I, colunas 32 ss.
107. Em frei Luís de León, particularmente, encontra-se bastante viva a ideia de que, através das coisas conhecidas, vistas e amadas na terra, Deus pode dar notícia de seus bens, com utilidade e conveniência para os homens. "Lo uno", escreve, "porque todo nuestro conoscimiento, assi como comiença de los sentidos, assi no conosce bien el espiritual, sino es por semejança de lo sensible que conosce primero. Lo otro, porque la semejança que ay de lo uno a lo otro, advertida e conoscida, abiva el gusto de nuestro entendimiento naturalmente, que es inclinado a cotejar unas cosas con otras discurriendo por ellas; y assi cuando descubra alguna gran cosonancia de propriedades entre consas que son en naturaleza diversas, alegra-se mucho, y como saborease en elle e imprimelo con más firmeza en las mentes. Y lo terceiro, porque de las cosas que sentimos, sabemos por experiencia lo gustoso y lo agradable que tienen, mas de las cosas del cielo no sabemos cual sea ni cuanto su sabor y dulçura", fray Luis de León, *De los nombres de Cristo*, II, p. 56.
108. Antonio de Léon Pinelo, *El Paraíso en el Nuevo Mundo*, II, pp. 201-19, esp. 114.
109. Cf. o soneto "Al fior in cui si vede la Passione del Signore", em *Opere Sceite* di Giovan Battista Marino e dei Marinisti, II, p. 278.
110. Cf. "Il Fior di Passione", na antologia organizada por Benedito Croce, *Lirici Marinisti*, p. 53.
111. Magalhães Gandavo, *Tratado da terra do Brasil*, cap. 6. Já no século XIV sir John Mandeville dissera, depois de outros, da existência no Egito de certas "pommes du

paradis [...] de bien bonne sauer", acrescentando: "Et se uous coupez en plusieurs parties au trauers, tousiours au moien la figure de la croiz apparra", *Madeville Travels*, II, p. 254. Segundo Malcom Letts, especialista em Mandeville e organizador da edição de suas obras pela Hakluyt Society, essa descrição foi tomada diretamente ao *Itinerário* do nobre alemão Wilhelm von Boldensele, que visitou Constantinopla e a Terra Santa entre 1332 e 1333. Outros testemunhos quatrocentistas semelhantes são assinalados pelo conde de Ficalho e por Francis M. Rogers, o primeiro em notas à sua edição de Garcia da Orta. Ver notas 112 e 113, *infra*.

112. Garcia da Orta, *Colóquios dos simples e drogas da Índia*, I, pp. 331 e 337-39.

113. Gomez de Santisteban, *Libro del infante don Pedro de Portugal*, p. 45. Em outra passagem do mesmo livro refere Santisteban que essas bananas ou, como diz, "peras" se encontram entre o Tigre e o Eufrates e que o Preste João as reparte todos os anos por todas as províncias aos senhores principais, para os confirmar na fé de Jesus, a fim de que "vejam o milagre que naquela fruta há: que em cada parte (que se parte) aparece (nela) o crucifixo e Santa Maria com seu filho nos braços". Ver a respeito os comentários de Francis M. Rogers, em *The Travels of the Infante Dom Pedro of Portugal*, p. 200 e *passim*.

114. Fernão Cardim, *Tratados da terra e gente do Brasil*, p. 72.

115. *Diálogos das grandezas do Brasil*, p. 201.

116. Frei Vicente do Salvador, *História do Brasil*, p. 34.

117. Padre Simão de Vasconcelos, *Crônica da Companhia de Jesus*, I, p. CXXXII.

118. Fr. Antônio do Rosário, *Frutas do Brasil*, p. 174.

119. Padre Manuel da Nóbrega, *Cartas do Brasil e mais escritos do...*, pp. 377 e 521.

120. Guilherme Piso, *História natural e médica da Índia Oriental*, p. 412.

121. Virgínia Rau e M. F. Gomes da Silva, *Os manuscritos do arquivo da casa de Cadaval respeitantes ao Brasil*, p. 325.

122. Filippo Sassetti, *Lettere di...*, p. 247: "*Questa pianta è qui forastiera, venuta dal Verzino è, condottasi in Portogallo, non vi visse*".

123. Gabriel Soares, *Tratado descriptivo do Brasil*, p. 195.

124. Fr. Vicente do Salvador, *História do Brasil*, p. 33.

125. Fernão Cardim, *Tratado da terra e gente do Brasil*, p. 71.

126. Sassetti, *Lettere di...*, p. 256.

127. Das bananas, que entre os portugueses do Oriente recebiam esse nome de "figos", também afirma Garcia da Orta que havia ali em muitas partes e o ano inteiro. Acrescenta que também "ha estes figuos em Guiné, chamam-lhes bananas". *Colóquios dos simples e drogas da Índia*, I, p. 330.

128. Fr. Antônio do Rosário, *Frutas do Brasil*, pp. 110 ss.

129. Frei Heitor Pinto, *Imagem da vida cristã*, I, p. 102.

130. Fr. Antônio do Rosário, *Frutas do Brasil*, pp. 20 ss.

131. Fr. Antônio do Rosário, *Frutas do Brasil*, pp. 45 ss. Na reprodução desse final da "parábola" do ananás, embora resumido e sem algumas das citações latinas do Evangelho, conservam-se as mesmas palavras do texto de frei Antônio.

132. Padre Manuel da Nóbrega, *Cartas do Brasil e mais escritos*, pp. 47 e 435.

133. Cf. Houward Rollin Patch, *The Other World*, p. 137, n. 13: "*The fragrance of the trees of Paradise is a commom theme*".

134. Padre Manuel da Nóbrega, *Cartas do Brasil e mais escritos*, p. 60.

9 · Voltando a Matusalém [pp. 356-69]

1. Cf. texto em Henry Vignaud, *Améric Vespuce*, p. 410.
2. O trecho correspondente da *Mundus Novus*, que vai transcrito a seguir, baseado na publicação de Vignaud, funda-se na edição de Augusta, 1504, idêntica às onze precedentes, exceção feita da impressão de Lambert, de Paris, cujas variantes, muito ligeiras, aliás, são assinaladas em notas pelo historiador norte-americano. Assim reza a passagem mencionada: "Quorum proprietates si nobis note essent non dubito quin humanis corporibus saluti forent, et certe si paradisus terrestris in aliqua sit terra parte, non longe ab illis regionibus distare existimo". H. Vignaud, *Améric Vespuce*, p. 309. Contra a procedência das alegações de Alberto Magnaghi, em seu livro *Amerigo Vespucci*, 2ª ed., pp. 37 ss. e *passim*, mostrando o infundado da atribuição a Vespúcio da *Mundus Novus*, assim como da carta ao Soderini, acreditada pela maior parte dos historiadores que o antecederam, inclusive Varhangen e Vignaud, e a autenticidade, por outro lado, das três cartas que receberam os nomes de seus exumadores, ou seja, respectivamente, Bandini, Baldelli Boni e Bartolozzi, não me foi dado encontrar, até hoje, argumentação que parecesse satisfatória. De qualquer modo, esse problema da autenticidade não nos interessa aqui, mas apenas o da repercussão das ideias vespucianas que, durante dois séculos e mais, se deu precisamente por intermédio das peças que a exaustiva análise realizada por Alberto Magnaghi mostrou serem apócrifas.
3. Esse privilégio da longevidade já aparece em versões célticas ou anglo-normandas da lenda das ilhas Afortunadas, segundo pôde observar George Boas a propósito da *Vita Merlini*, de Geoffrey de Mon Mouth, apoiando-se em E. Faral, *Las Legende Arthurienne*, III, Paris, 1929, p. 334. Significativos, e não só por esse pormenor, são os versos 908-15, nos quais se fala nos campos que não necessitam do arado do lavrador e nem requerem outros cuidados além dos que lhes dá a natureza. Ali se produzem grãos com rara fertilidade, bagos e pomos amadurecem em árvores de frondosas ramagens. De tudo produz o solo espontaneamente, e "o Homem vive cem anos e mais". George Boas, *Essays on Primitivism and Related Ideas in the Middle Ages*, p. 169.
4. Cf. frei Amador Arrais, *Diálogos*, Dial. IV, cap, XXXI.
5. Edmond Buron, *Ymago Mundi de Pierre D'Ailly*, II, p. 392. A apostila de Colombo, reproduzida nessa edição, diz apenas: "etatem istorum est prolixa".
6. *Plinii Naturalis Historia*, lib. VII, XLVIII, ed. Loeb Classical Library, p. 610.
7. "Vivunt annis centumquinquaginta et raro egrotant, et si quam adversam valetudinem incurrunt, seipsos cum quibusdam herbarum radicibus sanant. Hec sunt qui notabiliosa apud ilos cognovi. Aer ibi valde temperatus est et, ut ex relatione aliqua que a corrupto prodeat aere, et nisi morte violenta moriantur longa vita vivunt: credo quia ibi semper perflant venti australes et maxime quem nos eurus vocamus: qui talis est illis, qualis nobis est aquilo", H. Vignaud, *Améric Vespuce*, pp. 308 ss.
8. "*Sie sagen auch das volck an dem selbigen ort werdt bisz Hundert vnd Viertzig Jar alt*", Clemente Brandenburger, *A Nova Gazeta da Terra do Brasil (Newe Zeytung ausz presillandt)*, pp. 35 e 40.
9. Antônio Pigafetta, *Il Primo Viaggio Intorno al Mondo, di...*, p. 83: "Li popoli di questa terra non sono Cristiani e non adorano cosa alcuna; vivono secondo l'uso della natura e vivono centovintecinque anni e cento quaranta [...]".

10. Jean de Léry, *Histoire d'un Voyage Faict en la Terre du Brésil*, I, p. 123.
11. Pero de Magalhães Gandavo, *Tratado da terra do Brasil*, cap. III.
12. Fernão Cardim, *Tratados da terra e gente do Brasil*, pp. 35 e 355.
13. Fr. Gaspar da Madre de Deus, "Notícia dos annos em que se descobriu o Brasil e das entradas das religiões e suas fundações [...]", RIHB, II, p. 426. "Ele duas vezes repetiu que tinha alguns noventa anos de assistência nesta terra, sem que alguns dos circunstantes lhe advertisse que se enganava..." Em documento contemporâneo de Frei Gaspar, que publicou Washington Luís, um autor anônimo lê "setenta anos" em vez de noventa. W. Luís, "O testamento de João Ramalho", RIHSP, IX, p. 564.
14. ACSP, I, pp. 34 ss.: "[...] e pelo dito jº ramalho nos foi dito q̃ ele era hũ homẽ velho q̃ passava de setenta annos [...]".
15. Cf. Lucien Febvre, *Le Problème de L'Incroyance au XVI Siècle*, pp. 426 ss.: "Les hommes n'avaient pas encore été contraints à la précision par les rudes disciplines horaires que nous conaissons: l'heure civile, l'heure religieuse, l'heure scolaire, l'heure militaire" etc. Cf. também John U. Nef, *La Naissance de la Civilisation Industrielle*, pp. 19 ss.: "Il est assez piquant de constater que les érudits d'aujourd'hui connaissent peut-être mieux l'âge des hommes illustres qui ont vécu au XVIe siècle que ceux-ci ne le connaissaient eux mêmes".
16. São estas, textualmente, as palavras de Brandônio: "Acham-se muitos indios por toda esta costa do Brasil que têm idade mais de cem anos, e eu conheço alguns destes, aos quais lhes não falta dente na boca, e gozam ainda de suas perfeitas forças, com terem três e quatro mulheres, as quais conhecem carnalmente, e me afirmarão não haverem sido em todo o decurso da vida doentes; e assim geralmente todo este gentio é muito bem disposto, do que tudo é causa os bons ceus e bom temperamento da terra". *Diálogos das grandezas do Brasil*, p. 100.
17. D. José Joaquim de Azeredo Coutinho, *Ensaio econômico sobre o commercio de Portugal e suas colonias*, p. 9, n. (c); ver também em *Obras econômicas de J. J. da Cunha de Azeredo Coutinho*, col. "Roteiro do Brasil", vol. I, p. 72, Cia. Edit. Nacional, 1966.
18. Claude d'Abbeville, *Historie de la Mission des Pères Capucins en l'Isle de Maragnan* [...], fl. 264: "L'air y est si salubre qu'ils ne meurent guère que de vieillesse et par le deffault de nature plus tost que par quelque maladie, viuans pour l'ordinaire cent, six vingt ou sept vingts ans. Celà nous est admirable et comme prodigieux".
19. Damião de Góis, *Crônica do sereníssimo senhor rei d. Manuel*, p. 69.
20. Fr. Amador Arrais, *Diálogos*, p. 94.
21. Claude d'Abbeville, *Histoire de la Mission des Pères Capucins*, fl. 264: "Si est-ce que i en ay veu de huict et neuf vingt ans, qui ont mesme veu édifier la ville de Fernambourg, et sont encore assez gaillards et dispos: le les ay veu et parlé à eux maintes fois".
22. Claude d'Abbeville, *Historie de la Mission des Pères Capucins*, fl. 149.
23. *Dial. de Oratoribus*, XVII.
24. Claude d'Abbeville, *Historie de la Mission des Pères Capucins en l'Isle de Maragnan*, fl. I: "Si tant de Philosophes Payens sont demeurés tout courts en la curieuse recherche des secrets de nature, et du bel ordre qu'ils y recognoissent sans toutefois cognoistre la première caus de ses effects, et le premier moteur de ses admirables ressorts [...]".
25. *Historia Naturalis Brasiliae*, p. 269.

10 · O mundo sem mal [pp. 370-405]

1. Desse opúsculo existe edição recente publicada pelo sr. Joaquim de Carvalho: Fr. Antônio de Beja, *Contra os juízos dos astrólogos*, Coimbra, 1943.
2. *Apud* major Greenwood, "Miasma and Contagion", *Science, Medicine and History*, II, p. 503.
3. *Diálogos das grandezas do Brasil*, p. 105.
4. *Diálogos das grandezas do Brasil*, pp. 100 ss.
5. Recorde-se o que da costa do Senegal dissera Duarte Pacheco, ao notar como "os navios em que pera aquellas partes navegamos, tanto que naquele crima são, nenhuns homens dos que nelles vão, desta infirmidade morrem, posto que desta cidade de Lisboa, sendo toda deste mal partam, e neste caminho alguns aconteçam de adoecer e outros morrer, como na Etiopia são, nenhum dano recebem". O trecho dos *Diálogos*, já lembrado, páginas antes, sobre o Brasil, assim reza: "vimos muitas pessoas do nosso Portugal no tempo que nele havia febre, iscadas e ainda doentes do mesmo, em passando a linha equinocial para esta parte do Sul, logo convalecem, e os ruins ares que trazia o navio se desfazem e consomem, e quando fica algum resto dele, totalmente se extingue e acaba em o navio tomando terra nesta costa [...]".
6. Cf. pp. 181 ss., *retro*.
7. *Quem averá que sem o ver o creya*
Que tão disformemente ali lhe incharão
As gengivas na boca, que crecia
A carne e juntamente apodrecia.
Apodrecia com fétido & bruto
Cheiro, que o ar vizinho inficionaua,
Não tinham ali medico astuto,
Sirurgião sutil menos se achaua
Mas qualquer neste officio pouco instructo
Pella carne ja podre assi cortaua,
Como se fora morta, e bem conuinha
Pois que morto ficaua quem a tinha.
Os Lusíadas, V, est. 547-548.
8. Filippo Sassetti, *Lettere di...*, p. 263. Acrescenta ainda Sassetti que os sobreviventes do mal, postos em terra, são vítimas da morte ou miséria, que a todos colhem, e "na sua maior parte acabam mal, exceção feita de alguns nobres ou de quem, com a ajuda dos parentes ou pelo próprio esforço, consiga sobressair de qualquer maneira".
9. Filippo Sassetti, *Lettere di...*, p. 231.
10. João de Barros, *Decadas, Dec.* I, lib. IV, cap. III. Não parece evidente que esta última observação indicasse o conhecimento, por parte do historiador da expansão portuguesa no Oriente, de que o escorbuto fosse uma enfermidade de carência, antecipando assim, de mais de três séculos, resultados a que as investigações científicas só chegaram definitivamente nos dias atuais. A opinião de que João de Barros pressentira genialmente semelhantes resultados é, no entanto, sustentada por ilustre especialista português. Cf. Luís de Pina, "As conquistas histórico-naturais dos portugueses nos descobrimentos", *Congresso do Mundo Português. Publicações*, V, pp. 232 ss.

11. Steven Runciman, *A History of the Crusades*, III, pp. 269 ss.
12. O texto mais conhecido, a respeito, encontra-se na "Histoire de Saint Louis", de Joinville, que foi testemunha e vítima do flagelo. Dela consta textualmente o seguinte: "Nous ne mangions nulz poissons en l'ost tout le quaresme, mais que bourbetes; et les bourbetes manjoient les gens mors, pour ce que sont glut poisson. Et pour ce meschief, et pour l'enfermeté dou païs, là ou il ne pleut nulle fois goutte d'yaue, nous vint la maladie de l'ost, qui estoit tele, que la chars de nos jambes sechoit toute, et li cuirs de nos jambes devenoit tavelés de noir et de terre aussi comme une vieille heuse: et nous qui avions tele maladie, venoit chers pourrie et gencives; ne nulz eschapoit de celle maladie, que mourir ne l'en convenist. Li signes de la mort estoit tel, que là ou li nez seignoit, il convenoit mourir." Em outro lugar escreve ainda o autor: "La maladie commença a l'engregier en l'ost en tel manière, que is venoit tant de char morte es gencives à nostre gente, que il convenoit que barbier ostassent la char morte, pour ce que il peussent la viande maschier et avaler aval. Grans pitiés estoit d'oïr braire les gens parmi l'ost auxquels l'on copoit la char morte; car il breoient aussi comme femme aui travaillent d'enfants". Joinville, "Histoire de Saint Louis", *Historiens et Chroniqueurs du Moyen-Âge*, pp. 270 ss. e 273.
13. Georg Friederici, *Der Charakter der Entdeckung und Eroberung Amerikas durch die Europäer*, I, pp. 382 ss., e II, p. 70.
14. *Diário da viagem de Vasco da Gama*, I, p. 27.
15. *Diário da viagem de Vasco da Gama*, I, p. 49.
16. *Diário da viagem de Vasco da Gama*, I, p. 112.
17. *Diário da viagem de Vasco da Gama*, I, p. 115.
18. Américo Pires da Lima, "Papel das vitaminas na primeira viagem de Vasco da Gama", *Congresso do Mundo Português. Publicações*, XIII, p. 324. O autor não parece considerar no entanto que, segundo o texto, o capitão mandara buscar as frutas para atender à vontade dos doentes, e que, no roteiro, se diz não terem elas aproveitado dessa vez, como a indicar o conhecimento de que seriam, eventualmente, de proveito. Assim é a Vasco da Gama que atribui e, segundo se pode presumir, só a ele, uma compreensão acertada da terapêutica do mal. Ao grande capitão, escreve, "não passaram despercebidos os efeitos benéficos daquele fruto e... ele não partilhou da ingênua opinião do autor da Relação, que atribuiu a cura aos bons ares".
19. "[...] e come quiui arriuammo, il Re ne mãdo a visitare cõ molti castroni e galline, oche, limoni e naranze le migliori che siano al mondo, e nelle nostre naui haueuamo alcuni ammalati della boca, e con quelle naranze se feceno sani [...]", "Navigation del Capitan Pedro Alvares scritta per vn Pilotto Portoghese e tradotta di lingua Portoghesa in la Italiana", [Ramúsio], *Delle Navigationi et Viaggi*, I, p. 134. Já se tem pretendido que não só o remédio, mas o próprio nome do escorbuto, nome aparentemente de origem holandesa ou alemã, é citado nesse escrito, o que não é exato. A ideia origina-se de aparecer ele expressamente referido na tentativa de retroversão do documento, impressa primeiramente em 1812, e devida a Mendo Trigoso, onde consta que o rei de Melinde mandou visitar a frota "e ao mesmo tempo hum refresco de muitos carneiros, galinhas, patos, limões e laranjas, as melhores que há no mundo, e com ellas sararão de escrobuto alguns doentes que tinhamos comnosco", "Navegação do capitão Pedro Alvares Cabral [...]", *Collecção de noticias para a historia e geographia das nações*

ultramarinas. Publ. da Academia Real de Sciencias, III, 2ª ed., Lisboa, 1867, p. 113. No texto italiano que serviu para essa versão o mal não é assim nomeado.

20. Damião Peres, *História dos descobrimentos portugueses*, pp. 307 ss. Inclina-se este historiador pelas cifras coincidentes de Castanheda e Góis, que lhe parecem mais próximas das que fornece o roteiro anônimo, no qual consta que, na travessia do Índico, de torna-viagem, morreram vítimas do escorbuto trinta homens, além de "outros tantos que já eram mortos", e depois, em Melinde, "ainda se foram muitos".

21. Sir Richard Hawkins, "The Observations of [...] in his Voyage into the South Seas", *Purchas His Pilgrimes*, XVII, pp. 77 ss.: "[...] for in twentie yeares [...] I dare take upon me, to give account of ten thousand men consumed with this disease".

22. Sir Richard Hawkins, "The observations [...]", *Purchas His Pilgrimes*, XVII, p. 90.

23. *The Voyages of Sir James Lancaster to Brazil and the East Indies* (publ. pela Hakluyt Society), p. 79. O mesmo relato pode ser lido também em *Purchas His Pilgrimes*, II, pp. 392-437.

24. *The Voyages of Sir James Lancaster*, p. 83.

25. *The Voyages of Sir James Lancaster*, p. 122.

26. *The Voyages of Sir James Lancaster*, p. 124.

27. "Deuxieme voyage de Jacques Cartier", *Les Français en Amérique pendant la Première Moitié du XVI Siècle*, p. 172: "[...] de sorte que ung arbre aussi grand que je vidz jamais arbre, a este employé en moings de huict jours, lequel a faict telle opperation, que si tous le médecins de Louvain et Montpellier y eussent esté, avecques toutes les drogues d'Alexandrie, ilz en ussent pas tant faict en ung an que ledict arbre a faict en huict jours [...]".

28. "The second voyage of Jacques Cartier [...]", Richard Hakluyt, *The Principal Navigations* [...], IX, p. 429.

29. Ch.-André Julien, *Les Voyages de Découvert les Premiers Etablissements – XVe et XVIe siècles*, p. 129 n.

30. Marc Lescarbot, *Histoire de la Nouvelle France*, p. 524: "Et pour un dernier et souverain remede ie renvoie le patient à l'arbre de vie (car ainsi le peut-on bien qualifier); lequel Jacques Quartier ci-dessus a appellé Anneddá...".

31. "Sommaire des Remèdes tant preservatifs que evratifs de la Peste. Composé par M. E. Alvarus, docteur en la faculté de médecine à l'Université de Tolose", *Boletim da Biblioteca da Universidade de Coimbra*, XXI, 1953, p. 378. A primeira edição do Sommaire publicou-se em Toulouse, 1628.

32. Marc Lescarbot, *Histoire de la Nouvelle France*, p. 521.

33. Da tendência, no francês, para vislumbrar uma estreita relação entre o abandono de hábitos próprios de uma sociedade civilizada e a incidência maior do escorbuto, dá mostras no atribuir sumo valor à "conversa honesta da mulher legítima" porque, afirma, "sans celà la chere n'est pas entière, on a toujours la pensée tendue à ce que l'on aime & desire, il y a du regret, le corps devient cacochyme, & la maladie se forme". Marc Lescarbot, *Histoire de la Nouvelle France*, p. 524.

34. Sir Richard Hawkins, "Observations [...]", *Purchas His Pilgrimes*, XVI, pp. 76 ss.

35. Fray Luís de Granada, *Introducción del simbolo de la fe*, p. 62.

36. Richard Hakluyt, *The Principal Navigations*, IV, p. 254.

37. *The Voyages of Sir James Lancaster*, pp. 139 ss.

38. "Notions Génerales sur les Commerce de Portugal par Helfflinger", *in* Vitorino Magalhães Godinho, *Prix et Monnaies au Portugal*, p. 352.
39. Serafim Leite, *Cartas dos primeiros jesuítas do Brasil*, I, p. 168: "Questa terra [...] è molto sana per habitare e così confermo adesso, dicendo che mi pare la migliore che si possa trovare, per ciochè da che siamo qua non ho inteso che sia morto nessuno di febre, ma soltanto per vecchiezza et molto per mal francese e per hidropesia". Achando-se perdido o original português dessa carta, foi impressa no volume aqui citado, coincidente com o nº 79 de *Monumenta Historica Societatis Iesu*, a versão italiana da Biblioteca Vaticana, por ser a mais antiga de que há notícia, e fonte das outras.
40. Francesco Guicciardini, *Storia d'Italia*, I, p. 205: "Nelle quale isole, nondimeno, questo male ha prontissimo, per benignità della natura, il remedio; perchè beendo soltanto del suco d'un legno nobilissimo per molte doti memorabili, che quivi nasce facilissimamente se ne liberano". A primeira edição da *Historia de Italia* publicou-se em 1561, mais de vinte anos após a morte de Guicciardini.
41. Howard Rollin Patch, *The Other World*, p. 144.
42. Sobre a polêmica antiamericana, que começa a surgir em meados do século XVIII, dissipada a atmosfera mítica de que se envolvera o Novo Mundo desde os descobrimentos, ver Sílvio Zavala, *America en el Espiritu Francés del Siglo XVIII*, México, 1949; Gilbert Chinard, *L'Homme contre la Nature. Essais d'Histoire de l'Amérique*, Paris, 1949 e, finalmente, Antonello Gerbi, *La Disputa del Nuovo Mondo, Storia di una Polemica*, 1750-1900, Milão/Nápoles, 1955.
43. Giovanni Botero, *Relazioni Universali*, I, p. 376: "[...] non merita però il superbo nome di Paradiso terrestre che gli diede il Colombo a cui la gran fame, e'l travaglio co'l quale v'arrivò, fece parere quelle contrade più liete e più fiorite che non sono".
44. Joinville, "Histoire de Saint Louis", *Historiens et Chroniqueurs du Moyen-Âge*, p. 249.
45. Henry Vignaud, *Améric Vespuce*, p. 410. O redator da *Mundus Novus* acrescenta a esses ainda um pormenor complementar das pinturas correntes do Paraíso, o dos rios abundantes e fontes que regam constantemente aquele maravilhoso jardim: "Regionum illarum terra valde fertilis est et amoena: multisque collibus et montibus et infinitis valibus atque maximis fluminibus abundans et salubribus fontibus irrigua [...]", H. Vignaud, *op. cit.*, p. 309. Compare-se essa a descrições medievais como a do *Orto do esposo*, onde aparece o paraíso graciosamente enfeitado de plantas, com espécies de muito bom odor, flores mui resplandescentes, frutos delicados, brandamente regado de temperados orvalhos, com ventos de grande temperança, deleitosos cantares de aves e circundado de "muy limpos rios".
46. *Diálogos das grandezas do Brasil*, p. 81.

11 · *non ibi aestus* [pp. 406-42]

1. *Diálogos das grandezas do Brasil*, p. 81.
2. Hieronimo Fracastoro, "Discorso sopra il crescer del Fiume Nilo", *Primo Volume e Seconda Editione delle Navigationi et Viaggi*, fl. 296 B.
3. Richard Hakluyt, *The Principal Navigations, Voyages, Traffiques and Discoveries...*,

v, pp. 17 ss.: "Experiences and reasons of the world habitable, and thereby to confute the position of the five Zones".
4. Fr. Vicente do Salvador, *História do Brasil*, pp. 23 ss.
5. Richard Hakluyt, *The Principal Navigations*, v, p. 174: "And in conclusion, it is now thought that nowhere else but under the Equinoetiall, or not farre from thence is the Earthly Paradise, and the onely place of perfection is this world".
6. Francis Fletcher, "The First Part of the Second Voyage... by Mr. Francis Drake", *apud* Loren Basitz, "The Idea of the West", *The American Historical Review*, LXVI, abril de 1961, p. 631.
7. Ovídio, *Metamorfoses*, lib. II.
8. Francisco Lopez de Gomara, *Historia general de las Índias*, I, *"El estrecho de Magallanes"*.
9. *Diálogos das grandezas do Brasil*, p. 90.
10. Dr. Diego Andrés Rocha, *Tratado unico y singular del origen de los indios*, pp. XI ss. Sobre a ascendência israelita dos gentios, discorre o autor em todo o longo terceiro capítulo. No quarto (II, pp. 101 ss.) responde às dúvidas que possa sugerir essa opinião.
11. *Diálogos das grandezas do Brasil*, pp. 97 ss.
12. Da popularidade que no século XVII, e também entre portugueses, puderam alcançar essas teorias fantásticas sobre a origem dos índios, há mostra em Vasconcelos, *Crónica da Companhia de Jesus*, I, pp. LXII ss. Também esse autor parece inclinar-se para a ideia lembrada primeiramente, segundo julga, por frei Gregório Garcia, da religião de são Domingos, desenvolvida pelo padre Juan de Pineda da Companhia, assim como por numerosos outros escritores.
13. *Raccolta di Documenti e Studi pubblicati dalla R. Commissione del Quarto Centenario della Scoperta dell'America. Fonti Italia ne per la Storia della Scoperta del Nuovo Mondo*. Raccolta da Guglielmo Berchet, parte III, vol. I, p. 152: "[...] in un locho che si chiama Sancta Croce, per essere dilectevole, di bone aria et di dolcissimi fructi abondante, fugirono cinque marinari de le nave del re, et non volsero no più tornare in nave et li restarono [...]".
14. *Raccolta di Documenti e Studi* etc., parte III, vol. II, p. 293: "[...] dicono esser optimo paese, molto temperato, che ogni cosa che semineno tutto produrrà molto bene [...]".
15. *Relation Authentique du Voyage du Capitaine de Gonneville*, p. 105: "[...] un beau pays, de bon air, terre fertile en fruicts, oiseaux et animaux et la mer poissoneuse; les espèces dissemblables de celles d'Europe".
16. *Relation Authentique du Voyage du Capitaine de Gonneville*, p. 104: "Disent là lesdites maladies estre prouenues por s'estre les eaües de la nauire gastées et anpuanties, et aussy pour l'air de mer, comme peurent remercher, en ce que l'air de terre et viandes, et eaües fresches guérisent tous les malades. Pour quoy, sçauants la cause de leur mal, souhoitaient tretous terre".
17. Henry Vignaud, *Americ Vespuce*, p. 412.
18. *Raccolta di Documenti e Studi...*, parte III, vol. II, p. 180: "[...] ci trovamo tanto avanti come la terra della Vera Crocie, è si nomata, altra volta dischoperta per Amerigo Vespucci, nella quale si fà buona somma di chassia et di verzino, altro di miniera non habbiamo compresa; la gente dessa sono di buona forma, vanno nudi, si homini come donne, senza niente coprire; inforachiansi insino alla cintura et ò adornano di

penne barie di pappaghalli, et loro labbra piene di osse di pescie, le loro arme sono dardi, la punta choperta di decta osse di pescie, fede nessuna non tenghono, salvo epicurea, mangiano per commune loro victo charne humana, la quale sechono al fumo come noi la charne del porcho".

19. Duarte Leite, "A exploração do litoral do Brasil na primeira década do século XVI", HCPB, II, p. 410.

20. Que Giovanni Empoli, feitor de Bártolo Marchione, conhecera pessoalmente a Vespúcio, e deste teria ouvido notícias sobre o mundo novo, sugeriu-o Carlos Malheiros Dias em seu estudo sobre "A expedição de 1501", impresso em HCPB, II, pp. 217 ss., onde pretende, com isso, ver fortalecida sua suposição de que o navegador florentino estaria em boas relações com seu conterrâneo mercador, e de que, por incumbência deste, e assim, com fito meramente comercial, não por decisão de d. Manuel, viajara o mesmo Vespúcio ao Brasil. Sem discutir a possibilidade de contatos pessoais entre Empoli e Vespúcio, que nada autoriza a negar, e nem, por outro lado, a afiançar, apesar dos argumentos do escritor português, o certo é que todas, literalmente todas, as notícias do primeiro sobre a Terra de Vera Cruz ele as poderia ter recebido da simples leitura da *Mundus Novus*, falsamente atribuída ao segundo, sem necessidade daqueles contatos. Não é certamente mera coincidência a identidade dos dois escritos em todos os pormenores. A alusão, por exemplo, às boas formas dos índios e ao viverem estes inteiramente nus, homens e mulheres, já aparece com idênticas expressões no tratado que leva o nome de Vespúcio, quando fala nos seus corpos bem proporcionados e na sua nudez paradisíaca, sem distinção de sexos: "Omnes utriusque sexus incedunt nudi [...]". Além disso, a passo relativo à ausência entre eles de qualquer fé, "salvo a epicúrea", relembra claramente o texto da *Mundus Novus*, onde se diz dos naturais do Brasil que nem chegam a ser idólatras, e, vivendo à lei da Natureza, passariam antes por epicuristas do que por estoicos: "epicuri potius dici quan stoici [...]". Por fim, as palavras que lhe servem para descrever o canibalismo desses indígenas são quase uma reprodução fiel do que se lê no pseudo-Vespúcio: "ubi vidi [...] humanam carnem salsam contignationibus suspensam, uti nos moris est lardum suspendere et carnem suillam".

21. *Raccolta di Documenti e Studi...*, parte III, vol. II, p. 181: "[...] et navichando fummo in .15. giorni, vigilia di Pasqua, a vista del capo Verde, chiamato Bisichicci, principio della Etiopia inferiore, allo quale luoghi giunsi molto malato di febbre grandissima, e fù di tale sorte aggravato della malatia che per ultimo rimedio di mia salute mi trasse sangue .2. volte [...] per poco spatio andai convalescendo, et di lì partendo et navighando alla terra di Sancta Croce, chiamata Brasilla, sanai dei tutto, perchè è terra fredda [...]".

22. Diogo de Campos Moreno, *Livro que dá razão do estado do Brasil*, pp. 111 e 207.

23. Padre José de Anchieta, *Cartas, informações, fragmentos históricos e sermões*, p. 106.

24. Pero de Magalhães Gandavo, *História da província de Santa Cruz*, p. 82.

25. Pero de Magalhães Gandavo, *Tratado da terra do Brasil*, p. 42.

26. *Relation Authentique du Voyage du Capitaine de Gonneville*, p. 95.

27. Filippo Sassetti, *Lettere di...*, p. 289: "Chi si sta con li Scirocchi, come facemmo noi la prima volta, va a dare nella costa del Verzino; e tanto che se ne ha vista, mi raccomando alla signoria vostra, che a tornare dietro si ha buon patto. Svernare colà non

si può, perchè el re lo proibisce, sendo in quei rii e Gusani [...] che rendono le navi innavigabili [...]. Ma molti per questo rispetto si pongono tanto col culo nella costa d'Affrica che dannoli addosso le calmerie e fannoli perdere il viaggio, come fu per avvenire a noi la seconda volta".

28. As origens remotas de semelhantes teorias, que a muitos parecem ter escapado, hão de procurar-se, menos nas obras dos bucólicos gregos e latinos do que em certas descrições antigas dos povos "bárbaros" – citas, trácios, celtas etc. –, datadas da era helenística, onde aparecem esses povos como indenes da corrupção dominante nos centros urbanizados. Tais descrições, segundo o juízo de um historiador, já compõem um "quadro até certo ponto imaginário do *nobre selvagem*", Michael Rostovseff, *Geschichte der alten Welt*, I, p. 453. Nada disso impede que, sobre os resíduos desse fundo arcaico ou talvez independentemente deles, se implantasse no século XVI a idealização dos povos primitivos, por obra, sobretudo, de alguns autores franceses como Montaigne, inspirados, por sua vez, nas relações sobre os indígenas da França Antártica, levadas por viajantes, especialmente por Jean de Léry.

29. David Miller Driver, *The Indian in Brazilian Literature*, Nova York, 1942. Apud Lewis Hanke, *La lucha por la justicia en la conquista de América*, p. 452.

30. Padre Manuel da Nóbrega, *Cartas do Brasil e mais escritos*, p. 54.

31. Lewis Hanke, *La lucha por la justicia en la conquista de América*, p. 96.

32. Padre Manuel da Nóbrega, *Diálogo sobre a conversão do gentio*, p. 54.

33. Ludwig von Pastor, *Geschichte der Päpste*, V, p. 721.

34. Cf. Silvio Zavala, *Filosofia de la conquista*, p. 104.

35. Fray Bartolomé de Las Casas, *Historia de las Índias*, III, p. 177. O afã abolicionista, segundo nota Zavala, manifesta-se pela mesma época entre numerosos tratadistas espanhóis, e não só os da Ordem dos Predicadores. É significativo o que o arcebispo do México, frei Alonso de Montúfar, este aliás dominicano, como Vitória e Las Casas, escreveu ao rei de Castela a 30 de junho de 1560: "no sabemos", dizia a carta, "que causa haya para que los negros sean cautivos mas que los índios, pues ellos, segun dicen, de buena voluntad reciben el evangelio y no hacen guerra a los cristianos", S. Zavala, *Filosofia de la conquista*, pp. 105 ss.

36. Cf. dr. Joseph Höffner, *Christentum und Menschenwürde*, p. 273. A conclusão prática a que chegou Molina quanto aos colonos do Novo Mundo foi a de que podiam guardar com a consciência tranquila os escravos, desde que não lhes fosse dado obter prova convincente da injustiça de seu cativeiro, "o que, no entanto", admite, "só raramente há de suceder". Quanto aos testemunhos dos próprios cativos, não se lhes deve dar fé, ainda quando incluam pormenores muito precisos da pretensa injustiça de que foram vítimas, pois se é exato que muitos deles foram injustamente tomados, não se pode dizer isso de todos. Só no caso de ficar perfeitamente demonstrada a injustiça é que cumpre ao senhor dar imediata liberdade ao escravo, ainda quando lhe tenha custado bom preço, e a indenizá-lo por todos os serviços recebidos.

37. "Se o pai pode vender a seu filho e se hum se pode vender a si mesmo. Resposta do P. Manuel da Nóbrega ao P. Quirício Caxa", em padre Manuel da Nóbrega, *Cartas do Brasil e mais escritos*, pp. 397-429. Publicado primeiramente pelo padre Serafim Leite em 1938, esse documento pode ser lido também em *Novas cartas jesuíticas*, pp. 113-29.

38. Dr. Joseph Höffner, *Christentum und Menschenwürde*, p. 279: "Besonders befremdend will uns erscheinen, was Molina über die Selbstversklavung der Neger und ihrer

Kinder schreibt. Auch diese Lehre ist der überlieferung entnommen. Für christlich halten wir sie nicht".

39. O confronto que posteriormente hão de fazer os colonos franceses das Antilhas entre os índios do lugar e os do Brasil, vendidos pelos navios holandeses, parece menos favorável aos primeiros, inclusive quanto à sua capacidade de aceitar a religião. É o que sugere, entre outras, a seguinte passagem de Du Tertre, publicada em 1667: "La grande communication que les Brésiliens ont auec les Portugais, leur éveille d'une manière l'esprit, qu'ils n'ont rien de sauvage que le nom et l'extérieur: si bien qu'ils sont incomparablement plus adroits à toutes choses, plus civils dans leurs façõs de faire, et d'une humeur plus gaye que les Sauvages de nos Isles et que les Arouaques. Ils ont une adresse admirable pour la Chasse et pour la Pesche, et il ne faut qu'un esclave Brésilien pour une Case, pour fournir en tout temp la table du Maistre de Gibier et de poisson. La vivacité de leur esprit les rend plus faciles à instruire et ils comprennent beaucoup mieux et en moins de temp les mystères de nostre Religion, que les Arouaques", *Histoire Générale des Antilles habitées par les François*, II, pp. 488 ss.

40. Padre Manuel da Nóbrega, *Cartas do Brasil e mais escritos*, p. 279.
41. Padre José de Anchieta, *Cartas, informações, fragmentos históricos e sermões*, p. 186.
42. Serafim Leite, S. I., *Nóbrega e a fundação de São Paulo*, p. 61.

12 · América portuguesa e Índias de Castela [pp. 443-69]

1. Federico Chabod, "Il Rinascimento", *Questione di Storia Moderna*, pp. 72 ss.
2. Frei Vicente do Salvador, *História do Brasil*, p. XXI (nota preliminar de Capistrano de Abreu).
3. Cf. Peter Rassow, *Die Politische Welt Karls V*, p. 85.
4. Cf. Karl Brandi, *Kaiser Karl V*, vol. I, pp. 149 ss.
5. Cf. Vargas Machuca, "El medio que nuestro cacique tendrá en conservar lo que pacificar y poblar", *Milicia y descripción de las Indias*, vol. II, p. 28.
6. Cf. Hernán Cortez, *Cartas de relación*, México, 1963, p. 25. É de notar como no aludir, em sua 5ª relação de 3 de setembro de 1526 aos planos que acalentara de ir a descobrir no mar da China as ilhas das especiarias, reitera Cortez a ideia de que S. M. "no haya la Especiaria por via de rescates como la ha el rey de Portugal, sino que la tenga por cosa propria, y los naturales de aquellas islas la reconozcan y sirvan como a su rey y señor natural", *op. cit.*, p. 235.
7. Peter Rassow, *Die Politische Welt Karls V*, p. 91.
8. Ludwig Pfandl, *Philipp II*, p. 513.
9. Georg Ortrogorsky, *Geschichte des Byzantinischen Staates*, p. 150.
10. Leopold von Ranke, *Die Osmanen und die Spanische Monarchie im 16. und 17. Jahrhundert*, p. 329. A primeira edição dessa obra, com outro título, traz a data de 1827.
11. Fray Francisco de Vitoria, O. P., *Las Relecciones de Indis e De Jure Belli, de...*, p. 108: "Lusitani magnum commercium habent cum similibus gentibus, quas non subjacerunt et cum magno commodo".

12. Hugo Grotius, *De Iure Praedoe Commentarius*, I, pp. 220 ss. Os argumentos de Grotius sobre os direitos dos portugueses nas terras por eles descobertas foram contestados por frei Serafim de Freitas em 1625 no seu *De justo Império lusitanorum asiático* de que há reedição e tradução moderna: frei Serafim de Freitas, *Do justo império asiático dos portugueses*, Lisboa, 1960. A discussão do sentido da palavra *inventio* encontra-se em cap. III, n⁰ˢ 13 e 14, e cap. VIII, n° 5.

13. Hugo Grotius, *De Iure Praedae Commentarius*, I, p. 243.

14. Hugo Grotius, *De Iure Praedae Commentarius*, I, pp. 181 ss.

15. "Livro das cidades e fortalezas que a Coroa de Portugal tem nas partes da Índia e das capitanias e mais cargos que nelas ha, e da importancia dellas", *Boletim da Biblioteca da Universidade de Coimbra*, XXI, Coimbra, 1953, pp. 107 ss.

16. J. Gallacher, "Economic Relations in Africa and The Far East", *The New Cambridge Modern History. VII. The Old Regime*, pp. 569.

17. Peter Rassow, *Die Politische Welt Karls V*, pp. 84 ss.

18. Quevedo, *Buscón*, p. 20.

19. Fernand Braudel, *La Méditerranée et le Monde méditerranéen à l'époque de Philippe II*, pp. 517 ss.

20. J. M. Ots Captegui, *El Estado español en las Indias*, p. 15.

21. C. *Recopilación de leyes de los reynos de las Indias*, lib. IV, tit. VII, lei 4 (vol. II, p. 20 da 4ª impressão, de 1791): "No se elijan sitios para Pueblos abiertos en lugares maritimos, por el peligro que en ellos hay de Cosarios, y no ser tan sanos, y porque no se da la gente á labrar y cultivar la tierra, ni se forman en ellos tan bien las costumbres, si no fuere donde hay algunos buenos y principales Puertos, y de estos solamente se pueblen los que fueren necessarios para la entrada, comercio, y defensa de la tierra".

22. Serafim Leite, S. I., *História da Companhia de Jesus no Brasil*, II, pp. 140 ss.

23. "Regimento de Tomé de Sousa", HCP, III, p. 374.

24. Cf., a propósito do valor relativo dos textos legais, nas colônias espanholas Huguette e Pierre Chaunu, *Seville et l'Atlantique* (1504-1650). Partie Statistique, I, pp. 16 ss. e 24,

25. Cf. especialmente Ricardo Levene, *Las Índias no eran colonias*, Buenos Aires, 1951.

26. J. M. Ots Captegui, *El Estado español en las Índias*, México, 1941.

27. Cf. Damião Peres, *Descobrimentos portugueses*, p. 26. O autor não chega a explicar por que "possa contestar-se", conforme diz, "o merecimento dos serviços profissionais prestados a Portugal por Manuel Pezagno e seus companheiros [...]". Por outro lado é possível, mas não comprovada, a analogia que tenta outro historiador, este genovês, entre a situação portuguesa para fins do mesmo século e a de Castela, onde, segundo um autor espanhol, "genoveses eram os carpinteiros, genoveses os fabricantes de bestas, genoveses os armígeros, genoveses os mestres de fazer remos, genoveses os navegantes, genovesas algumas das enxárcias usadas, tudo era genovês, e de Gênova era finalmente o almirante da armada", cf. Roberto Lopez, *Storia delle Colonie Genovesi nel Mediterraneo*, p. 315. O estudo de tais influências, tão importantes para que melhor se compreendam as atividades náuticas da época, só será rigorosamente possível depois de superadas, de parte a parte, as preocupações nacionalistas e sobretudo os impacientes pruridos de prioridade. Desde já, pode-se dar como certo que dessas preocupações se mostraram isentos tanto os soberanos portugueses como os castelhanos na época dos grandes descobrimentos marítimos.

28. Roberto Lopez, *Storia delle Colonie Genovesi nel Mediterraneo*, p. 316.
29. Ver documentos em Silva Marques, *Descobrimentos portugueses*, I, pp. 409 e 440.
30. Roberto Lopez, *Storia delle Colonie Genovesi*, p. 416.
31. Para Werner Sombart a atividade colonizadora dos venezianos teria isto de comum com a espanhola e a portuguesa, que uma e outras preferiam a administração estatal direta em contraste com a dos genoveses e, mais tarde, com a dos holandeses, franceses e ingleses. Cf. *Der Moderne Kapitalismus*, I, 1º, p. 441.
32. Prof. Adolf Schaube, *Handelsgeschichte der Romanischen Völker des Mittelmeergebiete bis zum Ende der Kreuzzüge*, p. 264.
33. G. Luzzato, "Capitalismo Coloniale nel Trecento", *Studi di Storia Economica Veneziana*, p. 120.
34. Prudêncio do Amaral, "De Sachari Opificio Carmen", *Georgicas Brasileiras*, p. 190.
35. Eli F. Herckscher, *Mercantilism*, I, p. 342.
36. Charles Verlinden, "Les Origines Coloniales de la Civilisation Atlantique", *Cahiers d'Histoire Mondiale*, vol. 1º, nº 2, Paris, 1953, p. 387.
37. Essa tese, defendida em dois artigos da dra. A. M. Edwig Fitzler, de 1931 e 1932 respectivamente, e bem acolhidos por historiadores do porte de Eli Herckscher e Earl Hamilton, descansa em parte sobre documentação de segunda mão e mal interpretada, assim como sobre investigações arquivais inteiramente fictícias. Já em 1947 o dr. Alberto Iria, diretor do Arquivo Histórico Ultramarino, de Lisboa, mostrara como os textos alegados pela autora não foram encontrados onde esta os indicara, ou não autorizavam suas intrépidas conclusões. A última e aparentemente definitiva pá de cal sobre a teoria da sra. Fitzler lançaram-na Virgínia Rau e B. W. Diffie em "Alleged Fifteenth Century Portuguese Joint-Stock Companies and the Articles of Dr. Fitzler", *Bulletin of the Institute of Historical Research*, XXVI, 74, Londres, 1953, pp. 183-99.
38. R. H. Tawney, *Religion and the Rise of Capitalism*, p. 72.
39. Filippo Sassetti, *Lettere di...*, p. 314.
40. Frei Vicente do Salvador, *História do Brasil*, p. 18.
41. *The Travels of Leo of Rozmital*, p. 100.
42. É o que se lê em mais de um passo do livro de Giovanni Botero sobre a razão de Estado: "[...] Lisbona, che pure è la maggiore città d'Europa eccetuandone Constantinopoli e Parigi. Ed è popolata (Moscovia), che alcuni la mettono tra le quatro città della prima classe d'Europa, che a lar giudizio sono essa, Constantinopoli, Parigi e Lisbona [...]", Giovanni Botero, *Della Ragion di Stato*, pp. 389 e 397.
43. "La ciudad [Lisboa] es la mayor de Europa, y la de mayores tratos; en ella se descargan las riquezas de Oriente, y desde ella se reparten por el Universo; su puerto es capaz no solo de naves que se pueden reducir a numero, sino de selvas movibles de árboles que los de las naves forman", Cervantes, *Los trabajos de Persiles y Sigismunda*, lib. III, cap. I. "Inclinabase mucho a la dos veces buena Lisboa, no tanto por ser la mayor población de España, uno de los tres emporios de Europa [...]", Baltazar Gracián, *El Criticon*, crisis X.
44. Caio Prado Júnior, *Formação do Brasil contemporâneo*, p. 26.
45. *Diálogos das grandezas do Brasil*, p. 28.
46. Diogo de Campos Moreno, *Livro que dá razão do Estado do Brasil*, 1612, Recife, 1955, p. 114.

Fontes impressas

Na presente relação bibliográfica, abrangendo unicamente as obras referidas no texto, faltam os artigos insertos em publicações, periódicas ou não, constantes da lista de abreviaturas usadas, e também os escritos de viajantes existentes em coleções tais como as de Ramúsio, Hakluyt, Purchas ou Navarrete. Como essas peças vão indicadas em notas de rodapé, com os respectivos volumes e páginas, julgou-se que a repetição dos mesmos dados sobrecarregaria inutilmente a resenha bibliográfica. Por motivos semelhantes deixou-se de incluir nela as fontes manuscritas utilizadas, que vão descritas nas notas correspondentes.

ABBEVILLE, Claude d'. *Histoire de la Mission des Pères Capucins en l'Isle de Maragnan et terres circonuoysines ou est traicté des singularitez admirables et des Moeurs merueilleuses des Indiens habitans de ce pays*, par le R. F..., Paris, 1614 (reprodução fac-similada na *História da missão dos padres capuchinhos na ilha do Maranhão*, pelo padre Claude d'Abbeville, "Coleção Eduardo Prado", Paris, 1922).

ABREU, J. Capistrano de. *Caminhos antigos e povoamento do Brasil*, Rio de Janeiro, 1930.

ACOSTA, José de. *Historia natural y moral de las Indias en que se tratan las cosas notables del cielo, y elementos, metales, plantas y animales dellas: y los ritos y ceremonias, leyes, y gobierno, y guerras de los indios*. Compuesta por el P..., Sevilha, 1590. As citações no texto da presente obra são tomadas à edição mexicana de 1940.

ACUÑA, padre Christobal de. *Nuevo descubrimiento del gran rio de las Amazonas*, Madri, 1891. A primeira edição publicou-se em Madri, 1641.

AILLY, Pierre D'. *Ymago Mundi*. Ver BURON, Edmond.

ALCIATO. Ver *Andreae Alciati Emblemata*.

ALEMÁN, Mateo. *Guzmán de Alfarache*, Madri, 1599-Lisboa, 1604. As citações do texto são tomadas à edição de "Clássicos Castellanos", Madri, 1942-48, 5 vols.

ALMEIDA, Luís Ferrand de. *A diplomacia portuguesa e os limites meridionais do Brasil*, vol. I (1493-1700), Coimbra, 1957.
ALMEIDA PRADO, J. F. de. *A Bahia e as capitanias do centro do Brasil*, 1530-1626, I (*História da formação da sociedade brasileira*, VI vol.), São Paulo, 1945.
ANCHIETA, padre José de, S. J. *Cartas, informações, fragmentos históricos e sermões*, Rio de Janeiro, 1933.
Andreae Alciati Emblemata cum Commentariis Claudii Minois, L. C. Francisci Sanctii Brocensis et Notis Laurentii Pignorini Patavini, Pádua, 1661. A primeira edição do *Emblematum Liber* publicou-se em Augsburgo, 1531.
Anglo-Norman Voyage of St Brendam (The). A Poem of the Early Twelfth Century, edited by E. G. R. Walters, Oxford, 1928.
ARCOURT E PADILHA, Pedro Norberto de. *Raridades da natureza e da arte, divididas pelos quatro elementos*, escritas e dedicadas á Magestade Fidelissima de El Rey Nosso Senhor Joseph I, por... Cavaleiro professo na Ordem de Christo, Fidalgo da Casa Real, e Escrivão da Camera de Sua Magestade na Mesa do Desembargo do Paço, Lisboa, 1759.
ARNOLDSSON, Sverker. *Los momentos historicos de America*, Madri, 1956. Edição do Instituto Ibero-Americano, Gotemburgo, Suécia.
ARRAIS, frei Amador. *Diálogos*, Lisboa, 1944. Serviu de base para esta, a 2ª edição, impressa em Coimbra, 1604.
ASHWORTH UNDERWOOD, E. (org.). *Science, Medicine, and History*. Essays on the Evolution of Scientific and Medical Practice, written in honour of Charles Singer, 2 vols., Oxford, 1953.
AZEREDO COUTINHO, d. José Joaquim da Cunha de. Ver COUTINHO, d. José Joaquim da Cunha de Azeredo.
AZEVEDO MARQUES, Manoel Eufrazio de. *Apontamentos Historicos, Geographicos, Biographicos, Estatisticos e Noticiosos da Provincia de S. Paulo, seguidos da Chronologia dos acontecimentos mais notaveis desde a fundação da Capitania de São Vicente até o anno de 1876*, Colligidos por..., 2 vols., Rio de Janeiro, 1879.
AZURARA, Gomes Eanes de. *Crónica do descobrimento e conquista de Guiné*, escrita por mandado de el rei D. Affonso V, sob a direção scientifica e segundo as instrucções do Illustre Infante D. Henrique, pelo Chronista..., fielmente trasladada do manuscrito original contemporaneo, que se conserva na Bibliotheca Real de Pariz e dada pela primeira vez á luz por diligencia do Visconde da Carreira, Enviado Extraordinario e Ministro Plenipotenciario de S. Magestade Fidelissima na corte de França, precedida de uma Introdução, e Illustrada com algumas Notas, pelo Visconde de Santarem, Pariz, 1841. Ver também ZURARA, Gomes Eanes da.

BABCOCK, H. G. *Legendary Islands of the Atlantic*, Nova York, 1922.
BAENA, Juan Alfonso de... *El cancionero de* (siglo XV), Buenos Aires, s.d.
BAGROW, Leo. *Die Geschichte der Kartographie*, Berlim, 1951.
BARBOSA, Duarte. Ver "Livro de Duarte Barbosa".
BARLEU, Gaspar. *História dos feitos recentíssimos praticados durante oito anos no Brasil e noutras partes sob o governo do ilustríssimo João Maurício, conde de Nassau*. Tradução e anotações de Cláudio Brandão, Rio de Janeiro, 1940. A primeira edição, em língua latina, imprimiu-se em Amsterdã, 1647.

BARROS, João de. *Ropica Pnefma*. Reprodução fac-similada da edição de 1532. Leitura modernizada, notas e estudo de I. S. Revah, 2 vols., Lisboa, 1952-55.
BEAZLEY, C. R. *The Dawn of Modern Geography*, 4 vols., Londres, 1897.
BEJA, frei Antônio de. *Contra os juízos dos astrólogos*, Coimbra, 1943. Publicado com prefácio e notas de Joaquim de Carvalho, de acordo com a edição original de 1523.
BELL, Aubrey. *A literatura portuguesa*. Trad. de Agostinho de Campos e J. G. de Barros Cunha, Coimbra, 1931.
BERCÉO. *Milagros de Nuestra Señora*, Madri, s.d. A 4ª edição na col. "Clássicos Castellanos". A obra foi composta na primeira metade do século XIII.
BERCHET, Guglielmo. Ver *Raccolta di Documenti e Studi* etc.
BOAS, George. *Essays on Primitivism and Related Ideas in the Middle Ages*, Baltimore, 1948.
Boosco deleitoso. Ver MAGNE, Augusto.
BOTERO, Giovanni. *Le Relazioni Universali*, 1º vol., Roma, 1591.
BRANDENBURGER, Clemente. *A Nova Gazeta da Terra do Brasil*. Texto, tradução, glossário e comentário, São Paulo, 1922. Para essa edição e tradução da *Newe Zeytung* foi utilizado o texto encontrado por Haebler no arquivo da casa Fugger, em Augsburgo, que lhe fixa definitivamente a data de composição: 1515.
BRANDI, Karl. *Kaiser Karl V*, 2 vols., Munique, 1941.
BRAUDEL, Fernand. *La Méditerranée et le Monde méditerranéen à l'époque de Phillippe II*, Paris, 1949.
BRÉMOND, Henri. *Histoire Littéraire du Sentiment Réligieux en France, I. L'Humanisme Dévot*, Paris, 1924.
BURON, Edmond. *Ymago Mundi de Pierre D'Ailly*, Cardinal de Cambrai et Chancelier de l'Université de Paris (1350-1420). Texte latin et tradution française des quatre traités cosmographiques de D'Ailly et des notes marginales de Christophe Colomb. Ètude sur les sources de l'auteur, 3 vols., Paris, 1930.

CABEZA DE VACA, Alvar Nuñez, *Naufragios y comentarios*, Madri, 1922.
CALÓGERAS, João Pandiá. *As minas do Brasil e sua legislação*, 3 vols., Rio de Janeiro, 1904-5.
CAMINHA, Pero Vaz de. Ver CORTESÃO, Jaime, *A carta* etc.
Campaña del Brasil. Antecedentes Coloniales, I (1535-1749), Buenos Aires, 1931.
CAMPBELL, Joseph e ROBINSON, Henry Morton. *A Skeleton Key to Finnegans Wake*, Nova York, 1944.
Cancioneiro geral. Ver RESENDE, Garcia de.
Cancioneiro de Baena. Ver BAENA, Juan Alfonso de.
CARDIM, Fernão. *Tratados da terra e gente do Brasil*, Rio de Janeiro, 1925.
Cartas avulsas (1550-1568), Rio de Janeiro, 1931. Corresponde este ao volume segundo das *Cartas jesuíticas* publicadas pela Academia Brasileira de Letras. Abrange as cartas dos primeiros missionários da Companhia estabelecidos no Brasil, com a exclusão de Nóbrega e Anchieta, objeto de volumes especiais, ou seja, do 1º e 3º, respectivamente.
Cartas dos Primeiros Jesuítas do Brasil. Ver LEITE, Serafim, *Cartas* etc.
CARUS-WILSON, Eleanora. *Medieval Merchant Venturers*. Collected Studies by..., Londres, 1954.

CARVAJAL, frei Gaspar de, O. P. *Relación del nuevo descubrimiento del famoso Rio Grande de las Amazonas*, México, 1955. O documento quinhentista foi pela primeira vez impresso em 1894.

CARVALHO, Joaquim de. *Estudos sobre a cultura portuguesa do século XV*, vol. 1º, Coimbra, 1949.

_____. *Estudos sobre a cultura portuguesa do século XVI*, 2 vols., Coimbra, 1947-8.

CARVALHO FRANCO. *Bandeiras e bandeirantes de São Paulo*, São Paulo, 1940.

CARY, George. *The Medieval Alexander*, Cambridge, 1956.

CASAL, Aires de. Ver *Corografia brazilica*.

CASAS, frei Bartolomé de las. *Historia de las Indias*, 3 vols., México, 1955. O manuscrito quinhentista de Las Casas só teve impressor, pela primeira vez, em 1875.

CHABOD, Federico. "Il Rinascimento", em *Questioni di Storia Moderna*, a cura di Ettore Rota, Milão, 1951, pp. 53-99.

CHAUNU, Huguette e Pierre. *Seville et l'Atlantique (1504-1650)*, 12 vols., Paris, 1955-1959.

Congresso do Mundo Português. Publicações, 19 vols. Lisboa, 1940.

CORNELL-SMITH, Gordon. *Forerunners of Drake*, Londres, 1954.

Corografia Brazilica ou Relação Historico-Geografia do Reino do Brazil, Composta e Dedicada a Sua Magestade Fidelissima por Hum Presbitero Secular do Gram Priorado do Crato, Rio de Janeiro, 1817.

CORTESÃO, Armando. *Cartografia e cartógrafos portugueses dos séculos XV e XVI*, 2 vols., Lisboa, 1935.

CORTESÃO, Jaime. *A carta de Pero Vaz de Caminha*. Com um estudo de..., Rio de Janeiro, s.d.

_____. "Domínio ultramarino", em PERES, Damião, *História de Portugal*, q. v., vol. IV.

_____. *Pauliceae Lusitana Monumenta Historica*, 1 vol. (1494-1600), I-IV partes. Organizado e prefaciado por..., Lisboa, 1955.

CORTEZ, Herman. *Cartas de relación*, México, 1963.

COUTINHO, d. José Joaquim da Cunha de Azeredo. *Analyse sobre a Justiça do Commercio do Resgate dos Escravos da Costa de Africa*. Novamente revista e acrescentada por seu author, Lisboa, 1808.

_____. *Ensaio economico sobre o commercio de Portugal e suas colonias*. Segunda edição corrigida, e acrescentada pelo mesmo author, Lisboa, 1816.

CURTIUS, Ernest Robert. *Europäische Literatur und Lateinisches Mittelalter*, Berna, 1948.

Definições e Estatutos dos Cavalleiros e Freires da Ordem de N. S. Iesu Christo com a historia da origem e principio della, Lisboa, 1628.

Diálogos das grandezas do Brasil, Rio de Janeiro, 1930. O livro foi redigido aparentemente por volta de 1618.

Diário da viagem de Vasco da Gama. Fac-símile do códice original, transcrição e versão em grafia atualizada, com uma introdução de Damião Peres, leitura paleográfica de Antônio Baião e A. de Magalhães Basto, 2 vols., Porto, s.d.

DOM EDUARTE. *Leal conselheiro*, Lisboa, 1942.

ELLIS (JÚNIOR), Alfredo. *O bandeirismo paulista e o recuo do meridiano*, São Paulo, 1934.
Exposição que os Estados Unidos do Brasil apresentam ao Presidente dos Estados Unidos da América, como árbitro, segundo as Estipulações do Tratado de 7 de setembro de 1889, concluído entre o Brasil e a República Argentina, 6 vols., Nova York, 1894. A exposição, com a assinatura de Rio Branco, que a elaborou e redigiu, compreende seis volumes, a saber: 1º – versão inglesa do texto; 2º – original em português; 3º – apêndice documental vertido para o inglês; 4º – texto original, em português ou espanhol, dos documentos vertidos para o inglês no terceiro volume; 5º – 34 mapas precedidos de uma notícia; 6º – 29 mapas maiores.

FEBVRE, Lucien. "De 1560 a 1660: La Chaine des Hommes", *Le Préclassicisme Français*, Paris, 1952.

_____. "Les Lumières de Clio", em Lucien Febvre, William Rappard, Robert Jungk, Sergio Buarque de Holanda, George Boas, Emílio Oribe, André Maurois, *Le Nouveau Monde et l'Europe*, Neuchatel, 1955.

_____. *Le Problème de l'Incroyance au XVIᵉ Siècle*, Paris, 1947.

FESTUGIÈRE, Le R. P., O. P. *La Révélation d'Hermès Trismégiste*, 4 vols., Paris, 1950-51.

FEIJOÒ, frei Benito Geronymo. *Theatro Critico Universal, o Discursos Varios en todo genero de Materia para Desengaño de Errores Comunes*, escrito por el Rmo. P. M..., Maestro General de la Religión de San Benito, Cathedratico de Prima de Theologia, Jubilado de la Universidad de Oviedo, Abad que ha sido tres veces de el Colegio de San Vicente de aquella Ciudad, etc. 1º vol., 8ª impressão, Madri, 1753. 2º vol., 6ª impressão, Madri, 1752. A obra completa abrange oito volumes.

Français en Amérique pendant la Première Moitié du XVIᵉ Siècle (*Les*). Introduction par Ch.-A. Julien. Textes des Voyages de Gonneville, Verrazano, J. Cartier et Roberval, Paris, 1946.

FRIEDERICI, Georg. *Der Charakter der Entdeckung und Eroberung Amerikas durch die Europäer*, 3 vols., Stuttgart, 1925-36.

GALLACHER, J. "Economic Relations in Africa and the Far East", *The New Cambridge Modern History, VII. The Old Regime*, Cambridge, 1957, pp. 566-79.

GANDAVO, Pero de Magalhães. *I. Tratado da terra do Brasil. II. Historia da província Santa Cruz*, Rio de Janeiro, s.d. Nas citações do texto, embora tomadas a esta edição da série "Clássicos Brasileiros", em que aparecem editadas num mesmo volume, as duas obras são citadas separadamente.

GARCIA DA ORTA. *Colóquios dos simples e drogas da Índia*, 2 vols., Lisboa, 1891-95.

GARIN, Eugênio. *L'Umanesimo Italiano*, Bari, 1952.

_____. *Medioevo e Rinascimento*, Bari, 1954.

GIL VICENTE. *Obras completas de...* Reimpressão fac-similada da edição de 1562, Lisboa, 1928.

GLASHEEN, Adaline. *A Census of Finnegans Wake*, Londres, 1956.

GODINHO, Vitorino Magalhães. *Prix et Monnaies au Portugal*, Paris, 1955.

GÓIS, Damião de. *Chronica do Serenissimo Senhor Rei D. Manoel*, escrita por..., e novamente dada a luz, e offerecida ao Ilustrissimo Senhor D. Rodrigo Antonio de Noronha e Menezes etc., Lisboa, 1749.

GOMARA, Francisco Lopez de. *Historia general de las Indias*, 2 vols., Barcelona, 1954. A primeira edição publicou-se em Saragoça em 1552. No mesmo ano saiu, do mesmo autor, e no mesmo lugar, a *Crónica de la conquista de Nueva España*, que se acha incluída, como segunda parte, na edição aqui citada.

GOMES DA SILVA, Maria Fernanda. Ver RAU, Virgínia e.

GOMEZ, Antônio Enriquez. "Vida de Don Gregorio Guadaña", *La novela picaresca española*, pp. 1595-1635.

GORRINI, Dott. Giacomo. *Un Viaggiatore Italiano nel Brasile. Baccio da Filicaja*, Roma, 1904.

GRACIÁN, Baltasar. *Obras completas*, Madri, 1944.

GRAF, Arturo. *Miti, Leggende e Supersticioni del Medio Evo*, 2 vols., Turim, 1892.

GROSLIER, Bernard P. *Angkor et le Cambodge au XVIe siècle d'après les Sources Portugaises et Espagnoles*, Paris, 1958.

GROTIUS, Hugo. *De Iure Praedae Commentarius*, 2 vols. Oxford e Londres, 1950. O primeiro volume abrange o manuscrito original, de 1604, em tradução inglesa, e o segundo a reprodução em colotipo do mesmo manuscrito, com a letra de Grotius, pertencente à biblioteca de Estado de Leide, Holanda. O capítulo XII, revisto pelo autor, foi publicado separadamente em 1609, passando a constituir o famoso *Mare Liberum*.

GUICCIARDINI, Francesco. *Storia d'Italia*, 5 vols., Bari, 1929. A edição *princeps* publicou-se em 1561, após a morte do autor.

GUZMÁN, Ruy Diaz de. *La Argentina*, 1943. Escrita no século XVII, essa obra teve sua primeira impressão em 1835.

HAKLUYT, Richard. *The Principal Navigations, Voyages, Traffiques And Discoveries of the English Nation, made by Sea or Overland to the Remote and Farthest Distant Quarters of the Earth at Any Time within the compass of these 1600 years*, 8 vols., Londres, 1927. A edição em três grandes volumes, abrangendo esta e a obra seguinte, foi publicada em Londres, 1599.

HAKLUYT, Richard. *The Principal Navigations Voyages and Discoveries of the English Nation*, by... Imprinted at London, 1589. A Photo Lithographic Facsimile, Cambridge, 1965.

_____. Richard. *The Voyages, Traffiques and Discoveries, with other Matters Relating There to Contained in the "Navigations"*, 2 vols., Londres, 1928.

HAKLUYTS. *The Original Writtings and Correspondence of the Two Richard...*, 2 vols., Londres, 1935.

Hakluytus Posthumus or Purchas His Pilgrimes. Ver PURCHAS, Samuel.

HALL, A. R. Ver *A History of Technology*.

_____. *The Scientific Revolution – 1500-1800. The Formation of the Modern Scientific Attitude*, Londres, 1954.

HANKE, Lewis. *La lucha por la justicia en la conquista de America*, Buenos Aires, 1949.

HARRISSE, Henry. *Jean et Sebastien Cabot et leur Voyage*, Paris, 1882.

HELIODORE. *Les Ethiopiques (Theagène et Chlariclée)*, Col. des Universités de France, 3 vols., Paris, 1935-43.

HENNIG, dr. Richard. *Terrae Incognitae*, 4 vols., Leide, 1936-38.
HEPBURN, Ronald W. "George Hakewill: The Virility of Nature", *Journal of the History of Ideas*, vol. XVI, Nova York, pp. 135-50.
HERCKSCHER, Eli F. *Mercantilism*, 2ª ed. inglesa, Londres, 1955. O original sueco publicou-se em 1931.
HERRERA Y TORDESILLAS, Antônio de. *Historia general de los hechos de los castellanos en las islas y tierra firme del Mar Oceano*, Madri, 1730. A *princeps* é de 1601-15.
History of Technology (A), edited by Charles Singer, E. J. Holmyard, A. R. Hall, Trevor I. Williams, 5 vols. 1º a 4º, Oxford, 1954-58.
HÖFFNER, dr. Joseph. *Christentum und Menschenwürde. Das Anliegen der Spanischen Kolonialethik im Goldenen Zeitalter*, Trier, 1947.
HOLMYARD, E. J. Ver *A History of Technology*.
HORAPOLLO. *The Hieroglyphics of...*, translated by George Boas, Nova York, 1950.
HUIZINGA, J. *Im Bann der Geschichte. Betrachtungen und Gestaltungen*. Basileia, 1943.

ISIDORO DE SEVILHA, santo. *Etimologias*, Madri, 1951.

JABOATAM, frei Antonio de Santa Maria. *Novo Orbe Serafico Brasilico ou Chronica dos Frades Menores da Provincia do Brasil*, Rio de Janeiro, 1858-61. A primeira impressão, de Lisboa, 1761, não abrange a Parte Segunda, que corresponde, na de 1858, aos volumes 4 a 6.
JARQUE, dr. d. Francisco. *Ruiz Montoya en Índias*, 4 vols., Madri, 1900. A primeira edição é de Saragoça, 1662.
JAVIER, são Francisco. *Cartas y escritos de...* Anotadas por el P. Felix Zubillaga, S. I., Madri, 1953.
Jesuítas e bandeirantes no Guairá (1549-1640). Introdução, notas e glossário por Jaime Cortesão, Rio de Janeiro, 1951.
JOINVILLE. "Histoire de Saint Louis", *Historiens et Chroniqueurs du Moyen-Âge*, Paris, 1952, pp. 203-372.
Journal de Bord de Saint-Brendam, Paris, s.d.
JOYCE, James. *The Critical Writings of...*, Londres, 1959.
_____. *Finnegans Wake*, Nova York, 1947.
JULIEN, Ch.-André. *Les Voyages de Découverte et les Prémiers Établissements*, Paris, 1948. Com esse volume inicia-se a *Histoire de l'Expansion et de la Colonisation Française*, em curso de publicação pelas Presses Universitaires en France.

KRISTELLER, Paul Oskar. *The Classics and Renaissance Thought*, Cambridge, Mass., 1955.
KRISTELLER, P. O. *Il Pensiero Filosofico di Marsilio Ficino*, Florença, 1953.

LATINI, Brunetto. *Il Tesoretto e il Favoletto di Ser...*, Florença, 1824.
LATIN, Brunet. "Le Livre du Trésor", *Jeux et Sagesse du Moyen-Âge*, Paris, 1951, pp. 752-856.
LEISEGANG, Hans. *Die Gnosis*, Leipzig, 1924.
LEITE, Serafim, S. I., *Cartas dos primeiros jesuítas do Brasil*, 3 vols., s.r., s.d. Os vo-

lumes publicados para a Comissão do IV Centenário da Cidade de São Paulo correspondem respectivamente ao 79 e os dois seguintes dos *Monumenta Historica Societatis Iesu*, onde levam o título específico de *Monumenta Brasiliae*, tomos I e III. Segue-se a estes publicado em Roma, 1960, mas de que não há edição brasileira, os *Monumenta Brasiliae* IV, abrangendo cartas de 1563 a 1568.

_____. *História da Companhia de Jesus no Brasil*, 10 vols., Lisboa-Rio de Janeiro, 1938-50.

_____. *Nóbrega e a fundação de São Paulo*, Lisboa, 1953.

_____. *Novas cartas jesuíticas*, São Paulo, 1940.

_____. "Antônio Rodrigues, soldado, viajante e jesuíta português na América do Sul do século XVI", *Páginas de história do Brasil*, São Paulo, 1937.

_____. "Uma grande bandeira paulista ignorada", *Páginas de história do Brasil*, São Paulo, 1937.

LEITE CORDEIRO, J. P. *Brás Cubas e a capitania de São Vicente*, São Paulo, 1951.

LELEWEL, Joachim. *Géographie du Moyen-Âge*, 5 vols. de texto e um atlas, Bruxelas, 1850-57.

LEO OF ROZMITAL. *The Travels of...*, translated and edited by Malcolm Letts, Cambridge, 1957.

LEON, frei Luís de. *De los nombres de Cristo*, 3 vols., Madri, 1949. A primeira edição é de Salamanca, 1583.

LEONE EBREO (GIUDA ABARBANEL). *Dialoghi d'Amore*, Bari, 1929. A primeira edição é de Roma, 1535.

LESCARBOT, Marc. *Histoire de la Nouvelle France, contenant les navigations, decouvertes et habitations faites par les François en Indes Occidentales et Nouvelle France*, Paris, 1609.

LEVENE, Ricardo. *Las Indias no eran colonias*, Buenos Aires -México, 1951.

LIDA, Maria Rosa. "El ruiseñor de las Georgicas y su influencia en la lírica española de la Edad de Oro", *Volkstum und Kultur der Romanen*, XI. Jahrgang, 3/4 Heft, Hamburgo, 1938, pp. 290-305.

LIDA DE MALKIEL, Maria Rosa. "La visión de trasmundo en las literaturas hispánicas", apêndice à versão mexicana, publicada em 1956 sob o título *El otro mundo en la literatura medieval*, da obra de Howard Rollin Patch, citada no presente estudo segundo o texto original inglês.

Lirici Marinisti, A cura de Benedetto Croce, Bari, 1910.

"Livro das Fortalezas que a Coroa de Portugal tem nas Partes da India e das Capitanias e mais cargos que nelas ha, e da Importancia dellas", *Boletim da Biblioteca da Universidade de Coimbra* XXI, Coimbra, 1953.

"Livro de Duarte Barbosa", *Collecção de noticias para a historia e geographia das nações ultramarinas que vivem nos dominios portugueses*, publicada pela Academia Real das Sciencias, tomo II, 2ª edição, Lisboa, 1867, pp. 235-86. Impressa inicialmente em tradução italiana entre as *Navigationi et Viaggi* de Ramúsio, publicou-se na *Collecção de Noticias* segundo o original português que durante longo tempo se julgara perdido.

O livro de Marco Paulo. O livro de Nicolau Veneto – Carta de Jeronimo de Santo Estevam, conforme a impressão de Valentim Fernandes feita em Lisboa em 1502, Lisboa, 1522.

Livro que dá razão do Estado do Brasil, 1612. Ver MORENO, Diogo de Campos.

LOPEZ, Roberto. *Storia delle Colonie Genovesi nel Mediterraneo*, Bolonha, 1938.
LOVEJOY, Arthur O. e BOAS, George. *Primitivism and Related Ideas in Antiquity*, Baltimore, 1935.
LOWERY, Woodbury. *The Spanish Settlements within the Present Limits of the United States*, 1512-1561, Nova York, 1911.
LOWES, John Livingstone. *The Road to Xanadu*, Londres, s.d.
LOYOLA, são Ignacio de. *Obras completas de...*, Madri, 1951.
LOZANO, padre Pedro. *Historia de la conquista del Paraguay, Rio de la Plata y Tucuman*, escrita por el... de la Compañia de Jesus, 2 tomos, Buenos Aires, 1873-74.
LUÍS DE GRANADA, frei. *Obras completas*, Madri, 1951.
LUÍS DE LEÓN, frei. *De los nombres de Cristo*, 2 vols., Madri, 1940-43.
LUZZATTO, Gino. "Capitalismo Coloniale nel Trecento", *Studi di Storia Economica Veneziana*, Pádua, 1954.

MACHAÍN, R. de Lafuente, *El gobernador Domingo Martinez de Irala*, Buenos Aires, 1939.
_____. *Los conquistadores del Rio de la Plata*, 2ª edição, Buenos Aires, s.d.
MACHIAVELLI, Niccolò. *Tutte le Opere di*, vol. I. A cura di Francesco Flora e di Carlo Cordié, s.d ., 1949.
MAGALHÃES, Basílio de. "Espiñosa e Azpilcueta Navarro", *Congresso do Mundo Português*, vol. x.
MAGNAGHI. *Amerigo Vespucci*. Nuova edizione emendata e accresciuta, Roma, 1926.
_____. *Questione Colombiane*, Nápoles, s.d.
MAGNE, Augusto. *Boosco deleitoso*. Edição do texto de 1515 com introdução, anotações e glossário, vol. 1º, Rio de Janeiro, 1950.
MALDONADO, padre Juan de, S. I., *Commentarios al Evangelio de San Juan*, Madri, 1954. A edição *princeps* dos comentários de Maldonado publicou-se em Pont-à-Mousson, 1596-97.
MALON DE CHAIDE. *La conversión de la Magdalena*, 3 vols., Madri, 1947. A primeira edição é de Barcelona, 1588.
Mandeville's Travels. Texts and translation by Malcolm Letts, F. S. A., 2 vols., Londres, 1953. Nessa edição, organizada para a Hakluyt Society de Londres, reproduzem-se vários textos conhecidos da obra, com indicação das principais variantes. Nas citações do presente trabalho preferiu-se em geral o texto francês da Bibliothèque Nationale de Paris. A razão da preferência está sobretudo no fato de ser esse, compilado em 1365, em vida ainda do autor, o mais velho ms. de Mandeville de que há notícia. Sabe-se, outrossim, por uma passagem da referida versão, que a obra foi escrita originariamente em francês, não em latim, como já houve quem o supusesse. O texto francês encontra-se no segundo volume, às pp. 226-413.
Mapas Españoles de America – Siglos XV-XVII, Madri, 1951.
[MARCGRAF, George]. *Historia Naturalis Brasiliae*, Leide e Amsterdã, 1648.
MARCO POLO. *Il Milione*. A cura di Ranieri Allulli, s.l., 1954.
MARINO. *L'Adone*, Poema del..., Cõgli Argomenti del Conte Sanuitale e l'Allegorie de Don Lorenzo Scoto, Paris, 1627.
MARINO, Giovan Battista. *Opere Scelte di...*, e dei Marinisti. A cura di Giovanni Geto, 2º vol., I *Marinisti*, Turim, 1954.

MARQUES, João Martins da Silva. *Descobrimentos portugueses*, vol. I e Suplemento (1134-1480), Lisboa, 1944.

MARTINS, Mário (S. J.). *Estudos de literatura medieval*, Braga, 1956.

MEDINA, José Toribio. *Juan Diaz de Solis*, Santiago, 1897.

_____. *El portugues Gonzalo de Acosta. Estudio historico por...*, Santiago de Chile, 1908.

_____. *El veneciano Sebastian Caboto al servicio de España*, 2 vols., Santiago de Chile, 1908.

MELO FRANCO, Afonso Arinos de. *Um estadista da República*, 3 vols., Rio de Janeiro, 1955.

_____. *O índio brasileiro e a Revolução Francesa*, Rio de Janeiro, 1917.

_____. "Paracatu do príncipe", *Anuário do Museu Imperial*, VI, Petrópolis, 1945, pp. 87 ss.

MENDONÇA, Heitor Furtado de. Ver *Primeira visitação do Santo Officio ás partes do Brasil*.

MÉTRAUX, A. "Un Chapître Inédit du Cosmographe André Thévet sur la Géographie et l'Ethnographie du Brésil". Extrait du *Journal de la Société des Américanistes*, Nouv. Série, t. xxv, Paris, 1933.

_____. *La Civilisation Matérielle des Tribus Tupi-Guarani*, Paris, 1928.

_____. *Migrations Historiques des Tupi-Guarani*, Paris, 1927.

Minor Latin Poets, Cambridge, Mass., Londres, 1961.

MOLLAT, Michel. "Un document: Un voyage de Girolamo Verrazano au Brésil en 1529", *A Travers les Amériques Latines (Cahiers des "Annales"*, vol. 4), pp. 184-89.

MONTALVO, Garci Ordoñez. "Los cuatro libros del invencible cavallero Amadis de Gaula", *Libros de caballeria españoles*, Madri, 1954, pp. 297-1052.

MONTOYA, Antônio Ruiz de. Ver RUIZ, Antônio, *Conquista espiritual* etc.

MORENO, Diogo de Campos. *Livro que dá razão do Estado do Brasil – 1612*. Ed. crítica, com introdução e notas de Hélio Vianna, Recife, 1955.

MORISON, Samuel Eliot. *Christopher Columbus, Mariner*, Londres, s.d.

NAVARRETE, d. Martin Fernandez de. *Colección de los Viajes y Descubrimientos que hicieron por Mar los Españoles. Coordenada e Ilustrada por...*, 5 vols., Madri, 1825-37. Para as citações feitas no presente estudo utilizou-se a reimpressão de Buenos Aires, 1945-46.

"Navegação do Capitão Pedro Alvares Cabral, escrita por um Piloto Portuguez", *Collecção de Notícias para a Historia e Geografia das Nações Ultramarinas que vivem nos Dominios Portuguezes, publicada pela Academia Real das Sciencias*, vol. II, 2ª edição, Lisboa, 1867, pp. 103-36.

NIEMUNDAJÚ-UNKEL. *Leyenda de la Creación y Juício Final del Mundo como Fundamento de la Religion de los Apopopuva-Guarani*, trad. espanhola de Juán Francisco Recalde, ed. mimeografada, São Paulo, 1944.

NIEREMBERG, padre Juan Eusebio de. *Diferencia entre lo temporal y lo eterno, y Crisol de desengaños*, Buenos Aires, 1945. É de 1640 a primeira edição.

NIEUHOF, Joan. *Memorável viagem marítima e terrestre ao Brasil*, São Paulo, s.d. A primeira edição holandesa é de 1682.

NÓBREGA, padre Manuel da. *Cartas do Brasil e mais escritos*, Coimbra, 1953. Nas citações do texto utilizou-se sempre a presente edição, organizada pelo padre Serafim Leite, S. I., mais completa e em todos os aspectos preferível à de 1931, correspondente ao vol. I da série de cartas jesuíticas incluída na Coleção Clássicos Brasileiros. Da referida série aproveitaram-se, porém, as cartas de Anchieta e outros padres da Companhia, na medida em que não puderam ser abrangidas ainda na publicação ora em curso, também organizada por Serafim Leite, das *Cartas dos primeiros jesuítas do Brasil*, q. v.

_____. *Diálogo sobre a conversão do gentio*. Com preliminares e anotações históricas e críticas de Serafim Leite, S. I., Lisboa, 1954.

Nova Gazeta Alemã da Terra do Brasil. Ver BRANDENBURGER, Clemente.

OLSCHKI, Leonardo. *Storia Letteraria delle Scoperte Geografiche. Studi e Richerche*, Florença, 1937. A edição é limitada a 350 exemplares.

ONG, Walter J., S. J. "Ramus: Rhetoric and The Pre-Newtonian Mind", *English Institute Essays* (1952), Nova York, Columbia University Press, 1954.

Orto do esposo. Texto inédito do fim do século XIV ou começo do XV. Edição crítica com introdução, anotações e glossário, 2 vols., Rio de Janeiro, 1956. A edição, bem como as anotações e o glossário, foram organizados pelo romanista sueco professor Bertil Maier.

OSTROGORSKY, Georg. *Geschichte des Byzantinischen Staates*, Munique, 1952.

OTS CAPTEGUI, J. M. *El Estado español en las Indias*, México, 1941.

OVIEDO Y VALDEZ, Gonzalo Fernandez de. *Historia general y natural de las Indias, islas y tierra firme del Mar Oceano, por el capitan...*, tomo primero de la segunda parte, segundo de la obra, Madri, 1852. Somente a primeira parte da *Historia general* chegou a sair à luz em vida do autor, em Sevilha, 1535, e é, de fato, uma versão ampliada do *Sumário de la historia general de las Indias*, impresso primeiramente em Toledo, 1526, de que se fez uma edição mexicana em 1950. A obra integral, incluindo, além da primeira, também esta segunda e a terceira parte, imprimiu-se em 1851-55. Desta edição tomaram-se as citações no texto do presente estudo.

PASTOR, Ludwig Freiherr von. *Geschichte der Päpste seit dem Ausgang des Mittelalters*, vol. VI (Julius III, Marcellus II und Paul IV), 15ª ed., Friburgo, 1957.

PATCH, Howard Rollin. *The Other World According to Description in Medieval Literature*, Cambridge, Mass., 1950.

PEDRO, Valentin de. *America en las letras españolas del Siglo de Oro*, Buenos Aires, 1954.

PEREIRA, Duarte Pacheco. *Esmeraldo De Situ Orbis*, Lisboa, 1954.

PERES, Damião. *História dos descobrimentos portugueses*, Porto, 1943.

_____. *Historia de Portugal*. Edição monumental, comemorativa do 8º Centenário da Fundação da Nacionalidade. Direção literária de..., 8 vols., Barcelos, 1928-37.

PFANDL, Ludwig. *Phillipp II*, Munique, 1951.

PINELO, Antonio de Leon. *El Paradiso en el Nuevo Mundo, Comentario Apologetico. Historia Natural y Peregrina de las Indias Occidentales, Islas de Tierra Firme del Mar Oceano*, por el Licenciado Don..., 2 vols., 1943. É a única edição da obra escrita entre 1650 e 1655, publicada por diligência de Raul Porras Barrenechea sob os auspícios da Comissão do IV Centenário do Descobrimento do Rio Amazonas, da República do Peru.

PICO DELLA MIRANDOLA, G. *Disputationes Adversus Astrologiam Divinatricem*, a cura di Eugenio Garin, 2 vols., Florença, 1946.
_____. *De Hominis Dignitate. Heptaplus. De Entre et Uno, e Scritti Vari*, a cura di Eugenio Garin, Florença, 1942.
PIETRO MARTIRE D'ANGHIERA. *Mondo Nuovo* (De Orbe Novo), a cura de Temistocle Celotti, Milão, 1930.
PIGAFETTA, Antônio. *Relazione del Primo Viaggio intorno al Mondo*, Milão, 1928.
PINTO, frei Heitor. *Imagem da vida cristã*, 3 vols., Lisboa, 1940. A primeira publicação fez-se entre 1563 e 1572.
PISO, Guilherme. *Historia natural e médica da Índia Ocidental*, Rio de Janeiro, 1957.
PITA, Sebastião da Rocha. *História da América portuguesa*, segunda edição, Lisboa, 1880.
PIZARRO e ARAUJO, João de Souza Azevedo. *Memórias Historicas do Rio de Janeiro e das Provincias Annexas a jurisdicção do Vice Rei do Estado do Brasil*, Rio de Janeiro, 1820-22.
POSTAN, Michael. "The Trade of Medieval Europe: The North", *The Cambridge Economic History of Europe*, II, Cambridge, 1952.
PRADO JÚNIOR, Caio. "Formação dos limites meridionais do Brasil", *Evolução política do Brasil e outros estudos*, São Paulo, 1953.
_____. *Formação do Brasil contemporâneo*. Colônia, São Paulo, 1942.
PRAZ, Mário. *Studi sul Concetismo*, Florença, 1946.
PRAZERES, frei João dos. *O Príncipe dos Patriarcas S. Bento. Segundo Tomo de sua Vida, discursada em emprezas Politicas e Moraes*, pelo M. R. Padre Pregador Geral, Fr..., Chronista Mor da Congregação do mesmo Príncipe, natural da cidade do Porto, Lisboa, 1690.
Primeira visitação do Santo Officio ás partes do Brasil, pelo licenciado Heitor Furtado de Mendonça, Capellão Fidalgo del Rey Nosso Senhor e do seu Desembargo. Deputado do Santo Officio, II, *Denunciações da Bahia*, São Paulo, 1925.
PURCHAS, Samuel, B. D. *Hakluytus Posthumus or Purchas His Pilgrimes* Contayning a History of the World in Sea Voyages and Land Travels by Englishmen and others, by..., 20 vols., Glasgow, 1905-07. A primeira edição, em quatro grandes volumes, é de Londres, 1625.

QUEVEDO. *Vida del Buscón*, "Clasicos Castellanos", Madri, 1951.
_____. *Los Sueños*, II. "Clasicos Castellanos", Madri, 1943.

RABELAIS. *Oeuvres complètes*. Texte etabli et annoté par Jacques Boulenger, Paris, 1951.
Raccolta di Documenti e Studi pubblicati dalla R. Commissione Colombiana pel Quarto Centenario della Scoperta dell'America. Fonti Italiane per la Storia della Scoperta del Nuovo Mondo. Raccolta da Guglielmo Berchet, parte III, vol. 1º, Roma, 1892.
_____. Parte III, vol. 2º, Roma, 1893.
[RAMÚSIO, Gio. Battista]. *Primo volume et Seconda edizione delle Navigationi et Viaggi*, 1554.

[RAMÚSIO, Gio. Battista]. *Secondo volume delle Navigationi et Viaggi*, Veneza, 1559.
RAMÚSIO, Gio. Battista. *Terzo Volume delle Navigationi et Viaggi*, Raccolto Gia da M..., Veneza, 1565.
RANKE, Leopold von. *Die Osmanen und die Spanische Monarchie im 16. und 17. Jahrundert*, Hamburgo, s.d.
RASSOW, Peter. *Die Politische Welt Karls V*, Munique, s.d.,
RAU, Virgínia e GOMES DA SILVA, Maria Fernanda. *Os manuscritos do arquivo da casa de Cadaval respeitantes ao Brasil*, 1º vol., Coimbra, 1956.
Recopilación de Leyes de los Reynos de las Indias. Edição fac-similar da 4ª impressão, feita em Madri em 1791, 3 vols., Buenos Aires, 1943.
"Relación de Hernando de Ribera", *in* Cabeza de Vaca, Alvar Nuñẽz, *Naufragios y comentarios*, q. v., pp. 360-68.
RESENDE, Garcia de. *Cancioneiro geral de...*, 5 vols., Coimbra, 1910-17.
RICARD, Robert. "L'Évacuation des places portugaises au Maroc sous Jean III", *Études sur l'Histoire des Portugais au Maroc*, Coimbra, 1955.
RIO BRANCO. Ver *Exposição que os Estados Unidos do Brasil apresentam ao Presidente dos Estados Unidos da América*.
ROCHA, dr. Diego Andres. *Tratado unico y singular del origen de los indios*, Madri, 1891. A primeira edição é de 1681.
ROGERS, Francis M. *The Travels of the Infante Dom Pedro of Portugal*, Cambridge, Mass., 1961.
ROMEO, Rosário. *Le Scoperte Americane nella Coscienza Italiana del Cinquecento*, Milão, 1954.
RONSARD. *Oeuvres complètes*. Texte etabli et annoté par Gustave Cohen, 2 vols., Paris, 1950.
ROSÁRIO, frei Antônio do. *Frutas do Brasil numa Nova e Ascetica Monarchia*, consagrada à Santissima Senhora do Rosario. Author o seu Indigno Escravo..., o menor dos Menores da Serafica Familia de S. Antonio do Brasil e Missionario no dito Estado, Lisboa, 1702.
ROSTOVSEFF, Michael. *Geschichte der Alten Welt*, 2 vols., Wiesbaden, 1941. Traduzida do original inglês.
RUBIO, Julian M. *Exploración y conquista del Rio de la Plata*, Barcelona, 1942. É este o vol. VIII da *Historia de America y de los pueblos americanos*, dirigida por Antônio Ballesteros y Beretta.
RUIZ, Antônio. *Conquista Espiritual hecha por los Religiosos de la Compañia de Iesus en las Prouincias del Paraguay, Para, Uruguay y Tape*, escrita por el Padre..., de la misma Compañia, Madri, 1639.
RUNCIMAN, Steven. *A History of the Crusades*, 3 vols. Cambridge, 1951-52.

SAAVEDRA FAJARDO. *Idea de un principe politico-christiano representada en cien empresas*, 4 vols., Madri, 1942. A primeira edição é de Munique, 1640.
SAINTE-BEUVE. *Port-Royal*, 3 vols., Paris, 1952-55 (Bibliothèque de la Pléiade).
SALLES, François de. *Introduction a la Vie Dévote*, Paris, 1947. A primeira edição é de 1609.
_____. *Traité de l'Amour de Dieu*, 2 vols., Paris, 1952. A primeira edição é de 1616.
SALVADOR, frei Vicente do. *História do Brasil*, 3ª ed. São Paulo, s.d. Ultimada a com-

posição dessa obra em 1627, só veio a publicar-se mais de dois séculos e meio mais tarde.
SANCHEZ, Francisco. *Opera Philosophica*, Coimbra, 1955. Reunida e republicada sob a direção de Joaquim de Carvalho.
SANNAZARO, Iacopo. *Opere di...*, Turim, 1952. A primeira edição autorizada da *Arcadia*, de Sannazaro, imprimiu-se em Nápoles, em 1504.
SANTISTEBAN, Diogo de. *Libro del Infante Don Pedro de Portugal*, Lisboa, 1962. Além desse texto publicado pelo prof. Francis M. Rogers, segundo as mais antigas edições castelhanas, de princípios do século XVI, saiu em 1950, também organizada pelo prof. Rogers, entre as publicações da Companhia de Diamantes da Angola e sob o patrocínio da Fundação Calouste Gulbenkian, uma reprodução da 1ª edição portuguesa, datada de 1602.
SASSETTI, Filippo. *Lettere di...* Corrette accresciute e dichiarate con note, aggiutavi la Vita di Francesco Ferrucci, scritta dal medesimo Sassetti, Milão, s.d. Escritas na segunda metade do século XVI, as cartas de F. S. começaram a publicar-se parcialmente só a partir de 1716.
SCHADEN, Egon. *Aculturação indígena*, São Paulo, 1964.
_____. *Aspectos fundamentais da cultura guarani*, São Paulo, 1954.
SCHAUBE, prof. Adolf. *Handelsgeschichte der Romanischen Völker des Mittelmeergebiets bis zum Ende der Kreuzzüge*, Munique-Berlim, 1906.
SCHMIDEL, Ulrich. *Reise nach Südamerika in den Jahren 1534 bis 1554*, Tübingen, 1889. Publicado pela primeira vez em Frankfurt-sobre-o-Meno, em 1567. Confrontando os textos impressos com o manuscrito original de Stuttgart, organizou Edmundo Wernicke sua excelente edição castelhana, intitulada *Derrotero y viaje a la España y las Indias*, Santa Fé, 1938, que melhora e completa os textos anteriormente publicados, tanto na língua original como em traduções.
SCHREIBER, dr. d. Georg. "Der Barock und das Tridentinum", *in* SCHREIBER, Georg, *Das Weltkonzil von Trient*, vol. 1, pp. 381-425.
SILVA MARQUES. Ver MARQUES, João Martins da Silva.
SINGER, Charles. Ver *A History of Technology*.
SOARES DE SOUSA, Gabriel. *Tratado descriptivo do Brasil em 1587*, obra de..., senhor de engenho da Bahia e n'ella residente dezessete annos, seu vereador da Camara etc., Rio de Janeiro, 1851.
_____. *Derrotero general de la costa del Brasil y memorial de las grandezas de Bahia*, Madri, 1958. Publicação baseada no ms. encontrado pelo sr. Cláudio Ganns na Biblioteca Real de Madri.
SOMBART, Werner. *Der Moderne Kapitalismus*, 2 tomos em 4 vols., Munique e Leipzig, 1928.
SOUSA, Pero Lopes de. *Diário da navegação de...*, estudo crítico pelo comandante Eugênio de Castro, Rio de Janeiro, 1940. A primeira edição publicou-a em 1839 Francisco Adolfo de Varnhagen.
STADEN, Hans. *Warhaftige Historia und Beschreybund eyner Landtschaft der wilden nacketen grimmigen Menschenfresser Leuthen in der Newenwelt America gelegen*, Marbugo, 1557 (edição fac-similada sob a direção de Richard N. Wegner, Frankfurt-sobre-o-Meno, 1927). Há várias edições em português, entre as quais a que se publicou sob o título: *Duas viagens ao Brasil. Arrojadas aventuras no século XVI entre os antropófagos do Novo Mundo*. Transcrito em alemão moderno por Carlos

Fouquet e traduzido desse original por Guiomar de Carvalho Franco, São Paulo, 1942.
SYLVEIRA, Symão Estacio da. *Relação somaria das cousas do Maranhão*, escripta pello capitão..., Lisboa, 1624.

TAFUR, Pedro. *Travels and Adventures* (1435-1439), translated and edited by Malcolm Letts, Londres, 1926.
TARDUCCI, F. *Di Giovanni e Sebastiano Caboto. Memorie raccolte e documentate da...*, Veneza, 1892.
TASSO, Torquato. "Aminta", *Poesie*. A cura di Francesco Flora, Milão-Roma, 1934, pp. 565-645.
_____. "Discorsi del Poema Eroico", *Prose*. A cura di Francesco Flora, Milão-Roma, 1935, pp. 319-542.
TAUNAY, Afonso d'E. *Historia geral das bandeiras paulistas*, 11 vols., São Paulo, 1924-50.
TAWNEY, R. H. *Religion and the Rise of Capitalism*, Londres, 1936.
TAYLOR, E. G. R. "Cartography, Survey and Navigation to 1400". *A History of Technology* edited by Charles Singer, E. J. Holmyard, A. R. Hall, Trevor I. Williams, vol. III, Oxford, 1957.
TECHO, P. Nicolas del. *Historia de la provincia del Paraguay de la Compañia de Jesus*, por..., 5 vols., Madri, 1897. Impresso primeiramente em latim, em 1673.
TERTRE, J. B. Du. *Histoire Générale des Antilles habitées par les François*, tome II, Paris, 1667.
TESAURO, Emanuele. *Il Cannochiale Aristotelico o sia, Idea dell'Arguta et Ingegnosa Elocutione, che serve a tutta l'Arte Oratoria, Lapidaria, et Simbolica esaminata co 'principi del Divino Aristotele*, dal Conte D...., 7ª impressione, Bolonha, 1675. A *princeps* é de Veneza, 1655.
THEVET, André. *Le Brésil et les Brésiliens par...*, Angoumoisin, Cosmographe du Roy, Paris, 1953. Nessa seleção de textos, organizada e anotada por Suzanne Lussagnet, precedida de uma introdução de Ch.-André Julien e destinada à série *Les Classiques de la Civilisation*, sob o título geral de *Les Français en Amérique pendant la Deuxième Moitié du XVIe Siècle*, incluem-se extensos extratos da *Cosmographie Universelle* de Thévet – as partes relativas ao Brasil, além de partes do ms. da *Histoire de deux voyages*, da Bibliothèque Nationale de Paris, utilizado, para o presente estudo segundo fotocópia do original e outro ms. também de Paris; *Le Grand Insulaire et Pillotage* d'André Thévet, Angoumoisin, Cosmographe du Roy, onde se incluem "plantas de ilhas habitadas e desabitadas, e descrições destas".
_____. *Les Singularitez de la France Antarctique*, Paris, 1878. A primeira edição é de Paris, 1558.
TUVE, Rosemond. *Elizabethan and Metaphysical Imagery*, Chicago, 1947.

VARGAS MACHUCA, d. Bernardo de. *Milicia y descripción de las Indias*, escrita por el capitán..., caballero castellano, natural de la villa de Simancas. Reimpresa fielmente según la primera edición hecha en Madri en 1599, 2 vols., Madri, 1892.
VARNHAGEN, Francisco Adolfo de. *História geral do Brasil*, 4ª edição, São Paulo, 1948. As citações do texto são feitas por essa edição e, para os documentos que nela não se reproduzem, pela primeira: *Historia geral do Brazil*, por um socio do

Instituto Historico do Brazil, natural de Sorocaba, 2 vols., Rio de Janeiro, 1854-57.
VASCONCELOS, Simão de. *Crônica da Companhia de Jesus do Estado do Brasil* etc. pelo Padre..., da mesma Companhia, 2ª edição, Lisboa, 1865. A primeira edição é de Lisboa, 1663.
_____. *Vida do P. Joam de Almeida da Companhia de Jesus na Provincia do Brasil*, Lisboa, 1658.
VEIT, dr. Ludwig Andreas, e LENHART, dr. Ludvig. *Kirche und Volks-frömmigkeit im Zeitalter des Barock*, Friburgo, 1956.
VERLINDEN, Charles. "Les Origines Coloniales de la Civilisation Atlantique", *Cahiers d'Histoire Mondiale*, 1º, nº 2, Paris, 1953, pp. 378-98.
VIANNA, Hélio. "A primeira versão do Tratado da terra do Brasil de Pero de Magalhães Gandavo", *Revista de Historia*, vol. VII, São Paulo, 1953, pp. 89-96.
VICUÑA, Carlos de Morla. *Estudio historico sobre el descubrimiento y conquista de la Patagonia y de la Tierra del Fuego*, Leipzig, 1903.
VIEIRA, padre Antônio. *Sermoens do...*, reprodução fac-similada da edição de 1679, São Paulo, 1944-45.
VIGNAUD, Henry. *Améric Vespuce*, Paris, 1917.
VITORIA, O. P., fray Francisco de. *Las relaciones de Indis y de Iure Belli*, Washington, D. C., 1963.
VOSSLER, Karl. *La Fontaine und sein Fabelwerk*, Heidelberg, 1919.
The Voyage of Sir James Lancaster to Brazil and the East Indies, 1591-1603, Londres, 1940.

WIESE, Franz R. von. *Die Karten von Amerika in dem Islario General des Alonso de Santa Cruz*, Innsbruck, 1908.
WILLIAMS, Trevor I. Ver *A History of Technology*.
WÖLFFIN, Heinrich. *Classic Art*. An Introduction to the Italian Renaissance. 2ª ed. inglesa. Londres, 1953.
_____. *Kunsgeschichtliche Grundbegriffe*, 10ª ed., Basileia, 1948.

XAVIER, são Francisco. Ver JAVIER.
XEREZ, Francisco de. *Verdadera relación de la conquista del Perú*, por..., uno de los primeros conquistadores, Madri, 1891. Publicada primeiramente em Sevilha, 1554.

ZAVALA, Sílvio. *America en el espiritu francés del siglo XVIII*, México, 1940.
_____. *La filosofia política en la conquista de America*, México, 1947.
_____. *Ideario de Vasco de Quiroga*, México, 1941.
ZURARA, Gomes Eanes da. *Cronica do descobrimento e conquista da Guiné*, segundo o Manuscrito da Biblioteca Nacional de Paris, Modernizada, com notas, glossário e uma introdução de José de Bragança. Livraria Civilização, 2 vols. [Porto, 1937]. Ver também AZURARA, Gomes Eanes de.

Anexo

.

"Não me foi possível, até o momento em que redijo estas linhas, conhecer as passagens em apreço: os microfilmes que fiz vir de Roma, baseado nos dados que a respeito publicou o benemérito historiador da Companhia no Brasil e meu prezadíssimo amigo, não correspondem à matéria, tendo havido certamente lapso na indicação do catálogo" (p. XXIII, *retro*).

O lapso não foi na indicação. Acontece, porém, que, por tratar-se de códice aparentemente volumoso, a pessoa encarregada das cópias que encomendei em Roma, quando Serafim Leite já não pertencia aos vivos, limitou-se a reproduzir suas folhas primeiras, onde não figuram as *literae et scripta* pertinentes *ad questionem de situ Paradisi in America*. Para localizá-las, com o parecer do dr. Luís Nogueira, fazia-se mister exame demorado e paciente de documentação. Dessa busca encarregou-se Francisco Buarque de Hollanda, meu filho, e a fez com tamanha felicidade, durante uma estada na Itália, que afinal me chegaram às mãos os microfilmes que não fora possível conseguir por outra via. Note-se ainda uma vez que, na intenção de Simão de Vasconcelos, devia corresponder o texto aos sete parágrafos finais (§§ 105-111) das "Noticias antecedentes, curiosas e necessarias das cousas do Brasil", com que se abre sua *Crônica da Companhia de Jesus*, mas, segundo refere Serafim Leite, estavam já impressos, em 1663, dez exemplares da obra, quando, "por interferência dalguns êmulos do autor, veio ordem para se riscarem do famoso livro" aquelas páginas. Assim é que, em todas as impressões conhecidas das "Notícias", o livro segundo e último consta de apenas 104 parágrafos. Seguem-se aqui os restantes, pela primeira vez divulgado, ao que parece, nesta 3ª edição de *Visão do Paraíso*, não tendo chegado em tempo para seu aproveitamento na anterior.

105. Muitos Autores graves, antigos e modernos, tiverão para sy que plantou Deos nosso Senhor o Paraizo ca da terra para a parte da linha Equinocial meio da Zona torrida, debaixo della, ou junto a ella, ou della para o sul, que tudo tem a mesma difficuldade, e tudo vem a ser em favor de nosso intento. Aratosthenes, Polybio, Ptolomeu, Avicena e não poucos Theologos de que fazem menção por mayor São Thomas na primeira parte quest. 102 art. 2 e o autor do curso Comimbricense no livro 2 do seo Capítulo 14 quest. 1. art. 3, tiverão para sy que debaixo da Equinocial meio da Zona torrida creara Deos nosso Senhor o Paraizo terrestre por ser esta a parte da terra mais temperada, amena e deleitoza de todo o Universo. Santo Thomas na 1 part. quest. 102 art. 2 ad quert. da esta openião por provavel com estas palavras: "Quid quid de hoc sit. credendum est Paradysum in temperatissimo Loco esse constitutum vel sub Equinoctiali, vel alibi". Que o Paraiso terreal se ha de crer que foi situado em lugar temperadissimo ou debaixo da Equinoçial ou em outra parte. E esta probabilidade de S. Thomas mostra seguir o Padre Soares no seu trat. de opere sex dierum lib. 3. Cap. 6 num. 36.

106. S. Boaventura 2 dist. 17 dub. 3 affirma claramente que situou Deos o Paraiso junto à Equinocial: "Quia secus Equinoctia (diz elle) est ibi magna temperies temporis": porque junto à Equinoçial ha grande temperança dos tempos. Duran-

dos que o mesmo pareçer pela mesma razão ibi quest. 3 num. 8. E em favor deste pareçer dis o padre Soares pouco ha çitado. Podemos acrescentar, que aquelle lugar na Equinoçial he temperado, de copias de aguas, e frequente de ventos que purificão os ares porque tem a experiencia mostrado que as regioens que estão debaixo da Zona torrida, tidas dos antigos por inhabitaveis, são temperadas e se habitão com grande comodidade dos homens.

107. S. Thomas na 2.2 quest. 164 art. 2 ad quint. tem para sy que situou Deos este Jardim ameno da Zona torrida para sul de tal maneira que o caminho para elle vem a ser a mesma Zona torrida que com seu demaziado calor (como suppoem segundo Aristoteles lib 2 dos Meteoros) impede o passo e fas o Paraizo occulto, e inaccessivel aos mortaes, servindo em lugar da espada de fogo do Anjo que prohibia este caminho. Assi entende as palavras do dito Sancto Soares no lugar ja citado num. 36. Declarase o Sto. mais na quaest. citada art. 1 dizendo que aquelle lugar de deleites está separado da terra em que elle então habitava (que era Italia) com impedimento de montes e mares, ou de alguma ardentissima região, que não se pode habitar; e a esta ultima condição se inclina mais. Esta sentença de S. Thomas segue também Scoto na 2. dist. 17 quaest 2. E Luis Vives nos Schol. sobre S. August. de Civitate Dei, lib. 13. Cap. 21 (Concorda neste parecer S. Efrem referido por Cornel. Alapide no Cap. 2 do Gen. Vers 8, parag. 4, onde dis que toda a terra em que então habitava era cingida do Oceano; e que alem deste Oceano, em outra terra que era de outro mundo estava o paraiso. Com que outras palavras podia declarar o Novo Mundo da America. E mais claramente dizem que foi situado na America este Paraiso alguns Auctores referidos pello mesmo Padre Cornel. citado Cap. 2, verso 8, parag. 5 supposto que lhe não quis particularizar os nomes.

108. Ha alem disso conjecturas por zonas porque os ditos Padres concordão que he o lugar do Paraiso temperadissimo, amenissimo e sempre igual. Todos os lugares annexos do an-

tigo mundo, ou verdadeiros ou ainda fabulosos de Campos Elisios, Hortos pensiles, Ilha de Atlante etc. podem ceder a muitos da America: ou seja debaixo da linha Equinocial, ou junto a ella, ou della para o sul, como se deixa ver do que temos tratado em todo este Livro, e no antecedente.

109. Em confirmação de tudo o ditto em ultimo lugar se prepondera a conjectura que se segue. Porque aquella parte do Ceo mais perfeito da Zona torrida, a que chamamos linha Equinocial he aquella que tem a seu cargo o governo do mundo universo: he regra do primeiro movel e curso admiravel dos mais orbes, de que pende o ser da natureza sublunar: he medida do tempo, da diversidade do Zodiaco, igualdade dos dias e noites, termo dos pontos da Ethyoptica, repartidora das partes da Esphera. Pois se por todas estas excellencias a linha Equinocial he a parte mais nobre do Ceo; a que lhe corresponde na terra, porque não ha de ser a melhor? E por conseguinte a nata do mundo, porto de deleites e Paraiso terreal?

110. A probabilidade desta openião deixo ao juizo dos que a tem: a mim me basta que della se colhe meu primeiro intento que he tão grande a temperança do clima destas partes que chegarão tão graves Autores a plantar nellas o Paraiso. Nem diga alguem que a linha Equinocial e zona torrida não corresponde somente á America, mas também á Africa e á Azia: logo, ainda que concedamos que o Levante está para a parte da linha, e zona torrida, não somos forçados a dizer que está na America, porque pode estar na Africa ou Azia. E na verdade muitos Santos Padres disserão que fora plantado o Paraiso para o Oriente: que inclinase a isso S. Boaventura assima citado. Nada faz contra este argomento, porque a linha Equinoçial, depois de cortar a America de meio á meio (donde começa o Brasil) corta so hua ponta da Africa junto ao cabo da barca terra dos povos chamados Baramás, principio do Congo e vai sahir a enseada, que chamão Barbará do mar da India principio das terras de Melinde. E a Azia corta por meio das Ilhas Samatra, ou Tapobrana, Borneo, Cenebes, Malacas e

outras muitas, que por ali demorão; como se pode ver nas cartas Geographicas, que arrumão as terras do mundo. E em nenhuma destas parte da Africa, ou Azia assignadas, ou junto a ellas, ou dellas para o Sul, sabemos que esteja o Paraiso terreal nem vemos Autores, que alli o puzessem, nem Deos para elle escolheria partes tão fora das condições daquelle Jardim de deleites. E supposto que alguns Autores se achem, que quizerão ennobrecer a Ilha Tapobrana com este dom do Autor da natureza, he com mui pouco fundamento, sendo couza sabida a improporção de seu clima, malsão e infesto á saude dos homens. Como testefica o P.ᵉ Lucena na vida de São Francisco Xavier lib. 3, Cap. 10, e dito se deixa ver, que o que seguir que o Paraiso está para o norte da Equinocial, averiguando que não está na parte que responde a Africa ou Azia, he força que diga que está na America: Está em hua das tres partes: não na da Africa, ou Azia, logo na da America.

III. O argumento dos Santos Padres que dizem que está para a parte do Oriente, vejão os curiosos em Soares allegado naquelle Cap. 6. num. 34 e ahi acharão que não convence: como nem tambem o argumento, que alguns trazem ao mesmo intento, dos quatro Ryos do Paraiso. Não posso de tudo deixar de explicar esta difficuldade com mais algum vagar, por ser o Achilles da contraria parte. Vemos que diz a sagrada escritura que sahião da fonte daquelle Horto de deleites quatro Rios, que regavão a terra: estes sabemos que nascem e correm hoje pelas terras que ficão ao Oriente: logo naquellas, e não nas da America está o Paraiso. Parece esta grande força, porem vejase o Padre Soares no Livro e Capitulo citado assima, onde dis que este argumento não tem efficacia alg̃a para provar a vezinhança do Paraiso e mostra assi porque os lugares onde brotão estes Ryos são hoje sabidos, e trilhados dos homens. O Nillo nos montes da Lua para a parte do Cabo da Boa Esperança, ou no Lago onde também nasce o Zaire junto a Congo, e vai regando as terras Ethyopicas do Preste João e desembocar no Egipto por sette bocas no mar mediterraneo. O Ganges no monte Caucaso, e vai regando as terras da India. O Tygris, e Euphrates nos montes da Armenia, e regão as terras da Mesopotamia, Assyria e Armenia. E subindo os homens por todos estes Ryos até ao lugar onde brotão nenhum indicio se tem achado do Paraiso Terreal. Donde dizemos, com S. Thomas, S. Agostinho, Ruperto, Theodureto e o Padre Soares, que aquellas não são as primeiras cabeças, donde tem sua primeira origem estes Ryos, senão que nascem primeiro da fonte do Paraiso e depois se escondem por baixo da terra, com longo curso vão romper os lugares ja ditos, que podem ser sitios distantissimos do Paraiso, e tudo por concelho divino, porque seja occulto. Alem do que se os sitios donde emanão estes Ryos tão differentes entre sy que entre o do Tygris, e do Euphrates, e o do Ganges, e Nilo ha distancia de mais de setenta graos, que fazem melhor de quatro mil e trezentas milhas segundo escreve Ptolomeo, assy como não he de crer que todo este grande espaço (que comprehende as regioens de Babylonia, Armenia, Mesopotamia, Assyria, India, Persia, e muitas outras) fosse Paraiso assy tambem não se tira forçoso argomento que o Paraiso ficasse para o Oriente, porque podião aquelles Ryos ter seu nascimento occulto em que parte mui diversa. E esta podia ser a America; e com menos distancia daquellas fontes do que ellas tem entre si. E por aqui temos concluido com os dous livros promettidos das noticias antecedentes curiosas, e necessarias das cousas do Brasil.

Apêndices

Posfácio
Laura de Mello e Souza

•

Visão do Paraíso foi apresentado em 1958 por Sérgio Buarque de Holanda como tese de concurso junto à cadeira de História da Civilização Brasileira da Faculdade de Filosofia, Ciências e Letras da Universidade de São Paulo. Na ocasião, imprimiu-se uma tiragem limitada, o texto dividindo-se em sete capítulos. Um ano depois, teve publicação comercial, com arranjo diferente e maior número de capítulos: os sete originais foram transformados em doze, e nesta forma conheceu até hoje algumas edições, não tantas quanto o caráter extraordinário da obra mereceria. Sempre foi um livro consideradíssimo, portador da marca mais registrada de Sérgio – "apenas ele o escreveria no Brasil", ajuizou Francisco Iglesias – impondo contudo, além do respeito, certa distância*. Não se atrelava a nenhuma tradição local, não dialogava com nenhuma obra anterior, a não ser as do próprio autor – com *Raízes do Brasil*, da qual é, em algumas partes, uma atualização eruditíssima, e,

---

* "Sérgio Buarque de Holanda, historiador" in Francisco Iglesias, *História e Literatura – ensaios para uma história das idéias no Brasil*. Seleção e organização de João Antonio de Paula. São Paulo: Perspectiva; Belo Horizonte: Cedeplar – FACE – UFMG, 2009, pp. 117-167.

sobretudo, com *Capítulos de Literatura Colonial*, que permaneceu inédita até 1991. Discrepava em tudo dos ensaios e obras de síntese que haviam marcado a vida intelectual brasileira na primeira metade do século XX: *Capítulos de História Colonial*, de Capistrano de Abreu (1907); *Populações Meridionais do Brasil*, de Oliveira Viana (1920); *Casa Grande & Senzala*, de Gilberto Freyre (1933); *Formação do Brasil Contemporâneo*, de Caio Prado Jr (1942). A linguagem barroquizante, presa aos textos que Sérgio lera incessantemente por toda a década de 1950, talvez inibisse um pouco o leitor, mas o que mais intrigava, creio, era a novidade do recorte e do objeto: a projeção de um *mito* antiquíssimo, "venerando", como diz o autor, na *história*, imprimindo movimento e dinâmica ao que, por definição, se apresentava quase estático. Esse mito era o do paraíso terrestre, gestado, através dos tempos, nos escritos bíblicos e teológicos até impregnar o imaginário dos homens comuns, como o dos navegadores ibéricos à época dos descobrimentos.

Na medida em que considerava o historiador um exorcista, Sérgio não visava a um mero exercício de erudição e prazer intelectual, mas, motivado pelo presente, a dele afugentar os demônios da história. Queria rastrear as relações contraditórias entre trabalho sistemático e aventura, sonho e realidade – *experiência e fantasia*, título do capítulo 1 deste livro – a fim de entender melhor, como explicita no último capítulo, "América Portuguesa e Índias de Castela", o porquê de andarmos sempre a perseguir uns sonhos impossíveis, obcecados por quimeras e facilidades – os novos Eldorados que se insinuam a cada momento – e desconfiarmos do poder transformador do esforço sistemático e, não raro, penoso. Em vez de perscrutar as condições materiais de existência para entender a formação do Brasil, como fizera Caio Prado Jr, ou de iluminar, como Gilberto Freyre, um fenômeno fundamental da nossa história – as relações entre a escravidão e a camada dos senhores –, Sérgio voltou-se para a análise de uma projeção mental, invertendo o pressuposto de que a economia e a sociedade constituíam instâncias privilegiadas de explicação. Acreditava que a compreensão de fenômenos próprios ao universo mental era decisiva para a compreensão do povo brasileiro e de sua história. Por isso, esteve na vanguarda do movimento historiográfico que, na década seguinte, conquistaria, a partir da França, adeptos em todo o mundo: a história das mentalidades, neta dos fundadores da revista *Annales*, pois correspondeu, como afirmaram vários estudiosos, à terceira geração daquele grupo. A via de Sérgio, entretanto, foi distinta da adotada, uma década depois, pelos franceses: suas referências eram as da história da cultura alemã e italiana, e, talvez – cabe ainda investigar –, um pouco da história das ideias norte-americana.

Ao contrário do que possa levar a crer uma leitura apressada, ou do que talvez esteja sugerido no próprio título, *Visão do Paraíso* não trata da crença portuguesa, e depois brasileira, de que o Brasil abrigasse o Éden, ou fosse uma terra de maravilha, onde plantando tudo dá. O argumento de Sérgio é muito mais complexo, sutil e sofisticado. Se o processo colonizador na América acabou suscitando a ideia, bem enraizada no senso comum, de que, graças à natureza privilegiada, obtinha-se riqueza facilmente foi porque, do mito edênico, os portugueses só tomaram o aspecto mais exterior e evidente, incapazes de deixar que ele lhes fecundasse o pensamento propriamente dito. Sucumbiram ao *realismo pedestre* – juízo recorrente nesta e em outras obras do autor –, sujeitaram a portentosa mitologia milenar a *atenuações plausíveis* que a acabaram transformando em versões desbotadas e desenxabidas. Nisto, diferiram dos espanhóis, que, além de criarem mitos próprios, originais, deixaram-se ainda levar pelas "frondosidades" da mitologia edênica e acabaram tendo, na história que lhes coube viver, um poderoso fortificante: as extraordinárias cidades encontradas na Mesoamérica e no altiplano andino, bem como a riqueza imediata das minas do Potosi, descobertas – o que não ocorreria com os portugueses – logo no início da ocupação.

Pode-se daí inferir que, no mundo hispânico, a história adensou o mito, mas este, por sua vez, brotou num ambiente cultural poderoso e redundou num pensamento original e numa grande cultura, os da Espanha do Século de Ouro, capaz de magnetizarem a Europa toda por mais de um século, do Renascimento ao fim da guerra dos Trinta Anos (1648), quando a hegemonia cultural francesa a suplantou, abatendo-se sobre o continente de modo avassalador.

O argumento de Sérgio se situava na contramão das ideias dominantes entre os historiadores portugueses e brasileiros da época, provocando estranhamento e desconforto, conforme fica claro na arguição recebida pela tese em 1958 e recentemente recuperada por Thiago Lima Nicodemo no livro *Urdidura do Vivido*.* As concepções sobre a modernidade dos portugueses haviam encontrado defesa brilhante no trabalho de Joaquim Barradas de Carvalho, e discípulos entusiasmados entre historiadores brasileiros como Eduardo d'Oliveira França – que arguiu Sérgio com muita dureza e, a meu ver, bastante incompreensão. O Renascimento português era específico, diziam eles, mais prático, empírico e, nesta qualidade, precursor do racionalismo moderno, assim como era moderna e precursora a experiência mercantil portuguesa. *Visão do Paraíso* não aceitava tal perspectiva: achava que os portugueses eram mentalmente afeitos à tradição, tanto que o único mito possível de se considerar luso-brasileiro, o de São Tomé ou Sumé – estudado no capítulo 5 –, vinculava-se à Igreja pela vertente a mais conservadora, e justificava o escravismo. Sua racionalidade não era a de Bacon, e antes mesmo de Bacon, mas a da escolástica, a de Santo Isidoro de Sevilha, a das *Sumas Teológicas*. Além do que, Idade Média e Época Moderna

---

* Thiago Lima Nicodemo, *Urdidura do vivido – Visão do Paraíso e a obra de Sérgio Buarque de Holanda nos anos 1950*. São Paulo, Edusp, 2008.

não eram períodos passíveis de serem delimitados com precisão, decantando-se, como numa experiência de química, os componentes de cada um deles. Basta lembrar que os navegadores portugueses, ditos modernos, entroncavam diretamente nos predecessores genoveses, pisanos e venezianos, mesmo se prolongassem a obra anterior desses italianos "através das grandes rotas do Atlântico" e articulassem a ideia de riqueza mercantil à ideia de riqueza fundiária.*

Para Sérgio, pois, como para Johan Huizinga, o Renascimento conservava muito de medieval: discutir a modernidade dos portugueses não era o que mais importava nessa perspectiva, mas pensar a originalidade das situações específicas e as articulações possíveis entre mito e história. E a solução espanhola foi mais complexa, talvez mais feliz: capaz de embarcar no espírito de aventura, incorporar o maravilhoso e transformá-lo em pensamento crítico, como aconteceu, por exemplo, na polêmica de Valladolid, em 1551, quando o frade dominicano Bartolomé de Las Casas defendeu encarniçadamente a ideia da unidade do gênero humano, os índios sendo tão homens tanto quanto os europeus, e, portanto, tão dignos, como eles, da liberdade, não cabendo, por lei, escravizá-los.

A Espanha imaginosa e criativa produziu Velásquez e Cervantes, imitados em toda a Europa. Portugal, pátria de navegantes notáveis, permaneceu meio insensível ao que a América poderia oferecer de maravilhoso, sem representar-lhe as frutas, paisagens e habitantes: na pintura modesta que foi a sua à época do Renascimento, não há, salvo duas ou três exceções, índios, tatus ou coqueiros, nem reflexão em torno nas novidades brasílicas, que tiveram de esperar Franz Post, Eckhout e a era de Nassau para ganharem a Europa.**

---

* Sérgio Buarque de Holanda, *A contribuição italiana para a formação do Brasil*. Edição bilíngue prefaciada por Aniello Ângelo Avella. Florianópolis, NUT/NEIITA/UFSC, 2002, pp. 61-63.
** Ronald Raminelli, *Imagens da colonização – a representação do índio de Caminha a Vieira*. Rio de Janeiro: Jorge Zahar; São Paulo: Edusp, 1996.

Relativizando um pouco os argumentos de Sérgio – e o que aqui escrevo são inferências a partir de sua obra, não são considerações que estiveram no horizonte do livro –, cabe lembrar que a Índia acabou sendo o espaço do sonho e do maravilhoso lusitanos, dando matéria a seus devaneios míticos. Porém, nada que se comparasse às formulações propriamente edênicas que proliferaram entre os espanhóis, e que *Visão do Paraíso* examina com minúcia.

Sérgio tem sido bem estudado na crítica literária, nos escritos sobre a expansão paulista – que se abordou mais recentemente inclusive na perspectiva da antropologia – e, como não podia deixar de ser, naquela que é sua obra mais conhecida e consagrada junto ao grande público, *Raízes do Brasil*. Mas ninguém, até hoje, enfrentou *Visão do Paraíso*, analisando-a por dentro, articulando-a aos demais livros desse grande historiador. Thiago Lima Nicodemo destrinchou as condições específicas que levaram o autor a elaborar sua grande obra de erudição e sustentou a ideia de que Sérgio Buarque de Holanda ombreia com os maiores historiadores do século XX, como Marc Bloch, Lucien Febvre e Johan Huizinga, aproximando-os inclusive na maneira pela qual costuraram a história escrita com a vivida na militância, na resistência e na participação nas causas de seu tempo.

A partir da publicação póstuma de *Capítulos de Literatura Colonial* (1991), que Antonio Candido organizou com base nos escritos de crítica literária encontrados por Maria Amélia Buarque de Holanda, sua mulher e colaboradora, abriu-se para *Visão do Paraíso* uma nova possibilidade de leitura e de análise. O diálogo entre os dois livros é evidente, sugerindo que foram escritos na mesma época, os *Capítulos*, possivelmente, tendo até certa anterioridade com relação a *Visão do Paraíso*. Bacharel em Direito que havia começado a vida intelectual na crítica literária, Sérgio ia, desde os anos 40, sendo aos poucos absorvido pelo ofício de historiador: primeiro, na direção do Museu Paulista, mais conhecido como do Ipiranga, e, em 1956, como professor do Departamento de História da Universidade de São Paulo. Tinha passado um tempo em Roma (1952-54), consultando arquivos e bibliotecas e se deixando influenciar pela portentosa historiografia da cultura italiana, bastante próxima, aliás, à alemã, então já sua velha conhecida.

Nos *Capítulos*, estudou a fundo o Barroco e a Arcádia – tanto a romana quanto a portuguesa e a luso-brasileira –, frisando os traços passadistas de poetas já quase ilustrados ou "nativistas", como Cláudio Manuel da Costa e frei José de Santa Rita Durão. Por baixo do aparentemente moderno ou novo irrompia, mostrava-nos Sérgio, o antigo: a matriz quinhentista de Cláudio e frei Santa Rita foi admiravelmente evidenciada nos *Capítulos*, da mesma forma como o racionalismo escolástico dos portugueses, subjacente ao apuro técnico das grandes navegações, o foi em *Visão do Paraíso*. A leitura de autores como Frei Antonio do Rosário e suas *Frutas do Brasil* deve ter servido tanto para fundamentar a mitificação da natureza americana, neste último livro, como para esclarecer, naquele primeiro, acerca das matrizes que instruíram frei Santa Rita quando, afastado do Brasil desde os 8 anos de idade, começou a escrever, já velho, o seu *Caramuru* protonativista.

A contingência de Sérgio – fazer o concurso de cátedra – quis que *Visão do Paraíso* nascesse antes. Os *Capítulos* ficaram guardados, mas a substância é a mesma. Ler um e o outro é uma das maiores aventuras intelectuais que se pode ter no âmbito da cultura brasileira. Relacioná-los é um desafio que ainda está para ser enfrentado.

Comece o leitor sua aventura com *Visão do Paraíso*, que aqui está. Tenho certeza que voltará ao livro muitas outras vezes, e a cada uma delas descobrirá novos significados, sempre acrescentando o seu prazer.

Posfácio
Ronaldo Vainfas

•

No conjunto da obra de Sérgio Buarque de Holanda, *Visão do Paraíso* é o livro mais arrojado, enquanto trabalho de historiador. Antes de tudo, é obra acadêmica, tese para a cátedra de História da Civilização Brasileira da Universidade de São Paulo, em concurso realizado em 1958. Passados mais de vinte anos de seu livro inaugural, *Raízes do Brasil* (1936), Sérgio Buarque já estava consolidado como historiador e professor universitário. Vinha lecionando História Social e Econômica do Brasil na USP desde 1948, além de dirigir o Museu Paulista desde 1946. Foi também nesses anos que escreveu "Índios e mamelucos na expansão paulista", texto magistral que daria base a *Caminhos e Fronteiras*, em 1957, laureado no ano seguinte com o Prêmio Edgard Cavalheiro, patrocinado pelo Instituto Nacional do Livro. Um livro que, de certo modo, deu continuidade aos estudos iniciados com *Monções* (1945), sobre a interiorização da colonização,

Enquanto historiador, Sérgio Buarque ancorou-se, desde cedo, nas lições do historicismo alemão, e nunca escondeu isso, como se pode inferir do artigo *O atual e o inatual de Leopold von Ranke* (1979). Assim, suas obras de pesquisa foram sempre marcadas pela erudição, cuidado extremo com a procedência e autoria das fontes, precisão factual, notas aclaratórias. Isto vale tanto para a história econômica e social, que prevalece em *Caminhos e Fronteiras,* quanto para a história das ideias de *Visão do Paraíso.* Sérgio Buarque era um historiador completo, que transitava com desenvoltura entre os vários domínios da história, sem discriminar nenhum deles. Parte do segredo reside no rigor metodológico: a crítica *metódica* oferecida pelo historicismo – método do historiador, por excelência – responde, sem dúvida, pela enorme consistência e confiabilidade da obra de Sérgio Buarque.

Nem por isso, como é óbvio, a obra historiográfica de Sérgio Buarque renuncia à reflexão sociológica e mesmo antropológica. Tampouco *Visão do Paraíso* é obra confinada ao inventário de mitos do imaginário edênico ocidental, clássico ou cristão, presentes na cultura ibérica no tempo dos descobrimentos. Nota-se um diálogo silencioso entre os principais livros de Sérgio Buarque publicados entre 1936 e 1959: *Raízes do Brasil, Caminhos e Fronteiras* e *Visão do Paraíso* compõem, de fato, uma tríade fundamental na obra do autor.

Caminhos e Fronteiras é quase um antípoda de *Raízes do Brasil,* ao debruçar-se sobre a sociedade colonial estruturada em São Paulo, região marginal, meio portuguesa, meio indígena e muito mestiça que, por isso mesmo, conservou-se quase imune ao padrão senhorial e latifundiário do Nordeste. Antonio Candido apontou que, já no último capítulo de *Raízes,* Sérgio Buarque rascunhou a oposição fundamental de nossa formação histórica: de um lado, a trinca luso-brasileiro/domínio rural/agricultura; de outro, a trinca imigrante/cidade/indústria*. A segunda trinca só pôde prosperar onde a primeira esteve ausente: São Paulo.

Foi sobre a expansão paulista que Sérgio Buarque dedicou

---

* Antonio Candido. "Visão política de Sérgio Buarque de Holanda". In: Pedro Meira Monteiro & João Kennedy Eugenio. *Sérgio Buarque de Holanda: perspectivas.* Rio de janeiro/Campinas: EDUERJ/Editora da UNICAMP, 2008, p.32.

seu esforço de pesquisa na década de 1940, buscando "outras raízes", outro modelo de colonização que, embarreirando a colonização portuguesa, tornaria possível a modernização do século XX. A obra de Sérgio Buarque sobre a história de São Paulo colonial também foi vanguardista ao desafiar a tradição laudatória do bandeirantismo, fábrica de heróis genuinamente brasileiros. Sérgio Buarque desencantou o mito ao explicar a identidade regional por contraste com o padrão lusitano, sublinhando a originalidade da cultura mameluca forjada no planalto de Piratininga.

No entanto, Sérgio Buarque prosseguiu sua pesquisa acerca do padrão português no descobrimento e na colonização do Brasil; na verdade, aprofundou-a, debruçando-se, então, sobre o imaginário ibérico. O contraste entre os modelos de colonização castelhano e português já estava enunciado em "O semeador e o ladrilhador", o quarto capítulo de *Raízes*, no qual o autor mal disfarçou seu encantamento com a *racionalidade* do modelo castelhano: planejado, desde cedo interiorizado, ancorado em cidades que impunham a civilização hispânica sobre os espaços e as gentes. Em contraposição, Sérgio Buarque viu desacerto e improviso no modelo português: apego demasiado ao litoral, nostalgia do reino, espírito de aventura elevado ao máximo em busca do enriquecimento fácil e predatório.

Sérgio Buarque idealizou a colonização espanhola na América? Desmereceu a colonização portuguesa, ao contrário de Gilberto Freyre, que a tinha celebrado três anos antes? Talvez. O fato é que são raras as passagens em que Sérgio Buarque reconhece nos portugueses alguma vocação colonizadora positiva. Isto somente ocorre, com nitidez, no contraste entre a colonização portuguesa e a holandesa. Sérgio se posiciona claramente a favor da primeira, pondo abaixo o juízo de que o Brasil teria seguido melhor caminho se fosse colonizado pelos batavos: nostalgia de um futuro abortado, que Sérgio Buarque houve por bem desencantar. Fê-lo, porém, não por reconhecer grande mérito no modelo português, senão porque, a seu ver, os "colonos" holandeses eram aventureiros da pior espécie, homens que não estavam à altura do excelente modo de vida *puritano*: racional, valorizador do trabalho.*

Em *Visão do Paraíso* reaparece o contraste entre portugueses e castelhanos com vantagem, outra vez, para os espanhóis. Os mitos edênicos transbordam na crônica espanhola dos descobrimentos – Juventas, Amazonas, Eldorados – enquanto escasseiam na lusitana, inibidas pelo "realismo pedestre" dos portugueses, eclipsadas pelo registro pragmático das riquezas que el-rei poderia extrair da terra. É mesmo formidável que, ao contrastar castelhanos e portugueses em livros separados por vinte anos, Sérgio Buarque tenha conseguido valorizar a experiência dos espanhóis por motivos opostos: em *Raízes*, pela racionalidade da colonização; em *Visão*, pela fantasia, pelo delírio. Nos dois casos, os portugueses saem de cena amesquinhados.

Raízes do Brasil e *Visão do Paraíso* possuem, no entanto, diferenças importantes. O primeiro livro é uma coletânea de ensaios que percorre nossa história desde o início até os anos 1930, ao passo que o segundo é livro de pesquisa bem documentada sobre o imaginário dos descobrimentos, além de observante dos cânones acadêmicos. *Raízes* é um livro sociológico com perspectiva histórica; *Visão* é um livro de história das ideias, a "biografia de uma ideia", nas palavras do próprio autor.

---

* Vale cotejar, porém, a edição de 1936, prefaciada aliás por Gilberto Freyre, e a de 1948, base das diversas edições seguintes. Edgar de Decca tratou do descompasso entre as edições em "Raízes do Brasil: um ensaio das formas históricas". In: E.de Decca & Ria Lemaire (orgs). *Pelas margens: outros caminhos de história e literatura*. Campinas/Porto Alegre: Editora da UNICAMP/Editora da UFRGS, 2000. João Kennedy Eugenio esboçou esta análise das edições em sua dissertação de mestrado *O outro ocidente: Sérgio Buarque de Holanda e a interpretação do Brasil* (Niterói, UFF, 1999) e aprofunda o assunto em sua tese de doutorado, ora em vias de conclusão. Vale lembrar que, na edição de 1936, Sérgio Buarque era muito menos crítico em relação ao estilo português de colonizar, além de mais pródigo nas referências a Gilberto Freyre.

Visão do Paraíso, por mais vanguardista que tenha sido – e foi –, nada tem a ver com a história francesa das mentalidades. Nem com a praticada pelos fundadores dos *Annales* – a de Febvre, no estudo sobre Rabelais, ou a de Bloch, nos *Reis Taumaturgos* – nem, muito menos, com a da terceira geração, como Laura de Mello e Souza apontou no posfácio da presente edição – no mínimo porque esta ainda não havia desabrochado na década de 1950. Mas a razão principal talvez resida nas fontes de inspiração de Sérgio Buarque para pensar o imaginário edênico dos ibéricos no tempo dos descobrimentos: uma alemã, outra italiana.

No primeiro caso, o livro de Ernst Curtius, publicado em 1948, numa Alemanha arrasada pela guerra: *Europäische Literatur und Leteinisches Mittelalter* (traduzida para o português em 1957 com o título *Literatura européia e Idade Média Latina*, INL). Costa Lima resume o caso: "foi o estudo da tópica por Curtius que serviu de principal ferramenta para que Sérgio Buarque pusesse em movimento e conseguisse um modo de articular sua imensa erudição, convertendo-a em um precioso instrumento interpretativo sobre a *forma mentis* dos colonizadores ibéricos*." No segundo caso, o livro de Arturo Graf, ** várias vezes citado por Sérgio Buarque, *Miti, leggende e superstizioni del Medio Evo* (Mitos, lendas e superstições da Idade Média), publicado em 1886. Graf é um dos muitos autores que desmentem o estereótipo de que os historiadores do século XIX só tratavam de história política e militar. Em 1889, Graf publicou *Il diavolo* (O Diabo), hoje considerado um clássico da história da demonologia e traduzido em várias línguas.

A repercussão de *Visão do Paraíso* foi muito mais acanhada que a de *Raízes do Brasil*, embora também esse livro tenha

---

* Luiz Costa Lima. "Sérgio Buarque de Holanda: Visão do Paraíso". In: Pedro Meira Monteiro & João Kennedy Eugenio. *Sérgio Buarque de Holanda: perspectivas*. Rio de janeiro/Campinas: EDUERJ/Editora da UNICAMP, 2008, p.523.
** Arturo Graf (1848-1913) era de ascendência alemã, nasceu em Atenas e viveu na Itália, onde se formou, vindo a lecionar nas Universidades de Roma e Turim.

esperado anos para decolar. A segunda edição (ampliada e muito modificada) de *Raízes* saiu em 1948 pela José Olympio, doze anos após a publicação original; as reedições seguintes foram também lentas (1956, 1962) e só deslancharam depois da quinta edição (1969), ano em que Sérgio Buarque se aposentou na USP.* *Visão do Paraíso*, por sua vez, embora reconhecida como obra monumental de nossa historiografia, teve desempenho editorial ainda mais modesto, comparado à sua fama: até os anos 1980 o livro era pouco lido no meio dos historiadores e quase desconhecido nos cursos universitários de história. A segunda edição só saiu em 1969, a terceira saiu em 1977 (Brasiliense)... a quinta somente em 1992!

O fato é que a obra de Sérgio Buarque, incluído o *Raízes do Brasil*, custou a ser incorporada pela pesquisa histórica brasileira. Nos anos 1970 era comum associar-se *Raízes do Brasil* à tese do brasileiro enquanto *homem cordial* – e mesmo assim de forma estereotipada, atropelando-se o próprio conceito de *cordialidade* utilizado pelo autor. Não raro associava-se a ideia do *homem cordial* à tese de uma história do Brasil *afetivizada* e incruenta, atribuída ao Gilberto Freyre de *Casa Grande & Senzala* (outra distorção). Faço minhas, neste ponto, as palavras de Alcir Pécora: "se ele (Sérgio) nunca chegou a ser despachado para as mesmas fossas infernais em que ardia Gilberto Freyre, desqualificado como ideólogo do conservadorismo oligárquico, não será exagero afirmar que andou pelas redondezas".**

---

* Comparada ao desempenho editorial de *Casa Grande & Senzala*, a fortuna de *Raízes do Brasil* foi modesta. A obra de Gilberto Freyre (1933) foi logo reeditada três anos depois e no ano de 1969 estava na 14ª edição. Quanto a traduções, *Raízes* recebeu versões em italiano (1954), espanhol (México, 1955), japonês (1971), enquanto o autor era vivo, e mais três póstumas: chinês (1995), alemão (1995) e francês (1998). *Casa Grande & Senzala*, por sua vez, recebeu inúmeras traduções desde 1942: espanhol, inglês, francês, alemão, italiano, polonês, húngaro, romeno, japonês. Em 1971 havia já nove traduções do livro.
** Alcir Pécora. "A importância de ser prudente". In: Sérgio Buarque de Holanda: perspectivas. Op.cit., 2008, p.23.

O senso comum acerca das obras de Freyre e Sérgio Buarque, construído num meio universitário onde prevalecia o *esquerdismo* – em tempo de regime militar –, acabou embolando os dois autores (e os livros), embora Freyre tenha sido apoiante do regime, ao contrário de Sérgio Buarque, crítico assumido.

São Paulo talvez tenha sido exceção, ainda assim parcial, pois Sérgio Buarque era professor da USP que, em 1969, tendo já condições de pedir aposentaria, pediu-a em solidariedade aos colegas cassados pelo regime militar. As posições políticas de Sérgio Buarque, aliás, tenderam para a esquerda desde a mocidade. No último capítulo de *Raízes*, "Nossa Revolução", revelava forte inquietação com a ascensão do fascismo no Brasil, então encarnado no Integralismo – que acabaria desalojado, no meio do caminho, por uma solução autoritária de outro tipo: a do Estado Novo, em 1937. Em 1942, Sérgio passou a integrar a Associação Brasileira de Escritores, que não tardou a engajar-se na luta pela democracia no país. Em 1947, foi um dos fundadores do Partido Socialista Brasileiro, ao lado de intelectuais como Antonio Candido e Sérgio Milliet. Em 1980, seria um dos fundadores do PT.

Sérgio Buarque era politicamente de esquerda, mas nunca foi marxista nem se deixou seduzir pelo discurso revolucionário (e autoritário) dos comunistas. Sérgio era um "democrata radical", como lembra Antonio Candido, e um intelectual independente, avesso aos clichês ou ideologismos. Reside nisso o fato de sua obra, embora celebrada, ter sido pouco lida e, por que não dizer, mal incorporada pela historiografia. Walnice Galvão endossa esta impressão, ao constatar que Sérgio Buarque "remava contra a maré nativa de seu tempo: tempo de fastígio da história econômica".*

Sérgio Buarque já se vira na contra corrente com *Raízes do*

---

* Walnice Galvão. "Presença da literatura na obra de Sérgio Buarque de Holanda". In: *Sérgio Buarque de Holanda: perspectivas*. Op.cit., 2008, p.119.

Brasil, nem tanto na edição inaugural de 1936, senão na de 1948, no imediato pós-guerra, pois o livro era muito ancorado na sociologia alemã. Há mais de vinte anos, Antonio Candido observou que "de todos os livros de Sérgio, *Raízes do Brasil* é o único do qual se pode dizer que é *meio* alemão, contrastando com os estudos históricos seguintes".* Sérgio Buarque fez uma revisão cirúrgica na edição de 1948, suprimindo, entre outras coisas, o excesso de "germanismo". Assim, onde constava, por exemplo, o conceito de "visão de mundo" (*Weltanschaunung*), passou a constar a expressão (anódina): "nossas ideias".**

Na segunda edição de *Visão do Paraíso* (1969), Sérgio Buarque voltaria a ficar em apuros pelo tema que novamente "remava contra a maré". Escrevendo o prefácio desta edição em novembro de 1968 – meses depois da "passeata dos 100 mil" no Rio de Janeiro contra o regime militar e um mês antes da decretação do AI-5 –, Sérgio Buarque julgou que devia alguma satisfação à esquerda no meio universitário. Vale citar na íntegra:

"(Visão do Paraíso) não pretende ser uma história total: ainda que fazendo cair o acento sobre as ideias ou mitos, não fica excluída, entretanto, uma consideração, ao menos implícita, de seu comportamento ou suporte 'material', daquilo em suma que, na linguagem marxista, se poderia chamar a infra-estrutura. Mas até mesmo entre os teóricos marxistas vem sendo de há muito denunciado o tratamento primário e simplificador das relações entre base e superestrutura, que consiste em apresentá-las sob a forma de uma influência unilateral, eliminadas, assim, quaisquer possibilidades de ação recíproca. Ao lado da interação da base material e da estrutura ideológica, e como decorrência dela, não falta quem apon-

---

* Antonio Candido. "Sérgio em Berlim e depois". In: Francisco de Assis Barbosa (org). *Raízes de Sérgio Buarque de Holanda*. Rio de Janeiro: Rocco, 1988, p.123.
** Ver supra nota 2.

te para a circunstância de que, sendo as ideias fruto dos modos de produção ocorridos em determinada sociedade, bem podem deslocar-se para outras áreas onde não preexistam contradições perfeitamente idênticas, e então lhes sucederá anteciparem nelas, e estimularem, os processos materiais de mudança social. Ora, assim como essas ideias se movem no espaço, há de acontecer que também viajem no tempo, e por ventura mais depressa que os suportes, passando a reagir sobre condições diferentes que venham a encontrar ao longo do caminho."*

Utilizando vocabulário marxista estranho à sua obra, Sérgio Buarque inicia o trecho com uma tentativa de conciliação entre a história das ideias e o marxismo, chegando a mencionar, em seu apoio, "teóricos do marxismo" que, naquela altura, relativizavam o determinismo econômico. O único marxista citado em nota, porém, é Adam Shaff, filósofo polonês radicado na França que, porventura, levantou a questão em *The Marxist Theory of Social Development* (1965). Mas a conciliação com o marxismo não vai além disso. Após rejeitar o "tratamento primário e simplificador" dado à história pelos marxistas (economicistas), Sérgio Buarque sugere que as ideias, historicamente, podem migrar para espaços onde não existam os "modos de produção" que as geraram e determinar, elas mesmas, ainda que circunstancialmente, as mudanças sociais. E mais: poderiam fazê-lo numa velocidade superior à dos "suportes" econômicos.

Sérgio Buarque nunca foi marxista – como já se disse noutra passagem. Mas esse trecho dá prova definitiva de sua opção por uma filosofia da história de tipo *idealista* (hegeliana mesmo), e por uma história livre de determinismos simplórios,

---

* Sérgio Buarque de Holanda. "Prefácio à segunda edição". In: *Visão do Paraíso*. 3ª edição. São Paulo: Companhia Editora Nacional, 1977, pp. XIX-XX.

tão em voga na década de 1960. Enfim, tem-se aqui mais uma prova da rebeldia intelectual de Sérgio Burque de Holanda, então voltado contra a entronização do marxismo enquanto modo legítimo (quiçá exclusivo) de pensar e fazer história.

Visão do Paraíso continuaria sua viagem solitária por algumas décadas, embora reeditado pela terceira vez em 1977. Não tinha como rivalizar, por exemplo, com o *Formação do Brasil Contemporâneo*, de Caio Prado Jr, livro importante, sem dúvida, além de afinado com o "fastígio da história econômica". No mesmo ano de 1977, o livro de Caio Prado alcançava sua 15ª edição.

Somente a partir de finais da década de 1980, *Visão do Paraíso* escapou do seu relativo exílio, com a renovação das pesquisas universitárias sobre a história colonial, em especial aquelas voltadas para o estudo do imaginário e da cultura. Neste caso, sim, a historiografia francesa teve papel importante, muito mais do que na obra de Sérgio Buarque. Mas foi principalmente a partir dessa "viragem" historiográfica que o grande livro de Sérgio Buarque pôde ser percebido na sua grandeza, lido com mais cuidado, aproveitados os detalhes e pistas que oferece para a história da cultura na sociedade colonial.

Resgatado do ostracismo, *Visão do Paraíso* pôde seguir viagem mais segura, tornando-se leitura obrigatória para os historiadores da cultura no período colonial. O livro é um monumento que completa agora 50 anos e também um documento: comprova que o grande historiador não se sujeita às imposições do presente, nem se escusa de remar contra a maré.

Cronologia

11 de julho de 1902 – Jornalista, historiador, sociólogo e crítico literário, Sérgio Buarque de Holanda nasceu na cidade de São Paulo. Concluiu o curso primário na Escola Caetano de Campos, o secundário no Ginásio de São Bento.

1924 – Com Afonso Arinos de Melo Franco e Prudente de Moraes Neto publicou a revista *Estética*. Colaborou com regularidade no *Jornal do Brasil* e na *Revista do Brasil* (2ª fase).

1925 – Formou-se na Faculdade de Direito do Rio de Janeiro.

1928-1930 – Permaneceu na Alemanha como correspondente dos Diários Associados.

1936 – Inaugurando a Coleção Documentos dirigida por Gilberto Freyre, publicou *Raízes do Brasil*, seu primeiro livro.

Criada a Universidade do Distrito Federal, passou a integrar seu quadro docente como professor da Faculdade de Filosofia, lecionando as disciplinas de História da América e Cultura Luso-Brasileira.

1937-44 – Chefiou a Seção de Publicações do Instituto Nacional do Livro.

1944 – A partir da atuação como crítico no *Diário de Notícias* (1943-1944) lançou *Cobra de vidro*, reunindo parte de seus textos críticos.

1945 – Escreveu *Monções*, obra dedicada à história de São Paulo.

1946-58 – Dirigiu a Divisão de Consultas da Biblioteca Nacional.

1946-47 – Presidiu a Associação Brasileira de Escritores, Rio de Janeiro.

1950 – Presidiu a Seção Regional de São Paulo da Associação Brasileira de Escritores.

Participou do Primeiro Seminário Internacional de Estudos Luso-Brasileiros, em Washington.

1953-54 – Lecionou na Universidade de Roma, Itália, na cadeira de Estudos Brasileiros.

Ainda em 1954 participou da série "Rencontres Internationales de Genéve", onde proferiu conferência com o tema "L'Europe et le Noveau Monde".

1955 – Regressou da Itália e foi eleito vice-presidente do Museu de Arte Moderna de São Paulo.

1956 – Foi chamado para lecionar a cátedra de História da Civilização Brasileira na Faculdade de Filosofia da Universidade de São Paulo.

1957 – Publicou *Caminhos e Fronteiras*.

1958 – Ingressou na Academia Paulista de Letras na vaga de Afonso de Escragnole Taunay.

1959 – Lançou a 1ª edição de *Visão do Paraíso* (Livraria José Olympio Editora).
    Participou do Colóquio Luso-Brasileiro em Salvador.

1962-64 – Dirigiu o Instituto de Estudos Brasileiros da Universidade de São Paulo.

1963 – Na Universidade do Chile organizou seminário de História do Brasil, onde ministrou curso sob o título "Três Lecciones Inaugurales – Buarque, Romano, Savelle", com a participação dos professores Ruggiero Romano e Max Savelle.

1965 – Viajou para os Estados Unidos a convite do governo norte-americano e percorreu várias universidades, participando de seminários e realizando conferências. Entre 1965 e 1967 retornou aos Estados Unidos como professor visitante na Universidade de Indiana e da New York State University.

1966 – Participou do Colóquio Luso-Brasileiro nas Universidades de Harvard e Columbia.

1967-73 – Integrou o Comitê de Estudo das Culturas Latino-Americanas a convite da Unesco, participando de reuniões em Lima (nov./dez. de 1967), Costa Rica (agosto de 1968) e Cidade do México (setembro de 1973).

1969 – Mesmo aposentado, não abreviou sua atuação intelectual, permanecendo à frente de coleções como a História Geral, da Civilização Brasileira, a História do Brasil e a História da Civilização (Coleção Sergio Buarque de Holanda).

Lançou a 2ª edição de *Visão do Paraíso* (Companhia Editora Nacional, volume 333 da Coleção Brasiliana, dirigida por Américo Jacobina Lacombe).

1975 – Publicou *Velhas Fazendas*.

1978 – Participou da fundação do Centro Brasil Democrático, do qual foi vice-presidente até o ano de 1982.

1979 – Lançou *Tentativas de Mitologias*.

1980 – Recebeu os prêmios "Juca Pato", da União Brasileira dos Escritores, e "Jabuti", da Câmara Brasileira do Livro.

24 de abril de 1982 – Faleceu em São Paulo, casado com Maria Amélia Alvim Buarque de Holanda, com quem teve sete filhos: Heloísa Maria, Sérgio, Álvaro Augusto, Francisco, Maria do Carmo, Ana Maria e Maria Cristina.

1986 – Publicada a sua obra póstuma *O Extremo Oeste*.

Índice remissivo

abelha, na fábula e na poesia, 330
Abreu, J. Capistrano de, 18, 141, 445, 480n, 516n; sobre frei Vicente do Salvador, 445
Acosta, José de, 113, 169, 195, 219, 322, 341, 484n, 485n, 486n, 492n, 494n
açúcar e ouro, 155
Acuña, padre Cristoval de, 67, 68, 73, 128, 138, 210, 212, 215, 219, 477n, 493n; e Simão de Vasconcelos, 210
"Adão americano": o mito na Nova Inglaterra, 15, 16
Adão, consequências cósmicas do pecado original, 288
Adorno, Antônio Dias de, 95
Afonso V, 220
Afonso VII, 446
Afonso X, 446, 447, 500n
Agostinho, santo, 18, 124, 242, 260, 280
aguardente, 387
aimoré, 97, 98
"alagoa grande", 113, 170
Alberto Magno, santo, 298, 302
Albuquerque, Afonso d', 426
Albuquerque, Jerônimo Cavalcanti de, 100
Alcácer Ceguer, 151
Alcaçova, Simão de, 135, 486n
Alciato, André, 293, 295, 296, 315, 501n
Alemán, Mateo, 499n
Alexandre da Macedônia, 74; e o Paraíso, 238; lendas medievais, 238
Alexandre de Afrodisias, 244
Alíaco, Pedro, 65, 114, 116, 121, 244, 247, 250; sobre o Paraíso e o círculo da lua, 243
Almeida, Luís Ferrand de, 480n, 488n
Almeida, padre João de, 318, 504n
alquimia renascentista, 37
Alvarenga, Antônio Pedroso de, 483n
Álvares, Afonso, 137
Álvares, Sebastião, 98
Amadis de Gaula, 75, 204, 285, 501n
Amaral, Prudêncio do, 465, 518n
Amaro, santo, 159, 269, 270, 271, 272, 311, 374; no Paraíso Terreal, 269, 271
amazonas (mulheres): em carta de pa-

565

VISÃO
DO
PARAÍSO

dre Manuel da Nóbrega, 168; lenda, 65; localização, 66
América: embaraço que seu descobrimento suscitou entre os teólogos, 198, 199; engano dos europeus sobre sua fauna e flora, 54; especulações sobre os precursores de Colombo, 362; exaltação da vida primitiva, 276; mitificação das terras descobertas, 403; mitos da conquista, 48
América espanhola: descentralização política, 460; participação da gente popular na conquista, 457, 458; sentimentos dos conquistadores, 307; situação jurídica, 460
ananás, 346, 348, 349, 350, 351, 506n; metáfora do rosário, 350
Ananás: como remédio, 346; hieróglifo:, 345
Anaxágoras, 115
Anchieta, padre José de, 26, 202, 208, 209, 324, 429, 430, 441, 442, 478n, 481n, 493n, 504n, 514n, 516n; ares do Brasil, 427, 428; sobre os índios, 441; sobre são Sebastião e Estácio de Sá, 202
Andrèa Bianco, 57
anhuma, 323, 324
animais, simbolismo moral, 295
antípodas, 200, 288, 407, 451
Antônio de Beja, 370, 509n
Araújo, padre Domingos de, 110
Aristóteles, 46, 115, 231, 232, 244, 248, 280, 409, 413, 415, 416, 473n, 494n
Armenta, frei Bernardo de, 198
Arnoldsson, Sverder, 274, 275, 499n, 500n
Arrais, frei Amador de, 367, 431, 507n, 508n
Arriano, 72
ars moriendi, 339
"árvore da vida", 385
Arzila, 151, 488n, 489n

Assunção (Paraguai), 459; pretensões portuguesas, 89
astrolábio, 81
astrologia, 39; e medicina, 386; no Renascimento, 37, 370
Atlas, monte, 235, 247
ave-do-paraíso, 332
Avicena, 247, 248
Azeredo Coutinho, José Joaquim da Cunha de, 365, 508n
Azeredo, Marcos de, 99, 100
Azpilcueta Navarro, padre João de, 92, 478n, 480n

Babcock, V. W, 498n
Bacon, Francis, 39
Bacon, Roger: "fábulas dos antigos", 286; sobre o Nilo, 116
Bacon, Rogério, 247
Bagrow, Leo, 473n, 489n
Bahia, clima e gentes, 353
Balboa, Vasco Nuñez de, 127, 130, 148
banana, descrições de Mandeville e Gandavo, 343
bandeiras, 103
Bandeiras: aos Guaiases, 110; "dirigidas", 104
Barbosa, Duarte, 174, 490n, 492n
Barreto, Nicolau, 104, 482n
Barroco, 65, 208, 286, 349, 428, 445
Barros, João de, 46, 153, 170, 249, 376, 388, 474n, 490n, 509n
Bartolomeu Anglico, 265
Bartolomeu Velho, 479n
basilisco, 238, 295, 300, 301, 302, 303, 304, 501n, 502n
Baudet, Henri, 20, 471n
Beazley, C. R, 484n, 495n
Beda, são, 242, 243, 265, 266
beija-flor, 315, 318, 319, 322
Belarmino, cardeal, 201
Benalcazar, Sebastián de, 77
Berceo, Gonzalo de, 25
bexigas, 399, 400, 414

bicho-preguiça, na crônica dos castelhanos, 324
Bizzarri, Edoardo, 481*n*
Boa Morte, confrarias da, 339
Boas, George, 254, 292, 497*n*, 507*n*
Boileau, Nicolas, 327
"bom selvagem", 442
Bonneval, Arnoldo de, 313, 402
Boorstin, Daniel S., 472*n*
borboletas: sua origem, segundo Piso, 318; transformação em colibris, 318
botânica astrológica, 325
Botelho, Diogo, 468
Botero, Giovanni, 403, 512*n*, 518*n*
boubas, 344
Brandão, são, 25, 59, 122, 258, 260, 269, 273, 311, 498*n*; e o palácio do Rockall, 121
Brasil: África e, 418, 419; as minas de Potosi e a criação do governo-geral, 163; cartas geográficas, 153; colonização, 165; descrições quinhentistas, 355; *Diálogos das grandezas do Brasil* (clima e temperatura), 362; doenças, 398; e a carreira da Índia, 432; e as Índias de Castela, 442, 443, 444, 446, 447, 448, 450, 451, 453, 454, 455, 457, 458, 459; e o Paraíso Terrestre, 217, 354; extroversão econômica, 467; geografia fantástica, 120; idealização, 406; "ilha Brasil" (teoria de J. Cortesão), 47; longevidade dos índios, 357; no Regimento de Tomé de Sousa, 459; origem do nome, 310; portugueses no Brasil e na Índia, 463, 464; seu panegírico por frei Antônio do Rosário, 348; terras e ares, 371, 395, 426; verdadeiras riquezas, 166; viagens ao Peru, 141; visões e promessas milagrosas, 352
Brasília, 152
Braudel, Fernand, 517*n*
Brémond, Henri, 331, 332, 334, 504*n*

Brentano, Lujo, 464
Brueghel, Jan, 314
Bruneto Latino, 324
Bruno, Giordano, 38
Bruza de Espinoza, Francisco, 92, 103
Buda, 199
Buenos Aires, 128, 147, 160, 459
Buffon, 32
Burchkhardt, Jakob, 279
burguesia, 207, 329, 330, 467
Buron, Edmond, 244, 247, 248, 249, 476*n*, 483*n*, 484*n*, 496*n*, 497*n*, 507*n*

Ca Da Mosto, Alvise Da, 50, 473*n*, 474*n*, 496*n*
caarobas, 402
Cabeza de Vaca, Alvar Nuñez, 129, 139, 140, 143, 150, 183, 198, 477*n*, 485*n*, 487*n*, 488*n*
Caboto, Sebastião, 128, 129, 131, 132, 137, 138, 282, 485*n*, 487*n*
Cabral, Pedro Álvares, 42, 259, 310, 378, 473*n*
Caddeo, Rinaldo, 45
Caldas, Vasco Rodrigues, 92, 93, 480*n*
Calderón, dona Mencia, 144
calendário: entre povos primitivos e na Antiguidade, 215; reforma de Gregório XIII, 250
calhandra, 54, 264, 311, 312
Calógeras, J. Pandiá, 484*n*
Câmara, padre Luís Gonçalves da, 89
Caminha, Pero Vaz de, 40, 43; e os ares do Brasil, 421
Camões, Luís Vaz de, 393
Campanella, Tomaso, 38, 286, 291
Campos Elísios, 218, 236, 251
Cananeia, 127, 128, 138, 140, 141, 143, 144, 145, 147, 150, 487*n*
canela, 51, 387, 404, 467
Cano, Melchior, 437
Cão, Diogo Martins, 99
carbúnculo, 121, 124, 125, 300

"cardeal" do Brasil, 332
Cardim, Fernão, 26, 97, 217, 223, 323, 324, 344, 361, 493n, 504n, 506n, 508n
carijós, 104, 107, 139, 144, 197, 198
cariófilo, 402
Carlos Magno, 451
Carlos v, 75, 133, 447, 448, 449, 450, 457; e a ideia de Império, 457; e Cortez, 448
Carlos VIII, 401
Carlos, o Temerário, 135
Carneiro, Belchior Dias, 110
Caroldo, Piero, 424
Caroldo, Zuan Iacomo, 424
Cartier, Jacques, 377, 384, 385, 389, 511n
Carus-Wilson, Eleanora, 496n, 499n
Carvajal, frei Gaspar de, 69, 73, 477n
Carvalho, Joaquim de, 474n, 509n
Carvalho, Martim, 93, 95
Casal, Aires de, 479n
Cassirer, Ernst, 495n
Castanheda, Fernão Lopes de, 380, 511n
castelhanos, 13, 22, 23, 50, 88, 89, 90, 113, 122, 127, 130, 131, 135, 136, 137, 144, 147, 149, 150, 151, 154, 155, 158, 165, 169, 183, 184, 201, 204, 214, 216, 276, 324, 341, 343, 346, 352, 408, 437, 439, 440, 446, 447, 448, 449, 451, 453, 454, 456, 460, 488n, 517n; leituras dos conquistadores, 77; seu passado medieval, 446
castelo da Mina, 249
Castilho, Antônio de: e Hakluyt, 162
Cataldino, padre, 196
cavalaria, fábulas de, 75, 205, 206, 260, 279, 402; influência sobre os espanhóis, 203; na aurora dos tempos modernos, 279
Cavendish, Thomas, 99, 381
Caverio, 180, 491n
cerveja, 387, 388

César, Francisco, 131
Chabod, Federico, 444, 516n
Chaco, 79, 150
Charcas, 129, 139, 149
Charron, Pierre, 289
Chaunu, Pierre e Huguette, 517n
Chaves, Francisco de, 128, 138, 149
Chibcha, 77, 79
Chinard, Gilbert, 512n
chineses, 208, 422
Chipre, 464
ciências: ciências naturais e a interpretação moral da Natureza, 327; exatas, 36, 118
cinocéfalos, 55, 57, 129, 204, 305
Cipangu, 51, 222
Cisneros, cardeal, 260
Claude d'Abbeville, 366, 368, 495n, 508n
Clemente VIII, 194
clima tropical, opiniões correntes da Idade Média, 407
cobre, 76, 134, 156, 276, 478n
Coelho, Duarte, 97, 204, 205, 206
Cólchida, 68
Coleridge, Samuel Taylor, 246
Coli, Edoardo: e o Paraíso dantesco, 242
colibris, 209, 321, 325
Colombo, Cristóvão, 13, 16, 17, 22, 25, 41, 42, 49, 50, 52, 53, 54, 55, 56, 57, 60, 63, 64, 65, 67, 68, 76, 92, 114, 129, 166, 200, 217, 222, 239, 241, 244, 248, 249, 250, 263, 266, 274, 282, 286, 288, 304, 305, 306, 307, 309, 310, 316, 356, 357, 362, 363, 400, 402, 403, 405, 433, 435, 463, 475n, 476n, 497n, 503n, 507n, 512n; animais americanos, 309; e Américo Vespúcio, 356; e as minas de Salomão, 52; e o fim do mundo, 282; e o mapa de Andrèa Bianco, 57; ideias sobre as terras ocidentais, 65, 249, 274; identidade mítica das terras

descobertas, 222; navegação com os portugueses, 248; papagaios, 309; Paraíso Terreal, 53, 239, 248, 250, 286, 304, 402; seus autores prediletos, 476n; seus supostos precursores, 362
Colombo, Fernando, 503n
colonização, sistemas de, 461
companhias comerciais, 466
Condé, Jean de, 312
Connell-Smith, Gordon, 486n
Contrarreforma, 201, 284, 298; teologia de Belarmino, 201
coqueiro das Índias, 51
Cordeiro, J. P. Leite, 482n, 489n
Coroni, 71
Correia, Gaspar, 380
Correia, João Roiz, 480n
Cortesão, Armando, 152, 490n, 499n
Cortesão, Jaime, 47, 102, 479n, 482n, 496n; o mito da "ilha Brasil", 47
Cortez, Fernão, 75, 448, 449, 450, 451, 516n
Costa, Cláudio Manuel da, 479n
Costa, Hipólito da, 118
Coutinho, Fradique de Melo, 101
Couto, Diogo do, 208, 489n, 493n
Creta, 464
Criação e oniromancia, 296
Croce, Benedetto, 505n, 513n, 514n
crocodilos, 44, 247
cronistas portugueses, 40, 79, 170, 192, 199, 346, 361, 366, 428; fantasia e realidade, 361; fauna e flora americanas, 334
Cruzadas, 376
Cubas, Brás, 92, 102, 103, 106, 138, 146, 482n
Cuiabá, 163
Çuñiga, Juan de, 133, 135, 136
Curtius, Ernst Robert, 24, 472n, 475n, 497n

Dandolo, Marino, 464
Dante Alighieri, 59, 255, 474n, 475n

De Paw, Corneille, 32
De Sanctis, Francesco, 281, 500n
De'Conti, Nicolò, 193
Defoe, Daniel, 393
Deodoro Sículo, 72, 231
Derby, Orville A., 104, 482n, 491n
descobrimentos portugueses e castelhanos, 443, 452
diamantes, 123, 165, 431, 468
Dias, Carlos Malheiros, 514n
Dias, Dinis, 50, 474n
Diffie, Bailey W, 518n
Dilúvio Universal, 215, 422; e o Éden, 115
Dinis, d, 205, 462
Diogo de Valência, frei, 312
Direito Internacional, 437
doenças, 182, 297, 326, 358, 360, 371, 387, 388, 389, 390, 398, 400, 414, 428, 431, 442
Donne, John, 473n
Dorantes, Pedro, 198
dragões, 59, 121, 300
Driver, d. Miller, 515n
Du Tertre, J. B, 516n
Duarte, d, 25, 48, 88, 267, 431
Duarte, Paulo, 493n
Durán, Nicolau, 196, 197, 492n

Ebreo, Leone, 505n
Éden, 12, 13, 15, 16, 17, 18, 19, 20, 24, 27, 44, 45, 53, 56, 57, 58, 59, 75, 76, 114, 115, 117, 121, 124, 193, 213, 214, 215, 217, 226, 227, 228, 230, 237, 238, 240, 242, 243, 244, 246, 249, 250, 251, 252, 254, 262, 266, 271, 284, 313, 342, 402, 406, 494n; *ver também* Paraíso Terreal
Edrisi, 45
Ehinger, Ambrósio, 77
Eldorado, 216
elefantes, 192, 300
Eliade, Mircea, 20, 472n
Eliano, 303

emblemática, 294
Empoli, Giovanni, 426, 427, 428, 514*n*
Ennes, Ernesto, 472*n*
epidemias, interpretação mítica, 386
Equino, Andres de, 163
Erasmo de Roterdã, 363
Eratóstenes, 246, 248
Escalígero, 170
escorbuto, 375, 378, 379, 380, 381, 383, 387, 388, 389, 391, 392, 395, 397, 509*n*, 510*n*, 511*n*; e a alimentação de bordo, 389; e os árabes, 378; e os franceses, 377, 384; e os ingleses, 377, 379, 380, 382; e os portugueses, 376; em João de Barros, 376; em Sassetti, 375, 379; terapêutica, 377, 379, 380, 382, 383, 385, 386, 387, 388
esmeraldas, 82, 83, 84, 85, 93, 94, 95, 96, 97, 107, 108, 122, 123, 124, 126, 164, 165, 260, 261, 484*n*; no *Gênesis*, 125; sua desvalorização, 124; sua estima entre os antigos, 121, 122, 124; técnicas de mineração, 95; virtudes mágicas, 124
Esopo, 315, 329
espanhóis: e índios, 434; e portugueses como colonizadores, 446, 452; influências racionalistas, 327; narrativas devotas e ânimo combativo, 203; soberba dos seus soldados, 457
especiarias, 51, 60, 132, 166, 387, 390, 416, 516*n*
Esplandián, 75, 204
Estações do ano, alternância nos dois hemisférios, 429
Estrabão, 43, 72, 120
Etiópia, reduto de prodígios, 45, 47, 117, 212, 256, 257, 300, 304, 374, 398, 404, 409, 428
Eupana, 86
Eutimenes, 44, 45
extroversão econômica, 467

Fábulas de La Fontaine, 328
Fazio degli Uberti, 25, 255, 256, 498*n*

Febvre, Lucien, 41, 334, 473*n*, 504*n*, 508*n*
Federmann, Niklaus, 77
Fedro, 329
Feijoò, frei Benito Geronymo, 290, 291, 300, 301, 303, 501*n*, 502*n*
fenícios, 231; e as Canárias, 232
fênix, 290, 314, 315, 316, 317, 318, 321, 324
Fernandes, Dinis, 43, 118
Fernandes, Pasqual, 145, 146, 198
Fernando, o Católico, 457
Festugière, R. P, 502*n*
Fiedler, Leslie A., 15, 471*n*
Filicaja, Baccio da, 100, 481*n*
Filipe II, 88, 157, 161, 379, 457; carta a Luís Sarmiento, 90; e as províncias do Prata, 90; pretende ser imperador das Índias, 450
Filipe III, 156, 159
Filomela, 299
Filostórgio: e o Nilo ou Gion, 45
Fitzler, A. M. Edwig, 518*n*
flagelações na Semana Santa durante os séculos XVI e XVII, 339
Flávio Josefo, 45
flora americana: hieróglifos morais, 341
flor-da-paixão, 341, 343, 344, 346, 349
florentinos, mercadores, 100
Florentinus, Arnoldus, 152
Flórida e a fonte de Juventa, 75
Fontanedo, 62
Fonte Clara, 270, 374
fontes milagrosas, 62
formiga: animal burguês, 329; antropófaga, 121
Fracastoro, Hieronimo, 371, 409, 415, 512*n*
Francisco de Sales, são, 330, 333
Francisco Xavier, são, 173, 209, 333, 491*n*
Franco, Afonso Arinos de Melo, 473*n*, 482*n*; e o "Piloto Anônimo", 43

Franco, Francisco de Assis Carvalho, 482*n*
Friederici, Georg, 79, 379, 384, 478*n*, 492*n*, 504*n*, 510*n*; e a decadência da marinha portuguesa no século XVI, 379; resenha de aparições milagrosas dos santos, 203

Galileu Galilei, 250
Gallacher, J, 517*n*
Galluzzi, R, 481*n*, 482*n*
galo, 300, 302, 303, 304, 502*n*; e o basilisco, 303
Gama, Vasco da, 42, 50, 168, 172, 193, 377, 378, 379, 380, 384, 396, 408, 465, 474*n*, 510*n*; enfermidades dos tripulantes de sua frota, 376, 377
gambá, 324; mezinha de sua cauda, 325
Gandavo, Pero de Magalhães, 18, 26, 40, 82, 83, 84, 86, 93, 113, 152, 217, 326, 343, 344, 361, 365, 430, 431, 479*n*, 480*n*, 483*n*, 494*n*, 504*n*, 505*n*, 508*n*, 514*n*
Garcia da Orta, 125, 193, 344, 484*n*, 492*n*, 506*n*
Garcia, Aleixo, 128, 131, 136, 137, 138, 141, 143, 144, 148, 149, 168, 183, 485*n*; antecedentes e resultados de sua entrada, 135, 139
Garcia, frei Gregório, 513*n*
Garcia, Rodolfo, 124, 481*n*, 489*n*
Garin, Eugênio, 473*n*
gavião, 332
gemas paradisíacas, 121, 123
Gênesis, 125, 215, 226, 227, 230, 237, 245, 250, 251, 277, 280, 286, 313; origem do homem no Paraíso, 229; os quatro rios que manam do Paraíso, 44
gengibre, 404
Gênova: organização de suas colônias levantinas, 464; participação de seus naturais na vida portuguesa e castelhana, 462
geografia: do Renascimento, 43; fantástica, 43, 51, 55, 109, 120; sertaneja ao tempo de d. Francisco de Souza, 112
Gésio, João Batista, 152, 489*n*
Giamatti, E. Bartlett, 20, 471*n*
Glimmer, Guilherme, 104, 111, 112
Godinho, Vitorino Magalhães, 512*n*
Goethe, Johann Wolfgang, sua filosofia natural, 320
Góis, Damião de, 367, 508*n*
Gomara, Francisco Lopez de, 67, 73, 169, 321, 322, 418, 477*n*, 485*n*, 494*n*, 513*n*
Gôngora y Argote, Luís de, 393
Gonneville, Palmier de, 425, 426, 427, 513*n*, 514*n*
Goodman, Geoffrey, 287
Gorrini, Giacomo, 481*n*
Gouveia, Antônio de, 38, 473*n*
Gracián, Baltazar, 518*n*
Graf, Arturo, 497*n*, 503*n*
Granada, consequências de sua conquista, 448
Greenwood, major, 509*n*
Gregório XIII, 250
grifos, 121
Griggs, Thomas, 126, 127, 162, 485*n*
Grijalva, Juan de, 66
Groslier, Bernard, 491*n*
Grosso, Genaro, 343
Grotius, Hugo, 452, 453, 454, 517*n*; portugueses comparados aos castelhanos, 453; pretensões neerlandesas sobre o comércio do Oriente, 452
Groussac, Paulo, 129
guaiacã, 402
Guairá, 101, 104, 144, 184, 196, 197, 198, 199, 483*n*, 492*n*
Guanomilla, 67
Guicciardini, Francesco, 200, 281, 401, 402, 408, 492*n*, 500*n*, 512*n*

Guillén, Filipe, 81, 84, 86, 91, 92, 96, 479n, 480n, 489n; carta a el-rei, 80, 84
gusanos, 433, 434
Gusmão, padre Alexandre de, 266
Guzmán, Ruy Diaz de, 128, 139, 485n, 488n

Haiti, 53, 55, 250, 304, 475n; e Ofir, 51
Haïton, o Armênio, 43
Hakluyt, sir Richard, 161, 162, 385, 386, 395, 409, 477n, 485n, 486n, 490n, 506n, 511n, 512n, 513n; e o Paraíso Terrestre, 417
Hamilton, Earl, 518n
Hamon, Jean, 333
Hanequim, Pedro de Rates, 29, 30
Hanke, Levis, 33, 437, 515n
Hawkins, sir Richard, 381, 387, 390, 391, 392, 511n; sua estada em Vitória do Espírito Santo, 380
Hegel, Georg Wilhelm Friedrich, 32
Heliodoro, oráculos e sonhos, 296
heliotrópio, 502n
Hennig, dr. Richard, 45, 233, 235, 259, 474n, 476n, 484n, 490n, 495n, 496n, 498n
Henrique VIII, 132
Henrique, infante d., 44, 46, 233
Henriques, Miguel, 87, 98
Hepburn, Ronald W., 500n, 501n
Herckscher, Eli, 518n
Herder, Johann Gottfried, 320
Hermes Trimegisto, 278
Hernandez, Francisco, 276
Hernandez, Pero, 143
Heródoto, 43, 46, 120
Hesíodo, 236
Hespérides, horto das, 55, 223, 231, 235, 236, 240, 249, 251, 257; e o *Gênesis*, 237
hidra de Lerna, 237
hieróglifos, 293, 294, 316, 317, 322, 325, 332, 333, 340; egípcios, 293;

valor moral dos hieróglifos da natureza, 340
Higden, Ralph, 243
hipopótamos, 44, 46
História humana, fases segundo Poma de Ayala, 276
historiadores portugueses quinhentistas, 445
Höffner, dr. Joseph, 515n
Hohermuth, Georg, 77
Homann, G. B, 45
homem: e a hostilidade da natureza, 287; limites da longevidade, 366; primitivo e os cronistas portugueses, 435
Homero, 235, 236; e o jardim de Alcino, 240
Horácio, 338, 339
Horapollo, 501n, 502n, 504n
Huizinga, Jan, 486n
humanismo, 38, 169, 170, 207, 331, 333; devoto, 331, 333
Humboldt, Alexander von, 235; e as descrições de Bernardin de St. Pierre, 333; e o atlas primitivo, 235
Huten, Philipp von, 77

Idade de Ouro, 55, 229, 230, 261, 274, 275, 284, 288, 289, 429
Idade Média, 12, 16, 25, 36, 38, 45, 53, 56, 65, 74, 114, 120, 124, 173, 212, 226, 230, 233, 253, 257, 260, 262, 265, 277, 279, 288, 291, 312, 313, 402, 404, 444, 451, 461, 462, 465, 472n, 474n
Igreja, 16, 31, 222, 229, 238, 251, 291, 299, 311, 340, 438, 451; revisão de suas posições em face do descobrimento da América, 201
ilhas: a divulgação do cristianismo, 237; Açores, 234, 245, 307, 392; Afortunadas, 236, 240, 241, 242, 253, 257, 476n, 507n; Bimini, 60, 61, 63, 65; Brasil, 47, 133, 258, 273, 498n; Ca-

nárias, 232, 233, 234, 273, 496n; de Salomão, 67; do Caribe, 56; Madeira, 232; Martinica, 56; Matinino, 56, 65, 305; Ninguária, 234; Ocoloro, 66; Ortígia, 236; Pluviália, 234; Santa Helena, 394; santo Isidoro de Sevilha, 240
Império: sua noção moderna e Cortez, 447
Império asturo-leonês, 446
Império espanhol, 448, 450, 456, 458, 468
Inácio de Loyola, santo, 173, 196, 337
Incas, conquista de seu império, 150
Índia: e os colonos portugueses, 466; "Índia Maior", 57, 212; *intra et extra Gangem*, 412; perde a aura de país lendário, 167; serras de ouro, 120; terra dileta das criaturas disformes e fantásticas, 58
índios: antilhanos e brasileiros, segundo Du Tertre, 440; ascendência hebreia, 421; ausência de tortos e aleijados, 360; caracteres físicos, 358; e a Santa Sé, 438; e as teorias da "bondade natural", 435; e negros, 417; jornada dos trezentos, 216; justificação do cativeiro, 436; longevidade, 357; segundo Claude d'Abbeville, 366; segundo Giovanni Empoli, 426; sua escravidão, 201; sua exaltação no século XVIII, 442; sua nudez e os portugueses, 436; vistos pelos cronistas da conquista segundo os padrões de Ovídio, 274
ingleses, planos de conquista da América do Sul, 161
insetos, 307, 318; imundos desaparecem nos navios que viajam para Oeste, 307
ipupiara, 324
Irala, Domingo Martinez de, 129, 144, 149, 485n, 488n
Iria, Alberto, 518n

Isidoro de Sevilha, santo, 13, 25, 26, 115, 240, 253, 265, 310, 354, 430, 475n; e a fauna fantástica do Éden, 56
Itajuru, 176, 181, 182, 186, 189
italianos, influência sobre a marinhagem portuguesa, 462

Jaboatão, frei Antônio de Santa Maria, 177, 178, 491n
jabuticaba, opinião de frei Antônio do Rosário, 349
jacarandá, 191, 193
Jácome, Diogo, 478n
Jaques, Cristóvão, 131, 133, 134, 135, 136, 206; na carta de Juan de Çuñiga, 132
"Jardim do Mundo": mito do e a conquista do Oeste dos EUA, 14
Jarque, Francisco, 101, 184, 482n, 491n
Jerônimo, são, 250
jesuítas, 184, 196, 198, 201, 318, 343, 353, 435, 436, 440, 478n, 512n; aristotelismo e neoplatonismo, 337; e a metamorfose das borboletas, 209, 318; e os índios, 435
jiboia, 316, 317, 323; e a ave fênix, 316; e o simbolismo da serpente, 317; hieróglifo do universo, 317; nas *Raridades da natureza e da arte* e nos *Diálogos das grandezas*, 316
João de Lisboa, 176
João I, d., 135, 313, 465
João III, d., 80, 81, 88, 90, 91, 132, 133, 138, 141, 145, 480n, 481n, 486n, 488n; carta de Duarte de Lemos, 96; e o mameluco de Tomé de Sousa, 90
João IV, d, 224
Joinville, Jehan de, 404, 510n, 512n
Joyce, James: a ilha Brasil das peregrinações de são Brandão, 259
Juba II, 234

573
VISÃO
DO
PARAÍSO

Julien, Ch.-André, 486n, 511n
Justino Mártir, são, 240

Kiepert, Heinrich, 234
Knivet, Anthony, 84, 109, 126, 179, 479n, 491n
Kolb, O., 269
Kristeller, Oskar, 473n, 495n

La Condamine, Ch. M. de, 74
La Fontaine, Jean de, 315, 328, 329, 330, 502n
La Puente, Alonso de, 137, 486n
Lactâncio, ou Pseudo-Lactâncio, 13, 18, 24, 25, 243, 251, 254, 284
Ladon, 237
Laet, Jan de, 111, 112, 113; e as enchentes estivais do rio São Francisco, 116
Lafuente Machaín, R. de, 142, 144, 487n, 488n, 492n
lagartixa, 302, 303, 332
lagoas: Dourada, 79, 80, 94, 104, 169, 480n; Paraupava, 79, 86, 102, 103, 109, 110, 111, 112; patente de mestre de campo para seu descobridor, 103; sua localização, 86
Lancaster, sir James, 382, 383, 395, 503n, 511n; terceira viagem, 305
Langenois, Henri, 181
lapidários, 125, 291, 484n
laranja: de Mombaça, 377; e o escorbuto, 378
laranjas, 383
Las Casas, frei Bartolomeu de, 25, 55, 62, 130, 201, 244, 245, 266, 276, 326, 403, 435, 438, 439, 442, 475n, 476n, 485n, 496n, 504n, 515n; bispo de Chiapa, 438; e os jesuítas, 440
Latini, Bruneto, 255
Laverenne, M., 497n
Leão X, 61
Leão, André de, 104, 482n; documentação sobre sua bandeira, 111

Lebron, frei Alonso, 145, 198
Leitão, Jerônimo: e a entrada de 1531, 139
Leite, Duarte, 180, 427, 491n, 514n
Leite, padre Serafim, 28, 29, 459, 472n, 478n, 483n, 488n, 490n, 494n, 512n, 515n, 516n, 517n
Lelewel, Joachim, 476n, 498n
Lemos, Duarte de, 96, 127, 154, 157, 481n, 489n
Lenhart, dr. Ludwig, 505n
Leomites, 270, 271
Leonard, Irving A., 478n
Léry, Jean de, 359, 360, 361, 365, 435, 508n, 515n
Lescarbot, Marc, 385, 387, 389, 391, 511n
Levene, Ricardo, 517n
Leviatã, 294
Lewis, R. W. B., 14, 471n
"leyenda negra", 439
lhamas, 71, 158; d. Francisco de Sousa deseja sua introdução no Brasil, 158
Líbia, 73, 121, 212; sua esterilidade, 417
lignum vitae, 253
Lima, Américo Pires de, 510n
limão, 381, 383, 389, 390, 396
Lisboa, no século XV, 467
Lobo, Pero, 138, 140, 143, 183; sua entrada na jornada de Aleixo Garcia, 140; sua expedição e a de Pizarro, 149
locus amoenus, 263, 416, 475n
Lopez, Roberto, 517n, 518n
Lowery, Woodbury, 476n
Lowes, John L, 496n
Lozano, padre Pedro, 184, 491n
Luís de Granada, frei, 394, 395, 511n
Luís de León, frei, 505n
Luís XI, 486n
Luzzato, G., 518n

macaréu, 474*n*
macarthismo e o "Adão americano", 15
Maceta, padre Simão, 101
Madre de Deus, frei Gaspar da, 362, 508*n*
Magalhães, Basílio de, 92, 480*n*
Magalhães, Couto de, 323, 504*n*
Magalhães, Fernão de, 133, 135, 359
magia: durante o Renascimento, 37
Magnaghi, Alberto, 497*n*, 507*n*
Mairapé, estrada de, 182, 183, 194
Makaron Nesoi, 235
"mal do bicho", 399
mal "gálico" e mal napolitano, 400
Maldonado, padre Juan, 294, 295, 501*n*
Maler, Bertil, 265
Malkiel, Maria Rosa Lida de, 269, 496*n*, 499*n*
Malon de Chaide, Pedro, 260, 499*n*
maná, 412
Mandeville, sir John, 59, 75, 120, 226, 238, 239, 246, 476*n*, 477*n*, 484*n*, 496*n*, 503*n*, 506*n*; viagem de Mandeville e os papagaios, 313
mandioca, 180, 182, 185, 188, 397; intensificação de seu cultivo no Brasil para alimentação a bordo, 397
Manoa, 74, 78, 79, 477*n*
Mansilla, padre Justo, 101, 482*n*
Manuel, d., 25, 30, 136, 137, 267, 454, 463, 508*n*, 514*n*; carta aos Reis Católicos, 380; política no Oriente, 454; real cédula de 1517, 136
Maquiavel, Nicolau, 281, 287, 458
maracujá, 28, 214, 342, 348
Marcgrave, Jorge, 111, 342, 369
Marchione, Bartolomeu, 426, 514*n*
Marcial, 316
Marco Polo, 43, 51, 57, 63, 64, 65, 129, 133, 173, 222, 249, 305, 476*n*, 492*n*; e o Paraíso, 57; e os cinocéfalos, 57, 63

Marim, nome primitivo de Olinda de Pernambuco e da vila e fortaleza algarvia, primeira cabeça da Ordem de Cristo, 205
Markham, sir Clement, 495*n*
Marques, M. F. Azevedo, 489*n*
Marrocos, 151, 411, 412, 488*n*
Martins, Luís, 92, 106
Martins, padre Mário, 269, 498*n*, 499*n*, 503*n*
matemática e a interpretação da natureza, 327
Mather, Cotton, 17
Maurício de Nassau, conde João: projeto de conquista de Buenos Aires e Potosi, 160
Medici, Pier Francesco de, 426
medicina, 39, 247, 376; teorias modernas sobre o contágio, 371
Melkert, 235
Melo, Luís de, 143
Mendonça, H. Furtado de, 479*n*
Menéndez Pidal, Ramón, 446
Meneses, d. Diogo de, 155, 167, 489*n*
Menhardt, Hermann, 172
Mercadillo, 141
Mestre das Histórias, 243, 265, 266
Mestre José, 249, 497*n*
metáfora, relatividade de sentido no Renascimento e no Barroco, 223
metais nobres, valor para a religião, 297
Métraux, Alfred, 80, 130, 215, 478*n*, 486*n*, 490*n*, 493*n*, 494*n*; observação sobre o espírito científico de Gabriel Soares de Souza, 169
minas do rei Salomão, 52
Mirandola, G. Pico della, 278, 286, 472*n*, 489*n*, 500*n*, 504*n*; e a astrologia, 153, 370; variações sobre o olho e a alma, 336
mitologia greco-romana, almanaque de Gota do reino animal, 299
mitos: "bom selvagem", 442; "Doura-

do", 77, 85, 114, 118, 168; Idade de Ouro, 55; jardim das Hespérides, 55; Sabarabuçu, 83; "terra onde não se morre", 80
Mixteca, 63
Molina, Luís de, 439, 440
Mollat, Michel, 486n
Momboré Guaçu, 368
Mongrobejo, d. Toribio, 189
monoculi, 55, 65
monstros fabulosos: cinocéfalos, 55, 57, 129, 204, 305; entre escritores medievais, 212; fênix, 314, 316, 317, 318; homens caudatos, 55, 305; ipupiara, 324; *monoculi*, 55, 65; unicórnio, 290, 297, 323, 324
Montaigne, Michel Eyquem de, 276, 289, 515n; e os índios, 403
Montalvo, Garci-Ordóñez de, 75, 285, 481n, 501n
montanhas: Douradas, na geografia fantástica da Antiguidade e da Idade Média, 120; sua importância na tradição do povo de Israel, 242
Montes, Henrique de, 128, 137, 138
Montoya, padre Antônio Ruiz de, 183, 184, 185, 188, 189, 191, 195, 482n, 491n
Montúfar, frei Alonso de: carta ao rei de Castela, 515n
Morais, Manoel de: e a metamorfose da borboleta, 318
Moreno, Diogo de Campos, 489n, 514n, 518n
Morison, Samuel Eliot, 51, 475n, 478n, 503n
Morla Vicuña, Carlos de, 486n, 488n
Morungen, Henrique de, 172
Moura, Américo Brasiliense Antunes de, 482n
Müllenhoff, 232, 235
murex, 233
Musso, 62

natureza: deterioração, 285; e a "prédica dos olhos", 340; espelho do pensamento divino, 291; interpretação da, 315; mistérios e significados encobertos, 327
Navarrete, d. Martin Fernandez, 305, 475n, 476n, 496n, 499n, 500n, 501n, 502n, 503n
Navigajoso, Filocaro, 464
Naxos, duque de, 463
negros: de Angola e Guiné, e o clima de Portugal, 372; e índios, 417, 419, 420, 438; origem da cor da pele, 417; origem dos cabelos lanosos, 418; suas doenças no Brasil, 414
neoplatonismo renascentista, 495n
Nicolau v: e a bula *Romanus Pontifex*, 46
Nieremberg, João Eusébio, 29, 322, 505n
Nieuhof, Joan, 116, 483n
Nóbrega, padre Manuel da, 26, 89, 170, 184, 187, 194, 195, 217, 346, 353, 354, 355, 436, 440, 441, 478n, 480n, 490n, 491n, 492n, 506n, 515n, 516n; e as amazonas, 169; e as opiniões do padre Quirício Caxa, 440; e as pegadas de são Tomé, 177; e o índio, 436; e o "mal francês", 401
Noé, 215, 418, 421
Nogueira, irmão Mateus, 436, 441
Nonius Marcellus, 452
Nordenskjöld, Erland, 485n
"Novo Mundo", significado da expressão, 308
Nowell, Charles E, 485n
Nunes, Diogo, 141, 480n, 488n
Nuno Manuel, d., 131, 136, 175

ocultismo, 38, 39
Ofir, 51, 129, 222
Olinda: fundação, 368; Marim, 205
Olivares, conde de, 458

Olschki, Leonardo, 49, 54, 474*n*, 475*n*, 476*n*, 495*n*
Omágua, 69, 78, 79, 141
Ong, padre Walter J., 473*n*
oniromancia, 296
Ordem de Cristo, 206
Orellana, Francisco de, 68, 69, 70, 72, 74, 153, 218; e a descrição das guerreiras amazonas, 70
Oresme, Nicole, 288
Ortrogorsky,Georg, 516*n*
Orue, Martin de, 142, 143, 145
Ots-Captegui, José Maria, 458, 517*n*
ouro, 80, 84; e descobrimento do Novo Mundo, 51; "Idade de Ouro", 274; pomo de, 235
Ouyr-Dire, 42
Ovalle, padre Alonso, 212
Ovídio, 274, 289, 302, 513*n*

Pacheco (mulato), 128
Padilla, Pedro Norberto de Arcourt e, 301, 502*n*, 504*n*
"país onde não se morre", 80
Pais, Fernão Dias, 83, 86, 107, 108, 109, 164, 479*n*; e as esmeraldas, 164
papagaio, 71, 72, 312, 313, 314, 315, 316; ave paradisíaca, 310, 311, 312; e Mandeville, 313; e Rubens, 314; longevidade, 314; na emblemática, 316; paralelo com o rouxinol e a calhandra, 311
Paraguai: e as consequências históricas da conquista do Peru, 150
Paraíso Terreal: ausente no itinerário de Marco Polo, 57; bíblico e helênico, 226, 231, 250; chamas protetoras, 243; concepção medieval, 53; e a zona equinocial, 246; e as esmeraldas, 123; e Bartolomeu de Las Casas, 244; e Mestre Alexandre, 265; e o Brasil, 213, 356, 403, 405; e o círculo da Lua, 243; e o infante d. Pedro de Portugal, 193, 239, 344; e Ovídio,

274; e Torquato Tasso, 283; e Virgílio, 230; em Dante, 59; em escritos portugueses, 428; escarpas protetoras, 243; localização, 50, 214, 242, 244, 245, 246; na América Latina e na América inglesa, 19, 20, 27, 30, 213; na ascese medieval e na piedade barroca, 428; na *Mundus Novus*, 356; no "conto do Amaro", 269; no *Diálogo das grandezas*, 420, 422; no *Orto do esposo*, 266; paraíso indígena, 216; perdido, 226; santo Isidoro de Sevilha, 56, 242; segundo Colombo, 288; seus rios, 44, 114; sua fauna, 57; sua materialidade, 238, 242, 277
pardal, símbolo de uma alma loquaz e impudica, 332
Pastells, padre Pablo, 482*n*
Pastor, Ludwig von, 515*n*
patagões, 67, 418
Patch, Howard Rolin, 45, 124, 242, 269, 312, 313, 474*n*, 484*n*, 495*n*, 496*n*, 499*n*, 503*n*, 506*n*, 512*n*
pau-brasil, 57, 135, 136, 310
Paula, Eurípedes Simões de, 491*n*
Paulo III, 438
pau-santo, 191, 192, 402
Paw, Corneille de, 32
Pedro Hispano, 38
Pedro, infante d.: e o Paraíso Terreal, 193, 239, 344
Pedro, Mártir de Anghiera, 61, 64, 275, 485*n*
Pereira, Duarte Pacheco, 47, 373, 398, 473*n*, 474*n*, 497*n*, 509*n*
Pereira, Nuno Marques, 266
Peres, Alonso, 152
Peres, Damião, 496*n*, 511*n*, 517*n*
Perestrello, Bartolomeu, 463
Perez, Miguel, 311
pérola, 125
Peru: distância de Santos, segundo Thomas Griggs, 127; e o Brasil na carto-

grafia quinhentista, 150; e são Tomé, 188; sua sedução mágica, 163
Pessanha, Lançarote, 462
Pessanha, Micer Carlos, 462
Pessanha, Micer Manuel, 462
peste bubônica, 388, 389, 398
"peste do mar", 384, 387, 390, 397
Petrus Comestor, 243
Petrus Lombardus, 243
Pfandl, Ludwig, 516n
Piccolomini, Eneias Silvio (papa Pio II), 43, 66, 248, 497n
piedade jansenista, 333
Pigafetta, Antonio, 49, 66, 359, 365, 477n, 507n
Piloto Anônimo, 43, 378, 473n
Pina, Luís de, 509n
Pinelo, Antônio de León, 27, 28, 33, 214, 341, 344, 491n, 494n, 505n
Pinto, frei Heitor, 208, 349, 493n, 506n
"pinturas espirituais", 331
Pio II *ver* Piccolomini, Eneias Silvio
Pio IV, 450, 451
Pio V, 349
Piso, Guilherme, 504n, 506n
Pita, Sebastião da Rocha, 219, 223, 351, 483n, 495n; e o sumidouro do rio são Francisco, 118
Pizarro e Araújo, monsenhor José de Sousa Azevedo, 479n
Pizarro, Francisco, 72, 131, 149, 449; consequências da conquista do Peru sobre a política dos portugueses, 149
Plínio, o Velho, 43, 46, 232, 234, 246, 310, 315, 353, 358, 496n; e as ilhas Canárias, 234
Plotino, 294
Plutarco, 236, 286, 315
Polanco, padre João de, 346
Políbio, 246
Polumbo, 60
Poma de Ayala, d. Felipe Haumán, 276

Ponce de Léon, Juan, 60, 61, 64, 476n; fonte de Juventa; fonte mágica do monte Artifaria, 75
Porras Barrenechea, Raul, 33
Porto Seguro, e as expedições em demanda de ouro e esmeraldas, 95, 96, 98
Portugal: amadurecimento precoce do poder monárquico, 206; atividade ultramarina de cunho mercantil, 451, 461, 462, 463; centralização política, 461; decadência de sua marinha, 379; despovoamento e emigração, 467; e seu império quinhentista, 451; hipertrofia de Lisboa, 467; Potosi e o estabelecimento do governo-geral no Brasil, 151
portugueses: conservantismo na esfera colonial, 461; contatos com as terras do ultramar, 226; e a "leyenda negra", 439; e a mitologia geográfica, 423; e a polêmica da "aldeia" contra a "corte", 435; e os motivos edênicos, 227, 353, 374, 434, 443; na Índia, 454; pretensões sobre o Piqueri e Assunção, 143; sua expansão colonial comparada à genovesa, 462; sua perfídia, segundo Grotius, 452
Postan, Michael, 496n
Potosi, 80, 84, 85, 126, 152, 157, 158, 160; descobrimento, 91; seu prestigio ao tempo de d. Francisco de Sousa, 163
Prado Júnior, Caio, 488n, 518n
Prado, J. F. de Almeida, 479n
prata, 80, 90, 164
Prazeres, frei João dos: e o basilisco, 304
Preto, Manuel, 100
Ptolomeu, 247, 308
Purchas, Samuel, 380, 479n, 481n, 490n, 491n, 503n, 511n
púrpura getúlica, 232

Quesada, Diego Nuñez de, 141
Quevedo y Villegas, Francisco, 160, 457, 489n, 517n
Quiroga, Vasco de, 308, 503n

rabanetes, 412
Rabelais, François, 42, 363, 473n
racionalismo e estilo chão, 37
Ralleigh, sir Walter, 74, 77, 162, 477n
Ramalho, João, 487n, 508n; testamento de 1580, 362
Ramirez, Luís: e a estada de Cristóvão Jaques no Brasil, 131
Ramirez, Melchior, 128
ramismo, 473n
Ramos Gavilán, padre Alonso, 186
Ramúsio, João Batista, 359, 409, 473n, 474n, 510n
Ranke, Leopold von, 451, 516n
Rassow, Peter, 450, 516n, 517n
Rau, Virgínia, 506n, 518n
realidade e natureza, 37
Reconquista, 448
Renascimento, 12, 18, 20, 36, 37, 38, 43, 65, 207, 279, 286, 327, 337; arte renascentista comparada à medieval, 37; fratura total com a Idade Média, 279
repúblicas italianas e Portugal, 465
Resende, Garcia de, 124, 499n
retórica, 24, 37, 38, 473n; e magia, 38; no Renascimento, 37
Ricard, Robert, 488n
Richeome, Louis, 331, 334, 352, 504n
rins: cálculos renais e a mezinha de cauda de gambá, 326
Rio Branco, barão do, 143
rios: Amazonas, lenda da lagoa central, 111; conquista portuguesa do vale do Amazonas, 468; da Prata, 89; e o Dourado, 118; e o ouro, 156; enchentes estivais, 116; Eufrates, 28, 44, 214, 227, 239, 250, 255, 257, 506n; Fison, 28, 44, 124, 214, 218, 227, 239, 250, 313; Gâmbia, 46; Ganges, 45, 46, 58, 124, 214, 238, 250, 313; geografia fantástica, 44; Gion, 28, 44, 45, 115, 117, 118, 193, 214, 227, 239, 250, 255, 257, 313, 404, 473n; Heidequel, 44, 214; Indo, 44, 45, 46, 57, 492n; Niger, 45, 474n; Nilo, 43, 44, 45, 46, 47, 114, 115, 117, 121, 193, 214, 227, 250, 404, 409, 415, 474n, 512n; Paraguai, 113; Piqueri, 143; São Francisco, 86, 170, 480n; Senegal, 45, 419; sua origem no Paraíso Terreal, 117; Tigre, 28, 45, 214, 239, 250, 257, 506n
Robert Grosseteste, 241
Rocha, Diego Andrés, 513n
Rockall, 122
Rodrigues, irmão Antônio, 169, 490n
Rodrigues, padre Jerônimo, 488n
Rogers, Francis, 492n, 506n
romances de cavalaria, leitura dos conquistadores, 75
romantismo insular, 65, 231, 393
Romeo, Rosário, 492n
Ronsard, Pierre de, 25, 501n; e o Paraíso Terreal, 289
rosa, metáfora do rosário, 350
rosário: a devoção do, 349; metáfora no Novo e no Velho Mundo, 350
Rosário, frei Antônio do, 122, 345, 348, 351, 352, 506n; e a flor-da-paixão, 345
Rostovseff, Michael, 515n
rouxinol, 54, 263, 264, 299, 311, 312, 475n; na literatura e no mito, 54
Rubens, 314
Rubio, Julián M., 485n
ruibarbo, 51, 404
Runciman, Steven, 510n

Sá, Estácio de, 97, 202
Sá, Martim de, 85
Sá, Mem de, 92, 93, 413
Saavedra Fajardo, Diego, 296, 502n

579
VISÃO
DO
PARAÍSO

Saavedra, Hernandarias de, 147, 488n
Sabarabuçu, 83, 86, 105, 106, 107, 109, 112, 165, 479n; localização segundo o visconde de Barbacena, 108
Safim, 151
Saint Blanchard, barão de, 310
Sainte-Beuve, 333, 504n
Saint-Pierre, Bernardin de, 333
Salomão, rei, 222, 422
Salústio, 250
Sampaio, Teodoro, 83, 205, 479n
Sanabria, Juan de, 144
Sanches, Francisco, 169, 170, 490n, 501n
Sanchez, Juan, 144, 147, 489n
Sande, Antônio Pais de, 105, 106, 483n
Sanford, Charles L., 17, 19, 471n, 472n
"sangue-de-dragão", 233
Sannazaro, Jacopo, 282, 501n
Santa Cruz do Cabo de Gué, 151
"santidades", 80, 478n
Santistéban, Gomez de, 492n, 496n, 503n
Santo Império, 447, 457
santos, aparições milagrosas em batalhas, 203
Sanuto, Marino, 425
São Paulo (vila de): movimento contra a decisão de d. Francisco de Sousa a respeito do plantio de videiras e trigo, 104; relação entre São Paulo e a demanda de prata e esmeraldas, 126
São Vicente (vila): e o caminho de Assunção, 144; jornada de portugueses ao sertão, 139; planos de Hakluyt, 161
sarampões, 399, 400
Sardinha, d. Pero Fernandes, 489n
Sarmiento de Mendoza, Luís, 88, 141, 143
sassafrás, 385
Sassetti, Filippo, 167, 347, 375, 379, 432, 433, 466, 490n, 506n, 509n, 514n, 518n; e o escorbuto, 375

Schaden, Egon, 494n
Schaden, F. S. G, 491n
Schaff, Adam, 472n
Schaube, Adolf, 518n
Schimidel, Ulrich, 478n
Schreiber, Georg, 505n
Sebastião, são, 202
Sêneca, 115, 117, 339, 474n, 483n; Antônio Vieira e as tragédias de, 339; e o testemunho de Eutimenes sobre o rio Gion, 44; sobre o regime das águas do Nilo, 114
senilidade do mundo, 283, 290
sensitiva: segundo frei Bartolomeu de Las Casas, 326; suas possíveis virtudes, segundo Gandavo, 326; veneno das folhas contra o veneno da raiz, 326
sentidos humanos: órgãos dos sentidos na apreensão do espiritual, 336
Sepúlveda, Ginés de, 442
sereias, 55, 304, 305, 316, 503n
Sermão da Sexagésima (Padre Vieira), 339
Sermão de Nossa Senhora do Ó (Padre Vieira), 293
serpente, 292; seu simbolismo, 294; significados vários na simbologia renascentista e barroca, 293
serras: da Prata, 127; das Esmeraldas, 85, 86, 99, 108, 165; e as cordilheiras peruanas, 148; Resplandescente, 109, 120
Sforza, cardeal Ascânio, 275
Sheborne, bispo Sigelmus de, 172
sífilis, 371
Silva, M. F. Gomes da, 506n
Silveira, João da, 132, 133, 486n
Singer, Charles, 495n
Sluiter, Engel, 481n
Smith, Henry Nash, 14, 471n
Solis, João Diaz de, 127, 136, 485n, 486n, 487n
Soto, Domingo de, 437
Sousa, d. Francisco de, 99, 100, 101,

102, 104, 106, 107, 109, 112, 155, 156, 163, 468; e a prata do Sabarabuçu, 105, 106, 107, 109; e as esmeraldas, 126
Sousa, Gabriel Soares de, 79, 80, 85, 86, 95, 96, 98, 104, 109, 111, 113, 157, 169, 170, 344, 347, 479n, 480n, 481n, 506n
Sousa, Martim Afonso de, 128, 137, 138, 139, 140, 141, 148, 149, 158, 159, 173, 486n, 487n, 488n; a expedição à serra da Prata, 137, 149
Sousa, Pero Lopes de, 225, 425, 488n, 495n, 503n
Sousa, Tomé de, 87, 88, 89, 90, 141, 144, 158, 459, 480n, 489n, 517n; cartas a el-rei, 87, 154; consequências de sua volta a Portugal, 88, 90; e o caminho do Paraguai, 144; identidade do mameluco levado por ele a Portugal, 91, 141; Regimento, 459; sonho de fazer do Brasil um outro Peru, 158
Southey, Robert, 74
Souza, Washington Luís Pereira de: e o testamento de João Ramalho, 482n, 508n
Spoerri, Theophil, 504n
St. Martin, Vivien de, 232
Suarez, Francisco, 440
Sylveira, Symão Estacio da, 219

Tácito, 64, 289, 369
Tafur, Pedro, 193, 492n
Taine, Hyppolite, 329
Tales, 115, 328
tamanduá, 324
Taprobana, 121, 357; insalubridade da ilha, 218
Tarducci, F., 485n
Tasso, Torquato, 283, 284, 314, 501n
Tavares, Antônio Raposo, 100, 101, 212
Tawney, R. H., 518n

Techo, Nicolas del, 184, 188, 189, 190, 191, 192, 194, 491n
Tenerife, pico de: e o monte Atlas, 235
Tenório, Martim Rodrigues, 109
Termodonte, 73
Terra: sua forma esférica e a localização do Paraíso, 240
"terra delli Papagá", 310
Tertuliano, 243
Tesauro, conde Emanuel, 297, 315, 502n, 503n
Thévet, André, 73, 205, 477n, 493n
Tiago, são, 203
Tietê, desaparecimento das anhumas, 323
Tomás de Aquino, santo, 29, 38, 218, 243, 276, 494n, 496n
Tomé de Jesus, frei, 505n
Tomé, são, 23, 172, 173, 174, 175, 176, 177, 178, 179, 180, 181, 182, 183, 185, 186, 187, 188, 189, 190, 191, 192, 193, 194, 195, 196, 199, 201, 213, 216; crônica e hagiografia no Brasil, 176, 177, 179; e frei Bernardo de Armenta, 198; e o Pay Tumé peruano, 194; evolução do mito na América espanhola, 187; hagiografia no Oriente, 180; lenda sobre sua morte, 174; milagre, 194; relíquias, 172; segundo os carijós, 198; sua cruz, 190 tópica, seu valor heurístico e importância em estudos históricos, 24
Toqué Toqué, 176, 178, 182
Tordesilhas, linha de: barreira meteorológica, 306; o ouro e a prata na América, 130
Toríbio Medina, José, 136, 486n, 487n
Torres, padre Diogo de, 194
Torres, padre Miguel de, 441
Toscanos, colonos vindos para o Brasil, 100
Tourinho, Pero do Campo, 96, 97, 127, 142
Tourinho, Sebastião Fernandes, 86, 94, 99

Trigoso, Mendo, 510n
Tuve, Rosemond, 473n, 495n

ufanismo brasileiro e o motivo edênico, 29
unicórnio, 290, 297, 323, 324
urzela, 233, 234, 258, 496n
Uzzielli, Gustavo, 481n

vacas-marinhas, 305
Valdivia, Pedro de, 67
Vale, padre Leonardo do, 93
Valeriano, 293
Válides do Monte Sinai, 270
Vargas Machuca, Bernardo de, 63, 476n, 516n
Varnhagen, Francisco Adolfo de, 129, 135, 141, 204, 205, 480n, 485n, 486n, 488n, 489n, 492n, 493n
Vasconcelos, padre Simão de, 28, 176, 214, 215, 223, 321, 345, 483n, 491n, 493n, 494n, 504n, 506n; comparado a Acuña, 210; e a metamorfose dos colibris, 208; e a mezinha de cauda de gambá, 325; e o Paraíso no Grão-Pará, 218
Vaudeclaye, Jacques de, 205
Vaz, Martim, 145, 146
Veneza, organização semifeudal das suas colônias levantinas, 463
Venier, Marco, 464
ventos marinhos e caracteres físicos, 420
Verlinden, Charles, 466, 518n
Verrazano, Jerônimo, 133
Verrazano, João, 132
Vespúcio, Américo, 42, 166, 282, 308, 356, 357, 358, 360, 363, 365, 366, 405, 426, 427, 434, 507n, 514n; divulgação dos seus relatos, 356; reminiscências de escrito pseudovespuciano em Giovanni da Empoli, 427
Viaça, apresamento de espanhóis por navios portugueses junto à laguna do, 145

Vicente do Salvador, frei, 40, 95, 167, 326, 347, 413, 445, 466, 481n, 504n, 506n, 513n, 516n, 518n; e a flor-da-paixão, 345; e a Lagoa Dourada, 80; e as opiniões de Aristóteles sobre a inospitabilidade da zona tórrida, 413; e o ananás, 345
Vicente, Gil, 80, 168, 479n, 490n
Vieira, padre Antônio, 29, 223, 316, 335, 336, 501n, 503n, 504n, 505n; e as tragédias de Sêneca, 339; e o simbolismo da letra O, 293; e os sentidos como porta da fé, 339; o Sermão da Sexagésima, 339; sobre o visível e o invisível, 335, 337
Viet, Ludwig Andreas, 505n
Vignaud, Henry, 359, 497n, 507n, 512n, 513n
Villon, François, 277
Vincent de Beauvais, 313
vinho, 323, 348, 387, 388, 439
Vique, frei Bernardino de, 438
Virgem Maria, 203, 351, 384
Virgílio, 255, 289, 331; e o tema do Paraíso, 230
Virgínia, 164
visão, seu primado sobre os outros sentidos, 335
vitamina C, 385
Viterbo, Sousa, 152
Vitória, frei Francisco de, 439, 453; e a feitorização nas colônias portuguesas, 451; e as condições dos naturais do Novo Mundo, 437; e as lutas contra os nativos das Índias, 451
Vives, Juan Luis, 38
Vossler, Karl, 502n

Waldseemüller, Martin, 180
Wappaeus, J. E, 209
Wernicke, Edmundo, 493n
Whitaker, Alexander, 490n
Whithall, John, 127
Whithbourne, Richard, 503n
Williams, George H., 16, 471n, 472n

Wölfflin, Heirinch, 472*n*
Wright, Louis, 471*n*

Xaramillo, 62
Xerez, Francisco de, 72, 477*n*

Zaccaria, Benedetto, 463
Zarco, João Gonçalves, 232

Zavala, Sílvio, 503*n*, 512*n*, 515*n*
zona tórrida, 49, 200, 245, 246, 364, 405, 406, 408, 410, 411, 412, 413, 416, 418, 422, 423; clima, 406, 407, 409; e o Paraíso Terreal, 405; segundo frei Vicente do Salvador, 413; seu panegírico por Hakluyt, 409, 410, 411

1ª edição, 1959, José Olympio Editora
2ª edição, 1968, Cia. Editora Nacional/ Edusp
3ª edição, 1959, Cia. Editora Nacional/ Secretaria da Cultura,
 Ciência e Tecnologia do Estado de São Paulo
4ª edição, 1985, Cia. Editora Nacional
5ª edição, 1992, Editora Brasiliense
6ª edição, 1996, Editora Brasiliense
7ª edição, 2010, Companhia das letras
 5ª reimpressão, 2022

ESTA OBRA FOI COMPOSTA EM BODONI PELO ESTÚDIO O.L.M. E IMPRESSA
EM OFSETE PELA GEOGRÁFICA SOBRE PAPEL PÓLEN SOFT DA SUZANO S.A.
PARA A EDITORA SCHWARCZ EM ABRIL DE 2022

A marca FSC® é a garantia de que a madeira utilizada na fabricação do papel deste livro provém de florestas de origem controlada e que foram gerenciadas de maneira ambientalmente correta, socialmente justa e economicamente viável.